武汉城市圈年鉴

德琳

本刊刊名由武汉书法家协会主席黄德琳先生题写

2019

武汉城市圈年鉴

WUHAN METROPOLITAN AREA ALMANAC

武汉地方志编纂委员会办公室　编

武汉出版社

（鄂）新登字 08 号

图书在版编目(CIP)数据

2019 武汉城市圈年鉴/ 武汉地方志编纂委员会办公室编；王筱武主编. — 武汉：武汉出版社，2020. 9

ISBN 978 - 7 - 5582 - 3854 - 3

Ⅰ. ①2… Ⅱ. ①武…②王… Ⅲ. ①城市经济 - 武汉 - 教 2019 - 年鉴 Ⅳ. ①F299.276.31—54

中国版本图书馆 CIP 数据核字(2020)第 157612 号

编　　者：武汉地方志编纂委员会办公室
主　　编：王筱武
责任编辑：齐大勇
封面设计：高　峰
出　　版：武汉出版社
社　　址：武汉市江岸区兴业路 136 号　　邮　　编：430014
电　　话：(027)85606403　85600625
http://www.whcbs.com　　E-mail:zbs@whcbs.com
印　　刷：武汉市仁达印刷厂　　经　　销：新华书店
开　　本：880 mm×1230 mm　1/16
印　　张：20　　字　　数：500 千字　　插页：18
版　　次：2020 年 9 月第 1 版　　2020 年 9 月第 1 次印刷
定　　价：300.00 元

编 辑 说 明

一、《武汉城市圈年鉴》是记述武汉城市圈自然、政治、经济、文化、社会和生态等方面情况的年度资料性文献，由武汉地方志办公室主编，黄石市、鄂州市、孝感市、黄冈市、咸宁市、仙桃市、潜江市、天门市地方志办公室（史志研究中心）协编。

二、《武汉城市圈年鉴》以马克思列宁主义、毛泽东思想、邓小平理论、“三个代表”重要思想、科学发展观、习近平新时代中国特色社会主义思想为指导，认真贯彻落实党的十九大精神，以服务于湖北省城市群建设和武汉城市圈改革开放、经济社会发展为宗旨，全面、系统、客观地反映武汉城市圈年度发展的基本情况，为认识、研究和建设武汉城市圈提供具有权威性和较高参考价值的资料。

三、本卷主要收录2018年武汉城市圈经济社会发展的基本情况和信息资料。

四、本卷采用分类编辑法，按类目、分目、条目三个层次的体例编辑，以不同字体、字号及版式设计区分不同层次，条目标题均加【 】表示。本卷共设12个类目：1. 武汉城市圈风貌；2. 大事记；3.“两型社会”建设综合配套改革试验；4. 重要活动和重大项目建设；5. 体制机制改革；6. 产业发展；7. 开发区（功能区）建设；8. 城乡建设；9. 生态文明建设；10. 社会发展；11. 附录；12. 统计资料；本书卷首设目录，卷末设索引以方便读者检索，其中，目录部分的类目、分目配有英文翻译。

五、本卷所有文献资料均由湖北省和武汉城市圈各城市有关部门（单位）撰写，由武汉城市圈各城市地方志机构组稿供稿。

《武汉城市圈年鉴》编纂委员会

2019 武汉城市圈年鉴编辑部

武汉城市圈地图

武汉城市圈地图
宜城市
随州市
广水市
襄阳市
随州市
麻安高速
大洪山
安陆市
荆门市
钟祥市
京山市
东宝区
荆门市
掇刀区
远安县
宜昌市
当阳市
沪蓉高速
焦柳铁路
长荆铁路
枣石高速
二广高速
许广高速
沙洋县
天门市
潜江市
仙桃市
应城市
云梦县
孝南区
汉川市
孝洪高速
沪汉蓉高速铁路
枝江市
沪渝高速
荆州区
荆州市
沙市区
松滋市
公安县
江陵县
监江高速
岳宜高速
荆州市
监利市
洪湖市
石首市
华容县
杭瑞高速
君山区
岳阳市
云溪区
临湘市
京广高速铁路
京港澳高速
岳阳县
南县
湖南省
洪湖
洞庭湖
长江
汉江
图例
省级政府驻地
市（州）级政府驻地
县（市、区）级政府驻地
乡、镇、街道、办事处级政府驻地
农场
机场
山峰
水系
省级界
地级界
县级界
高速公路及编号
在建高速公路
铁路
国道及编号
省道
本图行政界线不作权属划分依据
资料截止时间：2018年12月
比例尺:1：950 000
武汉市测绘研究院编制　审图号：鄂S(2020)007号

河南省
安徽省
江西省
黄冈市
黄石市
鄂州市
武汉市
孝感
咸宁市
商城县
金寨县
六安市
新县
霍山县
岳西县
红安县
麻城市
罗田县
英山县
团风县
黄州区
浠水县
蕲春县
武穴市
黄梅县
太湖县
宿松县
彭泽县
黄陂区
新洲区
华容区
鄂城区
梁子湖区
江夏区
咸安区
黄石港区
西塞山区
下陆区
铁山区
大冶市
阳新县
通山县
瑞昌市
九江市
濂溪区
柴桑区
庐山市
德安县
都昌县
武宁县
修水县
省政府
武汉东湖新技术开发区管委会
大广高速
沪蓉高速
沪陕高速
济广高速
沪武高速
麻阳高速
沪渝高速
福银高速
杭瑞高速
黄鄂高速
武鄂高速
蕲嘉高速
鄂咸高速
咸通高速
青郑高速
九江绕城高速
彭湖高速
永武高速
修平高速
沪汉蓉高速铁路
京九铁路
京广高速铁路
武麻铁路
武九铁路
合九铁路
G40
G42
G45
G50
G56
G70
G105
G106
G220
G230
G316
G318
G346
G347
G351
G4201
G4221
S7
S8
S20
S29
S30
S32
S33
S37
S78
天堂水库
白莲河水库
富水水库
柘林水库
王英水库
梁子湖
保安湖
大冶湖
涨渡湖
龙感湖
大官湖
泊湖
赤湖
鄱阳湖
九峰尖
白马尖
老鸦尖
天堂寨
大别山
幕阜山
至北京
至大庆
至西安
至济南
至上海
至合肥
至杭州
至广州
至福州
至九龙
北

WUHANSHI

武汉市

拓宽改造后的武汉月湖桥

2018 年 5 月 27 日，硚口区开展“百万市民接力城管”垃圾分类宣传活动

2018 年 10 月 7 日，“2018 第十七届武汉国际旅游节”武汉人游武汉五色旅游与军运同行城市定向赛在西北湖广场举行

东湖湖心绿道

2018 年 12 月 30 日，武汉消防救援支队在武汉会议中心长江厅举行迎旗、授衔和换装仪式

2018 年 6 月 9 日，国际摄影大师聚焦东湖

国家级工艺美术大师指导武汉市财贸学校学生进行珠宝宝石加工实习实践

江汉区建设大道金融一条街夜景

▶2018 年 11 月 2 日，国家电网武汉供电公司到蔡甸区 10 千伏汉 55 曲口线开展无人机巡视工作，确保线路稳定运行

▼2018 年 10 月 27 日，南航 B787 宽体客机入驻武汉天河国际机场

第七届世界军人运动会运动员村全景

2018年6月9日，武汉市第四批科技成果转化签约大会·湖北大学专场

2018年11月23日，武汉市召开首届科技创新大会，会上进行院士科技成果转化签约

2018年6月10日，武汉市庆祝改革开放40周年暨“武汉之歌”征集作品音乐会活动现场

2018年11月17日，武汉市校园戏曲展优秀节目应邀参加中央电视台《大手牵小手》节目录制

汉阳区海绵城市建设

HUANGSHISHI

黄石市

2018 年 9 月 28 日，“黄石号”旅游火车地矿科普专列在起点站黄石东站发车，迎来首批 400 多名游客

▶2018 年 10 月 12 日，大冶市金湖街踩畈村农民驾驶农机收割中晚稻

▼2018 年 4 月 21 日，黄石市第四届金海白茶文化旅游节暨第二届户外运动嘉年华活动在金海开发区女儿山开幕

黄石奥体中心

阳新大王镇子向村推进稻虾扶贫项目，图为农民在田间作业

黄石市综合客运枢纽站

▶2018 年 12 月 16 日，2018 黄石磁湖国际半程马拉松暨健康中国马拉松系列赛在黄石人民广场鸣枪起跑

◀2018 年 11 月 22 日，黄石供电公司员工在 220 千伏塞崔线维护过江线路

EZHOUSHI

鄂州市

鄂州市红莲湖新区

2018 年 5 月，鄂州市市民中心正式启用

2018 年 6 月 4 日，鄂州市 2018 年"文化和自然遗产日"暨首届牌子锣大赛在凤凰广场隆重举行

洋澜湖湿地公园

武黄高速鄂州段互通

2018年12月2日，石婷荣获2018年湖北工匠杯技能大赛——第六届湖北省残疾人职业技能大赛第一名

鄂州火车站

2018年5月25日，鄂州市青年电商创业发展论坛在凤凰山庄举行

2018年10月24日至26日，鄂州民用机场总体规划评审会在凤凰山庄召开

XIAOGANSHI

孝感市

汉川汈汊湖

孝感市槐荫河全景图

大悟县城区

京珠高速与汉十高速在孝感交汇

孝昌县观音湖旅游度假区

黄香故里——云梦

安陆市钱冲银杏醉游人

孝感市双峰山旅游度假区的高山茶园

HUANGGANGSHI

黄冈市

黄州赤壁大道

▶ 2018 年 12 月 18 日，黄冈白潭湖片区彩虹桥建成通车

▼ 红安县七里坪镇的信义光伏电站全景

G106 黄上公路与江北一级公路互通

山清水秀的罗田县胜利镇黄家铺村栗林岗

2018 年 9 月 15 日，蕲春雾云山第四届丰收节开幕。图为农民收割稻谷

2018 年 11 月 17 日，第五届挺进大别山·中国（黄冈罗田）自行车赛在罗田开赛

绿宇环保一期聚合车间一角

黄冈遗爱湖书城

咸宁市温泉路中心花坛

XIANNINGSHI

咸宁市

2018 年 5 月 23 日，咸宁市首批“南鄂英才”颁奖仪式举行

咸宁传媒大厦

▼ 2018 年 12 月 27 日，华中地区最大规模光伏电站—中广核新能源通山大畈狮子岩光伏电站成功建成并网发电

咸宁高新区工业新城

捷通（咸宁）食品科技有限公司安利 XS 饮料无人生产车间

咸宁市天化麻业 5 万锭项目车间

咸宁市今麦郎二期生产线

2018 年 6 月 16 日，咸宁首届龙舟公开赛开幕

2018 年 12 月 29 日，第六届香城大舞台系列群众文化活动之“花开美好新时代”迎新年文艺晚会举行

XIANTAOSHI

仙桃市

仙桃市排湖五乐台

仙桃城区

密塘渔村

仙桃沙湖国家湿地公园

仙桃市沔城风景名胜区

李小双运动城

京久庄园

沔州百万花海

沔阳公园

沔街

QIANJIANGSHI

潜江市

金澳科技

2018 年 11 月 1 日，湖北省重大项目集中开工活动潜江会场

2018 年 5 月 18—20 日，第二届中国（潜江）国际龙虾·虾稻产业博览会暨第九届湖北（潜江）龙虾节开幕

▶ 2018 年 3 月 28 日，湖北省暨潜江市“爱鸟周”活动启动仪式现场

章华台遗址

潜江市第八届青少年校园足球联赛

潜江市群艺馆“送戏下乡”活动走进浩口镇

现代化大米精加工生产线

潜江市志愿者服务“一会一节”

竹根滩外滩花海

TIANMENSHI

天门市

随岳高速天门互通

天门市陆羽大道

天门市承天国际车城

中国光谷天门科技城

天门市石家河文化考古研究中心

天门山风景

2018 年 12 月 28 日，天门市第九届中小学生艺术节开幕

天门市申安集团外景

天门市革命烈士纪念碑

油菜花开

WOMENDE CHENGSHIQUAN
我们的城市圈
垃圾分类
让城市更文明
可回收垃圾
厨余垃圾
其他垃圾
有害垃圾
NEWS
NEWS
公益广告

目录

大　事　记

1 月 ……………………………………………………（1）
2 月 ……………………………………………………（2）
3 月 ……………………………………………………（2）
4 月 ……………………………………………………（3）
5 月 ……………………………………………………（4）
6 月 ……………………………………………………（5）
7 月 ……………………………………………………（6）
8 月 ……………………………………………………（7）
9 月 ……………………………………………………（7）
10 月 …………………………………………………（8）
11 月 …………………………………………………（9）
12 月 …………………………………………………（10）

“两型社会”建设综合配套改革试验

概　述

武汉城市圈经济发展 ………………………………（12）
基础设施一体化 ……………………………………（12）
生态环境治理一体化 ………………………………（12）
生产要素市场一体化 ………………………………（13）
产业布局一体化 ……………………………………（13）
公共服务一体化 ……………………………………（13）

国民经济和社会发展

武汉市国民经济和社会发展 ………………………（13）
2018 年武汉市国民经济主要指标统计表 …（14）
黄石市国民经济和社会发展 ………………………（16）
鄂州市国民经济和社会发展 ………………………（18）
孝感市国民经济和社会发展 ………………………（20）
黄冈市国民经济和社会发展 ………………………（21）
2018 年黄冈市主要经济指标完成情况一览表 ……………………………………（22）
咸宁市国民经济和社会发展 ………………………（23）
2018 年仙桃市经济社会发展情况统计表（24）
仙桃市国民经济和社会发展 ………………………（24）
潜江市国民经济和社会发展 ………………………（26）
天门市国民经济和社会发展 ………………………（27）

重要活动和重大项目建设

重要活动与会议

武汉市第十四届人民代表大会第二次会议 …（29）
武汉市人民政府十四届四次全体（扩大）会议 ………………………………………………（29）

政协武汉市第十三届委员会第二次会议 …（29）
2018 世界机器人大赛总决赛 ………………（29）
2018 中国国际友好城市大会 ………………（30）
军运会宣传 ……………………………………（30）
第 18 届华侨华人创业发展洽谈会 …………（30）
中共武汉市委十三届六次全体会议 ………（30）
中共黄石市委十三届六次全体（扩大）
会议 ……………………………………………（30）
黄石市第十四届人民代表大会第三次会议 …（31）
黄石市人民政府第七十二次常务会议 ……（31）
政协黄石市第十三届委员会第二次会议 …（31）
第二届中国（黄石）地矿科普大会 ………（32）
中共鄂州市委第七届第六次全体（扩大）
会议 ……………………………………………（32）
鄂州市第八届人民代表大会第二次会议 …（32）
鄂州市人民政府常务会议 …………………（32）
政协鄂州市第八届委员会第二次会议 ……（32）
湖北省 2018 年“春风行动”在鄂州启动 …（32）
鄂州国际半程马拉松赛 ……………………（33）
中共孝感市委第六届第六次全体（扩大）
会议 ……………………………………………（33）
孝感市第六届人民代表大会第三次会议 …（33）
孝感市人民政府六届三次全体（扩大）会议暨政府
系统廉政工作会议 ……………………………（33）
政协孝感市第六届委员会第二次会议 ……（34）
中共黄冈市委第五届第七次全体（扩大）
会议 ……………………………………………（34）
黄冈市第五届人民代表大会第三次会议 …（34）
黄冈市人民政府五届二十六次常务会议 …（34）
政协黄冈市第五届政协委员会第二次会议 （35）
黄冈市纪念李时珍诞辰 500 周年 …………（35）
黄冈市“两会一节”活动 …………………（35）
中共咸宁市委第五届第四次全体（扩大）
会议 ……………………………………………（35）
咸宁市第五届人民代表大会第二次会议 …（35）
咸宁市人民政府第五届第二次全体（扩大）
会议 ……………………………………………（36）
政协咸宁市第五届委员会第二次会议 ……（36）
咸宁市国际温泉文化旅游节 ………………（36）
中共仙桃市委第九届第六次全体（扩大）
会议 ……………………………………………（36）
仙桃市第九届人民代表大会第三次会议 ……（37）
仙桃市人民政府九届二次全体（扩大）会议 …（37）
湖北体操六十周年暨仙桃体操之夜颁奖
晚会 ……………………………………………（37）
中共潜江市委第八届第五次全体（扩大）会议
暨全市经济工作会议 ………………………（38）
潜江市第八届人大代表委员会第三次会议 …（38）
潜江市人民政府八届二次全体（扩大）会议
暨全市半年经济工作会议 …………………（38）
政协潜江市第八届委员会第二次会议 ……（38）
中共天门市委第八届第六次全体（扩大）
会议 ……………………………………………（38）
天门市第八届人民代表大会第二次会议 …（39）
政协天门市第八届委员会第二次会议 ……（39）
武汉城市圈（天门）乒乓球邀请赛 ………（39）

基础设施项目

江汉平原货运铁路开通运营 ………………（39）
光谷有轨电车开通试运营 …………………（40）
武汉市 5G 试点与云计算 …………………（40）
武汉市“三旧”改造 ………………………（40）
武汉市美丽乡村项目建设 …………………（40）
黄石新港二期项目 …………………………（41）
鄂州市主城区市政提升 ……………………（41）
咸宁市教育产业园项目奠基 ………………（41）
仙桃市大垸子泵站新建工程 ………………（41）
潜江市“四好农村路”建设工程 …………（41）

产业升级项目

武汉市通用航空产业项目落户汉南 ………（42）
武汉市“知音号”游轮演艺秀旅游项目 …（42）
2018 湖北武汉国际养老产业博览会 ………（42）
东风日产项目落户武汉 ……………………（42）
中国医疗器械有限公司入驻光谷生物城 …（42）
华新水泥“百年复兴基地”项目落户黄石 …（43）
湖北（鄂州）国际物流核心枢纽项目 ……（43）
武汉地产集团建筑产业化生产基地项目落户

黄冈 ……………………………………………（43）
中国船舶重工集团投资咸宁市 120 亿元 …（43）
咸宁市南玻光电项目竣工 …………………（44）
仙桃市健鼎电子二期项目开工 ……………（44）
江汉油田稳油降本项目 ……………………（44）

生态保护项目

武汉市“四水共治”工程建设 ……………（44）
武汉市海绵城市建设 ………………………（45）
武汉市生态特色小镇创建 …………………（45）
黄石市磁湖南岸生态修复工程项目 ………（45）
鄂州市长江大保护十大标志性战役 ………（45）
黄冈市龙感湖湿地修复项目 ………………（45）
咸宁市幕阜山区森林质量提升项目 ………（46）
仙桃市沔阳小镇项目开工 …………………（46）
潜江市城市黑臭水体整治工程 ……………（46）

体制机制改革

政治体制机制改革

武汉市民主与法治体制改革 ………………（47）
武汉市“放管服”体制改革 ………………（47）
武汉市党的建设制度改革 …………………（48）
黄石市行政审批制度改革 …………………（48）
黄石市监察体制改革 ………………………（49）
黄石市人事制度改革 ………………………（49）
黄石市司法制度改革 ………………………（49）
鄂州市党建制度改革 ………………………（50）
孝感市行政机构改革 ………………………（50）
孝感市党的建设制度改革 …………………（50）
黄冈市纪检监察体制改革 …………………（50）
黄冈市司法体制改革 ………………………（51）
咸宁市事业单位公车改革 …………………（51）
咸宁市监察体制改革 ………………………（51）
咸宁市司法体制改革 ………………………（52）
潜江市纪检监察体制改革 …………………（52）
潜江市司法体制改革 ………………………（52）
天门市党的建设制度改革 …………………（52）

经济体制机制改革

武汉市全面创新改革 ………………………（53）
武汉市科技人才体制改革 …………………（53）
武汉市对外开放领域改革 …………………（54）
武汉市农业农村改革 ………………………（54）
黄石市财政体制改革 ………………………（54）
黄石市金融体制改革 ………………………（55）
黄石市商贸物流体制改革 …………………（55）
黄石市农业农村改革 ………………………（55）
鄂州市商事制度改革 ………………………（56）
孝感市经济体制改革 ………………………（56）
黄冈市财政体制改革 ………………………（56）
黄冈市税务和金融体制改革 ………………（57）
黄冈市国有企业改革 ………………………（57）
黄冈市商事制度改革 ………………………（57）
黄冈市城管执法体制改革 …………………（57）
咸宁市商事制度改革 ………………………（58）
咸宁市交通体制改革 ………………………（58）
咸宁市农村集体产权制度改革 ……………（58）
仙桃市农业供给侧结构性改革 ……………（59）
仙桃市商事制度改革 ………………………（59）
潜江市财政体制改革 ………………………（59）
潜江市工业体制改革 ………………………（59）
潜江市农村产权制度改革 …………………（60）
天门市经济体制改革 ………………………（60）
天门市商事制度改革 ………………………（60）
天门市农业供给侧结构性改革 ……………（61）

社会体制机制改革

武汉市文化体制改革 ………………………（61）
武汉市足球改革 ……………………………（61）
武汉市社会事业改革 ………………………（61）
武汉市生态文明体制改革 …………………（62）
黄石市医疗卫生体制改革 …………………（63）
黄石市教育体制改革 ………………………（64）
鄂州市社会体制改革 ………………………（64）
鄂州市生态文明体制改革 …………………（64）
孝感市文化体制改革 ………………………（65）

孝感市社会体制改革 ……………………… (65)
孝感市生态文明体制改革 ………………… (65)
黄冈市文化体制改革 ……………………… (65)
黄冈市医疗卫生体制改革 ………………… (65)
黄冈市养老保险制度改革 ………………… (66)
黄冈市生态文明体制改革 ………………… (66)
咸宁市健康扶贫领域改革 ………………… (66)
咸宁市文化市场监管体制改革 …………… (67)
咸宁市医疗卫生体制改革 ………………… (67)
潜江市社会管理体制改革 ………………… (67)
潜江市社会保障改革 ……………………… (68)
潜江市城乡一体化改革 …………………… (68)
潜江市生态管理体制改革 ………………… (68)
天门市社会体制改革 ……………………… (68)
天门市生态文明体制改革 ………………… (69)

产业发展

农　业

武汉市乡村振兴战略实施 ………………… (70)
武汉市农产品质量安全示范区建设 ……… (70)
武汉市农业产业化经营 …………………… (71)
　2018 年武汉市农业基本情况统计表 …… (72)
武汉市现代都市农业发展 ………………… (72)
武汉市“菜篮子”工程建设 ……………… (72)
武汉市果茶及食用菌生产 ………………… (73)
武汉市畜牧业 ……………………………… (73)
武汉市水产业 ……………………………… (74)
武汉市禁渔期治理 ………………………… (74)
武汉市长江鱼类人工增殖放流 …………… (74)
黄石市农业基本情况 ……………………… (74)
黄石市农业结构调整 ……………………… (75)
黄石市农村经济经营 ……………………… (75)
黄石市农业三产融合 ……………………… (75)
　2018 年黄石市农业基本数据统计表 …… (75)
　2018 年鄂州市新增各类林业产业基地示意图 …………………………………… (76)
　2018 年鄂州市林业产业基地示意图 ………… (76)
黄石市农业机械 …………………………… (76)
鄂州市生态农业 …………………………… (76)
鄂州市精准灭荒工程 ……………………… (76)
　2018 年鄂州市粮食作物生产统计表 …… (77)
　2018 年鄂州市经济作物生产统计表 …… (78)
孝感市农业产业发展 ……………………… (80)
孝感市农业“两区”规划 ………………… (81)
孝感市林业产业 …………………………… (81)
　2018 年孝感市农业基本数据统计表 …… (81)
孝感市畜牧业 ……………………………… (82)
孝感市现代渔业 …………………………… (82)
孝感市农村经济经营管理 ………………… (82)
孝感市农业机械化 ………………………… (83)
黄冈市农业基本情况 ……………………… (83)
黄冈市“菜篮子”工程 …………………… (83)
　2018 年黄冈市农业基本数据统计表 …… (84)
黄冈市农业产业化 ………………………… (84)
黄冈市畜牧业 ……………………………… (84)
黄冈市渔业项目建设 ……………………… (84)
黄冈市林业产业 …………………………… (84)
咸宁市农业产业振兴 ……………………… (85)
咸宁市特色种植业 ………………………… (85)
咸宁市林业特色基地建设 ………………… (85)
　2018 年咸宁市农业基本数据统计表 …… (86)
　2018 年咸宁市主要农产品生产统计表 … (86)
咸宁市农村产业融合发展 ………………… (86)
仙桃市农业综合生产能力 ………………… (86)
仙桃市“水稻+”种养产业………………… (87)
仙桃市打造“中国桃乡”品牌 …………… (87)
仙桃市渔业养殖新模式 …………………… (88)
潜江市农业 ………………………………… (88)
　2018 年潜江市农业基本数据统计表 …… (88)
中国驰名商标“潜江龙虾”………………… (88)
潜江市“一村一品”示范镇村 …………… (88)
天门市农业供给侧结构性改革 …………… (88)
天门市农业品牌创建 ……………………… (89)
天门林业资源保护 ………………………… (89)
　2018 年武汉城市圈各市农业基本情况统计表 …………………………………… (89)

工业和建筑业

武汉市工业 ……………………………………（89）

2014—2018年武汉市工业主要经济指标统计表 ……………………………………（90）

武汉市打造新兴产业集群 …………………（90）

武汉市民营经济 ……………………………（90）

武汉市工业重点产业 ………………………（90）

武汉市工业骨干企业 ………………………（90）

武汉市汽车产业 ……………………………（91）

武汉市船舶工业 ……………………………（91）

武汉市钢铁工业 ……………………………（91）

武汉市装备制造工业 ………………………（92）

第二届中国（武汉）智能制造大会举办 …（92）

武汉市食品工业 ……………………………（93）

武汉市建筑行业 ……………………………（93）

武汉市装配式建筑 …………………………（93）

黄石市工业 …………………………………（93）

2018年黄石市八大主导产业产值统计表（94）

黄石市县域工业 ……………………………（94）

黄石市建筑业 ………………………………（95）

黄石市建筑节能 ……………………………（95）

鄂州市工业 …………………………………（95）

2017—2018年鄂州市规模以上工业企业生产经营统计表 ………………………………（96）

鄂城钢铁有限公司智能化经营管控系统 …（96）

孝感市工业经济 ……………………………（96）

孝感市食品工业 ……………………………（97）

孝感应城盐磷化工工业 ……………………（97）

孝感安陆粮机产业 …………………………（98）

孝感市建筑业发展创新高 …………………（99）

黄冈市工业 …………………………………（99）

黄冈市建筑业 ………………………………（99）

黄冈市工业转型升级步伐加快 ……………（99）

2018年黄冈市规模以上工业企业基本情况统计表 ………………………………（100）

黄冈市食品饮料工业 ……………………（100）

咸宁市工业 ………………………………（100）

咸宁市建筑业 ……………………………（100）

咸宁市建筑质量安全管理 ………………（101）

咸宁市医药工业 …………………………（101）

2018年咸宁市规模以上工业企业基本情况统计表 ………………………………（101）

仙桃市工业 ………………………………（102）

仙桃市无纺布产业集群 …………………（102）

仙桃市食品工业 …………………………（102）

2018年仙桃市规模以上工业企业经济统计表 ……………………………………（103）

潜江市工业提质增效 ……………………（103）

2018年潜江市规模以上工业企业基本情况统计表 ………………………………（103）

天门工业转型升级 ………………………（103）

天门市建筑业 ……………………………（103）

2018年天门市工业企业主要经济指标统计表 ……………………………………（104）

现代服务业

武汉市商贸业 ……………………………（104）

武汉市电子商务 …………………………（105）

武汉市金融服务业 ………………………（105）

武汉市交通体系建设 ……………………（106）

武汉市城市公共交通服务业 ……………（107）

武汉市邮电服务业 ………………………（107）

武汉市旅游服务业 ………………………（108）

武汉市特色街区、名镇名村 ……………（108）

黄石市商贸流通 …………………………（109）

黄石市国际市场开拓 ……………………（109）

黄石市金融服务业 ………………………（109）

2018年鄂州市消费品零售情况分类统计表 ……………………………………（110）

黄石市交通运输快速发展 ………………（110）

黄石市优化旅游发展环境 ………………（110）

鄂州市商贸流通业 ………………………（110）

鄂州市农村电子商务业 …………………（111）

鄂州市金融改革 …………………………（111）

2018年鄂州市公路里程统计表 …………（111）

2018年鄂州市银行业金融机构基本情况统计表 ……………………………………（111）

2018 年鄂州市公路运输工具分类统计表 ⋯（111）
2018 年鄂州市邮政行业发展情况统计表 ⋯（112）
鄂州市邮政业 ⋯⋯（112）
孝感市服务业 ⋯⋯（112）
孝感市对外贸易 ⋯⋯（112）
孝感市推进农村电子商务 ⋯⋯（112）
孝感市银行业运行 ⋯⋯（113）
孝感市交通物流业 ⋯⋯（113）
孝感市邮电业 ⋯⋯（113）
孝感市旅游业 ⋯⋯（114）
黄冈市发展商贸流通业 ⋯⋯（114）
黄冈市对外贸易 ⋯⋯（114）
黄冈市交通运输业 ⋯⋯（115）
黄冈市邮政业安全发展 ⋯⋯（115）
黄冈市旅游业融合发展 ⋯⋯（115）
黄冈市农村旅游 ⋯⋯（116）
咸宁市做大做强贸易流通 ⋯⋯（116）
咸宁市建设“三依托”农村物流体系 ⋯⋯（117）
咸宁市金融业服务实体经济 ⋯⋯（117）
咸宁市邮电业服务民生 ⋯⋯（118）
咸宁市创建旅游品牌 ⋯⋯（118）
咸宁市乡村旅游精品工程 ⋯⋯（119）
仙桃市内外贸易流通 ⋯⋯（119）
仙桃市供销商业助力乡村振兴 ⋯⋯（119）
仙桃市金融业服务“三农” ⋯⋯（120）
仙桃市旅游业 ⋯⋯（120）
潜江市商贸流通 ⋯⋯（120）
潜江市金融服务业 ⋯⋯（120）
潜江市交通运输 ⋯⋯（121）
天门市城乡商贸物流 ⋯⋯（121）
天门市旅游业实现新突破 ⋯⋯（121）
天门市发展水陆交通运输 ⋯⋯（121）
天门市创新邮政优质服务 ⋯⋯（122）

开发区（功能区）建设

国家级开发区

武汉东湖新技术开发区 ⋯⋯（123）
武汉经济技术开发区（汉南区） ⋯⋯（125）
武汉临空港经济技术开发区 ⋯⋯（126）
黄石经济技术开发区 ⋯⋯（128）
2018 年黄石大冶湖高新区主要经济社会指标一览表 ⋯⋯（129）
2018 年黄石大冶湖高新区主要经济社会指标一览表 ⋯⋯（130）
黄石大冶湖高新区 ⋯⋯（130）
2018 年黄石大冶湖高新区各村基本情况一览表 ⋯⋯（131）
2018 年黄石大冶湖高新区各社区基本情况一览表 ⋯⋯（132）
葛店经济技术开发区 ⋯⋯（133）
孝感国家高新技术产业开发区 ⋯⋯（133）
黄冈高新技术产业开发区 ⋯⋯（135）
咸宁高新技术产业开发区 ⋯⋯（136）
仙桃国家高新技术开发区 ⋯⋯（137）

省级经济开发区

武汉阳逻经济开发区 ⋯⋯（137）
中法武汉生态示范城 ⋯⋯（138）
鄂州经济开发区 ⋯⋯（139）
2018 年鄂州市开发区基本情况表 ⋯⋯（139）
湖北花湖经济开发区 ⋯⋯（140）
湖北汉川经济开发区 ⋯⋯（140）
湖北安陆经济开发区 ⋯⋯（140）
湖北大悟经济开发区 ⋯⋯（141）
湖北孝昌经济开发区 ⋯⋯（141）
黄州火车站经济开发区 ⋯⋯（142）
赤壁高新技术产业园区 ⋯⋯（143）
通城经济开发区 ⋯⋯（143）
潜江经济开发区 ⋯⋯（144）
潜江园林星火技术密集区 ⋯⋯（144）
2018 年潜江市园林星火技术密集区基本情况表 ⋯⋯（144）
天门高新技术产业园 ⋯⋯（145）

特色园区

黄石新港（物流）工业园 ⋯⋯（145）

2018 年黄石市开发区基本情况表 ………(145)
孝感市临空经济区 ………(146)
双峰山旅游度假区 ………(147)
黄冈白潭湖片区 ………(147)
2018 年黄冈市开发区基本情况表 ………(147)
崇阳经济开发区 ………(148)
咸安经济开发区 ………(148)
嘉鱼经济开发区 ………(149)
仙桃工业园 ………(149)
2018 年咸宁市开发区基本情况表 ………(149)
2018 年仙桃市开发区基本情况表 ………(149)

城乡建设

市政建设

武汉市城市交通建设 ………(150)
武汉市迎军运城市建设提升 ………(150)
武汉市工程建设项目审批制度 ………(150)
武汉市长江主轴建设 ………(150)
武汉市城建重点工程推进 ………(151)
武汉市城市综合管廊建设 ………(151)
武汉中央商务区建设 ………(152)
武汉市路灯建设与维护管理 ………(152)
黄石市海绵城市建设 ………(152)
黄石市历史文化名城建设 ………(152)
黄石市名村名镇创建 ………(152)
鄂州市市政建设 ………(152)
孝感市城市建设转型升级 ………(153)
黄冈市市政基础设施建设 ………(153)
咸宁市市政建设 ………(154)
仙桃市市政建设 ………(154)
潜江市市政建设 ………(155)
天门市市政建设 ………(155)

城乡规划

武汉市规划编制引领城市发展 ………(155)
武汉市制定迎“军运”建筑立面整治标准 (156)
武汉市控规升级 ………(156)
武汉市规划建设“历史之城、当代之城、未来之城” ………(157)
武汉市土地市场管理 ………(157)
黄石市乡村振兴规划 ………(158)
鄂州市规划修编突出转型跨越发展 ………(158)
鄂州市“武鄂同城”战略发展研究 ………(158)
孝感市城乡规划 ………(159)
黄冈市城乡规划 ………(160)
咸宁市城乡规划 ………(160)
天门市城乡规划 ………(161)

房地产开发

武汉市房地产开发概况 ………(161)
武汉市商品房销售 ………(161)
武汉市商品房市场销售主体 ………(162)
武汉市房产管理 ………(162)
武汉市优秀历史建筑保护 ………(162)
武汉市住房公积金归集与管理 ………(163)
鄂州市 2018 年棚户区改造项目统计表 …(164)
黄石市房地产开发与监管 ………(164)
黄石市住房保障 ………(164)
鄂州市房地产开发管理 ………(164)
孝感市房地产开发管理 ………(165)
黄冈市房地产开发管理 ………(165)
咸宁市商品房销售管理 ………(166)
咸宁市棚户区改造 ………(166)
仙桃市房地产开发管理 ………(166)
潜江市商品房销售 ………(166)
潜江市保障性住房建设与管理 ………(166)
潜江市公积金管理 ………(167)
天门市保障性住房建设与管理 ………(167)
天门市房地产市场开发管理 ………(167)
天门市棚户区改造 ………(167)
2018 年潜江市房产建设基本情况表 ……(167)

水务建设

武汉市打造滨水生态绿城 ………(168)
武汉市防汛抗旱 ………(168)
武汉市水生态文明城市建设 ………(168)

武汉市河湖长制 ……………………………（168）
武汉市“四水共治”工程建设 ……………（169）
黄石市城市生活污水治理 …………………（170）
鄂州市水务项目建设 ………………………（170）
鄂州市河流湖泊整治 ………………………（170）
孝感市防汛抗旱 ……………………………（171）
孝感市农村饮用水安全工程 ………………（171）
孝感市依法治水管水 ………………………（171）
黄冈市湖泊综合治理 ………………………（172）
咸宁市水务建设 ……………………………（172）
咸宁市湖泊保护与水资源管理 ……………（173）
潜江市水务建设 ……………………………（173）
潜江市农村水利和湖泊保护 ………………（174）

村镇建设

武汉市生态特色小镇创建 …………………（174）
武汉市省级美丽宜居乡村示范项目建设 ……（174）
武汉市农村人居环境综合整治 ……………（175）
武汉市农村危房改造 ………………………（175）
黄石市美丽宜居村庄建设 …………………（175）
鄂州市梧桐湖科技特色小镇建设 …………（175）
鄂州市美丽宜居乡村建设 …………………（176）
孝感市村镇建设 ……………………………（176）
孝感市农村能源建设 ………………………（176）
孝感市美丽乡村建设 ………………………（177）
黄冈市美丽乡村建设 ………………………（177）
咸宁市村镇建设创建特色小镇 ……………（178）
咸宁市农村人居环境“三清三治”
　三年行动 …………………………………（178）
仙桃市农村人居环境建设 …………………（178）
潜江市特色小镇创建 ………………………（178）
天门市村镇建设 ……………………………（179）
天门市完成“厕所革命”推进 ……………（179）

生态文明建设

国土空间开发

武汉市国土空间开发 ………………………（180）
武汉市国土规划管理 ………………………（180）
武汉市耕地保护 ……………………………（180）
武汉市土地整治和高标准基本农田建设 …（181）
武汉市土地保护执法 ………………………（181）
黄石市国土规划管理 ………………………（181）
黄石市耕地保护 ……………………………（182）
鄂州市国土规划管理 ………………………（182）
鄂州市耕地保护 ……………………………（182）
鄂州市土地利用管理 ………………………（182）
孝感市国土规划管理 ………………………（183）
孝感市耕地保护 ……………………………（183）
孝感市用地报批绿色通道 …………………（183）
孝感市供地率和 GDP 地耗率考核 …………（183）
孝感市矿产资源开发与储量管理 …………（184）
黄冈市国土规划管理 ………………………（184）
黄冈市耕地保护 ……………………………（184）
黄冈市土地经营管理 ………………………（184）
黄冈市创建大别山世界地质公园 …………（185）
咸宁市国土规划管理 ………………………（185）
咸宁市开展土地整治和耕地占补平衡 ……（185）
潜江市耕地占补平衡管理 …………………（186）
潜江市土地违法违规案件查处 ……………（186）
天门市国土规划管理 ………………………（186）
天门市耕地保护 ……………………………（186）
天门市土地经营管理 ………………………（186）

资源节约管理

武汉市节约集约用地建设 …………………（187）
武汉市矿业权审批清理 ……………………（187）
武汉市节水减排 ……………………………（187）
黄石市节约集约示范市创建 ………………（188）
黄石市绿色建筑发展 ………………………（188）
鄂州市节约集约土地资源 …………………（189）
鄂州市远程异地评标开标 …………………（189）
孝感市水环境保护 …………………………（189）
黄冈市水资源保护 …………………………（190）
黄冈市生态农业工程 ………………………（190）
咸宁市节能环保 ……………………………（190）
仙桃市土地规划和管理 ……………………（191）

仙桃市生活垃圾焚烧发电厂试运行 ………(191)
潜江市节能降耗循环经济发展 ……………(191)

生态环境保护

武汉市生态环境保护 ………………………(192)
武汉市大气污染防治 ………………………(192)
武汉市污水治理 ……………………………(193)
武汉市园林绿化建设 ………………………(194)
武汉市生态资源保护 ………………………(194)
武汉市农村环境综合整治 …………………(195)
武汉市生态文明体制改革 …………………(195)
黄石市农业环保 ……………………………(195)
黄石市水生态环境保护 ……………………(196)
黄石市空气水质生态环境质量提升 ………(196)
鄂州市“蓝天保卫战”……………………(196)
鄂州市环境问题整改 ………………………(197)
鄂州市全域生态价值工程实施 ……………(197)
孝感市大气污染精准防治 …………………(198)
孝感市水环境治理 …………………………(198)
孝感市土壤污染和环境风险防控 …………(198)
黄冈市生态环境创优 ………………………(198)
黄冈市自然保护区管理 ……………………(199)
黄冈市林业湿地保护 ………………………(199)
黄冈市自然生态保护 ………………………(199)
黄冈市节能降耗和环境保护 ………………(199)
咸宁市生态环境保护 ………………………(200)
咸宁市大气污染治理 ………………………(200)
咸宁市碧水净土攻坚战 ……………………(200)
咸宁市园林绿化 ……………………………(200)
仙桃市生态环境质量提升 …………………(201)
仙桃市环境污染防治 ………………………(201)
潜江市生态环境保护 ………………………(201)
潜江市环境污染综合整治 …………………(202)
潜江市湖泊和湿地生态保护 ………………(203)
潜江市园林绿化建设 ………………………(203)
潜江市生态文明制度建设 …………………(203)
天门市环境质量保稳创优 …………………(203)
2018 年天门市河流水质状况一览表 ……(204)
2018 年天门市湖泊专项调查水质监测结果一览表 ……………………………(204)
天门市环境污染防治 ………………………(205)
2016—2018 年天门市环境空气质量表 …(205)
天门市绿色发展战略实施 …………………(206)
天门市园林绿化建设 ………………………(206)

社会发展

科学技术

武汉市科技体制改革 ………………………(207)
武汉市高新技术产业产值 …………………(207)
武汉市高新技术企业培育 …………………(207)
武汉市国家制造业创新中心建设 …………(207)
武汉市科技创新平台建设 …………………(207)
武汉市院士经济 ……………………………(208)
武汉市众创孵化平台建设 …………………(208)
武汉市科技成果转化 ………………………(208)
武汉市科技合作与交流 ……………………(209)
武汉市科技获奖成果 ………………………(209)
武汉市专利管理 ……………………………(209)
武汉市获批国家知识产权运营服务体系建设试点城市 ………………………………(210)
武汉市成立知识产权保护中心和快速维权中心 ………………………………(210)
武汉市知识产权保护 ………………………(210)
黄石市科技创新平台建设 …………………(210)
黄石市高新技术产业产值 …………………(210)
黄石市科技成果转化 ………………………(211)
黄石市科技创新投入 ………………………(211)
黄石市知识产权保护 ………………………(211)
鄂州市高新技术增加值和科研成果 ………(211)
鄂州市“333”高层次创新创业人才团队 …(211)
孝感市高新技术产业 ………………………(211)
孝感市科技创新平台建设 …………………(212)
孝感市科技服务与成果转化 ………………(212)
孝感市科技协作一体化 ……………………(212)
黄冈市高新技术产业 ………………………(212)
黄冈市科技创新平台建设 …………………(213)
黄冈市科技服务与成果转化 ………………(213)

黄冈市科技创新与专利管理 ……………………(213)
2015—2018 年黄冈市科技活动和高新技术产业统计表 ……………………………(213)
咸宁市高新技术产业 ………………………(213)
咸宁市大众创业万众创新 …………………(214)
仙桃市科技创新 ……………………………(214)
仙桃市专利管理和知识产权保护 …………(214)
2014—2018 年仙桃市科技活动和高新技术产业统计表 ……………………………(215)
潜江市高新技术企业产值 …………………(215)
潜江市科技成果转化 ………………………(215)
潜江市科技服务 ……………………………(215)
2015—2018 年潜江市科技活动和高新技术产业统计表 ……………………………(215)
天门市科技创新 ……………………………(216)
天门市知识产权保护 ………………………(216)

教　育

武汉市教育体制改革 ………………………(216)
武汉市普惠教育 ……………………………(217)
2018 年武汉地区各级各类教育机构基本情况统计表 ……………………………(217)
武汉市教育经费投入 ………………………(218)
武汉市教育基础设施建设 …………………(218)
武汉市教师队伍建设 ………………………(218)
武汉市招生考试工作 ………………………(219)
武汉市教育科研 ……………………………(219)
黄石市教育体制改革 ………………………(219)
2018 年黄石市基础教育统计表 …………(220)
黄石市教育基础设施建设 …………………(220)
黄石市校园安全管理 ………………………(220)
黄石市教师队伍建设 ………………………(220)
鄂州市教育体制改革 ………………………(221)
鄂州市教育机构与在校学生 ………………(221)
2018 年鄂州市基础教育统计表 …………(221)
孝感市教育机构与在校学生 ………………(221)
孝感市教育改革和发展 ……………………(221)
孝感市教师队伍建设 ………………………(222)
孝感市教育信息化建设 ……………………(222)
孝感市校园安全管理 ………………………(222)
孝感市中等职业教育 ………………………(222)
黄冈市教育机构与在校学生 ………………(222)
黄冈市教育体制改革 ………………………(222)
黄冈市教师队伍建设 ………………………(223)
黄冈市教育经费投入 ………………………(223)
黄冈市教育精准扶贫 ………………………(223)
2018 年黄冈市学校（幼儿园）统计表 …(223)
咸宁市教育机构与学生 ……………………(224)
咸宁市教育体制改革 ………………………(224)
咸宁市招生与考试 …………………………(224)
2018 年咸宁市学校（幼儿园）统计表 …(224)
仙桃市教育基础设施建设 …………………(224)
仙桃市教师队伍建设 ………………………(224)
仙桃市教学研究 ……………………………(225)
仙桃市职业教育 ……………………………(225)
2018 年仙桃市学校（幼儿园）统计表 …(225)
潜江市教育机构与在校学生 ………………(226)
2018 年潜江市学校（幼儿园）统计表 …(226)
潜江市教育基础设施建设 …………………(226)
潜江市教师聘用制改革 ……………………(226)
天门市教育机构与在校学生 ………………(226)
天门市教育体制改革 ………………………(226)
天门市教育经费投入 ………………………(226)
天门市教师队伍建设 ………………………(227)
2018 年天门市基础教育统计表 …………(227)

文　化

武汉市文化产业 ……………………………(227)
武汉市公共文化建设 ………………………(227)
武汉市“图书馆＋信用”服务 ……………(228)
武汉市文博事业 ……………………………(228)
武汉市文学艺术活动 ………………………(228)
武汉市文化交流 ……………………………(229)
武汉市广播影视 ……………………………(229)
武汉市广播电视产业 ………………………(229)
武汉市新闻出版 ……………………………(229)
黄石市公共文化服务体系建设 ……………(230)
黄石市群众文化活动 ………………………(230)

黄石市文物保护与利用 ……………………（230）
鄂州市群众文化活动 ……………………（230）
鄂州市广播电视 …………………………（230）
鄂州市文艺创作 …………………………（231）
鄂州市文物保护 …………………………（231）
2018年鄂州市文物保护情况分类统计表…（231）
孝感市群众文化活动 ……………………（231）
孝感市公共文化服务 ……………………（232）
孝感市文艺创作 …………………………（232）
孝感市文物保护 …………………………（232）
孝感市文化市场监管 ……………………（232）
孝感市广播电视 …………………………（232）
孝感市文化产业 …………………………（232）
黄冈市文化基础设施建设 ………………（233）
黄冈市群众文化活动 ……………………（233）
黄冈市文艺创作 …………………………（233）
黄冈市非物质文化遗产保护 ……………（233）
黄冈市广播电视 …………………………（234）
咸宁市文化产业 …………………………（234）
咸宁市群众文化活动 ……………………（234）
咸宁市文化遗产保护 ……………………（234）
咸宁市广播电视 …………………………（234）
仙桃市文化基础设施建设 ………………（235）
仙桃市群众文化活动 ……………………（235）
仙桃市文化遗产保护 ……………………（235）
仙桃市广播电视 …………………………（236）
潜江市群众文化活动 ……………………（236）
潜江市文化市场管理 ……………………（236）
天门市公共文化服务体系建设 …………（236）
天门市群众文艺活动 ……………………（237）
天门市文化遗产保护 ……………………（237）
天门市广播电视 …………………………（237）

卫　生

武汉市医疗卫生机构和人员 ……………（237）
武汉市诊疗和健康 ………………………（238）
武汉市基层卫生体制改革 ………………（238）
武汉市医政医务管理 ……………………（238）
武汉市医疗互联网＋建设 ………………（239）
武汉市疾病预防控制 ……………………（239）
武汉市人口和计划生育 …………………（239）
黄石市健康扶贫 …………………………（240）
黄石市医疗卫生体制改革 ………………（240）
2018年黄石市医疗卫生机构情况统计表…（240）
鄂州市医疗卫生机构和人员 ……………（241）
鄂州市医疗卫生体制改革 ………………（241）
健康鄂州建设 ……………………………（241）
鄂州市疾病预防控制 ……………………（242）
鄂州市计划生育和健康扶贫 ……………（242）
孝感市医疗卫生体制改革 ………………（242）
孝感市人口和计划生育 …………………（242）
孝感市疾病预防控制 ……………………（243）
孝感市基层卫生服务体系建设 …………（243）
孝感市医政管理 …………………………（243）
孝感市供血工作 …………………………（243）
黄冈市医疗卫生机构和人员 ……………（244）
2013—2018年黄冈市每千人口床位、卫生技术人员表 ……………………………（244）
黄冈市医疗卫生体制改革 ………………（244）
黄冈市计划生育管理 ……………………（244）
咸宁市医疗卫生机构和人员 ……………（245）
咸宁市医药卫生体制改革 ………………（245）
咸宁市医疗服务体系建设 ………………（245）
咸宁市计划生育与健康管理 ……………（245）
仙桃市医疗卫生机构 ……………………（245）
仙桃市医疗卫生体制改革 ………………（245）
仙桃市智慧医疗建设 ……………………（246）
仙桃市人口和计划生育 …………………（246）
仙桃市血吸虫病防治 ……………………（246）
潜江市医疗卫生机构和人员 ……………（246）
潜江市医疗基础设施建设 ………………（247）
潜江市人口与计划生育 …………………（247）
2018年潜江市医疗卫生机构分布统计表…（247）
天门市医疗卫生机构和人员 ……………（247）
天门市医疗卫生体制改革 ………………（247）
天门市医疗基础设施建设 ………………（248）
天门市健康管理 …………………………（248）
天门市疾病预防控制 ……………………（248）

天门市人口与计划生育 ……………………（248）

体　育

武汉市群众体育 ……………………（248）
武汉市竞技体育 ……………………（249）
武汉市足球事业发展 ……………………（249）
武汉市体育产业 ……………………（249）
武汉市体育赛事 ……………………（249）
武汉渡江节 ……………………（250）
黄石市承办湖北省第十五届运动会 ……………………（250）
黄石市群众体育 ……………………（251）
黄石市体育人才培养 ……………………（251）
黄石市体育产业 ……………………（251）
鄂州市群众体育 ……………………（252）
孝感市体育赛事 ……………………（252）
孝感市竞技体育 ……………………（252）
孝感市群众体育 ……………………（252）
孝感市体育人才培养 ……………………（252）
孝感市体育产业 ……………………（253）
黄冈市体育设施建设 ……………………（253）
黄冈市群众体育 ……………………（253）
黄冈市青少年体育 ……………………（253）
咸宁市群众体育 ……………………（253）
咸宁市体育设施建设和体育产业 ……………………（254）
仙桃市群众体育 ……………………（254）
仙桃市竞技体育 ……………………（254）
仙桃市体育设施建设 ……………………（254）
潜江市群众体育 ……………………（255）
天门市体育活动 ……………………（255）

城乡居民生活

武汉市城乡居民收入和消费 ……………………（255）
武汉市社区建设 ……………………（256）
武汉市社会救助 ……………………（256）
武汉市养老服务 ……………………（257）
武汉市公办福利院改革 ……………………（257）
黄石市城乡居民收入 ……………………（257）
黄石市社会救助 ……………………（257）
黄石市养老服务 ……………………（257）
鄂州市城乡居民收入和消费 ……………………（258）
孝感市城乡居民收入和消费 ……………………（258）
孝感市社会救助 ……………………（258）
黄冈市城乡居民收入和价格指数 ……………………（258）
黄冈市社会救助 ……………………（258）
咸宁市城乡居民收入和消费 ……………………（259）
咸宁市社会救助 ……………………（259）
咸宁市养老服务 ……………………（259）
仙桃市城乡居民收入和消费 ……………………（260）
仙桃市社会救助 ……………………（260）
潜江市城乡居民收入 ……………………（260）
潜江市社会救助 ……………………（260）
天门市城乡居民收入和消费 ……………………（260）

人力资源和社会保障

武汉市就业创业 ……………………（260）
武汉市社会保障 ……………………（261）
武汉市人才队伍建设 ……………………（261）
黄石市就业创业 ……………………（261）
黄石市社会保障 ……………………（262）
黄石市人才队伍建设 ……………………（262）
黄石市劳动关系 ……………………（262）
鄂州市就业创业 ……………………（262）
鄂州市社会保障 ……………………（263）
鄂州市人才队伍建设 ……………………（263）
孝感市就业创业 ……………………（263）
孝感市社会保障 ……………………（264）
黄冈市就业创业 ……………………（264）
黄冈市社会保障 ……………………（264）
黄冈市人才队伍建设 ……………………（264）
咸宁市社会保障 ……………………（265）
仙桃市就业创业 ……………………（265）
仙桃市社会保障 ……………………（265）
仙桃市人才队伍建设 ……………………（265）
潜江市就业创业 ……………………（266）
潜江市社会保障 ……………………（266）
天门市就业创业 ……………………（266）
天门市社会保障 ……………………（266）
天门市人才队伍建设 ……………………（266）

天门市移民安置 ……………………………(266)

精神文明建设

武汉市文明城市建设 ………………………(267)
武汉市群众性文明创建活动 ………………(267)
武汉市精神文明建设方式创新 ……………(267)
武汉市先进模范人物评选 …………………(267)
黄石市精神文明建设 ………………………(268)
鄂州市精神文明建设 ………………………(268)
孝感市精神文明建设 ………………………(268)
黄冈市精神文明建设 ………………………(269)
咸宁市精神文明建设 ………………………(270)
仙桃市精神文明建设 ………………………(270)
潜江市精神文明建设 ………………………(271)
天门市精神文明建设 ………………………(271)

附 录

城市圈论坛

武汉城市圈一体化建设研究 ………………(272)
2018 年各城市群(圈)相关数据一览表…(275)

媒体聚焦

统计资料

2018 年武汉城市圈各市土地面积与行政区划统计表 ……………………………(283)
2018 年武汉市规模以上工业企业主要经济指标一览表 …………………………(283)
2018 年武汉城市圈各市国民经济和社会发展总量指标一览表 ………………………(284)
2018 年武汉城市圈各市人口构成与变动情况统计表 ……………………………(285)
2018 年武汉市规模以上工业产品产量一览表 ……………………………………(285)
2018 年黄石市规模以上主要工业产品产量一览表 ……………………………………(286)
2018 年黄石市规模以上工业产值一览表 ……………………………………(286)
2018 年咸宁市主要工业产品产量一览表 ……………………………………(287)
2018 年鄂州市主要工业品产量一览表 …(287)
2018 孝感市主要工业产品产量一览表 …(287)
2018 年武汉市农林牧渔业总产值及构成一览表 ………………………………(288)
2018 年武汉城市圈各市全社会固定资产投资增速情况统计表 …………………(288)
2018 年武汉城市圈各市主要农产品产量统计表 ………………………………(289)
2018 年武汉城市圈各市全社会固定资产投资增速情况统计表 …………………(290)
2018 年武汉城市圈各市财政收支情况统计表 ……………………………………(290)
2018 年武汉城市圈各市社会消费品零售总额统计表 ………………………………(291)
2018 年武汉城市圈各市物价指数统计表 ……………………………………(291)
2018 年武汉城市圈各市卫生事业机构和人员情况统计表 ………………………………(292)
2018 年度武汉市竞技体育贡献奖(最佳)成绩汇总表 ………………………………(292)
2018 年武汉市园林和林业主要数据统计表 ……………………………………(293)
2018 年武汉城市圈各市主要经济指标统计表 ……………………………………(294)

索引…………………………………………………(295)

Contents

Record of Great Events ……………………………(1)

The Comprehensive Reform Test of "Two-oriented Society" Construction

Summary ……………………………………………… (12)
Economic and Social Developments …………… (13)

Important Activities and Construction of Major Projects

Important Activities and Meetings ……………… (29)
Infrastructure Projects ……………………………… (39)
Industry Upgrading Projects ……………………… (42)
Ecological Conservation Projects ……………… (44)

The Reform of Mechanism and System

The Reform of Political System and Mechanism … (47)
The Reform of Economic System and Mechanism… (53)
The Reform of Social System and Mechanism … (61)

Industrial development

Agriculture …………………………………………… (70)
Industry and Construction ………………………… (89)
Modern Service Industry …………………………(104)

Development Zone (Functional Area) Construction

National Grade High-tech Zone ………………(123)
Provincial Grade Economic Development Zone (137)
Characteristic Parks ………………………………(145)

Urban and Rural Construction

Municipal Construction ……………………………(150)
Urban and Rural Planning ………………………(155)
Real Estate Development …………………………(161)
Water Affairs ………………………………………(168)
Villages and Towns Construction ………………(174)

Ecological Civilization Construction

Territory Space Development ……………………(180)
Resource Saving Management ……………………(187)
Ecological and Environmental Conservation ……(192)

Social Development

Science and Technology …………………………(207)
Education …………………………………………(216)
Culture ……………………………………………(227)
Public Health ………………………………………(237)
Sports ………………………………………………(248)
Livelihoods of Urban and Rural Residents ………(255)
Human Resources and Social Security …………(260)
Spiritual Civilization Construction ………………(267)

Appendix

Wuhan Metropolis Circle Forum …………………(272)
Media Focus ………………………………………(278)

Wuhan Metropolis Circle Statistics …………(283)

Index ……………………………………………(295)

大　事　记

1 月

1 日

即日起，武汉市停止征收“九桥一隧一路”ETC 车辆通行费（ETC，英文 Electronic Toll Collection 的缩写，即电子收费系统）。“九桥一隧一路”指长江二桥、白沙洲长江大桥、天兴洲长江大桥、二七长江大桥、鹦鹉洲长江大桥、晴川桥、月湖桥、长丰桥、古田桥、武汉长江隧道和三环线道路。

5 日

中科院科技成果转化基金发起协议签约仪式在中科院武汉分院举行，标志中科院建院以来首支面向科技成果转化的总部级母基金落户武汉。基金规模 50 亿—70 亿元（其中，武汉市出资 20 亿元）。中国科学院控股有限公司、中科院创业投资管理有限公司、武汉科技投资有限公司、武汉光谷产业发展基金现场签约。

9—13 日

政协武汉市第十三届委员会第二次会议召开。会议审议通过政协武汉市第十三届委员会第二次会议建议案，提出《关于加快打造“长江文明之心”，推动武汉历史之城建设的建议案》《关于以世界军运会为契机，全面提升城市环境品质的建议案》《关于进一步深化对外开放，全面推进国际化大武汉建设的建议案》。大会审议通过《政协武汉市第十三届委员会第二次会议关于常务委员会工作报告的决议》《政协武汉市第十三届委员会第二次会议关于十三届一次会议以来提案工作情况报告的决议》《政协武汉市第十三届委员会第二次会议政治决议》。526 名市政协委员出席会议。

10—13 日

武汉市第十四届人民代表大会第二次会议召开。会议听取市长万勇作的《政府工作报告》，表决通过《关于武汉市人民政府工作报告的决议》《关于武汉市 2017 年国民经济和社会发展计划执行情况与 2018 年国民经济和社会发展计划的决议》《关于 2017 年全市和市本级预算执行情况与 2018 年全市和市本级预算的决议》《关于武汉市人民代表大会常务委员会工作报告的决议》《关于武汉市中级人民法院工作报告的决议》《关于武汉市人民检察院工作报告的决议》《关于议案的决议》。521 名市人大代表出席会议。

13 日

440 家海外媒体转载新华社新闻报道《百公里世界级城市绿道扣环成网，倡导都市慢生活》。“中国武汉有条世界级东湖绿道”的消息通过六种语言，被美国、加拿大、日本、泰国、马来西亚、新加坡、印度、澳大利亚、阿根廷、智利、哥伦比亚、西班牙、比利时等国人民了解，报道遍及亚太地区、美洲地区、欧洲地区。据统计，浏览点击量超过 1 亿人次。

15 日

武汉市监察委员会挂牌成立，实现市监察委员会和纪委合署办公，标志着武汉市监察体制改革迈出关键一步。

18 日

中共武汉市委常委、东湖高新区党工委书记程用文到黄冈市调研黄冈科技产业园工作。

19 日

鄂州市政府与中国航天汽车有限责任公司签订合作框架协议，共同推进鄂州市智慧公交体系建设。

22 日

咸宁市政府与湖北省长江产

业投资集团举行战略合作框架协议签约仪式。双方成立合资公司，就咸宁市生态保护和绿色发展项目进行合作，高标准建设长江经济带人与自然和谐共生的试验区。

31 日

英国首相特雷莎·梅乘专机抵达武汉，开始为期三天的国事访问。访问期间，特雷莎·梅出席湖北英国教育文化交流展，考察长江水资源及水生物保护情况，了解武汉市“四水共治”（防洪水、排涝水、治污水、保供水）、长江断面水质考核、“河长制”（由各级党政主要负责人担任“河长”，负责组织领导相应河湖的管理和保护工作）实践等情况。

2 月

1 日

中共湖北省委副书记、武汉市委书记、武汉市全面深化改革领导小组组长陈一新主持召开武汉市深化改革领导小组会议。会议传达学习中央深化改革领导小组第二次会议精神，研究 2018 年武汉市重点改革项目，审议通过武汉市《2018 年全面深化改革工作要点》、“争当全面深化改革排头兵”项目清单、各区（功能区）特色改革项目清单，确定年度 110 项改革要点。

2 日

2018 年国防部中外媒体新春招待会首次在军事博物馆举行。招待会上，国防部和外交部新闻发言人向全世界推介第七届世界军人运动会吉祥物“兵兵”。吉祥物“兵兵”设计灵感来源于国家一级重点保护野生动物、长江流域洄游鱼种——中华鲟，中华鲟被誉为“水中大熊猫”“水中活化石”。

5 日

《中国经济生活大调查（2017—2018）》发布报告，在 2017 年“中国最具幸福感的省会城市和直辖市”大数据调查中，武汉排名第一。中国经济生活大调查始于 2006 年，被誉为全球最大规模“美好生活”主题调查。

13 日

武汉经济技术开发区（汉南区）与随州市政府签订合作协议，共同兴建武汉开发区随州产业园。该产业园位于随州高新技术产业园区，规划面积 10 平方千米，双方拟按照股份比例共同出资组建产业园建设投资公司，作为产业园投融资及运营主体，三年内完成产业园基础设施建设。该产业园将在行政审批、投融资机制、招商机制、监管机制、产城融合方面，进行改革创新、先试先行。

23 日

国务院、中央军委印发《国务院中央军委关于同意新建湖北鄂州民用机场的批复》，同意新建湖北鄂州民用机场。机场性质定位为客运支线、货运枢纽机场，总投资 372.6 亿元。

26 日

△黄冈市政府与省交通投资公司签订《黄冈临空经济区开发战略合作框架协议》。

△武汉市与英国曼彻斯特市签署 2018 年友好合作行动计划，双方将在政府交往、经贸、科教、体育、文化、旅游等领域深化合作。

28 日

潜江市高新技术产业园区升级为国家级高新技术产业开发区，定名为“潜江高新技术产业开发区”，实行现行国家高新技术产业开发区政策。

3 月

4 日

全国政协委员、武汉市政协主席胡曙光作为第一提案人，与张文彤、肖凯旋、陈纯星、高宗余等驻鄂全国政协委员向全国政协十三届一次会议联名提案，提出《关于支持设立国家级武汉长江新区的建议》。提案认为设立国家级武汉长江新区在四个层面意义重大：在全球层面，打造一个承担国家战略、传承长江文明的样板区，探索城市科学发展的新路径；在国家层面，打造一个国家中心城市新引擎，构建中部开放型经济新高地；在区域层面，打造长江经济带新增长极，辐射带动武汉城市圈、长江中游城市群、大别山革命老区协调发展；在市域层面，优化城市空间布局，实现城市高质量发展，为实现“建成支点、走在前列”的目标增添新动能。

6 日

“五谷共建、双招双引”重点会展项目签约发布会在中国光谷科技会展中心举行。中国大数据智能产业博览会、全球公共采购论坛暨公共采购博览会、中国互联网双创大会等 10 个全国性重点会展项目现场签约，签约项目总展览面积 16 万平方米，会议场次 100 场，参观人数 20 万人。

13 日

紫光集团有限公司、中国建筑设计院、北京中设汉禾数字技术发展中心联合在武汉成立中国建筑科技数字城市股份有限公司，开展 BIM（建筑信息模型）技术深度研发，推广绿色装配式建筑，在汉建设“中国数字城市档案馆”。该项目总投资 50 亿元，研发 BIM 技术为建筑行业的设计类、施工类和运维类企业提供技术服务和培训，推动建筑设计行业产业、数据、资源聚集，形成产业链和生态圈，为武汉打造“设计之都”提供重要支撑。

16 日

武汉市召开招才引智大会。会议提出，武汉市要打造世界级高度的“塔尖”，发展“院士经济”；打造全国一流的“塔身”，做强做大“新时代校友经济”；打造全国引领的“塔基”，创新发展“精英经济”；打造国际人才自由港，加快发展“海归经济”；打造人才发展最优城市，优化创业创新创富生态，在大学生落户、住房、收入政策和创新举措的基础上再深化、再配套，不断完善高端人才子女入学、就医、买房专供等绿色通道服务。

22 日

第二届中国（潜江）国际龙虾·虾稻产业博览会暨第九届湖北（潜江）龙虾节新闻发布会在湖北省政府新闻发布厅举行。

29 日

孝感市召开旅游发展大会，湖北省旅游委主任晏蒲柳出席会议并讲话，会议决定孝感市与武汉市联合推出“汉孝旅游一卡通”。孝感市成为武汉城市圈唯一一个将景区纳入武汉旅游年卡管理范围的城市。

4 月

1 日

光谷有轨电车 L1、L2 线通车试运营。光谷有轨电车定名为“光谷量子号”，车身长 34.8 米，每列车 5 节编组，最高运行速度 70 千米 / 小时，最多能容纳 360 名乘客。L1 线华中大—佛祖岭，主要覆盖南北向成熟区；L2 线城铁汤逊湖—光谷植物园，主要覆盖东西向引领区。

2 日

《2017 年度湖北脱贫攻坚发展报告》发布，武汉“三乡工程”（市民下乡、能人回乡、企业兴乡）扶贫新模式在湖北省推广。《报告》指出，2017 年，武汉市出台鼓励市民下乡支持措施、促进市民下乡与脱贫攻坚相结合支持措施、利用贫困村闲置集体建设用地实现精准脱贫指导意见等政策举措，促进 271 个贫困村农民新增收入 2.82 亿元，收入增长贡献率 75.3%。

9 日

中共湖北省委书记、第七届世界军人运动会湖北省筹办工作领导小组组长蒋超良到武汉市调研军运会场馆建设工作。蒋超良指出，举办第七届世界军人运动会是习近平总书记和中央军委作出的重大决策部署，承办好这次赛会是党中央、国务院和中央军委交给湖北和武汉的重大政治任务，要提高政治站位，认真学习贯彻习近平新时代中国特色社会主义思想和党的十九大精神，深入学习领会习近平总书记关于体育工作的一系列重要指示精神，从增强政治意识、大局意识、核心意识、看齐意识的高度，高起点、高质量、高标准、高效益开展军运会筹办工作。

10 日

武汉城市仿真实验室专家研讨会在武汉召开。会议指出，武汉在建设城市仿真实验室、开展强化顶层设计、加速数据汇集、建立监测体系、实施仿真模拟等工作为全国城市规划、管理、决策提供借鉴样本，为全面深化改革提供武汉经验。

15 日

2018 武汉马拉松举行，国内外 2.4 万名选手参加比赛。经过角逐，摩洛哥选手布达德卫冕男子全程马拉松冠军，成绩为 2 小时 15 分 29 秒；埃塞俄比亚选手胡德以 2 小时 28 分 35 秒获女子全程马拉松冠军。

17 日

联合国教科文组织执行局第 204 次会议审议通过，批准黄冈市大别山地质公园为世界地质公园。该地质公园横跨罗田、英山、麻城三地，总面积 2625.54 平方千米。

18 日

黄冈市与武汉地产集团正式签订建筑产业化生产基地项目合同。该项目总投资 10.57 亿元，生产一体化建筑外墙产品。

26 日

中共中央总书记、国家主席、中央军委主席习近平在武汉主持召开“深入推动长江经济带发展座谈会”并发表重要讲话。习近平强调，推动长江经济带发展是党中央作出的重大决策，是关系国家发展全局的重大战略。新形势下推动长江经济带发展，关键是要正确把握整体推进和重点突破、生态环境保护和经济发展、总体谋划和久久为功、破除旧动能和培育新动能、自我发展和协同发展的关系，坚持新发展理念，坚持稳中求进工作总基调，坚持共抓大保护、不搞大开发，加强改革创新、战略统筹、规划引导，以长江经济带发展推动经济高质量发展。中共中央政治局常委、国务院副总理、推动长江经济带发展领导小组组长韩正出席座谈会并讲话。国家发展和改革委员会主任何立峰、生态环境部部长李干杰、交通运输部部长李小鹏、水利部部长鄂竟平、中共重庆市委书记陈敏尔、中共湖北省委书记蒋超良、中共上海市委书记李强 7 人先后发言。

27 日

国家主席习近平在武汉会见印度总理莫迪并参观湖北省博物馆精品文物展。中共中央政治局委员、中央书记处书记、中央办公厅主任丁薛祥，中共中央政治局委员杨洁篪，国务委员兼外交部长王毅等陪同。

29 日

武汉市人民政府市长万勇主持召开市委常委会（扩大）会议，传达学习习近平总书记在视察湖北武汉期间的系列重要指示精神。万勇强调，要坚持以习近平新时代中国特色社会主义思想为指导，深入贯彻落实习近平总书记系列重要讲话精神，正确把握处理好推动长江经济带发展“五大关系”（即整体推进和重点突破、生态环境保护和经济发展、总体谋划和久久为功、破除旧动能和培育新动能、自我发展和协同发展的关系），坚持新发展理念，坚持稳中求进工作总基调，坚持共抓大保护、不搞大开发，精心谋划推进武汉改革发展各项任务，加快推进国家中心城市和“三化”（现代化、国际化、生态化）大武汉建设，努力走在全国新一轮改革开放、长江经济带发展、高质量发展前列。

5 月

3 日

武汉市发改委党委扩大会议决定，2018 年武汉市将优化提升“四水共治”，计划投资 288.67 亿元实施 446 个项目，比上年增长 25.3%，项目资金重点安排长江新城、长江主轴、东湖绿心、乡镇生活污水治理、农村面源污染防治等。

9 日

上海合作组织成员国首届旅游部长会议在武汉召开，各国代表团在会上达成多项共识。会上，各代表团团长介绍本国旅游业发展情况，探讨挖掘合作潜力、拓宽合作领域、深化务实合作。

16 日

仙桃保税物流中心（B 型）通过武汉海关等单位组织的联合验收。武汉海关副关长王捍洲与湖北省政府副秘书长陈惠霞签署《仙桃保税物流中心（B 型）验收纪要》，仙桃保税物流中心开始封关运营，10 家仙桃外贸企业正式入驻。

23 日

中共中央办公厅、国务院办公厅印发《关于深入推进审批服务便民化的指导意见》，部署深入推进审批服务便民化工作。《意见》附武汉市典型案例，总结推广武汉经验，供各地学习借鉴。

25 日

第十一届中国生物产业大会暨第三届“中国光谷”国际生命健康产业博览会在武汉举行，40 个国家和地区的政府官员、企业家和专家参会。13 名两院院士，医院院长、科室主任、医生 200 名，高校及科研机构学者 100 名，国内外商界领袖 60 名参加专业论坛。大会主题为“发展生物经济，助力健康中国”。会上，26 个生命健康产业重大项目集中签约，总投资金额 260 亿元；设立 50 亿元武汉光谷生命健康产业基金，与 16 只生命健康产业子基金签约，金额 130 亿元。

25 日

纪念李时珍诞辰 500 周年暨第八届海峡两岸李时珍医药文化与产业合作发展论坛在武汉召开。论坛由湖北省政府台湾事务办公室、省卫计委、省食药监局、湖北中医药大学、黄冈市政府共同主办。来自海峡两岸的专家学者、产业界人士、国台办、国家中医药管理局、湖北省相关负责人 300 人参加会议，与会人员以“弘扬中华传统医药文化，深化两岸产业交流合作”为主题，交流推动中医药、生技健康产业发展、两岸中医药文化与产业合作。

28 日

鄂州市投资 120 亿元的葛店动漫文化小镇正式签订投资协议。项目由小明太极（湖北）国漫文化有限公司投资，建设内容包括动漫产业园、动漫商业街、游乐馆、剧场、展览馆、动漫影视基地等，总建筑面积 41.6 万平方米。

6 月

1 日

武汉市实施“四十五证合一、一照一码”商事登记制度改革。此次登记制度改革涉及 21 个部门 45 类涉企证照事项整合。

3 日

中共武汉市委副书记、武汉市人民政府代市长周先旺到东风汽车集团有限公司、中国宝武武汉总部调研。周先旺在调研时强调，要实施创新驱动发展战略，大力优化商务环境，支持在汉重点企业做大做强，加快推动新旧动能转换，促进企业和城市共荣共生。

5 日

市场监管总局、国家标准化管理委员会批准发布首批 15 项产业扶贫国家标准，湖北省白龙蓝莓精准扶贫 1 家标准化案例获批。

7 日

中共湖北省委副书记、省人民政府省长王晓东到鄂州市调研湖北国际物流核心枢纽项目建设，现场解决实际问题。副省长曹广晶主持现场办公会。

13 日

武汉国家基本气象观测站入选首批“中国百年气象站”，武汉国家基本气象观测站是“百年认定”的十大气象站之一。“中国百年气象站”是指能够长期连续开展观测的气象站，分“百年站”“七十五年站”“五十年站”三类认定，需要在建立年限、累积中断观测时间上限、历史元数据、区域代表性、探测环境等 9 个方面满足认定条件。

14 日

中共武汉市委召开常委会会议，传达学习习近平总书记在纪念马克思诞辰 200 周年大会、中央政治局第五次集体学习、中央财经委员会第一次会议等活动或会议上的重要讲话精神，传达学习湖北省委书记蒋超良批示精神，审议通过全市相关贯彻落实意见。

19 日

武汉东湖新技术开发区发布《中国光谷 2035 创新驱动发展战略行动纲要》。该《纲要》是全国高新区、自主创新示范区首个发布的面向 2035 创新驱动发展行动纲要。《纲要》提出，到 2035 年，光谷综合实力进入全球高科技园区前列，成为全球创新创业网络的重要枢纽，基本建成“世界光谷”。发展路径为“一个生态、双轮驱动、三条路径、四大经济”。一个生态，指构建具有光谷特色的全球创新创业生态高地；双轮驱动，指科技创新和体制机制创新相互协调、持续发力；三条路径，指实施创业成长、科技创新转化、全球开放链接；四大经济，指大力发展智能经济、网络经济、平台经济、健康经济。

20日

武汉历史之城暨长江文明之心概念规划评审会在武汉会议中心举行。根据规划方案，“历史之城暨长江文明之心”区域以两江交汇的南岸嘴为圆心，以3.5千米为半径，以龟山、蛇山、琴台、武昌古城、汉口历史文化风貌街区、汉阳归元片区、月湖片区等为主体，覆盖两江四岸核心区域，总用地面积33平方千米。

25日

第七届世界军人运动会组织委员会全体会议在武汉举行。军运会组委会主席、中共中央政治局委员、中央军委副主席许其亮，军运会组委会主席、中共中央政治局委员、国务院副总理孙春兰出席会议并讲话。会议总结军运会前期筹备情况，部署下一步工作。中央军委训练管理部负责人宣读军运会筹备工作任务清单，明确军地23个相关单位78项任务责任。中宣部、外交部、国家体育总局和中央军委国际军事合作办公室相关负责人在大会上发言。

30日

孝感市临空经济区管委会与湖北交投产城控股集团签署孝感临空生态智慧新城项目合作协议。

7月

5日

武汉市推出《武汉市创建国家生态园林城市实施方案》，旨在以筹办军运会为契机，全面启动创建国家生态园林城市。按照《方案》，武汉市于2020年正式提出申报，2021年迎接国家评审。

10日

中共武汉市委召开全面深化改革领导小组会议，审议通过武汉市《创新校友经济发展新模式工作方案》《创建国家标准化改革创新先行区工作方案》《全面推进预算绩效管理的实施意见》《关于进一步加强公共法律服务体系建设的意见》等文件，听取改革专项小组上半年改革工作述职报告。

12日

武汉智能汽车产业发展战略研究院士专家座谈会在武汉召开。来自中国工程院多位院士及行业专家为武汉市建设国家新能源和智能网联汽车基地建言献策。中国工程院原院长周济、东风汽车集团有限公司董事长竺延风出席会议，武汉市委副书记、代市长周先旺致辞。

13日

2018长江论坛·中国国际工程产业供需合作峰会暨第七届中国国际工程采购联盟供需合作高峰论坛在武汉举行。峰会以“创新国际工程合作新模式，对接国际工程采购新需求”为主题，旨在推动发展湖北及武汉地区工程设计、设备物资生产等单位对接“一带一路”所涉国际工程项目的分包及采购。200家采购总包单位参会，参加大会总人数500人。

17日

根据国家发改委、科技部、工信部、自然资源部、国开行《关于首批产业转型升级示范区建设2017年度进展评估的通报》，黄石市在全国首批12个产业转型升级示范区建设2017年度评估中获得优秀等次。

18日

第十五届湖北·武汉台湾周在武汉开幕。本届湖北·武汉台湾周以“共享机遇，推进融合，聚力高质量发展”为主题，安排主题活动、经贸合作、青年东湖论坛、文化交流、基层交往、分会场活动六大板块共19项活动。海峡两岸1200名嘉宾参加活动，共商鄂台合作发展大计，促进两岸关系和平发展。

20日

△武汉市召开领导干部会议，宣布党中央决定：马国强同志任中共武汉市委书记。湖北省委书记蒋超良出席会议并讲话。

△第二十二届全国大学生羽毛球锦标赛在黄冈师范学院体育运

动中心开赛，中国内地和港澳台地区 84 所高校 691 名学生运动员和 277 名“校长杯”运动员参加比赛。

24 日

武汉长江新城总体规划通过专家评审。在武汉召开的武汉长江新城总体规划全国专家评审会上，邀请到业界知名院士、专家，为长江新城总规成果“把脉定向”，市委副书记、代市长周先旺出席会议。专家组认为，长江新城总体规划方案立足国际视野、国家任务、区域责任和武汉特色，按照对标雄安新区、落实长江经济带发展战略要求，确定总体规划目标定位及指标体系等较为合理，充分体现城市新旧动能转换和以人为本绿色发展要求，规划内容全面、技术路线清晰、成果规范，达到总体规划编制内容和深度要求。

8 月

4 日

中共中央宣传部组织的“大江奔流——来自长江经济带的报道”采访团抵达武汉，《人民日报》、新华社、中央广播电视总台等 10 家中央媒体和长江沿线 11 省市主流媒体 140 名记者兵分四路，深入武汉市江滩、绿道、高新园区等地采访，全媒体聚焦长江大保护下武汉高质量发展经验。

8 日

2018 年上半年武汉电视问政举行。此次电视问政以“正风除弊不止步、担当作为促发展”为主题，围绕“让环境更优化”“城市治理”“让作风更务实”重点聚焦市委、市政府重大决策部署落实，尤其是优化发展环境工作作风问题。15 个区（含功能区）主要负责人接受现场问政。

15 日

武汉市在全国率先出台干部工作“1+3”文件，健全激励干部担当作为制度体系。通过大胆地用、坚决地调、该容的容，推动全市干部在“三化”（现代化、国际化、生态化）大武汉建设中拼搏赶超、担当作为。“1+3”文件的“1”即《关于进一步激励广大干部新时代新担当新作为的实施意见》，将政治教育、思想引导、待遇保障、人文关怀等贯通起来，对激励干部担当作为作出整体性部署、制度化安排。“3”即《武汉市“狮子型”干部常态化管理办法（试行）》，对应“大胆地用”，让敢担当善作为的干部有舞台、受褒奖；《武汉市领导干部不担当不作为问责办法（试行）》，对应“坚决地调”，让不担当不作为的干部让位子、受警醒；《关于建立容错纠错机制激励干部担当作为的实施办法》，对应“该容的容”，打消干部担当作为的顾虑，让广大干部轻装上阵、撸起袖子加油干。

16 日

武汉市海绵城市建设应用创新技术研讨会召开。会议介绍，武汉市海绵城市建设正在从青山、汉阳四新两个试点示范区逐步向全域推进。2018 年 7 个中心城区和东湖新技术开发区、武汉经济技术开发区 2 个功能区按照海绵城市理念系统开展源头和涉水类项目建设。

21 日

湖北省鳜鱼生态高效养殖试验示范区暨院企合作试验示范区落户仙桃市沙湖镇。示范区由武汉市农业科学院和金龙园养殖公司双方联合打造，农科院在鳜鱼繁育技术和中草药防治鱼类细菌性、病毒性疾病等方面居于国内领先水平，金龙园则具备配套完善的基础设施和年产鳜鱼 100 吨的养殖规模。签约后，农科院将派专人进驻金龙园公司，全程指导鳜鱼病毒预防，并由专家团队规划一整套跨学科建设经营方案，打造集产、学、研于一体的示范繁养基地。仙桃市副市长李少云出席科技成果转化院企合作签约仪式并揭牌。

9 月

4 日

武汉国家数字化设计与制造创新中心建设方案在北京通过论证。该创新中心将聚焦产业优势资源，着力解决数字化设计与制造产业的共性问题，为智能制造关键领域研发核心工艺、建模仿真及工业软件，打造数字化智能化制造技术的核心竞争力。国家数字化设计与制造创新中心将以市场化为导向，采取“公司＋联盟”等模式运行。

6—7 日

武汉市第十四届人民代表大会第三次会议召开。会议应出席代表 549 人，实到 523 人，符合法定人数。会议投票表决，马国强当选武汉市第十四届人民代表大会常务委员会主任，周先旺当选武汉市人民政府市长。

7 日

中共湖北省委书记蒋超良到浠水县思源实验学校看望慰问师生，与教师代表座谈交流。

11 日

湖北省多式联运建设推进会在黄石召开，各市州交通、物流系统 80 名代表参加会议。

12 日

武汉市召开“世界 500 强对话武汉”座谈会，正大集团、通用电气、西门子等知名企业代表参加会议。武汉市委副书记、市长周先旺现场推介武汉，诚邀各位企业家到汉投资兴业，共享武汉高质量发展机遇，共创美好未来。

15 日

第十七届武汉国际旅游节暨全国“百城百社千团”游武汉活动在武汉江滩知音码头拉开序幕。本届旅游节主题为“大江大湖大武汉，旅游休闲新体验”，活动将持续到 10 月 7 日，活动包括光影秀、中法文化周、过早节、宵夜节等 33 项，期间推出精华景区和武汉网球公开赛 30 万张惠民旅游券。

25 日

武汉市党风廉政建设领导小组办公室推出“‘两个责任’书记谈”系列节目第二季，由武汉电视台新闻频道《长江视点》栏目播出。

26 日

第四届中国（国际）商业航天高峰论坛在武汉举行。开幕式上，签约航天科工二院空间工程等项目 22 个，总投资 506 亿元。

10 月

4 日

中央电视台一套国庆特别节目《唱响新时代》聚焦武汉，90 分钟文艺演出展现“武汉每天不一样”。

9 日

武汉市召开生态环境保护大会。会议强调，要贯彻落实全国、全省生态环境保护大会精神，坚持把共抓长江大保护放在压倒性位置，坚决打好污染防治攻坚战，扎实推进生态文明建设，开展蓝天、碧水、净土“三大战役”，全面改善生态环境质量。

10 日

武汉市人民政府发文，授予华中科技大学同济医学院附属同济医院、格力电器（武汉）有限公司、武汉高德红外股份有限公司、武汉地铁集团有限公司 4 家单位第七届武汉市市长质量奖。

11 日

武汉市召开精准脱贫攻坚战工作推进会。会议强调，要把脱贫攻坚作为头号民生工程来抓，突出问题导向，优化政策供给，下足绣花功夫，统筹推进脱贫攻坚战和乡村振兴战略，确保全面打好打赢全市脱贫攻坚战。

12 日

武汉中法生态示范城建设工作会召开。会议要求，坚持走生态优先、绿色发展之路，以更高标准、更大力度、更快速度推进中法生态示范城建设，助力武汉高质量发展。中法生态示范城是中法两国政府推动的可持续发展合作项目，是武汉对外开放、开展国际合作的重要平台。

16—17 日

全国扫黑除恶专项斗争推进会在武汉召开。中央政治局委员、中央政法委书记、全国扫黑除恶专项斗争领导小组组长郭声琨在会上强调：要提高政治站位、强化责任担当，紧紧围绕三年为期的工作目标，以重点地区、行业、领域为突破口，以深挖彻查“保护伞”为关键点，以基层组织建设为着力点，抓住突出问题，奋力攻坚克难，进一步提高组织化、专业化、法治化、社会化水平，推动专项斗争持续深入、不断实现突破。湖北、广东、山东、河南、山西、吉林六省在会上交流发言。

19—20 日

2018 年中国中部国际产能合作论坛暨企业对接洽谈会在武汉举行。本次论坛以“开放发展，合作共赢”为主题，重点聚焦建筑工程、汽车、光电子、生物、装备制造、可再生能源、节能环保、创新创业服务、长江国际航运金融港等九大领域开展交流合作，谋求共同发展。来自 94 个国家的 2500 余名嘉宾参加活动。

24—25 日

2018 年武汉城市圈政协主席论坛在黄冈举行。武汉城市圈 9 个城市和 3 个观察员城市的政协主席及有关负责人，围绕“生态优先、绿色发展”主题开展讨论，为推动武汉城市圈高质量发展建言献策。

26 日

湖北鄂州民用机场总体规划通过专家评审。受民航局机场司委托，由中国民航工程咨询公司组织的专家组在鄂州踏勘现场、听取意见和展开讨论，评审通过《湖北鄂州民用机场总体规划》《湖北鄂州民用机场总体规划阶段空域规划和飞行程序设计报告》和《湖北鄂州民用机场总体规划阶段飞机性能分析报告》，并形成专家组结论和建议。专家组认为，本次上报的《总体规划》等编制内容及深度基本达到相关规范要求。

27 日

武汉市创建国家“公交都市”建设示范工程通过验收。交通运输部专家组认为武汉市在提高公共交通服务品质、打造公共交通出行文化等方面为全国其他同类城市树立了榜样，提供了经验借鉴。

29—30 日

△“2018 人河对话”活动在长江文明馆（武汉自然博物馆）举行。来自 28 个国家和地区 19 个大河流域的政府官员和专家学者 150 人出席活动。本次对话主题为“汇聚大河文明——高质量发展的可持续未来”，共设三个分论坛及一个高级别圆桌会议。与会代表围绕保护和发展河流文化、博物馆如何讲述河流故事、重塑城市与河流的纽带等议题展开研讨。

△ 2018 年“湖北工匠杯”技能大赛——湖北省电商物流职业技能大赛在鄂州葛店经济技术开发区唯品会华中运营中心举行，18 支参赛队共 102 名选手参赛。

11 月

3 日

中国社会科学院（财经院）与联合国人居署专家联合完成的《全球城市竞争力报告 2018—2019——全球产业链：塑造群网化城市星球》正式发布。在全球 1007 个城市中，武汉经济竞争力位居世界第 40 位；在 293 个中国城市中，武汉排名第 7 位，较上年上升一位，仅次于深圳、香港、上海、广州、北京和苏州；在中西部城市中排名第一。

5 日

中共湖北省委副书记、省长王晓东一行到鄂州市调研督办中央环保督察反馈问题整改落实情况，副省长曹广晶随行。

6 日

武汉市宣传思想工作会议召开。中共湖北省委副书记、武汉市委书记马国强出席会议并强调，要认真落实全国、全省宣传思想工作会议精神，聚焦“举旗帜、聚民心、育新人、兴文化、展形象”使命任务，着力传承弘扬长江文明，全面开创新时代武汉宣传思想工作新局面。江岸区、武昌区、武汉市文化局、长江日报报业集团分别在会上发言。

7 日

2018 黄石智能装备产业暨现代服务业投资推介会在上海嘉里大酒店举行。来自上海、江苏、浙江、湖北等地 100 多家知名智能装备产业企业和现代服务业企业参会，现场签约 15 个项目，总投资 160 亿元。

8 日

△中国、蒙古、俄罗斯万里茶道申遗工作协调会在武汉举行。会议就研究建立联合申遗机制形成共识。

△中国移动通信集团湖北有

限公司与武汉大学签署合作协议。根据协议，双方开展全面科技合作并成立“5G北斗精准定位联合创新实验室”，共同在5G北斗高精定位技术测试及应用、智慧校区、远程教育、智慧医疗等领域开展创新性研究，促进5G技术商用和创新业务发展。

8—9日

第六届武汉城市圈有害生物防制管理论坛在天门举行。武汉城市圈各城市卫计委相关负责人、病媒生物防制专业人士及药械企业代表200人参加论坛，论坛主题为“除害防病，促进健康”，知名病媒生物专家曾小芃、董言德作专题讲座。论坛拟定下一届武汉城市圈有害生物防制管理论坛召开城市，并举行会旗交接仪式。

12日

武汉市与中国宝武钢铁集团有限公司签署战略合作协议。协议约定，宝武集团大力支持武汉总部加强节能减排、提质增效工作，未来5年计划投资不少于100亿元，作为武汉总部青山基地节能环保和技术改造投入；对于宝武集团在汉投资新项目，武汉市将实行绿色通道服务，对涉及武汉总部转型发展的相关问题，给予专项政策支持。

13日

鄂州市政府与中铁三局签订战略合作框架协议。双方拟在鄂州市航空都市区、中央商务区、葛店经济技术开发区等区域内的基础设施、公共服务设施、城乡统筹及生态环境建设等领域开展合作，总投资400亿元。

15日

2018中国国际友好城市大会在武汉举行。来自60个国家的370名外宾和20个外国驻汉机构代表、国内各省区市代表800人参加大会，大会主题是“共享发展机遇、深化互利合作”。大会发布《武汉倡议》，签署一批合作项目，缔结一批国际友好城市。国家副主席王岐山出席开幕式并做主旨发言。

17日

武汉市举行第九场招商引资暨重大项目集中开工活动。本次活动集中开工项目43个，主要聚焦工业和服务业，总投资813亿元。武汉市从2018年3月开始，每月举行招商引资暨重大项目集中开工活动，前8场活动共落地407个项目，总投资8076亿元。

18日

湖北体操60周年暨仙桃体操之夜颁奖晚会在仙桃市李小双运动城举行。本活动由湖北省体育局和仙桃市政府联合举办。

22日

第三届长江国际论坛暨第二届天门华侨华人创业发展恳谈会在武汉东湖国际会议中心举行。会议由湖北省政府、国务院侨务办公室和武汉市人民政府联合主办，湖北省政府外事侨务办公室、天门市人民政府共同承办，湖北省归国华侨联合会、东盟湖北同乡会、长江国际金融投资（武汉）有限公司和德诺美生命科学研究院等相关单位协办。会议主题是“新时代长江经济带国际化发展与天门新机遇”。来自长江国际商会的100位会员和特邀嘉宾及100多位海外华人华侨、港澳同胞参加会议。

27日

中共武汉市委理论学习中心组（扩大）围绕“实施乡村振兴战略，打赢脱贫攻坚战”开展专题研学。中共湖北省委副书记、武汉市委书记马国强主持学习并讲话。马国强强调，要全面贯彻落实习近平总书记关于实施乡村振兴战略、打赢脱贫攻坚战的重要讲话和重要指示精神，按照省委部署要求，以决战之势高质量完成脱贫攻坚各项任务，以乡村振兴战略巩固提升脱贫攻坚成效，推动武汉在实施乡村振兴战略中走在全国前列。

12月

1日

武汉市水生态文明城市建设试点通过水利部验收。试点期间，武汉统筹推进“节水减排与控源截污”“湖泊综合治理与修复”“河流港渠生态修复”“生态水网构建”“城乡供水提质升级”“城区排水除涝达标”“涵水清源”“水生态文明制度与能力建设”“智慧水务平台建设”“水生态文明意识提升”十大行动，完成建设项目38项。17项考核指标全部优于目标值。

3日

中国（湖北）自贸区武汉片区商标受理窗口在光谷公共服务中心正式启动运行。服务中心重点开展商标注册受理、商标法律咨询等业务，是全国首家受国家知识产权局商标局委托的自贸区商标受理窗口。

4日

武汉市组织开展“12·4”国家宪法日系列法治宣传教育活动，落实宪法精神进企业、进农村、进机关、进校园、进社区、进军营、进网络。

8日

由武昌船舶重工有限责任公司自主研制的第一艘载人潜水器支持母船——“深海一号”在武昌船舶重工集团有限公司下水。“深海一号”船长90.2米，型宽16.8米，型深8.3米，设计排水量4500吨，续航能力12000海里。

15日

武汉市召开武汉长江和汉江核心区港口码头岸线资源优化调整工作会。会上发布《武汉长江和汉江核心区港口码头岸线资源优化调整总体方案》。

25日

国家发改委批复武汉市地铁第四期建设规划，葛店地铁作为武汉地铁第四期建设规划中11号线三期项目。

26日

学习贯彻“庆祝改革开放40周年大会”精神暨武汉城市圈党校第十一届“两型社会”建设理论研讨会在黄石市委党校召开。

28日

根据《农业农村部办公厅财政部办公厅关于开展国家现代农业产业园创建绩效评价和认定工作的通知》，农业农村部、财政部启动首批国家现代农业产业园认定工作，潜江市国家现代农业产业园列入首批国家现代农业产业园认定名单。

责任编辑 刘家连
责任校对 王希希

“两型社会”建设综合配套改革试验

概　述

【武汉城市圈经济发展】 2018年，武汉城市圈地区生产总值2.49万亿元（全省31.2%的土地面积，支撑全省60%地区生产总值），人均生产总值78291元。圈域地区生产总值超过千亿元的城市5个（武汉市、黄石市、孝感市、黄冈市、咸宁市），其中武汉市地区生产总值1.48万亿元，在全国副省级城市中排名第四。完善跨区合作机制，推进“五个一体化”（推进武汉城市圈基础设施、产业发展与布局、区域市场、城乡建设、环境保护与生态建设五个方面的一体化）建设，成为国内具有活力和竞争力的区域。

【基础设施一体化】 2018年，武汉城市圈“铁水公空”交通基础设施一体化水平提高。铁路方面，武汉轨道交通11号线东延至鄂州葛店开工建设。武汉至咸宁、黄石（经鄂州、黄冈）、孝感四条城际铁路运营总里程265千米，实现半小时左右通达；水运方面，由武汉市、鄂州市、黄冈市、咸宁市港口统一规划建设的武汉新港，年集装箱吞吐量156万标箱，比上年增长15%；公路方面，武汉到城市圈其他城市以及圈域相邻两市之间的1小时高速公路交通圈建成，武汉至大悟、武汉至阳新高速公路开工建设；航空方面，武汉天河机场辐射城市圈及省内主要市州，鄂州民用机场加快建设，武汉城市圈航空客货双枢纽未来可期。

鄂州市梁子岛全貌（东西方向）　　（星亮航拍）

【生态环境治理一体化】 2018年，武汉城市圈生态文明建设成效显著。城市圈各市（州）坚持“共抓大保护、不搞大开发”，共同推进“蓝天碧水净土”工程，建立重点区域流域污染联防联控联治机制，实现长江干流、支流跨界和主要一级支流河口断面监测考核全覆盖。武汉、孝感、黄冈等地联合编制《滠水流域水污染综合整治规划》，签署《关于滠水河流域生态环境调查的联合公报》，武汉、黄石、黄冈签订《长江中游城市生态环境合作协议书（2019—2020）》；武汉、咸宁联合编制《斧头湖流域生态保护规划（2016—2025）》；武汉、黄石、鄂州、咸宁四市签订《保护梁子湖协议》，潜江、仙桃协作共同推进东荆河河口生态治理项目建设。

【生产要素市场一体化】 2018年，武汉城市圈生产要素市场一体化进程加快。汉口银行在黄石、鄂州、黄冈、孝感、咸宁、仙桃6个城市设立分支机构和14个营业网点（二级机构），在黄石阳新县设阳新汉银村镇银行；武汉农商行在咸宁和黄冈设立分支机构，在下辖的14个县市区开设支行；咸宁和黄冈发起设立湖北赤壁村镇银行、湖北咸安长江村镇银行、湖北红安长江村镇银行、湖北英山长江村镇银行4个村镇银行，下辖17个网点；中信银行、长江期货、长江证券先后登陆鄂州，武汉鄂州两地金融系统形成"同城清算"体系；武商、中百、中商等多家武汉大型商贸企业在周边8市发展连锁经营网点200多个；武汉中粮、白沙洲等大型企业和集贸市场与周边八市多家企业建立长期合作关系；组建武汉城市圈名优农产品营销协会，利用农博会推进武汉城市圈农产品品牌建设，每年向城市圈城市提供农产品展位总面积1000平方米。帮助孝感、咸宁、天门、黄石等城市引进蔬菜基地建设、批发市场建设等农业项目10个，合作协议资金1.5亿元。到孝感、咸宁、黄冈等地共建水产养殖基地400公顷，在黄石、咸宁共建5万头生猪养殖基地。带动周边城市蔬菜基地3.33万公顷，解决周边20万个菜农销售难问题，年销售蔬菜3亿元；武汉城市圈企业实现异地登记冠名，其他城市企业均可冠"武汉"名。

【产业布局一体化】 2018年，武汉城市圈在产业布局上进一步融合。圈内其他8市利用武汉市在交通区位、销售市场、科技信息、人才等方面优势，将企业研发中心、销售中心迁往武汉，助推武汉市总部经济发展。咸宁100多个企业与武汉高等院校、科研院所合作共建产品研发中心或工程技术中心，大门市湖北华世通生物医药科技有限公司将其总部、研发基地和贸易公司设在武汉生物产业基地；圈内其他8市承接武汉市产业转移，在汽车、化工、纺织、临空经济等多个产业上促进本地经济发展。武汉市经济开发区、东湖高新区、临空港开发区分别在武汉城市圈内8市建立20个"园外园"。东湖开发区40个企业在鄂州葛店高新区投资30个项目。武汉市1300个服装企业入驻汉川市。武汉市经济技术开发区洪湖新滩园区引进入园工业项目94个，总投资超过350亿元。

【公共服务一体化】 2018年，武汉城市圈各市推动公共服务一体化进程。加强基础教育领域互派教师对口合作，圈内高校组建教育联盟，建立圈内劳务交流与合作平台；实现农村居民健康一卡通和应急医疗救援一体化；成立武汉城市圈旅游联盟，发行"武汉城市圈全域旅游e卡通"；通过环境整治和河湖治理，加强城市圈居民慢行生活和旅游休闲生活环境，武汉以外的8个城市居民享受武汉超大城市公共服务资源。

（湖北省发改委）

国民经济和社会发展

【武汉市国民经济和社会发展】 2018年，武汉市地区生产总值1.48万亿元，比上年增长8%。其中，第一产业增加值362亿元，增长2.9%；第二产业增加值6377.75亿元，增长5.7%；第三产业增加值8107.54亿元，增长10.1%。三次产业构成比为2.4 ∶ 43 ∶ 54.6。按常住人口计算，全市人均地区生产总值13.51万元，增长6.4%。全市单位GDP能耗继续保持下降态势，完成年初下降3.7%的目标。

武汉市登记市场主体增加19.12万个，比上年增长5.2%，其中，登记私营企业9.46万个，登记个体工商户9.12万个。增加城镇就业21.9万人，增长10.4%。登记失业率2.14%，下降7%。

武汉市居民消费价格比上年上涨1.9%。工业生产者出厂价格上涨3.8%，工业生产者购进价格上涨5.4%；固定资产投资价格上涨5.6%；新建商品住宅价格同期上涨10.8%。

武汉市三大战略性新兴产业中，智能制造产业总产值比上年增长18.8%，生命健康、信息技术产业营业收入分别增长19.2%和21.5%。规模以上服务业中，旅游服务业营业收入增长23.6%，体育服务业增长21.2%，生产性服务业增长21.2%，科技服务业增长20.1%。战略性新兴产业投资增长24.3%，高技术制造业投资增长

56.5%，工业技改投资增长 28.9%。限上无店铺业态零售额 635.15 亿元，增长 34.4%。限上住宿餐饮业（指年主营业务收入 200 万元以上的住宿业和餐饮业）互联网上餐饮收入增长 3.6 倍。

武汉市一般公共预算总收入 2900.24 亿元，比上年增长 9.3%，其中，地方一般公共预算收入 1528.7 亿元，增长 11%。在地方一般公共预算收入中，税收收入 1294.21 亿元，增长 9.8%。一般公共预算支出 1929.54 亿元，增长 12.3%。

武汉市农林牧渔及服务业增加值 380.45 亿元，比上年增长 3.2%。各类新型农业经营主体 1.8 万个，增长 4.3%。乡村休闲游综合收入 157 亿元，增长 27.7%。涉农电商交易额 1079 亿元，增长 18.6%。全年贫困村脱贫出列 87 个，脱贫 2.16 万人。

武汉市工业增加值 5076.21 亿元，比上年增长 5.9%。规模以上工业增加值增长 5.7%。全年规模以上工业企业（指年主营业务收入在 2000 万元以上的工业企业）主营业务收入 1.4 万亿元，增长 2.5%。农副食品加工业增加值增长 7.7%，烟草制品业增长 5%，石油、煤炭及其他燃料加工业下降 1.3%，化学原料和化学制品制造业增长 7.5%，医药制造业增长 9.4%，非金属矿物制品业增长 3.7%，黑色金属冶炼和压延加工业下降 0.3%，金属制品业增长 4.1%，汽车制造业下降 1.1%，电气机械和器材制造业增长 7.4%，计算机、通信和其他电子设备制造业增长 12.5%，电力、热力生产和供应业增长 13.9%。

武汉市具有资质等级的总承包和专业承包建筑业企业 1548 个，建筑业总产值 9194.29 亿元，比上年增长 14%。

武汉市固定资产投资（不含农户）比上年增长 10.6%。其中，第一产业投资下降 35.6%，第二产业投资增长 12.1%，第三产业投资增长 10.4%。全年民间投资增长 11.8%，占固定资产投资的比重为 51.9%。房地产开发投资增长 3.5%。其中，住宅投资增长 6.3%，

2018 年武汉市国民经济主要指标统计表

国民经济主要指标（一）	计量单位	本年	比上年增长（±%）
常住人口	万人	1108.10	1.7
户籍人口	万人	883.73	3.5
生产总值	亿元	14847.29	8.0
第一产业	亿元	362.00	2.9
第二产业	亿元	6377.75	5.7
# 工业	亿元	5076.21	5.9
第三产业	亿元	8107.54	10.1
人均生产总值	元	135136	6.4
规模以上工业增加值	亿元		5.7
“四上”高新技术增加值	亿元		13.5
“四上”高新技术产值	亿元		16.1
农林牧渔业总产值	亿元	619.73	3.3
固定资产投资	亿元		10.6
# 工业投资	亿元		12.1
社会消费品零售总额	亿元	6843.90	10.5
进出口总额	亿元	2148.40	11.0
# 出口总额	亿元	1275.20	10.2
实际利用外资	亿美元	109.27	13.3
引进内资	亿元	8049.34	6.3
全社会货物周转量	亿吨公里	3654.73	8.8
全社会客运周转量	亿人公里	1232.52	−0.1
邮政业业务总量	亿元	196.16	30.5
地方一般公共预算收入	亿元	1528.70	11.0
金融机构本外币存款余额	亿元	26331.62	7.5
金融机构本外币贷款余额	亿元	28270.77	18.1
城镇常住居民人均可支配收入	元	47359	9.1
农村常住居民人均可支配收入	元	22652	8.5
居民消费价格指数	%	101.9	
工业生产者出厂价格指数	%	103.8	
工业生产者购进价格指数	%	105.4	

办公楼投资下降13.5%，商业营业用房投资增长20.9%。全年分别完成城中村改造、棚户区改造等保障性住房建设2.36万户、2.85万户。保障性住房投资220.27亿元，建成保障性住房3.79万套。

武汉市社会消费品零售总额6843.9亿元，比上年增长10.5%。按商品形态分，商品零售额6196.09亿元，增长10.4%；餐饮收入647.81亿元，增长10.7%。按销售类值分，限额以上单位21大类商品中，通信器材类零售额增长33.9%，日用品类增长27.3%，家用电器和音像器材类增长23.1%，中西药品类增长21.6%，汽车类增长3.2%。

武汉地区进出口总额2148.4亿元，比上年增长11%。其中，进口873.2亿元，增长12.2%；出口1275.2亿元，增长10.2%。一般贸易进出口1552.9亿元，比上年增长19.3%；加工贸易进出口391.3亿元，比上年下降12.8%。对外承包工程及劳务合作营业额46.68亿美元，比上年增长19%。全年实际利用外资109.27亿美元，比上年增长13.3%。新引进世界500强企业10家，共266家。

武汉市金融机构（含外资）本外币存款余额2.63万亿元，比年初增加1832.21亿元。全市金融机构（含外资）本外币贷款余额2.83万亿元，比年初增加4323.01亿元。总部设在武汉的金融机构28个。在汉设立或筹建后台服务中心的金融机构33个。上市公司77个，比上年增加9个，其中，境外上市公司20个，境内上市公司57个。保险保费收入621.02亿元，增长12.1%。其中，财产险保费收入170.06亿元，人身险保费收入450.96亿元。全年各类保险赔付支出159.7亿元，增长23.8%。其中，财产险赔付84.8亿元，增长27.1%；人身险赔付74.87亿元，增长20.2%。

武汉市社会物流总额3.63万亿元，比上年增长9.3%。物流业增加值1315.35亿元，增长8.8%。货运量62517.88万吨，增长9.2%；货物周转量3654.73亿吨千米，增长8.8%。中欧（武汉）国际班列到达国家29个，增加3个；中欧（武汉）国际班列到达城市76个，增加10个。旅客运输量2.86亿人次，比上年下降1.6%。旅客运输周转量1232.52亿人千米，下降0.1%。民用汽车拥有量312.3万个，增加37.3万个。出入境259万人次，增加53.5万人次。轨道交通线路长354.6千米，增长23.6%。地铁运营总里程304.6千米，增长28.5%。轨道交通客运量10.41亿人次，增长12.8%，占公共交通客运量比重41.9%。邮政业务总量192.4亿元，比上年增长28%。邮政业快递业务收入91.6亿元，增长12.9%；电信业务总量707.9亿元，增长120.8%。新增移动电话交换机容量160万个，共1906万个。移动电话用户1684.4万个，移动电话普及率上升至154.6部/百人;互联网用户495.7万个，增长13.5%。固定宽带用户普及率25.1%，移动宽带用户普及率77.6%。

武汉市A级旅游景区46个，比上年增加7个；星级以上宾馆62个。全年接待国内游客2.85亿人次，增长10.9%；国内旅游收入3037.55亿元，增长12.6%。入境游客276.23万人次，增长10.4%；国际旅游收入18.83亿美元，增长11.3%。全年发放"武汉人游武汉"旅游惠民券101万张。

武汉市在校研究生13.8万人，比上年增长8.6%；在校本专科生96.9万人，增长2.3%；在校中职生8.1万人，下降3.9%；在校中学生32.8万人，增长4%；在校小学生57.9万人，增长8.2%；在园幼儿31.8万人，增长5.3%。改扩建公益普惠性幼儿园54所，改扩建中小学31所，增加学位6万个。

武汉地区科技研究机构111个，中国科学院院士31人，中国工程院院士36人。全年创投资本总额1337.9亿元，比上年增长9.1%。重大科技成果就地转化1072个，签约总金额371.4亿元；技术合同认定登记1.75万个，技术合同成交额722.54亿元，增长19.8%。全年"四上"（规模以上工业企业、资质等级建筑业企业、限额以上批零住餐企业、国家重点服务业企业）高新技术企业实现高新技术产值超万亿元，增长16.1%；高新技术增加值增长13.5%。专利申请量6.05万件，授权量3.24万件，分别增长21.7%和26.9%；发明专利申请量2.91万件，授权量8807件，分别增长25.2%和4.3%。每万人发明专利拥有量34件。PCT国际专利申请量1475件，增长21.1%。

武汉市有公共图书馆2个，藏书452.7万册，接待读者459.1

万人次；博物馆 10 个，接待观众 543.58 万人次；群众艺术馆、文化馆 1 个，艺术表演团体 8 个，新排上演剧目 12 个，获国家奖 4 个。电影院线 16 条，电影院 129 个，放映电影 197 万场，比上年增长 14%，观影人数 4467 万人次。

武汉市有医疗卫生机构 6340 个，床位 9.59 万张，比上年增加 4200 张。每千人拥有医院病床 7.48 张。卫生技术人员 10.67 万人，增加 4200 人；其中，执业（助理）医师 3.82 万人，护师、护士 5.35 万人。每千人拥有医生 3.42 人。全年甲乙类法定传染病报告发病率 180 人 /10 万人。公民无偿献血 22.5 万人。人均期望寿命 81.3 岁。

武汉市有体育场馆 155 个，等级运动员 472 人。全年举办国际国内赛事活动 20 场。武汉市运动员获 2 个世界冠军，2 个国家冠军。全年体育彩票销售额 36.49 亿元。

武汉市居民人均可支配收入 42133 元，比上年增长 9%。按常住地分，城镇居民人均可支配收入 47359 元，增长 9.1%。农村居民人均可支配收入 22652 元，增长 8.5%。居民人均消费支出 28307 元，增长 9.5%。其中，城镇居民人均消费支出 31201 元，增长 9.3%；农村居民人均消费支出 17520 元，增长 10.8%。居民恩格尔系数 27.8%，其中，城镇为 27.7%，农村为 28.8%。

武汉市城镇职工参加基本养老 453.84 万人，比上年增加 27.68 万人；参加基本医疗 456.4 万人，增加 9.82 万人；参加失业保险 229 万人，增加 18.34 万人；参加工伤保险 287.11 万人，增加 6.61 万人；参加生育保险 250.75 万人，增加 5.45 万人。中心城区最低工资标准 1750 元，新城区最低工资标准 1500 元。企业退休人员基本养老金人均上调 160 元。城市低保对象救助标准 715 元，提高 45 元；农村低保对象救助标准 580 元，提高 80 元。享受城镇居民最低生活保障 6.2 万人，享受农村居民最低生活保障 7.1 万人。新改扩建社区老年人服务中心 668 家，新建农村老年人互助照料活动中心 532 家。

武汉市土地面积 85.69 万公顷，耕地保有量 30.13 万公顷。液化石油气供气总量 18.1 万吨，天然气供气总量 21.5 亿立方米。水资源总量 33.53 亿立方米，供水总量 13.47 亿吨，居民生活用水量 6.5 亿吨。增加排水干网 9590 千米，增加污水处理能力 21 万吨 / 日。增加抽排能力 400 立方米 / 秒。水功能区水质达标率 81.8%，比上年提高 2.3%。用电量 580.34 亿千瓦时，增长 11.7%。其中，全行业用电 466.4 亿千瓦时，增长 10.5%；城乡居民生活用电 113.94 亿千瓦时，增长 17.3%。

武汉市建设海绵城市 42.2 平方千米，改扩建城区公共厕所 345 座。公众食品药品安全满意率 78.1%，比上年提高 2.8%。亿元 GDP 生产安全事故死亡率 0.03，下降 0.4%。道路交通事故死亡人数 650 人，下降 19.7%。

武汉市化学需氧量排放量 124.7 万吨，比上年下降 3.3%；二氧化硫排放量 69.6 万吨，下降 0.9%；氨氮排放量 15 万吨，下降 3.9%；氮氧化物排放量 106.5 万吨，下降 3.5%。环境空气细颗粒物（PM2.5）和可吸入颗粒物（PM10）年均浓度值分别为 49 微克 / 立方米和 73 微克 / 立方米，分别下降 5.8% 和 14.1%。空气质量优良天数 246 天，空气质量优良率 69.9%。建成区绿地面积 2.24 万公顷，增长 3.5%。森林覆盖率 15.1%。增加绿地 758.23 公顷，建设绿道 116.8 千米；建设公园 4 个，公园总数 81 个，总游客量 1.05 亿人次。

（武汉地方志办公室）

【黄石市国民经济和社会发展】 2018 年，黄石市地区生产总值 1587.33 亿元，按可比价格计算，比上年增长 7.8%。其中，第一产业增加值 95.64 亿元，增长 2.9%；第二产业增加值 929.54 亿元，增长 8.3%；第三产业增加值 562.15 亿元，增长 8%。三次产业比重为 6 ∶ 58.6 ∶ 35.4，第一产业增加值占 GDP 比重下降 2.2%，第二产业增加值占 GDP 比重上升 1.6%，第三产业增加值占 GDP 比重上升 0.6%。人均 GDP 64249 元（现价），增长 7.2%。人均地方公共财政预算收入 4737 元，增长 5.2%。

黄石市规模以上工业总产值比上年增长 12.4%。其中，采矿业增长 4.3%，制造业增长 13.1%，电力、热力燃气及水的生产和供应业增长 17.8%。国有及国有控股企业增长 9%，国有企业增长 68.4%，集体企业增长 14.5%，外商及港澳台投资企业增长 23.5%，股份制企业增长 10%；大中型工业企业增长 13.6%。资质以上建筑企业产值 443.88 亿元，增长 12.1%；全社会建筑业增加值 112.38 亿元，增长 12.5%。

黄石市固定资产投资比上年增长 11.1%。其中，国有及国有控股投资增长 4.9%；外商港澳台投资增长 103.7%；民间投资增长 13%。民间投资占固定资产投资的比重 67.4%，提高 1.1%。在固定资产投资中，第一产业投资下降 3.2%；第二产业投资增长 12.3%，其中，通用设备制造业投资增长 43.4%，专用设备制造业投资增长 52.3%，纺织工业投资增长 80.8%，水泥制造业投资下降 16.2%；第三产业投资增长 11%，其中，批发和零售业投资增长 83.2%，交通运输仓储和邮政业投资增长 16.4%；住宿和餐饮业投资增长 414.9%，教育投资增长 29.2%。房地产开发投资 149.13 亿元，下降 4.6%。

黄石市农林牧渔业增加值 99.43 亿元，按可比价计算，比上年增长 3.2%。其中，种植业增加值 41.18 亿元，增长 4.6%；林业增加值 5.14 亿元，增长 10%；牧业增加值 17.38 亿元，增长 2.7%；渔业增加值 31.94 亿元，增长 0.1%；农林牧渔服务业增加值 3.8 亿元，增长 10.5%。

黄石市社会消费品零售总额 803.27 亿元，比上年增长 11.1%。其中，限额以上法人企业日用品类零售额增长 22.6%，服装鞋帽类零售额增长 9.8%，汽车类零售额下降 1.8%，烟酒类零售额增长 20.3%。金银珠宝类零售额增长 11.2%，石油及制品类零售额增长 9.2%，粮油食品类零售额增长 38.3%，家电类零售额增长 20.8%。进出口总额 37.85 亿美元，增长 10.9%。其中出口 18.45 亿美元，增长 8.5%；进口 19.4 亿美元，增长 13.2%。实际外商直接投资 1.84 亿美元，增长 17%。

当年新开工重点项目 133 个，比上年增长 10.7%；新投产重点项目 111 个，增长 11%。实际到位内资 1389.5 亿元，增长 16.07%。增加外商投资企业 18 个，合同外资 7.6 亿美元，资金大幅增长 6.38 倍；实际利用外资 1.84 亿美元，增长 17%，高于全省 8%，居湖北省第 4 位。

黄石市地方财政总收入 183.94 亿元，比上年增长 7.3%；其中，地方公共财政预算收入 117.02 亿元，增长 5.3%。地方税收收入 82.03 亿元，增长 11.2%，地方税收收入占地方公共财政预算收入比重的 70.1%。财政支出 336.96 亿元，增长 10.4%。

黄石市公路旅客运输 3069.9 万人次，比上年下降 10.2%；公路货物运输 7780.47 万吨，增长 10.5%；水运货物运输 825 万吨，下降 23.3%；港口货物吞吐量 4218.65 万吨，增长 4.4%。其中，外贸货物吞吐量 5113.3 万吨，下降 3.2%；港口集装箱吞吐量 31093 标准箱，增长 70.2%。民用汽车保有量 22.57 万个，增长 12.7%。年末公路通车总里程 7347.8 千米，增长 4.3%。邮政业务总量 10.37 亿元，增长 13.9%；电信业务总量 35.99 亿元，增长 72.8%。运输物流、信息、租赁和商务服务等达到国家标准的各类规模以上服务业企业 260 个，营业收入 110.86 亿元，增长 15.3%。

当年，居民消费价格总指数（CPI）102.6，价格水平上涨 2.6%。8 大类价格全面上涨：衣着、居住、交通和通信、教育文化和娱乐、医

2018 年 12 月 13 日，黄石市开发区天玑智谷产业园的工人们在流水线上作业

（黄石市地方志办公室　供稿）

疗保健、其他用品和服务价格分别上涨 1.8%、3.2%、2.2%、2.2%、9.6%、2.7%，食品烟酒价格上涨 1.1%，生活用品及服务价格上涨 0.9%。工业出厂价格上涨 9%。城镇新增就业人员 59990 人，帮助城镇困难人员再就业 20042 人；城镇登记失业率 3.2%。

黄石市纳入高新统计的规模以上工业企业 243 个，比上年增加 36 个。高新技术产业增加值 247.4 亿元，增长 12.4%，占 GDP 的 15.6%。全市专利申请总量 6013 个，增长 20.9%，其中发明专利申请量 2095 个，增长 2.6%；专利授权总量 2702 个，增长 91.8%，其中发明专利授权量 149 个，增长 3.5%。

黄石市拥有各类学校 591 所，其中：小学（含特殊教育学校）446 所、初中 104 所、高中 26 所、中职学校 10 所、高校 5 所（含 1 所成人高校）。在校生 51.11 万人，教师 2.62 万人。幼儿园 412 所，在园幼儿 8.93 万人。艺术表演团体 3 个，文化馆 7 个，公共图书馆 7 个，博物馆、纪念馆 10 个。广播电视发射台 3 座，广播综合人口覆盖率 100%，电视综合人口覆盖率 99.5%。拥有卫生机构 1265 个，其中，医院 42 个，社区卫生服务中心（站）48 个，卫生院 37 个，妇幼保健院（所、站）3 个，疾病预防控制中心 3 个。卫生技术人员 18986 人，其中，执业医师和执业助理医师 5971 人，注册护士 9414 人。医疗机构实有床位 16445 张。

2018 年，黄石市常住人口 247.07 万人，其中，城镇人口 156.37 万人，城镇化率 63.29%。人口自然增长率 6.21‰。城乡居民人均可支配收入 27092 元，比上年增长 8.5%。其中，城镇居民人均可支配收入 35327 元，增长 8.6%；农村常住居民人均可支配收入 15125 元，增长 8.3%。

当年，万元 GDP 能耗比上年下降 3.7%。社会用电量 137.41 亿千瓦时，比上年增长 11.6%。规模以上工业综合能源消费量 836.94 万吨标准煤，增长 7.8%。其中，煤炭消费量 910.23 万吨，增长 11.2%；焦炭消费量 196.67 万吨，增长 8.5%；天然气消费量 3.95 亿立方米，增长 22.33%。黄石城区优良天数 274 天，其中，优 72 天，良 202 天。集中式饮用水源水质达标率 100%。

（黄石市地方志办公室）

【鄂州市国民经济和社会发展】2018 年，鄂州市地区生产总值 1005.3 亿元，比上年增长 8.2%。其中，第一产业增加值 94.15 亿元，增长 2.7%；第二产业增加值 523.7 亿元，增长 7.4%；第三产业增加值 387.45 亿元，增长 11.4%。按常住人口计算，全市人均生产总值 93317 元，净增 8865 元，增长 10.5%。三次产业结构由 2017 年的 11.3 ∶ 52.7 ∶ 36 调整为 9.4 ∶ 52.1 ∶ 38.5。在第三产业中，交通运输仓储和邮政业、批发和零售业、住宿和餐饮业、金融业、房地产业、其他服务业增加值分别增长 7.8%、11.7%、5.4%、7.6%、6.9%、14.2%。

鄂州市规模以上工业企业 499 个，规模以上工业增加值比上年增长 7.4%。其中，私营企业增长 6.1%，港澳台投资企业增长 9.7%，外商投资企业增长 13.9%，中央企业、省属企业、中央与省属控股企业增长 16.5%；轻工业增长 8%，重工业增长 7.1%。全年全市高技术制造业增长 13.4%，占规模以上工业比重 13%，对规模以上工业增长的贡献率 14.9%。全年规模以上工业销售产值增长 10.5%，产品销售率 97%，出口交货值增长 2.3%。规模以上工业企业利润 48.8 亿元，增长 49%。全市具有资质建筑企业施工产值 189.15 亿元，增长 12.9%。

当年，鄂州市固定资产投资（不含农户）比上年增长 10.8%，其中房地产开发投资增长 25.6%；商品房销售面积 130.48 万平方米，增长 16.1%；商品房销售额 109.22 亿元，增长 61.3%。全市一、二、三次产业投资分别增长 13%、6.6%、12.8%。

2018 年，鄂州市农林牧渔业增加值 97.22 亿元，按可比价格计算，比上年增长 3.1%。粮食种植面积 4.34 万公顷，减少 210 公顷；棉花种植面积 5670 公顷，减少 1320 千公顷；油料种植面积 17.73 千公顷，比上年增加 480 公顷。粮食总产量 27.11 万吨，增长 0.3%；棉花总产量 5100 吨，下降 14.1%；油料产量 4.28 万吨，增加 500 吨，增长 1.3%。全年生猪出栏 93.2 万头，下降 2%。受退田还湖、拆围、天然水域禁捕等措施的影响，水产品总产量 29.83 万吨，下降 21.6%。

当年，社会消费品零售总额379.04亿元，比上年增长12.5%。其中，城镇零售额343.41亿元，增长12.8%；乡村零售额35.63亿元，增长10.3%。限额以上企业（单位）消费品零售额221.53亿元，增长34.4%。电子商务快速增长，全年通过网上消费零售额186.82亿元，增长41.2%，占限额以上企业零售额的比重84.3%。外贸进出口总额43.2亿元，增长13.9%。其中，进口27亿元，增长18.5%；出口16.2亿元，增长7.1%。

全市财政总收入81.92亿元，比上年增长7.7%。其中地方公共财政预算收入57.93亿元，增长9.3%；在地方公共财政预算收入中，税收收入40.98亿元，增长13.3%。全年财政支出122.55亿元，增长7%。

鄂州市货物周转75.01亿吨千米，比上年增长4.3%；旅客周转11.66亿人千米，下降5.5%。公路营运里程3835千米，增长2.9%；高速公路里程122.24千米，与上年持平。邮政业务总量6.56亿元，增长70.6%。接待国内外游客621.3万人次，旅游收入58.4亿元，增长7%；旅游创汇收入16.06万美元。

当年，价格运行平稳，居民消费价格上涨1.8%，涨幅比上年提高0.7%。市场主体活力增强，全市新登记市场主体1.48万个，其中，新登记私营企业3047个，新登记个体工商户1.14万个。就业稳定，城镇登记失业率2.3%。

鄂州市增加高新技术认定企业38个，增加高新产品登记备案企业36个，增加备案产品53个。增加省级知识产权示范企业2个，共40个。授权发明专利60个，全市每万人发明专利拥有量3.8个。市属国有艺术表演团体1个，群艺馆、文化馆4个，公共图书馆2个，博物馆1个，电影放映管理机构1个，放映单位7个，广播电台1座，电视台1座。

鄂州市拥有各类中小学校306所，其中小学119所（不含农村教学点128所）、初中33所、九年一贯制学校6所、高中10所、特殊教育学校1所、中职学校9所。教职工9382人，在校学生12.58万人。幼儿园179所，教职工2540人，在园幼儿2.88万人。高职院校4所，在校学生2.55万人。完成华中师范大学梁子湖校区规划设计和前期工作。医疗卫生机构500个，其中医院20所、基层医疗卫生机构469个、专业公共卫生机构11个；卫生计生人员8305人，其中执业（助理）医师2219人、注册护士3063人；全市医疗卫生机构实际开放床位6056张，其中医院床位4364张、社区卫生服务机构床位74张、卫生院床位1379张。

鄂州市常住人口107.77万人，其中城镇人口71.03万人、乡村人口36.74万人。城镇化率65.9%。全年出生人口12147人，出生率11.3‰；死亡人口6311人，死亡率5.9‰；人口自然增长率5.4‰。城镇常住居民人均可支配收入31742元，增长8%；农村常住居民人均可支配收入17609元，增长8.9%。

鄂州市参加城镇职工基本养老保险30.74万人，参加城乡居民基本养老保险40.97万人，参加城乡居民和城镇职工基本医疗保险94.5万人，参加工伤保险11.5万人；参加生育保险5.4万人；参加失业保险人数8.73万人。城镇居民最低生活保障对象5406人，农村居民最低生活保障18547人。拥有各类收养性单位床位6873张。

鄂州红莲湖污水处理厂建成运营

（鄂州市地方志办公室　供稿）

当年，鄂州市单位 GDP 能耗比上年下降 4.8%。城市生活污水处理率 93.2%，生活垃圾无害化处理率 100%。建成区人均公园绿地面积 11.32 平方米，建成区绿化覆盖率 43.2%。中心城区空气质量优良天数 272 天，优良率 75.2%，提高 0.5%。二氧化硫年均浓度 11 微克 / 立方米，下降 26.7%；PM2.5 年平均浓度 46 微克 / 立方米，下降 17.9%。

（鄂州市地方志办公室）

【孝感市国民经济和社会发展】2018 年，孝感市地区生产总值 1912.9 亿元，按可比价格计算，比上年增长 8.1%。其中：第一产业增加值 287.13 亿元，增长 3%；第二产业增加值 925.58 亿元，增长 8.3%；第三产业增加值 700.19 亿元，增长 10.1%。三次产业结构由上年的 17.1 ∶ 48.2 ∶ 34.7 调整为 15 ∶ 48.4 ∶ 36.6。

孝感市规模以上工业主营业务收入 2536.45 亿元，比上年增长 6%；利税 193.84 亿元，增长 8.9%；利润 112.19 亿元，增长 6.4%。主营收入过 10 亿元企业 29 个，过 20 亿元企业 7 个。纳入统计的资质总承包和专业承包建筑业总产值 457.5 亿元，增长 16%。

孝感市固定资产投资（不含农户）比上年增长 11.4%。其中房地产开发投资增长 3.5%。三次产业投资分别增长 -34.3%、17.2% 和 13.2%，产业投资结构由上年的 3.9 ∶ 45.9 ∶ 50.2 调整为 4.5 ∶ 45.9 ∶ 49.6。

孝感市工业增加值 818.4 亿元，比上年增长 8.5%。全市 1197 个规模以上工业企业增加值增长 8.7%。在规模以上工业中，分门类看，采矿业增长 2.2%，制造业增长 7.8%，电力、热力、燃气及水生产和供应业增长 22.5%；分经济类型看，国有企业增长 22.1%，股份制企业增长 8.9%，外商及港澳台投资企业增长 11%，其他企业下降 10.8%。

孝感市农林牧渔业增加值 302.55 亿元，按可比价格计算，比上年增长 3.4%。全年粮食种植面积 36.05 万公顷，下降 2.1%；棉花种植面积 1.03 万公顷，下降 28.6%；油料种植面积 9.13 万公顷，下降 3.5%；蔬菜种植面积 10.6 万公顷，增长 2.7%。

全市粮食总产量 242.77 万吨，比上年增长 0.6%；棉花总产量 9400 吨，下降 28.4%；油料总产量 22.31 万吨，下降 0.9%；蔬菜总产量 412.01 万吨，增长 3.9%。生猪出栏 298.3 万头，下降 2.2%；家禽出笼 8555.3 万只，增长 4%；禽蛋产量 24.17 万吨，增长 3.4%；水产品产量 40.13 万吨，增长 0.3%。

当年，社会消费品零售总额 1085.47 亿元，比上年增长 11.5%。按消费类型统计，商品零售额 920.11 亿元，增长 11.4%；餐饮收入额 165.36 亿元，增长 12.4%。外贸进出口总额 13.82 亿美元，增长 25.4%。其中，外贸出口 9.48 亿美元，增长 23.6%；进口 4.34 亿美元，增长 29.3%。新批外商投资企业 20 个，新增合同外资 3.14 亿美元。实际利用外资 3.5 亿美元，增长 11%。

2018 年，孝感市财政总收入 203.28 亿元，比上年增长 9.2%。一般公共预算收入 130.19 亿元，增长 11.3%。其中，税收收入 95.61 亿元，增长 13.8%；非税收收入 34.58 亿元，增长 5%。市本级一般公共预算收入 25.36 亿元，增长 12.5%。年末全市金融机构各项存款余额 2443.93 亿元，比年初增加 156.01 亿元。金融机构各项贷款余额 1257.07 亿元，比年初增加 118.84 亿元。保险行业保费收入 67.86 亿元，增长 7.3%。其中，产险保费收入 16 亿元，增长 20.5%；寿险保费收入 51.86 亿元，增长 3.7%；赔款及综合给付金额 24.11 亿元，增长 24.4%；赔付率及综合给付率 35.5%，上升 4.8%。

孝感市公路总里程 1.77 万千米。其中，高速公路 442 千米，一级公路 282 千米，二级公路 1327 千米。全年新（改）建等级公路 565 千米。通信业营业收入 31.31 亿元，比上年增长 1.9%。其中，邮政业 7.33 亿元，增长 9.6%；电信业 23.98 亿元，下降 0.2%。国内外旅游人数 2674.83 万人次，旅游综合收入 170.06 亿元。其中，国内旅游人数 2673.51 万人次，增长 11.45%；国内旅游收入 169.53 亿元，增长 12.6%。入境旅游人数 1.32 万人次，增长 9.12%；国际旅游外汇收入 767.25 万美元，增长 10.67%。

全市常住人口 492 万人，其中城镇人口 283.24 万人。城镇化率 57.6%。全年出生人口 5.68 万人，出生率 11‰；死亡人口 2.46 万人，死亡率 4.7‰，人口自然增长率 6.21‰。全市全员劳动生产率 5.95

万元/人，比上年提高7.8%。全市居民消费价格指数上涨1.6%。全年商品零售价格下降0.3%，农业生产资料价格上涨2.5%。

孝感市高新技术产业增加值257.2亿元，比上年增长14.1%。认定高新技术企业105个，高新技术企业总数277个。新培育科技型企业166个。技术合同登记21.5亿元，转化科技成果155项。

孝感市拥有各级各类学校1273所，在校生63.06万人，教职工数5.17万人（专任教师4.19万人）。其中，幼儿园563所，在园幼儿12.2万人，教职工1.25万人。九年义务教育巩固率98.4%，高中阶段毛入学率96.7%。医疗卫生机构405个。其中，医院60所，社区卫生服务中心（站）60个，乡镇卫生院113个，门诊部3个，诊所、卫生所、医务室120个，其他卫生机构49个。卫生机构床位2.48万张，其中医院1.63万张，每千人拥有床位数5.05张。卫生机构人员3.32万人，其中：卫生技术人员2.56万人，执业（助理）医师9300人，注册护师（护士）1.12万人，医护比例为1 ∶ 1.21。

孝感市有8个图书馆、8个文化馆（群艺馆）、10个博物馆、5个纪念馆、3个美术馆和7个公共体育场馆。单项体育协会100个，社会体育指导员1.08万人，其中国家级60人、一级939人。全年体育彩票年销6.98亿元。

2018年，孝感市居民人均可支配收入24070元，比上年增长8.2%。其中，城镇常住居民人均可支配收入32685元，增长8%；农村常住居民人均可支配收入15988元，增长8.4%。全年城镇新增就业6.93万人，城镇登记失业率3.8%。城镇职工养老金14连增，"五项社保"参保940万人次。向21.8万名困难对象救助10.3亿元，新改扩建农村福利院10所。改造农村危房5110户，建成棚改房5937套，分配公租房2.26万套。筹资2亿元资助困难学生15万人次。全市脱贫5.94万人，出列77个村，易地扶贫搬迁1.29万户2.72万人。

当年，孝感市中心城区PM10年均浓度72微克/立方米，PM2.5年均浓度44微克/立方米，空气质量优良率72%。全市纳入水污染防治行动计划的8个国控省考断面达标，地表水水质优良率87.5%。全市创建省级生态乡镇21个，省级生态村247个。

（孝感市地方志办公室）

【黄冈市国民经济和社会发展】 2018年，黄冈市地区生产总值2035.2亿元（现价），按可比价格计算，比上年增长7.2%。其中，第一产业增加值376.1亿元，增长2.8%；第二产业增加值832.04亿元，增长7.7%；第三产业增加值827.06亿元，增长9.1%。三次产业结构由2017年的21.71 ∶ 38.94 ∶ 39.35调整为18.48 ∶ 40.88 ∶ 40.64。人均地区生产总值32124元。居民消费价格指数（CPI）101.3。全市新发展5类（含内资、私营、外资、个体、农民专业合作社）市场主体7.75万个。

规模以上工业企业1448个，新增91个。规模以上工业增加值增长7.3%；规模以上工业总产值1777.5亿元，增长13.5%。规模以上工业企业产销率95.9%；营业收入1481亿元，增长8.2%；利润总额76.7亿元，增长14%；税金总额30.6亿元，增长10.1%；资产总计1363.4亿元，增长12%。

黄冈市固定资产投资比上年增长11%。新开工市政工程108个、投资7.3亿元。大别山金融中心竣工，万达广场开业，推进资本大厦、市综合馆项目建设，完成市疾控中心、大别山医疗中心、市妇幼保健院搬迁。交通投资142.6亿元，推进两条高铁、两座大桥、两条高速、长江645工程建设，提档升级农村公路2780千米，提前两年建成1万千米"455"（用4年时间，建立省、市、县、乡（镇）、村等5级联动机制及责任体系，省级财政投入45亿元，基本完成全省国道、省道、县道、乡道及通客运班车村道的公路安全生命防护工程）安防工程。水利投资56.5亿元，推进入江重要支流治理、病险水库除险加固、重点易涝地区外排能力建设。建成高标准农田5万公顷，光网覆盖率100%，电网改造升级投资13.39亿元。黄团浠交通一体化进程加快，巴河特大桥开工建设，南湖收费站撤除，取消黄冈市普通公路政府还贷性收费。

当年，新三板挂牌企业19个，新增四板挂牌企业69个（总数500个），融资6.48亿元。主板IPO（英文Initial Public Offerings的简称，指的是一家企业或公司第一次将它的股份向公众出售）报会1个、报辅2个。产业基金19个，总规模213亿元。

黄冈市社会消费品零售总额1205.05亿元，比上年增长11.3%。外贸进出口总额94171万美元，增长16.8%。其中，出口8.13亿美元，增长19.9%；进口1.29亿美元，增长0.5%。新批外资企业9个。合同外资金额1.79亿美元，下降20.2%。实际利用外资5360万美元，增长29.9%。

黄冈市地方财政总收入214.32亿元，比上年增长8.6%。其中，一般公共预算收入139.24亿元，增长9.5%；上划中央收入75.07亿元，增长7.1%。财政支出717.11亿元，减少15%。其中，一般公共预算支出482.63亿元，增长6.2%。

全年接待游客3645万人次，旅游收入254.39亿元，比上年增长26.7%。创建旅游强县4个、旅游名镇4个、旅游名村15个，AAAA级景区19个，AAA级景区36个，A级景区60个，星级宾馆（饭店）43个。其中四星级7个、三星级25个。

黄冈市高新技术产业增加值182.4亿元，占GDP比重9%。高新技术企业认定114个，总数285个。建成国家级孵化器1个、省级孵化器（众创空间）29个、加速器13个，培育在孵企业240个、科技型中小企业174个。国家级高新区1个，省级高新区6个，组织实施6个省级重大科技专项和24个省级研究与开发项目，新增高新技术产品232个。新建科研平台41个，黄冈市科研平台总数增至190个，建成院士工作站34个、省级产业技术研究院1个、省级工程技术中心和校企共建研发中心60个。争取省级以上各类科技计划项目124个，落实项目经费3123万元；获批省级重大科技专项6个。转化科技成果97个，技术合同成交额29.52亿元。申请专利5553个，万人发明专利拥有量1.14个。

2018年黄冈市主要经济指标完成情况一览表

项目名称	单位	金额	比上年增减幅度（%）
国内生产总值(GDP)	亿元	2035.20	7.2
第一产业	亿元	376.10	2.8
第二产业	亿元	832.04	7.7
第三产业	亿元	827.06	9.1
地方财政收入	亿元	214.32	8.6
地方财政支出	亿元	717.11	–15.0
社会消费品零售总额	亿元	1205.05	11.3
金融机构各项存款	亿元	3322.82	9.3
金融机构各项贷款	亿元	1585.38	12.6
保险费收入	亿元	95.14	3.3
保险赔款支出	亿元	46.64	28.8

黄冈市拥有各级各类学校2005所，其中小学680所（不含农村教学点790个）、初中238所、高中61所、中等职业学校26所、特殊教育学校9所、高校4所（成人高校1所）。在校生94.18万人，教职工6.95万人。幼儿园1017所，在园幼儿20.75万人。拥有医疗卫生机构4167所，其中，医院68个、基层医疗卫生机构4039个、公共卫生机构55个、其他卫生机构5个。拥有开放医疗床位37272张，执业医生12776人、注册护士14279人。

黄冈市城镇化率47.2%，比上年提高1.3%。居民人均可支配收入19144元，增长8.4%。其中，城镇常住居民人均可支配收入28978元，增长7.8%；农村常住居民人均可支配收入13238元，增长9.3%。城镇居民恩格尔系数36%，农村居民恩格尔系数38%。城乡居民医疗保险参加人数591.95万人，缴费收入42.41亿元；其中，个人缴费收入11.22亿元，财政补助收入29.09亿元，调剂金收入4614万元。

当年，黄冈市单位GDP能耗下降3.4%。实施COD减排项目373个，减排6203.35吨，扣除增量，净削减5463.09吨；实施SO_2减排项目514个，减排5359吨，扣除增量，净削减5359吨。化学需氧量和二氧化硫排放量净削减10%和23.1%。黄冈市县级以上集中式饮用水水源地水质达标率100%，市区环境空气质量优良天数263天，优良率达73.3%。

（黄冈市地方志办公室）

【咸宁市国民经济和社会发展】2018年，咸宁市地区生产总值1362.42亿元，按可比价格计算，比上年增长8.5%。其中，第一产业增加值186.88亿元，增长2.9%；第二产业增加值662.83亿元，增长8.8%；第三产业增加值512.71亿元，增长10.6%。三次产业结构比为13.7 ∶ 48.7 ∶ 37.6，与上年相比，第一产业增加值占地区生产总值的比重下降1.9%，第二、三产业比重分别提高0.3%和1.6%。全年人均地区生产总值53655元，增长8.1%。

咸宁市居民消费价格指数比上年上涨2.7%。各类市场主体19.8万个，增长15.2%。其中，企业类市场主体4.41万个，增长29.2%。新登记市场主体3.87万个，增长10.5%。其中，新登记企业类市场主体1.26万个，增长29.8%。年末城镇登记失业率2.7%，增加0.5%;城镇新增就业人数4.91万人。

咸宁市工业增加值590.37亿元，按可比价计算，比上年增长8.5%。分经济类型看：国有企业增长48.3%，集体企业增长31.9%，股份制企业增长7.4%，外商及港澳台投资企业增长16%，其他经济类型企业增长13.2%。规模以上工业企业932个，增加52个。规模以上工业主营业务收入1695.7亿元，增长18.5%；利润总额119.4亿元，增长39.2%；产销率98.1%。高新技术产业增加值147.9亿元，占GDP比重为10.9%，提高0.8%。建筑业增加值73.05亿元，增长11.6%。资质以内建筑业企业149个，增加17个；建筑业总产值197.22亿元，增长17.6%。

当年，咸宁市固定资产投资比上年增长11.3%，其中一、二、三次产业投资分别增长-16.5%、17.8%和9.1%。基础设施、制造业和房地产重点领域投资分别增长14.6%、11%和5%。

咸宁市农作物播种面积42.48万公顷，比上年下降1.4%。粮食产量123.87万吨，增长1%；油料产量15.94万吨，下降6.1%；茶叶产量5.48万吨，增长8.6%。肉类总产量41.15万吨，下降1.7%。水产品产量21万吨，增长1.8%。

咸宁市社会消费品零售额556.18亿元，比上年增长11.9%。其中，城市消费品零售额374.94亿元，增长11.9%；农村消费品零售额181.24亿元，增长11.8%。限额以上企业（单位）消费品零售额225.43亿元，增长14.7%。

进出口总值36.72亿元，比上年增长7.5%。其中，进口6.36亿元，下降42.2%；出口30.36亿元，增长31.1%。对“一带一路”国家出口13.46亿元，增长35.3%，占全部出口的44.3%。机电产品出口10.67亿元，增长73.6%。新批外商投资企业14个。实际利用外资4031万美元，增长27%。

2018年，咸宁市地方财政总收入139.49亿元，比上年增长13.1%。其中，一般公共预算收入91.32亿元，增长12.1%。在一般公共预算收入中，税收收入62.17亿元，增长14.7%；税收收入占一般公共预算收入的比重为68.1%，提高6.3%。一般公共预算支出247.67亿元，增长9.1%。金融机构各项存款余额1499.1亿元，增加109.22亿元；各项贷款余额960.96亿元，增加113.34亿元。保费收入47.45亿元，增长9.1%。各项赔款和给付金额16.93亿元，增长35.7%。保险密度1691元/人，保险深度3.5%。

全年货运量1087.7万吨，比上年增长10.5%；货物周转1336.6亿吨千米，增长14.5%；客运5798万人，下降3.1%；客运周转量

咸宁市初具规模的“生态工业新城”（咸宁市地方志办公室　供稿）

32.49 亿人千米，下降 3.1%。邮政行业业务 8.73 亿元，增长 50.4%。快递业务 2243.25 万件，增长 51%；快递业务收入 2.42 亿元，增长 36.6%；电信业务 20.53 亿元，增长 12.2%。接待旅游人数 6703 万人次，增长 17%。旅游收入 342 亿元，增长 16.9%。

咸宁市申报登记省、部级以上科技成果 67 个，比上年增加 8 个。专利申请量 3764 个，其中发明专利 1212 个。专利授权量 1886 个，其中发明专利授权 92 个。签订技术合同 463 个，技术合同成交额 31.86 亿元，增长 42.4%。获省级科技奖励 7 个，其中三等奖 6 个，科技创新奖 1 个。有群艺馆、文化馆 7 个，艺术活动年表演 1430 场次；博物馆 8 个，参观人数 58.3 万人次。广播电台 6 个，档案馆 7 个，利用档案 9300 人次。公共图书馆 7 个，藏书 114.61 万册。出版各类图书 87 千册，各类报刊 1755.6 万份。

当年，咸宁市有各类中小学校 509 所，高校 2 所，在校学生 40.66 万人，教师 2.39 万人；幼儿园 201 所，在园幼儿 10.95 万人。有卫生机构 1340 个，其中医院 35 所；卫生机构人员数 22070 人，其中执业医师（含助理医师）6917 人，注册护士 7817 人；卫生机构床位 14657 张，其中医院床位 9787 张；医疗卫生机构诊疗 1393 万人次。每千人拥有床位 5.76 张，每千人拥有专业卫生技术人员 6.94 人。运动员参加国际比赛获得冠军 4 个，亚军 1 个，季军 1 个；参加全国比赛获得亚军 1 个。体育彩票销售 3.11 亿元，增长 37.6%。

咸宁市常住人口 254.33 万人，比上年增长 8200 人。城镇化率 53.7%，提高 1.2%。人口出生率 15.1‰，死亡率 4‰，户籍人口自然增长率 11.1‰。居民人均可支配收入 21995 元，增长 8.3%。城乡居民收入比为 2.01。城镇居民恩格尔系数 29.76，下降 0.6%；农村居民恩格尔系数 36，下降 0.9%。参加城镇职工基本养老保险 40.93 万人，参加城乡居民基本养老保险 103.32 万人，参加城镇职工基本医疗保险 26.25 万人，参加城乡居民基本医疗保险 242.15 万人，参加工伤保险 17.27 万人，参加生育保险 18.05 万人，参加失业保险 15.99 万人。城乡低保对象 12.01 万人，其中城市低保 3.08 万人，农村低保 8.92 万人；特困供养对象 1 万人。城市低保月人均保障标准提高至 583 元，农村低保年人均保障标准 5333 元。全年福利彩票销售 3.66 亿元。

咸宁市社会能源消费总量比上年增长 4.7%，单位 GDP 能耗下降 3.5%。生态环境状况指数为 75.09，生态环境质量为优。区域水环境总体水质状况良好，主要地表水体水质符合Ⅰ—Ⅲ类标准的断面 / 点位比例 85.1%，与上年持平；断面 / 点位水质功能类别达标率 85.1%，比上年提高 2.1%。城市集中式饮用水源地水质达标率 100%。城市空气质量优良天数比例为 82.6%，比上年提高 3.1%。

（咸宁市地方志办公室 胡芳）

【仙桃市国民经济和社会发展】 2018 年，仙桃市地区生产总值 800.13 亿元，按可比价计算，比上年增长 8.3%。其中，第一、二、三产业分别增加值 86.92 亿元、413.25 亿元、299.96 亿元，分别增长 3%、8.3%、10.5%。三次产业结构为 10.86 ∶ 51.65 ∶ 37.49，其中第三产业比重提高 3.7%。

2018 年，仙桃市财政总收入 51.41 亿元，比上年增长 9.5%，其中地方公共财政预算收入 33.35 亿

2018 年仙桃市经济社会发展情况统计表

指标名称	计算单位	2018 年完成情况	对比 2017 年 ±%
一、地区生产总值	亿元	800.13	8.3
第一产业	亿元	86.92	3.0
第二产业	亿元	413.25	8.3
第三产业	亿元	299.96	10.5
二、固定资产投资	亿元	–	11.9
三、外商直接投资	亿美元	0.8805	38.5
四、地方一般公共财政预算收入	亿元	33.35	11.9
五、农村居民人均可支配收入	元	18177	8.6
六、城镇居民人均可支配收入	元	31672	8.2
七、规模以上工业增加值	亿元	–	8.4
八、全社会消费品零售总额	亿元	373.15	12.2

仙桃市南城新区　　（仙桃市地方志办公室　供稿）

元，增长11.9%。税收收入27.3万元，增长10.2%。地方财政一般预算支出90.67亿元，增长14.9%。仙桃市位居全国县域经济百强第85位。

当年，仙桃社会固定资产投资比上年增长11.9%。第一、二、三产业投资比上年增长分别为2.8%、19.8%、1.9%。工业固定资产投资增长19.9%，工业技改投资增长22.8%。在建工业项目172个，其中新开工项目118个，86个项目竣工投产。重点工程开工项目8个，完成投资72919万元。武汉——仙桃城际铁路开工，江汉平原货运铁路建成通车，智慧城市大数据中心和创新体验中心投入运营。

仙桃市规模以上工业总产值1004.6亿元，比上年增长12.9%。非织造布、食品、机械及汽车零部件、新材料及生物医药、电子信息、纺织服装六大主导产业产值910亿元，占总产值比重83%。台资企业发展到63个，仙桃成为全国第三个、中部第一个海峡两岸产业合作区成员。建筑施工总承包企业40个，建筑业总产值119.34亿元。签约超1亿元项目123个，新开工项目194个，协议金额427.24亿元。实际利用外资8805万美元，比上年增长38.5%。

仙桃市农林牧渔业总产值146.2亿元，比上年增长3.4%。农作物总播种面积21.94万公顷，增加6400公顷。其中，粮食总产量7.55万吨，增加0.1%；粮食种植面积11.99万公顷，减少1986.67公顷，下降1.6%。渔业产值68.01亿元，增长4.84%。水产养殖面积3.4万公顷，水产品产量29.02万吨。渔民年人均纯收入18490元，增加390元。出栏生猪91.51万头，出笼家禽631.23万羽；肉类产量7.53万吨，禽蛋产量1.73万吨。全市农业产业化重点龙头企业97个，规模以上农产品加工企业155个，农产品加工产值400亿元。

仙桃市社会消费品零售总额373.15亿元，比上年增长12.2%。其中，限上零售额197.3亿元，比上年增长14%；批发业销售额31.15亿元，比上年增长58.4%；餐饮业零售额3.49亿元，比上年增长35%。全年地方农产品线上销售2亿元。

仙桃市进出口总额10.2亿美元，比上年增长30.5%。其中，进口2.58亿美元，比上年增长68.8%；出口7.64亿美元，比上年增长21.2%。

全年，仙桃市客运量2032万人次，货物运输1.98亿吨；港口运输货物吞吐量12.2万吨，货物运输31.3万吨。邮政电信业务收入9.15亿元，比上年增长2.27%。固定电话用户10.28万个，下降7.7%；移动电话用户106.66万个，增长10.1%；互联网用户24.03万个，增长29.5%。旅游总收入29.2亿元，接待国内外游客460万人次，分别增长23.8%、28.1%。

仙桃市拥有国家级创新平台5个、省级创新平台45个、省级工程技术中心6个、校企共建研发中心5个、星创天地9个、市级技术创新中心10个，新认定高新技术企业2个，纳入高新技术产值统计的规上企业为87个。登记备案高新技术产品26件、省级高新技术产品204件，高新技术产业产值301.1亿元，增加值75.4亿元，增加值增速为11.9%，高新技术产业增加值占GDP比重9.42%。专利申请904个，增长31.4%，其中发明专利300个，增长23.4%。专利授权425个，增长36.7%，其中发明专利授权35个。万人发明专利2.26个。实施科技成果转化41

个，技术交易额突破 11 亿元。

仙桃市拥有各级各类学校 141 所。其中，小学 98 所、初中 30 所、高中 9 所、中职学校 3 所、特殊学校 1 所、高校 2 所（成人高校 1 所）。专任教师 9977 人人，在校学生 14.74 万人。幼儿园 195 所、在园幼儿 4 万人。各类医疗卫生机构 1002 个，其中医院 23 所、基层医疗卫生机构 973 个、专业公共卫生机构 6 个。卫生技术人员 8792 人，其中执业医师和执业助理医师 2736 人，注册护师、护士 4018 人。医疗卫生机构床位 5605 张，其中医院 4047 张，卫生院 1374 张，社区卫生服务中心 184 张。国有专业艺术表演团体 1 个、图书馆 1 个、档案馆 1 个、博物馆 1 个，电影放映单位 10 个，电视台 1 座、广播电台 1 座，广播人口综合覆盖率 100%，电视人口综合覆盖率 100%。有体育馆 1 个，单项体育协会 22 个，各类体育俱乐部 16 个。

仙桃市参加城乡居民社会养老保险 59.1 万人，新增城镇就业 2.57 万人，城镇失业人员再就业 4046 人，就业困难人员再就业 1606 人，新增高校毕业生就业 5487 人；城镇登记失业率控制在 1.7% 以内。低保对象 4.77 万人，特困供养对象 3399 人，实施医疗救助 2 万人次，实施临时救助 9179 人次，全年社会救助支出资金 1.84 亿元。

仙桃市城镇居民人均可支配收入 31672 元，比上年增长 8.2%。农村居民人均可支配收入 18177 元，增加 1441 元，增长 8.6%。

2018 年，仙桃市主要污染物 PM10 平均浓度为 86 微克 / 立方米，PM2.5 平均浓度为 42 微克 / 立方米，比上年分别增长 13.2% 和 2.4%，全市优良天数 272 天。水环境改善，汉江仙桃段保持在地表水Ⅱ类，东荆河保持在地表水Ⅲ类，通顺河港洲村断面水环境质量达到地表水Ⅳ类，地表水水质考核达标率 100%，地表水水质优良达标率 66.7%，跨界断面水质考核合格达标率 86.4%，城市集中式饮用水水源地水质达标率 100%。新增城区绿化 215 公顷，植树 524 万株，森林覆盖率增长 0.3%，顺利通过国家园林城市复审，获得“湖北省森林城市”称号。

（仙桃市地方志办公室　黄爱高）

【潜江市国民经济和社会发展】2018 年，潜江市生产总值 755.78 亿元，比上年增长 8.3%。其中：第一产业增加值 75.29 亿元，增长 3%；第二产业增加值 398.09 亿元，增长 8.1%；第三产业增加值 282.4 亿元，增长 10.2%。三次产业结构比从上年的 10.9 ∶ 52.4 ∶ 36.7 调整为 10 ∶ 52.6 ∶ 37.4。全市人均生产总值 78279 元，增长 12.3%。全市地方一般公共预算收入 25.84 亿元，增长 9.6%。其中税收收入 18.68 亿元，增长 13.8%；一般公共预算支出 70.1 亿元，增长 13.5%。

全市工业增加值 396.55 亿元。51 个技术改造项目投产，55 个新开工项目建设加快，工业投资比上年增长 14.6%，工业技改投资增长 13.3%，技改投资占工业投资 70%。高新技术产业增加值增长 13.4%，占 GDP 比重 18.2%，光电子信息、绿色食品、装备制造、生物医药等产业产值增速均在 20%。金澳科技在中国企业 500 强中位次前进 57 位，12 个企业成为全省支柱产业细分领域隐形冠军，中小企业成长工程 40 个，重组盘活僵尸企业 25 个，25 个企业成为省市“两化融合”（信息化和工业化高层次深度结合）试点示范企业。潜江在资源枯竭型城市转型年度绩效考核中排名全国第一，成为首批国家农村产业融合发展示范园创建单位，国家独立工矿区项目通过国家评审并启动实施。

潜江市固定资产投资比上年增长 11.3%，其中 500 万元以上项目投资增长 10.1%，房地产开发投资增长 31.7%。新开工项目 120 个，在建项目 317 个，竣工投产项目 121 个。乡村振兴项目 288 个、总投资 1026 亿元，长江经济带“两库”（即生态保护和绿色发展的储备总库和建设总库）项目 360 个、总投资 2276 亿元。建筑业增加值 41.2 亿元，下降 9.3%。房地产开发投资 31 亿元，增速 31.7%。

潜江市农林牧渔业总产值 131.58 亿元，比上年增长 3.5%；农林牧渔业增加值 79.47 亿元，增长 3.4%。推动虾稻区域公用品牌建设，高标准建成虾稻共作基地 5 万公顷，小龙虾养殖产量 13.5 万吨，选育繁育小龙虾苗种 70 亿尾，在全国建设餐饮直营和加盟店 2500 个。成为首批国家农村产业融合发展示范园创建单位，“潜江龙

潜江市虾稻共作基地鸟瞰图　　（潜江市地方志办公室　供稿）

虾”“潜江虾稻”注册国家地理标志证明商标，“潜江龙虾”成为中国驰名商标。虾—稻大数据中心、小龙虾交易中心、小龙虾检测中心、湖北小龙虾良种选育繁育中心、潜江龙虾精深加工中心、潜江龙虾文化创意中心“6大中心”成立并运营。打通潜江龙虾直供北京通道，与15个地区和45个企业签订协议，建立双品牌授权机制，潜江龙虾通过推介活动走向世界。

潜江市社会消费品零售总额260.11亿元，比上年增长12%。新增限额以上企业33个，四板挂牌企业总量37个。外贸进出口总额6.87亿美元，增长122.9%。其中：出口2.95亿美元，增长3.8%；进口3.91亿美元，增长1554.9%。实际利用外资762万美元。探索互联网+市场模式和共享餐厅模式，华翼电商在全国开设共享餐厅300个。全年电子商务交易额43亿元，增长86.9%，潜江虾、稻等产品网络销售18亿元，增长80%。金融机构人民币各项存款余额659.11亿元，增长7.5%；贷款余额264.83亿元，增长13.5%。

全年道路客运1479万人次、旅客周转6.3亿人千米，货运3291.7万吨、货运周转量66.7万吨千米。港口吞吐量11.9万吨、货运量12.6万吨、货物周转量42.8万吨千米。邮政企业收入1.61亿元，增长9.4%。

潜江市高新技术企业51个，高新技术产品登记备案企业71个。其中，高新技术产业统计单位88个，比上年增长14.3%。高新技术产业增加值137.4亿元，按可比价计算，增长13.4%，高于规上工业增加值增速5.6%；高新技术产业增加值占GDP的比重18.2%，排全省第3位；高新技术产业增加值占全省的比重为2.1%，占比提升0.4%。

2018年，潜江市常住人口96.6万人，常住人口城镇化率57.4%，人口自然增长率为2.9‰。居民人均可支配收入24523元，比上年增长8.1%。其中，城镇常住居民人均可支配收入31574元，增长7.82%；农村常住居民人均可支配收入17797元，增长8.5%。全年民生支出60亿元，占地方公共财政预算支出的84.6%。

潜江市参加城镇职工基本养老保险16.63万人，参加城乡居民基本养老保险31.7万人；参加城镇职工基本医疗保险8.45万人，参加城乡居民基本医疗保险77.69万人，参加工伤保险5.24万人；参加生育保险3.94万人；参加失业保险4万人。城乡特困人员供养标准分别提高到13440元/人年和9120元/人年，临时救助人均1844元。实施社区建设三年行动计划，建成19个高标准新型农村社区。113个改制企业移交社区管理。

2018年，潜江市万元GDP能耗比上年下降5.1%。森林覆盖面积1.38万公顷，增长6.2%；现有湖泊17个，湖泊面积15.37平方千米；空气质量优良天数320天，增长19.9%。全市集中式饮用水源地水质达标率100%。

（潜江市地方志办公室）

【天门市国民经济和社会发展】 2018年，天门市地区生产总值591.15亿元，比上年增长8.2%。其中，第一产业增加值80.44亿元，增长2.8%；第二产业增加值302.85亿元，增长8.2%；第三产业增加值207.86亿元，增长10.7%。三次产业结构比由2017年的14.3∶50.6∶35.1调整为

13.6 ∶ 51.2 ∶ 35.2。

全年固定资产投资 427.92 亿元，比上年增长 11.3%。规模以上工业总产值 893.85 亿元，增长 8%。规模以上工业企业总数 286 个，规上工业增加值增长 8%。高新技术企业增至 74 个，增加值 59.8 亿元。有资质以上建筑企业 41 个，建筑业总产值 121.01 亿元，增长 20%。

2018 年，天门市农林牧渔业增加值 85.4 亿元，比上年增长 3.3%。新增高标准农田 1.69 万公顷，高标准农田建设考核排名湖北省第二位。新型农业经营主体壮大，农民专业合作社 2964 个，其中省级示范社 28 个。农产品质量安全水平提高，农产品在省抽样检测中合格率 100%。拥有各类拖拉机 4 万台，配套农机具 5.6 万台（套），农机总动力 165.03 万千瓦，主要农作物耕种收综合机械化水平 83.4%。

天门市在建项目 338 个，比上年增长 9.4%。其中工业项目 230 个，增长 15.6%；基础设施项目 22 个，增长 21%。签订引资项目 229 个，增长 13.4%；到位资金 223.2 亿元，增长 20.6%。其中，电子信息、智能制造、节能环保等战略性新兴产业类项目占 49.1%。投资 33 亿元的汉派服装产业园落户天门工业园，万达集团、华大基因、意大利路伟集团等世界 500 强、中国 500 强企业落户天门。

2018 年，天门市地方财政总收入 29.85 亿元，比上年增长 15.5%；地方公共财政预算收入 20.4 亿元，增长 12.3%。其中地方税收收入 15.51 亿元，增长 20.2%。财政总支出 78.38 亿元，增长 5.9%。全市外贸进出口总额 8.9 亿元，其中进口 0.3 亿元，出口 8.6 亿元。新增外贸备案登记企业 27 个，新开工企业 12 个。电商企业 32 个，物流企业 198 个，新录入限上商贸企业 43 个，通过“线上 + 线下”方式打通农产品进城通道，销售额过 1 亿元；

天门市有各类专利授权 542 个，发明专利 81 个。科技成果转化项目 22 个，技术合同交易额 8.7 亿元。各级各类学校 179 所，在校学生 14.34 万人，专任教师 9194 人。幼儿园 181 所，在园幼儿 3.67 万人。创建全省学前教育示范市，乡镇公办幼儿园全覆盖。卫生机构 1032 个，其中医院 15 所。卫生技术人员 6204 人，其中，执业（助理）医师 2549 人。病床 6411 张。公立医院取消药品加成，实行“两票制”（指从生产企业到流通企业开一次票，流通企业到医疗机构再开一次票，通过控制开票数量压缩中间的“多票”环节，让生产企业自主配送药品，或仅选择一家配送企业，直接供货到医院，断绝了层层转包的可能）和集中带量采购。全国健康促进市创建工作通过国家级评估验收。入选第三批创建省级公共文化服务体系示范区名单，石家河遗址考古发掘获中国田野考古奖。

2018 年，天门年城镇居民人均可支配收入 28825 元，比上年增长 8.7%；农村居民人均可支配收入 16598 元，比上年增长 8%。城乡居民参加社会养老保险 69.99 万人，城乡居民参加基本医疗保险 129.35 万人，基本实现全覆盖。新增城镇就业人员 1.01 万人，年末城镇登记失业率 2.1%。城镇低保对象 1 万人，农村低保对象 3.2 万人。城市低保标准提高到 550 元 / 人月，农村低保标准提高到 4200 元 / 人年，农村五保供养标准调整为 7200 元 / 人年，城市特困人员标准调整为 1100 元 / 人月，均高于国家扶贫标准。

天门市森林面积 3.86 万公顷，森林覆盖率 14.5%。单位 GDP 能耗比上年下降 4.9%，PM2.5 年平均浓度 42，空气质量优良率 73.7%。建成乡镇生活污水处理厂 20 个，污水处理率 97.1%。实施农村饮水安全巩固提升工程，新增 54 个行政村通自来水，新增农村饮水安全人口 7.6 万人。开展清洁农户“十户联创”，启动城乡生活垃圾分类试点。建设城区建筑垃圾消纳场、餐厨垃圾处理站、有毒有害垃圾收集点。主城区雨污分流整改取得成效，完成 72 个住宅小区、75 个工业企业、主要学校、医院、宾馆、车站雨污分流普查和整改工作。

（天门市地方志办公室）

责任编辑 刘家连

责任校对 代建和

重要活动和重大项目建设

重要活动与会议

【武汉市第十四届人民代表大会第二次会议】 2018年1月10—13日，武汉市第十四届人民代表大会第二次会议在武汉召开。应出席代表553人，实到521人。

会议听取、审查武汉市人民政府工作报告；审查、批准2017年武汉市国民经济、社会发展计划执行情况和2018年武汉市国民经济、社会发展计划草案报告；审查、批准2017年武汉市、武汉市本级预算执行情况和2018年武汉市、武汉市本级预算草案报告；听取、审查武汉市人大常委会、武汉市中级人民法院、武汉市人民检察院工作报告。

大会补选武汉市第十四届人大常委会部分组成人员；选举武汉市监察委员会主任；表决通过武汉市第十四届人民代表大会有关专门委员会部分组成人员名单；选举武汉市出席湖北省第十三届人民代表大会代表125人。

大会收到武汉市人大代表10人联名提出的议案50件。

【武汉市人民政府十四届四次全体（扩大）会议】 2018年1月13日，武汉市人民政府召开第四次全体（扩大）会议，部署2018年《政府工作报告》主要责任分解工作和人大议案、政协提案办理工作。武汉市市长万勇强调，要以习近平新时代中国特色社会主义思想为指导，贯彻党的十九大精神，做到信念、政治、责任、能力、作风"五过硬"，推进政府各项工作，各单位要加强组织领导，制定办理方案，检查督办，落到实处、有序展开、按时完成。

【政协武汉市第十三届委员会第二次会议】 2018年1月9—13日，中国人民政治协商会议武汉市第十三届委员会第二次会议在武汉召开。中共湖北省委副书记、武汉市委书记陈一新出席大会并讲话。武汉市委副书记、市长万勇等领导出席大会，政协委员列席会议。会议审议、批准胡曙光代表政协武汉市第十三届委员会常务委员会的工作报告；审议、批准谭仁杰代表政协武汉市第十三届委员会常务委员会的提案工作报告；选举吴志振、张俠、张小宇、黄开峰4人为市政协常委。

【2018世界机器人大赛总决赛】 2018年7月27日，2018世界机器人大赛总决赛在武汉体育中心举办。新西兰、俄罗斯、韩国、中

2018年11月15日，2018中国国际友好城市大会在武汉开幕

（武汉地方志办公室 供稿）

国等 10 个国家的 1200 支代表队伍共 5000 名选手参赛。大赛设 BCI（脑机接口）脑控、共融机器人、工业机器人、青少年机器人设计、无人船公开赛五大类赛事，共 30 个赛项，共融机器人、工业机器人赛事属首次举办。大赛以机器人和人工智能技术为主，吸引优秀人才和团队到武汉经济技术开发区创新创业，为"机器人之都"引进前沿技术及创新创业项目。世界机器人大赛是世界机器人大会的重要组成部分，被誉为机器人竞赛中的"奥林匹克"。

【2018 中国国际友好城市大会】 2018 年 11 月 15 日，2018 中国国际友好城市大会在武汉举行。60 个国家的 35 个城市组织、105 个团组共 370 位代表，法、美、韩、英四国驻汉总领事及 20 家外国驻汉机构代表，370 多位外方代表及中国的 115 个城市共 350 位代表参加。中国国家副主席王岐山出席开幕式并发表讲话。乌干达副总统塞坎迪、日本前首相鸠山由纪夫，湖北省委副书记、省长王晓东，中国对外友协会长李小林，湖北省委副书记、武汉市委书记马国强等在开幕式上致辞。大会举行双边多边外事活动 20 场：第二届中拉地方政府合作论坛、经贸合作大会、高端对话、三场主题论坛、参观考察等。大会设置国际友好城市经贸合作环节，签署项目 21 个，总金额 1398.9 亿元人民币。武汉市与泰国首都曼谷市等其他中外城市（共 7 对）签署建立友好城市关系协议。40 个省市获"国际友好城市交流合作奖"，4 个省市获"国际友好城市特别贡献奖"，78 个外国城市获"对华友好城市交流合作奖"。武汉市获"国际友好城市特别贡献奖"。2018 中国国际友好城市大会是继北京、上海、成都、广州、重庆之后，首次在中部地区举办。

【军运会宣传】 2018 年，武汉市组织开展第七届军人运动会倒计时 500 天、一周年系列活动，在《人民日报》、中央电视台等主流媒体宣传、推介武汉军运会，组织"军营传军运"中国媒体大型宣讲采访活动。配合中国国防部在北京召开专题新闻发布会，发布筹办工作情况、8 首主题推广曲、倒计时一周年系列宣传片和动画片。邀请 26 家海外华文媒体探访军运会场馆建设情况，推动军运声音在脸书（Facebook）、推特（Twitter）等国际主流社交平台传播。成立开闭幕式工作领导小组、专家咨询指导小组，建立落地保障工作机制。导演团队创意方案通过开闭幕式领导小组第一次会议审查。确定火炬及配套设备外观设计方案并完成采购。招募第一批志愿者 1.27 万人，通过培训后开展实训。举办倒计时一周年晚会、20 名志愿者服务形象大使评选、志愿者工作宣讲进市州、龙舟挑战赛、城市定向挑战赛、军体操比赛等活动。

【第 18 届华侨华人创业发展洽谈会】 2008 年 11 月 15 日，第 18 届华侨华人创业发展洽谈会在武汉举行。中国政协副主席、中国科学技术协会主席万钢出席讲话并宣布洽谈会开幕。大会以"万侨创新、发展共享"为主题，举办武汉论坛、重点项目签约仪式及长江经济带水资源保护与利用、湖北科技走进非洲、区域性资本市场融资融智、健康乡村等 24 个专场活动，搭建海内外代表交流与合作平台，吸引并促成海外华侨华人回国来鄂来汉创新创业发展。海外华侨华人专业人士、侨商、港澳工商界代表共 1300 人，国内企事业单位代表 2000 人参会。

【中共武汉市委十三届六次全体会议】 2019 年 1 月 2 日，中国共产党武汉市第十三届委员会第六次全体会议在武汉召开。会议以习近平新时代中国特色社会主义思想为指导，贯彻落实党的十九大和中央经济工作会议精神和习近平总书记视察湖北时的重要讲话精神；落实湖北省委十一届四次全体（扩大）会议暨湖北省经济工作会议精神；审议武汉市委常委会工作报告；总结 2018 年工作、部署 2019 年工作。湖北省委副书记、武汉市委书记、市人大常委会主任马国强主持会议并讲话，武汉市委副书记、市长周先旺总结、部署经济工作。

（武汉地方志办公室）

【中共黄石市委十三届六次全体（扩大）会议】 2018 年 7 月 12 日，中国共产党黄石市第十三届委员会第六次全体（扩大）会议召开。出席全会的市委委员 49 人、候补委员 5 人。有关方面负责人和市第十三次党代会部分基层代表列席会议。

全会由市委常委会主持，市委副书记、市长董卫民讲话。全会深入学习贯彻习近平总书记视察湖北重要讲话精神和省委十一届三次全会、全省县域经济工作会议精神，审议通过《中共黄石市委关于学习贯彻习近平总书记视察湖北重要讲话精神 奋力开创黄石高质量发展新局面的决定》。董卫民就《决定（讨论稿）》向全会作说明。

【黄石市第十四届人民代表大会第三次会议】 2018年1月3—7日，黄石市第十四届人民代表大会第三次会议召开。本次大会应出席代表343人，实到代表337人，符合法定人数。

会议听取和审查市人民代表大会常务委员会工作报告、市人民政府工作报告、市中级人民法院工作报告和市人民检察院工作报告；审查和批准黄石市2017年国民经济和社会发展计划执行情况与2018年国民经济和社会发展计划；审查和批准黄石市2017年财政预算执行情况和2018年财政预算；选举陈丰林为市监察委主任、36人为湖北省第十三届人民代表大会代表；补选王功荣为市中级人民法院院长、梁莉为市人民检察院检察长，选举周泓冰、董均林、刘红霞为市第十四届人民代表大会常务委员会部分组成人员；本次会议共收到代表提出的议案、建议和意见163件。

（黄石市地方志办公室）

【黄石市人民政府第七十二次常务会议】 2018年12月17日，受中共黄石市委书记、市长董卫民委托，市委常委、常务副市长叶战平主持召开市政府第七十二次常务会议，审议2019年《政府工作报告（讨论稿）》（以下简称《报告》），部分市民代表旁听了会议。

会议认为，《报告》的起草，坚持实事求是的原则，经过扎实调研、政策研判、数据分析、会议讨论等阶段，前期充分听取了各方意见，体现了科学决策、民主决策。会议指出，2019年是新中国成立70周年，是改革开放再出发的新起点，也是全市发展环境面临深刻变化、转型发展步入攻坚期的关键一年。会议要求，《报告》起草组要进一步明确政府工作的出发点和落脚点，充分吸纳讨论意见，认真修改完善，使《报告》成为一份务实、亲民、为民的好《报告》。

会议审议《关于黄石市2018年国民经济和社会发展计划执行情况及2019年计划草案的报告（讨论稿）》《关于黄石市2018年预算执行情况和2019年预算（草案）的报告》。会议还研究了矿山地质环境治理等其他相关事宜。

（摘自黄石市人民政府网站）

2018年7月12日，中共黄石市委十三届六次全体（扩大）会议召开。

（黄石市地方志办公室 供稿）

【政协黄石市第十三届委员会第二次会议】 2018年1月2－5日，中国人民政治协商会议黄石市第十三届委员会第二次会议召开。会议期间，中共黄石市委书记马旭明等领导出席会议并参加分组讨论。会议听取并讨论市长董卫民所作的政府工作报告，市中级人民法院工作报告、市人民检察院工作报告和其他报告，并赞同上述报告。会议审议批准政协主席周蔚芬代表政协黄石市第十三届委员会常务委员会所作的工作报告，审议批准政协副主席杨晓梅代表政协黄石市第十三届委员会常务委员会所作的提案工作情况的报告。

【第二届中国(黄石)地矿科普大会】2008 年 9 月 28 日—10 月 5 日，第二届中国（黄石）地矿科普大会在黄石矿博园开幕，主题为“体验中的科普，指尖上的研学”。中国科学院院士侯增谦、欧阳自远等省内外百名知名专家、学者及嘉宾参会。大会由黄石市人民政府、中国科学技术协会科学技术普及部、湖北省科学技术协会、中国地质学会、中国自然科学博物馆协会、中国观赏石协会共同主办，黄石市文化旅游投资集团有限公司、国石（北京）网络有限公司承办。大会围绕“科普 + 研学 + 产业”开展“两会一展一论坛”（第二届中国（黄石）地矿科普大会和矿物宝石博览会、中国（黄石）地矿科普展以及“地矿科普与研学旅行”高峰论坛）。布置地球珍宝馆、国际精品馆、地矿科普馆三个特色展馆，展出世界上最大的紫荧石晶洞等千件全球顶级矿晶宝石。中国地质科学院研究员季强和刘嘉麒、欧阳自远两位院士开展科普讲座，组织科普进社区、慈善拍卖会、青少年科普研学、“孔雀石杯”地矿瑰宝大奖评选及颁奖等活动。

（黄石市地方志办公室）

【中共鄂州市委第七届第六次全体(扩大)会议】2018 年 5 月 22 日，中共鄂州市委第七届六次全体(扩大)会议召开。出席会议的市委委员 37 人、候补委员 9 人。有关方面负责人列席会议。

全会深入学习贯彻习近平新时代中国特色社会主义思想，贯彻落实习近平总书记视察湖北时的重要讲话和指示精神，审议通过《中共鄂州市委关于学习贯彻习近平总书记视察湖北重要讲话精神深入推进城乡融合发展 谱写鄂州高质量发展新篇章的决定》。

（摘自湖北省人民政府网站）

【鄂州市第八届人民代表大会第二次会议】2018 年 1 月 4 — 6 日，鄂州市第八届人民代表大会第二次会议召开。本次会议应到代表 285 人，实到 275 人，符合法定人数。

会议听取、审查鄂州市人民政府工作报告；审查、批准鄂州市 2017 年国民经济和社会发展计划执行情况及 2018 年计划（草案）的报告、鄂州市 2017 年预算执行情况和 2018 年预算（草案）的报告、鄂州市中级人民法院工作报告、鄂州市人民检察院工作报告；审议通过鄂州市人民代表大会常务委员会讨论、决定重大事项办法；审议、表决通过有关人事任免事项，新任职国家机关工作人员现场进行宪法宣誓。

（摘自湖北省人民政府网站）

【鄂州市人民政府常务会议】2018 年 10 月 24 日，中共鄂州市委书记、市长王立主持召开市人民政府常务会议，审议《2018 年市直财政收支预算调整方案》《鄂州市进一步推进企业上市工作实施意见(讨论稿)》《鄂州市市政基础设施建设管理办法（讨论稿)》《鄂州市人民政府关于发展装配式建筑的实施意见（讨论稿)》《全市公安派出所标准化建设方案(讨论稿)》《全市农民工等人员返乡创业三年行动计划(2018—2020)(讨论稿)》等文件。

会议还研究了其他事项。

（摘自鄂州市人民政府网站）

【政协鄂州市第八届委员会第二次会议】2018 年 1 月 3 — 5 日，政协鄂州市第八届委员会第二次会议召开。会议应到委员 255 人，实到委员 246 人，符合规定人数。

会议通过市政协八届二次会议《关于常务委员会工作报告的决议》《关于提案工作情况报告的决议》《政治决议》，通过《市政协八届二次会议提案审查情况的报告》。

（摘自鄂州市政协网站）

【湖北省 2018 年“春风行动”在鄂州启动】2018 年 2 月 24 日，湖北省 2018 年“春风行动”启动仪式在鄂州市凤凰广场举行，“春风行动”以“促进就业提升，支持返乡创业，助力脱贫攻坚”为主题。湖北省人力资源和社会保障厅、鄂州市人民政府联合主办，湖北省总工会、湖北省妇联、湖北省财政厅、湖北省扶贫办协办。中共湖北省委常委、常务副省长黄楚平及湖北省直有关部门领导参加启动仪式。鄂州市内外 453 个企业提供就业岗位 3.2 万个，8 个培训机构提供培训名额 8000 个，吸引 3.5 万人进场求职，达成就业意向 1.2 万人，现场签约 2886 人，报名参加技能培训 1186 人。

2018 年 2 月 24 日，湖北省 2018 年“春风行动”启动仪式现场

（鄂州日报社航拍）

【鄂州国际半程马拉松赛】 2018 年 12 月 2 日，2018 鄂州国际半程马拉松赛在鄂州举办。大赛设半程马拉松（21.0975 千米）、微型马拉松（10 千米）及迷你马拉松（5 千米）三个比赛项目，万名选手参赛。半程马拉松项目中设置团体赛“鄂马团战”。杜士洋和李慧慧分别以 1 小时 07 分 33 秒和 1 小时 21 分 58 秒夺得男子组和女子组半程马拉松冠军；崔洪宇和郇拿云分别以 35 分 23 秒和 42 分 06 秒的成绩摘得男子组和女子组微型马拉松冠军；迷你马拉松赛不计名次。

（鄂州市地方志办公室）

【中共孝感市委第六届第六次全体（扩大）会议】 2018 年 4 月 4 日，中国共产党孝感市第六届委员会第六次全体（扩大）会议召开。孝感市委委员 50 人、候补市委委员 10 人出席会议，有关方面负责人列席会议。

会议以习近平新时代中国特色社会主义思想为指导，学习贯彻党的十九大和十九届一中、二中、三中全会精神及全国“两会”精神，审议通过《中共孝感市委关于贯彻落实习近平新时代中国特色社会主义经济思想，加快推动孝感经济高质量发展的实施意见》。

【孝感市第六届人民代表大会第三次会议】 2018 年 1 月 5—8 日，孝感市第六届人民代表大会第三次会议召开。彭桃安主持大会，吴海涛、仇平贵、周先来等出席大会。会议通过各项决议，选举刘有年为孝感市人大常委会副主任，陈剑为孝感市监察委员会主任，选出孝感市第十三届人民代表大会代表。表决通过《关于政府工作报告的决议》《关于孝感市 2017 年国民经济和社会发展计划执行情况与 2018 年国民经济和社会发展计划的决议》《关于孝感市 2017 年财政预算执行情况和 2018 年财政预算的决议》《关于市人大常委会工作报告的决议》《关于市中级人民法院工作报告的决议》《关于市人民检察院工作报告的决议》。

【孝感市人民政府六届三次全体（扩大）会议暨政府系统廉政工作会议】 2018 年 2 月 23 日，孝感市政府召开第六届第三次全体（扩大）会议暨政府系统廉政工作会议。会议要求政府系统收心凝神、进入战斗状态，立足“两保持一优先”，围绕“八双”、坚持“四向”，主动担当、狠抓落实，答好新时代孝感的政治、发展、改革、民生、作风“五大卷”。

孝感市市长吴海涛出席会议并讲话。孝感市委副书记、常务副市长周先来主持会议，孝感市委常委、市政府党组成员邓道伟，孝感市副市长王世荣、吴婕、张志敏、许志华、叶华，孝感市政府秘书长李少锋出席会议。

会议以习近平新时代中国特色社会主义思想为指导，坚定坚持党的领导、抓执行促落实、谋发展抓发展的政治自觉。围绕第一要务，坚持发展航向。从发展内涵看变与不变，从目标预期看稳与进，从岗位角色看整体与局部，从木桶效应看补齐短板、加固底板、延伸长板的关系，建设现代经济体系，实现高质量发展。要涵养科学精神，始终坚持规律导向。对标区域性增长及目标战略体系，把握方位、同向发力，做到价值导向真理解、目标体系真对照、发展路径真落实；突出问题、聚焦重点，敢于正视、善于诊断、长于开方，在解决问题中推动发展；紧盯效果、把控过程，以“五化”（利用标准化、系统化、数字化、改进化、创新化有机融合的一种具有实效性的企业管理方法）管理为抓手，强化过程管理，强化时序进度，强化责任落实，促进政府工作提质提速提效，确保年度目标实现。打造清廉政府，坚持勤廉取向。履行好“一岗双责”，持之以恒勇担当、纠“四风”、修品行，建设清廉政府，做“两为”（清朗为官、事业有为）干部，把党风廉政建设的成果转化为真抓实干的工作实绩。重点抓好“两资一促”（指招商引资、立项争资、促进工业经济运行及投资）、农业农村、11大专项工作和社会稳定等工作。

【政协孝感市第六届委员会第二次会议】 2018年1月4—7日，政治协商孝感市第六届第二次会议完成各项议程，孝感市政协主席仇平贵主持闭幕会并讲话。会议通过了《中国人民政治协商会议孝感市第六届委员会第二次会议关于政协孝感市第六届委员会常委会工作报告的决议》《中国人民政治协商会议孝感市第六届委员会第二次会议关于政协孝感市第六届委员会常委会提案工作情况报告的决议》《中国人民政治协商会议孝感市第六届委员会第二次会议提案委员会关于本次会议提案审查情况的报告》《中国人民政治协商会议孝感市第六届委员会第二次会议政治决议》。

（孝感市地方志办公室）

【中共黄冈市委第五届第七次全体（扩大）会议】 2018年5月22日，中共黄冈市委第五届第七次全体（扩大）会议召开。会议传达学习习近平总书记视察湖北重要讲话精神和省委十一届三次全体（扩大）会议精神，审议通过《中共黄冈市委关于深入学习贯彻习近平总书记视察湖北重要讲话精神　推动黄冈高质量发展的若干意见》。《意见》共17条，从深化供给侧结构性改革、着力提高供给体系质量、强化创新驱动和对外开放、坚决打好污染防治攻坚战、加强党的领导和作风建设等五个方面明确全市高质量发展的目标、措施和任务。

【黄冈市第五届人民代表大会第三次会议】 2018年1月4—8日，黄冈市第五届人民代表大会第三次会议召开。大会应出席代表523人，因事请假20人，实到503人，符合法定人数。

会议表决通过黄冈市第五届人大三次会议《关于市政府工作报告的决议》《关于黄冈市2017年国民经济和社会发展计划执行情况与2018年计划的决议》《关于黄冈市2017年预算执行情况和2018年预算的决议》《关于市人大常委会工作报告的决议》《关于市中级人民法院工作报告的决议》《关于市人民检察院工作报告的决议以及两个议案的决议》。会议选举邱丽新为黄冈市人民政府市长、胡爱民为黄冈市监察委员会主任。会议选举干少华、于海平等64人为黄冈市出席湖北省第十三届人民代表大会代表（报省人大常委会审查后公告）。

（黄冈市地方志办公室）

【黄冈市人民政府五届二十六次常务会议】 2018年1月15日，黄冈市人民政府召开第五届第二十六次常务会议，传达学习湖北省经济工作暨农村工作（扶贫开发工作）

2018年1月3日，政协黄冈市第五届委员会第二次会议召开

（黄冈市地方志办公室　供稿）

会议精神，研究全市贯彻落实措施，传达学习市“两会”精神，审议《<政府工作报告>重点工作责任分解》，听取省政府月度督查反馈情况汇报、“三大攻坚战”2017年完成情况及2018年工作安排情况汇报、2018年重点项目建设“开门红”、2018年招商引资行动暨“开门红”活动情况汇报，并研究相关工作。

（摘自黄冈市政府网站）

【政协黄冈市第五届政协委员会第二次会议】 2018年1月3—7日，黄冈市第五届政协委员会第二次会议召开。大会应出席委员462人，因事请假27人，实到435人。

会议表决通过《政协黄冈市第五届委员会常务委员会工作报告的决议》《政协黄冈市第五届委员会提案委员会关于市政协五届二次会议提案审查情况的报告》《政协黄冈市第五届委员会第二次会议政治决议》。会议通报2017年度优秀提案和提案办理工作先进单位。

【黄冈市纪念李时珍诞辰500周年】 2018年5月26—27日，纪念李时珍诞辰500周年暨李时珍中医药大健康国际高峰论坛开幕式在黄冈市蕲春县举行。

活动期间，举办国家珍贵古籍展（明万历二十一年金陵胡承龙刻明重修本《本草纲目五十二卷图二卷》在蕲春李时珍纪念馆展出）、李时珍诞辰500周年纪念邮票首发行、纪念李时珍诞辰500周年暨第四届蕲艾健康旅游文化节启动仪式、“传承创新，携手共进”中医院院长论坛、第二届中国视觉艺术双年展及2018首届中国·管窑国际陶艺邀请展暨第三届栀香楚陶文化旅游节。国家卫计委原副主任，国家中医药管理局原党组书记、局长，中华中医药学会会长王国强，中国工程院院士、中国中医科学院常务副院长黄璐琦出席活动并致辞，世界传统药物学会前任主席迈克尔·海因里希教授、香港浸会大学中医药学院副院长赵中振、安徽中医药大学教授彭华胜、德国翻译家文树德、国医大师李佃贵等国内外知名专家学者出席活动。现场签约合作项目28个，总投资额74.25亿元。

【黄冈市“两会一节”活动】 2018年12月1—2日，2018大别山（黄冈）地标优品博览会暨首届东坡文化美食节在黄冈市黄州区举办。集中展示96个地标优品企业和各县（市、区）企业的132类产品，528名客商参与洽谈，签订产销购销协议135份、协议金额122.87亿元；16个金融保险机构对接96个地标优品企业，与88个企业签订融资协议6.1亿元。

12月20—21日，2018大别山·黄冈大健康产业投资贸易洽谈会在黄州区举行，签订7个战略合作协议、27个产业招商项目（含分会场），总投资496.8亿元。

（黄冈市地方志办公室）

【中共咸宁市委第五届第四次全体（扩大）会议】 2018年8月17日，中国共产党咸宁市第五届委员会第四次全体（扩大）会议召开。出席会议的市委委员40人、候补委员8人。市纪委委员、有关方面负责人和部分党代会代表列席会议。

全会认真学习贯彻习近平新时代中国特色社会主义思想和党的十九大精神，深入贯彻落实习近平总书记视察湖北重要讲话和省委十一届三次全会精神，讨论市委常委会工作报告，审议通过《中共咸宁市委关于深入学习贯彻习近平总书记视察湖北重要讲话精神解放思想担当作为全力推进新时代咸宁高质量发展的决定》。

【咸宁市第五届人民代表大会第二次会议】 2018年1月8—12日，咸宁市第五届人民代表大会第二次会议召开。大会应出席代表348人，实到335人，符合法定人数。

大会主席团常务主席召集人丁小强主持开幕大会。市长王远鹤向大会作政府工作报告。会议选举丁小强等31人选为咸宁市出席湖北省第十三届人民代表大会代表（报省人大常委会审查后确认代表资格）、田辉玉为咸宁市五届人大常委会委员、程良胜为咸宁市监察委员会主任、倪贵武为咸宁市中级人民法院院长。

会议通过关于市政府工作报告的决议、关于咸宁市2017年国民经济和社会发展计划执行情况与2018年计划的决议、关于咸宁市2017年预算执行情况和2018年预算的决议、关于咸宁市人大常委会工作报告的决议、关于咸宁市中级人民法院工作报告的决议、

2018 年 1 月 7 日，政协咸宁市第五届委员会第二次会议召开

（咸宁市地方志办公室　供稿）

关于咸宁市人民检察院工作报告的决议。省第二巡察督导组到会督导。

【咸宁市人民政府第五届第二次全体（扩大）会议】 2018 年 2 月 6 日，咸宁市人民政府第五届第二次全体（扩大）会议召开。市政府重奖一批经济发展先进单位和先进个人，奖金总额逾 700 万元。此次会议颁发的奖项有，2017 年度十强纳税大户、2017 年度金融机构支持咸宁经济发展突出贡献奖、第七届咸宁市政府质量奖、中国驰名商标、湖北名牌产品、新获核准注册“地理标志证明商标”、国家地理标志保护产品、2017 年度全市千亿农产品加工工程突出贡献奖，以及全国、全省、全市旅游行业发展的先进单位和先进个人。此次表彰奖励最高金额为 40 万元，荣获“中国驰名商标”的县属企业湖北维新纺织股份有限公司和湖北杭瑞陶瓷有限责任公司分获奖励 40 万元（市、县市区财政各奖励 20 万元）；新获核准注册“地理标志证明商标”的通山县香榧产业协会（通山香榧 29、31 类）、赤壁市茶业协会（赤壁青砖茶、赤壁米砖茶）分获奖励 40 万元（市、县市区财政各奖励 20 万元）。

【政协咸宁市第五届委员会第二次会议】 2018 年 1 月 7 — 11 日，中国人民政治协商会议咸宁市第五届委员会第二次会议召开。大会应出席委员 318 名，因事因病请假 19 名，实际到会 299 名，符合规定人数。

熊登赞主持大会开幕式。丁小强代表中共咸宁市委致辞。曾国平代表市政协第五届常委会向大会作工作报告。周辉庭作提案工作报告。全体委员表决通过《大会提案审查情况报告》《关于市政协常委会工作报告的决议》，表决通过大会《政治决议》。

【咸宁市国际温泉文化旅游节】 2018 年 9 月 22 日，湖北·咸宁第十届国际温泉文化旅游节暨“香城泉都·温馨咸宁”2018 旅游产品推介活动在武汉市东湖绿道湖光序曲广场举行。活动由湖北省旅游发展委员会、咸宁市人民政府联合主办。中国国旅、湖北峡州国旅等 50 多个旅行社代表、OTA（全称为 Online Travel Agency，即在线旅游，指旅游消费者通过网络向旅游服务提供商预定旅游产品或服务，并通过网上支付或者线下付费）代表和新华网、中国网、湖北日报、楚天都市报、荆楚网等多个权威媒体受邀参加。活动推出咸宁经典“6+1”休闲体验旅游线路 7 条。举办 2018 咸宁国际温泉马拉松赛、第三届“咸宁味道”美食文化节暨湖北首届楚菜美食博览会咸宁分会、温泉国际动漫展、“香约温泉·心泊咸宁”欢乐游系列活动、“双十工程”（指农村民生十项工程和抓好农村基础建设十项工程）六大系列、2018 年度世界旅游文化小姐大赛咸宁赛区活动、梓山湖玫瑰园灯光节和松鼠部落开园仪式、嘉鱼县首届鱼文化乡村旅游节、赤壁市第一届“抖音”大赛、第六届中国黄袍山帐篷节、咸宁市首届“丰收节”、乡绘通山采风等数十项活动。

（咸宁市地方志办公室　鲍伟平）

【中共仙桃市委第九届第六次全体（扩大）会议】 2018 年 11 月 26 日，中共仙桃市委第九届六次全体（扩大）会议召开。出席会议的市委委员 34 人、候补委员 7 人，有关方面负责人列席会议。

全会深入学习贯彻党的十九大和习近平总书记视察湖北重要讲话精神、省委十一届三次全体（扩大）会议精神，听取和讨论市委常委会向市委九届六次全会的工作报告。全会审议通过《中共仙桃市委关于学习贯彻习近平总书记视察湖北重要讲话精神，加速城乡融合发展，奋力谱写仙桃水乡田园城市高质量发展新篇章的决定》。市委书记胡玖明受市委常委会委托，就《决定（讨论稿）》的起草情况向全体（扩大）会议作了说明。

（摘自《仙桃日报》）

【仙桃市第九届人民代表大会第三次会议】 2018 年 1 月 5—6 日，仙桃市第九届人民代表大会第三次会议召开。本次大会应到代表 429 人，实到 417 人，符合法定人数。

开幕大会由周文霞主持。大会表决并通过关于接受胡玖明辞去市人大常委会主任职务请求的决定，表决并通过选举办法。大会选举王军娥为市人大常委会主任、王磊为市人大常委会副主任、宋晓波为市监察委员会主任。大会还选出仙桃市出席湖北省第十三届人民代表大会代表，补选仙桃市第九届人民代表大会常务委员会部分委员。

湖北省第八巡查督导组组长、湖北省委巡视组副处级巡视专员桂宝刚到会指导。

（仙桃市地方志办公室）

【仙桃市人民政府九届二次全体（扩大）会议】 2018 年 2 月 26 日，仙桃市政府九届二次全体（扩大）会议召开。

会议指出，政府姓政。政府工作要进一步提高政治站位，旗帜鲜明讲政治，不断提升思想政治水平和政治修养。坚决维护习近平总书记的核心地位，坚决用新思想武装头脑，坚决落实上级决策部署，做政治过硬的排头兵。政府工作，落到实处就是两横一竖，一个“干”字。要坚持以项目论英雄、以亩产论英雄、以绿色论英雄、以隐形冠军论英雄的鲜明导向，高效率推动项目落地。

会议要求，进入新时代，面对新挑战，能力危机普遍存在，本领恐慌日益加深。我们要答好考卷，就要增强各项本领。尤其是要增强深化改革的本领，增强创新创业的本领，增强攻坚克难的本领，增强做群众工作的本领，确保“放管服”改革迈出实质性步伐；坚定不移打好防范化解重大风险攻坚战、精准脱贫攻坚战、污染防治攻坚战；真情回应群众期盼，不断增强群众的获得感、幸福感。

会议强调，要驰而不息纠四风。要满怀激情干事业，把责任扛在肩，把纪律挺在前，把廉洁记在心，深入推进惩治和预防腐败体系建设。坚持用制度管人管权管事。带头清清白白做人、干干净净做事。让清廉清明成为鲜明底色。

会议通报表扬了 2017 年度政府专项工作突出单位和个人。

（摘自湖北省人民政府网站）

【湖北体操六十周年暨仙桃体操之夜颁奖晚会】 2018 年 11 月 18 日晚，湖北体操 60 周年暨仙桃体操之夜颁奖晚会在李小双运动城举行。以“金跃中华、荣耀传承”为主题，纪念湖北体操队成立 60 周年，展示湖北体操 60 年的历程。晚会由湖北省体育局和仙桃市政府联合主办。李宁、黄玉斌、李春

2018 年 11 月 18 日，湖北体操 60 周年暨仙桃体操之夜颁奖晚会在李小双运动城举行

（仙桃市地方志办公室　供稿）

阳、李小双、李大双、黄力平、李敬、杨威、程菲、郑李辉、邹凯、肖钦、李珊珊、何雯娜、何可欣、魏铁力、敖金平、王雨寒18位奥运、世界冠军，湖北省体操队历届领导、领队、教练、运动员和中国各省（市）、湖北各市（州）、湖北相关高校体操人士、企业家代表近500人齐聚晚会，为湖北体操界功勋人士颁发奖章。湖北省体育局局长胡功民、仙桃市委书记胡玖明、湖北省体操协会会长李大双分别致辞。

（仙桃市地方志办公室）

【中共潜江市委第八届第五次全体（扩大）会议暨全市经济工作会议】 2019年1月5日，中共潜江市委八届五次全体（扩大）会议暨全市经济工作会议召开。出席会议的市委委员36人、候补委员5人。

全会以习近平新时代中国特色社会主义思想为指导，深入贯彻习近平总书记视察湖北重要讲话精神，全面落实中央经济工作会议和省委十一届四次全体（扩大）会议暨全省经济工作会议精神；审议市委常委会工作报告；总结2018年工作，分析当前经济形势，部署2019年经济工作。市委书记吴祖云主持会议并讲话，市委副书记、市长龚定荣作工作部署。

（摘自潜江人大常委会网站）

【潜江市第八届人大代表委员会第三次会议】 2018年1月4—6日，潜江市第八届人民代表大会第三次会议召开。大会应到代表321人，因病因事请假15人，实到306人，符合法定人数。

中共潜江市委书记、大会主席团常务主席黄剑雄主持大会。会议表决、通过市人大常委会副主任、议案审查委员会主任委员王文群所作的议案审查报告。审议、批准潜江市政府工作报告，审议、批准关于潜江市2017年国民经济和社会发展计划执行情况与2018年国民经济和社会发展计划的报告的决议、关于潜江市2017年预算执行情况和2018年预算的报告的决议、关于潜江市人大常委会工作报告的决议、关于潜江市人民法院工作报告的决议、关于潜江市人民检察院工作报告的决议。

（摘自湖北网络广播电视台）

【潜江市人民政府八届二次全体（扩大）会议暨全市半年经济工作会议】 2018年7月28日，潜江市人民政府第八届第二次全体（扩大）会议暨全市半年经济工作会议召开。全会深刻领会习近平总书记关于推动高质量发展的重要指示精神，总结回顾上半年工作，深刻剖析问题和不足，安排部署下半年工作，要求全力确保全年目标任务圆满完成，奋力打造县域经济高质量发展升级版。

中共潜江市委副书记、市长龚定荣出席会议并讲话，市委副书记舒敏主持，市委常委、常务副市长金茂清通报上半年经济社会发展情况；市委常委、组织部部长李江鸿通报上半年各地主要经济指标及现场测评情况。

王场镇等六个单位在会上作典型发言。当天，与会人员还观摩园林办事处等9个区镇处的项目建设现场。

（摘自湖北省人民政府网站）

【政协潜江市第八届委员会第二次会议】 2018年1月3—5日，中国人民政治协商会议潜江市第八届委员会第二次会议在市人民会堂隆重开幕。会议应到委员316人，实到296人，符合《政协章程》规定。

会议通过了《中国人民政治协商会议潜江市第八届委员会第二次会议关于常务委员会工作报告的决议》《中国人民政治协商会议潜江市第八届委员会第二次会议关于八届一次会议以来提案工作情况报告的决议》《中国人民政治协商会议潜江市第八届委员会第二次会议提案审查委员会关于市政协八届二次会议提案审查情况的报告》《中国人民政治协商会议潜江市第八届委员会第二次会议政治决议》。

（摘自潜江新闻网）

【中共天门市委第八届第六次全体（扩大）会议】 2018年6月8日，中共天门市委八届六次全体（扩大）会议召开。全会由市委常委会主持。市委书记吴锦讲话。

会议传达学习习近平总书记视察湖北重要讲话和省委十一届三次全体（扩大）会议精神，审议通过《中共天门市委关于学习贯彻习近平总书记视察湖北重要讲话精神 奋力推进新时代天门高质量发展的决定》。

全会强调，要坚持生态优先、绿色发展，促进汉江生态经济带绿色崛起；要坚持质量第一、效益优先，全力推动高质量发展；要坚持四化同步、城乡一体，深入实施乡村振兴战略；要坚持以人民为中心的发展思想，切实保障和改善民生；要坚持全面从严治党，着力加强作风建设；要聚焦聚力主攻方向，敢于拼搏交出满意成绩单；要勇于担当作为，为推动高质量发展凝聚磅礴力量。

（摘自天门发布）

【天门市第八届人民代表大会第二次会议】 2018年1月5—7日，天门市第八届人民代表大会第二次会议召开。大会应到代表440人，实到代表430人，符合法定人数。

大会主席团常务主席、执行主席吴锦主持大会。会议选举汪发良为市八届人大常委会主任、李苏萍为市监察委员会主任，补选田旭东、杨世汉、周淑芬、程志勇为市人大常委会委员，选举产生该市的省十三届人大代表。大会表决通过关于政府工作报告的决议、关于2017年国民经济和社会发展计划执行情况和2018年计划草案报告的决议、关于2017年财政预算执行情况和2018年财政预算草案报告的决议、关于市人大常委会工作报告的决议、关于市人民法院工作报告的决议、关于市人民检察院工作报告的决议、关于“进一步提升天门市脱贫攻坚实效”议案的决议。

省委换届风气巡察督导组有关领导出席会议。

（摘自天门市人大网站）

【政协天门市第八届委员会第二次会议】 2018年1月4—6日，政协天门市第八届委员会第二次会议召开。大会应到政协委员378人，实到340人，符合法定人数。

大会审议通过《政协天门市委员会关于接受汪发良同志辞去主席职务请求的决定》，选举李启斌为政协天门市第八届委员会主席，马雄武等三人为政协天门市第八届委员会常务委员。审议通过政协天门市第八届委员会第二次会议关于常务委员会工作报告的决议、关于常务委员会提案工作报告的决议、关于本次会议提案审查情况的报告、政治决议。

（摘自湖北日报）

2018年1月4日，政协天门市第八届委员会第二次会议召开。

（天门市地方志办公室　供稿）

【武汉城市圈（天门）乒乓球邀请赛】 2018年5月19—20日，第十一届“1+8”武汉城市圈“承天国际车城杯”乒乓球邀请赛在天门市体育馆举行。天门市委书记吴锦宣布大赛开幕，与乒乓球世界冠军胡小新（天门籍）共同为比赛开球。武汉市、黄石市、鄂州市、孝感市、黄冈市、咸宁市、仙桃市、潜江市、天门市及中国葛洲坝集团、重庆市垫江县、宜昌市、洪湖市的29支代表队共163名运动员参加比赛。

（天门市地方志办公室）

基础设施项目

【江汉平原货运铁路开通运营】 2018年12月21日，江汉平原货运铁路正式开通运营。江汉平原货运铁路有天门至仙桃、天门至潜江两条铁路支线，经天门市、仙桃市、潜江市、汉川市。天门至仙桃铁路支线全长83.06千米，设曹武站、天门站、天门东站、沉湖站、仙桃东站5站；天门至潜江铁路全长36.27千米，设天门东站、岳口站、潜江北站3站。

【光谷有轨电车开通试运营】2018年4月1日，光谷有轨电车T1、T2线开通试运营。T1线路北起光谷创业街站，南至光谷芯中心站（高新六路站至光谷芯中心站区段列为二期工程），沿珞瑜路、珞雄路、利嘉中路、关山大道、三环线、光谷一路、光谷大道运行，全长13.8千米。共设车站17座（地面车站16座，高架车站1座），流芳车辆基地1座。T2线路全长16.15千米，西起汤逊湖城铁站，沿天恒路、大学园路、三环线、武黄高速、神墩五路、光谷七路运行，终点九峰一路。共设车站22座（高架车站2座），停车场1座，停车场位于九峰一路北侧。

【武汉市5G试点与云计算】2018年，武汉市5G发展进军中国第一方阵。武汉市出台《武汉市5G基站规划建设实施方案》，编制《武汉市5G通信基站专项规划（2018—2020年）》。三家电信运营商取得5G试点资格，建成湖北省首个5G基站、打通首个5G电话，宽带网络质量跻身全国前列。武汉市IP城域网出口带宽7000G，行政村全部通达光缆，自然村覆盖光纤，建成千兆小区4000余个。固定宽带下载速率在全国主要城市中排名第5。武汉市全覆盖4G网络，建成移动物联网基站1.6万个。运营三期公益Wi-Fi网络，开通热点1272个，用户420万人。11月，中国首个高校5G实验室"5G北斗精准定位联合创新实验室"在武汉设立，工业互联网国家顶级节点（中部）落户武汉。建成武汉城市云平台和超算平台一期工程，为40多个委办局、区100个业务系统提供云计算服务。应用于武汉市长热线、武汉市公安视频统一云平台、武汉市农委肉类蔬菜质量安全追溯体系政务云平台、智慧电梯、智慧桥梁和智慧燃气等领域，存储数据量50个PB，云主机6000台，形成武汉市电子政务的数据库。

2018年4月1日，光谷有轨电车开通运营

（武汉地方志办公室　供稿）

【武汉市"三旧"改造】2018年，武汉市推进"三旧"（旧城镇、旧厂房、旧村居）改造工作，出台城中村还建房不动产登记意见，制订老旧社区"微改造"政策，开展"微改造"试点和征收拆迁还建房逾期交付处置工作。"三旧"改造面积896.11万平方米，棚户区改造5.2万套，建保障房3.8万套，筹集大学毕业生租赁房1.6万套（间）；武汉市政府投资公租房分配率97%，发放租赁补贴1.2万户，落实青年城、青年苑项目5个，外来务工人员也纳入住房保障范围。推进"红色物业"拓面提质，武汉市2460个老旧小区实现物业服务全覆盖。

【武汉市美丽乡村项目建设】2018年，武汉市实施美丽乡村建设项目102个，涉及农户11754户，总投资12.64亿元。结合乡村休闲游、田园综合体建设及精准扶贫工作，引入企业参与"三乡工程"建设，创新推进共享农庄建设：黄陂区引入华侨城等大企业，围绕乡村休闲游实施"三乡工程"；江夏区以共享自然风光、民俗休闲、乡村美食、农耕采摘、基础设施、乡风文明为主题，在郑店袜铺湾、湖泗海洋村、安山青春村等示范点打造共享农庄；东西湖区引进卓尔文旅集团、天域生态等企业，围绕农业、文旅、田园康养社区和智慧园区建设田园综合体共享农庄集聚区；汉南区引入恒大、蓝城、中化集团以及隆平高科、华大基因等大企业参与共享农庄建设。江夏区小

黄石新港国际集装箱码头　　（黄石市地方志办公室　供稿）

朱湾、蔡甸区天星村（花博汇）、黄陂区杜堂村（木兰花乡）、新洲区项山村开展美丽乡村示范点建设，改建各村生态停车场，加装新能源汽车充电桩及相关配套设施，安装16台7千瓦慢充桩。

（武汉地方志办公室）

【黄石新港二期项目】2018年11月28日，黄石市举行黄石新港二期项目开工仪式。黄石新港二期项目投资7.5亿元，建6个泊位（3个5000吨级散杂货泊位，3个5000吨级多用途泊位），吞吐能力811吨。项目建成后，黄石新港的吞吐能力达到4000吨。

（黄石市地方志办公室）

【鄂州市主城区市政提升】2018年，鄂州市主城区实施市政工程建设项目35个（续建17个，新开工18个），投资52.6亿元，比2017年增长22%。道路桥梁工程投资6.4亿元；生态景观工程投资10.4亿元；公用设施工程投资32.8亿元；城管基础设施工程投资1亿元；房产工程投资1400万元；其他应急工程及前期工作项目，投资1.92亿元。开展航空都市区产业园区配套基础设施综合设计工作。

（鄂州市地方志办公室）

【咸宁市教育产业园项目奠基】2018年9月19日，咸宁市教育产业园项目举行奠基仪式，规划用地23.33公顷，建筑面积18万平方米，总投资6亿元。咸宁市教育产业园是咸宁市年度重点建设项目之一，由天润（咸宁）教育产业园投资有限公司投资兴建。项目建成后招生7000人，集学前教育、基础教育、国际化教育、教育培训、学术交流、教育资源开发于一体。

（咸宁市地方志办公室）

【仙桃市大垸子泵站新建工程】2018年3月27日，仙桃市防洪排涝重要枢纽大垸子泵站新建工程开工建设。工程总投资3.66亿元，设计流量每秒181立方米，是仙桃市水利建设强弱项、补短板、管长远的重点工程。

（仙桃市地方志办公室）

【潜江市“四好农村路”建设工程】2018年，潜江市“四好农村路”（一条好路，两排好树，一河清水，两岸花香）建设取得突出成效。升级改造县乡公路103千米，改造农

潜江市高石碑镇美丽农村路　　（潜江市地方志办公室　供稿）

村公路危桥 10 座，新建通村公路 53 千米，对照美丽农村路标准，集中打造 300 千米路、渠、树交相辉映的生态绿色路，形成多个片区的“四好农村路”示范线路，成为全市农村公路的标准配置。“四好农村路”全国示范县创建成功有力地带动全市交通基础设施的提档升级，重塑潜江公路建设新品牌。7 月，潜江市创建“四好农村路”全国示范县工作通过交通运输部和湖北省交通运输厅现场复核验收。年内，潜江市被交通运输部、农业农村部、国务院扶贫办联合命名为“四好农村路”全国示范县，被省交通运输厅授予全省“四好农村路”示范县称号。

（潜江市地方志办公室）

产业升级项目

【武汉市通用航空产业项目落户汉南】 2018 年 11 月 16 日，武汉市汉南通用机场举行以专业性著称的 RENO（雷诺）国际航空锦标赛，这是中国举办的首个国际知名航空飞行赛事，创造飞行员、飞行器注册国家和地区数量最多的纪录。

11 月 23 日，2018 年华侨华人创业发展洽谈会通用航空专场暨第九届田长霖论坛在武汉经济技术开发区（汉南区）通航产业园举行。武汉文发航空飞机制造、北斗卫星应用装备制造、英安通用航空运营、金豪泰无人机四大通航项目正式签约落户，项目总投资 35 亿元。

【武汉市“知音号”游轮演艺秀旅游项目】 2018 年，武汉市开展“知音号”游轮演艺秀旅游品牌活动。“知音号”是长江首部游轮演艺秀旅游项目，是武汉市在“十三五”期间实施全域旅游发展战略重点创新文旅项目及长江主轴文化轴亮点项目，由武汉旅游发展投资集团有限公司联合著名导演、跨界艺术家樊跃共同打造。“知音号”演艺秀节目以知音文化为灵魂、大汉口长江文化为背景、20 世纪初武汉民生轮船公司的“江华轮”为原型，采取独创的艺术表达方式，呈现大武汉历史文化。该项目首创“一剧多版”和“知音式服务”，打造全国独有的文化和旅游服务双 IP 模式。

【2018 湖北武汉国际养老产业博览会】 2018 年 10 月 15—17 日，“2018 湖北武汉（国际）养老产业博览会”（简称老博会）在武汉国际会展中心举办。由武汉市政府主办，武汉市民政局、武汉市老龄工作委员会承办。老博会以“关注老年事业、关心老年产业、关怀老年生活”为宗旨。展览面积 1.5 万平方米，设置武汉市养老产业发展成果区、品牌养老服务机构区、智慧养老信息化区、老年人康复护理服务区、老年养生保健用品区和义诊、体验区等主题展区。吸引国内外 1000 家老年用品机构参展，以老年人精神文化、家居环境、保健养身、信息服务等方面为主，涉及居家养老、医养结合、信息平台、智能设备等多种养老产业。

2018 年老博会是武汉市首次举办的以老年人为主题的博览会，展现湖北省武汉市养老改革 40 年成果，探索互联网 + 背景下中国城市养老新机遇，吸引国内外一流养老服务企业来武汉发展，满足老年人对晚年幸福生活的追求，弘扬中华传统文化和美德。老博会展示智慧健康养老产品与服务、推广先进养老理念、传递老年产业权威资讯、推动老年产业健康发展、搭建供需对接一站式商贸平台五大实效。吸引观众 8 万人次，签约落地武汉市养老产业项目 36 个，投资金额 82 亿元。

【东风日产项目落户武汉】 2018 年 12 月 18 日，东风汽车集团股份有限公司乘用车扩建项目——东风日产项目奠基仪式在武汉经济技术开发区举行。项目落户武汉市经济技术开发区（汉南区）凤凰工业园，投资约 98.5 亿元人民币，计划 2020 年 9 月竣工，建成后年产能 30 万辆，投入具有国际竞争力的轿车、SUV、新能源车，搭载最新的技术产品：三电系统技术（高能量密度电池系统、智能热管理系统、高度集成化电驱动系统），车联网技术、主动安全和自动驾驶技术、e-power 混动技术、轻量化技术等。

【中国医疗器械有限公司入驻光谷生物城】 2018 年 2 月 28 日，中国医疗器械有限公司正式入驻光谷生物城，是首家从北京市迁出的“中字头”国有企业产业总部。中国医疗器械有限公司建于 1966

2018年9月15日，2018年武汉国际旅游节开幕式在"知音号"举行
（武汉地方志办公室　供稿）

年，是中国医药集团有限公司发展医疗器械流通业务的核心主体，是中国规模最大、覆盖最广、实力最强的医疗器械流通企业，在中国设立140家子公司，服务6000家医院。中国医疗器械有限公司是光谷生物城引进的中国医药集团总公司第三个核心产业总部。

（武汉地方志办公室）

【华新水泥"百年复兴基地"项目落户黄石】 2018年3月1日，华新水泥"百年复兴基地"项目落户黄石，总投资54.5亿元，是黄石市推进高质量发展、促进产业转型升级第一个重点建设项目。华新水泥将停产华新黄石分公司2条旋窑生产线和华新装备公司生产线，以减量置换方式，投资32.5亿元在阳新县富池镇建设全球领先的绿色建材生态产业园和循环科技产业园项目；投资22亿元，在黄石市经济技术开发区实施新材料与智能装备制造科技园项目，建设国际领先水平的新型环保装备和智能化水泥装备、热封袋、新材料、超高性能混凝土及构件、水泥包装托盘生产线、屋顶光伏发电系统等项目。项目建成后，打造具有全球影响力的绿色建材生产中心、全球领先的先进新材研发制造中心和热封袋制造中心、全球先进的高端装备智能制造中心和废弃物资源循环利用中心。

（黄石市地方志办公室）

【湖北（鄂州）国际物流核心枢纽项目】 2018年，鄂州市围绕省政府"2018年打基础,2019年出形象、2020年基本建成、2021年投入运营"总体目标，推进湖北国际物流核心枢纽项目（简称机场项目）进程。机场项目于2018年2月9日获国务院、中央军委立项批复，机场总规划12月27日获国家民航局批复。排障工作与施工同步，走马湖水系综合治理工程是机场项目的基础性、先导性工程，鄂州市将机场净空处理与走马湖工程同步施工，解决施工土源问题；协调武昌鱼公司，回购花马湖水面经营权，协调解决临时用地、渔业养殖补偿等难题。同步建设中燕矶、杨叶两个占地面积共19.73公顷的安置小区，高标准规划建设配套医院、幼儿园、学校、商业中心等设施，可以安置1.34万户、约4.3万人。机场核心区拆迁5574户，占应拆任务99.6%；完成75家企业调查摸底和房屋设备初评工作。工程设计"打包"委托武汉工程设计产业联盟。

（鄂州市地方志办公室）

【武汉地产集团建筑产业化生产基地项目落户黄冈】 2018年11月8日，武汉地产集团建筑产业化生产基地在黄冈市高新区南湖工业园正式开工。6家业内领军企业共同参与，规划用地33.33公顷，总投资5亿元，分两期建设。一期2018年内试投产，采用"标准化设计、工厂化生产、装配化施工、一体化管理"全新产业模式，投产后预计年产能16万立方米，年产值4亿元，税收5000万元。

（黄冈市地方志办公室）

【中国船舶重工集团投资咸宁市120亿元】 2018年1月5日，咸宁市政府与中国船舶重工集团有限公司签署战略合作协议，总投资120亿元，涉及风能资源开发、旅游服务业、基础设施建设、智慧城市及信息化建设等领域。1月5

2018 年 1 月 5 日，咸宁市政府与中国船舶重工集团有限公司签署战略合作协议

（咸宁市地方志办公室　供稿）

日，咸宁市高新区与中国船舶重工海装风电公司签订风电主机及零部件生产基地建设项目，总投资 5 亿元。

【咸宁市南玻光电项目竣工】 2018 年 1 月 26 日，咸宁市南玻光电项目竣工点火。南玻光电项目是中国首个导光板光电玻璃项目，占地 17.67 公顷，一期投资 5.1 亿元，年产 400 万平方米光电玻璃，产品应用于移动通信终端、智能显示、太阳能发电及汽车风挡等，打破欧美和日本的技术垄断，填补国内空白，0.25 毫米超薄玻璃的国内市场占有率 70%。投产后，可实现利税 6000 万元。

（咸宁市地方志办公室）

【仙桃市健鼎电子二期项目开工】 2018 年 2 月 28 日，健鼎（湖北）电子有限公司二期工程开工仪式在仙桃市工业园举行。项目占地 13.6 公顷，总投资 11.8 亿元，主要建设健鼎三、四厂厂房土建工程及资源回收中心、中央餐厅，两个地下蓄水池、110 千伏配电房等配套生产设施，总建筑面积 24 万平方米。项目建成后，将年产 160 万平方米高密度互连集成板，新增产值 60 亿元，税收 3 亿元。

（仙桃市地方志办公室）

【江汉油田稳油降本项目】 2018 年，江汉油田分公司聚焦增加 SEC（经济可采储量，是指在现有井网、工艺技术条件下，能从油藏获得的最大经济产油量）经济可采储量、降低盈亏平衡点，全力稳产量、降成本、新增石油经济可采储量 185 万吨、天然气经济可采储量 1.2 亿立方米，生产原油 117 万吨、常规天然气 1.2 亿立方米。强化滚动勘探和未动用储量地质工艺一体化评价，落实商业开发储量 171 万吨（加快效益建产，钻采成本得到有效控制，开发成本 17.9 美元 / 桶，新建产能 9.32 万吨，增加 1.7 万吨；强化选井论证，实施油井措施 224 井次，增油 5.96 万吨。推进油藏分类治理，应用流场调整、细分注水、热力引效等技术，覆盖地质储量 2671 万吨，日增油 109 吨；实施水井专项治理，注采对应率提高 2%，增加水驱控制储量 328 万吨，自然递减率 13%。优化简化地面管网、站点工艺，狠抓技术节能、管理节能，优化调剂资产设备，做好常规天然气推价，加强现金流管理，实现挖潜增效。

（潜江市地方志办公室）

生态保护项目

【武汉市“四水共治”工程建设】 2018 年，武汉市围绕长江大保护、打造滨水生态绿城的总体目标，统筹实施防洪水、排涝水、治污水、保供水“四水共治”项目 446 个，投资 299.55 亿元。61 个防洪水工程项目，巩固长江汉江两江干堤、连江支堤、中小河流、水库山洪、湖泊民垸等防线。开展“两江四岸”江滩环境综合整治，建成总长 63.6 千米、面积 7.4 平方千米的“两江四岸”江滩。149 个排涝水项目，中心城区增加抽排能力 403.5 立方米 / 秒，共 1873.5 立方米 / 秒。更新改造新城区大中型排涝泵站 15 处，新建泵站 10 座。170 个治污水项目，中心城区污水处理能力新增 21 万吨 / 日、污水处理能力279.5万吨/日。市级城镇污水处理厂污泥实现无害化处置，19座城镇生活污水处理厂处理生活污水10.36亿吨，COD消减15.09万吨。推进南湖、东湖、沙湖等一批水环境综合整治项目、老旧城区和高校雨污分流改造项目，扩建北湖泵站、南太子湖污水处理厂。65个保供水项目，升级改造堤角、白鹤嘴等水厂和管网，改造215处老旧社区二次供水设施。整治集中饮用水水源地安全隐患，完成16个县级以上集中式饮用水水源保护区内的排污口全部整治。

【武汉市海绵城市建设】 2018年，武汉市完成15个区海绵城市本底调查和建设规划编制，对主要设计单位、图审机构和各区分管领导及规划、建设、水务、园林部门相关负责人进行系列海绵城市相关培训，讲解武汉市海绵城市专项规划和规划管控措施、试点经验，对工程设计和图审环节进行规划管控。开展新建房屋建筑和市政基础设施工程海绵城市施工图审查质量专项检查，对新建房屋建筑和市政基础设施工程海绵城市设计及图审进行抽查，确保海绵城市理念及指标融入工程设计、审查等环节。实施龙阳湖截污及清淤工程、沙湖周边地区海绵城市建设改造工程、南湖水环境综合治理一期工程（清淤及岸线）、南湖水环境提升工程等汇水区骨干项目，涉及龙阳湖东侧汇水区、沙湖汇水区新生路片、南湖汇水区，共42.22平方千米，完成年度40平方千米海绵城市的目标任务。

【武汉市生态特色小镇创建】 2018年，武汉市将创建蔡甸区索河街莲乡水镇等5个项目纳入全市特色小镇名录，将江夏区郑店街袜铺湾康养小镇等3个项目纳入全市生态小镇创建名录。安排市级奖补资金2亿元用于生态特色小镇建设。产业项目投资16.3亿元，政府项目投资2.4亿元。启动13个生态特色小镇产业项目，8个政府投资项目开工建设，带动产业项目投资184亿元；市政基础设施项目投资20亿元，带动周边农民和居民就业超过5万人。其中省级特色小镇蔡甸区网红小镇地处中法生态新城边缘，投入4亿元，将农房、田园景观按法式风格打造，融合休闲游憩、观光度假、主题文创等产业。开业一年，吸引中国超过800家媒体和德国电视2台等中外媒体的关注报道，各类网媒发布小镇游记121万篇次。

（武汉地方志办公室）

【黄石市磁湖南岸生态修复工程项目】 黄石市磁湖南岸生态修复工程项目总投资1.8亿元，工程西起李家坊立交，沿磁湖南岸环湖路向东至现状澄月路，全长6.85千米，占地面积约45公顷，计划2019年5月完工。规划建6.8千米的环磁湖绿道、11.3千米的生态驳岸、1.26万平方米的亲水湿地、5.3万平方米的休闲广场等，将磁湖南岸打造成提领城市生态化、树立城市景观化、构建市民需求化的城市新客厅和休闲地的综合性休闲主题公园。

（黄石市地方志办公室）

【鄂州市长江大保护十大标志性战役】 2018年，鄂州市开展长江大保护十大标志性战役，整治"散乱污"企业319家、畜禽养殖企业281家，拆除非法码头和水源保护区码头108个，腾退岸线10.8千米，建砂石集运中心3个。恢复长江沿线生态环境，推进樊口区域沿江路及江滩环境综合整治及洋澜湖综合治理等项目。梁子湖、花马湖全面禁捕。综合治理扬尘、秸秆焚烧、机动车尾气等大气污染源，重点行业执行特别排放限值，专项整治鄂州主城区油烟污染。落实河湖长制，洋澜湖43个污水排口全部封堵。开展农业污染防治，推进土壤污染详查，编制全市土壤污染治理与修复规划。建立环境治理和生态保护市场体系，推行生态文明绩效评价考核和责任追究制度，开展排污权、碳排放权有偿使用和交易工作。建立系统化生态价值体系，各区、开发区间横向转移支付生态补偿资金8286万元。森林城市创建规划通过湖北省级评审，梁子湖区成功创建湖北省生态文明示范区。

（鄂州市地方志办公室）

【黄冈市龙感湖湿地修复项目】 2018年，黄冈市龙感湖国家级自然保护区管理局编制退耕还湿方案，推进湿地修复。年内，租赁原县畜牧良种场93.33公顷土地作为湿地生态修复示范基地，完成湿地植物园概念性规划。在刘佐、孔垄、小池、龙感湖等6个场（乡镇）采取退棉还稻、退耕还湿、稻虾连作等措施，开展湿地修复，增强湿地功能。龙感湖管理局为恢复生态环境，采取壮士断腕的措施。先后投入3000多万元，拆除投资4.75亿元建设的风电项目中的全部24台，风机及其配套设施；拿出1300多万元财政补偿，关停保护区内所有化工企业、27家规模养猪场和632户零散养猪户。上述项目拆除后全部覆土复绿。整个湿地修复项目，累计投入资金3.5亿元。至年冬时节，亚洲作为重要的候鸟越冬地，来越冬的候鸟已经恢复到7万多只。

（黄冈市地方志办公室）

【咸宁市幕阜山区森林质量提升项目】 2017年，幕阜山区列入中国首批18个森林质量精准提升示范区之一。2018年4月9日，《湖北省幕阜山区森林质量精准提升示范项目实施方案》获准施行。这是湖北省首个按照PPP模式运营、以森林质量精准提升为目标获批的林业项目。项目占地面积9.63万公顷，总投资61.32亿元（由国家林业项目资金无偿投入、地方政府配套资金、企业自筹及政策性融资组成）。项目规划5年内对百万亩生态功能较弱或产出率较低的低效林进行改造；10年后，项目区森林面积将净增2.2万公顷，蓄积量净增1165.1万立方米，每公顷蓄积量由原来的34.8立方米增加到81.4立方米。楠竹林、油茶林抚育后产量提高，生态服务功能、生态承载能力和生态产品供给能力将明显增强，形成功能完备的幕阜山区生态体系。

（咸宁市地方志办公室　鲍伟平）

【仙桃市沔阳小镇项目开工】 2018年7月18日，仙桃市沔阳小镇项目开工建设。沔阳小镇项目（新型文化旅游小镇），位于排湖风景区，占地面积666.67公顷，总投资100亿元，由湖北省鄂西生态文化旅游圈投资有限公司投资建设。首期特色水镇投资18亿元，占地面积100公顷，总建筑面积20万平方米，其中城镇项目建设占地约66.67公顷。全年完成投资5亿元，包括新型城镇基础设施（五通一平）、河湖及雨污排水环境整治、水系恢复、配套景观设施和科普文化教育体验、地方特色文化展示区、交通集散中心等。

（仙桃市地方志办公室）

【潜江市城市黑臭水体整治工程】 2018年，潜江市城市黑臭水体整治力度加大。全年完成投资7000万元。年内一支渠西侧、二支渠及五支渠、南门河（1、2、3号湖）黑臭水体整治，黄滩泵站分散式污水处理设施建设及城区箱涵清淤完工；城南河黑臭水体整治东侧污水主干管网建设工程完成红梅路至紫月路段桩基施工，完成10座沉井及600米顶管施工，占工程总量的30%；一支渠东侧（保驾路连通工程）黑臭水体整治工程开始穿章华南路顶管沉井施工，三支渠黑臭水体整治东侧污水管网完成埋设，西侧段面（章华南路至紫月湖中央公园）及四支渠黑臭水体整治清淤主体工程完工，马昌湖汇水池改造正推进污水泵站主体施工。

（潜江市地方志办公室）

2018年12月10—15日，咸宁市委派工作人员赴德国学习森林经营技术和管理经验　（咸宁市林科院　供图）

责任编辑　刘家连

责任校对　代建和

体制机制改革

政治体制机制改革

【武汉市民主与法治体制改革】 2018年，武汉市围绕优化营商环境，民主法治和行政管理体制改革实现新突破。人大、政协工作机制不断完善。出台《关于加强人大国有资产监督和预算审查监督职能的实施意见》，市人民政府首次向市人大常委会报告全市国有资产管理情况。制定《武汉市地方立法中涉及重大利益调整论证咨询的工作规则》，有效发挥人大在立法中的主导作用和社会力量的积极作用。建成武汉人大代表履职服务网络平台，代表履职服务保障机制进一步完善。出台《关于加强武汉市政协界别、政协组织、政协委员联动工作的意见》，组织在汉全国政协委员提交支持设立国家级长江新区等13件提案。制定《政协专项监督工作办法》，围绕"百万大学生留汉创业就业""民营经济发展"等议题开展专项监督。法治领域改革向纵深推进。完善武汉法治建设指标体系，广泛开展基层法治创建示范活动。深化司法体制改革，全面落实司法责任制，深入推进以审判为中心的刑事诉讼制度改革，开展刑事案件繁简分流、智慧公诉等改革试点。出台《关于进一步加强公共法律服务体系建设的意见》，打造覆盖城乡居民的实体、热线、网络三大法律服务平台。制定《关于加强司法鉴定管理制度的实施意见》。建立行政执法裁量权基准制度，35个市直部门出台相应细化标准，进一步提高执法规范化水平。

【武汉市"放管服"体制改革】 2018年，武汉市深化"放管服"改革，优化企业和群众办事体验。出台《关于进一步优化营商环境的意见》，取消、调整、下放市级行政权力56项。实施审批服务业务梳理、数据归集共享、信息系统对接举措，不断健全"一张网、一朵云、一个库"大数据应用机制，不断提升政务服务水平。全市网上政务服务平台纵向接入省级平台，横向联通24家市直部门并逐步向街乡、社区（村）延伸。市区两级2563项审批服务事项中57%实现"马上办"、76%实现"网上办"、83%实现"一次办"，"三办"（"马上办、网上办、一次办"）服务加快向"四办"（"马上办、网上办、就近办、一次办"）服务延伸拓展。各区推出"情景化"审批、远程踏勘、帮办代办等系列特色服务。工程建设项目审批制度改革国家级试点推出55项创新举措，审批

"百万大学生留汉创业就业工程"2018年大型校园巡回招聘活动现场

（武汉地方志办公室　供稿）

时间由200多天减少到90天左右。“双随机一公开”监管新机制覆盖35个市级部门和15个区。涉企证照实行“四十五证合一”，企业开办时间由18.5天压缩至4.5天。3个开发区启动“证照分离”改革试点。推进预算绩效评价改革，财政资金使用效益提高。出台全市新一轮机构改革方案，要求2019年3月底前基本完成市区两级机构改革。

【武汉市党的建设制度改革】 2018年，武汉市着眼全面从严治党，党的建设制度改革迈上新台阶。干部管理机制持续完善。出台《关于进一步激励干部新时代新担当新作为实施意见》“1+3”系列办法，旗帜鲜明为担当负责的干部撑腰鼓劲。建立完善对“狮子型”干部常态化培养管理机制，累积选拔使用“狮子型”干部181名。完善绩效和干部综合考评体系。提出15条完善党外干部工作制度具体措施。出台《关于建立党政干部“一体化”培训机制的实施方案》。创办武汉社区干部学院，加强对社区（村）干部培训。以精准思维做好新的社会阶层人士统战工作经验得到中央统战部充分肯定并在全国会议交流。继续深化群团改革，出台武汉市文学艺术界联合会、中国国际贸易促进委员会武汉市分会等改革方案。

基层党建工作形成新品牌。系统推进“红色引擎工程”拓面提质，出台深化拓展“红色引擎工程”实施意见和城市、社会、农村、两新组织（新经济组织和新社会组织）、行业党建4个实施办法。探索党建引领社区治理“1314”模式（“1”，就是建强一个基层党组织，强化社区大党委在区域中的领导核心地位。“3”，就是做实党领导下的社区自治、法治、德治的有效路径，将党的领导具体而不抽象地体现在基层治理全过程。“1”，就是构建全面、精准、精细的信息化社区服务体系，走好党的群众路线。“4”，就是建立“工作力量全进入、群众需求全收集、分类分级全解决、服务过程全评价”的“四全”服务机制），出台全国首部社区党组织领导社区治理党内法规，青山区青和居社区党组织领导社区治理经验得到习近平总书记肯定并向全省推广。以党建引领“三乡工程”，创新设立326个农村区域综合党委，吸引882名能人回乡担任村党组织书记。创新党建组织，律师和互联网行业党建经验在全国会议上交流。

干部作风建设机制不断创新。出台《加强基层党员干部作风建设若干规定》，持续举办电视问政和“作风聚焦”，推动个案整改向板块整改转变。创新开发微信评议系统，建立网上“作风评议”新机制，实现全市6982家单位“双评议”全覆盖，新华社、人民日报多次报道。完善基层作风巡查和营商环境专项巡查工作机制，促进营商环境持续改善。深化党内法规制定试点，完善示范性程序，提升党内法规制定水平。

纪检监察体制改革加快推进。深化监察体制改革，市区依法产生监察委员会和领导机构，完善职能职责和队伍建设。采取“制度＋科技”形式对审查调查工作进行流程再造，构建与改革相适应的纪法贯通、法法衔接新机制。开展巡视巡察上下联动机制试点，深化区级交叉巡察。

（武汉地方志办公室）

【黄石市行政审批制度改革】 2018年，黄石市推行行政审批改革。先后出台政务服务平台“一张网”对接联通一系列实施方案、服务指南和审查细则，完成市、县两级政务服务事项认领、发布任务，湖北政务服务网与本地政务服务网用户统一注册和实名认证。坚持政务服务事项“应进必进、进必授权”，实现项目、人员、授权、机制“四到位”，受理、审批、出证“一条龙”服务。完善首问负责制、限时办结制、一次性告知制，确保各项服务有章可循、有法可依、有效运行。政务服务中心38个窗口部门787个审批服务事项，有60项证照直接在窗口制发，占中心集中办理市级审批权限办件量50%以上。

审批流程按照减资料、减环节、减时限、减收费“四减”要求，结合智慧政务行政审批平台建设，对审批（服务）事项多次进行优化提速。即办项目由23个增加到45个，办理时限从法定的22个工作日压缩到现在的6个工作日，实际办结时限平均减到3个工作日；审批服务过程中需要行政相对人提供的各类证明事项从100多个减少到77个，减少23%；594个事项可“一次办好”，全程网办“零跑路”事项490个。群众在政务服务网或实体大厅办事时还可以选择邮政速递服务，由邮政部门送证上门，进一步方便办事群众。

2018年3月29日，黄石市检察院召开公益诉讼工作座谈会

（黄石市地方志办公室　供稿）

【黄石市监察体制改革】 2018年1月9日，黄石市监察委员会挂牌成立。按照中央、省委确定的“时间表”和“路线图”，如期组建市县两级监察委员会。推动纪法贯通和法法衔接，全要素使用各项调查措施，建立完善监察机关与检察机关的协调衔接机制。构建立体监督体系，明确4个监督检查室对口联系7个县（市、区）、开发区、112家市级被监督单位；完成19家派驻机构更名挂牌并被授予监察职能及相关权限；42个乡镇（街道）派出监察室挂牌、人员到位，打通监督“最后一公里”。

【黄石市人事制度改革】 2018年，黄石市出台公务员奖励、事业单位岗位设置管理等新政，对154家单位、503人次记功奖励，选聘获批事业单位二、三级专技岗位人员52人，激发干部干事创业活力。建立人事考试风险防控新机制，组织各类考生5.7万人次参加165场人事考试，为基层招聘（录）机关事业单位和“三支一扶”（指大学生在毕业后到农村基层从事支农、支教、支医和扶贫工作）人员1583人，没有发生一例考试安全责任事故。落实以增加知识价值为导向的分配政策，对3所高校绩效工资建立动态调控机制，扩大单位内部分配自主权。出台《黄石市公立医院薪酬制度改革试点工作实施方案》，选择市中心医院、市中医医院和市妇幼保健院3家公立医院开展薪酬制度改革试点。推进国有企业薪酬制度改革，兑现35名市管国有企业负责人薪酬待遇。

【黄石市司法制度改革】 2018年，黄石市在司法领域推进四项基础性改革。人员分类管理落实到位，现有员额法官191名（其中市中院40名），坚持入额必办案，院庭长结案19796件，占结案总数的55.2%。司法责任制有效推进，裁判文书由审判长和独任法官签发率98.7%，实现裁判权责统一；坚持放权不放任，强化审判委员会指导职能，完善专业法官会议制度；强化案件质量监督，评查案件3000余件、裁判文书2700余份。优化绩效考核，完善法官、司法辅助人员、司法行政人员分类考核办法。不断加强司法人员职业保障，成立法官权益保障委员会，选升三级、四级高级法官47名。人财物省级统管有序推进，全市法院经费保障稳中有升。

推进以审判为中心的刑事诉讼制度改革。规范非法证据排除申请、审查程序，明确出庭申请审查标准和相关人员出庭作证正负清单，落实证人、鉴定人出庭作证补助。强化科技手段运用，启用证人视频隐蔽、远程视频作证和远程视频提讯系统。扩大刑事案件法律援助范围，确定市中院和大冶、西塞山、铁山三个基层法院为试点单位，对适用普通程序审理的一审刑事案件实施律师辩护全覆盖。

推进配套机制改革。全市6家基层法院改革方案上报省高院，待审批下发后执行。推进案件繁简分流，推行民商事案件速裁，对轻微刑事案件实行“三集中三简化”办案模式，提高矛盾化解效率。推进涉诉信访改革，院长接访日接访 674 人次，律师参与涉诉信访积案化解 14 件，市中院连续 3 年赴省进京“非访”为零。

（黄石市地方志办公室）

【鄂州市党建制度改革】 2018 年，鄂州市率先在湖北省完成市纪委监委内设机构设置、区级监委组建、派驻机构更名及授权等改革；创新“两调阅”“三回访”“六上门”等内控机制，规范纪委监委权力运行并在全省交流发言；开展纪委监委系统干部政治画像等工作获省纪委领导肯定。基层党建“整市推进”，全面从严治党向基层延伸。完成 2244 个基层党支部“红色质检”工作，开展农村基层党建弱化虚化问题专项治理，31 个软弱涣散村（社区）党组织已整顿转化 22 个。创新人才发展体制机制，以市场化方式认定全市首批 12 个“333”（即围绕国际航空大都市建设需要，计划利用五年时间，重点围绕航空物流、电子信息、生物医药、大数据、健康服务、金融、生态农业等重点领域，引进 30 个国际顶尖人才团队、300 个国内领军人才团队和 3000 个省内领军人才团队，推动鄂州科技创新和高端产业发展）创新创业人才团队项目，发放项目扶持资金 990 万元，配套股权投资 2.8 亿元，继续开展“121 人才池”（自 2017 年起，用 5 年时间，定向为鄂州市国有企事业单位招聘 100 名高层次人才、200 名紧缺急需人才，通过专项招聘方式面向知名高校等特定领域或特定专业招聘 1000 名专业人才，推进城市建设发展）计划，新引进 108 名产业特职人才。深化以党建为引领的社区治理体系改革，出台《鄂州市社区党组织工作事项清单（试行）》等四项清单，对 40 个社区提档升级，社区治理体系不断完善。群团改革稳步推进。市、区两级群团部门完成内设机构调整、职能界定、人员调配、领导班子成员“专职、兼职、挂职”等各项改革任务。市总工会的“四季服务”，团市委的“青源工程”“青眼看鄂州”“寻青计划”，市妇联的“公益木兰”社区家庭服务中心、“婚姻家庭矛盾纠纷调解”维权服务平台已打造成群团工作特色品牌。

（鄂州市地方志办公室）

【孝感市行政机构改革】 2018 年，孝感市深化“放管服”改革，“一张网”对接工作走在湖北省非试点地区前列，孝感市市长吴海涛在湖北省深化“放管服”改革，转变政府职能电视电话会议上作经验交流发言。完成孝感市价格认定分局、孝感市能源办、孝感市事业单位登记管理局 3 家涉及整体划转单位的人员划转工作，印发孝感市发改委等 12 家单位职能调整文件，承担行政职能事业单位改革工作稳步推进。有序推进党政机构改革，完成孝感市退役军人事务局组建工作。《关于基层政协协商民主座谈会的实践与探索》一文被《中国政协·理论研究》2018 年第 3 期采用。

【孝感市党的建设制度改革】 2018 年，孝感市全面加强党的建设。倡导坚持问题导向、实干导向、发挥多个积极性导向、新业绩导向，严管干部，防止干部带病提拔；出台《关于进一步激励广大干部新时代新担当新作为的实施意见》，对 305 个集体和个人进行及时奖励，关爱干部。完成市、县两级群团组织机构改革工作，湖北维达纸业（孝感）是湖北省唯一获得十佳“最暖心妈咪小屋”荣誉的非公企业。大悟县妇联三次在全省妇联改革相关会议上作交流发言。2 家创新创业人才服务超市和 1 家创新创业平台获评全省优秀超市和平台。

（孝感市地方志办公室）

【黄冈市纪检监察体制改革】 2018 年 1 月 9 日，黄冈市监察委员会挂牌成立，从检察机关共转隶政法专项编制 231 个，占比 23.94%，转隶人员 199 人。年内，率先在湖北省组建专业看护队伍、建设规范化乡镇谈话室，经验做法在全省推广。深化派驻机构改革，统一更改市纪委监委派驻机构名称，授予监察权限，创新工作协作区制度，发挥“探头”作用，派驻机构立案量比上年增长 37.5%。全市 127 个乡镇派出监察室均完成挂牌，配备专职纪检监察干部 405 名，打通基层监察监督“最后一公里”。推进容错纠错机制，贯彻执行“三个区分开来”（即把干部在推进改革中因缺乏经验、先行先试出现的失误和错误，同明知故犯的违纪违法行为区分开来；把上级尚无明确限制的探索性试验中的失误和错误，同上级明令禁止后依然我行我素的违纪违法行为区分开来；把为推动发展的无意过失，同为谋取私利的违纪违法行为区分开来），科学运用“四种形态”。全年全市运用“四种形态”（第一种，党内关系要正常化，批评和自我批评要经常开展，让咬耳扯袖、红脸出汗成为常态；第二种，党纪轻处分和组织处理要成为大多数；第三种，对严重违纪的重处分、作出重大职务调整应当是少数；第四种，而严重违纪涉嫌违法立案审查的只能是极少数）处理5132人次，容错干部156名，拟重新任用、重用受处分党员干部90余人，澄清不实举报1372件次。

【黄冈市司法体制改革】 2018年，黄冈市深化司法行政体制机制改革。整合基层法律服务所至57家，整合司法鉴定机构至14家，落实公证机构编制备案管理11家。成立黄冈市律师行业党委，实现律师、公证行业中党组织和党的工作全覆盖。政法各部门联合印发《关于进一步保障律师执业权利的实施意见》，协调18家相关单位建立联席会议制度，落实鉴定人出庭作证制度。市司法局联合市中级人民法院印发《涉鉴管理工作联席会议制度》，法律援助工作进驻看守所和法院，强制戒毒人员艾滋病检测纳入全市疾病防控体系。强化质量监管，统筹推进“放管服”改革，推行公证减证便民“六项措施”，简化办理环节。加强服务质量监管，停止司法鉴定机构登记7家，暂停律师事务所考核8家，清理未执业公证员9名，注销基层法律服务所24家，服务事项抽查比例、频次、结果公开率均达100%，法律援助、司法鉴定案卷质量考评优秀率居全省第二位。完成政法信息化“1234”（即“一张大网、两大平台、三大中心、四大体系”。“一张大网”指政法综合信息网；“两大平台”指维稳情报信息平台和应急指挥平台；“三大中心”指“政法云”大数据中心、政法舆论监测中心和网格化服务管理中心；“四大体系”指立体化社会治安防控支撑体系、政法业务支撑体系、政法为民服务支撑体系和安全运维支撑体系。）工程项目可行性研究立项审批，升级市、县两级社区矫正指挥平台，建成运用远程视频会见系统，向服刑、戒毒人员家属提供远程会见225次。

（黄冈市地方志办公室）

【咸宁市事业单位公车改革】 2018年，咸宁市推进事业单位公车改革。印发《咸宁市直事业单位公务用车制度改革实施方案》，全市事业单位公车改革工作12月底基本完成。开展公车使用管理监督检查，印发《全市公务用车违规使用问题专项治理工作方案》《公车管理使用违规问题专项治理工作方案》《关于进一步严明公务用车管理纪律的通知》，开展专项治理2次，明察暗访50余次，曝光少数单位和个人违规管理使用公车问题，遏制“车轮上的腐败”。完善公车信息化监管平台建设，全市公务车辆运行数据“一张网”监控。市直综合执法与应急用车平台高效运转，全年派车3000余次，安全行车39万余千米。严格落实公车统一编制、标准、购置和配备，审批更新购置车辆32台。

【咸宁市监察体制改革】 2018年，咸宁市稳妥做好监察体制改革工作，市县两级监委顺利完成挂牌组建。全市划转政法专项编制120名，实际转隶103人。在全省率先

2018年10月31日，中国公证协会行业业务规范清理工作会议暨中国公证协会业务规则委员会（第二次会议）在咸宁召开　　（咸宁市地方志办公室　供稿）

实现改革后“一处集中办公和一处集中办案”。理顺内部运行机制，推进依法履职、人员融合、纪法衔接和制度建设，探索制定《拟了结问题线索审核监督管理办法（试行）》《“走读式”谈话安全管理办法》等制度，确保各项措施使用更加规范有序。推动制度优势转化为治理效能，做好审查调查“后半篇”文章，印发整改督办函、监察建议书等53份，督促相关单位健全完善制度163个。

【咸宁市司法体制改革】 2018年，咸宁市推进刑事诉讼制度改革。落实庭前会议、法庭调查、非法证据排除“三项规程”。全年召开庭前会议57次，刑事案件证人、鉴定人、侦查人员等出庭作证17人次，为514名被告人提供法律援助。总结梳理审判黑社会性质组织犯罪案经验，制定办理黑恶案件定罪量刑证据指引，贡献咸宁智慧，省高院、省检察院、省公安厅以此为基础，联合出台全省办理涉黑案件证据指引。建设公共法律服务平台，市县两级7个、乡镇（街道）69个，建成覆盖率100%。开通“12348”法律服务热线平台，建立市、县、乡镇（街道）、村（社区）四级“12348”公共法律服务微信群，开展互联网＋公共法律服务，确保及时响应公众的法律服务需求。全市公共法律服务在岗人员173人，共接待来电来访3.2万人次，受理法律援助案件3418件，月办理公共法律服务事项2670余件。稳妥推进合作制试点公证改革。市尚诚公证处开展改革试点工作，建立分配政策和内部激励机制，拓展业务领域，深化“惠企便民”举措，加强公证质量内控管理，提升公证公信力和服务水平，公证业务比去年增长56%，改革试点工作受到国家和省公证协会肯定。

（咸宁市地方志办公室　鲍伟平）

【潜江市纪检监察体制改革】 2018年，潜江市纪委监委新增4个执纪监督室，在人员调配、转隶人员安排时，侧重增加监督一线力量。4名班子成员分别分管1个执纪监督室、1个审查调查室、2—3个派驻纪检监察组和1个办案协作区，统一调配监督力量。优化派驻监督，统一更名为派驻纪检监察组，将10家省垂管单位、12家市属国企纳入监督范围；探索项目监督，向全市19个政府投资重点项目派出监察专员；延伸监察监督，向全市16个镇处派出监察室，与镇处纪委合署办公，监察室主任由镇处纪委书记兼任，副主任由纪委副书记兼任，每个镇处配备3—7名监察员；以村“两委”换届为契机，全面推行村级纪检委员、监察信息员和村务监督委员会主任“三合一”模式，建强基层纪检监督组织体系，全市386个村（社区）共设监察信息员386名。探索在村组、小区楼栋聘请2430名廉情信息员，打造基层“廉政岗哨”。

【潜江市司法体制改革】 2018年，潜江市人民检察院深入推进司法体制改革。加强员额制管理，完成25名检察官等级确定及晋升工作。优化办案组织，构建以检察官为核心的办案组25个。完善检察官职权清单，由检察官决定的办案事项，一律由检察官独立办理，终身负责。贯彻落实院领导直接办案制度，入额院领导深入一线直接办理各类案件109件。强化考评考核，制定完善检察官、司法辅助人员、司法行政人员三类人员绩效考核办法和案件质量问题责任追究机制，推动司法责任制落实落地。稳步推进检察工作机制创新，开展捕诉一体试点工作，主动适应以审判为中心的诉讼制度改革，加强与公安、法院的沟通联系，不断完善相关工作机制。深入开展未成年人刑事执行检察、民事行政检察业务统一集中办理试点工作，制定实施方案，发出检察建议2份，纠正违法羁押未成年人1件。提升司法规范化水平，严把案件进出关口，开展受案程序性审查904件，送案审核1042件次，对307件案件实施流程监控。深入开展案件质量评查，从过去6年办理的各类案件中随机抽取419件深入开展质量评查，对不规范问题发出通报，开展全院讲评；责令2件瑕疵案件承办人作出书面检讨并在全院通报，推动整改责任落实。

（潜江市地方志办公室）

【天门市党的建设制度改革】 2018年，天门市党的建设制度改革步伐加快。强化基层党建功能。树立大抓基层党建的鲜明导向，坚持品牌化引领、项目化创建、工程化推进、数据化考核“四化”工作路径，全面全域全程推进基层党建工作。实施农村“123”人才工程（每村选聘1名以上荣誉支部书记（荣誉村主任），确定2名优秀后备村干部，储备3名以上入党积极分子，集聚各类人才参与乡村建设和发展），选优配强村（社区）党支部书记和“两委”班子，全面提升基层党组织凝聚力、战斗力。开展“党建+”系列行动，在党建促脱贫攻坚、社会治理等方面下功夫，配强119名贫困村“第一书记”，开展社区“15分钟便民服务圈”活动，将组织资源转化为发展资源，汇聚起推动改革发展的强大正能量。推进纪律监察体制改革。建立“四风110”快速处理机制，开展电视问政、“微问政”，开设“作风监督360”栏目，每月播放3期暗访短片，形成全方位、全天候、无死角、无盲区监督。稳妥推进监察体制改革，加强监督监察，盯住“关键少数”，始终保持惩治腐败高压态势。

（天门市地方志办公室）

2018年9月6日，武汉市城市管理系统在全国率先组织协管员换装，图为换装仪式现场 （武汉地方志办公室 供稿）

经济体制机制改革

【武汉市全面创新改革】2018年，武汉市聚焦高质量发展，供给侧结构性改革持续发力。出台《武汉市精准发力补短板十二大重点工程实施方案》，落实降低企业税费负担等政策措施，全年降低企业成本279亿元。继续深化全面创新改革试验，加快“中国制造2025”试点示范城市建设，制定《武汉市实施“万千百工程”推进制造业高质量发展行动方案》《关于支持高效高新产业发展的意见》，加快打造光电子信息、汽车及零部件、生物医药及医疗器械三大世界级产业集群，武汉市促进工业转型升级和东湖高新区打造新兴产业集群的做法受到国务院表彰。武汉开发区获批筹建“国家新能源汽车质量监督检验中心”。临空港开发区成功举办国际网络安全标准工作会议和上合组织网安专家工作组会议，国家网络安全人才与创新基地成为“国家名片”。加快推进武汉长江中游航运中心建设，江海直达1140型集装箱示范船首船首航并投入商业运营。制定《关于统筹推进军民融合深度发展的实施意见》。出台加快企业上市的支持政策。成功创建全国质量强市示范城市，启动国家标准化改革创新先行区建设。建立国际化招商新机制，完善招商引资考评办法和项目落地机制，推动重大项目集中开工建设。制定国有企业规范董事会建设方案，深入推进国有企业负责人薪酬制度改革。加快创建现代物流创新发展试点城市，企业物流成本降低3亿元，全国多式联运现场会在武汉召开。建立市区领导联系服务重点民营企业制度，制定《进一步促进民营经济高质量发展的若干政策意见》，出台优化金融服务、营造公平环境、保护企业家人身和财产安全21条具体措施。

【武汉市科技人才体制改革】2018年，武汉市推动科技人才体制改革。完善以市场为导向的科技成果转化体系，成功举办216场成果转化对接活动，签约项目1072项，签约金额371.38亿元。建立科技成果转化常态化对接平台，收录科技成果1000余项、技术需求近1000项，入库企业740余家。完善重大科研基础设施与大型科学仪器社会共享机制。深化科技金融、投贷联动、知识产权综合管理等改革试点,申报全国科技保险示范区。新增院士专家工作站28个,新引进外籍外地院士45名。长江科学城规划建设加速推进。整合建立完整的人才工作体系和政策体系,出台《关于建立完善人才工作体系,推动武汉高质量发展的实施意见》及4类人才支持政策,推动招才工作向海外和国内发达地区延伸。校友资智回汉专场签约项目7100亿元,建立杰出校友荣誉制度,2018年新增留汉大学生40.6万人、落户17.5万人。出台《全面推进产业工人队伍建设改革实施方案》。

【武汉市对外开放领域改革】 2018年,武汉市对外开放领域改革不断提速。加快湖北自贸区武汉片区建设,2018年自贸区内新设立企业1.17万家,进出口总额1031.43亿元,实际利用外资8.8亿美元,占全省自贸试验区83.8%;“先出区、后报关”“关税保证保险通关业务试点”等举措受到国务院肯定,“股权激励专项基金”“外国人服务单一窗口”等23项经验做法在全省复制推广。建立融入“一带一路”工作机制,举办中国国际工程产业供需合作峰会,组建“走出去”联盟公司。发展跨境电商新型贸易业态,推出跨境电商“银关保”“进口商品通关集中审图、集中查验”等创新举措,成功获批国家跨境电商综合试验区。国务院批复武汉出口加工区整合优化为武汉经开综合保税区。汉口北市场采购贸易方式改革试点加快推进。出台《关于加强新时代口岸工作的意见》,建立口岸工作联席会议制度,进一步完善武汉电子口岸智能通关服务系统,临空港经开区汽车整车进口口岸通过验收,中欧(武汉)班列全年开行423列,是全国唯一进口列数超过出口列数的班列。新开通3条国际全货机航线,全年国际及地区航空货邮吞吐量翻番。出台《关于深化汉台经济文化交流合作实施办法》,武汉市获批设立全国第三、中部唯一的海峡两岸产业合作区(武汉)园区。制定《武汉市深化服务贸易创新发展试点实施方案》,服务贸易管理体制、促进机制、政策体系等多项经验在全国复制推广。发展“飞地经济”(飞地经济是指两个互相独立、经济发展存在落差的行政地区打破原有行政区划限制,通过跨空间的行政管理和经济开发,实现两地资源互补、经济协调发展的一种区域经济合作模式),推动武汉大都市区一体化发展。深化长江中游四省会城市会商合作机制,在科技资源共享、外事侨务协作等方面取得新进展。

【武汉市农业农村改革】 2018年,武汉市完善以“三乡工程”引领乡村振兴战略行动方案。全市实施“三乡工程”的行政村618个,吸纳社会资金156.89亿元,建成共享农庄2085户。继续推进江夏区“农房抵押贷”、黄陂区“农地抵押贷”国家级试点,分别发放贷款9.23亿元和0.87亿元。扩展农村集体产权制度改革实施范围,1602个村完成“两清”(农村集体资产清产核资、集体经济组织成员身份清理确认)工作,蔡甸区103个有经营性资产的重点村成立股份合作社。黄陂区启动土地承包经营权有偿退出试点。蔡甸区、黄陂区和新洲区启动农村宅基地“三权分置”省级试点。出台《关于深化财政支农资金改革促进乡村振兴战略实施的意见》,加快整合涉农资金统筹。制定支持农村电商发展政策,建成一批村级电商服务站(点),涉农电商交易额1050亿元。探索构建自治、法治、德治相结合的治理体系。中央电视台、新华社、光明日报等大篇幅报道武汉市农业农村改革发展情况。

(武汉地方志办公室)

【黄石市财政体制改革】 2018年,黄石市继续深化投融资体制改革。推进投融资公司转型发展,7大市级投融资公司资产规模扩大到1359亿元,比上年增长10.5%;融资规模扩大到250.41亿元,增长4.7%,超额完成市委、市政府下达的195亿元融资目标任务;资产负债率控制在60%以内。全面实施预算绩效管理,实现预算绩效目标、绩效监控和绩效评价“三个全覆盖”。对2018年市本级所有项目支出进行绩效评价,资金额度22.6亿元。继续深化国库集中收付和政府采购改革。国库电子化系统运行安全稳定,在全省财政工作会上书面交流。深入推进放管服改革,完善互联网+政府采购模式,黄石市政府采购电子商城全面正式运行。加强财政监管。组织开展扶贫领域不正之风和腐败问题专项整治、财务报销专项检查和会计信息质量监督检查等，涉及资金1.17亿元。组织对全市行政事业单位和市级投融资公司的资产出租管理问题进行全面清查，公开拍租房产117处，追责问责21人次，收回资金351万元。推进PPP建设，市本级累计实施PPP项目9个，总投资97.76亿元。实施PPP项目3个，投资规模9.74亿元。奥体中心PPP项目作为全国PPP示范项目，在上海全国PPP论坛上展示成果。

【黄石市金融体制改革】 2018年，黄石市金融服务范围进一步向基层延伸。全市银行业设立5个普惠金融事业部、3个三农事业部、2个小微金融服务中心、1个小微科技金融事业部，兴业银行升格分行、光大银行如期开业；督导农村金融机构回归支农定位，推行董事长主抓“三农”金融服务、董事会下设“三农”金融服务委员会制度，对拟入股股东严格签订支农支小、资金主要用于当地的书面承诺。深入开展资本管理，完善公司治理结构。修订公司治理制度，厘清“三会一层”（即股东大会、董事会、监事会和高级管理层组成的议事管理规则）职责边界，将党建嵌入公司治理中，引导农村中小机构树立资本管理理念。组织开展股东股权专项排查工作，严格股东资质审查，加强股东穿透监管，厘清股权关系，规范股权质押、转让，批复阳新农商行定向募股3800万元和转增股2200万元、黄石农商行股权变更计划。加强流动性管理，引导农村中小金融机构增加内源和外源性资本补充、核心资本补充与附属资本补充等多元补充渠道，通过主要股东流动性补充承诺条款、加入省流动性互助联盟、主发起行提供流动性补充协议等方式强化流动性管理。截至年末，全市6家农村中小金融机构资本充足率全部达标，单项指标全部达到三级以上监管评级标准。

2018年10月25日，黄石市小微企业金融服务工作推进会召开

（黄石市地方志办公室　供稿）

【黄石市商贸物流体制改革】 2018年，黄石市高效推进全国商贸物流标准化试点工作。7月6日，黄石市全国物流标准化试点项目通过终期评估验收。11月15日，商务部副部长王炳南到黄石市实地调研，对黄石市商务领域各项改革发展工作给予高度评价。改革试点两年多来，取得以小托盘撬动“大物流”的效果，全市快消品、药品、电商、农副产品等行业和23家龙头企业试点推进情况良好，试点企业综合物流成本比上年下降1.69个百分点，超过项目预期。试点过程中提炼的第三方城市配送、玻璃容器包装仓储运输、公路零担运输规范等三项经验通过省级评审，成为湖北省物流地方标准。坚持以法治商务、廉洁商务和服务型商务部门建设为目标，进一步规范行政审批行为，调整完善商务招商审批服务指南；创新“先地后表”审批模式，成品油许可审批效率大大提高。强化监管职责，提升服务水平，将原内贸部调整为流通发展部和行业管理部，商务管理治理水平进一步增强。全年争取国家、省级各类政策资金2632万元。

【黄石市农业农村改革】 2018年，黄石市推进农村集体产权制度改革，“两清”（农村集体资产清产核资和清人分类工作）工作基本完成。其中，781个村完成集体资产清产核资工作，完成率 94.4%；772 个村完成集体经济组织成员身份确认工作，完成率 93.3%。推进“三权分置”（农村集体土地所有权仍归集体所有、农民保留土地承包权、土地流转经营权，实行所有权、承包权、经营权分置并行）改革，全市林改面积 16.07 万公顷，确权面积 14.35 万公顷，确权率 89.3%；发证 14326 本，面积 11.52 万公顷，占确权面积的 80.3%。规范森林资源流转 435 宗，面积 2.2 万公顷。开展林权抵押 47 宗，贷款金额 4337.9 万元。推进农村土地流转信息服务平台、纠纷调处平台、金融服务平台三大平台建设，累计流转土地面积 4.51 万公顷。农村金融改革不断深化，累计发放土地经营权抵押贷款 7.21 亿元。大冶市农村承包土地经营权抵押贷款试点工作，被国务院通报表扬。推进农垦农场改革，全市国有农场社会职能剥离、土地确权、社区建立等工作全部完成。

推进农业供给侧结构性改革，农业生产稳中向好，种植业稳中有增，畜牧业发展稳定。新型农业经营主体发展壮大，稻虾、柑橘两大特色产业渐成规模。转变农业发展方式，推进三产融合发展，组建油茶等 7 大产业联盟，形成“协会＋联盟＋产业＋农户”的产业发展新模式，带动农业发展和农民增收。结合市国家农业科技园区建设，农业科技服务体系进一步完善。发展绿色生态农业，实施化肥农药零增长行动，加强农产品质量监管，全市有效使用农业“三品一标”（无公害农产品、绿色食品、有机农产品和农产品地理标志）的企业 30 家，产品总数 76 个。实施乡村振兴战略，加快推进农田水利设施建设，建成高标准农田 7133.33 公顷，实施水利工程 338 处，完成病险水库除险加固 9 座，“三乡工程”带动作用进一步增强，农村生产生活条件不断改善。

（黄石市地方志办公室）

【鄂州市商事制度改革】 2018 年，鄂州市“放管服”改革不断深化。全面推进政务服务“一张网”建设，编写涉及工商部门 92 项行政许可职权和公共服务事项的服务指南和审查细则，工商登记业务系统与“湖北政务服务网”全业务流程对接，所有登记注册事项“一张网”在线办理。市级政务服务事项网上可办率达 80.5%，鄂城区、华容区、梁子湖区网办率分别为 66.1%、81.4%、73.8%。“商事制度”改革创新力度加大。实施“先照后证”“多证合一”“证照分离”、登记注册全程电子化和电子营业执照试点、企业简易登记、全程电子化登记等一系列商事制度改革举措，企业开申办工商登记、公章刻制、申领发票、社保登记四个环节的时间压缩至 5 个工作日内，比“国标”时间减少 3.5 天。前三季度（全市 2018 年登记市场主体 14847 户），新登记市场主体 10677 户，实有市场主体总量 95211 户，比上年增长 7.22%；实有企业类市场主体 22972 户，增长 9.78%。

（鄂州市地方志办公室）

【孝感市经济体制改革】 2018 年，孝感市坚持“项目为王”理念，“两资一促”（招商引资、立项争资、促进工业运行及投资）成效明显。全市投资过百亿的项目 7 个；大悟县统筹整合涉农财政资金、孝昌县“互联网＋”社会扶贫等工作经验在全国推广，全国涉农资金统筹整合现场会、全国驻村帮扶工作座谈会在孝感召开；孝昌县获评 2018 年度全国电子商务进农村综合示范县，汉川市南河乡被列为全国农业产业强镇建设示范乡镇，应城市益盐堂成为全国最大品种盐基地。探索农村集体产权制度改革，孝南区“城东模式”、云梦县“黄湖模式”被省、市媒体相继报道。孝感市麻糖米酒行业协会成为国家标准制定单位，孝感麻糖地方标准获国家卫健委批准。

（孝感市地方志办公室）

【黄冈市财政体制改革】 2018 年，黄冈市财政部门贯彻实施新《预算法》，完整编报“四本”预算，推进全口径预算管理。科学编制部门三年支出规划，强化规划指导和约束作用。加大项目清理力度，整合项目资金，盘活存量资金，提高财政资金使用效益。深化财政国库集中支付电子化管理改革，全市 10 个县市区均上线运行，上线运行单位 2079 家，完成电子支付 32 万笔。完善非税收缴管理办法，推进电子化收缴。落实国家有关政策，规范津补贴、工资提标和五项奖励性工资兑现，推进公车、机关事业养老保险制度等改革。加强政府采购监督管理，规范政府采购活动，全市完成政府采购44.98亿元，比上年增长15.7%，采购节约率10%，节约资金4.7亿元。开展26个预算单位、2.99亿元的财政预算支出项目绩效评价试点工作。规范财政投资评审流程，累计评审市本级项目273个，送审金额56.51亿元，审定金额51.56亿元，核减金额4.94亿元。

【黄冈市税务和金融体制改革】2018年，黄冈市税务局完成市县乡三级税务新机构挂牌，完成市县两级183个内设机构、88个派出机构定人、定岗、定责，划转机关事业单位养老保险、城乡居民医疗保险和部分非税收入项目征管职责，落实个税所得税新政策。建立联络督导、任务推送督办、定期报告反馈、意见收集处理“四项机制”，改革工作有安排、有落实、有督导、有反馈。

2018年，黄冈市围绕增强银行业保险业活力、增加金融服务供给，持续改革、完善银行业保险业组织体系。新设银行2家、新增保险中心支公司3家、向县域延伸分支机构12家，银行和保险业机构发展到77家。督促2家农商行补充二级资本4.5亿元，法人银行资本充足率12.65%，比上年增长0.23%。开展“强化公司治理年”活动，强化“屡查屡犯”问题和股东股权乱象专项治理，推动农商行完善股东股权管理制度，实施股权集中托管。完善“警保联动”机制，开展车损险新产品和巨灾保险试点，探索实施车险保单电子化，开通全市二甲以上医院大病保险即时结算“一站式”服务。

【黄冈市国有企业改革】2018年，黄冈市落实市属“三无”企业（无资产、无场所、无经营活动）职工安置工作取得进展。市属“三无”企业职工1105人，经人社局等部门初核应安置人数861人，实际安置802人，安置比例93.2%。推进全市国企职工家属区“三供一业”（供水、供电、供热（供气）及物业管理）分离移交工作，签订国有企业职工家属区供水、供电移交和物业管理分离移交协议100%；完成供水移交3655户、供电移交1397户、物业管理移交2854户，组织中介机构对出资企业上年度经营业绩完成情况进行全面审计，对纳入薪酬改革的5家出资企业经营业绩进行考核，根据考核结果结算兑现企业负责人上年度绩效年薪。

【黄冈市商事制度改革】2018年，黄冈市工商行政管理部门深化“多证合一”改革，全面建立“一套材料、一表登记、一窗受理”模式，率先在湖北省创新实施黄冈版43项“多证合一”。实行“审核合一、一人通办”和“同城通办”“局所通办”政务机制，企业开办只需3个工作日。采取“取消办证一批、改为备案一批、告知承诺一批、提高透明一批、严格管理一批”等举措，推动“照后减证”，解决“准入不准营”问题，变更、取消前置许可31项，后置许可202项，证照分离106项，办理“先照后证”2.78万户。改革企业名称登记制度，实施自主申报市场主体名称，取消预先核准，申冠省名时间减至5小时内。开展网上申请、受理、审核、发照、公示、保存等全程式服务，签发电子执照3763份。至11月底，全市五类市场主体52.68万个，新发展68675户；企业类市场主体79621个，新发展10240个；发放“一照一码”营业执照7.3万个。

【黄冈市城管执法体制改革】2018年，黄冈市组建市城市管理执法委员会并列入政府组成部门，属行政编制，所辖执法机构纳入参照公务员管理。至年底，市城管执法委完成8项国家城管执法体制改革任务，剩余改进执法方式等17项任务逐步展开。全市10个县市区均出台体制改革方案，完成机构综合设置，集中行使住建领域行政处罚权。出台《城管执法部门集中行使住建领域行政处罚权试点工作方案》，明确业务主管部门和城市管理执法部门职责，建立案件线索移送、信息互通共享、协作配合和第三方鉴定等机制，受邀参加住建部改革试点工作座谈会并作交流发言。增加执法管理终端350个、移动对讲终端210个、执法记录仪170个，管理执法信息实时传送、执法全过程记录。开通数字化城管平台12319管理服务热线，建成语音执法系统146套，全年线上语音执法1.78万件，信息采集14.77万件，派遣案源案件1.3万件，逐步提升城市管理问题发现率、处置率。全市数字化城市管理平台建设完成率100%，提前完成省控工作目标。

（黄冈市地方志办公室）

【咸宁市商事制度改革】 2018年，咸宁市聚力推行“最多跑一次改革”。印发《市工商局2018年全面深化改革实施方案》，从健全完善协同机制，健全企业信用信息监管体系、压缩企业开办时间，推出“十个一”（一人通办、一窗办结、一站导办、一标申报、一口说清、一掌尽知、一点代办、一网通办、一库共享、一单速达）为主要内容的“最多跑一次”改革，《中国工商报》《湖北日报》《咸宁日报》等多家主流媒体予以报道，群众和企业普遍点赞。与省工商局同步实现企业注册登记无纸化、零见面，达到“一次都不用跑”，让企业办事更快捷。在高新技术产业园区实行“证照分离”改革试点基础上，11月10日，在咸宁市全面推开“证照分离”改革，推动准入和准营同步提速，切实解决“办证难”问题，让企业快速进入市场。研究制定《咸宁市推行商务领域重点企业诚信经营分类监管实施方案》，将全市商务领域内各行业经营主体纳入诚信经营分类监管范围，进一步规范全市商务领域重点企业诚信经营行为，对不同分类标准的经营企业提供针对性指导服务，提高企业自觉诚信经营意识。

2018年12月25日，咸宁市农村集体产权制度改革现场推进会在咸安区召开

（咸宁市地方志办公室　供稿）

【咸宁市交通体制改革】 2018年，咸宁市推进道路货运车辆安全技术检验和综合性能检测“两检合一”。全市6家检测机构签订“两检合一”承诺书，并在规定时间内实行“一次上线、一次收费、一次检测”，减轻经营者负担。推行货运车辆省内异地检测，启动普货异地检测在运政系统办理年审的程序。推进物流改革。构建农村物流三级配送体系，建成县级农村物流中心5个、镇（乡）级农村综合运输服务站35个、村级农村物流服务点298个，湖北康华智慧物流园获批国家级城乡配送服务业标准化项目试点。完善物流信息平台，推进物流信息采集与发布，物流交易量比上年提高5.9%，货车空载率下降2.5%，物流成本下降3.19%。

【咸宁市农村集体产权制度改革】 2018年6月，农业农村部在咸宁市开展农村集体产权制度改革整市推进试点，咸宁市抢抓机遇，聚焦清产核资、清人分类和经营性资产股份合作制改革三大重点任务，加快推进资源变资产、资金变股金、农民变股民。坚持“依法改革、农民主体、稳妥推进”三个原则，守住改革底线。着力破解农村集体经济合同规范、农村财务管理、农村治理三个难题，攻克改革中的重点难点。全市废除不合法合同12个，纠正不规范合同78个，增加农村集体收入137万元，对村集体账目开展第三方记账试点。在推进农村集体产权制度改革中，相关部门严把成员认定关、资产核资关和股权分配关，夯实改革基础。以业务指导、经济发展、产权交易为载体，激发改革活力。强化组织保障、经费保障、宣传保障，确保改革成效。全市完成清产核资550个村，完成清人分类542个村，清查账面资产总额9.5亿余元，其中经营性资产2.4亿余元，确认成员身份76.86万人。

（咸宁市地方志办公室　鲍伟平）

【仙桃市农业供给侧结构性改革】2018年，仙桃市大力调整农业产业结构。实施百万亩富硒产业基地开发工程，推广普及名特品种和高效模式，名特水产养殖比重突破80%，农业产业结构不断优化。培育市场主体，推动项目资金、要素保障、优惠政策、服务力量等资源向新型经营主体倾斜，新型农业经营主体“井喷式”发展，全市发展千亩以上市场主体130个、家庭农场1102家、合作经济组织1652家。力促产业融合发展，大力发展“农业+”多元业态，加速一二三产业融合和发展，农产品加工产值与农业产值比达2.62∶1，仙桃获批2018年国家农村一二三产业融合发展先导区创建单位。深化农村集体产权制度改革，探索农村土地所有权承包权经营权分置办法，成立市级产权交易中心，有力推动农村土地流转，促进农民增收致富。探索建设江汉平原乡村振兴战略示范区，高规格编制完成《仙桃市乡村振兴规划》，涉及8个大类597个项目，总投资1255亿元；与国开行湖北分行签订乡村振兴项目贷款协议，三年授信80亿元，当年到位11亿元；重点谋划推进环排湖区域乡村振兴，打造乡村振兴的起步区、示范区，沔城回族镇成为国家产业兴村强县示范镇；农村“厕所革命”全面展开，改造户厕3万个、建设公厕374个，农村环境面貌大为改观；开展绿化美化工程，深江、潭湖等村成为全省美丽乡村示范村，乡村振兴战略稳步开局。

2019年4月12日，仙桃市农村集体产权制度改革工作推进会召开

（仙桃市地方志办公室　供稿）

【仙桃市商事制度改革】2018年，仙桃市改革商事制度，实行工商登记管理“多证合一”改革，实行“三十六证合一”“多证合一”，使营业执照成为企业唯一“身份证”，实现市场主体“一照一码走天下”，并且实行电子营业执照。6月6日，仙桃市在湖北省同等城市中率先核发首张电子营业执照。市行政服务中心协调税务、人社、公安等部门，开展压缩企业开办时间改革，将开办时间从15个工作日压缩到3个工作日。

（仙桃市地方志办公室）

【潜江市财政体制改革】2018年，潜江市全面推进财政管理改革。深化构建政府预算体系、支出管理、预算绩效、资金统筹、国库集中支付、政府购买服务、投资评审、政府采购、农村集体产权制度、国企国资等财政改革，以预算编制为龙头，以事前评估、投资评审、国库支付、监督检查、绩效评价为主要链条的财政管理体系更加规范，财政绩效明显提升。全年支付系统内470家预算单位全部实行电子化支付，预算管理资金全部实行电子化清算；通过清理部门结余，盘活财政存量资金5.9亿元；财政评审404个政府投资项目，审减资金7.6亿元，综合审减率11.5%；政府采购896批次，采购金额7.99亿元，节支率9.8%；实施政府购买服务项目16个，金额1.75亿元。统筹整合资金10.2亿元，盘活存量资金5.9亿元。财税结构明显优化，税收收入占公共财政预算收入比重72.3%，比上年提高7%。

【潜江市工业体制改革】2018年，潜江市加快推进工业产业转型。优化产业结构。实施服装产业振兴工程，7家新进规模以上企业迅速成长，纺织服装产业比上年增长16.6%；绿色食品企业扩规扩能，增长25.2%；装备制造市场回暖，增长19.6%；生物医药技改扩规，增长 13.4%;光信息电子扩能提档,增长 23.8%。成功申报 12 家企业作为湖北省支柱产业细分领域第二批隐形冠军示范(培育)企业。制订《潜江市 2018 年利用综合标准依法依规推动落后产能退出工作方案》,统筹和指导落后产能淘汰工作,出台《潜江市推动产业重组处置"僵尸企业"三年行动方案》,实行"一企一策",推进"僵尸企业"出清,处置 27 家,全市企业市场化退出长效机制基本建立,资源利用效率明显提高,经济活力明显增强;推进沿江化工企业"关改搬转",出台《潜江市沿江化工企业"关改搬转"工作方案》,制定全市沿江化工企业"关改搬转"任务清单,明确工作要求和时限,实现汉江 1 千米生态修复。

【潜江市农村产权制度改革】 2018 年,潜江市以完善农村土地"三权分置"为基础的农村土地制度改革稳步推进。全面开展农村土地确权登记颁证。明晰农户的土地承包权,确保地块、面积、成员、合同、证书全部落实到户,健全"合同取得权利、登记记载权利、证书证明权利"的确权登记制度,强化对农民土地承包权的物权保护。年内,全市农村土地确权登记颁证顺利通过省级验收和农业农村部质检,并率先完成同省级的数据汇交。健全农村土地经营纠纷调解组织,做到层层有专人负责;主动参与调解,依法开展仲裁,维护农民合法权益。全年全市共发生土地承包经营纠纷 636 起,完成调处 522 起。切实加强农村土地流转规范管理。在流转方式上当好参谋,充分尊重农民对租赁式流转或股份式流转的选择;在产权交易上搞好服务,利用产权交易平台,为流转双方提供信息发布、组织交易、合同鉴证、法律咨询等;在签订合同上做好指导,重点从流转的价格界定形式、风险防控等方面进行把关,确保土地流转后不出现矛盾纠纷。截至年末,全市农村土地流转面积 2.35 万公顷,占承包地总面积 49.6%。全市 354 个村完成清产核资任务,占比 100%;354 个村完成集体成员身份确认任务,占比 100%;212 个村完成股份配置任务,占比 60%。此项改革总体进度居湖北省前列。

(潜江市地方志办公室)

【天门市经济体制改革】 2018 年,天门市经济体制改革持续推进。针对经济下行压力加大、企业经营困难等实际状况,制定出台支持实体经济发展 43 条意见,普惠实体经济,助推企业降本增效;针对企业融资难、融资贵等问题,采取鼓励银行创新信贷产品、做大担保公司增信、银政企合作扩信、对公存款挂钩、引进股份制银行等措施,为民营企业"输血"。针对传统企业发展慢、转型难等问题,出台《关于盘活重点困难企业的意见》,对重点困难企业实施"一企一策",成功推进 361° 与红日子、赞宇科技与诚鑫化工、乐普医疗与华世通、山东润丰与赋通新材料、莱克水产与正和食品等一批企业联合重组。围绕纺织服装、化工、食品加工、机电汽配等传统产业转型升级,加大资产重组和技改扩规力度,实施重大技改扩规项目 30 个,促进骨干龙头企业做大做强。依托近 200 家涉棉企业、闲置轧花厂、纺织服装熟练工人多等优势,加快新旧动能转换,培植壮大棉花上、下游产业链,形成高支纱、化纤纺、无纺布、缝纫线、纺织机械、服装完整产业链,天门棉花产业集群已连续多年被列入湖北省重点成长型产业集群。景天棉业纺纱规模 40 万锭,连续入选"湖北省百强企业";稳健医疗建成 6 条全棉水刺无纺布生产线,步入"全棉时代"。引进湖北卓尔控股有限公司,投资 50 亿元建设中国(天门)棉花交易中心,打造全国最大的 B2B 棉花交易平台,年交易额突破 100 亿元。

【天门市商事制度改革】 2018 年,天门市深化"互联网 + 放管服"改革。通过推进落实事项标准化编制、网上办系统互联互通、电子证照建设对接、政务信息资源共享对接等 10 余个项目,政务服务审批平台与湖北省政务服务"一张网"对接,通过实施"一套材料、一表登记、一窗受理、一口对接"的形式,将企业信息"一次采集、一档管理、共享互认",变企业跑腿为"数据跑腿",为企业节省大量时间和精力。深化商事制度改革。实施"三十六证合一",建立起"一表申请、一窗受理、一照一码、信息共享、一照通用"的准入登记机制,简化审批环节、降低办事成本。对全市 1100 多个窗口岗位开展"十优满意单位""十差不满意单位”“双评议”活动，打通服务群众和企业“最后一公里”，发展环境不断优化，市场主体满意度不断提升。

【天门市农业供给侧结构性改革】2018年，天门市农村供给侧结构改革取得成效。坚持以市场需求为导向，突出绿色、生态、有机、富硒特色，引导农民种植花椰菜、菊花、中药材、浅层藕等经济作物，因地制宜发展富硒养生农业，不断提升土地产出综合效益。调减棉花种植面积2.67万公顷以上，6667公顷“土人参”萝卜、5333公顷花椰菜、3333公顷高白藜芦醇含量花生、2000公顷中药材和菊花等养生特色农业“风生水起”；推广1.67万公顷“稻鳅共生”“虾稻共作”稻田综合种养，建成一批“放心”菜园、道地药园、精品果园、生态茶园、高效田园，呈现“百花齐放”格局。建立富硒产品研发中心、检测中心和营销中心，建成5333公顷富硒水稻、2000公顷富硒水产品生产基地，推进6大类32个富硒产品的开发与营销，打造“养生硒都”。

（天门市地方志办公室）

社会体制机制改革

【武汉市文化体制改革】2018年，武汉市弘扬社会主义核心价值观，文化体制改革展现新面貌。文化建设机制日益完善。出台支持文化产业发展50条优惠政策。制定《关于振兴武汉戏曲“大码头”实施方案》，以8项重点项目为龙头推动优秀传统文化创造性转化、创新性发展。全球首个友好城市孔子学院在江汉大学管理运营下建成使用。创新舆论监管机制，完成《长江日报》《武汉晚报》、“长江网”采编和经营资源整合。深入推进国家文化消费试点，“文惠通”（武汉市打造的促进文化消费的微信公众平台，居民参观或参加公共文化活动可获得相应的“积分红包”，然后以兑换成优惠的价格到选定的文化企业消费）平台实名注册人数86万人，通过财政补贴3577万元拉动文化消费1.87亿元。制定“设计之都”建设规划纲要和相关政策，武汉工程设计产业加快发展。出台《关于丰富农村文化生活助力乡村文化振兴的意见》，以乡风、家风、民风统筹推进乡村文化建设。

【武汉市足球改革】2018年，武汉市足球改革取得重大突破。开展国家足球改革试点，制定足球改革总体方案、中长期规划和三年行动计划，统筹推进校园足球、青训足球、职业足球、社会足球“四位一体”发展。武汉“江大女子足球俱乐部”在女超首个赛季获第四名，女足队员王霜获“亚洲足球小姐”称号和中国女子金球奖。男足“武汉卓尔职业足球俱乐部”在中甲联赛中提前三轮夺冠，冲超成功。全市足球学校发展到408所，校园足球联赛参赛队伍超过5000支。硚口区校园足球改革经验在全市推广。中国足协在武汉召开青训现场会，向全国推广“武汉模式”并与武汉市共建U13青少年男女国家足球队。2018年9月中央改革办专程来汉调研，中央改革办《改革情况交流》以《武汉市“五化”推进足球改革，倾力打造‘足球之城’》为题向全国推介武汉经验。

【武汉市社会事业改革】2018年，武汉市立足提升群众获得感，社会领域改革取得新成效。教育领域综合改革全面推进。出台《关于推进全市教育资源优质扩容发展的实施意见》。深化优质学校和普通学校资源共享学区制改革，覆盖面在中心城区达100%、远城区超过50%。探索以增量方式加强对优秀教师的激励，完善教师交流轮岗机制，在江岸、青山、洪山等区推进教师岗位聘任改革试点。武昌区扎实推进全国少先队改革试点，不断增强少先队吸引力、凝聚力和影响力。多措并举加快中小学和幼儿园建设，全市新增入学入园学位近6万个。依托社区建成50个学生托管服务中心。武汉市被授予全国唯一的“全国学生视力健康管理示范区”。以现代学徒制为试点的职业院校人才培养模式改革受到企业欢迎。

医药卫生体制改革持续深化。制定《关于进一步深化基层医疗卫生机构综合改革的意见》，加快基层卫生机构财政补偿、人事制度和薪酬制度等配套改革。建立完善现代医院管理制度，4所公立医院启动薪酬改革试点。全市中心城区建立23个紧密型医疗联合体，覆盖 44 家基层医疗卫生机构，6 个新城区分别启动医疗共同体建设工作。推进社会办中医试点工作，全市社会办中医医疗机构数较试点前增长 38.8%。洪山区成功创建第三批全国健康促进试点区，获“全国中医药特色社区卫生服务示范区”称号。

养老服务综合改革全面加强。出台推进“互联网 + 居家养老”等 9 份系列文件，全市建成 12 个“互联网 + 居家养老”区级统分结合平台、52 个中心辐射和社区嵌入服务网点、42 个社区幸福食堂，“三助一护”（助餐、助洁、助医、远程照护）服务有效应答已覆盖中心城区 45% 的街道，全年累计服务 52 万余人次。建立养老护理员奖励补贴机制。研究制定建立长期护理保险实施办法，完善与医养结合相适应的医保报销政策。制定社会资本参与养老服务的 15 条扶持政策，市社会福利院 B 栋 PPP 项目（Public-Private Partnership 的缩写，公私合伙或合营，一种融资和项目管理模式）被列为全国 PPP 示范项目，新洲区以公建民营方式推进国家公办养老机构改革试点取得成效。举办湖北武汉（国际）养老产业博览会。探索与精准扶贫相结合的农村养老新机制，新建 306 个农村老年人互助照料活动中心（点）。国务院办公厅《信息综合》刊发武汉市探索医养结合养老新模式新做法。

住房制度改革探索新举措。全面推进国家培育住房租赁市场改革试点工作，全市累计建设筹集公租房 12.36 万套、长租公寓 14.75 万套（间），探索以政府购买服务方式提升公租房运营管理水平。在江夏、黄陂等 5 个区开展农村集体建设用地建设租赁住房试点。与建设银行、中国银联合作开发住房租赁交易综合信息监管平台。允许按月扣划住房公积金支付房租以减轻租房压力。在全国率先开展刚需人群首次购买新建商品房优先选房试点，403 个项目、53600 套商品房纳入优先选房范围。全国住房保障工作座谈会在武汉召开，武汉市经验在大会交流。

社会治理机制不断完善。出台《关于加强和完善城乡社区治理的实施意见》，制定智慧社区信息化技术规范，建立居民自治与网格化管理有效衔接工作机制。制定明确市级领导安全生产工作责任文件，压实各级领导责任。深化万名警察进社区工作机制，完善“1+N+X”联动共治新模式。开展“鼎星”平安创建，推进智慧平安小区建设。建立市区领导下基层大接访常态化工作机制，被中央政法委誉为“新时期‘枫桥经验’创新实践的重要成果”。进一步整合“网上群众工作部”意见入口、规范办理流程，成为公众参与城市治理新平台。

2018 年 6 月 12 日，武汉首个大学生安居房项目——临空港青年城摇号选房，八折购房吸引了众多留汉大学毕业生参与现场摇号购房　　（武汉地方志办公室　供稿）

【武汉市生态文明体制改革】 2018 年，武汉市印发《关于成立生态文明体制改革专项小组的通知》，成立以市人民政府常务副市长为组长，各有关单位分管领导为成员的市生态文明体制改革专项小组。定期召开改革工作推进会，专题研究改革任务推进进展情况，群策群力解决改革过程中遇到的困难和问题。印发《生态文明体制改革专项小组工作制度》，规范专项小组工作例会制度、信息报送制度、联络员制度、督查督办制度和年终考核制度。印发《生态文明体制改革专项小组 2018 年工作要点》，明确各项任务牵头部门负责人及联络人，加强改革工作的沟通交流。强化信息报送机制，要求各改革任务承担单位定期报送改革工作推进情况。开展改革任务年终总结和结项工作，形成《市生态文明体制改革专项小组关于2018年度改革工作情况的报告》。年内，市生态文明体制改革专项小组承担18项改革要点任务，均达到或基本达到结项要求。印发《武汉市绿色发展指标体系》《武汉市生态文明建设考核目标体系》，首次开展对各区绿色发展指数的评估。

整治后的武汉市西北湖环湖绿化带　（武汉地方志办公室　供稿）

突出水生态特色，生态文明体制改革探索新经验。生态文明建设体制机制不断健全。完善水质断面管理考核制度，以“三长联动”推动河湖长制提档升级。推进长江经济带绿色发展示范区建设。建立市直部门与各区生态环境保护同责机制。完善基本生态控制线区域生态补偿办法。探索“大湖+”生态融合发展模式，首批选定13个湖泊开展试点，东湖水质达到30年来最好水平。实施乡村生态振兴“四三行动计划”（主要指武汉市关于农村生活垃圾收集处理、农村“厕所革命”、农村村庄生活污水治理，以及农村人居环境综合整治四个“三年行动计划”），完善以生活垃圾和污水收集处理为主的农村人居环境治理体系。以“共治、共享、共创”理念创新公园管理体制的做法在全国多个城市复制推广。创新自然资源资产大数据审计模式，初步实现跨部门、跨系统、跨区域的技术、数据和业务融合。制定建设领域运用新技术新材料支持政策，推动装配式建筑等新技术加速运用。

城市规划建设取得明显进展。“长江之心”“长江之珠”分别完成概念规划编制及可行性研究。“长江之门”完成土地收储和规划编制并已挂牌成交。“长江新区”创设精干高效“小政府、少机构”管理体制，探索了区域股份合作制和经社分开、统分结合的运行机制，全面完成长江新城总体规划和起步区城市设计。东湖绿道荣获国际规划界最高奖“规划卓越奖”。武汉仿真实验室从数据汇集、评估预警、仿真模拟、智慧决策四个层面探索城市智慧治理新模式，获自然资源部众多专家一致好评。

城市管理突破一批难点问题。探索共享单车“1+1+N”多主体参与管理新模式，新华社进行专题报道。出台“厕所革命”资金、规划、水电等支持政策。获得“公交都市”建设示范城市称号。建成智慧城管执法监督平台。探索利用学校操场建设地下停车场，确定技术路径，建立审批“绿色通道”，建成15处学校操场地下停车场。创新既有住宅加装电梯工作流程，已加装和正在加装的电梯达110余部。

（武汉地方志办公室）

【黄石市医疗卫生体制改革】 2018年，黄石市在大冶市、阳新县全面实施县域医共体建设和医保基金“总额预付、超支合理分担、节余留用”改革，大冶市在湖北省23家受检县（市、区）医联体建设考核中位居第一；做实家庭医生签约服务，家庭医生签约服务贫困户做到应签尽签；全面实施药品“两票制”和耗材集中招标采购，价格整体降幅28.3%；以鄂东医疗集团为试点，扎实推进公立医院薪酬制度改革。代表湖北省迎接全国公立医院改革复核考评，受到考评组充分肯定。

【黄石市教育体制改革】 2018年，黄石市稳妥推进直属学校“局管校聘”教师管理体制改革。9所直属学校设置标准岗1240个、调剂岗40个，特设人才岗31个，11人转为非教学岗，7名教师跨校任教。科学指导各县市区开展“县（市）区管校聘”改革，推广西塞山区“区管校聘”教师人事制度改革的经验。全市校长教师交流轮岗1414人，其中校长71人、骨干教师349人、优秀教师994人，初步建立科学、规范、高效的人事管理体制，教师待遇提升。深化办学模式改革，大冶市、黄石港区成立多个办学集团。支持民办教育健康发展，筹集育英高中；各县市区启动校外培训机构清理整治工作，形成黑白名单制度。深化高中课程改革。全面对接新高考，成立生涯规划等五个课题组，确定7所新课改试点样本校。2018年获部优课156节，省优课1096节；高考600分上线人数是上年的2.5倍，一本上线提升幅度、艺术体育上线率位居全省前列。黄石二中被评为“全国百强中学”，在全国信息学奥林匹克联赛获得8个一等奖；湖北工程职业学院1名教师获“黄炎培职业教育奖”，3名师生获“黄石工匠”称号。教育信息化交流展示活动、中小学电脑制作活动、网络学习空间活动获全省“最佳组织奖”。黄石市教育信息化发展中心被评为“湖北省中小学实验教学和装备管理优秀组织单位”，全省幼儿园优秀自制玩教具展评通报表扬单位。

（黄石市地方志办公室）

【鄂州市社会体制改革】 2018年，鄂州市深化教育体制改革。推进城区学校管理体制改革，研究形成城区学校实际统筹方案，着力消除“大班额”问题。探索教学管理模式改革，开展名校办分校、集团化办学试点，扩大基础教育优质资源覆盖面。深化医药卫生体制改革。推进分级诊疗体系建设，形成基层首诊、双向转诊、急慢分治就医格局。推进公立医院薪酬制度改革试点，探索实行“总额控制、强化考核、自主分配”薪酬制度，取得“三个提升、两个下降”（医护人员收入、医院活力、医院收入含金量提升、医药费用、后勤管理人员收入下降）改革成效。推进基层卫生医疗机构综合改革，实行“六统一、两独立”（规划建设、人员准入、业务管理、药械购销、财务管理、绩效考核和财务独立、责任独立承担的）的一体化管理。完善社会保障制度。推进机关事业单位养老保险制度改革，全市符合参保条件单位和人员基本纳入机关事业单位养老保险范畴。健全社会保险经办管理服务体系，推进“一网覆盖、一次办好”改革，优化健全社保经办管理服务。持续建设平安鄂州。推进立体化信息化治安防控体系建设，创新“三警联勤”和大数据条件下“情报+指挥+行动”一体化机制，维护社会治安水平，在全省提升7个位次。推进风险管控和隐患排查双重预防机制，编制20个行业风险清单，重大安全隐患和重大安全风险实行动态监测、实时监控，提升风险管控和隐患排查水平。

2018年9月20日，黄石市防范和打击“非法校园贷”主题宣传服务月活动启动仪式在湖北工程职业学院举行 （黄石市地方志办公室 供稿）

【鄂州市生态文明体制改革】 2018年，鄂州市实施生态价值工程，自然资源资产负债表编制，领导干部自然资源资产离任审计进入常态化，2018年自然资源资产负债表编制顺利开展，建成湖北省唯一离任审计大数据平台。率先在梁子湖区开展自然资源资产确权登记。创新绿色金融产品，在国内首次以水库灌溉权为融资标的物进行质押贷款，获得抵押贷款2000万元。梁子湖区获得由市级财政及各区、开发区、街办补贴的生态补偿资金8286万元。梁子湖区启动全国第一批农村生活垃圾分类收集和资源化利用试点，推进农村生活污水治理示范区建设。持续推进环梁子湖区域湖泊治理国家示范区建设，《鄂州市湖泊保护条例》正式立法。完成《创建环梁子湖区域湖泊治理和生态文明国家示范区实施方案》初稿编制，实施退垸还湖工程，还湖面积4126.67公顷；实施畜禽养殖整治，关停养殖户179家。

（鄂州市地方志办公室）

【孝感市文化体制改革】 2018年，孝感市加强宣传阵地建设。进一步落实意识形态工作责任制，抓好乡村墙面宣教工程，有效占领基层宣传阵地；健全公共文化服务体系，实施文化惠民工程，推动基层公共文化资源整合，着力打通文化向基层延伸“最后一公里”；创新开展孝廉机关、孝德校园、孝亲社区、孝诚企业、孝勇军营“五孝”主题实践活动，举办第15届孝文化节，加快推进中华孝文化名城建设。

【孝感市社会体制改革】 2018年，孝感市推进教育体制改革。实行按学区划片就近入学原则，切实解决“择校热”“大班额”等教育顽疾；深入推进医疗改革，落实分级诊疗制度，有效缓解人民群众“看病难”“看病贵”等实际问题；坚持房住不炒的理念，加快住房制度和公积金制度改革，圆人民群众安居梦；保障人民群众安全，坚决打好扫黑除恶战役，不断增强人民群众的安全感幸福感，提升老百姓改革获得感。

【孝感市生态文明体制改革】 2018年，孝感市认真贯彻落实习近平总书记考察长江经济带发展重要讲话精神，正确处理和把握好“五个关系”（1.坚持立足全局、谋定后动，正确把握整体推进和重点突破的关系；2.坚持生态优先、绿色发展，正确把握生态环境保护和经济发展的关系；3.坚持“无我”境界、“有我”担当，正确把握总体谋划和久久为功的关系；4.坚持创新驱动、转型发展，正确把握破除旧动能和培育新动能的关系；5.坚持互联互通、有机融合，正确把握自身发展和协同发展的关系）。投资133亿元，加快推进老澴河综合整治工程；“四个三重大生态工程”（即厕所革命、精准灭荒、乡镇生活污水治理和城乡生活垃圾无害化处理四项重大生态工程）进展良好，全市89个乡镇污水处理厂建设进展顺利，成功创建“湖北省森林城市”；深入推进河湖库长制，制定《孝感市江河湖库岸线绿化工作方案》；出台《关于推进全域绿化建设美丽孝感的意见》，召开推进全域绿化建设美丽孝感现场会，不断提升全域绿化的经济效益和社会效益。

（孝感市地方志办公室）

【黄冈市文化体制改革】 2018年，黄冈市出台《黄冈市创建第四批国家公共文化服务体系示范区工作规划（2018—2020）》等系列文件，推进基本公共文化服务标准化均等化。采取“县聘乡用”办法，解决乡镇综合文化站工作人员不足问题。推进文化设施网络建设，申办湖北黄梅戏艺术职业学院。市图书馆新馆、市艺校实验剧场开工建设，罗田县文化馆、红安县图书馆、浠水县杂技馆竣工开馆，蕲春县文化中心、浠水县数字图书馆完成主体工程建设。新建和改扩建乡镇综合文化服务中心21个，建成村级文体广场426个。构建现代广播电视传播覆盖体系，黄冈广播电视台高清频道上线，市、县两级9个主发射点与中央台无线数字电视节目对接。推进公共图书馆、文化馆总分馆制建设，设立市、区图书馆“通借通还”运行机制，对接全市图书馆（分馆）及馆外服务点80余个，建成市群艺馆分馆3个。2018年，黄冈市成为全国文化建设军民融合发展3个试点城市之一。新增规模以上文化企业37家，文化及相关产业增加值占GDP比重增幅居全省第一。

【黄冈市医疗卫生体制改革】 2018年，黄冈市创新医疗服务模式，推进医疗联体建设。重点推进团风县、黄州区2个紧密型县级医疗共同体示范建设，形成具有黄冈特色的县级医疗共同体建设模式，向全市推广。深化市中医药健康联盟和市妇幼保健专科联盟之间合作，增强合作紧密性。探索“互联网 + 分级诊疗”服务，深化公立医院综合改革。优化医院收入结构，调整新增有项无价医疗服务价格 941 项，调整常用低价医疗服务价格 426 项；12 家公立医院取消药品加成 2773.8 万元，药占比降至 28.46%，进一步减轻群众就医负担。市财政部门对取消药品加成收入的20%部分实行补偿。新建医保智能监控系统上线运行，黄冈市医保部门对全市 394 家协议医疗机构的入院病历实现监控全覆盖，图表化分析全市医保运行情况，涉及医保支出的每项诊疗行为均纳入审核监管范围。全年系统累计避免疑似违规（不合理）诊疗行为 1.8 万人次。每月结合智能监控系统判定，对住院患者病历进行人工再审核；全年累计审核扣减 112 万余人次，节约医保基金 8400 余万元。

【黄冈市养老保险制度改革】 2018 年，黄冈市全面推进机关事业单位养老保险制度改革。全市完成机关事业单位人员养老保险登记入库 15.2 万人，上级运行单位 15.1 万人，征收基金 30.9 亿元；发放基本养老金 18.6 亿元，按月领取养老金 5.5 万人。全市新、老被征地农民待遇补偿工作基本落实到位。完善城乡居民医保制度，取消户籍限制，统一全市 750 万居民医保待遇。施行《黄冈市职工基本医疗保险办法》，将政策范围内费用自付超过 6000 元的部分纳入大病保险报销范围，年最高支付限额调整至 70 万元，提升职工群体医保待遇。施行公务员医疗补助政策，明确将一个月医保缴费工资注入医保个人账户，提高公务员群体医保待遇。异地就医即时结算，16 家医院（其中各县至少 1 家）纳入全国异地就医直接结算平台，参保人员办理医保备案手续后，可在全国 9487 家医疗机构住院医疗费用即时结算。当年共有 6653 人次（其中城区 894 人次）通过异地就医即时结算平台完成结算。依法维护职工工伤保障合法权益，全市铁路、公路、水运、水利、能源和住建领域等工程建设项目人员参加工伤保险，实现工伤保险全覆盖。

【黄冈市生态文明体制改革】 2018 年，黄冈市针对中央和省级环保督察反馈意见，制定整改任务清单，建立“一个问题一套整改方案、一名责任领导、一个牵头部门”整改工作机制。至年底，完成 2018 年度整改任务 2 个，提前完成 2019 年度整改任务 6 个。针对省级环保督察反馈的 4 个方面 17 项意见和建议，梳理问题清单 53 个，逐一分解到 13 名市级带头领导。省环保督察组交办信访件 328 件，完成 265 件。国家环保督察组专项督察通报罗田化工园环境问题整改取得进展，园区计划搬迁 137 户，完成搬迁 13 户。完成 53 千米配套污水管网建设并投入运行，污水处理厂提标改造项目完成总工程量 85%。围绕长江生态环境突出问题持续开展“雷霆行动”。整治违法排污问题 147 个；完成乡镇污水处理厂建设进程 80.5%，完成城市污水处理厂提标改造进程 83.2%，完成农村生活垃圾治理进程 87.1%；完成白莲河生态示范区综合整治年度任务 86.8%；完成港口码头整治年度任务 92.6%；新建、改造、提升、开放农户无害化厕所 17.61 万座，完成 19.52 万座；完成重点河湖库水域整治年度任务 95%；完成河道采砂治理年度任务 91.25%；完成矿山地质环境恢复和综合治理 20 个，复绿面积 134.63 公顷，完成年度任务 97.84%；完成荒山造林 8200 公顷，进入山林抚育管理和苗木补植补造阶段；全市秸秆综合利用量 384.64 万吨，完成年度任务 91.87%。夏季完成农机收割秸秆切碎还田面积 21.59 万公顷。稳步推进全市生态文明建设示范创建工作。至年底，全市创建国家级生态乡镇 2 个、国家级生态村 1 个，省级生态乡镇 38 个、省级生态村 346 个，市级生态乡镇 72 个、生态村 2184 个。

（黄冈市地方志办公室）

【咸宁市健康扶贫领域改革】 2018 年，咸宁市进一步完善精准扶贫补充医疗保险制度，突破性构建农村贫困人口“基本医保、大病保险、补充医疗保险和医疗救助”医疗保障兜底机制，建成一体化经办服务“快车道”，全面实行“一卡就诊、一窗经办、一票结算”制度，为城乡居民和建档立卡贫困人口提供及时、便捷的“一站式、一票制”即时结算服务。进一步完善农村贫困人口基本医疗有保障相关政策，升级打造健康扶贫“四位一体、一站式、一票制”信息交换和即时结算平台，将医疗救助纳入即时结算范围，贫困人口基本医疗保障水平不断提高。咸宁市健康扶贫工作取得阶段性成果：全额资助参保，农村贫困人口全部纳入保障范围；提高住院基本医保待遇，完善医疗救助衔接机制；改进慢性病管理服务，门诊慢性病待遇精准到人；全面落实“先诊疗后付费”，贫困人口治病零门槛；实行兜底保障政策，贫困人口就医费用负担大幅减轻。

2018年1月18日，由咸宁市中心医院同济咸宁医院牵头，联合全市医疗机构中的三级、二级综合性医院、中医院、妇幼保健院、社区卫生服务中心(乡镇卫生院)组成的咸宁市区域医疗联合体成立　　(咸宁市地方志办公室　供稿)

【咸宁市文化市场监管体制改革】 2018年，咸宁市推进文化市场综合执法改革，出台《咸宁市关于进一步深化文化市场综合执法改革的实施方案》，落实文化市场综合执法机构和人员参公管理要求。加强移动执法装备建设，提高执法队伍岗位能力，参加全省第三届文化市场综合执法岗位练兵技能大赛获团体三等奖、最佳组织奖，在全市行政处罚案卷评查中获第一名。文化市场网格化管理工作实现全覆盖，全年出动执法人员2300余人次，检查文化市场经营单位630个次，查处违规经营案件38起。

【咸宁市医疗卫生体制改革】 2018年，咸宁市制定《咸宁市“十三五”深化医药卫生体制改革规划》《咸宁市深化医药卫生体制改革2018年重点工作任务》，将医改工作任务纳入对各县市区年终目标考核。全面推行公立医院“两票制”、药品集中带量采购和集中配送办法。公立医院门诊次均费用为185.73元，住院次均费用为6503.56元，有效控制医疗费用不合理增长趋势。在咸宁市妇幼保健院开展公立医院薪酬改革试点，探索调动医务人员积极性主动性新路径。在崇阳、咸安、嘉鱼三县开展深化基层卫生综合改革省级联系点建设工作，出台大学生乡村医生定向培养、乡村医生待遇、家庭医生签约服务、医保支付方式、医疗价格调整等相关文件，综合改革稳步推进。崇阳县作为省级三个试点县之一，全县乡镇卫生院全面启动保障基本医疗服务改革试点工作，费用缺口由县财政纳入预算补贴。(咸宁市地方志办公室　鲍伟平)

【潜江市社会管理体制改革】 2018年，潜江市平安建设结硕果。实行市领导包案化解重大矛盾纠纷制度，定期约访、下访、走访，带头解决“骨头案”“钉子案”，包案调处的24件重大矛盾纠纷全部处置完毕或疏导稳控到位。深入开展律师进社区(村)、进信访大厅、进疑难案件“三进”活动，充分发挥律师法律援助、普法教育、释疑解惑、疏导情绪作用，化解各类疑难诉求近200个。坚持人防、物防、技防、心防“四防并举”，深化“亮警灯”工程，完善主城区、城乡接合部、农村地区三级巡防管理模式，最大限度提高见警率、管事率。由市委政法委牵头协调，在市交警事故处理大队设立道路交通事故审判庭，组建“2审2助1书”专业审判团队，推行“法官+警官+调解员+保险员”的诉前联合调解模式，促成轻微道路交通事故“交警当场认定责任、当事人当场达成协议、法院当场司法确认、保险公司当场赔偿到位”。投入资金2000余万元，在全市22个区镇处高标准建立统一规范的“综治信访维稳联动中心”，形成矛盾纠纷调处、社情民意反馈、治安防范指挥、信访接待、便民服务、人口服务管理“六位一体”的实体化运作工作格局。

【潜江市社会保障改革】 2018年，潜江市机关事业单位养老保险制度改革工作稳步推进。全年纳入新制度经办运行单位541家、24452人，纳入经办运行率98.9%（考核指标95%），其中，年内完成原参加老机保与新制度衔接单位217家、8027人。全市纳入乡改与企业职工养老保险衔接范围单位152个、1365人。正式实施《潜江市城乡居民基本医疗保险实施办法》，统一城乡居民医保门诊、住院、生育和特殊群体医疗保险待遇。对医保“两定机构”信息系统（HIS）进行改造升级，整合新农合与居民医保数据，启用全省统一城乡居民医保待遇系统，实现城乡居民医保统一覆盖范围、筹资管理、保障待遇、基本医疗保险目录、定点管理、基金管理和信息管理。

【潜江市城乡一体化改革】 2018年，潜江市全力推动乡村振兴战略。编制完成《潜江城市总体规划（2017—2035）》《潜江市乡村振兴战略规划（2018—2035）》，勾勒出城乡一体化发展蓝图，为城市建设和乡村振兴提供规划指导。东荆新区骨架逐步拉开；返湾湖国家湿地公园生态修复项目一期完工，汉江兴隆河生态绿道建成，成为独具特色的生态文化旅游风光带。争取国开行乡村振兴首期项目信贷支持50亿元。吸引市民下乡、能人回乡、企业兴乡市场主体145个，新增新型农业经营主体247个，返乡创业就业人员3000人。熊口龙虾全国特色小镇、王场光纤全省特色小镇加快建设。全面推行农村垃圾精准治理，“气化乡镇”工程覆盖12个区镇处，打造虾稻共作等一批田园综合体，5个村入选全省美丽乡村建设试点，2个村成为全国一村一品示范村，乡村田园好风光正在加速形成。升级城乡设施，加快318国道一级公路、枣潜高速连接线等道路建设，完成农村公路安防工程390千米，灌区续建、下西荆河河道治理、汉江堤防整治、长湖库堤加固等水利工程稳步推进。

【潜江市生态管理体制改革】 2018年，潜江市共完成造林面积2418.67公顷，年末全市森林面积1.39万公顷，比上年增加821.07公顷、增长6.2%；有湖泊17个，湖泊面积15.37平方千米。全年空气质量优良天数320天，增长19.9%；河流水质整体超过第四类水质，部分水质有所提升；湖泊水质评价均低于第四类水质。强力推动“双十工程”和“四个三重大生态工程”，全面完成中央环保督察反馈问题年度整改任务。启动沿江化工企业“关改搬转”工作，完成6座集镇污水处理厂建设和5.9万座（户）厕所革命任务。率先在全省开展跨区镇流域考核生态文明改革，引入第三方监测机构每月对市域内10条河流的54个点位进行人工采样，全市22个区镇处跨界河流整治力度明显增强。推进生态红线勘界试点，潜江市被确定为全省4个生态保护红线勘界定标试点地区之一。垃圾焚烧发电及生态循环产业园项目进展顺利。潜江市获“湖北省森林城市”荣誉称号，2个乡镇、31个村分获“湖北省森林城镇”“湖北省绿色乡村”称号。全市万元GDP能耗下降5.03%。

（潜江市地方志办公室）

【天门市社会体制改革】 2018年，天门市社会体制改革有序推进。推进医疗卫生体制改革。组建市第一人民医院和市中医院2个市域医共体，统一医共体内药品采购目录和消毒供应，完善远程诊断中心，实行“基层检查、上级诊断”模式，基层群众可就近享受三级医院服务。落实家庭医生签约服务，组建187个家庭医生团队，898名临床或全科医生、护士、公共卫生医师参与其中，农村建档立卡贫困人口签约率100%，重点人群应签尽签、应管尽管。实施公立医院药品采购“两票制”、药品集中带量采购。市内三级医院基本药物使用比例30%以上，二级医院、基层医疗机构配备使用基本药物比例50%以上。推进基层医疗卫生机构综合改革，26家乡镇卫生院、社区卫生服务中心建设分别达到“四化”（建设标准化、业务规范化、管理科学化、运行信息化)、省级甲A标准。推进学前教育改革。全市幼儿园普惠性服务覆盖率乡镇100%、城区80%,学前三年毛入园率92.8%。促进幼儿园深入落实游戏化,消除“小学化”,委托天门职业学院整合优质家教资源,采取线上线下相结合的方式,开办幼儿家长学校,建立社会、家庭、学校幼儿教育立体网络。创新社会治理体制。创建高效、有序运转社情民意收集整理中心、信访维稳指挥中心等“五大中心”,组建医疗、交通等6个第三方专业调处机构,以法治化、市场化、行政化手段,综合施策,妥善化解信访积案和疑难杂症,信访秩序逐年明显好转。深化“平安天门”创建,大力开展扫黑除恶专项斗争,社会大局和谐稳定,全市共破获涉黑涉恶案件113起,抓获犯罪嫌疑人183人,起诉25件、54人,“一感两度两率”全面提升。

【天门市生态文明体制改革】2018年,天门市生态文明体制改革深入推进。实施“四湖”“六水”共治,水生态环境质量得到进一步提升。依托水资源和生态优势,建设南湖农耕文化公园、北湖侨乡风情园,与东湖民俗文化体验园、西湖茶文化公园形成“四湖四园”,建设天门河、河山支渠、杨家新沟、龙嘴河、谌桥河、汉北河“六河”景观带,打造城市“绿色项链”,构建城水相依、人水和谐的水乡园林城市风貌。实施“蓝天、碧水、净土”工程。PM10浓度为77微克/立方米,PM2.5浓度为41微克/立方米,优良天数率为74.4%。加大水生态治理力度和水功能区建设,全面推行“河(湖)长制”,关停“两河”(天门河、汉北河)流域畜禽养殖场360多家,实现集中式饮用水源水质100%达标和乡镇污水处理厂全覆盖,土壤环境质量得到明显改善。持续推进“绿满天门”行动。开展见缝插绿、拆墙透绿、立体播绿、拆违护绿行动,坚持“0.67公顷以下小地块不出让,全部建设小游园”的原则,每年增加绿地2000公顷,厚植城市绿色底色,构建推窗见绿、举足亲园、移步换景的园林城市风貌。

(天门市地方志办公室)

责任编辑 刘家连

责任校对 代建和

产业发展

农　业

【武汉市乡村振兴战略实施】 2018年，武汉市农业增加值380.45亿元，比上年增长3.2%，农村常住居民人均可支配收入22652元，比上年增长8.5%，全市农业农村经济运行稳定。

促进城乡融合发展。武汉市推动“三乡工程”（市民下乡、能人回乡、企业兴乡）拓面提质三年（2018—2020）行动计划。探索多种发展模式，推进“三乡工程”与现代都市农业、农村人居环境整治、都市田园综合体建设、精准脱贫相结合；探索通过租赁、合作、改造等方式，利用闲置农房发展休闲养老、民宿文化、农事体验、创意创业等新业态。组织实施“三乡工程”的行政村618个，建设美丽乡村102个，新增租赁空闲农房2291户，能人回乡397人，企业兴乡382个，吸引社会投资156.89亿元，建设共享农庄2085户，实现农民增收25.97亿元。2月25日，武汉“三乡工程”被中央农业领导小组办公室、农民日报社授予“2017年中国三农十大创新榜样”；3月5日，武汉“三乡工程”典型经验被国家行政学院确定为省部级干部专题培训内容；黄陂区姚集街杜堂村实施“三乡工程”模式被国务院研究室命名为全国实施乡村振兴战略十大典型之一。

推进乡村生态振兴。建立农村生活垃圾收运处理长效机制，提升垃圾无害化处理水平，无害化处理率90%，完成33座农村老旧简易垃圾填埋场生态修复，取缔农村地区敞口垃圾池，农村生活垃圾分类覆盖率50%，消除“垃圾围村”现象。实施农村“厕所革命”三年行动计划，新、改建乡镇公厕76个、农村公厕765个、旅游厕所166个、交通厕所4个，完成12万户农村户厕建设任务。实施农村村庄生活污水治理三年行动计划，以行政村为基本单元，实行“销号式”连片治理农村村庄生活污水，计划2019年完成治理任务的90%。实施农村人居环境综合整治三年行动计划，创建4个省级森林城镇、30个绿色示范村、20个生态示范村。

高质量发展现代都市农业。新建高标准农田8000公顷，粮食总播种面积146667公顷，标准化蔬菜基地面积60000公顷，发展快生菜、水生菜、特色蔬菜和反季节蔬菜生产，扩大马铃薯、红薯、鲜嫩玉米等种植规模，发展猕猴桃产业，果茶基地种植面积18000公顷。加大农产品加工业扶持力度，实现农产品加工业产值2900亿元。探索全域旅游发展模式，打造乡村休闲游（赏花游）品牌，提高乡村休闲游、农家乐、民宿档次和接待能力，提档升级乡村休闲游景区景点。推进农村电商发展，畅通农产品上行渠道，培育壮大农村电商市场主体，农产品网络零售额250亿元。

【武汉市农产品质量安全示范区建设】 2018年，武汉市蔡甸、黄陂两区通过考核验收，获得“国家农产品质量安全区”称号。东西湖、新洲两区通过省级农产品质量安全区考核验收。武汉开发区（汉南区）申报创建省级农产品质量安全区。全市农产品生产环节质量安全监测33.19万批次，其中，市级监测3936批次（以定量检测为主），区级完成快速检测32.8万批次（以定性检测为主），实现监测全覆盖。全市农产品质量安全综合合格率99.9%，比上年增长0.2%，连续13年未发生重大农产品质量安全事故。

建成农产品质量安全追溯系统。2018年9月27日，全市312家各类农业生产经营主体正式上线运行，武汉市农产品质量安全监管跨入“互联网+”新时代；完善农产品质量安全监管体制。完善各新城区、街（镇）、村级农产品质量安全监管“三级监管、四层检测、两级执法”质量安全监管体系。增加品牌农产品认证。武汉市新增认证“三品一标”农产品186个，比上年增长24.2%。东西湖葡萄、江夏藠头、蔡甸西甜瓜3个农产品品牌通过农业农村部农产品地理标志认证。全市“三品一标”农产品认证数量共956个，居全省第一。

【武汉市农业产业化经营】 2018年，武汉市农产品加工产值2812.6亿元，新培育年销售收入过20亿元企业1家；武汉市级以上农业产业化龙头企业277家。其中，国家级农业产业化龙头企业8家，省级农业产业化龙头企业79家。组织开展国家级、市级农业产业化龙头企业监测申报，认定277家企业为新一届市级农业产业化重点龙头企业，为90家龙头企业贷款贴息2566.21万元，为农业企业豁免资金782万元。

规范发展农民合作社。新增农民合作社312家，新认定市级示范合作社26个，市级示范合作社累计达到253家。组织开展“全国一村一品示范村镇”的监测、认定与申报工作，洪山区洪山街先建村（洪山菜薹）、东西湖区东山办事处群力大队（东西湖葡萄）认定为第八批全国一村一品示范村。

农产品加工业政策扶持。武汉市农业农村局会同市财政局联合印发《关于印发<武汉市推进农产品加工业发展办法>配套实施工作方案的通知》，细化农产品加工专项资金、龙头企业贷款贴息、品牌农业奖励资金等实施方案，对投资额度2000万元以上的新建农产品加工项目按照6%的补贴标准，投资500万元以上的扩（改）建农产品加工项目按照5%的补贴标准给予不超过500万元的一次性补助，其中，农产品精深加工项目按照8%的补贴标准给予不超过800万元的一次性补助。对市级以上农业产业化龙头企业按照同期银行贷款基准利率计算利息的30%给予最高不超过80万元的贴息；对年销售收入首次达到100亿元、50亿元、30亿元、10亿元以上的品牌农产品加工企业，分别给予500万元、300万元、200万元、100万元奖励。全年市级安排财政资金1亿元，用于引导和支持农产品加工企业做大做强。

农业引导基金运作管理。2018年3月21日，完成农业引导基金在中国证券投资基金协会的备案，正式启动农业引导基金投资运营工作。基金受托管理机构按照规定程序开展子基金管理人的尽职调查、筛选和基金设立工作，同时做好项目储备工作，拟定了一批标的企业纳入项目库，其中，全市标的企业包括山绿农产品集团股份有限公司等16家涉农企业。为进一步规范农业引导基金的使用、运作和管理，提高财政资金使用效益，会同市财政局联合印发了《关于加强农业引导基金规范使用和管理的通知》。组织召开两次农业引导基金理事会会议，审议通过3支规模为5000万元的天使子基金和1支规模为4亿元的创投子基金方案。11月23日，注册成立供销天使子基金公司“武汉供销农业投资基金合伙企业”；12月11日，注册成立华鑫天使子基金公司“武汉华鑫瑞和天使投资基金合伙企业”；12月19日，

2018年11月29日，武汉“福达芝麻油”被评为“荆楚好粮油”产品

（武汉地方志办公室　供稿）

注册成立粮油创投子基金公司“武汉粮品星和农业产业基金合伙企业”。其中，供销天使子基金、粮油创投子基金已经通过中国证券投资基金协会的备案。截至 2018 年，农业引导基金共筹集财政资金 3 亿元，已出资财政资金 4450 万元，其中，供销天使子基金出资 1950 万元、粮油创投子基金第一期出资 2500 万元。

产业发展助力扶贫。全市 277 家市级农业产业化龙头企业共吸纳农民工就业 59726 人，农民工人均年收入 30000 元，带动贫困地区农户 14.3 万户，企业通过流转土地自建基地 2026.67 平方千米，带动总面积 6726.67 平方千米（含市外）。全市贫困地区有 29 家农业龙头企业银行贷款贴息共计 733 万元，占贷款贴息总金额的 28.56%。全市 271 个贫困村实现农民合作社全覆盖，建成农民合作社 609 个。其中，入社贫困户 21 户，带动贫困户 586 户。

“企业兴乡”推动农村发展。鼓励工商资本以租赁、流转、合作等方式，利用村集体经济组织和农户资源资产，兴办农业企业、农民合作社，发展规模高效种养殖业、农产品加工业、乡村休闲游等产业，让企业兴乡真正落到实处，让创业兴业真正产生实效。2018 年，全市完成企业兴乡项目 58 个，吸纳社会投资 66 亿元。

【武汉市现代都市农业发展】 2018 年，武汉市粮食种植面积 15.1 万公顷，产量 941.4 万吨。水稻种植面积 10.92 万公顷，产量 803.1 万吨。其中，早稻种植面积 1.87 万公顷，总产 107.2 万吨；中稻（含一季晚稻）种植面积 6.98 万公顷，总产量 563.7 万吨；双季晚稻种植面积 2.07 万公顷，总产量 132.2 万吨。玉米种植面积 1.87 万公顷，总产量 818 万吨。薯类种植面积 2673.33 公顷，总产 10.7 万吨（五折一计算）。油菜种植面积 3.24 万公顷，总产量 75.1 万吨。棉花生产面积 1.25 万公顷，皮棉总产量 11.7 万吨。全市蔬菜种植面积 16.42 万公顷，总产量 7545.8 万吨，全市快生菜自给率 90%。

2018 年，武汉市水果种植面积 8206.67 公顷，总产量 128.5 万吨。其中，柑橘种植面积 2453.33 公顷，产量 35.3 万吨；梨种植面积 506.67 公顷，产量 9.7 万吨；桃子 2246.67 公顷，产量 49.4 万吨；葡萄 1446.67 公顷，产量 26.9 万吨；茶叶种植规模 7173.33 公顷，总产量 256.8 吨，其中，绿茶 2.45 吨，红茶 3.7 吨，白茶 7.4 吨。全市茶园建设从农户分散种植、规模小、技术含量低向业主基地开发、布局向优势产区集中、技术含量上转变。各区茶园创新产业模式，结合全市地理优势和区位优势，将原来的茶园调整打造成观光休闲园，在茶园里种植绿化树、果树、花卉，把原有种茶、采茶、卖茶单一模式，变成集旅游、观光、休闲、采摘、体验于一体的产业模式，在茶园里既可赏花，又可采茶和摘果，融合一二三产业提高茶产业附加值，促进农民增收、农业增效。

【武汉市“菜篮子”工程建设】 2018 年，武汉市推广农作物新品种、新技术、新模式 16000 公顷，提高蔬菜科学种植水平，全市快生菜自给率稳定在 85% 以上。全市蔬菜基地稳定在 6.33 万公顷，设施面积 6666.67 公顷，蔬菜全年播种面积 16.42 万公顷，年度蔬菜面积稳定率 101.6%，蔬菜产量 766.84 万吨，稳定率 106.5%。完成农产品质量安全监测 29.1 万批次，综合合格率 99% 以上，全年未发生重大农产品质量安全事故。2018 年，猪肉产量 19.23 万吨，年度肉类产量稳定率 92.5%。保障了“菜篮子”产品市场供应。

健全“菜篮子”工程建设管理体系。2008 年，成立由市人民政府市长任组长的市菜篮子工程建设领导小组，办公室设在市农业农村局。2010 年制定出台《市人民政府关于统筹推进新一轮菜篮子工程建设的意见》，对新时期菜篮子工程建设工作进行部署。2018 年，市人民政府办公厅印发《武汉市落实“菜篮子”市长负责制考核工作实施方案》，提出 9 条重点任务和 5 条保障措施，并创新配套出台《武汉市“菜篮子”区长负责制考核办法》。2018 年

2018 年武汉市农业基本情况统计表

农林牧渔业总产值（亿元）	农业增加值（亿元）	林业产值（亿元）	畜牧业产值（亿元）	渔业产值（亿元）	农村常住居民人均可支配收入（元）
619.73	392.46	11.66	66.87	103.28	22652

5月，市人民政府分管副市长与各区人民政府负责人签订《武汉市"菜篮子"区长负责制目标管理（2018—2020）责任书》，进一步夯实各区"菜篮子""菜园子""菜摊子"建设和监管的主体责任。

优化"菜篮子"批发市场规划布局运营水平。已建成白沙洲、四季美、海吉星三家辐射全国的大型批发市场，形成三足鼎立的格局，其中，白沙洲农副产品大市场和四季美农贸城已纳入武汉市城市建设规划，两大市场已成长为农业农村部和商务部定点市场，是全国"菜篮子"市场运营的重点监测单位，也是全国"菜篮子"产品的重要集散中心。批发市场运营水平提升，市场环境逐步优化，功能分区布局科学。白沙洲、四季美两大批发市场均已建立完备的质量安全检测机构，配备专（兼）职人员24名，日均抽检200批次以上。市场产品准入、质量安全抽检、不合格商品清退等制度一应俱全，电子结算系统已在白沙洲大市场和四季美农贸城全面试点，各项收费标准均公开透明。在历次"冬储春供"、蔬菜帮销、抗灾保供工作中，两大市场都积极响应政府号召，主动承担重要农产品储备与投放、减免进场费、产销对接等应急任务，市场公益性凸显。

提升"菜篮子"零售网点密度和基础设施建设。发展连锁超市、农贸市场、社区便民店为主的鲜活农产品零售网络。是年，全市有社区居委会1377个、村委会1805个，各类"菜篮子"产品零售网点数35000个，平均每个行政社区建有"菜篮子"网点11个，满足居民消费需求，继续加大菜市场基础设施建设，截至2018年，已完成70多家标准化菜市场的改建。培育多元化市场主体，新建公益性农产品市场45家，引进盒马鲜生、超级物种等新业态，全市盒马鲜生网点14家。搭建"菜篮子"产品产销对接平台，连续10年举办汉宜农商农超对接活动，引进300余种宜昌优质农产品进入武汉市场，连续8年在中国武汉农业博览会上举办"农产品产销对接暨招商引资洽谈会"，2018年，签约金额89.3亿元。组织国有连锁超市参加大型农超对接活动11场，对接厂家30余家，合作金额2.5亿元。

推进肉类蔬菜质量安全追溯体系建设。2018年，武汉市农产品质量安全追溯管理平台正式上线运行，覆盖全市317家农业生产经营主体和街（镇）农产品质量安全监管站。大型超市信息化追溯系统覆盖率超过50%，批发市场基本达到50%。在农贸市场中，供货凭证或"一票通"进货查验记录制度覆盖率达到50%。

强化市场监管综合执法。在市农产品质量安全监管工作联席会议制度和市农资打假工作领导小组的框架下，农业、市场监管、公安、法院、检察院等部门建立紧密的联合执法和检打联动机制。全年全市农业部门开展农产品质量安全市级监测3500批次、区级监测22万批次，市场监管部门开展抽检6.5万批次，其中，市本级3.5万批次。全市全年开展市级农产品质量安全监督抽查和食用农产品专项整治活动8次，农产品禁用物质使用违法案件发生率得到有效控制，未发生移送司法机关的案件。

【武汉市果茶及食用菌生产】 2018年，武汉市水果种植面积8206.67公顷，总产量12.85万吨。其中，柑橘种植面积2453.33公顷，产量3.53万吨；梨种植面积506.67公顷，产量0.97万吨；桃子2246.67公顷，产量4.94万吨；葡萄1446.67公顷，产量2.69万吨。茶叶种植规模达到7173.33公顷，总产量2568吨，全市茶园建设从以农户分散种植为主、规模小、技术含量低向以业主基地开发为主、布局向优势产区集中、技术含量明显提升转变。各区茶园积极创新产业模式，结合全市地理优势和区位优势，将原来的茶园调整打造成观光休闲园，在茶园里种植绿化树、果树、花卉，把原有的种茶、采茶、卖茶的单一模式，变成集旅游、观光、休闲、采摘、体验于一体的产业模式，在茶园里既可赏花，又可采茶和摘果，并融合一二三产业来提高茶产业的附加值，促进农民增收、农业增效。

【武汉市畜牧业】 2018年，武汉市充分发挥畜牧产业优势，对全市271个贫困村畜禽规模养殖情况进行全面排查，坚持兑现"有意愿到畜牧养殖场务工的全市建档立卡贫困户劳动力100%给予协助安置"的承诺，引导畜牧企业勇担社会责任。湖北金林原种畜牧有限公司流转湖泗街株山村、新安村的土地，建设年出栏 10 万头的“全封闭、可循环、无污染”的现代化生猪养殖场，承诺建成后免费提供 4000 平方米作为精准扶贫车间（年可出栏 10000 万头生猪），与贷款银行、湖泗街各村委会、贫困户签订四方协议，由贷款银行按照 2 万元 / 户的标准，将 500 户的 1000 万元脱贫贷款发放至公司，公司将相应贷款利息支付给贫困户，贷款本金由公司负责偿还，有效解决银行放心贷款和贫困户无担保能力的增收能力。全年全市共举办新型职业农民、畜牧业科技培训 11 场次，培训 475 人次，发放养殖技术资料 1100 份，推荐有意愿的 78 名贫困村的村民到畜牧企业务工。

【武汉市水产业】 2018 年，武汉市水产业紧紧围绕绿色发展、高质量发展，加强渔业生态文明建设，加快转变渔业发展方式，优化水产品养殖结构，高度重视水产品质量安全和渔业安全生产，全市水产业继续保持良好发展势头。全年全市池塘放养面积 4.55 万公顷，比上年增加 0.25%；水产品生产总量 44.3 万吨，增长 1.5%；全年完成渔业产值（含水产苗种产值）109.6 亿元。名特优水产品产量占养殖总产量的比重达到 80% 以上，比上年增长 2.5%。其中，鳜鱼产量 12578 吨，增长 26.3%；黄颡鱼产量 12039 吨，增长 18.4%；黄鳝产量 6015 吨，增长 16.8%；河蟹产量 10750 吨，增长 1.4%。

武汉小龙虾为主的渔业稻田综合种养模式继续保持蓬勃发展的良好态势，面积稳步提升，渔民效益提高，在产业扶贫中发挥了积极作用。全年新改造、建设稻虾综合种养基地面积达到 0.21 万余公顷。其中，建设规模在 13.33 公顷以上的连片基地有 0.18 万公顷，产值 5 亿元。

【武汉市禁渔期治理】 2018 年，武汉市以落实省农业厅、省公安厅联合印发《湖北省渔政执法与刑事司法衔接工作制度》为契机，进一步推进“两法”（行政执法与刑事司法）衔接，完成渔政码头信息平台与公安联勤联动平台对接，安装公安联勤联动平台软件，通过采取视频监控、在线监测、大数据技术等，强化渔政执法手段，达到了渔政执法管理精准化、高效化，不断地提升应急处置能力。禁渔期间，水产养殖部门联合公安机关打击非法捕捞行为 28 起，查获非法捕捞嫌疑人员 58 名，有效震慑渔业非法捕捞行为，全力确保全市渔业生产生态安全。

【武汉市长江鱼类人工增殖放流】 2018 年，武汉市坚持养护并举，进一步完善放流措施，实施放流苗种申报制度，注重放流方式，严把苗种质量关，积极组织开展人工增殖放流活动，使放流活动逐步走向科学化、规范化、制度化。年内，多次组织参与实施人工增殖放流活动和民间放生活动。全年累计向长江放流中华鲟 2750 余尾、胭脂鱼 6.1 万余尾、四大家鱼等各 5000 万余尾，进一步有效恢复长江鱼类种群数量，改善和优化水域的鱼类群落结构。

（武汉地方志办公室）

【黄石市农业基本情况】 2018 年，黄石市农林牧渔业总产值 164.13 亿元，比上年增长 3.4%；农林牧渔业增加值 99.43 亿元，增长 3.2%；农村常住居民可支配收入达到 15125 元，增长 8.3%。

推进“单改双”，优化粮食生产结构，加强田间管理，战胜低温阴雨、洪涝干旱等系列自然灾害，实现种植业生产基本稳定，全市粮食总产 57.28 万吨，同比降低 0.5%；油料 10.46 万吨，同比增长 4.4%；蔬菜 67.48 万吨，同比增长 4.2%。

认真落实精准灭荒工程三年实施方案，2018 年，全市共完成灭荒造林合格面积 4860 公顷，占全年计划的 107.2%。在实施精准灭荒和创森工作中，坚持生态、产业两手抓、两促进。当年全市新增各类林业产业基地 3246.67 公顷，其中新发展油茶 1000 公顷，白茶 200 公顷，山桐子 1580 公顷，其他 200 公顷。全市已建成各类林业产业基地 9.33 万公顷，其中油茶等经济林 3.6 万公顷，杉、松、樟、杨等用材林 4.68 万公顷，苗木花卉 5006.67 公顷，其他 5533.33 公顷。全市共培育省级林业产业龙头企业 14 家，林业在林农增收致富的贡献率达到 20% 以上。

调整优化生猪产业布局，推进规模猪场转型升级，开展畜禽养殖标准化示范场创建，持续抓好非洲猪瘟和动物疫病防控。全市生猪出栏 101 万头，同比降低 1.8%；家禽 2006.7 万羽，同比增长 1.1%。

2018 年 5 月 10 日，湖北省农科院专家现场指导宝塔湖湖蒿生产

（黄石市地方志办公室　供稿）

全年实现水产品产量 20.68 万吨，测算渔业产值 52.8 亿元。完成鱼池标准化改造 440 公顷，成立黄石市稻虾共作产业联盟，新增稻渔生态种养面积 1100 公顷，新增部级水产健康养殖示范场 2 处。狠抓水产种业建设，成功创建异育银鲫“中科 5 号”和小龙虾省级良种场 2 处。与华中农业大学科研团队“联姻”，新建水产领域院士专家工作站 2 处。深入开展水产科技入户培训，加强对渔业投入品使用监管，强化水产品质量安全管理，实施渔业资源增殖放流，扎实开展水产种质资源保护区禁捕。湖库渔业方式正在转变，池塘养殖业逐步走向规范化，稻渔生态种养形势喜人，水产业已成为产业扶贫的重点支柱产业之一。

【黄石市农业结构调整】坚持调结构、转方式，顺利完成“两区”划定年度目标。全市争取“两区”划定专项资金 288 万元，完成粮食生产功能区划定面积 4.99 公顷，完成 102.66%，其中水稻面积 4.33 万公顷、小麦面积 6693.33 公顷、玉米面积 6067.33 公顷，重要农产品生产保护区划定面积 2886.67 公顷（油菜），完成 100.12%。不断优化农业产业布局，大力发展特色富民产业，推动稻虾共作、油茶、柑橘、蔬菜、畜禽、农旅融合、涉农电商等“七大产业联盟”快速发展，形成了一果（杂柑）、二茶（油茶、白茶）、三菜（藜蒿、食用菌、稻虾）为特色的优势产业板块。特别是柑橘和稻虾共作两大特色产业突破历史，全市稻虾共作面积达到 7066.67 公顷，柑橘种植面积达到 5333.33 公顷。

2018 年黄石市农业基本数据统计表

农林牧渔业总产值（亿元）	农业增加值（亿元）	林业增加值（亿元）	畜牧业产值（亿元）	渔业产值（亿元）	农村常住居民人均可支配收入（元）	农村合作社（个）
164.13	99.43	8.74	31.5	51.99	15125	3698

【黄石市农村经济经营】2018 年，黄石市培育新型农业经营主体，发展农业托管服务，促进适度规模经营。合作社新增 436 家，总数达到 3698 家；家庭农场新增 142 家，总数达到 1135 家。今年新增土地流转面积 2133.33 公顷，目前全市土地流转面积达 4.51 万公顷，占全市耕地总面积的 50%（全市总耕地面积 9.07 万公顷），全市通过土地流转建设千亩标准化粮油基地 46 个，百亩以上蔬菜基地 230 个，百亩林果基地 27 个，培育种植规模在 2 公顷以上的种粮大户 2356 户。引导新型农业经营主体领办或合办社会化服务组织，争取省级社会化服务试点项目 750 万元，全市参与托管服务的组织达到 568 家，托管服务面积达到 2 万公顷。

【黄石市农业三产融合】农村一二三产业融合加快发展，农产品加工业运行平稳，完成农产品加工业总产值 261.93 亿元，同比增长 8.5%，与农业总产值之比为 1.6 ∶ 1。新增市级以上龙头企业 13 家、规上农产品加工企业 6 家。

深入拓展“农业 +”功能，精心策划乡村文化绿色游、回归田园黄色游、富美乡村红色游、现代农业蓝色游、工农文化彩色游等“五色”乡村旅游线路，建成“七果飘香、六花烂漫、五菜名扬”的农村新天地，先后举办龙凤山年货节、还地桥樱花节、保安桃花节、茗山玫瑰花节、保安荷花节、金牛猕猴桃节等各具当地特色的农事节会活动 20 余场次，承办“第四届中国有机农业大会——有机蔬菜与水果现场会”，举办“黄石市首届农民丰收节”“大冶市首届农民丰收节”，挂牌成立湖北省农业规划设计研究院鄂东南乡村振兴服务中心，全市乡村休闲游从业人员超过 2 万人，乡村旅游累计接待游客 1200 万人次，实现旅游收入 7.02 亿元。

加强农产品宣传推介，与省市媒体开展深度合作，湖北省电视台垄上频道连续三天播放《黄石市农业转型之路》的专题报道，一大批具有黄石本土特色的农产品通过《乡亲乡爱》栏目向全国推出；与湖北长江垄上传媒集团签署战略合作备忘录；黄石电视台《磁湖聚焦》节目专题报道稻虾共作模式，黄石日报、东楚晚报等市级媒体经常刊发产业发展的经验与做法；“爱媛 28”福柑获国家农博会金奖、“虾缘稻”稻虾米等 6 个产品获第十五届武汉农博会金奖，巧借展会节会，营造声势，叫响黄石农业品牌。涉农电商联盟整合资源、共享物流、抱团发展，32 家盟员线上销售农产品突破 2 亿元，带动全市 700 余家涉农电商企业销售突破 61 亿元，促进农产品与市场有效对接。

坚持项目为王，实干为先，成功争取中央支农专项油菜产业发展项目、全省特色农产品优势区项目、全国农村一二三产业融合发展先导区项目和省级农业产业化重点龙头企业贷款贴息项目、全国一村一品示范村镇项目、初级农产品产地初加工项目等，一批重点农业项目的成功申报与实施，进一步推进农业三产融合发展。

【黄石市农业机械】 认真落实农机购置补贴政策，加大投入，提升农业装备水平，全年共发放农机购置补贴 3030 万元，补贴农民购机 6447 台（套），农机总动力达到 119.13 万千瓦，同比增长 2.19%，全年完成机耕面积 22.36 万公顷，机播面积 16.21 万公顷，秸秆粉碎还田率达到 86.04%，机收面积 18.24 万公顷，秸秆粉碎还田面积 12.29 万公顷，主要农作物耕种收综合机械化水平为 81.37%，较上年提高 6%。积极开展农机报废更新试点，办理报废拖拉机、联合收割机共 103 台。扎实开展农机化关键技术推广应用，促进重要农作物全程机械化发展，全市共创建水稻、油菜生产全程机械化示范基地 12 个，推广无人机植保技术，全市植保作业面积达 1.33 万公顷。

（黄石市地方志办公室）

【鄂州市生态农业】 2018 年，鄂州市采取农业精准施策调结构、绿色生产保品质、提质增效促发展，加速产业融合、参与增值多分配等措施，实现农业增加值 100.2 元，比上年增长 3.8%；农村常住居民人均可支配收入 17510 元，比上年增长 8.9%。粮食总产 27.82 万吨，比上年增长 2.9%；全市油料种植面积 2.86 万公顷；水果种植面积 0.28 万公顷，比上年增长 3.9%；肉类总产 8.93 万吨，比上年下降 17%。

2018 年，全市建设耕地质量提升与化肥减量增效示范区面积 0.32 万公顷，秸秆还田率 96.7%，土壤有机质平均含量提高 1.62g/kg，提升 6.2%。耕地质量等级比示范前提升 0.14 个等级。全年应用有机肥面积 0.51 万公顷，施用有机肥料 0.98 万吨，有机肥施用量逐年增加。对油菜、小麦、水稻、湘莲、棉花、蔬菜、果树等作物应用测土配方施肥技术，施肥面积 10.55 万公顷，减少化肥使用量 2072.4 吨，全市减少化肥投入 9439.6 万元。绿色防控效果显著。农药使用量 423 吨，比上年减少 2.1%。绿色防控平均减少用药 2 次，防治效果提高 5.5%。比上年减少 2.1%。

【鄂州市精准灭荒工程】 2018 年，鄂州市出台《2018—2020 年精准灭荒工程三年行动实施方案》，全

2018 年鄂州市新增各类林业产业基地示意图（万亩）

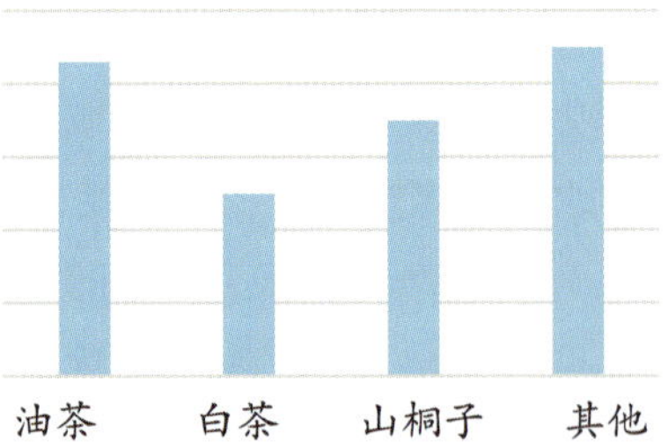

2018 年鄂州市林业产业基地示意图（万亩）

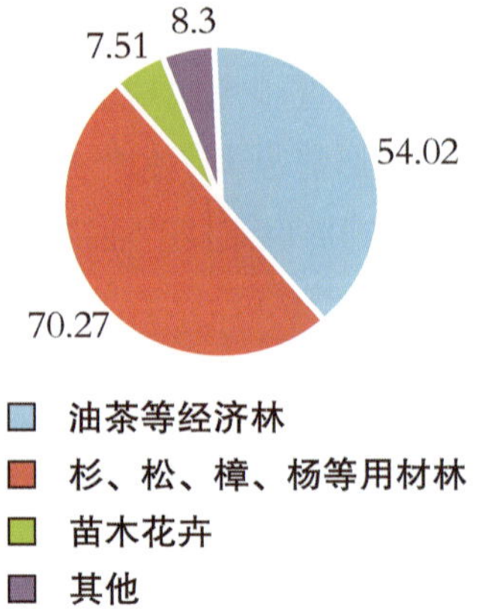

年完成灭荒造林507.05公顷，长江防护林80.04公顷，森林覆盖率11.2%，森林蓄积97.28万立方米，实现省政府年度增长指标；组织实施林业工程项目，到位资金1341万元；推进生态林业产业发展，实现林业年生产总值33.26亿元。

绿色创建活动。全市共建立义务植树基地31个，参加义务植树54万人次，栽植各类苗木203万株，义务植树尽责率达81.8%。巩固绿满鄂州建设成果，全域开展绿色示范创建，1镇9村分别获得“省级森林城镇”和“全省绿色乡村”称号，全市森林覆盖率比上年增长0.2%、森林蓄积量比上年增长3%。

（鄂州市地方志办公室）

2018年鄂州市粮食作物生产统计表

项目	计量单位	合计	梁子湖区	华容区	鄂城区
一、谷物面积	千公顷	40.49	16.55	11.46	12.48
产量	吨	264152	110497	72180	81475
单产	千克	19503	6677	6298	6528
其中：夏收谷物面积	千公顷	6.31	2.01	2.11	2.19
产量	吨	18800	5902	6325	6573
单产	千克	8935	2936	2998	3001
秋收谷物面积	千公顷	34.18	14.54	9.35	10.29
产量	吨	245352	104595	65855	74902
单产	千克	21516	7194	7043	7279
（一）稻谷面积	千公顷	30.85	13.71	8.16	8.98
产量	吨	232553	101154	61848	69551
单产	千克	22703	7378	7579	7745
1. 早稻面积	千公顷	4.16	2.52	0.91	0.73
产量	吨	25200	15029	5616	4555
单产	千克	18375	5964	6171	6240
2. 中稻（含一季晚）面积	千公顷	21.59	8.17	6.03	7.39
产量	吨	173700	66271	48168	59261
单产	千克	24119	8112	7988	8019
3. 双季晚稻面积	千公顷	5.1	3.02	1.22	0.86
产量	吨	33653	19854	8064	5735
单产	千克	19853	6574	6610	6669
（二）小麦面积	千公顷	6.26	1.99	2.09	2.18
产量	吨	18698	5873	6325	6500
单产	千克	8959	2951	3026	2982
（三）玉米面积	千公顷	1.94	0.64	0.27	1.03
产量	吨	8200	2686	1117	4397
单产	千克	12603	4197	4137	4269
（四）其他谷物面积	千公顷	1.44	0.21	0.94	0.29
产量	吨	4701	784	2890	1027
单产	千克	10349	3733	3074	3541
1. 高粱面积	千公顷	1.19	0.18	0.74	0.27
产量	吨	3802	564	2367	871
单产	千克	9558	3133	3199	3226
2. 其他面积	千公顷	0.25	0.03	0.2	0.02

项目	计量单位	合计	梁子湖区	华容区	鄂城区
产量	吨	899	220	523	156
单产	千克	17748	7333	2615	7800
二、豆类面积	千公顷	2.01	0.39	0.77	0.85
产量	吨	3458	671	1286	1501
单产	千克	5157	1721	1670	1766
其中：夏收豆类面积	千公顷	0.03	0.01	0.01	0.01
产量	吨	50	15	21	14
单产	千克	5000	1500	2100	1400
（一）大豆面积	千公顷	1.92	0.37	0.73	0.82
产量	吨	3298	637	1230	1431
单产	千克	5152	1722	1685	1745
（二）绿豆面积	千公顷	0.03	–	0.01	0.02
产量	吨	30	4	6	20
单产	千克	1600	–	600	1000
（三）其他杂豆面积	千公顷	0.06	0.02	0.03	0.01
产量	吨	130	30	50	50
单产	千克	8167	1500	1667	5000
三、薯类面积	千公顷	0.93	0.56	0.12	0.25
产量（五折一计算）	吨	3467	2000	470	997
单产	千克	11476	3571	3917	3988
其中：夏收薯类面积	千公顷	0.28	0.13	0.04	0.11
产量（五折一计算）	吨	800	385	113	302
单产	千克	8532	2962	2825	2745
（一）马铃薯面积	千公顷	0.65	0.3	0.11	0.24
产量（五折一计算）	吨	2345	944	422	979
单产	千克	11062	3147	3836	4079
（二）甘薯面积	千公顷	0.28	0.26	0.01	0.01
产量（五折一计算）	吨	1122	1056	48	18
单产	千克	10662	4062	4800	1800

2018 年鄂州市经济作物生产统计表

项目	计量单位	合计	梁子湖区	华容区	鄂城区
经济作物面积	千公顷	49.76	13.56	16.35	19.85
一、油料作物面积	千公顷	17.73	5.8	6.14	5.79
产量	吨	42843	14012	15321	13510
单产	千克	7244	2416	2495	2333
（一）花生面积	千公顷	2.57	1.2	0.58	0.79
产量	吨	7736	3598	1766	2372
单产	千克	9046	2998	3045	3003
（二）油菜籽面积	千公顷	11.66	3.58	4.1	3.98
产量	吨	27546	8851	9988	8707
单产	千克	7096	2472	2436	2188

项目	计量单位	合计	梁子湖区	华容区	鄂城区
(三)芝麻面积	千公顷	0.33	0.1	0.14	0.09
产量	吨	517	153	227	137
单产	千克	4674	1530	1621	1522
(四)其它油料面积	千公顷	3.17	0.92	1.32	0.93
产量	吨	7044	1410	3340	2294
单产	千克	6530	1533	2530	2467
二、棉花面积	千公顷	5.67	0.97	2.48	2.22
产量(皮棉)	吨	5100	874	2235	1991
单产	千克	2699	901	901	897
三、糖料(甘蔗)合计面积	千公顷	0.13	0.02	0.04	0.07
产量	吨	6713	1184	2243	3286
单产	千克	162218	59200	56075	46943
四、蔬菜及食用菌面积	千公顷	21.8	4.8	6.37	10.63
产量	吨	1034511	241956	295395	497160
(一)叶菜类面积	千公顷	1.74	0.45	0.79	0.5
产量	吨	61935	15828	28214	17893
其中：芹菜面积	千公顷	0.66	0.13	0.32	0.21
产量	吨	23261	4389	11471	7401
油菜面积	千公顷	0.56	0.2	0.25	0.11
产量	吨	16003	5888	7050	3065
菠菜面积	千公顷	0.5	0.12	0.21	0.17
产量	吨	22597	5550	9693	7354
(二)白菜类面积	千公顷	4.79	1.01	0.99	2.79
产量	吨	209982	43915	43301	122766
其中：大白菜面积	千公顷	1.78	0.37	0.38	1.03
产量	吨	151384	31457	32243	87684
(三)甘蓝类面积	千公顷	1.16	0.15	0.61	0.4
产量	吨	36035	4548	19030	12457
其中：卷心菜面积	千公顷	1.15	0.15	0.6	0.4
产量	吨	35935	4448	19030	12457
(四)根茎类面积	千公顷	5.27	0.97	1.27	3.03
产量	吨	219336	40563	52915	125858
其中：白萝卜面积	千公顷	2.94	0.42	0.56	1.96
产量	吨	130675	18654	24502	87519
胡萝卜面积	千公顷	0.71	0.15	0.21	0.35
产量	吨	60769	13380	17217	30172
生姜面积	千公顷	0.04	0.01	0.01	0.02
产量	吨	2145	546	526	1073
榨菜头面积	千公顷	0.22	0.01	0.19	0.02
产量	吨	6749	326	5809	614
(五)瓜果类面积	千公顷	2.11	0.42	0.59	1.1
产量	吨	162444	31647	46531	84266
其中：黄瓜面积	千公顷	0.88	0.19	0.25	0.44

项目	计量单位	合计	梁子湖区	华容区	鄂城区
产量	吨	69610	13260	22601	33749
南瓜面积	千公顷	0.47	0.06	0.18	0.23
产量	吨	33711	4667	12496	16548
冬瓜面积	千公顷	0.59	0.12	0.11	0.36
产量	吨	46863	8908	9005	28950
（六）豆类（菜用）面积	千公顷	2.43	0.53	0.59	1.31
产量	吨	101985	22371	25149	54465
其中：豇豆面积	千公顷	1.43	0.35	0.34	0.74
产量	吨	60046	14949	14204	30893
四季豆面积	千公顷	0.87	0.17	0.25	0.45
产量	吨	41239	7314	10899	23026
（七）茄果菜类面积	千公顷	1.82	0.41	0.6	0.81
产量	吨	79413	17617	26168	35628
其中：茄子面积	千公顷	0.51	0.1	0.13	0.28
产量	吨	29635	5903	7903	15829
辣椒面积	千公顷	0.69	0.16	0.18	0.35
产量	吨	23089	5399	6135	11555
西红柿面积	千公顷	0.61	0.15	0.28	0.18
产量	吨	26645	6315	12130	8200

【孝感市农业产业发展】 2018年，孝感市粮食种植面积360450公顷，总产242.75万吨，居湖北第五位；蔬菜面积105946.66公顷，产量412.01万吨，居湖北省第三位；家禽出笼8555.28万羽，居湖北省第一位；禽蛋产量24.17万吨，居湖北省第二位；水产品产量401.3万吨，居湖北省第五位。全市一产业在GDP中占比15%。全市乡村人口416.69万人。

推进农业产业绿色发展。孝感市开展“全国农业绿色高产高效整市制创建”工作，推进58个主要作物核心示范区建设。启动农业“三区”（高新区、临空经济区、双峰山旅游度假区）划定工作。发展稻鱼共养面积2.27万公顷。全市规模以上农产品加工业实现产值1513亿元，比上年增长13%。重点推进麻糖米酒产业发展。推进农村电商加快发展，培育市场主体2500个，农村电商网络交易额85亿元。加强农业基础建设，建设高标准农田2.66万公顷。投资17.3亿元防洪保安等8大水利工程建设。下达水利投资计划14亿元。

推广农村“三乡”工程试点。培育“三乡”工程试点81个（市民下乡17个、能人回乡35个、企业兴乡29个），完成投入15.5亿元。市民下乡1.1万人，引进能人回乡1.4万人，开展企业兴乡1400个。加快培育新型农业经营主体。培育市级以上农业产业化龙头企业316个、农民合作社6066个、家庭农场1440个。加强乡村人才教育培训。实施“一村多名大学生计划”，连续3年订单式培养20名全科助理乡村医生。

促进乡村旅游业发展。打造51个示范点、11条示范带（线）、23个集聚示范区。改造升级旅游通道，多点对接武汉，引进过亿元农旅养融合项目28个。全年接待游客2600万人次，实现旅游综合收入172亿元。推进农村人居环境整治，建成乡镇污水处理厂79座，配套管网1100千米。8座垃圾处理场、120座垃圾中转站覆盖城乡。推进“厕所革命”“四好农村路”，全市新改建“六类厕所”19.41万个。明确市县乡村四级路长1521名，实施路长制。推进河（湖、库）长制。开展碧水保卫战“迎春行动”“清流行动”。关闭或搬迁养殖场955个。江河湖库拆围1546.67公顷。实施“一控两减三基本”工程。完成造林绿化10000公顷，其中灭荒4666.67公顷。

【孝感市农业“两区”规划】 2018年，孝感市农业按照“两区”（粮食生产功能区和重要农产品生产保护区）制定规划，划定粮食生产功能区耕地面积179333.33公顷，粮食总产242.75万吨，比上年增长0.6%；重要农产品生产保护区耕地面积71333.33公顷，其中油菜63333.33公顷，棉花8000公顷。油料总产量22.3万吨，比上年下降0.9%。蔬菜面积105953.33公顷，总产量412万吨，比上年增长3.9%。

孝感市绿色高质高效辐射区种植水稻26666.67公顷，小麦6666.67公顷，蔬菜5333.33公顷，桃3333.33公顷，茶叶6666.67公顷，完成年初制定的各项目标与任务。集成一批绿色高效模式。孝南的小麦—香稻模式，汉川、应城、安陆的稻渔共作、水稻“一种两收”模式，云梦的绿色蔬菜种植模式，孝昌的“畜—沼—果”种养结合生态循环模式，实现经济效益和生态效益的“双赢”；打造一批绿色高效典型。孝南、汉川、安陆的水稻绿色示范区，大悟的茶叶示范区、孝昌的桃示范区，通过示范推广优质品种、精量播种、节水灌溉、肥药减量、病虫绿色防控等先进绿色生产技术，实现亩节本增效200元，提质增效3%；创建一批优质特色品牌。“孝感香米”被农业农村部批准为农产品地理标志登记保护产品，《孝感香稻生产技术规程》作为湖北省地方标准发布实施，“孝感香米”成功入选湖北省二十强农产品区域公共品牌。涌现汉川虾香稻、“梦之芹”蔬菜、十月有机菜、白水湖无公害藜蒿等一系列优质地方特色农产品品牌；培育一批带动力强的经营主体。孝南区培育种植大户、家庭农场、农民合作社、农业企业等新型经营主体16个，依托新型主体提供专业化、社会化农技服务，提升创建层次和水平。汉川市发挥新型农业经营主体的示范带动作用，壮大专业化服务组织，提升生产的组织化程度和集约化水平。安陆市以禾丰公司在棠棣镇流转的400公顷土地为基础，建设666.67公顷核心示范区，开展水稻全产业链融合行动，培植水稻产加销全产业链新型经营主体5个，提高组织化程度和集约化水平。

2018年，孝感市蔬菜地头批发价格平均2.74元/千克，较上年增长0.47元/千克，增长17.2%。全市蔬菜产业布局形成沿汉江沿线发展水生蔬菜产业带，府河沿线周边发展时令蔬菜、快生蔬菜产业带，依托区域经济特色发展特色蔬菜产业带，强化市场引导，按“一村一品、一乡一品、数乡一品”形成沿路域、流域、区域的种植格局，形成露地菜、设施菜、水生菜、特色菜共同发展格局。

【孝感市林业产业】 2018年，孝感市明确“林水相依、林城相映、林孝相融、美丽孝感”创森林城市定位和“森林环城、碧水穿城、林水相依、林路相映、林田相交、城乡一体”总体思路，以城区增绿添景工程、邓家河公园建设工程、老澴河公园建设工程、环城森林屏障工程、生态廊道建设工程、森林景观林带工程、城市节点景观群工程、绿色通道工程、乡村绿色家园工程、湿地修复与保护工程等10大工程为载体，开展创森林城市工作。筹集资金1000万元，撬动社会资本10亿，对各类空地、边角地、公共地、城郊地、乡镇和村庄等空地实施绿化，实现人均公园绿化面积10.05平方米；城市重要饮水水源地森林覆盖率72.5%；道路绿化率90%；农田林网控制率90.2%；乡镇所在地绿化覆盖率35%，村庄林木覆盖率30.1%。

全年全市创建省级森林城镇3个、省级绿色示范村创建159个，创建数量全省排名第二。安陆市王义贞镇被中国林学会评为“中国最美银杏文化小镇”；楚珍园国家森林康养基地和龙池山庄国家森林康养基地入选第四批全国森林康养基地试点建设单位。朱湖国家湿地公园（试点）通过国家林草局验收评估，成为孝感市第一家国家级湿地公园；大悟九房沟、孝昌县观音湖被认定为省级湿地公园，实现全市县市区湿地公园全覆盖。全市灭荒0.48万公顷，占年度计划任务的102.1%，在湖北省林业厅全年核查中处于先进等次；完成森林覆盖率增长值0.15%和蓄积量增长率3%的

2018年孝感市农业基本数据统计表

农林牧渔业总产值（亿元）	农业增加值（亿元）	林业产值（亿元）	畜牧业产值（亿元）	渔业产值（亿元）	农村常住居民人均可支配收入（元）
504.21	153.01	17.88	126.31	95.53	15988

省定指标;发生森林火灾9起,火场总面积40.43公顷,受害森林面积24.7公顷,火灾数量比上年下降18.2%,过火面积减少28.9%。市森林公安局上半年被省森林公安局授予“集体三等功”,被国家林草局授予“集体二等功”。全市12家国有林场改革工作通过省林业厅验收。争取林业中省资金1809万元,比上年增长11.9%,其中中央财政资金1305万元,省级财政资金504万元。林业产业发展迅猛,完成林业产值260亿。新增林业产业化省级龙头企业7家。“松类苗木繁育与高效栽培湖北省工程研究中心”获得“工程研究中心”称号。9月29至30日,省林业厅组织专家组到孝感考核,孝感市创森林城市成果获得专家组好评,通过“省级森林城市”考核验收。

【孝感市畜牧业】 2018年,孝感市生猪、肉羊、肉牛分别出栏298.3万头、19.87万只、7.57万头;家禽出笼8555.72万只,比上年增长4%;肉类总产量35.18万吨,与上年持平;禽蛋总产量24.17万吨,增长3.4%。畜牧业总产值(现价)126.31亿元,占农业总产值比重25.1%,保持全省第四位次,神丹蛋品市场占有率全国第一。

加大畜产品质量安全监测力度。完成部、省各类监督监测抽检计划290批次,全市“瘦肉精”专项监测17149批次,磺胺类药物残留监督抽检3362批次,喹诺酮类药物残留监督抽检2212批次。“瘦肉精”违禁物和兽药药残速测合格率100%,全年没有发生畜产品质量安全事件。

实行检疫和病死动物无害化处理。全市检疫生猪550.66万头,检疫牛7.71万头,羊7.43万只,家禽6548.96万只,查处病害动物0.54万头(只);检验消毒过境运输动物及动物产品车辆3212辆,无害化处理动物产品11.92吨;办理畜牧兽医行政执法案件136个。建成6个收储中心、139个收储网点,33个无害化收集处理体系,全市病死畜禽无害化处理达到“全覆盖、全收集、全处理”标准。收集、无害化处理病死生猪36.66万头。推进生猪屠宰规范管理,组织专项屠宰执法宣传2300次,捣毁私屠滥宰窝点5个,销毁3000千克违法产品。

【孝感市现代渔业】 2018年,孝感市水产养殖面积66933.33公顷,池塘养殖面积64000公顷,增殖渔业面积12000公顷;全年水产品产量40.2万吨;实现渔业产值115亿元,比上年增长4%;渔民人均纯收入20000元,超出全省平均水平。吸引各类资本、投工投劳5亿元,完成3333.33公顷鱼池标准化年度改造任务,其中改造33.33公顷连片规模基地8个,13.33公顷连片基地29个。全市精养鱼池总面积42000公顷、居全省第二,覆盖率60%,居全省前列。加强渔业标准化建设。新创建4家部级健康水产养殖示范场(全省30家);新创建24个无公害水产品,无公害水产品认证总数居全省前列。

【孝感市农村经济经营管理】 2018年,孝感市引导培养新型农业经营主体。农村能人领办农民专业合作社,种养大户发展家庭农场。全市在工商部门注册的农民合作社6066家、家庭农场1440家。组织4名家庭农场主和7家农民专业合作社理事长参加全省业务培训,提高经营水平。8月份,组织全市2家家庭农场主参加全省明星家庭农场和标杆家庭农场的评选,安陆市吴克涛家庭农场获得省级明星家庭农场称号。全市有13家省级示范家庭农场获得贷款资金785万元,85家合作社获得贷款资金1亿元。提升新型农业经营主体经营水平。开展“六化”家庭农场、“四有”农民合作社创建活动。全市有国家级示范社27家,省级示范社82家,市级示范社180家,省级示范家庭农场77家。

农民负担和惠农政策管理。2018年度农民负担专项治理,专人负责,专项治理工作,专班清理、全面自查、不留死角。从各地自查的情况来看,全市基本严格执行减轻农民负担“五项制度”,没有出现明显的涉农乱收费、乱摊派、截留、抵扣、挪用、虚报冒领、搭车收费等问题。及时整改、建章立制,完善相关监管制度,各项惠民政策实施过程做到公开、公正、透明,主动接受各方监督。加强农村集体“三资”监管。与农村集体产权制度改革集合起来,对全市所有的村全面进行清产核资,全年全市清理村2634个,清理资产总额51.3亿元,清理农村土地资源

43.3 万公顷，一批土地承包合同得到完善。

【孝感市农业机械化】 2018 年，孝感市紧紧围绕“建设现代农业强市”的决策，以推进农机化供给侧结构性改革为主线，聚焦弱项补短板，改革创新破难题，突出特色争一流，增强农机化装备、技术、人才、政策、服务的有效供给，为农业农村经济发展和农民持续增收提供有力支撑。2018 年全市农业机械原值 30.7 亿元，农机总动力 265.9 万千瓦。全年实现农机服务总收入 18.3 亿元（其中农机作业服务收入 15.9 亿元）。

农机惠农。全市农机购置补贴受益农户 3276 户，补贴机具 6639 台（套），完成补贴资金 6264.698 万元（含报废补贴资金 71.6 万元）。此外，汉川、应城、安陆三县市完成深松作业补贴资金 120 万元，深松整地面积 2666.67 公顷。全市拖拉机保有量达到 5.97 万台，其中大中型拖拉机 1.39 万台，小型拖拉机 4.58 万台；拖拉机配套农具 8.93 万部；联合收割机 0.74 万台；水稻插秧机 0.51 万台（其中乘坐式插秧机 309 台）；无人植保机、谷物烘干成套设备分别发展到 69 架和 473（套）。此外，还大力实施北斗卫星导航应用示范项目，在全省率先完成装备 1000 台的任务，受到省政府通报表扬。

全市水稻机耕率 95.96%、机播率 44.08%、机收率 91.36%；小麦机耕率 94.14%、机播率 51.37%、机收率 96.92%；油菜机耕率 96.08%、机播率 45.12%、机收率 56.12%。主要农作物耕种收综合机械化率 76.68%，比上年提高 1.5%。全年完成机耕面积 42.8 万公顷（其中深松整地试点面积 2666.67 公顷），机播（插）面积 17.85 万公顷，机电灌溉面积 34.97 万公顷，机械植保面积 33.91 万公顷，机收面积 36.44 万公顷；秸秆机械化处理面积 31.2 万公顷。

（孝感市地方志办公室）

【黄冈市农业基本情况】 2018 年，黄冈市实现农林牧渔总产值 662.36 亿元，粮食种植面积 41.16 万公顷，比上年增长 1%；棉花种植面积 2.79 万公顷，比上年下降 21.1%；油料种植面积 18.45 万公顷，增长 4.2%；蔬菜面积 12 万公顷，增长 3.1%。粮食总产量 283.02 万吨，比上年下降 4.4%；油料产量 48.42 万吨，比上年增长 5.7%；棉花产量 2.61 万吨，比上年下降 17%；蔬菜产量 345.13 万吨，增长 3.5%。水果 19.69 万吨，比上年增长 3.9%。

（黄冈市地方志办公室）

【黄冈市“菜篮子”工程】 2018 年，黄冈市蔬菜复种面积 12 万公顷。其中，设施蔬菜播种面积 3.33 万公顷；蔬菜总产 345.13 万吨，比上年增长 3.5%。蔬菜专业合作社（家庭农场）185 个，完成总产值 85 亿元。调整蔬菜产业结构，推进设施蔬菜提档升级，引进新品种 47 个，发展水生蔬菜面积占比 6.5%，食用菌总产量 1.8 万吨。通过“三乡工程”招商引资，新增蔬菜产业主体 15 家，融资 100 亿元，发展蔬菜产业，培育湖北地之蓝农业公司为省级龙头企业。全年新增“三品一标”（无公害农产品、绿色食品、有机农产品和农产品地理标志）产品 23 个，共 210 个，蔬菜产品质量安全合格率 99%。“黄州藜蒿”“叶路大蒜”“黄州萝卜”3 个产品入选全国名特优新农产品

2018 年 9 月 15 日，蕲春雾云山第四届丰收节举办。图为喜获丰收的农民正在收割稻谷

（黄冈市地方志办公室　供稿）

2018 年黄冈市农业基本数据统计表

农林牧渔业总产值（亿元）	农业增加值比率（%）	林业产值（亿元）	畜牧业产值（亿元）	渔业产值（亿元）	农村常住居民人均可支配收入（万元）	农村合作社（个）
662.36	3.5	285.91	165.45	121.22	1.32	10501

目录（蔬菜类），“武穴佛手山药”录入央视《源味中国》栏目。

【黄冈市农业产业化】 2018 年，黄冈市注册农民合作社 10501 个(其中国家级、省级示范农民合作社 302 个)。新认定农业产业化市级重点龙头企业 31 个，农业产业化市级以上龙头企业 349 家（其中，国家级重点龙头业企业 2 家，省级重点龙头企业 72 家)。全市加工产值过 20 亿元企业 5 个，过 10 亿元企业 4 个，农产品加工产值 1231.88 亿元，与农业总产值比率为 1.86 ： 1。省级农产品加工园区 5 个,引进 176 家企业进驻园区,构建粮食加工、中药材加工、肉食加工、休闲食品加工和纺织服装 6 类加工产业集群，黄州区、蕲春县、黄梅县农产品加工园加工值均为 50 亿元。新引进农业市场主体建设项目 1313 个，建成融合农业生产、生活、生态于一体的现代农业示范园区 221 个，其中入围首批省级现代农业产业园 8 个。

【黄冈市畜牧业】 2018 年，黄冈市畜牧业完成总产值 165.45 亿元，比上年增长 2.9%。生猪出栏（笼）421.2 万头、比上年减少 2.5%，牛出栏 23.8 万头、. 比上年增长 3%，羊出栏 60.3 万只、比上年增长 1.5%，家禽出笼 4317 万羽，比上年增长 2.8%，禽蛋产量 26.9 万吨、比上年增长 3%。

畜牧品牌创建。2018 年，全市拥有黑山羊、蛋鸡产品、土黄牛、黑土猪、黄冈奶牛等品牌集群 5 个；拥有“薄金寨·锦秀羊”、时珍濒湖、红莲巢、黑禧猪、傻根牛肉等知名品牌 25 个（其中年销售额 500 万元以上品牌 16 个)。全市利用“互联网 +”模式销售畜产品 20 亿元，拥有直销店、专卖店 2000 家。“一节一会”展出地标优品 4 个，神丹蛋品、黑山羊纳入《湖北省农产品品牌三年培育方案》，成为湖北省 20 个特色品牌之一。

调整畜牧产业结构。黄冈市争取南方草地试点项目资金 3000 万元，推进南方现代草地畜牧业发展。减少沿江水网地区生猪饲养，扩大草食畜牧业比重。全市划定禁养区 275 个，面积 2996.85 平方千米，占总面积 17.2%，牛羊存、出栏量和能繁母牛数量年均增长 3%，年人工种草面积 1.33 万公顷，带动社会资本投入 5 亿元，农民人均牧业产值中牛羊产业贡献率 35%。生猪、蛋鸡产业去产能、调结构、优布局进展顺利，完成生态环境承载能力不足的 3 县（市）产能调整，优化区域布局。

【黄冈市渔业项目建设】 2018 年，黄冈市渔业放养面积 8.26 万公顷。其中，池塘养殖面积 5.46 万公顷，湖库增殖渔业面积 2.8 万公顷。全市水产品产量 44.9 万吨。年投放鱼种 8.77 万吨，生产鱼苗 288.5 亿尾。全年投入渔业基础设施建设资金 5.83 亿元，改造精养鱼池面积 5126 公顷，新开挖鱼池面积 233 公顷。改造稻虾养殖基地面积 5640 公顷（其中高标准连片改造面积 2433 公顷)。龙感湖管理区（农场）创建国家级稻田综合种养示范区。发展稻渔综合种养面积 4.72 万公顷（其中，百亩以上养殖大户 1024 个，较上年增加 269 个)。黄梅、武穴分别引进 1 家水产加工企业，从事小龙虾收购、加工和冷冻出口。

【黄冈市林业产业】 2018 年，黄冈市完成精准灭荒造林 8200 公顷，完成重点工程造林 1.42 万公顷(其中，人工造林 1.14 万公顷、封山育林 2833 公顷)。新育苗面积 620 公顷。四旁植树及义务植树 1400 万株。完成浠水县绿杨镇、罗田县河铺镇 2 个森林城镇创建和堵城镇刘湾村等 218 个绿化示范乡村创建。至年底，全市森林覆盖率 43.03%，森林蓄积量 4010.63 万立方米。

全年全市林业实现总产值 285.91 亿元，比上年增长 14.23%。其中第一产业实现产值 101.63 亿元，向社会提供木材 11.76 万立方米、毛竹 114.98 万根、水果 100912 吨、干果 79085 吨、森林食品 7366 吨、木本油料 28965 吨、木本药材 45255 吨、林产工业原料 5725 吨；第二产业实现产值 71.84 亿元，生产锯材 100612 立方米、人造板 303369 立方米（其中胶合板 36079 立方米、纤维板 216838 立方米、刨花板8808立方米、细木工板563立方米、实木（复合）木竹地板207.89万平方米），松香类产品2150吨；第三产业实现产值112.44亿元。森林旅游接待游客1425万人次，实现旅游收入98.7亿元，带动相关产业实现产值203.85亿元。全年全市组织5家企业参展第11届中国义乌国际森林产品博览会，获金奖4个、优质奖1个。组织部分企业参加第十五届中国武汉农业博览会和2018大别山（黄冈）地标优品博览会，组织部分森林公园参加2018中国森林旅游节，英山县获“全国森林康养基地试点建设单位”。

2018年，中央财政部门支持湿地保护补助项目资金800万元。浠水策湖湿地公园通过国家试点验收，至年底，全市国家级和省级湿地公园数量居全省首位。国家林业和草原局发文函复，原则同意湖北麻城浮桥河国家湿地公园范围及功能区调整方案。白莲河环库公路建设、英山县325县道长岭至张家咀公路改建、英山县赵家河小桥重建、蕲春李时珍文化旅游区本草纲目馆建设、麻城浮桥河二水厂扩建、武山湖环湖公路建设、黄冈市自来水公司二水厂取水口迁移等7个工程项目占用湿地公园，依法依规审核并报省林业局审批通过。

（黄冈市地方志办公室 严静）

【咸宁市农业产业振兴】 2018年，咸宁市实现农业总产值329.49亿元、比上年增长3.5%，实现增加值197.37亿元、比上年增长3.4%；农产品加工业产值1002.8亿元；农村常住居民人均可支配收入达15116元，比上年增长8.6%。培育农民专业合作社5223个、家庭农场483个，创建国家级示范社15个，湖北省级示范社59个，省级示范家庭农场37个。

产业振兴。乡村新产业新业态发展壮大。全市重点在建田园综合体项目23个，总投资规模108亿元。其中，咸安熊家湾田园综合体、嘉鱼田野国家乡村公园、赤壁随阳爱情文化小镇、通山果匠小镇、通城上善田园综合体、崇阳马安山国际旅游度假区田园综合体已进展加快。重点打造30条农业休闲旅游精品线路，发展带动农家乐1038个、休闲渔业场380个、休闲农庄163个、农业观光采摘园97个。全市特色农产品基地面积513590公顷，茶叶、蔬菜、楠竹、油茶、水产等特色经济占90%。形成赤壁砖茶、咸安桂花、嘉鱼蔬菜、崇阳雷竹、通城油茶、通山水果等特色产业集聚区。打造农产品区域公用品牌。7月12日，“赤壁青砖茶”走进中国外交部蓝色大厅，向全球推介；10月4日，央视财经频道和新闻频道联袂直播赤壁猕猴桃大丰收；10月18日，中国水产流通与加工协会授予嘉鱼县“中国鮰鱼之乡”称号；赤壁青砖茶、通山枇杷两个省级特色农产品优势区建设进展顺利。在全国2018年中国茶叶区域公用品牌价值评估100强中，咸宁赤壁青砖茶位列第18位，米砖茶榜上有名；赤壁青砖茶获得中国驰名商标称号；“嘉鱼鱼圆”“嘉鱼莲藕”“西凉湖桂花鱼”“隐水枇杷”等知名农产品公用品牌借助各类平台在国内畅销。

【咸宁市特色种植业】 2018年，咸宁市粮食种植面积20.46万公顷，产量125万吨。其中，水稻种植面积14.66万公顷，产量106.33万吨，亩产483.63千克；茶叶种植面积3.07万公顷，综合产值75亿元。蔬菜播种面积10.53万公顷，产值89亿元。其中，“两瓜两菜（大白菜、甘蓝、冬瓜、南瓜）”种植面积3.07万公顷。中药材种植面积7333.33公顷，产值32.2亿元。主要种植黄精、白芨、七叶一枝花、钩藤等名贵中药材的药姑山被誉为“江南天然药库”。草莓、葡萄、猕猴桃等水果种植面积2.47万公顷，产值6亿元。

【咸宁市林业特色基地建设】 2018年，咸宁市森林面积49.2万公顷，森林蓄积量1581.47万立方米，森林覆盖率50.4%。全年实现林业产值210亿元，其中竹产业产值62亿元，油茶产业产值47亿元。特色基地发展壮大，全市新造楠竹（扩鞭）2133.33公顷，楠竹总面积10.87万公顷；完成油茶新造4333.33公顷，全市油茶基地总面积5.07万公顷。森林旅游发展加快，崇阳浪口温泉获批全国森林养生基地试点建设单位，全市有4家单位获得这一荣誉。以自然保护区、森林公园、湿地公园、国有林场为依托，发展森林旅游，崇阳、咸安、通山等地的赏花游成为林业产业中新的经济增长点。品牌建

2018 年咸宁市农业基本数据统计表

农林牧渔业总产值（亿元）	农业增加值（亿元）	林业产值（亿元）	畜牧业产值（亿元）	渔业产值（亿元）	农村常住居民人均可支配收入（元）	农村合作社（个）
329.49	–	22.91	62.09	53.17	15116	–

2018 年咸宁市主要农产品生产统计表

指标		播种面积（千公顷）	总产量（万吨）	单产（千克/亩）
粮食作物	总计	204.71	123.87	403.41
	夏收粮食	13.05	3.65	186.66
	秋收粮食	191.66	120.22	418.17
经济作物	总计	220.12	–	–
	棉花	4.21	0.40	63.34
	苎麻	0.43	0.75	1167.44
	油料	86.88	15.94	122.34
	油菜籽	74.03	11.70	105.36
	花生	8.11	3.27	268.40
	芝麻	3.45	0.58	111.83
蔬菜瓜类	总计	101.62	266.44	1747.96
	蔬菜	92.62	243.26	1751
	果用瓜类	9	23.18	1717
特产	茶叶	32.67	5.48	–
	水果	23.80	8.67	–
	林业	27.58	–	–
	# 油桐籽	–	0.02	–
	# 油茶籽	–	5.90	–
	# 竹笋干	–	0.35	–
	# 板栗	–	0.27	–
主要畜牧产品	肉类总产量	–	20.57	–
	# 猪肉	–	16.77	–
	禽蛋产量	–	4.46	–
	蜂蜜产量	–	0.09	–

设成效明显，全市国家级林业产业化龙头企业 3 个，湖北省级林业龙头企业 44 个，中国驰名商标 4 个，国家地理标志保护产品 4 个。

国土绿化。2018 年度，全市造林 2.93 万公顷，其中人工造林 1.44 万公顷，封山育林 5800 公顷、退化林修复 9066.67 公顷。灭荒工程完成造林 12973.33 公顷，完成面积在全省排名第一。湖北省人民政府对精准灭荒造林合格面积 2000 公顷以上的通山县、崇阳县各奖励 200 万元。开展长江沿岸造林绿化，各县（市、区）将长江沿岸造林绿化任务落实到小班地块，编制 2019 年长江沿岸造林绿化作业设计，完成批复工作。咸宁市上报的长江沿岸造林绿化实施方案完整、规范获得省林业局通报表扬。推进绿色创建工作，全市新增森林城镇 3 个、绿色示范乡村 58 个，创建数量在全省位居前列。

3 月 15 日，全省精准灭荒工程现场推进会在崇阳县召开，咸宁市作交流发言。7 月 30 日，第二届咸宁·中国猕猴桃产业论坛在咸宁温泉开幕，重庆、四川、陕西、河南、安徽、省内猕猴桃种植大户及农林专家，交流探讨猕猴桃种植、贮藏加工、市场营销等经验，培植和打造猕猴桃现代特色农业品牌，促进猕猴桃产业发展。10 月 22—29 日，咸宁市国有林场改革工作通过省国有林场改革工作领导小组第五验验收。12 月 6 日，全国树木种苗站长培训会在咸宁召开

【咸宁市农村产业融合发展】 2018 年，咸宁市推进农村一二三产业融合发展，实现“田园变公园、农区变景区、劳动变运动、产品变商品、农房变客房”。全市有休闲农业经营户 1325 个，其中，农家乐 1038 个，休闲农庄 163 个，农业观光采摘园 97 个，农业科技示范园 30 个。从业人员 10823 人，其中，农民工 9834 人。经营面积 5666.67 公顷。营业收入 11.4 亿元。全年全市重点在建田园综合体项目 23 个，总投资规模 108 亿元。

（咸宁市地方志办公室 胡 芳）

【仙桃市农业综合生产能力】 2018 年，仙桃市“三农”工作成效显著，为全市经济社会发展提供支撑。

全市粮食总产量75万吨，农业总产值146.2亿元，农民人均可支配收入18177元。

乡村振兴战略。仙桃市以《仙桃市乡村振兴规划》为指导、国家开发银行80亿元信贷融资为保障，聚焦农业产业发展、精准扶贫和民生补短板，确定实施乡村振兴战略五年重点项目，涵盖六大项目、20个行动和70项工程。统筹组织实施产业通道、美丽乡村、水利设施、环境整治等乡村振兴建设项目34个，总投资45.8亿元；特色产业发展。发展稻虾、稻蛙、稻鳝等稻田综合种养模式，全市稻田综合种养面积新增2万公顷，名特优水产养殖面积5.9万公顷，蔬菜种植面积1.6万公顷，建成666.67公顷桃园。全市新评定市级农业产业化龙头企业21个，全市实现农产品加工产值400亿元，与农业总产值之比提高到2.74∶1，农产品加工企业149个，仙桃市获批创建国家农村一二三产业融合发展先导区。

新型农业经营主体。仙桃市落实“一村一主体”工作要求，围绕农民合作社、家庭农场两类重点，招引新型农业经营主体，全市新增合作社105个，共1715个。新增家庭农场205个，共1230个，其中66.67公顷家庭农场130个。全市有5937个新型农业经营主体，成员总数16万人，带动农户18万个，占全市农户数60%。农田流转4.8万公顷，占全市耕地面积60%。完善新型农业经营主体与农户利益联结机制，推动乡村振兴和农民增收。

产业扶贫。全市共补贴发展特色种养贫困户1.2万个，补贴面积0.49万公顷，补贴资金1005万元，比上年增长10.5%；农业综合生产能力。全年共疏挖沟渠3000千米，提档升级农村公路150千米，建成产业通道151千米，完成高标准农田14000公顷。农业机械总动力142万千瓦，主要农作物耕种收综合机械化水平82%。

【仙桃市“水稻+”种养产业】2018年，仙桃市推行稻鳝共作板块。以西流河为重点，依托洪渊泽水产、卫祥水产养殖专业合作社，创建稻鳝核心示范区200公顷，开展“再生稻+黄鳝”“中稻+黄鳝”“一季晚+黄鳝”等模式。全年发展稻鳝面积666.67公顷，平均0.07公顷产值4500元。生态种养模式采用绿色生产技术，农药施用量减少60%，化肥施用量减少50%。

推行稻虾共作板块。以杨林尾、沙湖、剅河、陈场、西流河、三伏潭镇等示范区为重点，依托全市50家大规模稻田综合种养经营主体和500多个小规模经营主体，发展稻虾面积1.33万公顷。

水稻“一种两收”（再生稻）板块。以沙湖、陈场等地为重点，依托兴华种植专业合作社，发展再生稻6666.67公顷。再生稻两季平均0.07公顷产量900千克、纯收入1300元。推行富硒水稻。以三伏潭镇、陈场为核心，依托中粮米业（仙桃）有限公司和诺嘉水稻种植专业合作社，发展富硒稻面积2.67万公顷。

“稻鳝共生”生态种养。核心示范片区0.07公顷产有机稻米150千克、产值3000元、订单收购价10元/千克；0.07公顷稻田投入7.5—10千克鳝苗，成鳝产量20—25千克，按每千克80—100元，产值2000元。综合稻米和鳝鱼产值，0.07公顷总产值5000元，扣除成本纯效益2000元。

【仙桃市打造“中国桃乡”品牌】2018年，仙桃市桃树种植面积

仙桃市张沟镇温室流水培苗养鳝　（仙桃市地方志办公室　供稿）

888.88 公顷，比上年增加 43.55 公顷，增幅 118.2%。推进剅河、胡场、郭河、杨林尾等地桃园建设，完善剅河“桃花小镇”建设，发展桃花观光旅游；加强与科研单位合作，提升桃品种质量，打造桃品牌，仙桃市桃树研究所培育的黄桃品种“仙桃一号”外观漂亮、风味独特、畅销湖北省内外。

【仙桃市渔业养殖新模式】 2018 年，仙桃市发展虾蟹混养。排湖渔场改进池塘河蟹“3+5”养殖模式，进行小龙虾、河蟹混养，提高池塘养殖效益，虾蟹混养每亩利润 8000 元。创新发展温棚寄养鳝种。克服黄鳝集中购苗难、开口驯食难等问题，摸索温棚寄养鳝种养殖模式，错峰购苗，提前驯化，延长养殖周期，提升黄鳝养殖效益。洪渊泽、卫祥、振华、文辉等合作社发展温棚寄养鳝种模式，全年新增温棚 22 万平方米，每口网箱可比常规黄鳝养殖增收 200 元；发展稻鳝共生。洪渊泽合作社引进周文宗博士的稻鳝共生技术进行试点，全市稻鳝共作面积 333.33 公顷。通过稻鳝共生，化肥使用量减少 50%，农药施用量减少 60%，黄鳝品质近似野生，每亩稻田可增收 3000 元。

（仙桃市地方志办公室）

【潜江市农业】 2018 年，潜江市完成农林牧渔业总产值 131.58 亿元，比上年增长 3.5%；实现农林牧渔业增加值 79.47 亿元，比上年增长 3.4%。粮食产量 62.99 万吨，比上年下降 1.1%；蔬菜产量 92.88 万吨，比上年增长 6%；水产品产量 12.95 万吨、比上年增长 5%，其中小龙虾产量 9.22 万吨、比上年增长 20.4%，虾稻共作面积 3.6 万公顷，比上年增长 20%。

潜江市虾稻共作田　　（潜江市地方志办公室　供稿）

【中国驰名商标“潜江龙虾”】 2018 年，潜江市高标准建成虾稻共作基地 5 万公顷，完成小龙虾养殖产量 13.5 万吨，选育繁育小龙虾苗种 70 亿尾，在全国建设餐饮直营和加盟店 2500 个。获评首批国家农村产业融合发展示范园创建单位。出台《打造“潜江龙虾”区域公用品牌行动方案》，“潜江龙虾”“潜江虾稻”注册国家地理标志证明商标，“潜江龙虾”成为中国驰名商标。

【潜江市“一村一品”示范镇村】 2018 年，潜江市发展生态休闲农业、乡村旅游等新产业、新业态，打造出虾稻共作等一批田园综合体，全市有 5 个村入选 2019 年度湖北省美丽乡村建设试点、2 个镇成为全国“一村一品”示范村镇、2 个村成为全国“一村一品”示范村。

（潜江市地方志办公室）

【天门市农业供给侧结构性改革】 2018 年，天门市农业供给侧结构性改革围绕“富硒 + 有机”“绿色 + 特色”“休闲 + 养生”“线上 + 线下”4 种模式，推进特色产业“六园”（有机稻园、“放心”菜

2018 年潜江市农业基本数据统计表

农林牧渔业总产值（亿元）	农林牧渔业增加值（亿元）	粮食产量（万吨）	蔬菜产量（万吨）	水产品产量（万吨）	小龙虾产量（万吨）	虾稻共作面积（万亩）	农村常住居民人口可支配收入（元）
131.58	79.47	62.99	92.88	12.95	9.22	54	17797

园、精品果园、道地药园、生态茶园、休闲游园）建设，全市形成以6666.67公顷萝卜、5333.33公顷花椰菜、2666.67公顷马铃薯、1333.33公顷设施瓜果、2000公顷中药材和菊花为代表的菜园子、果园子和药园子特色产业基地，以天海龙、黄潭十里画廊、多宝沙滩等为代表的田园综合体，佛子山、长寿山一带形成集种植、采茶、制茶、茶艺体验为一体的生态茶园基地。多宝镇上榜全国农业产业强镇示范建设名单。把发展“虾稻共作”模式作为推进农业供给侧结构性改革方向，天门市制定奖补政策支持发展稻虾共作模式。全年新增虾稻面积1.33万公顷，全市稻田综合种养面积1.67万公顷。

【天门市农业品牌创建】 2018年，天门市在麻洋、彭市、佛子山、石河等地推广种植富硒水稻7333.33公顷，在九真、胡市、净潭等地推广种植“无花一号”富硒莲藕3333.33公顷；在多宝、拖市等地推广种植豆角、萝卜、雪菜、黄瓜、白菜、芋环等富硒蔬菜2000公顷，在张港、蒋湖农场等地种植富硒大豆666.67公顷，在多宝镇推广种植“商薯19”富硒红薯1333.33公顷，在张港镇及周边乡镇推广种植富硒花椰菜5333.33公顷，全市形成富硒产业基地2万公顷。

“天门半夏”获国家农产品地理标志认证，全市“三品一标”（无公害农产品、绿色食品、有机农产品和农产品地理标志）35个。红日子“北极源”商标在海外注册，张港花椰菜获湖北省区域公共品牌20强，张港花椰菜、万长西甜瓜获全国“一村一品”示范村（镇）称号。启动天门市优质农产品区域公共品牌建设。开展首届“天门好大米”评选活动，评选出五大优质大米品牌、五大优质大米品种和五大群众喜好的大米。

【天门林业资源保护】 2018年，天门市植树造林2093.33公顷，占全年任务的104.7%；通道绿化89千米；实际净增造林面积340公顷、森林蓄积量23.8万立方米，全市创建省级森林城镇1个（岳口镇）、建设绿色示范乡村129个。

天门市执行林地限额管理、用途管理和森林采伐限额管理制度，确保林地和森林资源消耗总量及强度不突破红线。全年依法办理采伐证282份、林地征占用手续8起，面积5.8公顷。完成省布森林资源二类调查试点任务。2017年开始，组成5个外业调查组，分5个区域展开森林资源二类调查工作，完成上级下达的试点任务。发挥森林公安职能作用，打击各类违法犯罪活动。全年出动警力595人次，全年办理林业行政案件13个、林业刑事案件11个，刑事拘留16人。

（天门市地方志办公室）

2018年武汉城市圈各市农业基本情况统计表

武汉城市圈各市	农林牧渔业产值（亿元）	农业增加值（亿元）	林业产值（亿元）	畜牧业产值（亿元）	渔业产值（亿元）	农村常住居民人均可支配收入（元）
武汉市	619.73	392.46	11.66	66.87	103.28	22652
黄石市	164.13	99.43	8.74	31.50	51.99	15125
鄂州市	162.1	97.22	3.50	31.50	85	17609
孝感市	504.21	153.01	17.88	126.31	95.53	15988
黄冈市	662.36	–	285.91	165.45	121.22	13200
咸宁市	329.49	–	22.91	62.09	53.17	15116
仙桃市	146.20	89.62	29.18	20.80	68.01	18177
潜江市	131.58	79.47	–	–	–	17797
天门市	140.76	85.40	–	–	–	–

工业和建筑业

【武汉市工业】 2018年，武汉市工业增加值5076.21亿元，比上年增长5.9%。规模以上工业（年主营业务收入在2000万元及以上）增加值比上年增长5.7%。规模以上工业企业新增288个，从业人员70.2万人，比上年下降3.2%。光电子信息、汽车及零部件、生物医药及医疗器械三大产业，主营业务收入总量5000亿元。规模以上工业实现主营业务收入13696亿元，比上年增长2.5%；实现利税1784.6亿元，比上年减少0.8%；实现利润733.4亿元，比上年下降1.9%；实现税金增长2%。资产总额14312.2亿元，比上年增长5.3%。

全年规模以上工业中，农副食品加工业增加值比上年增

2014—2018 年武汉市工业主要经济指标统计表

项目	2014 年	2015 年	2016 年	2017 年	2018 年
规模以上工业企业（个）	2304	2411	2514	2555	2651
规模以上工业增加值增幅（%）	10.90	8.50	5	7.70	5.70
规模以上工业利税总额（亿元）	1275.10	1439.83	1622.50	1808.2	1784.60
规模以上工业利润总额（亿元）	455.78	513.25	672.8	755.60	733.40
工业投资增幅（%）	15.40	6.30	-16.30	13.60	12.10

长 7.7%，烟草制品业增长 5%，石油、煤炭及其他燃料加工业下降 1.3%，化学原料和化学制品制造业增长 7.5%，医药制造业增长 9.4%，非金属矿物制品业增长 3.7%，黑色金属冶炼和压延加工业下降 0.3%，金属制品业增长 4.1%，汽车制造业下降 1.1%，电气机械和器材制造业增长 7.4%，计算机、通信和其他电子设备制造业增长 12.5%，电力、热力生产和供应业增长 13.9%。

【武汉市打造新兴产业集群】 2018 年，武汉市“推动实施中国制造 2025，促进工业稳增长和转型升级”“推进创新驱动发展，打造新兴产业集群”的做法受到国务院通报表扬，成为“2018 国家制造强国建设专家论坛”唯一受邀城市。启动建设国家信息光电子创新中心、国家数字化设计与制造创新中心，获国家财政支持资金 4 亿元。信息光电子创新中心有 27 名院士专家，数字化设备与制造创新中心覆盖该领域 60% 国家重点实验室和工程中心。

2018 年，武汉市推动传统产业技术改造。工业技术改造投资比上年增长 28.9%，比工业投资增幅高 16.8%。全市实施技术改造项目占规模以上工业企业比重 64.8%，比上年增加 16.8%。

落实“零土地”技改政策，组织技术改造项目备案审批，支持引导各区试行“先建后验”。创新引入公积金征信，联合金融机构召开技改项目融资对接会，提升产业发展“含新量”“含金量”“含绿量”。

培育战略性新兴产业。发挥战略性新兴产业效能，规范基金管理流程，引导基金归集数 9.75 亿元，共出资 9.46 亿元，完成 26 个企业项目投资。深化“单项冠军”和“隐形冠军”企业培育，新增国家制造业单项冠军示范企业 2 个、培育隐形冠军示范企业 38 个，获评省级以上隐形冠军企业 122 个。全市签约亿元以上战略性新兴产业项目 126 个，协议投资额 2900.42 亿元，占工业项目投资额比重 80.1%。战略性新兴制造业产值增幅高于规模以上工业总产值的 2%。

【武汉市民营经济】 2018 年，武汉市民营经济市场主体总量 114 万个，注册资本（金）3.12 万亿元，比上年分别增长 10.3%、29.5%，在市场主体总量中占比分别为 96.3%、64.7%。其中，全市登记私营企业总数 44.86 万个，增长 16.1%，注册资本 3.07 万亿元，增长 29.6%；全市登记个体工商户总数 69.14 万个，增长 6.9%，注册资本 547.47 亿元，增长 15.5%。

【武汉市工业重点产业】 2018 年，武汉市 38 个行业大类中，31 个行业正增长，其中 23 个增速超全市平均水平。汽车制造业增加值比上年下降 1.1%，降幅扩大 18.5%。烟草制品业增加值增长 5%，回落 0.7%。电力、热力生产和供应业增加值比上年增长 14%，提高 14.2%。计算机、通信和其他电子设备制造业增加值比上年增长 12.5%，回落 1.3%。黑色金属冶炼和压延加工业增加值下降 0.3%，收窄 13.6%。电气机械和器材制造业增加值增长 7.4%，回落 24.2%。石油、煤炭及其他燃料加工业增加值下降 1.3%，扩大 24%。农副食品加工业增加值增长 7.7%，回落 6.8%。化学原料和化学制品制造业增加值比上年增长 7.5%，提高 5.8%。

【武汉市工业骨干企业】 2018 年，武汉市规模以上工业企业 2651 户。其中，产值过 100 亿元的企业有东风本田汽车有限公司、国家电网湖北省电力公司、武汉钢铁有限公司、武钢集团有限公司、湖北中烟工业有限责任公司、上汽通用汽车有限公司武汉分公司、中国石化武汉分公司、神龙汽车有限公司、摩托罗拉（武汉）移动技术通信有限公司、富士康科技集团(武汉)有限公司、中韩石化(武汉)石油化工有限公司、烽火通信科技股份有限公司、格力电器(武汉)有限公司、美的集团武汉制冷设备有限公司等15户，累计完成产值比上年增长9.4%。

【武汉市汽车产业】 2018年，武汉市汽车产业规模居中部地区第[illegible]，全年生产乘用车170.38万辆，汽车产业产值3200亿元。汽车产业连续9年成为武汉第一大支柱产业。

武汉市形成七大乘用车整车企业和四大客车整车企业。分别是东风本田汽车有限公司、上汽通用汽车有限公司武汉分公司、神龙汽车有限公司、东风雷诺汽车有限公司、东风汽车集团股份有限公司乘用车公司、浙江吉利汽车有限公司武汉分公司、东风日产(其中吉利汽车、东风日产项目正在建设)和武汉比亚迪电子有限公司、扬子江汽车集团有限公司、武汉开沃新能源汽车有限公司、武汉客车制造股份有限公司。

零部件配套企业齐全。武汉市汽车零部件企业总数500个，主要集中在武汉经济技术开发区(汉南区)、江夏区、东西湖区和东湖新技术开发区，涵盖车身、发动机、电气设备、底盘等领域。其中世界500强企业16个，重点包括武汉金丰汽配有限公司、东风李尔汽车座椅有限公司、上海纳铁福传动轴有限公司武汉工厂、武汉提爱思全兴汽车零部件有限公司、湖北东峻工贸有限公司、法雷奥市光(中国)车灯有限公司、武汉泰极江森汽车座椅有限公司、东风模具冲压技术有限公司、东风(武汉)实业有限公司。9月28日，武汉泰歌氢能汽车有限公司和武汉开沃新能源汽车有限公司联合研制的首批氢燃料电池动力公交车试运行。

新能源汽车发展。2018年，武汉市从财政资金补贴、优先路权、设施配套等方面予以支持，推广应用新能源汽车近1.8万辆，全市保有量5万辆以上。首条氢燃料电池公交线路在汉示范运行，2座加氢站在汉投入使用。预计两年内建成停车场40万个，充电桩40万个，加氢站11座。

【武汉市船舶工业】 2018年，武汉市中国船舶重工集团有限公司第七一九研究所的新一代核潜艇研制，荣获第五届中国工业大奖；某型试验潜艇获国防科技进步二等奖；量子惯性导航设备精度达到国际先进水平，成为继美国之后全球第二个掌握该类核心技术的项目。中国船舶重工集团有限公司第七〇九研究所GPU填补国产芯片空白，荣获“2018年度自主可控最佳创新奖”，荣获第三届中国军民两用技术创新应用大赛银奖。中国船舶重工集团有限公司第七一二研究所研制成功2兆瓦高温超导风力发电机，是继美国之后全球第二个具备大容量高温超导电机设计制造能力的企业。武汉船用机械有限责任公司智能制造系统实践获2018“中国智能制造十大科技进展”奖。

2018年，武昌船舶重工集团有限公司交付1艘25万吨矿砂船、5艘新型40万吨矿砂船，创历史纪录；12月8日，由武昌船舶重工集团有限公司为中国大洋矿产资源研究开发协会打造的自主研制的第一艘载人潜水器支持母船——“深海一号”下水。“深海一号”是中国首艘按照绿色化、信息化、模块化、便捷化、舒适化和国际化原则设计建造的具有国际先进水平的全球级特种调查船。签订海南陵水深海渔业养殖平台9个。中国船舶重工集团有限公司第七〇一研究所设计的中国首艘自主研制的全球级综合科考船“大洋号”下水。

【武汉市钢铁工业】 2018年，中国宝武钢铁集团有限公司宝山钢铁股份有限公司武汉钢铁有限公司(以下简称“武汉钢铁有限公司”)生产铁1572.6万吨、钢1625.9万吨、材1499.3万吨，实现经营利润73.08亿元，上缴税收29.48亿元，较2016年增加14.45亿元，增幅96.14%。公司总资产987亿元，在岗正式员工1.9万人，国家核定产能1800万吨。与2017年重组前相比，武汉钢铁有限公司利润总额在国内千万吨级别钢企中由2016年排名第13名上升至2018年第8名。吨钢利润在国内千万吨级别钢企中由2016年排名第14名上升至2018年第8名。中国宝武钢铁集团有限公司武汉地区产值达到1195亿元，利润过百亿元，位踞武汉六大千亿产业板块方阵；获得湖北省“五一劳动奖状”、武汉市“五一劳动奖状”和武汉市和谐企业称号、武汉市安全生产红旗单位。炼铁厂炉前工高级技师刘自力被评为首届“湖北工匠”;炼铁厂黄平获得“全国钢铁行业技术能手”称号。在中国宝武钢铁集团有限公司首届职工技能大赛中，5 名员工获奖。

【武汉市装备制造工业】 2018 年，武汉装备制造业总量突破 2000 亿量级。全市智能制造产业产值比上年增长 18.8%,智能制造试点示范项目建设迈上新台阶。国家智能制造试点示范项目新增 4 个(烽火通信科技股份有限公司的“光通信设备智能制造试点示范”、武汉爱帝集团有限公司的“针织服装智能制造试点示范”、武汉征原电气有限公司的“轨道交通装备智能制造试点示范”、武汉重型机床集团有限公司的“重型机床智能制造试点示范”),在副省级城市中排名第二。截至年底，武汉市有 9 个项目获批国家智能制造试点示范项目，项目数量在湖北省占比 3/4,在全国占比 3%,位列全国第一方阵。新增省级智能制造试点示范项目 11 个，截至年底，武汉市有 25 个企业项目获批省级智能制造试点示范项目，在湖北省占比 30%。年内新增市级试点示范项目 15 个，市级及以上智能制造试点示范项目达到 56 个。

技术装备创新。2018 年，武汉重型机床集团有限公司完成国家科技重大专项“重型机床关键共性技术创新平台”“超重型数控单柱移动立式铣车床”,国家科技支撑计划“面向重型机床行业的闭环 PLM 系统研究”等项目的验收工作;成功申报 2018 年度国家科技重大专项“重型数控机床关键共性技术创新能力平台二期”项目，2018 年度湖北省科技重大项目“轨道交通行业辙叉加工生产线工艺及装备”项目和中国兵器科技开发费项目“重型机床数字化、智能化研究与开发”项目、10 米级火箭贮箱搅拌摩擦焊项目。

武汉重型机床集团有限公司研发的 Y31800 型数控滚齿机

（武汉地方志办公室　供稿）

12 月 28 日，中国长江动力集团有限公司研制生产的首航节能项目 100MW 光热发电汽轮发电机组在甘肃敦煌一次投运成功。该项目是亚洲最大、中国首座百兆瓦级光热电站，是工业和信息化部首批 20 个光热电站示范项目。

3 月 7 日，中国长江动力集团有限公司为国能昌黎生物发电有限公司全新研发的国内生物质发电冲动式 35MW 高转速汽轮机的核心部件高转速转子，在静子大件事业部完成精加工后转入装配和试验阶段。这是国内首台生物质发电领域的冲动式高效高转速汽轮机，结束该型号汽轮机全部采用进口设备的历史。其核心部件转子工作转速高，转子材料为特殊复合性材料，需进行分段热处理，以满足高低压段不同的强度指标，转子直径小，跨距大，级间开档小，转子轮槽采用多种复杂装配工艺，转子结构特殊，对加工和工艺上提出了极高的要求。还解决了转子加工长径比小、装夹位小、加工精度要求高、材料加工困难、全新型线端部直径小等技术难题。

【第二届中国(武汉)智能制造大会举办】 2018 年 6 月 5—6 日，2018 第二届中国(武汉)智能制造大会在武汉中南花园饭店举办。来自国内外机器人、智能制造和工业互联网领域的专家学者、业界领袖和行业精英，围绕“中国制造 2025”行动纲领，就智能制造政策解读、产业规划、市场分析、技术交流、案例应用等话题展开探讨，交流新思路，凝聚新共识，拓展新合作。大会组织智能制造成果展，与会人员在会议期间参观、考察武汉华中数控股份有限公司与东风实业有限公司共建的东风楚凯汽车零部件智能工厂，感受智能制造为传统制造带来的变化。大会增加智能制造嘉年华单元——武汉国际博览中心举办的中国（武汉）自动化和机器人展，让参会者零距离感观智能制造的最新发展成果。

【武汉市食品工业】 2018年，武汉市食品产业规模以上工业产值超过1700亿元，规模以上企业192家，主要有烟草制造、农副产品加工、食品制造和酒水、饮料及精制茶等几个细分行业，优势产业有淡水产品加工、家禽类深加工、休闲食品等。规模以上工业中，农副食品工业增加值比上年增长7.7%，烟草制品业增长5%。全年生产软饮料390.71万吨，增长6.7%。

黄鹤楼酒业发展。2018年5月29日，黄鹤楼酒业有限公司黄鹤楼酒·大清香上市。5月30日，黄鹤楼酒业随州分厂搬迁改造项目开工奠基典礼在随州市举行，随州新厂建于随州高新技术产业开发区铁北食品医药产业园，项目实际占地面积50.07公顷，分三期建设，总投资10亿元，原酒产能达8000吨。8月1日，黄鹤楼酒首登中央广播电视总台CCTV-1、CCTV-13《朝闻天下》《国际时讯》栏目，打响全国化战略第一枪，实现品牌价值全国化软着陆。11月，黄鹤楼酒文化博览园获批国家AAA级旅游景区。园区建筑将中国传统清代建筑风格与现代简约设计相结合，是集黄鹤楼酒文化博物馆、天成坊酿酒车间、名人酒窖、御酒粮仓、御酒牌坊、党建文化馆、辛氏酒馆、成品灌装车间、名酒游园等景点为一体的体验式游园。

【武汉市建筑行业】 2018年，武汉市建筑行业支持湖北民族建设集团有限公司、东方建筑集团有限公司、盘龙明达建筑集团有限公司、鸣辰建设建筑集团有限公司等市内重点建筑企业，申报施工总承包最高等级特级资质，全市登记注册具有总承包特级资质的企业21个（市属企业8个，中央、省在汉企业13个），具有总承包一级资质的企业512个。全市23个建筑企业入选武汉市百强企业。全市实现建筑业总产值9194亿元，实现建筑业增加值1312亿元，比上年增长14.5%。行业数量和产值规模占湖北省建筑业60%，建筑业对全市GDP的贡献份额连续6年保持8%。支持新八建筑集团有限公司、新七建筑集团有限公司等重点民营建筑企业做大做强，民营企业的总产值贡献份额40%，带动从业人员60万人，占全市农民工的一半。

【武汉市装配式建筑】 2018年，武汉市新增资质建筑企业1570个。出台实施方案，推进城市建设绿色发展、规模化发展装配式建筑。推进装配式建筑协调力度，根据《关于开展2018年装配式建筑试点示范项目申报的通知》，开展四批试点示范项目申报和评审工作，确定试点示范项目16个，建筑面积356.31万平方米。召开装配式建筑部品部件生产企业座谈会2次，通报工作进展情况，调度目标任务，推进项目实施和基地建设。全年全市有12个产业基地，其中，建成6个，在建6个，全部建成投产后，可满足965万平方米装配式建筑工程需要。

围绕“精细化、信息化、标准化”目标，推进工程质量安全提升行动，深化工程质量常见问题治理，提高工程质量水平。坚持党政同责，开展预防高坠、高大模板支撑、建筑起重设备和施工消防等专项整治，开展安全生产习惯培育工程，坚持班前安全生产喊话制度，推进建筑工人实名制管理，研发安全生产技防锁，安全生产形势平稳。

（武汉地方志办公室）

【黄石市工业】 2018年，黄石市规模以上工业完成产值2054.9亿元，比上年增长12.4%。其中，高新技术产业总产值1078.29亿元，比上年增长14.8%。规模以上工业增加值增速9%，增速排名全省第2位，比上年提升3位。其中，高新技术产业增加值比上年增长12.4%。

全市八大主导产业共完成产值1667.4亿元，占全市规模以上工业产值的81.1%。装备制造、黑色金属、能源、化工医药、食品饮料等产业保持两位数增长，比上年分别增长24%、17.9%、17.8%、12.7%、12.3%。从产值规模看，

2018 年 1 月 21 日，东贝集团电股公司研发人员在记录实验数据

（黄石市地方志办公室　供稿）

100 亿元产业有 6 个，有色金属产值 439.6 亿元，产值规模保持第一位。

2018 年，黄石市有湖北省支柱产业细分领域隐形冠军企业 57 个。其中，示范企业 11 个，科技小巨人企业 11 个，隐形冠军培育企业 35 个。

全市重点监测的主要工业产品 20 种：发电量 124.28 亿千瓦时，比上年增长 19.6%；钢 484.27 万吨，比上年增长 12%；成品钢材 640.15 万吨，比上年增长 2.4%；镀层板（带）89.18 万吨，比上年下降 6.8%；涂层板（带）18.51 万吨，比上年增长 6.8%；精炼铜 50.71 吨，比上年增长 4.9%；铝材 60.32 万吨，比上年增长 17.5%；铁矿石 622.79 万吨，比上年下降 7.9%；水泥 1415.81 万吨，比上年下降 7.9%；饮料酒 40.71 万千升，比上年增长 10.6%；啤酒 16.99 万千升，比上年增长 16.5%；锻压设备 809 台，比上年增长 1.4%；数控机床 323 台，比上年增长 1.3%；服装 3712.4 万件，比上年增长 5.6%；制冷压缩机 3841.74 万台，比上年增长 35.6%；无缝钢管 90.93 万吨，比上年增长 1.8%；水泥熟料 1074.18 吨，比上年下降 3.4%；中成药 4475.38 吨，比上年增长 23.9%；自来水 73163.31 万立方米，比上年增长 359.4%。全市规模以上工业企业实现利润 115 亿元，比上年增长 34.8%。其中，建材、黑色金属、化工医药和能源四个行业利润增速分别为 100.9%、61.6%、38.8% 和 22.9%，四个行业共实现利润 52.9 亿元，占全市利润总额的 46%。建材行业实现利润 22.1 亿元，比上年增长 11.1 亿元，对全市工业利润增长贡献率 37.4%。全市规上工业实现主营业务收入 1940.3 亿元，比上年增长 13.7%，增速排名湖北省第 6 位；主营业务收入利润率 5.93%，居全省第 8 位；产销率 98.3%，居全省第 2 位。

【黄石市县域工业】 2018 年，大冶市完成地区生产总值 623.64 亿元，比上年增长 8.6%；阳新县完成地区生产总值 283 亿元，比上年增长 8%。大冶市规模以上工业增加值比上年增长 8.3%，阳新县规模以上工业增加值比上年增长 5.4%；县域财政总收入 98.25 亿元，比上年增长 8.6%，比全市高 1.3%；大冶市固定资产总投资同比增长 11%，阳新县固定资产总投资同比增长 10.8%；社会消费品零售总额 402.51 亿元，同比增长 18.51%。

2018 年黄石市八大主导产业产值统计表

产业	产值（亿元）	增速（%）	占全市工业总产值比重（%）
有色金属	439.62	5.80	21.39
黑色金属	367.47	17.90	17.88
装备制造	289.26	24	14.08
食品饮料	172.95	7.80	8.42
建材	139.20	12.70	6.77
化工医药	117.06	12.30	5.70
纺织服装	68.60	3.80	3.34
能源	73.27	17.80	3.57
合计	1667.43	12.90	81.14

大冶市全国“百强”路上高阶进位，排名进至第77位，与17年相比上升2位。

【黄石市建筑业】 2018年，黄石市建筑业产值443.88亿元，比上年增长12.1%；增加值112.38亿元，比上年增长12.5%，建筑业增加值占全市GDP（1587.33亿元）的7.1%。鼓励大众创业、万众创新，加大企业培养服务力度，引导非房建类资质发展，全年市政、水利、公路、电力、机电等门类施工企业资质新办、增项、升级、延期增多，其中新办资质180个，增项资质110个，资质升级20个；治理工程质量，举办全市绿色安全文明质量示范工地观摩会，推广工程质量安全标准化管理经验，引导企业运用科技和信息化手段，实现绿色施工和文明施工；推行建工保证险，减轻企业负担，解决企业融资难融资贵问题。

【黄石市建筑节能】 2018年，黄石市绿色建筑竣工面积80.62万平方米，黄石市城区完成新建居住建筑88.75万平方，完成新建公共建筑37.05万平方，城区建筑节能标准施工阶段执行率100%，建筑节能设计阶段执行率100%，是年获得1个绿色生态城区即黄石市大冶湖生态新区（东区、西区）绿色生态城区和4个省级绿色建筑设计标识证书；引导新墙材企业技术改造，实现三个“升级”（新墙材产品提档升级、新墙材生产装备升级、新墙材绿色发展升级），目前黄石市已有2家新型墙材企业获得国家三星级绿色建材标识，2家商砼企业获得国家一星级绿色建材标识，1家商砼企业获得国家二星级绿色生产标识。市水泥生产企业7家，其中设计生产能力150万吨以上的有6家，全年水泥生产量1471.97吨。散装水泥供应量1168.21万吨，水泥散装率79.36%，节约木材38.3万立方米，节电8 404万度，节约标煤26.63万吨，减少粉尘排放11.84万吨，创造综合利用效益5.26亿元。预拌混凝土生产企业32家，年设计生产能力2224万立方米。市生产预拌混凝土420.44万立方米，生产预拌混凝土使用散装水泥130.34万吨，综合利用固体废弃物63.07万吨。市完成预拌砂浆使用量12.87万吨。生产预拌砂浆使用散装水泥1.43万吨，综合利用固体废弃物0.34万吨。是年全市建筑工地“预拌砂浆”覆盖率由原来的90.36%提升到95%。

（黄石市地方志办公室）

【鄂州市工业】 2018年，鄂州市规模以上工业增加值比上年增长7.4%。全年全市工业用电52.5亿千瓦时，比上年增长7.2%。工业投资比上年增长14.5%，工业技改投资比上年增长18.4%。在2018年全省县域经济工作会上，华容区获评全省县域经济工作成绩进位显著单位。

优化工业结构。鄂州市高新技术产业增加值比上年增长10.5%，高于全市工业增速3.1%，电子信息、生物医药、高端装备业占比15.3%。冶金、建材行业占比下降为31.5%。绿色发展成效明显，14家沿江化工企业关改搬转，鄂钢焦化公司投资10亿元实施8个项目氰酚废水处理。全市工业增加值能耗比上年下降8%。

提高工业创新能力。2018年，全市121个企业实施技改项目125个，鄂信钻石激光焊接、枫树线业智能车间、兴欣科技新产品量产、灿光光电机顶盒等65个

2018年12月31日，国内首个钢铁智能化经营管控系统在鄂钢切换上线

（鄂州市地方志办公室　供稿）

技改项目竣工，当年新增产值130亿元。开发培育新产品53个，完成全年目标任务的132.5%。爱民制药和华威科智能入选湖北省智能制造试点示范单位，被湖北省经信厅推荐至工信部；兴业华德威的“事故风险防控和隐患排查治理双重预防大数据信息平台”项目入选国家工信部2018物联网集成创新与融合项目名单。

推进中小企业成长。2018年新增规模以上工业企业30个。制定实施《鄂州市2018年隐形冠军企业培育计划》，16个企业入选全省第二批隐形冠军企业。开展“双万”（“万名干部进万家”）活动，为160个工业企业解决各类实际困难200件。发挥担保平台作用，解决融资6.02亿元，比上年增加19%。组织电力市场交易，23个企业交易电量13.66亿千瓦时，为企业节约用电成本0.41亿元。帮助企业引进高素质人才268名，全年实发人才补贴610.16万元。企业经济效益改善。全市规模以上工业实现利润48.8亿元，比上年增长49%。

2017—2018年鄂州市规模以上工业企业生产经营统计表

指标		2017年	2018年
规模以上工业企业个数	鄂州市合计（个）	539	499
	一、按经济类型分		
	国有经济	2	0
	集体经济	6	4
	其他经济	531	495
	二、按轻重工业分		
	轻工业	130	146
	重工业	409	353
	三、按企业规模分		
	大中型企业	42	40
	大中型企业	497	459
规模以上工业企业主要经济指标	企业单位数（个）	539	499
	#亏损企业（个）	38	50
	全部人员平均（万人）	8.38	7.60
	负债合计（亿元）	421.56	400.90
	主营业务收入（亿元）	1424.71	1302.60
	#主营业务税金及附加	9.27	7.80
	利润总额（亿元）	40.08	48.80
	亏损企业亏损总额（亿元）	8.33	1.50
	利税总额（亿元）	70.29	68.64
	工业销售产值增速（%）	14.50	10.50
	#出口交货值增速（%）	–26.40	2.30
	工业产品销售率（%）	96.90	97
	规模以上工业企业利润增长率（%）	–	67.60
	工业总产值（亿元）	–	523.70

【鄂城钢铁有限公司智能化经营管控系统】 2018年12月31日，国内首个钢铁智能化经营管控系统在鄂城钢铁有限公司切换上线，建成鄂钢全工序信息化管控系统，此经营管控3月5日启动，由鄂钢与宝信软件股份有限公司共同建设，是鄂钢智能制造的管理中枢系统，包括产供销管理系统、能源动态管控系统、物流动态管控系统等，覆盖鄂钢所有产线及业务。

（鄂州市地方志办公室）

【孝感市工业经济】 2018年，孝感市规模以上工业实现增加值730亿元，比上年增长8.7%。工业项目774个，工业投资比上年增长18.6%，占全市固定资产投资45.9%。工业技改项目331个，工业技术改造投资比上年增长21.4%，占工业投资比重39.7%。制造业投资比上年增长17%，占工业投资比重85.5%。民间工业投资比上年增长22%，占工业投资比重85.9%。亿元以上工业项目311个，比上年增加22个。亿元以上工业技改项目120个，比上年增加60个。

实施“千企千亿”技改工程。重点推进投资5亿元以上技改项目，实施工业技改项目325个。编制重点产业发展规划。通过政府购买，邀请专业机构为孝感军民融合、高端装备制造、光电子信息三大产业编制发展规划；培育市场主体。推动中小企业成长，建立“小升规”（微小企业规范升级为规模以上企业）后备企业库，新增规模以上企业47个。加快小微企业孵化，新增小微工业企业1000个。实施品牌培育。“隐形冠军培育提升工程”，全市有32个企业成为省级隐形冠军企业，其中示范类4个，科技小巨人类11个。促进民营经济发展。出台《关于大力发展民营经济的实施意见》，召开全市民营企业家座谈会，对《实施意见》修订完善，制定部门责任清单，落实降本减负，为民营经济发展营造宽松环境。

【孝感市食品工业】 2018年，孝感市食品工业总资产193.14亿元，行业用工人数30067人，行业实现销售收入403.91亿元，比上年增长5.1%，其中农副产品加工业实现销售收入262.42亿元，食品制造业实现销售收入101.91亿元，酒、饮料和精制茶制造业实现销售收入39.56亿元；实现利润18.13亿元，比上年增长3.3%；实现税金10.22亿元，比上年下降3%。

2018年，孝感市食品工业知名品牌中，获“中华老字号”称号的有孝感麻糖、云梦楚河鱼面；获中国驰名商标的有银鹭食品的“银鹭”，达利集团的“达利园”，晋江福源的“盼盼”，“神丹”牌蛋制品（湖北神丹），“孝感”牌麻糖（孝感麻糖米酒），米婆婆米酒等；一批企业分别获得“中国名牌产品”“中国免检产品”“湖北名牌产品”“湖北省著名商标”称号。推动农业产业化建设。孝感麻糖米酒、汉川饼干糕点、应城粮食加工、安陆禽蛋加工、大悟板栗花生系列产品和孝昌畜禽养殖加工作为全市农业产业化龙头企业，形成外连市场、内联基地（农户）、横贯食品原料加工、食品包装企业的农业产业化发展模式。

形成开放型产业格局。达利、福源、银鹭、王守义十三香、莲花味精、金龙泉啤酒、青岛啤酒以及克明面业等企业到孝感投资建厂。湖北神丹健康食品有限公司等企业向外扩张，利用当地资源建立生产基地，提高市场占有率，形成引进来与走出去良性互动。食用盐、禽肉加工等产品产量位居湖北省前列。食品出口增长，形成一批具有国际竞争力的产品。

提升发展质量。银鹭食品总投资20亿元，工厂设计理念先进，具备中央控制系统，质量保证体系良好，高效节能、绿色环保、低碳经济理念贯穿企业整体。双桥食品2017年投资1.6亿元，引进先进设备和技术新建20万吨淀粉糖生产线，2018年投资2.5亿元，新征土地0.6公顷，建设年产20万吨液体糖和20万吨淀粉糖项目。

【孝感应城盐磷化工工业】 2018年，孝感市市盐磷化工产业规模以上工业企业达101家，实现主营业务收入352亿元，比上年下降0.8%。利润收入9.2亿元，下降7.7%。税金收入8.6亿元，下降0.2%。

应城素有“膏都盐海”的美誉，境内的岩盐分布面积140平方千米，占全市总国土面积的12.7%，资源储量280亿吨，主要分布在东马坊、长江埠、四里棚地区，埋藏深度300—800米，埋藏较浅，易于开采，氯化钠含量45%—94%，在国内属品位较高的岩盐矿层。应城市盐业化工产业主要分布在四里棚、长江埠和东马坊三个办事处的工业园区规划区域内。以重点实施新都化工、双环科技、中盐长江的技改扩能，促进企业发展壮大。长江埠赛孚工业园是科技部评定的“国家火炬计划应城精细化工新材料产业基地”核心区，也是应城市融入武汉城市圈、承接武汉化工产业转移的重要基地，园区以精细化工为主，其它产业配套发展。东城化工工业园内有上市公司湖北双环科技股份有限公司、湖北长舟盐化有限公司、湖北广达化工有限公司、应城市东诚有机硅有限公司、王守义十三香调味品集团有限公司麻辣鲜厂等重点企业。湖北双环纯碱、氯化铵产量达到100万吨，东诚有机硅有限公司生产三氯氢硅达到1万吨。2009年12月10日东马坊办事处东城工业园被中国调味品协会授予“中国味谷”称号。

产业规模不断扩大。2018年，应城市化工产业集群完成工业总产值257.5亿元，比上年增长16.9%；实现销售收入253.4亿元，增长12.8%；实现税收7.9亿元，增长3.9%。实现利润9.87亿元，增长21.4%。

产品特色更加鲜明。盐业化工产品包括原盐、纯碱、氯化铵、合成氯、精铵、复合肥（含高塔硫基、硝基复合肥）、芒硝、烧碱等20余种产品，其中以原盐、纯碱、氯化铵为主。双环公司“红双环”牌纯碱、“红双圈”牌氯化铵、久大公司“自流井”牌食盐被授予中国名牌产品；新都公司“湖皇”牌纯碱、氯化铵，“桂湖”“洋洋”“凯利丰”牌复合肥授予中国知名品牌；久大公司“桂花”牌加碘精制盐被授予湖北名牌产品；中盐长江盐化有限公司的“白玉兰”牌精制盐为湖北省精品名牌。久大公司生产的“自流井”牌工业盐、“云鹤”牌、“桂花”牌加碘盐、精制盐、肠衣盐、芒硝系列和营养盐、调味盐、日化、畜牧盐等多品种盐系列，产品质量好、信誉高，畅销国内十几个省、市、自治区。精细化工产品拥有有机氟、有机硅、医药中间体、酚醛树脂、电镀中间体等 8 大系列 200 多个品种，产品 71% 以上出口。其中硅烷偶联剂、电解有机氟、病毒唑医药中间体等高新技术产品的产销规模全国第一。氟油、氟硅胶等产品被神舟系列飞船采用，受到国家五部委的表彰。

有机硅烷偶联剂系列产品的开发、生产、销售和技术服务。主要产品有 KH-550、KH-560、KH-570等，年总生产能力6000吨，广泛应用于玻璃纤维、塑料、橡胶、粘胶剂、涂料、铸造、纺织等多种行业，以增强复合材料的强度、电气、抗水、耐气候、粘结力等性能。

盐化工产业园：云梦县依托盐业资源，举全县之力加快建设盐化工循环经济产业园。园区位于隔蒲潭镇境内，规划面积 16.28 平方千米，是全省唯一的盐化工产业两型示范区。按照“原料 + 园区”的循环模式，着力打造岩盐—氯碱—精细化工产业链，初步形成以盐化工为主，医药化工、精细化工、生物化工为辅的产业集群。受 2018 年退规影响，目前园区正常运营化工企业 8 家。

【孝感安陆粮机产业】 2018 年、孝感安陆市有 24 家粮油机械企业，其中规上企业 11 家（永祥、东方红、顺昌、天星、碧山、金谷、永捷、鑫鑫机械、福祥机械、明祥机械、华誉网机），从业人员 2360 人，形成以永祥、天星等企业为龙头，鑫鑫机械、智丰数控等企业配套协作的产业集群，粮机销售占全国市场份额的 30% 以上，榨油机占比 10% 左右。2018 年，粮机产业实现产值 6.4 亿元，比上年增长 4.4%，纳税 928.8 万元（2017 年 1400 余万元）。实现自营出口 713.2 万美元。永祥粮机基本实现生产信息化、自动化，其规模、技术、销量与日本的“佐竹”、瑞士的“布勒”等大品牌相媲美，在全国同行业综合排名第一位，部分产品技术水平（例如色选机部分技术指标）处于国际领先地位。

企业发展各具特色，分工协作格局基本形成。现有 24 家粮机企业中，生产企业 14 家，配套协作企业 10 家，实现粮机产品由单一化向多元化方向发展的转变，主要产品有碾米机、抛光机、榨油机、成套碾米设备及成套烘干设备、仓储配套设备等 300 多个品种。各企业分工相对明确，产品品种、品牌各具特色，进一步细分市场。

市场开拓能力增强，品牌知名度逐步提高。经过多年发展，安陆粮机产业拥有一批专门从事原材料采购、新产品销售、运输的中介商和经纪人队伍，在全国已建销售网点 300 多个，营销网络初步形成。目前，已取得自营出口权的企业 7 家，产品出口 36 个国家和地区；各企业产品种类齐全，质量过硬，价格合理，售后服务到位，信誉优良，在国内外广受消费者青睐，多次被评为“消费者满意商品”称号。“永祥”牌 CM 系列大米抛光成套设备被评为“湖北省名牌产品”，“永祥”牌成套碾米设备连续 6 年被评为“湖北省消费者满意商品”，“永祥”牌碾米机械被全国粮食行业协会授予“全国小品种粮油、粮机知名品牌”称号。

专业技术基础较好，自主创新能力较强。各企业分别与华中科技大学、武汉理工大学等科研院所建立了紧密的技术协作关系，产品研发能力不断增强。近几年，平均每年有 10 多个新产品投放市场，已获发明专利 4 项，实用新型专利 22 项。永祥、天星、东方红等 3 家企业被认定为省级高新技术企业。永祥粮机在国内率先研发出新一代大米精加工设备——“永祥”牌 CM 系列大米抛光成套设备，加工量大、耗电量小，各项性能、标准和质量达到国际先进水平，价格仅为日本、瑞士的 1/3，适应东南亚、南美、非洲等发展中国家的市场需求，面市当年国内市场占有率 50% 以上，被列入国家“火炬计划”，2017 年该公司成功入选湖北省首批支柱产业细分领域隐形冠军企业——“科技小巨人”；

天星粮机研制的100T/D低温螺旋榨油机等设备，均属国内首创，达到国际先进水平。

积极顺应发展趋势，转型发展取得成效。近年来，安陆市粮机产业积极求变，抱团发展农机制造业，粮机链接农机取得显著成效。永祥粮机联合宏利机械、顺昌粮机等企业成立永祥农机装备公司；飞龙、五星等粮机企业，与晨风农机合作社联合成立安陆市农机研究院。永祥、飞龙等企业积极转型发展，与华中农大、武汉理工大等高等院校合作，深耕智能农机，先后研发出低温循环烘干机、气力风选收粮机、精量播种机和水稻侧深施肥机等系列农机产品，取得6项发明专利、8项新型实用专利，4种农机产品进入全国农机推广目录，3款产品进入湖北农机购置补贴目录。"永祥"牌水稻侧深施肥机填补了国内空白，已获得2项国家专利，该施肥机可用手机APP遥控操作，实现了精准无级变量施肥。安陆粮机企业把世界领先的粮食光电色选专利技术应用于播种机械上，研发出精量播种机，可用微电脑智能控制播撒量。

【孝感市建筑业发展创新高】 2018年，孝感市建筑业总产值460亿元，比上年增长16%，创历史新高，拉动全市GDP增长20%。企业实力有新突破。3家施工企业的6项成果在湖北全省415项成果中获一等奖4项，二等奖2项。全年15项工程被评为湖北省结构优质工程、5项工程被评为"楚天杯"优质工程，10项工程被评为"孝天杯"奖（优良样板）工程。洲天建设集团率先走出国门独立承接工程，在迪拜先后签订价值人民币4亿元施工合同，实现孝感市建筑企业"走出去"的重大突破。扶持力度有新的突破，出台多个细化扶持政策。湖北祥旭建筑工程有限公司成功晋升建筑工程施工总承包一级资质。推进"政银企"合作，率先创新"建安贷"信贷产品，建立担保基金池，首批金额1200万元，可放大贷款6000万元。建筑产业现代化发展有新突破。孝南、安陆、孝昌相继建设了一批装配式项目，全市新增装配式建筑面积约25.55万平方米，为省定目标的135%。

建筑节能与科技稳步推进。编制完成《孝感市中心城区绿色建筑专项规划》，新增省级绿色建筑设标示授牌项目6个、绿色建筑集中示范项目1个；超额完成年度建筑节能目标任务，全市5地入围省级前30名，获奖补资金227万元，为全省最多的地市。

（孝感市地方志办公室）

【黄冈市工业】 2018年，黄冈市完成规模以上工业总产值1777.5亿元，比上年增长13.5%。其中，规模以上高新技术产业完成增加值181.59亿元，比上年增长11.4%，占规模以上工业增加值40.19%，高于规模工业增速4.1%；高新技术制造业完成增加值37.9亿元，占规模工业增加值8.4%。全市拥有"新三板"（全国中小企业股份转让系统）企业19个，"四板"（区域性股权交易市市场）企业498个。全市规模以上工业企业产销率95.9%；实现营业收入1481亿元，比上年增长8.2%；利润总额76.7亿元，比上年增长14%；税金总额30.6亿元，比上年增长10.1%；资产总计1363.4亿元，比上年增长12%；全年新增规模企业91个，全市规模工业企业1448家。其中，产值过1亿元企业460个，新增35个，完成产值1326.11亿元，比上年增长18.7%，占规模工业总产值74.6%；产值过10亿元企业15个，新增4个，完成产值377.28亿元，比上年增长36.8%，占规模以上工业总产值21.2%。

【黄冈市建筑业】 2018年，黄冈市建筑建材业完成产值467.79亿元，比上年增长18.4%，增加3.5%。其中，非金属矿采选企业完成产值51.57亿元，比上年增长10.5%；非金属矿物制品企业完成产值416.22亿元，比上年增长19.5%。实现主营业务收入345.5亿元，比上年增长12.4%；上缴税金9.6亿元，比上年增长29.7%；实现利润23.4亿元，比上年增长37.7%。

【黄冈市工业转型升级步伐加快】 2018年，黄冈市规模以上高新技术产业完成增加值181.59亿元，同比增长11.4%，占规模工业增加值40.19%，快于规模工业增速4.1%。其中，高新技术制造业完成增加值37.9亿元，占规模工业增加值8.39%。祥云集团获工信部评为全国绿色示范工厂，索菲亚家居、伊利乳业获评全省智能制造示范企业，葛洲坝兴业、宏源

黄冈市为顾客提供充电服务的电动汽车充电站

（黄冈市地方志办公室　供稿）

药业等 5 家企业获评隐形冠军示范企业，祥云化工、科峰传动等 12 家企业获评隐形冠军“科技小巨人”企业，大二互科技、远东卓越、天弓智能等 27 家企业获评隐形冠军培育企业。全市“新三板”挂牌企业达到 19 家，四板市场挂牌企业 498 家。

【黄冈市食品饮料工业】 2018 年，黄冈市完成产值 296.92 亿元，同比增长 8.68%，同比提升 1.2%。其中，农副产品加工企业完成产值 188.4 亿元，增长 6.57%；食品制造企业完成产值 63.62 亿元，增长 15.88%；饮料制造企业完成产值 44.9 亿元，增长 8.14%。1—11 月，完成主营业务收入 230.7 亿元，增长 1.1%；上缴税金 2.4 亿元，增长 4.35%；实现利润 10 亿元，增长 5.26%。全年全市拥有湖北黄冈伊利乳业有限责任公司、中粮粮油工业（黄冈）有限公司、湖北馥雅食品科技有限公司等过 10 亿元食品企业 3 家；拥有湖北康宏粮油食品有限公司、湖北万嘉油脂有限责任公司、武穴市珍珠油脂股份有限公司等 5 亿—10 亿元企业 3 家；拥有过亿元企业 57 家。

（黄冈市地方志办公室）

2018 年黄冈市规模以上工业企业基本统计表

项目	单位	黄冈市
规模以上工业企业	个	1448
全部工业总产值	亿元	–
规模以上工业总产值	亿元	1777.50
全部工业增加值	亿元	–
规模以上工业增加值	亿元	–
规模以上工业产品销售收入	亿元	1481
规模以上工业利税总额	亿元	30.60
规模以上工业利润总和	亿元	76.70
规模以上工业销售产值	亿元	–
规模以上工业产品销售率	%	95.90
规模以上工业主营业务收入	亿元	–
工业固定资产投资	亿元	–
工业综合能耗	万吨标准煤	–

【咸宁市工业】 2018 年，咸宁市规模以上工业增加值增长 8.5%，全省排名第 4 位；新增规模以上工业企业 115 个，全市规模以上工业企业 932 个；工业固定资产投资额比上年增长 20.8%；实施工业技术改造项目 199 个，投资额比上年增长 19.5%。

【咸宁市建筑业】 2018 年，咸宁市建筑业总产值 197.22 亿元，同比增长 17.6%，增加值 73.05 亿元，比上年增长 17.1%，连续 5 年增长保持 15%，全市建筑业企业 306 个，其中施工总承包资质企业 212 个、专业承包资质企业 290 个、劳务企业 36 个，建筑业产值占 GDP 比重 14.7%，为咸宁市支柱产业。全市勘察设计行业发展壮大，勘察设计企业 26 个，从业人员 1200 人，年营业收入 2 亿元。

咸宁市红牛生产线　　（咸宁市地方志办公室　供稿）

【咸宁市建筑质量安全管理】 2018年，咸宁市对建筑行业违法违规行为保持“高压”态势，对市直建设工程领域执法体制进行“二次改革”，2018年市直办理行政处罚案件27起、罚款金额126.85万元，较往年增幅明显，对规范全市建筑市场环境起到显著作用。全市13个项目获省级优质工程奖，其中1项获“楚天杯”优质工程奖，12项获省结构优质工程奖，创省级文明施工现场（楚天杯）8个，创市级文明施工现场（桂花杯）19个，创建市安全文明施工观摩现场1个。全年开展建设工程及城镇燃气安全生产大检查活动16次，发现并处置各类安全隐患1347个（处），保障全市建设行业安全生产形势平稳可控。

【咸宁市医药工业】 2018年，咸宁市规模以上医药企业26个，涉及中成药生产、化学药品制剂制造等7个行业，实现工业总产值56.2亿元，占全市规上企业总产值2.9%，主导产品有：化学原料药、中间体、中成药、西药制剂、保健用品、医用敷料、医疗器械、药用包装等，形成医用卫材、医疗器械、医用敷料、医药制剂、中成药制造、药用包装等医药工业体系。规模以上医药企业中产值超过亿元的有湖北福人药业公司、福人金身药业、华信制药公司、康进药业等18个企业，占全市规上医药企业总值的93.5%；超过5000万元的企业有21个，占全市医药工业总产值96.8%。

加大投资力度。全市医药工业完成技术改造投资28亿元，同比增长64.7%，改建和技术改造投资3.3亿元。总投资11亿元的真奥金银花药业金银花项目建成投产。

深化科技创新。全市医药企业与大专院校、科研院所合作建立12个研究机构，各类技术研究人才500人，形成“研、产、销”一条龙格局。湖北福人药业依靠科技创新，与湖北中医药大学、南京药科大学等多所院校研发鞘蕊苏胶囊等高新技术产品，拥有自主知识产权品种4个。

提升企业质量管理水平。通过GMP认证企业8个，其中湖北

2018年咸宁市规模以上工业企业基本统计表

项目	单位	咸宁市
规模以上工业企业	个	932
全部工业总产值	亿元	–
# 规模以上工业总产值	亿元	1937.60
全部工业增加值	亿元	590.37
# 规模以上工业增加值	亿元	–
规模以上工业产品销售收入	亿元	–
规模以上工业利税总额	亿元	–
规模以上工业利润总和	亿元	119.40
规模以上工业销售产值	亿元	–
规模以上工业产品销售率	%	98.10
规模以上工业主营业务收入	亿元	1695.70
工业固定资产投资	亿元	–
工业综合能耗	万吨标准煤	–

福人药业公司被评为湖北省“高新技术产业”“国家中药现代化科技产业基地骨干企业”“湖北省博士后产业基地”“湖北省医药工业50强”。

中药材种植基地建设。通城县出台《关于大力推进中医药产业发展的意见》，鼓励中药企业、农民合作社、家庭农场和种养大户按照“企业 + 基地 + 农户”等模式，推动中药制药和中药材加工企业建成稳定、可控的原料种植基地。通城福人药业建成6个示范性种植基地，药材种植面积20.1公顷。

（咸宁市地方志办公室 胡芳）

【仙桃市工业】 2018年，仙桃市规模以上工业总产值1004亿元，比上年增长12.9%；工业增加值比上年增长8.4%；实现主营业务收入956.1亿元，比上年增长12.7%；实现利税91亿元，比上年增长12.5%；实现利润57亿元，比上年增长15.8%；完成外贸出口76365万美元，比上年增长21.2%；完成销售收入956.1亿元，比上年增长12.7%；全市工业用电17.4亿千瓦时，比上年增长15.8%。

骨干企业。全市重点监测的35个工业企业实现销售收入275.4亿元，占全市工业企业销售总收入的29%，比上年增长14.1%；入库税收9.7亿元，有6个企业入库税收增长50%以上。

项目建设有序推进。2018年，全市计划建设项目205个，其中新开工项目150个。其中，全年可竣工投产或部分竣工投产项目107个，比上年增加9个。

转型升级步伐加快。2018年，全市30个重点企业中有16个开展技术改造或扩规，新上智能化、信息化高新设备，企业生产工艺、技术水平和生产能力在同行业中处于领先水平，全市高新技术企业78个。

【仙桃市无纺布产业集群】 2018年，仙桃市无纺布产业主要集聚在彭场工业园，是全国最大的无纺布加工基地、无纺布产业集群。全年非织造布企业1012个，其中，规模以上企业97个，就业人数47357人。实现产值263.71亿元，比上年增长13.6%。新发塑料、裕民防护、恒天嘉华、爱美迪等骨干企业产销对接平稳，销售收入增幅企业有金士达医用公司，占41.9%；新发塑料公司占14.1%；爱美迪公司占21.4%。

2018年，全市从事无纺布生产、加工规模以上企业97个，无纺布生产线85条，年产各类无纺布45万吨，其中亚洲第一条莱芬线SSMMMS生产线1条，SSMMS生产线2条，复合布SMMS生产线3条，SMS线4条，纺粘线24条，生产PP布生产线20条，熔喷生产线9条，透气膜生产线4条，PE生产线8条。新发公司扩规项目竣工投产，有3000多台高速机、2000多台超声波热合机和1000多台全自动口罩机，无纺布生产线18条。全市制品加工设备33650台（套），年加工制品85万吨。

仙桃市恒天嘉华无纺布生产车间 （仙桃市地方志办公室 供稿）

【仙桃市食品工业】 2018年，仙桃市食品产业实现产值179.11亿元，比上年增长10.8%。食品行业主要集聚在食品产业园，食品产业集群中国驰名商标和知名品牌企业35个。中国驰名商标10个（旺旺、燕京、亲亲、华美、加多宝、中粮、米老头、海新、富迪、武汉黑鸭）；著名商标12个（真巧、嘉士柏、奕方、奥满多、外婆家、顾大嫂、千腊村、三辉麦风、宏发、元亨、仁和米业、聚兴米业）；有华美、安琪两个“国饼十佳”，楚福、九珠、奥星、毛嘴卤鸡、沙湖皮盐蛋等15个省著名商标。“仙桃香米”“沔

2018 年仙桃市规模以上工业企业经济统计表

项目	单位	仙桃市	增幅
规模以上工业企业	个	397	–
全部工业总产值	亿元	–	–
# 规模以上工业总产值	亿元	1004.60	–
全部工业增加值	亿元	–	–
# 规模以上工业增加值	亿元	–	8.4%
规模以上工业产品销售收入	亿元	956.14	–
规模以上工业利税总额	亿元	91.07	–
规模以上工业利润总和	亿元	56.95	–
规模以上工业销售产值	亿元	–	–
规模以上工业产品销售率	%	97.68%	–
规模以上工业主营业务收入	亿元	956.14	–
工业固定资产投资	亿元	–	11.9%
工业综合能耗	万吨标准煤	–	–

阳麻鸭”“郑场豆豉”“沔城藕”“张沟黄鳝”5 个地理标志商标认证。金威麦芽、仙粮机械、慧狮塑料、魏氏生物、顾大嫂 5 家食品生产及配套企业被认定为全省“高新技术企业”，食品产业取得国家专利 177 个，2018 年新增 8 个。食品产业形成饼干、糕点、果冻、巧克力、面条、麦芽、糖果、果粒果冻、焙烤食品、中高档休闲食品和饮料等食品生产加工业。

（仙桃市地方志办公室）

【潜江市工业提质增效】 2018 年，潜江市完成工业增加值 396.55 亿元，比上年增 7.9%。轻工业增加值比上年增长 9.5%（可比价），重工业增加值比上年增长 8%（可比价）。全年实现规模以上工业主营业务收入 875.4 亿元，比上年增长 17.6%；利润总额 46.2 亿元，比上年增长 684.8%。工业投资比上年增长 14.6%，工业技改投资比上年增长 13.3%，技改投资占工业投资的 70% 以上。

2018 年，潜江市高新技术产业增加值比上年增长 13.4%，占 GDP 比重 18.2%，光电子信息、绿色食品、装备制造、生物医药等产业产值增速均为 20%。金澳科技在中国企业 500 强中位次前进 57 位，12 个企业成为湖北省支柱产业细分领域隐形冠军，全市工业产销率 98.7%。

（潜江市地方志办公室）

2018 年潜江市规模以上工业企业基本情况统计表

项目	单位	潜江市
规模以上工业企业	个	270
全年工业完成增加值	亿元	396.55
规模以上工业主营业务收入	亿元	875.40
规模以上工业利润总额	亿元	46.20
潜江市资质以内建筑企业	个	52
建筑业增加值	亿元	41.20

【天门工业转型升级】 2018 年，天门市新增规模以上工业企业 36 个。规模以上工业增加值比上年增长 8,0%；工业投资比上年增长 10.1%；工业技改投资比上年增长 10.2%；完成工业增值税 3.65 亿元，比上年增长 29.5%；完成工业用电量 5.79 亿千瓦时，比上年增长 3.1%。“信息扶贫”工程获评全国“2018 民生示范工程”；天门市跻身全国县域经济百强行列、排名第九十八名。

推进工业转型升级。实施“百企百亿技改工程”。完成技改投资 93.6 亿元，全市 35 个重点技改扩规项目投产 22 个、在建 10 个、加快推进 3 个。推进“困难企业盘活工程”。运用市场化、法治化手段，采取兼并重组、“腾笼换鸟”“找帅招兵”等方式推进困难企业盘活工作，出台《天门市盘活重点困难企业的意见》，协调解决困难和问题。盘活华成生物（天成谷物）、正和食品（启勋食品）、天德环保（美瑞农业）等 11 个困难企业。推进危化品暨沿江化工企业搬迁改造。在岳口工业园征地建设斯普林有限公司和成宇制药有限公司，关停易普乐有限公司和天湖化工，搬迁或转产福临公司。

【天门市建筑业】 2018 年，天门市新开工建筑工程 151 个、续建工

天门市城区新建的绿色建筑小区　　（天门市地方志办公室　供稿）

2018 年天门市工业企业主要经济指标统计表

指 标	单位	2018 年	±%
规上工业总产值	亿元	–	13.40
产销率	%	98	–
规上工业增加值	亿元	–	8
主营业务收入	亿元	873.73	12.20
利润总额	亿元	45.92	4
工业增值税	万元	36547	29.50
高新技术产业增加值	亿元	59.74	13.5
全社会用电量	亿千瓦时	16.01	15
其中：工业用电量	亿千瓦时	5.79	3.10
规上工业企业个数	个	286	–
外贸出口额	亿元	8.60	5.20
实际利用外资	万美元	52	–92.30
全社会固定资产投资额	亿元	–	11.30
其中：工业投资额	亿元	–	10.10

程 205 个，竣工 48 个，其中建筑工程 39 个、市政工程 9 个。完成建筑业产值 121 亿元，比上年增长 21%；实现建筑业增加值 38.48 亿元，比上年增长 19.1%。申报百里·凯旋门为湖北省绿色建筑集中示范项目、碧水园·长宿为绿色建筑二星级设计标识、湖北小星材料为绿色建材三星级标识。

（天门市地方志办公室）

现代服务业

【武汉市商贸业】 2018 年，武汉市社会消费品零售总额 6843.9 亿元，比上年增长 10.5%，增幅位居全国 19 个副省级城市第一，总额由第六位上升至第五位。全年实现商品零售额 6196.1 亿元，占武汉市社会消费品零售总额的 90.5%。电子商务交易额 8230 亿元，比上年增长 25.3%。

举办“汉版双 11”——武汉网络购物节。2018 年，组织 300 家本土大型实体商贸企业、知名互联网企业和智慧商业街区，成功举办升级版“汉版双 11”——2018 武汉网络购物节，坚持线上线下融合，以“智慧消费·品质生活”为主题，除传统的线上促销活动外，融合武汉金秋欢乐购物节，开展智慧消费线下体验，增设品质消费体验行、武汉网红美食节、换车节、绿色家电采购日、华中进口商品展销会等特色活动，线上平台访问量突破 700 万人次，总成交额超 70 亿元，创历史新高。

商业老字号转型升级。2018 年，全市培育商业老字号 61 个。其中，中华老字号 13 个，湖北老字号 15 个，武汉老字号 33 个。餐饮老字号 15 个，如汤包大王四季美、汤圆大王五芳斋、热干面大王蔡林记、豆皮大王老通城等。

组织农超对接。2018 年，组织大型农超、农贸、工贸产销对接活动 14 场，参会 10000 人次，签订意向协议 50 项，签约总金额 24.96 亿元。11 月 17 日，在武汉举行“第九届汉宜农商农超对接活动”，签约总金额 8.05 亿元。11 月 18 日，组织蔡甸区、黄陂区、江夏区、新洲区 271 个贫困村代表

300 人，参加"第十五届中国武汉农业博览会产销洽谈暨对口帮扶精准扶贫农业科技成果转化推介会"，签约金额 4.61 亿元。

物流标准化试点。2018 年，全市试点企业标准化托盘自购数量增至 79.32 万块，增长 50.8%；托盘租赁数量增加至 37.89 万块，比上年增长 489.3%；试点企业标准化托盘使用率 98.6%，租赁率 32.33%；带板运输量 31.8 万块，比上年增长 397%。试点企业货损率 1.8%；物流企业物流成本占主营业务收入比重 7%；装卸效率比上年提升 1.6 倍，车辆周转率比上年提升 1.5 倍，全市物流标准化试点工作形成"一体化"联动、"两个重点"推进、"三化协同"发展特色，全市商贸物流提质增效明显。

【武汉市电子商务】 2018 年，武汉市电子商务交易额 8229.99 亿元，比上年增长 25.3%。其中，大型企业 B2B 交易规模比上年增长 9.9%；网络零售交易规模比上年增长 38%；中小型企业 B2B 交易规模比上年增长 31.2%；其他类型交易规模比上年增长 38.8%。

推进电子商务示范企业和示范基地创建。武汉市中法武汉生态示范城（凤凰山电子商务产业基地）和青山钢谷产业园被认定为省级电子商务示范基地，九州通中药材电子商务有限公司、武汉良中行供应链管理公司等 19 个企业被认定为省级电子商务示范企业。全市有市级以上电子商务示范基地 5 个，其中，国家级 2 个，省级 2 个，市级 1 个；市级以上电子商务示范企业 30 个，其中，国家级 5 个，省级 19 个，市级 6 个。

发展新消费新零售业态。探索试点刷脸支付、无人智慧门店、自助收银通道、扫码购物、"门店 3 公里到家" 等零售"新物种"。盒马鲜生、缤果盒子、小米之家、"京东到家"等品牌有 100 家门店落户武汉，其中，盒马鲜生门店数 11 个，全市有中百罗森、Today 今天、美宜佳、可多、慕臣等各类连锁便利店品牌 20 个，便利店门店总数 3000 个。武商集团、中百集团、中商集团走转型发展之路，成立专门电子商务服务公司，利用直播、短视频、快闪店、主题 IP 等热门传播渠道与实体经营互动，加强数字化改造，实现线上线下融合发展。斗鱼、盛天网络连续入选中国互联网企业 100 强榜单。

农村电子商务发展。2018 年，武汉市级财政每年安排专项资金 2000 万元，支持农村电子商务发展。6 月 5 日，武汉市出台《关于印发 2018 年武汉市农村电子商务工作实施方案的通知》《2018 年武汉市农村电商创业就业培训计划实施方案》等配套文件。全市建设村级电商服务站（点）255 个，实现农村（含 271 个贫困村）电商服务站全覆盖；建设村级综合服务站点 214 个，共 834 个；全市涉农第三方电商平台及交易类自营网站 100 个，涉农网店 5000 个，在第三方平台开设旗舰店、专卖店的涉农企业 200 个。卖货郎公司在黄陂区建立 5000 平方米仓储物流中心，建设培训基地 1 个，村级电商服务站 420 个，预计两年内完成 600 个，实现全区全覆盖。启动火凤凰云计算公司蔡甸区农商互联产业基地项目，一期规模 9000 平方米，打造"汉美特""农谷鲜"等自营农产品网络品牌，涉及 10 多款农特产品，网销金额 4 亿元。

【武汉市金融服务业】 2018 年，武汉市金融业增加值 1233.3 亿

2018 年 11 月 17—18 日，第六届武汉地区"楚天威豹杯"金融职工职业技能大赛现场

（武汉地方志办公室　供稿）

元，比上年增长 7.8%，增速排名副省级城市前三位。全市本外币各项贷款余额 28098.33 亿元，比上年增长 17.9%；全年新增 4177.18 亿元，占全省新增额的 68%。社会融资规模稳定增长，全市社会融资规模存量余额 40969.26 亿元，比上年增长 11.6%，全年新增 4154.55 亿元。据第十期“中国金融中心指数”（CDI· CFCI）统计，武汉市综合得分居副省级城市第 6 位，比去年上升一位，位居中国中部省会第一。

企业上市取得突破。2018 年，全市企业境内外上市 9 个，其中，境内 5 个，在全国 15 个副省级城市中排名第三。上市公司 77 个，其中，境内上市公司 57 个。

保险行业实现 J 形反转。2018 年，全市实现保费收入 621.02 亿元，比上年增长 12.1%，增速排名全国副省级城市前三位。

金融服务业。2018 年，武汉市流动金融机构 4 次降准释放 100 亿元，办理贴现 33.1 亿元，发放支农贷款 7.4 亿元，首次向武汉农商行发放支小贷款 2 亿元。深化小微企业金融服务，搭建多层次小微企业融资对接平台，加大小微企业信贷客户培植力度，全市银行机构小微企业贷款余额 3893.02 亿元，新增 653.9 亿元，比上年增长 18.5%，应收账款平台成交 1693 笔、1309 亿元。扩大创业担保贷款范围、提高贴息扶持力度，全年就业再就业小额担保贷款余额 8.93 亿元，发放 1514 笔、6.09 亿元。

【武汉市交通体系建设】 2018 年，武汉市完成交通固定资产投资 353.26 亿元；交通运输换算周转量 4635.82 亿吨千米，比上年增长 6.8%；完成交通货运量 62517.88 万吨，增长 9.2%；货物周转量 3654.73 亿吨千米，增长 8.8%；港口货物吞吐量 10318.38 万吨，增长 3%，其中，集装箱吞吐量 157.46 万标准箱，增长 16.1%。全年完成客运量 28638.88 万人，下降 1.6%；旅客周转量 1232.53 亿人千米，下降 0.1%；航空港旅客吞吐量 2450.04 万人，增长 5.9%。全市社会物流总额 3.65 万亿元，增长 9.7%；邮政业务总量 196.16 亿元。

交通重点工程项目建设。2018 年，重点实施青山长江公路大桥建设项目，完成投资 15.02 亿元，为年度计划投资 15 亿元的 100.2%；项目完成投资 43.81 亿元，完成总工程量的 78.3%；主桥南北索塔封顶，完成边跨钢梁架设，完成引桥下构。实现四环线南段工程（龚家铺至中洲段）建设项目，完成投资 6.8 亿元，为年度计划投资 6.77 亿元的 100.4%；项目完成投资 43.66 亿元，完成总工程量的 100%；完成主体工程。实现四环线北段工程（武湖至吴家山段）建设项目，完成投资 32.31 亿元，为年度计划投资 32 亿元的 100.9%，项目完成投资 76.39 亿元，完成总工程量的 64.6%。实现四环线东段工程（北湖至建设段）建设项目，完成投资 10.55 亿元，为年度计划投资 10 亿元的 105.5%，项目完成投资 16.63 亿元，完成总工程量的 52.1%。实现绕城高速公路中洲至北湖改扩建段建设项目，获省发改委报批，初步设计报至交通运输部。实现武汉至大悟高速公路武汉段建设项目选址意见书，获批用地预审，项目完成投资 10 亿元，建成第二、三、四标段项目临建设施（项目驻地、拌和站）。实现武汉至阳新高速公

“光谷量子号”有轨电车经过武汉市三环线“大三通”立交桥

（武汉地方志办公室　供稿）

路武汉段建设项目选址意见书，获批用地预审，项目完成投资 6.74 亿元，启动临建工程。

武汉市邮政速递物流智能分拣机器人工作现场

（武汉地方志办公室　供稿）

【武汉市城市公共交通服务业】2018 年，全市公交客运总里程 5.46 亿千米，客运总量 14.5 亿人次；全市全年轨道交通新增 2 个轨道交通运营线路，分别为轨道交通 7 号线和 11 号线东段，全年全市轨道交通运送乘客 10.37 亿人次，日均客运量 284.14 万人次，最高日客运量 372.66 万人次，乘客满意度经第三方测评为 95.6%；全年全市中心城区巡游出租车规模 16723 辆，经营企业 57 家，日均客运量 76 万人次；核发网约车平台许可证 16 个、网约车车辆运输证 3544 个、网约车驾驶员从业资格证 12606 个。

12 月 13 日全国城市交通工作暨公交都市建设推进会，武汉市被交通运输部授予“国家公交都市建设示范城市”称号。

【武汉市邮电服务业】2018 年，武汉市邮政业完成业务总量完成 196.16 亿元，比上年增长 30.5%；业务收入完成 115.85 亿元，增长 14.6%。其中，邮政企业完成业务总量 2.44 亿件，增长 9.1%；快递业务量完成 9.26 亿件，增长 31.9%，全国排名第 12 位；快递业务收入 92.73 亿元，增长 14.4%，全国排名第 10 位；2018 年，全市电信业务总量 709 亿元，增长 120%，电信业务收入 152.8 亿元，增长 1.3%。全市移动电话用户 1684.4 万户，增长 11.5%。固定宽带接入用户 493.1 万户，增长 13.8%。光纤到户覆盖 560.5 万户，增长 6%。

2018 年，武汉市邮政营业场所 260 个。其中，提供邮政普遍服务营业场所 259 个，城市自办营业场所 153 个、委托代办营业场所 6 个，农村自办营业场所 92 个、委托代办营业场所 8 个。城区网点平均服务半径 1.39 千米，服务人口 3.96 万人，农村网点平均服务半径 5.31 千米，服务人口 3.85 万人。全市设有村邮站 1500 个，邮政信箱（筒）426 个。全市有快递品牌企业 85 个，企业总数 3533 个。其中，许可企业 504 个，分支机构 905 个，备案末端网点 2124 个。

快递业与电子商务协同发展。2018 年，武汉市加快拓展冷链、生鲜等高附加值服务领域。武汉京东快递推出“闪电送”，依托前置仓实现分钟级配送，市民网购最快半小时内收货，武汉“闪电送”站点 10 个，覆盖三环线以内区域。武汉顺丰快递在全国率先推出公安刑侦系统快递送检服务，全年完成 25 万人次的血样及物证采集送检工作。顺丰快递开通武汉、鄂州、黄冈、黄石四个城市“跨市即日件”业务，四城之间互寄快件实现当日送达。顺丰速运开通“武汉—新加坡”“武汉—韩国”2 条国际直飞航线，提升国际航空物流运输效率和服务体验。在“双 11”，武汉市邮件、快件处理量 2300 万个。

2018 年，武汉市电信业增强对国民经济和社会发展的支撑作用。武汉市是全国重要的通信枢纽，是中国宽带互联网全国 8 大中心节点之一、互联网全国 13 大骨干直联点之一，中国新一代高速环网唯一的五环交汇地，形成覆盖全市主城区范围的全光骨干网 + 光纤到户 + 无线宽带覆盖网络。11 月 22 日，工业互联网标识解析国家顶级节点（武汉）正式上线，武汉市成为国家工业互联网五大顶级节点中首个开通的节点、中部地区唯一的顶级节点城市。武汉市互联网承载能力大幅提升，成为全国互联网枢纽地位。

融合业务快速发展，数据和互联网业务收入占比提高。拓展光纤宽带接入业务，带动家庭智能网关、视频通话、IPTV 等融合服务，提升用户价值。2018 年，武汉市数据及互联网业务收入 96.2 亿元，比上年增长 12%，电信业务收入占比由上年的 56.8% 提升到 62.9%。

宽带网络质量跻身全国前列。2018 年，武汉市 IP 城域网出口带宽 7000G，所有行政村全部实现光缆通达，自然村实现光纤覆盖，建成千兆小区 4000 个。固定宽带下载速率在全国主要城市中排名第 5 位。无线城市建设成效显著。4G 网络实现市域全覆盖，建成移动物联网基站 16000 个。建成运营三期公益 Wi-Fi 网络，开通热点 1272 个，活跃用户 420 万人。网络融合应用取得突破。设立首个在高等院校的 5G 实验室，成立全国首个“5G 北斗精准定位联合创新实验室”。工业互联网国家顶级节点（中部）落户武汉，于 2018 年 11 月正式上线。云计算基础初具规模。建成武汉城市云平台和超算平台 1 期工程，为 40 个委办局 100 多个业务系统提供云计算服务。应用包括市长热线、市公安视频统一云平台、市农委肉类蔬菜质量安全追溯体系政务云平台、智慧电梯、智慧桥梁和智慧燃气等，存储数据量 50 个 PB，云主机 6000 个。

【武汉市旅游服务业】 2018 年，是武汉市实施全域旅游大发展三年行动计划的第一年。全年新增 4A 级景区 3 个、3A 级景区 2 个，江汉朝宗文化旅游区创建国家 5A 级景区。“知音号”成为武汉城市文化旅游新名片。“梦幻江城灯光秀”在央视直播。全年接待游客 2.88 亿人次，实现旅游总收入 3164 亿元，分别比上年增长 10.9% 和 12.5%。

2018 年，武汉市招商引资签约旅游项目到位资金 50 亿元。围绕“一轴、一心、一山、三城、百湖”（一轴，长江主轴。一心，东湖生态、人文、融合之心。一山，木兰山文化生态旅游区。三城，打造历史、当代、未来之城。百湖，全市 166 个湖泊，一湖一景。）的全域旅游布局，以长江旅游、文化旅游、乡村旅游、康养旅游为重点，谋划储备 24 个重大旅游项目。

2018 年，武汉市有 A 级旅游景区 46 个，其中 5A 级旅游景区 3 个、4A 级旅游景区 19 个、3A 级旅游景区 24 个。从经营性质分类，国有或国有控股景区 24 个，集体所有制景区 1 个，私营景区 21 个；从资源类别分类，文博院馆类 11 个，自然景观类 5 个，历史文化类 5 个，科技教育类 2 个，寺庙观堂类 2 个，度假休闲类 5 个，乡村旅游类 8 个，主题游乐类 5 个，其他 3 个。

2018 年，全市有 3 家景区评定为国家 4A 旅游景区，2 家景区评定为国家 3A 级旅游景区。1 家景区通过湖北省旅游委 4A 级旅游景区景观质量评价，1 家景区进入省旅游委 4A 级景观质量评价程序。

2018 年，武汉市有旅行社 385 个。其中，入境旅行社 298 个，出境组团社 87 个；3A 级以上旅行社 69 个；全年新设立旅行社 39 个，注销旅行社 9 个，吊销旅行社 5 个，升级出境组团社 21 个。行政审批窗口办理行政审批事项共计 2180 个，其中旅行社业务经营业务办理事项 110 个，出国旅游名单表盖章 2070 个。

【武汉市特色街区、名镇名村】 2018 年，武汉市对名镇名村、旅游特色街区创建工作提档升级。武汉市有省级旅游名镇 1 个、旅游名村 2 个、旅游名街 7 个，市级旅游名镇 6 个、旅游名村 3 个、旅游特色街区 16 个。加强调研，指导江岸区、武昌区做好吉庆街、黎黄陂路、户部巷等旅游特色街区建设，提升黎黄陂路夜间“休闲慢游”品质，重塑吉庆街特色活力，发挥武昌古城古韵和活力，指导江汉区红 T 时尚街区做好市级旅游特色街区创建申报工作。旅游名镇名村、特色街区举办的旅游活动入选武汉国际旅游节，纳入复核范围的 12 个单位通过省市旅游名镇名村特色街区复核。

加快建设美丽乡村旅游点。2018 年，武汉市贯彻落实市委、市政府《关于印发 < 武汉市全域旅游大发展三年行动计划（2018—2020）> 的通知》《关于扎实推进“三乡”工程积极实施乡村振兴战略的意见》，提出三年内打造100个乡村旅游点和推动“三乡工程”建设要求。全年推出首批40个美丽乡村旅游点。上报省级乡村旅游后备箱工程示范基地4个，分别为：吉农田间超市（湖北吉农沃尔特农业有限公司）、凤娃古寨（武汉凤娃古寨旅游发展有限公司）、仓埠山庄（武汉市广开源农业生态休闲有限公司）、点溪园古法红糖乡村主题观光园（武汉点溪园生态景观发展有限公司）。

开展星级“农家乐”评定。依据《湖北省农家乐星级划分与评定标准》，对各区择优上报的33个四星级农家乐进行检查和资料审核，其中25个经过专家评审，达到四星级农家乐标准。

（武汉地方志办公室）

【黄石市商贸流通】 2018年，黄石市社会消费品零售总额803.27亿元，比上年增长11%，完成目标任务的101%。

发展会展经济。成功举办第十五届省运会、第二届中国（黄石）地矿科普大会等重大展会活动，劲牌公司、金贝乳业、白鸭蛋业、珍珠果食品、食博园饼业等一大批企业在国内多个展会亮相，提升产品知名度。认真组织黄石名优商贸企业和产品参加第27届中国食品博览会暨中国（武汉）国际食品交易会、荆楚优品湖北省农产品产销会、首届楚菜美食博览会等活动。成功引进绿地集团，全面加快黄石会展中心建设的进度。

“互联网+流通”。初步形成义乌商贸城、大冶电商服务中心、阳新电商产业园等一批区域性电商集聚区。大冶省级、阳新国家级电商进农村示范县各项工作稳步推进。全市网络销售产品已从单一的农特土优产品，扩展至采摘体验、门票、酒店、餐饮、石雕工艺品、鞋类、服装、糖、酒等100多种，全市农村电商企业700余家，交易额突破30亿元。

传统商贸改造升级。重点实施新城吾悦广场、居然之家等项目，加快推进大型商贸项目在团城山、大冶湖新区布局，制定出台《黄石市商贸流通绿色发展的实施方案》，建立绿色发展商贸流通领域项目库，其中重点项目27个，储备项目112个。引进阿里天猫小店在全市规划布局，升级改造、新建青龙农贸市场、钟楼农贸市场、白马山生鲜超市，为群众生活提供便利。同时，大力培育市场主体，支持商贸市场主体进限，全年新增进限企业50家。

【黄石市国际市场开拓】 2018年，黄石市外贸进出口37.1亿美元，比上年增长10%。其中出口18.5亿美元，增长9%，完成目标任务的100%。新增外贸出口企业48家，完成出口7500万美元，同比增长15%。

组织80家企业参加首届中国进口博览会、广交会、华交会、东盟、南亚、亚欧博览会等国内外展会120余次，一大批黄石智造走向世界，受到国际市场的欢迎。在首届中国进口博会上，80家企业签订进口商品协议21.03亿美元。参加赴非洲开拓国际市场考察团、湖北企业丝路行等专场活动。加大在“一带一路”沿线国家的境外投资及工程承包力度，华新水泥塔吉克斯坦和柬埔寨项目、橙石电子商务公司新加坡项目入选我省2018年度“一带一路”重点支持项目库。成功引进湖北省跨境电商龙头企业大道众采公司落户黄石，11月11日，黄石市保税物流中心跨境电商业务正式运营，率先建成全省地级市州第一家跨境电商平台。利用“互联网+外贸”组合拳帮助企业拓展海外营销新渠道，打造新的外贸经济增长点。强化外贸精准服务，开展政策咨询、业务培训，推进小微企业出口信用保险实现全覆盖，为企业提供融资费用支持，帮助企业最大限度享受外贸扶持政策，全年落实兑现外贸政策扶持资金2000余万元。

【黄石市金融服务业】 2018年，黄石市银行业资产负债规模稳步扩张，风险管控能力稳步提升，信贷支持实体经济发展平稳推进，实现银行业发展整体稳中有进。银行业机构资产总额1952.53亿元，比年初增加112.64亿元，增长6.1%，其中，贷款余额1225.35亿元，比年初增加113.75亿元，增长10.2%。负债总额1906.86亿元，比年初增加129.27亿元，增长7.3%，其中，存款余额1730.3亿元，比年初增加91.79亿元，增长5.6%。实现净利润17.08亿元。不良贷款余额24.98亿元，不良贷款率2.1%，比年初减少0.1%。法人机构资本充足率14.2%，核心资本充足率 12%，超额备付率 3.2%。

【黄石市交通运输快速发展】2018 年，黄石市全年综合交通运输网络总里程 8325.22 千米（不含城市道路），综合交通网密度 181.65 千米 / 百平方千米。全年完成道路客运量 3069.9 万人次、旅客周转量 20.37 亿人次千米，分别比上年下降 10.17%、7.51%。公交年客运量 1.39 亿人次，市民出行公共交通分担率 24%。出租车客运量 10096.7 万人次，比上年下降 1.6%。道路货运量 7780.47 万吨、货物周转量 137.47 亿吨千米，分别比上年增长 10.5%、7.8%。水路货运量 825 万吨、货物周转量为 81.42 亿吨，分别比去年同期降低 23.3%、28.9%。港口货物吞吐量 4218.65 万吨千米（含棋盘洲新港 1、2、7 号泊位），比上年增长 4.4%（其中外贸货物吞吐量 511.33 万吨、集装箱吞吐量 5.11 万 TEU，分别比上年增长 -3.2%、70.2%）。全市注册资本 100 万元以上的物流运输企业 618 个，其中 3A 物流 14 个、4A 物流 6 个。全市水运企业 10 个，船舶 99 艘，总载重吨 14.87 万吨。开通多式联运班列，完成多式联运班列 53 趟，集装箱 2572 标箱。

【黄石市优化旅游发展环境】2018 年，黄石市全年接待游客 2684.99 万人次，比上年增长 21%。实现旅游收入 170 亿元，比上年增长 20%。投资 13.5 亿元的东方文化园、投资 3 亿元的仙岛湖天空之城、投资 2 亿元的南市渔歌旅游区项目进展顺利；旅游火车项目、黄荆山森林公园飞云公园 EPC 项目、龙凤山绿色健康游等项目有序推进；鄂王城生态文化园二期、大湾乡村旅游项目、楚天香谷芳香文化博览园、成长空间（青少年研学旅行营地及亲子休闲乐园）等项目进行规划设计；大冶湖水上休闲运动度假中心、东钢文化产业园等项目正在加快招商引资步伐。全市共谋划 22 个重点旅游项目，总投资 99.3 亿元。

整合营销和安全生产。以“相约美丽乡村·品味四季乡韵”黄石快乐健康乡村游主题系列活动为重点，做强做精阳新石田古驿油菜花旅游节、保安桃花节、铁山槐花节、茗山玫瑰花节、金海白茶节、军垦葡萄节等乡村旅游节庆活动，促进旅游经济发展。落实旅游安全生产责任，开展旅游行业扫黑除恶专项斗争，优化旅游发展环境。

（黄石市地方志办公室）

【鄂州市商贸流通业】2018 年，

2018 年鄂州市消费品零售情况分类统计表

项目名称	社会消费品零售总额（亿元）	比上年 ±%
1. 鄂州市	341.94	12.50
2. 限额以上	221.53	34.4%
批发业	151.13	31.20
零售业	68.09	43.50
住宿业	0.83	6.40
餐饮业	1.48	9.50

鄂州市实现社会消费品零售总额 379.04 亿元，比上年增长 12.5%。其中，城镇市场实现消费品零售额 343.41 亿，比上年增长 12.8%；乡村市场实现消费品零售额 35.63 亿元，比上年增长 10.3%。限上商贸企业完成零售额 221.53 亿元，比上年增长 34.4%。全市通过网络消费实现零售额 186.82 亿元，比上年增长 41.2%，拉动社会消费品零售总额 16.2%。开展“双打”活动，保证城乡居民消费安全。依法加强对典当、拍卖、二手车鉴定评估、报废汽车回收拆解企业的监督管理。

2018 年“招商项目行长行”暨银企签约仪式

（鄂州市地方志办公室　供稿）

【鄂州市农村电子商务业】2018年，鄂州市湖北淘鄂州供销电商公司在澜都园建成面积1180平方米的鄂州市电商服务中心，在南国名门、火车站、澜都园建设3个面积各400平方米的农产品O2O体验店，建设太和、长港、杜山等5个乡镇电商服务站，建成碧石李家境、沙窝湖桥、东沟六十等50个村级电商服务点。开展农村电商人才培训6场，培训农产品企业、农民专业合作社、电商服务站点负责人和农村创业青年780人次。

2018年鄂州市银行业金融机构基本情况统计表

项目银行	人员情况	机构情况（个）		
	在编（人）	网点数量	城区网点	乡镇网点
农发行鄂州市分行	43	1	1	0
工商银行鄂州分行	370	18	13	5
农业银行鄂州分行	411	22	14	8
中国银行鄂州分行	219	10	9	1
建设银行鄂州分行	209	10	8	2
鄂州农商银行	770	45	14	31
邮储银行鄂州市分行	139	35	11	24
汉口银行鄂州分行	44	2	2	0
中信银行鄂州支行	26	2	2	0
湖北银行鄂州分行	27	1	1	0
合计	2258	146	75	71

【鄂州市金融改革】2018年，鄂州市金融业实现增加值17.67亿元，比上年增长7.6%，金融业增加值占全市GDP比重1.8%，占全市服务业增加值比重4.6%。全市银行业金融机构各项存款余额726.29亿元，比年初净增70.03亿元，增长10.7%；各项贷款余额518.04亿元，比年初净增64.77亿元，增长14.3%，贷款增幅高于全市、全省GDP增幅6.1%、6.5%，增幅在全省12个市州排名第三位。证券交易人数55592人，交易量817.29亿元，托管证券市值39.23亿元。全年保险业实现总保费收入20.06亿元，比上年增长17.7%。

国家开发银行湖北分行结合鄂州市实际设计生态金融产品，实现生态资产资本化，形成《鄂州生态金融项目评审初步方案》。2018年2月，鄂州市水务集团与国开行湖北分行合作，在国内首次以水库灌溉权作为融资标的物进行质押贷款，获得质押贷款2000万元。推进生态资产收益权转让。探索林权收益权转让融资，8月31日，鄂州市政府金融办联合武汉金融资产交易所举行林权收益权交易签约仪式，这是鄂州市第一笔利用生态资产收益权转让进行的融资，武汉微福言吉科技有限公司通过摘牌获取林权收益权，鄂州锦然绿化工程有限公司融资150万元。探索建立生态价值指标交易制度。完善生态价值工程，强化生态资源保护，按照“谁破坏、谁补偿，谁保护、谁受益”原则，科学界定生态破坏者与保护者的权利义务，推进生态指标交易和生态当量补偿机制建设，加快形成破坏者付费、保护者得到合理补偿的运行机制。

2018年鄂州市公路里程统计表

项 目	总计（公里）	等级公路					等外公路
		合计(公里)	一级公路	二级公路	三级公路	四级公路	–
国 道	101.32	101.32	37.61	63.71	–	–	–
省 道	183.66	183.66	45.33	87.65	50.68	–	–
县 道	463.78	460.11	21.33	57.23	188	192.65	3.67
乡 道	805.58	785.04	–	–	29.49	755.55	20.54
村 道	2280.59	1885.30	46.11	5.51	9.56	1824.12	395.29
总里程	3834.93	3415.43	150.39	214.11	278.62	2772.32	419.50

2018年鄂州市公路运输工具分类统计表

车辆类型	数量（台）	备注
大客	90	
中客	449	
小客	48	
大货	1613	
中货	31	
小货	1877	
危货	174	

【鄂州市邮政业】 2018年，鄂州市邮政行业业务总量完成6.56亿元，比上年增长70.6%；邮政行业业务收入（不包括邮政储蓄银行营业收入）完成4.38亿元，比上年增长59.4%。其中，快递业务量（本市寄出）3411.97万个，比上年增长155.5 %；业务收入完成2.76亿元，比上年增长115.1%。业务量和业务收入增幅均居全省第一。对部分邮政快递企业营业网点和所有分拨中心开展邮件快件“不着地、不抛件、不摆地摊”治理，共出动检查人员102人次。

（鄂州市地方志办公室）

【孝感市服务业】 2018年，孝感市制定《关于加强推进服务业高质量发展的实施方案》（孝服务发〔2018〕8号），突出“十大重点”行业和“五个一百”工程，推进服务业发展。全年全市服务业增加值完成700.2元，比上年增长10.1%，高于全市地区生产总值增速2%，服务业增加值占GDP比重36.6%，比上年提高1.9%。

2018年，全市有服务业市场主体236823户，比上年增长12.51%。新增服务业市场主体34048户，占新登记市场主体的80.9%；全市在库规模以上服务业企业81家，其中60家企业同比增长，增长面74.1%；实现营业收入48.89亿元，扣除“中储粮”政策调账影响，实际比上年增长6.2%；全市服务业完成税收收入105.75亿元，比上年增加9.45亿元增长9.81%。服务业税收收入占全部税收收入（172.3元）比重61.38%。

【孝感市对外贸易】 2018年，孝感市进出口总额13.8亿美元，比上年增长25.4%；其中出口9.48亿美元、比上年增长23.6%，总量居全省第7位，完成年度出口任务。出口队伍扩大，出口实绩企业328个，新增103个，新增出口3940万美元。争取出口信用保险支持，孝感市人民政府与中国出口信用保险公司湖北分公司签署战略合作协议。孝感红贡茶在俄罗斯设立两个中国茶海外展销中心，有109家国内大中型茶企入驻。组织89个出口企业参加第123、124届广交会，获订单2亿美元。组织46家企业参加首届中国国际进口博览会，进口成交意向金额超1亿美元。扶持外贸企业开拓“一带一路”市场，全市对“一带一路”沿线国家（地区）出口额3亿美元，占全市出口总额的32%。云梦皮草获批国家级外贸转型升级示范基地，退税新方案效果明显，皮草自营出口呈恢复性增长。湖北富邦科技投资150万美元，在以色列以购买股权的形式参股麦迪威尔医疗软件开发公司。

【孝感市推进农村电子商务】 2018年，孝感市服务“三农”，围绕破解“谁来种地”“地怎么种”等问题，提升为农服务的深度和广度。全市供销系统新增托管土地面积3666.67公顷，共2.5万公顷。孝南供销社与西河振西合作社合作，投资20万元建设三农服务中心站，服务内容涵盖耕、种、管、收、加、储、销环节，服务范围覆盖西河、新铺、杨店三镇以及毗邻县镇，全托管土地133.33公顷，半托管土地1333.33公顷。孝昌县景农农

2018年鄂州市邮政行业发展情况统计表

指标名称	单位	2018年业务量	比上年 ±%
一、邮政行业业务收入	亿元	4.38	59.43
1. 邮政寄递服务	亿元	0.23	−18.80
2. 快递业务	亿元	2.76	115.09
二、邮政行业业务总量	亿元	6.56	70.62
1. 邮政寄递服务	万个	1513.40	−4.14
其中：函件	万个	16.01	−80.29
包裹	万个	0.91	18.18
订销报纸数	万份	1167.15	−0.28
订销杂志数	万份	34.47	17.73
汇兑	万笔	0.34	−44.26
2. 快递业务	万个	3411.97	155.48
其中：同城	万个	2009.68	279.15
异地	万个	1401.62	74.15
国际/港澳台	万个	0.67	13.79

注：邮政行业业务收入中未包括邮政储蓄银行营业收入

机专业合作社联合社吸纳农民专业合作社成员社 21 个，入社社员 650 人，拥有各类大中型农业机械 60 多台套，为农民提供农业机械化耕、种、管、收、加、储、销一条龙服务。

2018 年，孝感市将“实施电子商务进农村工程”列入市政府重点工作“五化”（工作目标化、目标项目化、项目工程化、考核序位化）管理项目。在市直“三区”（凤凰生活区、凤凰旅游区、白水湖空港区）新建 20 个电商服务站点和体验店，开展 2 期农村电商实用人才培训班。云梦县安排 500 万元县域电商工程发展专项支持云梦县供销社发展农村电子商务，建成乡镇电商服务站 9 个，基层电商网点 110 个，阿里巴巴、供销 e 家两大电商平台并行，构建连接城乡的双向流通体系，利用全国供销总社电商惠农工程专项资金支持，购置物流配送车辆 3 辆开展电商物流业务；对接供销 e 家大宗交易板块，直供湖北供销电商公司武汉 O2O 线下体验店展销，全年实现销售收入 6564 万元。安陆市将发展电子商务纳入政府“五化”管理，与阿里巴巴开展农村电商建设合作，完成电子商务产业园建设，招募农村合伙人 68 人，建立农村电商网点 68 个，配套菜鸟物流直接快递到村，平台运营开通 5 个月，销售额 900 万元。全年农村电子商务销售额 18.26 亿元，比上年增长 34.3%，其中农产品电子商务销售额 3.57 亿元。

【孝感市银行业运行】 2018 年，孝感市银行业各项存款余额 2443.93 亿元，比上年增长 6.8%，各项贷款余额 1259.07 亿元，比上年增长 10.6%，余额存贷比、增量存贷比分别为 52.1%、77%，分别比上年增加 1.7%、21.7%；全市企业贷款余额 685.96 亿元，比上年增长 6.7%，其中小微企业贷款余额 380.86 亿元，比上年增长 7.3%，高出企业贷款增速 0.6%，全市涉农贷款余额 749.73 亿元，比上年增长 9.2%，其中农户贷款、农村贷款同比增速分别为 22.2%、8%。全年举办 41 场政银企对接活动，签约金额 43.59 亿元，协调相关银行到企业点对点融资 6.38 亿元，解决企业融资难问题。孝感市金融信用创建实现“满堂红”，孝感市获评“省金融信用市州”称号，辖内 7 个县市区进入“省金融信用县市”行列。

【孝感市交通物流业】 2018 年，孝感市完成交通投资 46.7 亿元，占年度计划的 101.1%。高速公路，麻竹高速、武汉城市圈环线高速孝感南段分别于 8 月 28 日、11 月 22 日建成通车；武汉城市圈环线高速孝感北段在建，完成投资 7.9 亿元；武大高速大悟段 12 月 26 日开工、硚孝高速二期工程 12 月 29 日开工；一级公路 11 个项目全部动工建设。建成二级公路 211 省道安陆至云梦城关段、261 省道孝昌王店至季店段等项目。旅游公路方面。开工建设观音湖至清凉寨、观音湖至龙潭湖孝昌段、双峰山至木兰景区群、汉川横堤至茶棚、孝昌丰山至邹岗、赵棚至接官红色诱游公路 7 条旅游线路。水运工程方面。新沟二线船闸工程进展顺利。

推进汉孝交通一体化进程，9 个重点推进项目中，推进省重点项目武西客专武汉至云梦直通线前期工作，硚孝高速二期工程开工、汉十高铁建设步伐加快；市重点项目，孝感境内开工陈天公路断头路段、双峰山至木兰景区群旅游公路、观音湖至清凉寨旅游公路，建成 109 省道汉川至蔡甸公路主体工程、蔡甸索河至汉川高山公路。武汉境内开工天阳公路断头路段、蔡甸索河至汉川高山公路，推进 109 省道汉川至蔡甸公路多项前期手续，拟定双峰山至木兰景区群旅游公路、观音湖至清凉寨旅游公路对接方案及实施意见。

【孝感市邮电业】 2018 年，孝感市邮政行业业务收入 13.05 亿元，比上年增长 23.3%；业务总量 17.57 亿元，比上年增长 30.8%，其中，快递业务量 4642.66 万件，比上年增长 50.1%；业务收入 5.72 亿元，比上年增长 46%。

2018 年，中国移动通信集团湖北有限公司孝感分公司上缴税收 5322.6 万元，其中上缴企业所得税 4178.82 万元。开通 4G 基站 F 基站 500 个，L 基站 130 个，完成汉十高铁 4G 网络全覆盖。窗口服务“10 分”满意评价参与率≥ 18%、“10 分”满意评价占比≥ 98%。

2018 年，孝感市建制村直接通邮率 100%；建设村邮站 2241 个，邮乐购站点 2218 处，快递进村覆盖率 40%，邮政智能信报箱 54 组，格口 1870 个，快递企业智能包裹柜 12 组，格口 432 个；"一市一品"取得成果，孝感农特产品交易 515 吨，交易额 316.8 万元，带动包裹业务量 11.44 万件，扶贫增收 21.8 万元；天门农特产品交易 800 吨，交易额 485 万元，带动包裹业务量 16.5 万件，扶贫增收 23.8 万元；快递电子运单使用率 98%。支持邮政企业改革创新，推进市邮政 EMS 进政务服务中心（市民之家），支持邮政速递物流体制改革，指导企业构建三级物流配送体系，鼓励企业加大县级仓储基础建设投入，做大做优品牌运营；实施"放管服"改革，压缩许可备案时限，加强对末端网点备案管理，全年许可企业 81 家，备案网点 414 家，其中：新增分支机构 25 家，新增末端网点备案 65 家，备案率 91%。贯彻落实新修订的《普遍服务标准》。开展纪特邮票发行监督检查、无着邮件处理专项检查；完成全国信件传递时限监测、省内信件传递时限监测、国家规定报刊投递质量调查；组织机要通信年度专项核查 2 次，机要网点检查覆盖面 100%；探索末端联收联投，孝感申通、天天、百世等快递企业末端联收联投开始运转，应城、汉川部分企业末端联收联投开始运作。

【孝感市旅游业】 2018 年，孝感市接待游客 2764.83 万人次，实现综合收入 170.06 亿元，分别比上年增长 11.8% 和 12.6%。全市在建旅游项目 64 个，其中过亿元项目 46 个，计划投资 1001 亿元，年内完成投资 31.45 亿元。在武汉市召开旅游招商大会，现场签约 11 个，投资 181 亿元。中国保利集团投资 300 亿元的临空区凤凰旅游区项目签约。当年新签约项目 15 个，其中过百亿元项目 4 个，投资概算 769 亿元。申报项目 12 个，争取到 319 万元奖金支持。1 个项目纳入湖北省旅游优选项目名录（云梦梦泽文化旅游区）。双峰山温泉项目、孝南凤凰天仙城、卓尔·桃花驿、汉川天屿湖、应城盐海养生项目、云梦泽文化旅游区、安陆盛世闻樱、大悟悟峰十八潭、孝昌十里苗木长廊等重点项目完成投资 23.3 亿元。

创建旅游品牌。孝昌县推进湖北旅游强县创建。汤池镇创建全域旅游示范区成效显著，安陆烟店镇、大悟金岭村开展湖北旅游名镇名村创建。双峰山旅游度假区通过 4A 景区复核，省旅游委对双峰山创建省级旅游度假区进行检查验收。天紫湖改造工程完工，孝南金卉庄园创建 4A 景区。全市所有 A 级旅游景区都通过全省集中检查。加强 A 级景区建设，大悟宣化店中原军区旧址景区通过省旅游景区景观质量评审，纳入全省 4A 级旅游景区创建名录。孝南区熙凤水乡、朱湖湿地公园、应城楚珍园、安陆盛世闻樱被评为 3A 景区。评定星级农家乐 55 家，申报五星农家乐 5 家、湖北省乡村旅游后备箱工程基地 9 个。

推动旅游扶贫。通过旅游产业带动脱贫的人数 2.59 万人，占全市脱贫人数的 17.6%。1 个项目纳入湖北省金融支持旅游扶贫项目名录（卓尔小镇·桃花驿），申报银行贷款 2 亿元。大悟金岭村等 5 个村纳入全省乡村旅游暨旅游扶贫观测点名单。依托重点景区推动旅游扶贫，双峰山、观音湖、金卉庄园、十八潭、北山红叶等景区带动周边小悟乡、朋兴乡、四姑镇 20 多个村脱贫。借力村企共建推动旅游扶贫，大悟金岭村、孝昌田堂村探索村企共建模式，形成"人民公司 + 股份合作 + 自主经营"的强村富民、共同富裕扶贫路径。坚持路业同兴推进旅游扶贫，以农旅融合示范线的建设带动沿线农民增收，如孝昌县依托观湖线、大安线、王杨线带动 6 个重点贫困村、708 户贫困户实现脱贫增收。提升产业拉动旅游扶贫，安陆伍欣甸园与 155 个贫困户结成对子，以土地流转、入股分红、提供就业等途径带动贫困户增收，20 户精准扶贫户通过土地流转取得租金，100 贫困人口在基地打工增收，82 户农户参与小额信贷分红，每户年均增收 6000 元。

（孝感市地方志办公室）

【黄冈市发展商贸流通业】 2018 年，黄冈市社会消费品零售总额 1205.05 亿元，比上年增长 11.3%（其中，城镇 1001.1 亿元，比上年增长 11.4%；乡村 203.95 亿元，比上年增长 10.8%）。新增限额以上商贸企业 145 个。完成电子商务交易额 850 亿元，网络零售额 120 亿元，比上年增长超 20%。

【黄冈市对外贸易】 2018 年，黄冈市外贸进出口总额 9.42 亿美元，比上年增长16.8%。其中,出口8.13亿美元,比上年增长19.9%,高于全省8.1%;进口1.29亿美元,比上年增长0.5%。出口结构优化,高技术产品、纺织服装、医药化工等出口产品大幅增长,分别比上年增长94%、20%、17.9%。其中医药化工出口4.08亿美元,占全市出口总额50.1%;出口农产品稳定增长,出口1966万美元,比上年增长3.5%。其中茶叶出口196万美元,比上年增长233.6%。出口市场多元。亚洲、拉丁美洲、欧洲等主要市场出口分别比上年增长29.3%、31.3%和13.9%。对"一带一路"沿线市场出口比上年增长21.3%。骨干企业支撑作用更加明显。全年全市生产企业出口6.53亿美元,比上年增长20.5%,占全年出口总值80.3%。出口超过1000万美元企业20个,湖北祥云集团股份有限公司出口首次突破2亿美元。全年组织83家企业参加首届中国国际进口博览会,黄商集团、祥云化工等6家企业签约8650万美元。举办大别山(黄冈)中外茶恳会、湖北黄冈—东盟贸易投资推介会等大型国际活动。促成中国食品土畜进出口商会、新加坡丰树集团、香港贸易发展局和中国信保湖北分公司分别与黄冈市签订战略合作协议。

【黄冈市交通运输业】 2018年,黄冈市公路通车总里程31365千米,公路密度179.6千米/百平方千米,高速公路密度4千米/百平方千米。全市等级公路里程30534千米,占公路总里程97%;二级及以上公路里程比例12%。内河航道通航里程698千米,拥有生产用泊位124个,非生产用泊位43个。铁路营运里程429.5千米。

全市拥有等级客运站93个(其中,一级站1个、二级站15个、三级站8个、四级站11个、五级站58个),货运站8个、农村客运候车亭5113个、招呼站3078个。全年完成客运量9804万人次,旅客周转量45.97万人千米;道路货运量9542万吨、货运周转量175.29万吨千米。新增纯电动公交车84辆。

全年完成交通固定资产投资142.55亿元,比上年增长16.7%。其中,铁路35.24亿元、高速公路28.22亿元、普通公路69.1亿元、港航建设8.5亿元、站场物流1.49亿元。全市在建1亿元以上重大交通项目52个。完成黄冈至黄梅高铁全线征地拆迁工作;推进安庆至九江铁路黄梅段、武穴长江大桥、棋盘洲长江大桥、长江"645"工程、蕲太高速西段、沪蓉高速公路龟峰山支线等项目建设。公交线路5条,建成充电桩88套。

【黄冈市邮政业安全发展】 2018年,黄冈市邮政行业完成业务量12.66亿元,比上年增长27%;实现业务收入9.8亿元(不含邮政储蓄银行直接营业收入),增长20.6%。其中,完成快递业务量3397.45万件,增长34%;实现快递业务收入3.87亿元,增长38.2%。

快递安全监管。联合市寄递渠道安全管理领导小组成员单位,开展寄递渠道突发事件应急处置演练活动;联合综治、公安等部门开展春节、两会、国庆节、进博会、"双11"等重要时节安全专项检查,重点开展寄递安全"三项制度"专项整治、涉枪涉爆隐患集中整治、打非治违专项行动等联合检查。

优化邮政、快递行业发展环境。快递园区建设。蕲春"四通一达"联合菜鸟集团成立蕲乡达物流有限公司,建成蕲春县电子商务仓储物流配送中心;英山"四通一达"入驻英山电子商务产业园;红安县快递企业集中入驻三顺物流园;黄冈圆通公司配送园区竣工运行。"快递下乡"工程。加大快递下乡工作力度,实现乡镇快递网点全覆盖。全年建成村级快递服务站1020个,实现村级快递服务覆盖率24%。快递电商协同发展。浠水县申通、韵达、天天、百世汇通4家快递公司联合成立浠水县欢乐购电子商务有限公司,结合线上线下资源,构建快递服务与农产品购销"零距离"经营模式,推动农产品外销,带动全市农村经济发展。打造浠水"快递+电商+农业"样板工程,鼓励寄递企业与电商融合发展,推动土鸡蛋、豆糕、巴河莲藕等特色农产品对外销售。蕲春快递企业派出专人协助蕲艾电商完成打包和装车,"快递+蕲艾"获国家邮政总局授予"2018年快递服务现代农业金牌项目"。

【黄冈市旅游业融合发展】 2018年,黄冈市接待游客3650万人次,比上年增长22%,实现旅游综合收入254亿元,增长26%,连续11

年保持 20% 增速。全市拥有国家 A 级旅游景区 64 家（其中 4A 级 19 家），拥有旅行社 89 家（其中 3A 级 33 家）、旅游星级饭店 42 家（其中四星级 7 家）；创建湖北省旅游强县 4 家、旅游名镇 4 家、旅游名街 1 家、旅游名村 15 家，拥有高星级农家乐 57 家。

健康旅游。推进蕲春县创建“国家中医药健康旅游示范区”，开展“纪念李时珍诞辰 500 周年”系列活动，举办创建国家中医药健康旅游示范区研讨会、2018 湖北省中医药康养游暨李时珍蕲艾文化游推广活动，指导蕲春县编制全域旅游发展规划，推进李时珍纪念馆改造升级、明清古街建设等 19 个项目。

项目建设。全市签约建设互联网 + 文旅小镇、浠水巴水河畔田园综合体、黄梅世界风情文旅产业园等重点旅游项目 47 个，总投资额 243 亿元。推进蕲春李时珍文化旅游区、罗田全域旅游五景区五小镇等旅游项目建设 80 个，总投资额 390 亿元。

（黄冈市地方志办公室）

【黄冈市农村旅游】 2018 年，黄冈市拥有全国休闲农业与乡村旅游示范县 2 家、国家级休闲农业与乡村旅游示范点 1 家、省级休闲农业示范点 13 家、湖北省最美休闲乡村 4 家，打造英山“四季花海”、黄梅“袁夫稻田”、武穴“希尔寨山庄”等休闲农业景点，8 家休闲农业示范点获推介为“湖北休闲农业好去处”；推介神峰山庄、四季花海等乡村旅游景区和中国英山茶文化旅游节主题活动进入农业农村部休闲农业与乡村旅游精品信息发布平台，其中“品茗森呼吸，登高赏红叶之旅”获评“全国秋季养生到茶乡”精品路线。

（黄冈市地方志办公室）

【咸宁市做大做强贸易流通】 2018 年，咸宁实现外贸进出口总值 36.72 亿元，比上年增长 7.5%，其中出口总值 30.36 亿元，增长 31.1%（以美元统计口径，全市外贸出口总额为 45986.4 万美元，增长 34.2%）；社会消费品零售总额 556.18 亿元，增长 11.9%；引进合同外资 20167 万美元，实际利用外资 4031 万美元。

外贸实施主体培育工程。对骨干企业实行“一企一策”，支持骨干企业和重点产品做大做强，汽车零配件出口比上年增长 370.1%。实施自营转化工程和破零攻坚工程，全市 4 个企业实现本地出口，36 个企业实现零的突破。组织企业参加广交会、华交会、东盟博览会、亚欧博览会和首届国际进口博览会等境内外展会，抓“一带一路”倡议机遇，拓展“一带一路”沿线国家市场，全年对“一带一路”国家出口 134551.5 万元，比上年增长 35.3%。

内贸挖掘消费潜力。引导商场、超市、重点批发市场等商贸流通企业在重大节日加大物资储备，开展让利、打折等促销活动。促进消费转型升级，推动商品消费向服务消费转型升级，其中，休闲娱乐类比上年增长 22.2%。发展农村电子商务。2018 年，咸安、嘉鱼、通城、崇阳四县区入列省级电子商务进农村试点示范县，实现电子商务进农村咸宁全域全覆盖。组织全市 30 个企业参加首尔国际食品展、第四届武汉国际电子商务暨“互联网 +”产业博览会、首届“荆楚优品”产业博览会暨第三届品牌农产品与休闲农业（湖北）博览会等重要展会，全市 30 个品种农产品进入北京、西安、上海、杭州营销展销中心。

2018 年 4 月 15 日—5 月 5 日，

武穴油菜花海　　（黄冈市地方志办公室　供稿）

全市30家企业参加第123届中国进出口商品交易会，接洽新老客户3500人次，签订出口意向成交金额5000万美元，比上届广交会增长11%；5月1—4日，咸宁市4家农产品企业参加韩国2018年首尔国际食品展。咸宁友好城市——韩国义王市副市长崔炷东一行赴展会看望经贸代表团并参观参展企业，与参展企业进行交流；5月18—20日，14家企业参加“2018第四届武汉国际电子商务暨‘互联网+’产业博览会”，参观、咨询、扫码人次日均500人。展会期间，举办省级电商示范基地和示范企业授牌仪式，嘉鱼县、通山县电商创业园被授予省级电子商务创建示范基地；11月9—11日，举办湖北首届楚菜博览会咸宁分会，评选出楚菜食材企业（基地）20个、餐饮名企名店20个、咸宁楚菜大师10名、咸宁十大特色菜品10道；11月5—10日，组织64家单位180人参加首届中国国际进口博览会，举办中国中部·湖北通城国际商贸城招商推介会活动，签订2个招商项目。

【咸宁市建设“三依托”农村物流体系】 2018年，咸宁市建成运营的县级农村物流中心和县域平台5个，镇级农村综合运输服务站41个，村级农村物流服务点531个，较去年新增站点397个。

依托电商物流整合资源，打通农村物流服务最后一公里。崇阳县通过引进电商物流企业专注农村电子商务领域，围绕“工业品下乡”“农特产进城”两大业务核心，依托电商物流整合资源，建立镇级物流综合服务中心（农村物流示范基地），增设物流经营网点58个，在精准扶贫易地搬迁小区设立农村物流服务点3个。

依托大型企业为主体，打通农产品流通网络。通城县以宏锦绿色果蔬冷链物流配送中心为县级中心，购置20辆冷链物流配送车辆，在全县所有村镇和社区建立167家“宏锦果蔬直营店”，建立覆盖全县十一个乡镇的“村村通”农村绿色果蔬直营流通网络，建成宏锦绿色果蔬城乡配送实体店79家。

依托农村淘宝村级服务点，打造农村物流融合服务站。通山县依托通山家贵物流公司所经营的农村淘宝村级服务站点，整合县内物流零担托运和快递等下行至各乡镇的货物，推动农村物流融合发展。通山县内建成并运行的有7个乡镇融合服务站，64个村级淘宝服务站，6条农村物流货运专线。完善农村物流三级配送体系服务功能，提升农村物流服务的经济效益。赤壁农村物流班车总配送里程预计33万千米（每天920千米左右），配送次数3万次；运输货物包裹160万件（其中下行到村包裹46.8万单、上行3.25万单）；运输农村药品配送服务点81家，价值1400万元；与此同时，农村物流积极服务“一镇一业”“一村一品”，通过物流站点销售农产品价值达到200万元。

【咸宁市金融业服务实体经济】 2018年，咸宁市金融业增加值2552亿元，占全市GDP1.9%，银行业金融机构各项存款余额1501.2亿元，比上年增长7.8%；各项贷款余额961亿元，增长13.4%；余额贷存比64%，同期增长3.1%；新增贷存比103.8%，同期增长35.7%。全市直接融资额61.89亿元；完成保费收入47.21亿元，增长11.5%。其中产险保险收入12.36亿元，增长18.9%；寿险完成保费收入34.85亿元，增长9.1%。产寿险赔款14.84亿元，综合赔付率31.4%，其中产险综合赔付率58.1%。保险深度与保险密度3.7%、1834元/人。

推动金融重点项目发展。加强银企对接，提供便捷金融服务。组织开展金融服务“早春行”、小微企业融资便利化服务“园区行”等活动，加大金融新政策、新产品宣传推广力度。通过“早春行”活动，促进银企签约303.2亿元，履约率98%。整个“早春行”活动，实现签约414.98亿元，支持企业和项目1181个。基础设施领域贷款余额203亿元，比年初净增30.4亿元，增长17.6%；涉农贷款余额512亿元，比年初净增68.34亿元，增长15.4%，高于贷款平均增速2%。优化信贷结构持，推进产业强市和“工业崛起”战略实施。

推进企业上市和在新三板、四板市场挂牌。建立重点上市后备企业库40个。邀请省上市指导中心、上交所、深交所和部分券商为上市后备企业开展辅导培训，全市获批湖北省政府“金种子”企业4个，新增省“银种子”企业12个，7个企业进入改制辅导阶段，

2018 年 3 月 20 日，咸宁市召开金融服务实体经济“早春行”会议

（咸宁市地方志办公室　供稿）

直接融资额 61.8 亿元。全市 1 个企业在主板上市,5 个企业挂牌“新三板”，268 家企业挂牌四板，在武汉股权托管交易中心建立咸宁市域板块。咸宁市在全省推进上市工作会议上作经验交流。

推动金融服务“三农”和民营小微企业发展。全年发放“无微不至微笑资金”593 笔、38.98 亿元,发放“政银保集合贷”119 笔、3.77 亿元，为企业减少融资成本 1.8 亿元；农发行发放 7900 万元无还本续贷“无间贷”贷款，汉口银行发放专利权质押贷款 800 万元，实现咸宁市专利权质押贷款零突破，缓解民营企业“融资难、融资贵”问题。新增扶贫小额信贷金额 7.87 亿元、14065 户，分别位居全省第 3 位、第 4 位。

推进金融扶贫工作。全市金融精准扶贫贷款余额 92.42 亿元，比年初净增 20.24 亿元，增长 28%。当年新增扶贫小额信贷金额 7.87 亿元、14065 户，完成省下达 4.68 亿元任务。全市户贷量 5.6 万元，户贷率 16.1%，高于全省平均水平。全市逾期率 0.2%，各县（市、区）逾期率均降至 0.5%。

【咸宁市邮电业服务民生】 2018 年，咸宁市邮政行业业务总量完成 8.73 亿元，比上年增长 50.4%，业务收入完成 5.89 亿元，增长 20.8%。全市拥有邮政服务网点 90 个，其中，城区网点 27 个，农村网点 63 个，网店数量和布局达到《邮政普遍服务标准》的相关要求。快递企业营业网点 482 个，实现乡镇全覆盖。

推进建制村直接通邮。全市建制村直接通邮 100%。改善末端投递服务，实施“快递入区”工程，设置快递末端综合服务网点和智能快件箱，方便末端投递和满足用户用邮需求。服务“乡村振兴”战略和精准扶贫，推进“邮政在乡”工程和“快递下乡”工程、“一县一品”农特产品进城示范项目，开展咸安桂花、赤壁砖茶、猕猴桃，崇阳小麻花、西瓜、嘉鱼脐橙等农产品进城项目，全年农特产品进城配送量 6500 多吨，实现农产品增值、农民脱贫增收。实施“放心消费工程”，推进“不着地、不抛件、不摆地摊”专项治理，针对处理场所、营业场所实际，指导企业配置分拣框、笼车或标准化托盘等设施设备。打造“安全用邮”环境，强化寄递安全“三项制度”落实，推广应用实名收寄信息系统；提高行业绿色发展水平。鼓励企业使用绿色环保包装物料和电子运单，设立包装物回收站，强化用户环保意识。加强快递员（投递员）权益保护。组织辖区寄递企业参与第三届“中国梦·邮政情——寻找最美快递员”活动。推进快递员人身与财产安全保障工作，督促快递企业购买第三者责任险等措施。开展夏季“送清凉”等关爱活动。

【咸宁市创建旅游品牌】 2018 年，咸宁市接待国内外游客 6700 万人次，实现旅游综合收入 340 亿元，比上年增长 16%，旅游发展位次进入全省第一方阵，位居武汉城市圈（除武汉外）第一位。

旅游品牌创建。2018 年，赤壁古战场景区创建国家 5A 级景区（全省共 11 家），实现咸宁市 5A 景区零突破，咸宁市成为全省第 6 家拥有 5A 级景区的地市州。黄鹤楼森林美酒小镇创建 4A 级景区，成为全省首家工业观光型工业 4A 级景区。全市共有 5A 级国家旅游景区1个，4A级国家旅游景区10个。新增3星级以上农家乐21个，全市总数140个。新增3A旅行社3个，全市总数12个。

旅游项目建设。全年新开工旅游项目16个，总投资483.5亿元；在建项目45个，总投资1100亿元。全市旅游重点项目数据库入库项目120个，项目总投资1800亿元。131军旅小镇白水畈田园综合体、梓山湖·长岛未来城、康美咸宁特色小镇等项目开工建设。“十一”期间，全市松鼠部落、柃蜜小镇等12个新建旅游景区建成开园运营，全市旅游景点50个。全年争取国家及省级旅游专项资金600万元，位列全省第四。

【咸宁市乡村旅游精品工程】2018年，咸宁市实施乡村旅游精品工程，助力乡村振兴战略，支持赵李桥、新店和塘湖创建省级旅游名镇，支持葛仙山村、板桥村和畈上村等一批村庄创建省级旅游名村，通过规划引导、发挥乡村旅游协会组织协调和行业集群功能，发布《咸宁乡村旅游指南》，组织乡村旅游带头人赴先进地区培训学习。支持民宿民俗发展，走特色化、品质化发展之路。发展以田园观光、生态休闲、农业观光、水果采摘、民俗体验为主的乡村游、采摘游、赏花游。登潜山，泡温泉，游乡村，品农味成为游客休闲首选。以美丽乡村、田园综合体建设为契机，带动一批观光农业、休闲农业、度假农业、体验农业示范点建设，打造东山屋场、果酱小镇、枇杷小镇等一批乡村休闲旅游产品。打造赤壁古战场、当代教育崇阳浪口研学旅行营地、梓山湖航天科技馆、汀泗桥战役革命遗址博物馆等一批特色研学旅游品牌。在全省率先推出市级特色小镇的创建名单，拟定20个重点培育对象，按照3A级景区标准推进特色小镇建设。申报国家级、省级特色小镇各1个。咸宁温泉康养旅游区成功入选省中医药健康旅游区创建单位名单。建立“1+3+X”的旅游市场监管体制。开拓“商、养、学、闲、情、奇”旅游新要素。促进旅游与健康、体育产业融合发展，举办十届国际温泉文化旅游节、国际马拉松赛。推进旅游与竹、茶、油茶三大百亿产业融合发展，通城县黄袍山国家油茶产业观光园创建国家3A级旅游景区。

（咸宁市地方志办公室　胡芳）

【仙桃市内外贸易流通】2018年，仙桃市实现社会消费品零售总额373.15亿元，比上年增长12.2%，增速位居湖北第三。限额以上商贸企业实现消费品零售额197.3亿元，增长14%，占全市社零总额的52.9%。全市城镇实现社会消费品零售总额242.5亿元，占社会消费品零售总额65%，增长12.1%；乡村实现社会消费品零售总额130.6亿元，增长12.4%。全市服装、鞋帽、针纺织品类实现零售额22.6亿元，增长6.8%；日用品类实现零售额8.9亿元，增长7.4%；粮油食品类实现零售额23.1亿元，增长11%。限额以上商贸企业中家用电器和音像器材类商品销售增长9.7%；体育娱乐用品类、书报杂志类、文化办公用品类商品分别实现零售额4.8亿元、0.9亿元和1.9亿元，分别增长6.6%、3.9%和16.3%。

2018年，全市实现外贸进出口总额10.2亿美元，比上年增长30.5%。其中进口2.6亿美元，增长68.8%；出口7.6亿美元，增长21.2%，（按人民币计价出口50.4亿元，增长17.9%）。全年进口到货25820.2万美元，15295.8万美元，增长68.8 %。其中一般贸易进口11326万美元，比上年6194.7万美元增长82.8%，加工贸易进口59401万美元比上年2403.1万美元，增长147.2%；其它进口8553.3万美元，比上年6698万美元增长27.7%。

【仙桃市供销商业助力乡村振兴】2018年，仙桃市基层供销社重建16个，实现乡镇全覆盖。其中总社示范社1个，国家级示范社1个，省级示范社5个；建各类涉农协会7个，带动5000个农户组织化生产和农产品销售；建有集农资供应、配方施肥、统防统治等功能于一体的新型庄稼医院34个；建成综合服务社542个，覆盖全市82%的行政村；建成信息化服务网点105个，发展金融服务网点100个，拓展经营性服务、公益性服务、农村金融服务、电子商务服务等功能。

服务实体。采取“联合社+合作社+基地+农户”模式，以仙桃富硒西兰花、富硒大米为代表的富硒农产品为重点，集富硒农产品育苗、种植、植保、采收、加工销售于一体，辐射全市范围内入社农户 3600 个，发展富硒农产品生产基地 2333.33 公顷。

拓展市场。结合湖北简优公司简优微商、微信小程序等移动电商平台建设，在集镇社区规划布设无人果蔬微超，为城乡居民提供品牌果蔬专卖、果蔬物流与配送等服务，为市民提供最大便利，为以富硒西兰花为核心的莲藕、龙虾、大米、黄鳝等特色品牌农产品打开市场空间。

【仙桃市金融业服务“三农”】2018 年，仙桃市金融业支持特色农业和观光休闲农业，以农村专业合作社为载体，以涉农企业为重点，推广专业合作社成员联保贷款等。按照“以旅促农、以旅富农”的思路，支持生态旅游农业发展。仙桃市金融业支持农副产品深加工，提高附加值。对接农字号企业，向九珠蛋业、毛嘴卤鸡等 18 个企业贷款 11260 万元，形成农副产品深加工产业集群。

推动金融扶贫与产业扶贫融合发展，发挥新型农业经营主体在产业扶贫方面的优势，带动贫困户增收脱贫。加强与保险机构合作，创新“信贷+保险”服务模式，提高农业保险覆盖贷款产品的水平和范围。全年全市扶贫贷款余额 16824 万元，政府建立扶贫贷款风险补偿金 2250 万元，风险补偿金放大 7.5 倍。

【仙桃市旅游业】2018 年，仙桃市实现旅游收入 23.5 亿，接待游客 392 万人次，分别比上年增长 15.6% 和 18.4%，旅游业完成投资 13.36 亿，增长 29%。

推进景区建设。仙桃市围绕“水”和“田”做文章，形成“一江两沔三湖四带”旅游发展空间布局。推进沔阳小镇、五乐台二期工程、华夏亚特兰蒂斯海乐园、龙舟公园、排湖绿道、游客接待中心、密塘渔村七个项目，投资总额 40 亿元。

仙桃市京久庄园薰衣草园　　（仙桃市地方志办公室　供稿）

旅游产业带动乡村振兴。按照湖北省旅游委和仙桃市扶贫办精准脱贫攻坚指挥部的部署，驻村开展旅游产业扶贫的全面摸底调查，确定 5 个贫困村为全市旅游产业发展的示范点。通过梦里水乡核心景区带动周边贫困村贫困户参与就业增收，实现脱贫。通过乡村旅游带动脱贫。刘家垸百万花海推广“公司 + 合作社 + 贫困户”模式，实现贫困户稳定脱贫。通过“互联网 + 田园经济”模式，借助华师大的优势帮扶，实现帮扶头潭村的农产品直销进省城，提高贫困种植增收。对各乡村发展乡村旅游进行扶持奖励，推动乡村旅游的发展。

（仙桃市地方志办公室）

【潜江市商贸流通】2018 年，潜江市实现社会消费品零售总额 260.11 亿元，比上年增长 12%。全年新增限额以上商贸企业 33 个，四板挂牌企业总量 37 个。全市外贸进出口总额 68663.5 万美元，增长 122.9%。其中：出口 29518.8 万美元，增长 3.8%；进口 39144.6 万美元，增长 1554.9%。实际利用外资 762 万美元。实现电子商务交易额 43 亿元，增长 86.9%，其中潜江虾、稻等产品网络销售 18 亿元，增长 80%。

【潜江市金融服务业】2018 年，潜江市银行业金融机构各项贷款余额 265.01 亿元，比上年增加 31.43 亿元、增长 13.5%。其中，小微企业贷款 74.74 亿元，比年初增加 12.37 亿元、增长 19.8%，各项存款余额660.47亿元，比年初增加44.58亿元、增长7.2%。其中，住户存款余额432.4亿元，比年初增加33.71亿元；非金融企业存款107.83亿元，增加2.74亿元；定期存款312.23亿元，增加14.3亿元；活期存款227.99亿元，增加22.15亿元。全市四板挂牌企业数37个。全市入选湖北省保险资金重点推荐项目4个，其中PPP项目1个；入选湖北省保险资金项目4个。全年全市产、寿保险公司实现保费收入16.75亿元，比上年增长13.7%。

【潜江市交通运输】 2018年，潜江市拥有高标准港湾式候车亭105个、简易候车亭141个、招呼站556个；拥有道路客运班线99条，营运客车361辆8449座，日发班次1723趟，道路客运网络延伸到全国17个省、市，“村村通客车”通达率100%；拥有公交车辆350辆，万人拥有公交车辆数9.1标台；拥有普通货物运输车辆4692辆23798吨，危险货物道路运输车辆1562辆25360.27吨，其中牵引车618辆、半挂车718辆22990吨、整体车226辆2371吨；全年全市完成道路客运量1479万人次、旅客周转量6.3亿人千米，比上年下降8.4%；货运量3291.7万吨、货运周转量66.7亿吨千米，比上年增长14.9%。全市有通河航道6条、里程124千米，有港长13.3%；货运量126万吨、货物周转量4.28亿吨千米，比上年增长5%。全年未发生一起道路交通运输安全责任事故、水上交通安全事故、公路水路工程建设安全责任事故。

（潜江市地方志办公室）

【天门市城乡商贸物流】 2018年，天门市实现社会消费品零售总额359.55亿元，比上年增长11.6%。电商发展势头良好。全市有京东天门馆、海尔电商天门公司、邮乐购天门馆等知名电商企业32个，建成农村淘宝市级服务中心1个、菜鸟物流中心1个、淘宝网络服务站点118个。全市拥有物流企业198家，其中2A级以上9个。全年新录入限上商贸企业43个。邮政农村电商通过“线上＋线下”方式打通农产品进城通道，全年实现销售额1亿元；领尚农业发起成立天门市富硒产业联盟，建立华中富硒农产品交易网；天门网库依托中国网库集团优势，打造“中国花菜产业网”。组织企业参加进博会、中博会、广交会等商贸活动，鼓励企业“走出去”。全年新增外贸备案登记企业27个，新开口企业12个。全年外贸进出口总额8.9亿元，其中进口0.3亿元、出口8.6亿元。与中国信保湖北分公司签署战略合作协议，推进中小企业外贸出口信用保险全覆盖。

【天门市旅游业实现新突破】 2018年，天门市推出6条市内“一日游”线路，开辟东南亚国家和台湾地区客源市场，启动“茶圣故里园”创建国家4A级景区工作。举办皂市民俗旅游文化节、多宝沙滩旅游文化周、黄潭乡村文化旅游周、张港花菜节等活动。举办蒸菜美食文化节、茶圣节、天商大会等重大节会，全市旅游业实现新突破，促进全市招商引资工作和旅游经济发展。

【天门市发展水陆交通运输】 2018年，天门市完成公路客运量2228万人次、客运周转量98810万人千米，分别比上年下降1.5%、1.8%；实现公路货运量2344万吨、货运周转量496361万吨千米，分别比上年增长10.4%、9.2%。完成水路货运量117.1万吨、货运周转量95813.16万吨千米，分别比上年下降17%、增长9.5%。全市交通综合运输货运周转量602066.87万吨千米，比上年增长9%。全年完成公路客运量2228万人次、客运周转量98810万人千米，比上年分别减少1.5%、1.8%；实现货运量2344万吨、货运周转量496361万吨千米，分别比上年增长10.4%、9.2%。

2018年，天门市港口岸线长度10.91千米，利用港口岸线2.03千米、规划港口岸线8.88千米；有9个港区、20个泊位，年吞吐量91.77万吨，其中年吞吐量30万—50万吨的港口有岳口港，年吞吐量在10万—30万吨的港口有麻洋港、工业园，年吞吐量在5万—10万吨的港口有张港港、彭市港；全市水运从业人员270人，注册登记机动船舶38艘，功率7129.4千瓦、25865载重吨，其中货船18艘、拖船8艘、驳船12艘。全年全市完成水路货运量117.1万吨，比上年下降17%，完成货运周转量95813.16万吨千米，比上年增长9.5%。

天门市黄潭镇七屋岭村知青农庄的花海迷宫

（天门市地方志办公室　供稿）

【天门市创新邮政优质服务】 2018年，天门市中国邮政集团公司天门市分公司有普遍服务网点36个，其中代理金融网点32个、纯邮政网点4个；在全市所有邮政网点和人口稠密区共设置邮筒39台，在城区主干道学校周边及人流量较大的车站等地设置邮政报刊亭5处；有自办区域网汽车邮路干线6条、邮路总长度789千米；投递段道137条，其中城区38条、农村99条，邮路总长度2935千米，实现城区所有党政机关、企事业单位、街道、居委会、社区及全市行政村通邮全覆盖；拥有投递机动车17辆、三轮电动车70辆，区域邮运车辆45辆，投递转运车辆15辆、摩托车100辆；租赁建设邮件处理中心1个、面积3200平方米；拥有一线邮件处理工作人员200人。全市邮政营业网点实行全电子化营业，并提供第三方支付功能，平均服务人口4.5万人，服务半径10千米。全年邮政服务行驶里程28.8万千米。

（天门市地方志办公室）

责任编辑　杨德孝

责任校对　魏　浩

开发区（功能区）建设

国家级开发区

【武汉东湖新技术开发区】2018年，是中国改革开放40周年，同时也是武汉东湖新技术开发区创建30周年。习近平总书记再次莅临视察，为东湖新技术开发区高质量发展定向导航、把脉施治，示范区、自贸区建设迈上新台阶。东湖新技术开发区出台《中国光谷2035创新驱动发展纲要》、“高质量发展二十条”“世界光谷”建设取得新成效。

基本情况。全年主要经济指标保持较快增长，GDP比上年增长9.7%，规模以上工业增加值比上年增长10.5%，服务业增加值比上年增长10.7%，固定资产投资比上年增长11%，高新技术产业产值比上年增长16.1%，社会消费品零售总额比上年增长12.8%，地方一般公共预算收入比上年增长11.5%。在国家高新区最新排名中，东湖高新区综合实力上升一位，位居全国第五。

产业培育。全年，招商引资实际到位资金788亿元，实际利用外资23亿美元，均位列武汉市第一。新引进天马G6二期等6个百亿元以上项目。推动中国信科集团总部落户。促成中诚信、中国医疗器械有限公司等知名企业总部迁址光谷。新引进小米、科大讯飞、旷视科技、小红书、新思科技等知名企业“第二总部”30多个。长江存储、华星光电T3、天马G6一期量产，小米武汉总部、联影医疗华中总部等一批项目正式开工。完成工业投资279亿元，比上年增长16.4%。重大项目助力“5+2”产业加快培育，“芯屏端网”万亿光电子信息产业集群加快形成，光谷生物城综合实力稳居全国第三。网络直播、在线教育、人工智能等新兴业态加速发展。

创新发展。新获批国家信息光电子创新中心、国家先进存储产业创新中心、数字设计与制造国家创新中心。工业互联网标识解析国家顶级节点（武汉）落户并正式上线。武汉中科医疗工研院、高德工研院挂牌成立。中国五环获批国家企业技术中心。新增院士专家工作站9个。新增孵化器7个、众创空间15个，累计孵化器60个（国家级17个）、众创空间98个（国家级25个）、国家专业化众创空间5个，孵化面积超过550万平方米。硅谷小镇开工建设，移动互联创谷加快推进。年内，武汉东湖新技术开发区举办光谷青桐汇、东湖创客汇等品牌双创活动，举办中国游戏节、斗鱼

2018年3月，中国信科集团总部落户武汉东湖新技术开发区

（武汉地方志办公室　供稿）

直播节，全年双创活动超2000场，日均6场。新搭建中外企业家峰会，新引进诺奖得主3人、中外院士14人、“千人计划”5人，新增留汉大学生13.2万余人，其中，落户3万余人。推动35项“卡脖子”技术攻关获国家重大项目立项。

科技成果转化对接。全年举办科技成果转化对接活动17场，技术合同成交额突破270亿元。专利申请量突破2.9万件，比上年增长16.8%，斗鱼网络等4家企业包揽全省专利申请前四强。全年新增企业2万多个，总数7万多个。新增高新技术企业480个、独角兽企业3个，瞪羚企业355个。遴选上市“金种子”企业28个，长飞光纤等5个企业成功上市，上市公司41个。64层三维闪存芯片成功研发，“100G硅光收发芯片”投产使用，全球首款虹膜生物识别芯片等重大关键核心技术加快涌现。

改革开放。推进重点领域改革。“放管服”等2项改革做法获得国务院通报表扬，“先出区、后报关”等4项改革举措在全国复制推广，23项举措在全省复制推广。推进“放管服”改革，承接省级权限34项、市级权限8项。推进商事制度改革，企业开办压减至4.5个工作日，“证照分离”试点落地。优化投资项目审批，率先设立综合窗口，推进施工图联合审查、联合验收，推进工业项目“先建后验”。加快推进“一张网”，70%区级事项“网上可办”。实施“互联网+监管”新模式，“八双五联”智慧监管模式在全国推介。深化科技创新体制改革。出台“瞪羚十条”“科技投入七条”。优化知识产权保护环境，国家（武汉光电子信息）知识产权保护中心获批，武汉市仲裁委光谷仲裁中心、湖北自贸区知识产权和商事调解中心挂牌运行，全国首家自贸区商标受理窗口启动运行。创新人才服务机制，外国人服务单一窗口变串联为并联，效能大幅提升，办理外籍人才认定28人次，占武汉市一半。突破学历限制，为46人专业技术人才“零起点”评高级职称。深化科技金融改革，申报科技保险创新示范区，出台“上市十条”，发展股权投资机构，新增200个，总数1100个。开展投贷联动试点，支持科创企业110多个，投贷联动余额超过40亿元。构建“政、银、保”三方联动机制，完成全国首单跨境电商“银关保”、湖北省首单专利质押融资保证保险等业务，加快破解“融资难、融资贵”难题。推动更高水平对外开放。获批跨境电商综合试验区，花山港获批外贸码头并启动外贸航线，东湖综合保税区（二期）正式封关运行，光谷“城市货站”一期投入使用。率先实施外资企业商务备案工商登记“一口办理”，设立外资企业负面清单实现网上备案，营业执照办理缩短至5个工作日，改革经验在全省复制推广。加快推进服务业对外开放，完成中国中部地区首个中外合资旅行社注册登记。全年进出口1263.4亿元，比上年增长11.5%。

城市建设。2018年，武汉东湖新技术开发区强化规划引领和保障作用，对接武汉市2035版总体规划，加快推进《东湖新技术开发区分区规划（2017—2035）》编制。启动控规升级版、城市总体设计、综合交通、智慧城市等专项规划编制。加大土地供应力度，竞得耕地指标539.93公顷，开展闲置土地清理整改，保障项目用地需求；加快市政设施建设。以军运会为契机，加快提升城市品质。新成立“交通办”“三旧办”（“三旧”指旧城、旧村、旧厂）“拆迁办”，完善城建工作机制，强力推进新城建设。有轨电车T1、T2线路开通，地铁11号线东段提前通车。全年新增公交线路5条、优化调整公交线路21条。加快推进电网和输变电站建设，解决电力卡口问题；城管水平不断提高。扎实推进城管体制改革，实施“城管再革命”行动，推进“清白”“填补”等八大专项治理行动，强化建设工地文明施工。开展拆违飓风行动，拆除违建10多万立方米；污染防治攻坚战深入推进。大气、水体、土壤治理取得阶段性成效。PM10、PM2.5平均浓度分别比上年下降18.6%、11.8%，空气质量优良率比上年上升5.8%。开展“清流行动”“黑臭水体整治”，强力推进南湖等黑臭水体提质。新建绿地面积127.2万平方米；社会事业。2018年，武汉东湖新技术开发区加大民生投入，公共财政投入18.4亿元。推进就业社保扩面提质，城镇新增就业3.2万人，社会保险五险累计净增25万多人，城乡低保综合提标710元。泰康楚园养老社区全面建设，打造全省一流养老社区；新建7个社区老年服务中心。全年还建房完工139.85万平方米。光谷青年城大学生安居项目2700多套交付使用。完成24个老旧社区二次供水改造。新建中小学5所投入使用，扩建6所，增加学位1万个，新增公益普惠幼儿园10个。光谷同济儿童医院签约奠基，省妇幼保健院建设加快，各街道社区卫生服务中心提档升级。特困人员医疗救助全覆盖。

【武汉经济技术开发区（汉南区）】2018年，武汉经济技术开发区（汉南区）按照“1234”（一个愿景、两条路径、三项重点、四个目标）发展思路，稳增长，促转型，负重拼搏，砥砺奋进。实现地区生产值总比上年增长8.2%；规模以上工业增加值比上年增长7.5%；全社会固定资产投资比上年增长12%；地方一般公共预算收入162亿元；社会消费品零售总额113亿元。

制造业提质增效。2018年，武汉经济技术开发区（汉南区）汽车及零部件产业仍是重要支撑，占规模以上（全部国有和年主营业务收入在500万元及以上非国有工业企业）工业的69.5%，整车产销107万辆。电子电器行业比上年增长12.9%。实施技改项目252个，完成投资173.4亿，比上年增长7.9%。发展民营经济，加强中小企业培育，新增规上企业67个，扩充隐形冠军企业培育库至60个。东本三厂基本建成。66个项目实现新开工。

现代服务业发展。2018年，武汉经济技术开发区（汉南区）服务业产值增幅达11.2%。新增基金及管理公司150个，新增资产管理规模610亿元；基金及管理公司401个，资产规模842亿元。“中国城乡集团”总部、紫光CBIM研发中心、盒马鲜生华中总部及菜鸟网络物流中心、中衡设计华中总部等一批现代服务业项目相续入驻开发区。奥山国际冰雪运动旅游小镇开工建设。《港口铁路（专用线）规划》启动编制，开通“经开港—阳逻港”互驳航线，港口商品汽车年运输量突破80万辆，货运吞吐量1200万吨，比上年增长20%以上。商品房市场活跃，销售面积突破200万平方米，比上年增长20%。

乡村振兴。全年，恒大现代农业示范园智能温室、农业科技与景观公园、现代大田作业区等项目进展顺利，完成投资12亿元。申报创建都市田园综合体，完成70平方千米规划，建成1460公顷高标准农田等基础设施，新引进华大基因、中化农业等知名企业参与建设。亚非种业科技园建成投产。实施“三乡工程”（市民下乡、能人回乡、企业兴乡），培育新型职业农民547人，兴办农业企业8个，发展农民专业合作社34个。

创新创业。年内全区有96个企业申报高新技术企业，新认定50个，数量创历年新高。认定“科技小巨人”（业绩良好，极具发展潜力和培育价值处于成长初期的小企业。通过培育推动其快速健康成长，最终成为行业中或本区域的“小巨人”）企业50个，瞪羚企业（银行对成长性好、具有跳跃式发展态势的高新技术企业的一种通称）28个。高新技术企业达到204个，占全区工业产值的75%。举办各类大型科技成果转化对接活动12场，承接成果转化项目112项，完成技术合同成交额19.25亿元。新引进海创云、联想之星、中科院武汉先进院等众创空间与研发机构。着力优化营商环境，不断推进民营经济发展。新增市场主体5901个，其中，企业3455个。

对外开放。全年全区新登记外资企业37个，比上年增长76.2%；外企新增投资4.87亿美元，增长358%；新增注册资本1.69亿美元，增长275%。外资企业总数396个，年产值2500亿元。外贸出口14亿美元，增长14%；实际利用外资17.8亿美元，增长22%。举办智能汽车创新发展等高端智库论坛30余场次。举办世界机器人大赛总决赛、亚洲羽毛球锦标赛、第21届国际泳联跳水世界杯、中国汽车摩托车运动大会、国际航空锦标赛等赛事活动。

生态环境建设。实施“蓝天、碧水、净土、绿盾”行动。开展工业大气污染治理，实施长江大保护，长江跨界断面水质达标率100%，水源地水质达标率100%。实施长江岸线综合环境整治，拆除非法码头2处，规范提升砂石集并点3处。全区水体实现“河湖长制”全覆盖。26个湖泊治理全面开工。开展土壤污染状况详查，完成109件土壤样品采集工作。完成黑臭水体、饮用水水源地保护、“清废行动2018”三项国家专项督察整改工作。实施“绿满车都”建设，完成绿化面积120万平方米，造林87.73公顷，新建绿道30千米。

基础设施建设。全区“城建跨越计划”完成投资213亿元。地铁16号线有序推进。纱帽大道一期、檀军公路、军纱大道等重点骨干道路建设进展顺利。通江一路中段、川江池南路等7条路网项目完工。沌口片区城中村改造、纱帽片八村集并进展顺利。建立城市地下管线综合管理信息平台，城建基础数据库进一步完善。实施“四水共治”（防洪水、排涝水、治污水、保供水）项目74个，完成投资30多亿元。周家河、东湖低排等泵站建设进展顺利。东荆街、湘口街乡镇生活污水处理厂建成并投入使用。纱帽、军山片区供水管网改造工程全面动建。沌口、沌阳片27个小区水电改造同步实施。新增停车场泊位1507个；建成电动汽车充电桩6750个。

城市品质提升。以迎接第七届世界军人运动会在汉召开为契机，提升城市综合环境。基本完成军运会主媒体中心和主体育场改造工程。道路提升工程33条开工，开展98条背街小巷专项整治行动。完成建筑立面整治620栋，亮化楼宇168栋，提升门面招牌971块，涂装桥梁17座，拆除违规户外广告1807块。新建4座农村垃圾转运站，全域生活垃圾实现全收集、全处理。

民生保障。全年全区新增就业1.88万人，城镇登记失业率3.1%。帮扶就业困难群体就业创业631人，创业带动就业3053人。为2492名农民工追讨工资3700余万元。净增五险参保对象48646人。棚户区改造1800套，低收入住房困难户租赁补贴发放到位。车都阳光慈善基金筹集资金突破5000万元。在全市率先实现了城乡低保救助标准增长一体化。“互联网+”居家养老服务平台启动运营，颐德医养融合模式成为武汉市典范。

社会事业。全区举办各类群众文化活动200多场（次）。优化调整公交线路6条。投资12亿元，实施中小学（幼儿园）新改扩建项目13个，子林小学、东城垸学校、新华小学（二期）等新改扩建项目完工，新增中、小学学位3240个。新建纱帽幼儿园等4个公办幼儿园，可新增幼儿学位1620个。新创建现代化学校11所。在武汉市率先启动基层医疗卫生机构综合改革。湘口街卫生院、东荆街卫生院乌金院区提档升级并投入使用。建立以协和西院、武大人民医院汉南医院为龙头的紧密型医联体、医共体10个，实现医联体建设全覆盖。武汉亚心总医院投入使用，协和西院国际部正式运营，武汉儿童医院西院暨区妇幼保健院正式动工，协和西院二期建设全面推进。

【武汉临空港经济技术开发区】

2018年，武汉临空港经济技术开发区实施“经济振兴计划”“五年追赶行动计划”，10项重点经济绩效指标中8项达到或高于武汉市级拼搏目标，全社会固定资产投资、工业投资、实际利用外资等3项指标增速全市领跑，先后五次在全市拼搏赶超会上作经验交流，新华社、人民日报、中央电视台等多个中央媒体聚焦报道。全年完成生产总值90361亿元，比上年增长8.5%；规模以上工业企业产值比上年增长11.3%，增加值增长7.9%；一般公共预算总收入213.44亿元，增长14.4%；固定资产投资比上年增长19.8%；实际到位资金总额723.7亿元，其中，实际利用外资10.31亿美元，比上年增长85.5%。出口创汇完成4.8亿美元，增长17.6%。全年实现社会消费品零售总额177.12亿元，增长11.6%。

招商引资。2018年，武汉临空港经济技术开发区深入实施招商引资“一号工程”，签约引进投资1亿元以上项目47个，协议投资总额2068亿元，其中，投资100亿元以上项目5个，投资50亿元以上项目7个。创新实施“三层四线”（分管领导、主要领导和主任办公会三个层面，网安基地专项项目、10亿元以上重大项目、10亿元以下工业项目、10亿元以下服务业项目四条战线）重大产业与重点项目协调推进工作机制，72个重点产业项目开工建设，协议投资总额2979亿元，是上年的7倍。投资210亿元的众维亿方大数据项目从签约到开工用了不到1个月的时间，刷新“临空港速度”。临空港开发区两次作为全市招商引资重大项目集中开工活动主会场。

工业经济。2018年，武汉临空港经济技术开发区深化供给侧结构性改革，抓培育壮大新经济，抓改造提升传统产业，规模以上工业增加值比上年增长7.9%。高端芯片、新型显示屏、网络信息与大数据、智能制造和新能源等五大战略性新兴产业接连发力，新旧动能有序转换。京东方10.5代线项目142万平方米厂房6个月时间实现主体结构封顶，康宁玻璃基板、利嘉国际产业园等重点项目进展顺利，葛洲坝高端装备制造、中兴高能电池一期等24个项目建成投产。传统产业转型升级焕发生机，新增规模以上工业企业32个。国内技术最先进、华中地区产能最大的华润啤酒武汉新工厂一期竣工投产，湖北中烟武汉卷烟厂新厂建成投产，桃李面包烘焙食品、怡宝纯净水一期基本建成，食品产业质量和规模再上新台阶。

服务业发展。2018年，武汉临空港经济技术开发区信息技术、总部经济、新型金融等业态正成为服务业发展新亮点、新动力，服务业增加值比上年增长9.3%，为开发区经济转型发展提供有力支撑。新增规模以上服务业企业80个，总量比上年增长50%，服务业底盘不断做大。以京东电商、良品铺子为代表的新零售企业发展势头强劲。万达广场商业综合体项目开工建设。航天信息湖北研发中心揭牌运营。新引进长江新能源基金等7个金融机构。接待游客人数、旅游综合收入分别比上年增长20%、24%。

国家网安基地建设。2018年，武汉临空港经济技术开发区网安基地一期控规获批，二期控规导则审议通过，国内首个“网络安全学院＋创新产业谷”空间格局和功能分区基本成型。网安学院、中金数据武汉数谷等六大投资过100亿元项目开工建设，展示中心、培训中心一期主体完工，国际人才社区一期主体封顶，配套市政道路全面开工，网安基地宏伟画卷渐次展开。绿盟科技、恒安嘉新、天融信等国内网安前20强企业纷纷落户，国际奥委会信息服务总承包商法国源讯入驻，累计签约项目42个，协议投资总额3262亿元，注册企业84个，注册资本83.7亿元，网安产业聚集示范效应不断彰显。举办国际网络安全标准会议、“黄鹤杯”网络安全大赛等活动。

2018年4月15日，国际网络安全标准化论坛推介武汉临空港开发区建设网安基地的经验做法（武汉地方志办公室　供稿）

口岸建设。2018年5月14日，武汉汽车整车进口口岸正式通过湖北省人民政府验收。10月15日经区人民政府批准，开发区临空港投资集团成立临空港国际商贸有限公司开展整车进口及口岸运营工作。11月29日，由临空港国际商贸有限公司采购的湖北省首批进口整车经中欧班列运抵东西湖区，奥迪Q8、宾利飞驰V8S汽车在此通关，面向全国买家。整车进口口岸正式运行，吸引进口汽车贸易商、改装厂等落户武汉临空港经开区综合保税区，催化形成高附加值产业链，促进口岸综合配套能力综合提升。武汉“汉欧”班列运力持续提升，全年发运423列，计37474TEU，比上年增长12.2%。

创新创业。2018年，武汉临空港经济技术开发区发布科技创新发展政策清单，政策红利加速释放，高新技术产业产值比上年增长23%，科技创新支撑作用显著增强。全面深化与高校、科研院所战略合作，转化科技成果169项，技术合同成交额10.9亿元，比上年增长108%，科技成果转化金额和增幅均创历史新高。创新平台加快建设，新增3个院士工作站、3个省级研发中心、1个省级众创空间。科技型企业培育再结硕果，新增 39 个高新技术企业，3 个企业获评省级“隐形冠军”，培育 50 个科技“小巨人”企业、30 个“瞪羚”企业。实施“百万大学生留汉创业就业工程”，吸引 2.8 万名大学生扎根临空港。

生态建设。2018 年，武汉临空港经济技术开发区深入推进污染防治攻坚战。落实中央环保督察反馈问题整改要求，扎实推进 8 个水质下降湖泊治理。全面推行河湖长制，开展“清四乱”（乱占、乱采、乱堆、乱建）专项行动和碧水保卫战“清流”行动，完成 16 个湖泊退养。完成机场河东西湖段、蔬五支沟、蔬十支沟水质提升阶段性任务。开展工业企业大气污染防治，强化大气污染问题巡查督办，空气质量持续向好。全面完成限养区散养畜禽退养工作。完成三环线、机场二通道沿线绿化 38 万平方米，植树造林 25 万平方米，推进环堤绿道府河启动段建设，新建 10 条林荫路和 5 个街头小游园，绿色生态空间不断拓展。生活垃圾分类工作覆盖 8.3 万户居民，占全区总户数的 42.7%。区城市有机废弃物处理中心站建成试运行。

（武汉地方志办公室）

【黄石经济技术开发区】 黄石经济技术开发区于 1992 年经省政府批准成立，2010 年 3 月升格为国家级经济技术开发区，是湖北省继武汉经济技术开发区之后第二家获批的国家级经济技术开发区，国批区面积 30 平方千米，2006 年、2013 年，先后托管大冶市、阳新县、西塞山区部分区域，2015 年 12 月，开发区将国批区——团城山、花湖等建成区整体事务分别移交给下陆区和黄石港区，现辖金山街办、章山街办、汪仁镇、大王镇、太子镇、金海管理区等 6 个镇（街办、管理区），117 个村（社区），规划面积 460 平方千米，总人口 27 万人。

开发区管委会内设办公室、组织部（人社局）、政法委、经济发展局、招商局、财政局、建设管理局、社会发展局（教文卫局）等 8 个行政单位，设创业中心（高新办）、环保局、城管局、安监局、统计局等 17 个事业单位，机关共有行政编制 49 个，事业编制 102 个。另外，市直部门在开发区设有规划分局、国土分局、审计分局、公安局、检察处、法庭、工商分局、国税分局、地税分局等派驻机构。

2018 年，开发区（含国批区、黄金山工业园、长乐山工业园、西塞山工业园和新港物流园）预计实现地区生产总值 521.4 亿元，比上年增长 11.5%；规模以上工业总产值 1003 亿元，增长 12.9%；规模以上工业增加值 380 亿元，增长 11%；固定资产投资 511 亿元，增长 9.5%；地方财政总收入 49.6 亿元。其中，黄金山工业园实现地区生产总值 81.7 亿元，增长 12%；规模以上工业总产值 230.6 亿元，增长 28.2%；规模工业增加值 52.1 亿元，增长 16.6%；固定资产投资 160.5 亿元，增长 10.9%；社会消费品零售总额 63.6 亿元，增长 10%；地方财政总收入 9.8 亿元，公共财政预算收入 8 亿元（含增值税退还 9 266 万元），增长 15%；外贸出口 3.8 亿美元，增长 26%。

产业发展。按照“高质量招商、招高质量商”的总要求，进一步转变理念，创新方式，凝聚合力，开发区获批海峡两岸产业合作区，举办深圳、昆山招商推介会，全年新签约合同项目 35 个，投资总额 264 亿元，引进宏和电子、信博科技等一批投资过 10 亿元的重大项目，另引进签约投资 200 亿元的黄石绿地城项目。全年新开工工

黄石经济技术开发区外景　　（黄石市地方志办公室　供稿）

业（服务业）项目22个、新投产工业（服务业）项目20个，开发区被评为2018年全市项目建设优秀单位，记集体二等功；新增规上工业企业20家；新增高新技术企业22家；全年实施工业技改项目40个，总投资36亿元。

园区建设。四连山电子信息产业园、章山新材料产业园基本建成，太子临港产业园发展规划获批实施；实施四连山工业平台区间道路等28项市政道路工程，打通四棵大道、王圣大道等一批重要干道的断头路，安装一批交通指挥信号灯系统等标示标牌；对圣明路等主干道绿化进行提档升级，对大棋路等进行美化整治，对金山大道等5条主干道及周边楼宇进行亮化；东贝佳苑、王贵小区、金山苑邻里中心等生活配套商业综合体相继完成，黄石绿地城破土动工，恒大名都、黄金城、沪士邻里中心等拔地而起。

生态建设。全面落实河湖长制，禁养区207家养殖场全部关停，有色湖退垸还湖工作圆满完成。土壤污染源普查和防治工作有序推进，11个开山塘口地质环境治理工程全面完成。秸秆、垃圾禁烧专项行动有效开展，道路工地扬尘治理成效明显。中央、省环保督察组交办的22件信访件和反馈的63个问题整改工作全面完成。

深化改革。“承诺代办、先建后验”的项目审批模式获得国办通报表扬，在全国得到推广。成立招商引资、项目建设、拆迁还建等3个办公室，实施人事薪酬制度改革，竞争激励机制初步形成。

2018年黄石大冶湖高新区主要经济社会指标一览表

项目	单位	数额
土地面积	平方公里	–
耕地面积	公顷	1428.5
总人口	人	117649
行政村居	个	28
地区生产总值	万元	2308000
第一产业增加值	万元	29000
第二产业增加值	万元	1265000
第三产业增加值	万元	1014000
财政收入	万元	409465
一般预算收入	万元	188354
农民人均纯收入	元	20046
粮食总产量	吨	9543.99
棉花总产量	吨	90.32
油料总产量	吨	1800.53
农机总动力	千瓦	–
出栏生猪	头	37158
出栏家禽	万只	10.7
水产品产量	吨	3300
水果产量	吨	334.67
蔬菜产量	吨	17500
企业数	个	2117
其中工业企业个数	个	246
企业营业收入	万元	7246000
企业利润总额	万元	467000
企业纳税总额	万元	401912
完成技改项目	个	40
技改投入	万元	231769
当年投产竣工企业	家	30
当年到账外资额	万美元	20000
外资供货值	万元	–
各类汽车	辆	–
镇村主干道	公里	–
电话普及率	部/百人	100
科技人员	人	4020
中小学校	所	18
在校中小学生	人	15046
在职教师	人	760
医院	家	5
卫生室	个	57
医生数	人	536
参加养老保险人数	人	20370
参加农村新型合作医疗人数	人	77789
享受居民最低生活保障人数	人	1851
年末各项存款余额	万元	–
居民储蓄存款余额	万元	–

建立人才工作机制，兑现“四高”人才补贴400万元，重奖“万人计划”专家孙国平100万元；依托“千人智库”机构，联系高层次人才，举办各类招才引智推介活动，邀请16名“千人计划、万人计划”专家赴开发区考察、洽谈。高新技术企业占规上企业比例居全市第一，全年新增高新技术企业22家，累计59家；研究出台《规上企业建立研发机构三年“清零行动”计划（2019—2021）》；孵化器服务委托改革取得初步成果。农村集体产权制度改革在四棵社区、汪仁章畈村和枯树咀村、章山龙山村等村的试点展开。

社会事业。全面落实住房、教育、健康医疗、金融等扶贫政策，投入3000万元资金支持产业扶贫，带动1000名以上贫困人口实现增收。6176套棚改拆迁安置房源竣工验收，15000余名群众住上新房。本年，中考7所学校黄石二中录取线高于全市资格线，上线154人。处理各类信访问题126件，一批多年未解决的积案得到有效化解；打非治违有力推进，安全生产形势总体平稳；扫黑除恶专项斗争深入开展，群众安全感进一步增强，社会大局和谐稳定。

自身建设。全区“两委”换届全面完成，支部规范化水平整体提升，整顿转化后进村党组织10个，争创市级红旗型党支部7个，183家非公企业和31家社会组织党建实现“全覆盖”。实施抓党建促脱贫攻坚，2032名无职党员认岗定责，组建村庄理事会213个，扶持发展集体经济项目40个。聚焦精准扶贫、扫黑除恶等重点领域的不正之风和腐败问题，加大执纪问责力度，立案115件，给予党政纪处分103人，移送司法4人。

【黄石大冶湖高新区】 2018年2月，国务院批复黄石大冶湖高新技术产业园区升级为国家高新技术产业开发区。

黄石大冶湖高新区前身为大冶经济技术开发区，1994年6月经湖北省人民政府批准成立。2011年12月经省政府批准为省级高新区。2015年10月经省政府同意，更名为“黄石大冶湖高新技术产业园区”。规划总面积124.73平方千米，形成“罗桥产业园区、灵成产业园区及黄金山产业园区”一区三园的架构。

黄石大冶湖高新区是大冶创新发展的集聚地。2010年进入“全国县市百强开发区”行列；2012年获批为“湖北省新型工业化产业示范基地”；2015年获批筹建“全国保健酒产业知名品牌创建示范区”；2016年全省开发区综合实力考评中，位居第三。2017年获批为省级园区循环化改造示范试点和第二批湖北省知识产权双创服务基地；2018年，被评为全国和谐劳动关系园区，区域竞争实力不断提升。2018年，高新区（核心区）完

2018年黄石大冶湖高新区主要经济社会指标一览表

企业名称	法定代表人	主要产品	销售收入（万元）	利税总额（万元）
劲牌有限公司	吴少勋	劲酒	1024996	380459
湖北迪峰换热器有限公司	伍佳元	换热器	24590	5143
大冶市华兴玻璃有限公司	肖　轩	日用玻璃	96302	22115
黄石东贝铸造有限公司	陈保平	铸件	64725	4103
黄石山力兴冶薄板有限公司	冯声浪	轧板	298869	1563
大冶华润燃气有限公司	杨　平	天然气	63613	11109
黄石艾博科技发展有限公司	吴其林	压缩机	70998	5586
大冶斯瑞尔换热器有限公司	董相良	换热器	12664	524
湖北实美科技有限公司	曹丽娟	铝型材	18386	1437
大冶市宏泰铝业有限责任公司	黄长林	铝型材	37466	3422
大冶市正明铝业有限责任公司	陈跃进	铝型材	146121	492
湖北凯祺制衣有限公司	刘小七	针织服装	10193	101
大冶市华厦铝业有限公司	黄朝日	铝型材	23852	1268
湖北美维铝材有限责任公司	纪晓雨	铝型材	21224	1193
大冶市立峰纺织有限公司	许长伟	纺织	13628	253
大冶市扬子商品混凝土有限公司	罗才能	混凝土	7446	80
湖北徐风环保科技有限公司	徐文卿	电除雾器	20443	2249
黄石市晨茂铝业有限公司	曹　军	铝型材	54460	967
大冶蓝华铝业有限公司	曹俊杰	铝型材	14582	2645
大冶市石开工艺青铜铸造有限公司	徐新旺	雕塑	11848	2081

2018年黄石大冶湖高新区各村基本情况一览表

村名	党组织书记	村委会主任	耕地面积（亩）	人口	经济总收入（万元）	农民人均收入（元）
港湖村	程正钦		365	2519	5834	23159
马家塘村	陈光木		324.3	668	1531	22918
青松村	黄朝章		35	2452	5673	23137
大塘洲村	程庆军		15	874	2020	23113
十里铺村	刘青松		130	1207	2732	22637
徐家铺村	徐勇平		512.9	2641	6019	22791
金桥村	向国富		850	2432	5562	22869
王家庄村	江志义		486	1881	4221	22440
华井村	李国强		400	2202	5051	22940
罗桥村	罗国胜		524	2046	4344	21231
团墹村	罗光顺		0	1062	2449	23061
石洪甫村	石义湘		110	1643	3779	23003
大林山村	卢元兵	胡红彪	36	3672	8456	23029
新进村	周开灯		178	2274	4882	21469
金墩村	金明显	金建文	80	1586	3441	21695
中堰村	曹大能		31.2	1209	2669	22075
吴天铺村	彭方贵		649	3183	6565	20624
敖山村	张德强		1060.5	2108	4156	19714
桃花村	柯振国		3680	5211	12091	23202
鄢畈村	黄国兴		2375.8	1636	3236	19779
春光村	江咏华		792.5	2850	5956	20897
双港村	黄四海	王瑞文	0	2146	4766	22210
官塘村	董能雄		86	1567	3112	19862
两塘村	王建寅		1414	1980	3925	19823
新建村	黄清海		2141	3024	6118	20232
榨桥村	陈敬文		1610.4	1585	3159	19931
下袁村	袁双生		2054	2170	4113	18956
民爱村	梅敬元		1486	1712	3368	19671

成财政收入17.2亿元，比上年增长6%；完成规上工业总产值322.1亿元，增长22%；完成固定资产投资121.3亿元；完成外贸出口2.2亿美元，增长7.8%。

园区建设。全年完成劲牌白酒产业园等23个重点招商引资项目和重点工程项目征地226.67公顷，拆迁326户7.68万平方米，迁移坟墓14000余棺。完成道路维修、绿化养护等工程90余项。全年投入近2亿元，新建道路及管网13处，完成东港桥对接工程、铁金港上游改造等7处，4号路建设等6处正在推进，完成刘开化湾等8处共2500余米排污改造，疏通污水管道4000余米，提升园区发展层次。

项目建设。坚持招大引强，重点突出汉龙汽车及零部件产业、劲牌健康产业招商，全年新签约芳香产业园，中标、中亚产业园，懿福长江新能源专用汽车等19个项目，签约资金128亿元；跟踪博凯光电新型一体化触摸屏等20余个项目，总投资150亿元；全年到位资金159亿元，完成率100%。全年新开工劲牌健康白酒产业园、懿福新能源物流车等33个项目，完成率100%；新投产汉龙汽车发动机、劲佳包装三期等27个项目，完成率113%；完成项目到位资金75亿元，完成率100%。通过融资租赁、收购等方式，盘活园区闲置土地、厂房，解困盘活力特隆、金鹿塑业、普鸿德电缆、舒嘉科技等4家企业；投入20多亿元，帮助东贝铸造、劲佳包装等27家企业完成技术改造，助力产业转型升级。

创新能力。成功获批“湖北省人才双创基地”，全国保健酒产业知名品牌示范基地，通过省级初验，瑞晟芳香专业孵化器实现提档升级。新增高新技术企业26家，累计51家，创历史新高；新增高新产品企业9家、校企合作企业20家。新专利申报775件，新授权专利405件;新增湖北名牌6件。全年转化技术成果22个，合同交易额5.8亿元；新增标准创制数6件，建立质量认证体系企业90家，为高新区高质量发展奠定了基础。

融资改革。持续推进高新投公司改革重组，目前资金规模约141亿元，设立了20亿元芳香产业基金和50亿元高新产业基金，为项目建设提供资金保障。新引进资本机构10余家，共建产业基金3支，吸纳市场资金30亿元;通

2018 年黄石大冶湖高新区各社区基本情况一览表

序号	单位	社区书记	户籍人口（社区）	户籍户数（社区）	常住人口	总户数	其中		社区从业人数	其中：外来从业人数	行政区划面积
							外来人口数	户数			
			人	户	人	户	人	户	人	人	平方千米
1	东风社区	陈天华	3240	1126	9187	3284	2265	753	4578	247	0.9
2	康乐社区	王　娟	4725	1350	11704	3653	1058	512	6793	416	0.2
3	馨园社区	刘亚军	2832	945	7688	2337	3849	1020	2624	532	0.8
4	新冶社区	徐子燕	5946	2011	11280	4772	1168	463	1982	216	0.8
5	观山花园社区	张　燕	1176	409	7176	2771	1060	398	1784	178	0.3
6	怡和社区	明闰月	3582	1066	13109	3680	923	416	7031	3479	0.3
7	风华路社区	方　琳	1966	596	9748	596	248	106	2117	113	0.8
8	铜草花园社区	王亚军	4063	1161	10153	2901	917	378	6213	143	0.3
9	朝阳社区	张　军	6766	2640	9406	2808	726	269	7094	265	0.7
10	向阳社区	纪细云	5634	3434	8036	3428	17	10	3765	104	1.2
11	东鑫社区	柯　伟	1931	641	5331	1418	269	67	2736	115	0.6
12	罗桥社区	明　喆	1503	696	5524	1578	208	63	3416	62	1.5
13	长安社区	罗　莉	129	58	4340	1506	240	67	2111	672	1.8
14	观山社区	左可昌	1600	418	2403	803	35	12	986	283	0.88
15	下冯社区	於　鹏	2690	650	10984	2842	8294	2891	7613	756	0.78
16	七里界社区	冯　桥	1116	372	3249	1401	539	243	1103	227	0.82
17	下黄社区	黄治林	2027	426	4889	413	2732	871	2465	318	0.8
18	叶家坝社区	叶天胜	3296	727	16468	3000	13100	495	9215	438	0.78
	合计	–	54222	18726	150675	43191	37648	9034	73626	8564	14.26

过路演对接、创新创业大赛等方式吸纳资金 2000 万元；获得中央 5000 万元扶持资金，支持大中小企业融通发展，为园区产业发展和科技创新提供了金融保障。

生态建设。环境保护成效明显，中央环保督查组交办的 10 个突出问题，全部完成整改并销号；强化违法违规项目清理整顿，督促 9 家铝型材行业企业完成环保配套设施整改；组织拆除辖区 2 家冶炼厂，完成 4 家企业燃煤锅炉“煤改气”，大气污染物减排成效显著；积极开展秸秆禁烧宣传治理，切实提高环境保护意识，助推绿色生态发展。

城市建设。全年规划新建市级重点工程 20 余项，已完成大林山小学、青松学校、农贸市场改造等 10 余项。文明城市创建成效显著，引导 37 条商街全面完成自治化、常态化管理，完成 20 余个城市公厕改建，全面提升城市形象；发动 93 个志愿服务队，开展各类志愿活动 400 余次，打造特色志愿服务品牌；开设文明学院、道德讲堂，累计授课 100 余次，让德育理念深入人心，实现软硬环境“两手抓、两手硬”。

民生事业。全年新增就业 1812 人，成功帮扶就业创业 1300 余人，培训 1000 余人。城乡居民养老保险完成 2.03 万人 517.38 万元，城乡居民医疗保险完成 9.5 万人 9403 万元。投入 100 余万元，推进“厕所革命”工作，完成全区 2366 个厕所（202 个公厕、2164 个私厕）改建，改厕率 100%。落实金融扶贫 32 户、小额信贷 103 户。全面铺开农村集体产权制度改革工作，完成全区 49 个村（社区）成员身份确认、股权配置和信息录入。全年规划建设还建点 9 处 139 万平方米，完成双港 D、蓝花语 2 处 34 万平方米，分房近 2500 户。完成绿化养护补栽 23 万平方米，全面改善还建小区整体环境。新建农村公路安全生命防护工程建设 1762 米，完成下袁桥改造工作；造林绿化 76 公顷，建设义务植树基地 5.33 公顷，乡村配套设施全面完善。

社会管理。完成全区3000多家个体工商户安全生产网格化对接工作，13家社区“网格化”运行绩效位于全市第一。增强专业力量实行监管，检查单位1346家（次），排查隐患6762条，整改完成6424条，隐患整改率95%。13家挂牌督办单位27条隐患全部整改销号。城建城管进一步加强，全年查处违建990处11.3万平方米；责令停工232处，2.4万平方米；规范处理156处，1.9万平方米；强制拆违602处，6.9万平方米，处置率100%。综治维稳全面推进，接待来信来访群众183批347人次，受理上级转办、交办件185件，市长热线48件，受理答复率100%，群众参评率96%；开展书记大接访接待群众36批56人次，调处群众诉求28件；排查出各类矛盾纠纷46起，开展信访积案“百日攻坚”等活动，化解疑难积案32件，保障了辖区稳定。

（黄石市地方志办公室）

【葛店经济技术开发区】 2018年，葛店经济技术开发区实现国内生产总值230亿元，比上年增长15%，高于全市平均增速7%；规模工业增加值比上年增长15%，高于全市平均增速7%；固定资产投资增长13%，高于全市平均增速1.5%；实现财政收入23亿元，增长15%，高于全市平均增速6.5%，地方公共财政完成17.3亿元，增长24.44%，税比为82.4%；实现限上社会消费品零售总额186亿元，增长40.4%，高于全市平均增速27.4%；全社会用电量增长43.9%，工业用电量增长50%。全年规模企业新增14家，规模商贸服务业新增13家，高新技术企业新增15家，实施技改项目42项，新增技改投资46亿元，引进实施科技类项目44个。全区招商引资亮点纷呈，省外资金实际到资90.6亿元；新签约22个合同项目，总投资额328亿元。新开工22个项目，总投资96亿元。引进总投资152亿元的容百年产10万吨锂电正极材料生产基地项目，实现开工。在全国每两年一次由第三方参与评估的219个开发区评比中，葛店开发区由2017年的第95位，进位到2018年的第73位，前进22位；省内7家国家级开发区排名由2016年的倒数第一，进位到2017年的第三名；在湖北省内100家国家级和省级开发区综合排名第五名，省内省级高新区排名第二名。

产业规划和产业布局基本形成。围绕光电子信息、新能源、新材料、生物医药、智能制造、电子商务六大主导产业开展精准招商。已逐渐形成冷链产业全国第一，电商物流华中第一、新能源产业湖北第一的产业格局。逐步建成光电子信息和智能制造基地、生物医药基地、动漫文化产业基地三大产业基地。产业转型升级发展。积极推进“四上”企业入库申报，新增规模工业企业14个，新增规模商贸服务业13个。申报认定区内15家企业为高新企业，共有高新技术企业53个。全年签订技术合同33个，合同金额4.15亿元；完成科学技术成果转化22个；高新产品登记备案19个。武汉塞维尔生物与武汉自然远致生物共同成立“自然远致生物科技研发中心”，人福药业、华威科、滨会生物、真福医药等多家企业在开发区成立科技研发中心。组织申报国家、省、市各类企业专项47个，为31家开发区企业争取省市级各类专项资金约4000万元。企业新引进硕士、博士及全国重点高校本科人才41人，享受招硕引博政策企业人员245人。大力实施“万企万亿”技改工程，全年实施技术改造项目42项，总投资50亿元，已开工或完工项目39个，完成投资约46亿元。强化安全、环保、能耗等指标，对不符合环保和开发区产业发展要求的恒鑫化工、武大有机硅等企业，加快淘汰速度，对“散乱污”企业出重拳进行清理整治，为“高、精、尖、专、特”等企业入驻腾出发展空间。

（鄂州市地方志办公室）

【孝感国家高新技术产业开发区】
孝感国家高新技术产业开发区由核心园区、孝南园区、应城园区、云梦园区组成。

核心园区。2018年，孝感国家高新技术产业开发区核心园区招商引资质效明显，签约项目41个，总投资307.5亿元，实际到位资金69.42亿元，到资额居孝感市第一位。依托万山整车生产线，瞄准新能源汽车产业，成功引进总投资20亿元的青岛澳柯玛新能源物流车项目，厦门金旅新能源客车整车在孝感交车并上牌；投资6.5亿元的台湾勤美汽车制动系统部件生产基地项目正式动工，达产后预计年入库税收5000万元以上，将带动一批产业关联项目入驻。

核心园区项目建设进度提速。2018年，竣工投产项目17个，实际到位资金26亿元；正在建设项目32个，累计到资29亿元。日本三桦、京信通、科恒达项目在4个月左右时间实现竣工投产，被湖北省媒体誉为“三桦速度”，成为高新区营商环境的新品牌；核心园区产业发展后劲增强。2018年，依托汽车及零部件、高端装备制造、光电子信息三大主导产业，垂直整合链条，引进配套项目31个，总投资195.5亿元。核心园区盘活存量成效明显。2018年，处置闲置用地10宗，收回117.58公顷土地使用权，盘活闲置厂房13.2万平方米；利用闲置土地、厂房不断加大“零土地招商”力度，引进京信通模具等产品附加值、技术含量高的项目19个，总投资54.09亿元，达到了“增资不增地”目的。核心园区科技创新水平提升。2018年，申请专利1870项，其中，发明专利1089项，占全市55%；新增知识产权试点示范（优势）企业23家，累计109家；红阳、险峰成为孝感首批获批国家级技术中心企业。新增院士工作站2家，累计19家。完成科技成果转化17项，技术合同交易1.1亿元。

孝南园区。2018年，孝感国家高新技术产业开发区孝南园区综合实力持续增强。完成规模以上产值113.36亿元，占全年任务110.06亿元的103%，比上年增长26.3%；完成固定资产投资65.78亿元，占全区190亿元任务数的34.6%，增长51%；财税体制改革后，累计完成工商税收14.11亿元，占全年任务的100%。完成限额以上社会零售总额28.59亿元，占全年任务24.62亿元的116%，增长33%。产业规模持续壮大。2018年，孝南园区8个工业项目建成投产，规模以上工业总产值突破110亿元。纸品产业迅猛扩张，丽邦30万吨成功落地，金凤凰130万吨、维达二期12万吨、恒安3条生产线、洁伶16条生产线、雅都包装、欣柔科技建成投产，金凤凰继恒安、维达后税收过亿元。纸品产业产能突破180万吨，产值突破120亿元，跻身湖北省重点成长型产业集群，获评“湖北省纸制品产品提升示范区”。项目建设持续推进。2018年，汉孝产业园先期16.8平方千米、八一纸品包装产业园8平方千米、双创中心等三大平台建设加快推进。高新区横四路、北区纵二路建成使用，南区仙女湖路、新华路刷黑完成，东城市政横二、纵二全线贯通。福广片区雨污分流改造工程全线完工。重点项目更快，总投资83.31亿元的13个区级重点项目加快推进。

应城园区。2018年，孝感国家高新技术产业开发区应城园区抓财政税务创收再上升。园区完成一般公共预算2.4亿元，比上年增长20%。其中，国税完成8632万元，地税完成15368万元。新引进企业大部分都落户于园区，现拥有工业企业57家，其中规上工业企业23家。开展融资服务，解决园区企业“融资难、融资贵”困难。开展服务业管理与纳统的专项工作，完成千佳医药连锁等9家法人企业、彭厨等8家大个体工商户的申报纳统工作。招商引资。2018年制发《开发区2018年招商引资工作方案》，把招商产业重点放在食品调味品、母婴用品产业上，坚持以福建、广东、浙江、武汉等地为重点区域，主动对接东部沿海产业转移，大力吸引世界500强企业、国内500强企业和大型央企、国企或行业内10强企业入驻投资。全年外出招商40余批次，引进并开工建设项目10个，其中，过5亿元项目3个，过亿元项目6个。配套建设。2018年，园区污水处理厂列入湖北省环保督察的重点督察整改项目。完成园区污水管网全处理。对园区80千米的管道及企业管网进行探测，对园区企业的水质进行检测，关闭园区企业38口自备井，完成园区55家企业雨污分流整改工作。圆满完成各项整改任务，在线监测实现自动在线监控。

云梦园区。2018年，孝感国家高新技术产业开发区云梦园区招商引资质效提升。全年开展招商活动181场次，引进项目10个，其中过10亿元的2个，过亿元的8个，引资额50.6亿元，超额完成全年招商引资目标任务。全年盘活闲置项目8个，闲置土地67.62公顷，中国金属资源利用有限公司投资15亿元的融晟金属项目在鄂港粤经贸洽谈会集中签约，香港松鹤科技公司投资20亿元的智能终端产业园等一批重点项目在市、县招商引资项目、黄香文化节经贸洽谈会集中签约。项目建设成效明显。雅琪生物、巨能金匙药业、宏展欣电子等11个项目相继建成投产，5个项目参加市重大项目集中拉练活动，投资2亿元的优尼科智能显示器项目3月份开工，一期建设完成。投资1.5亿元的美林药业扩能项目，部分主体工程完成。重点民生工程建设，吴禄贞小游园、珞珈蓝湾三期等项目征地拆迁工作完成，东城区11万伏杆线迁移、公安训练基地、气象局观测站等项目顺利实施。园区平台功能拓展。2018年园区路网、电网、管网等一批重点工程相继竣工，园区13千米工业污水主管网铺设完成，高金食品、恺祺针织等6家重点排污企业已接通支管网排污。重点工作齐头并进。2018年，针对107户210人分别制定脱贫计划，从扶医、扶房、扶项目等方面精准施策帮扶。坚持开门大接访，集中处置信访突出问题，成功化解巨能金匙药业工程纠纷、茂硕电子拖欠工人工资等20多起信访问题。抓好安全环保，严格落实安全生产、环保整改监管责任，一批环保问题、安全隐患及时整改到位。抓好规划管控，拆除违建房屋13栋、钢构棚26处，对重点项目、重点区域、重点地段实行全天候巡查，确保“零违建”。

（孝感市地方志办公室）

【黄冈高新技术产业开发区】 2018年，黄冈高新技术产业开发区“一区七园”实现生产总值555.34亿元，完成工业总产值1263.58亿元，完成规模以上工业总产值1042.74亿元，完成高新技术产业总产值536.85亿元。其中，核心区生产总值47.5亿元，比上年增长13.1%；工业总产值118.7亿元，增长13%；完成规模以上工业总产值103.8亿元，增长20%；高新技术产业总产值67.2亿元，增长20.1%。完成固定资产投资42.25亿元，增长16.3%；实现税收12.15亿元，增长11%。2月，黄冈高新区通过国家六部委审定，纳入国家开发区审核公告目录。年内，黄冈高新区位于157个国家级高新区排名榜第119位；高新区管委会获“责任目标考核”第一名，获“党建工作”“社会综合治理”优胜单位称号；获第七届中国创新创业大赛湖北赛区先进制造行业比赛优秀组织奖。

招商引资。2018年，黄冈高新区引进投资10亿元的武汉地产、投资10亿元的中粮肉食、投资18亿元的鼎壹农合、投资2.6亿元的华置立装饰材料、投资1.3亿元的英库3D医疗和武汉伯远生物等项目落户黄冈高新区。全年签约项目12个，总投资额61.8亿元。新开工项目23个，新投产8个，办结“两月一单”督办事项，及时协调解决项目落户和企业投产难题。

基础设施建设。2018年，黄冈高新区投入建设资金5亿元，累计完成货币工程量50多亿元。年内，晨鸣项目周边3条道路建成通车，完成110千伏电力线路接入工程并送电，南湖污水处理厂建成即将投入运营；完成退地吹填86.67公顷，巴河快速路、黄州大道职院段控制性工程等2座大桥完成基础建设，进入桥面铺装阶段；启动建材产业园基础设施“三路一桥”的桥梁工程建设。

服务企业。2018年，黄冈高新区资金支持伯远、美格2个创新创业企业发展，帮助企业申报科技创新补助30个，争取省发改委、省科技厅奖补资金800余万元。接待创新创业咨询500人次，提供企业技术人员人才政策服务。制定高新技术企业后备库3年培育路线图，新申报高新技术企业7个，累计36家。“一区多园”协同发展。成立“一区多园”协同发展领导小组，制作“一区多园”地

2018年11月8日，武汉地产集团建筑产业化生产基地在黄冈市南湖工业园区开工建设　　（黄冈市地方志办公室　供稿）

图;印发政策汇编手册,涵盖改革创新发展、创新创业、融资体制等政策信息 100 条;编写“一区多园”投资指南,涵盖各园区概况、政策服务、招商引资一号工程、要素成本等内容;制定“一区多园”协同发展实施办法,起草考核办法,实施联合招商。

改善民生。2018 年,黄冈高新区投入 3000 多万元,改善民生生活,回应群众关切的民生问题,加快社区集体经济发展。按时间节点完成区内环境、菜场搬迁、生猪禁养、黑臭水体、控违拆违等问题整治。持续推进幼树湾、杉树湾、中环路、花园路、红卫路等棚改项目建设。

(黄冈市地方志办公室)

【咸宁高新技术产业开发区】 2018 年,咸宁高新技术产业开发区完成财政收入 23.57 亿元,一般公共财政收入 13.2 亿元,比上年增长 18%,税收占 89%,税收大户在全市十强中继续保持一半以上。新增规模以上企业 12 个,新增高新技术企业 13 个,新增入限企业 8 个,园区规模以上企业突破 100 个,高新技术企业 42 个。规模以上工业总产值 166.2 亿元,增长 10%,规模以上工业增加值增长 8.3%,高新技术企业完成增加值 25.2 亿元,占 GDP 比重达 30% 以上。完成固定资产投资 139 亿元,增长 13%,其中工业固定资产 95.9 亿元,占总投资 69%。综合实力在全国 168+1 个国家高新区中排名第 116 位,在全省 12 个国家级高新区中定性指标排名第 5 位。

项目建设。2018 年,园区有国家重大建设项目库项目 295 个,总投资 1030 亿元;省储备库项目 138 个,总投资 178.38 亿元;园区配套基础设施投资一体化建设项目投资 5 亿多元。全年新投产项目 46 个,新开工项目 45 个,在办落户项目 15 个。“211 工程”重点项目全部达到时序进度,立邦涂料、海威、和乐门业、安利运动饮料等支撑性项目相继建成投产,野马新能源汽车、华彬快消品、海王总部等重大投资项目相继签约落地,金融信息港、三期污水处理厂等重大配套基础设施项目全面开工建设。新签约引进项目 107 个,协议投资额 382 亿元,其中,工业项目 93 个,总部经济项目 14 个;投资亿元以上项目 70 个;投资 10 亿元以上项目 11 个。安利运动饮料项目,两个月签约,两个月投产,两个月创造产值 5000 万元,一个月纳税 300 万元。

2018 年,园区着力做好“特、共、农、高、科”的五字文章,落地项目 10 个,其中投资千万元以上项目 5 个,落实和正在申报的农业配套资金 1390 万元;基础设施、规划评审、项目策划等正在全力推进。横沟科学城完成规划编制和首轮专家评审,启动建设用地土地报批,采取 EPC+F 的开发模式,加快形成“引爆区”,将科学城打造为咸宁的城市新地标。对一些“圈地”不搞建设、“抢单”不抢工期的项目单位,采取果断措施坚决清理,变闲置土地难点为工业经济看点。盘活闲置厂房 7 万平方米,承接 14 个工业项目落地,总投资 21.7 亿元。在帕沃电气地块上建起双创产业园,成为园区重资产招商的主阵地,引入波利玛、科控、宏捷电等项目,在宏业印刷地块上建成宝仕康医药产业园,在嘉洪电动车地块上搬迁腾退僵尸企业 20 余个。2018 年,高新区牵头推进改革项目有 3 个,分别是“证照分离”“智能机电产业集群创新试点”和“开放型经济新体制试点”。其中,“证照分离”改革试点学习借鉴上海自贸区先进做法,受理事项 122 件,惠及企业 122 个;智能机电试点成立智能机电研究院,致力于打造“咸宁实验室”,已实现组建、场所、资金、人员“四到位”;积极对接省市有关部门,组织园区 52 家企业参加中国——南亚博览会以及中部国际产能合作论坛等系列活动。高投集团逐步由传统的“以融定投”向“以投定融”转变,具备随时新增融资 100 亿元规模的能力。筹集资金 2000 万元,创造性设立天使投资基金,主要投资具有自主知识产权、科技含量高、创新能力强、商业模式新的种子期、初创期企业,缩短企业投产周期。

民生保障。全面完成精准脱贫。园区建档立卡 1199 户、3588 人贫困群众全部实现脱贫,1 个贫困村整体脱贫出列,无一户返贫。培育经营主体 11 个,带动贫困户 125 户;发放小额信贷 57 笔 569.9 万元,把小康送到贫困群众家门口。全年化解信访案件 177 批次,46 起网络问政和阳光信访案件全部办结,5 起历史遗留积案圆满化解。生态环境全面改善。

三期污水处理厂主体工程基本完工，加快推进污水处理设备安装工程；打响蓝天碧水净土保卫战，清水、清废、绿肺等行动全面展开，园区群众小康、环保的“双丰收”。基础设施提档升级。一、二期道路升级改造工程基本完成，三期道路绿化、硬化、亮化、美化等新建工程全力推进，企业员工关心的出行难、停车难等问题有效解决。理顺征迁工作机制，依法依规拆迁510户，报批土地380余公顷。

（咸宁市地方志办公室　陈秋娥）

【仙桃国家高新技术开发区】2018年，仙桃国家高新技术开发区实现规模以上工业总产值692.1亿元，高新技术产业产值311.6亿元，比上年分别增长8.6%和9.8%；实现规模以上工业增加值169.81亿元，高新技术产业增加值81.86亿元，分别增长11.2%、14.5%；完成固定资产投资267.8亿元，实现税收27.58亿元，出口总额46.28亿元，分别增长12.5%、12.5%和21.5%；招商引资实际到位资金291.8亿元，其中实际利用外资5.76亿元，分别增长11.9%和37.1%，各项主要经济指标稳定增长，态势好。

科技工作强力推进。发展环境不断优化。配合市科技局制定《创新型县（市）建设方案》《仙桃市技术创新中心认定管理办法》《仙桃市专利奖励暂行办法》，形成系列配套服务。惠企政策落实落地。给予2017年被认定为湖北省级工程技术中心的瑞阳汽车30万元奖励，给予2017年新认定的27家高新技术企业270万元奖励，协调落实全市2017年高新技术企业所得税优惠额6815.53万元，40个科技型中小企业享受研发费用加计扣除政策优惠，研发费加计扣除金额7823.8万元。

创新主体不断壮大。备案高新技术产品192件，纳入高新产值统计的规上企业84个；培育高新技术企业，深入企业对2018年申报高企给予业务指导，举办高新技术企业认定管理工作培训会，将金龙药业、新鑫无纺布等20个企业纳入2018年高新技术企业培育对象，分两批推荐32个企业新认定高新技术企业，31个企业通过专家评审，全年新认定高新技术企业15个；持续推进创新平台建设，组织恒天嘉华、绿色家园申报2018年湖北省级工程技术中心，推荐“华盛农创”“简优农创”申报国家级星创天地并通过科技部评审，全年新增省级科技企业孵化器1个，省级星创天地1个，市级星创天地5家，市级技术创新中心10个，孵化器新增在孵企业72个，创新基础不断夯实。

创新能力不断强化。聚焦知识产权强激励和保护及科技成果转化应用，提升企业自主创新能力和核心竞争力。今年新增5个省级知识产权示范建设企业，1家省知识产权双创服务基地；聚力筹划“科慧网专家仙桃行”和“企业高校院所行”活动，组织企业与高校院所开展产学研合作，全年实施科技成果转化41个，技术交易额突破11亿元。

（仙桃市地方志办公室）

仙桃港一隅　（仙桃市地方志办公室　供稿）

省级经济开发区

【武汉阳逻经济开发区】2018年，武汉阳逻经济开发区招商引资实际到位资金总额436亿元，占目标102%。签约项目36个，协议投资额559.65亿元，其中，50亿元以上项目3个，30亿元项目5个，10亿元项目7个。实际利用外资金额

4.44 亿美元，比上年增长 39.3%。

重点项目建设。武汉阳逻经济开发区推进 38 个重点产业项目建设。其中，美好建筑、虎彩、新五心食品、远达机器人等 15 个项目开工；武汉正大、平安电工、京东三期等 12 个项目建成投产；聚能容器等 6 个项目盘活转化。全年完成财税收入 27.02 亿元，超目标 10.7%。协调落实属地纳税企业或属地注册公司 21 个，新增税源 5000 万元。

港区建设。阳逻港集装箱吞吐量达到 142 万标箱，增长 11%。平江路改造工程竣工，铁水联运一期稳定运营，促进全国多式联运现场会在武汉阳逻经济开发区召开，航运产业总部、物流交易所、多式联运海关监管中心等多个港航项目如期开工，港口的综合服务功能得到增强。

新城建设。武汉阳逻经济开发区两大新城建设提速。“阳逻之心”五纵七横道路基本完工，综合管廊主体工程建成，华发等一批高端商住品牌企业相继入驻，新城轮廓初步显现。柴泊湖泵站建成运行，双柳污水处理厂主体工程完工。

基础设施。建成园区道路 9 条、开闭所 2 个、环网柜 3 座，新增供水供气、排水排污管道管廊 28.7 千米，绿化 9 万平方米。北部工业园污水处理形成闭环。完成拆迁 59.8 万平方米，退地 495.62 公顷。调整开发区拆迁安置相关政策，妥善安置历史拆迁 720 户、3100 余人，将历史拆迁未安置人数降至全市最少。

【中法武汉生态示范城】 2018 年 1 月，经中法武汉生态示范城中方协调组各成员单位会商，住房和城乡建设部印发国家部委支持中法武汉生态示范城建设的 9 条政策，在复制推广自贸区经验和跨境电子商务、外汇集中运营管理、发行绿色债券、推进绿色金融改革创新、建立国际科技合作平台、智能制造项目申报、基本农田调整、什湖治理项目、地下综合管廊项目 9 个方面给予支持。法国总统马克龙访华期间表示，生态城是中法两国应对全球气候变暖战略伙伴关系的一个实践项目。湖北省、武汉市在 2018 年政府工作报告中提出“加快中法武汉生态示范城建设”。省市领导多次到中法武汉生态示范城调研，听取生态城工作汇报，专题研究加快推进生态城建设。

规划设计。中法武汉生态示范城根据总体规划，先后开展城市设计、专项规划和控制性详细规划编制工作。法国夏邦杰建筑设计事务所、苏伊士咨询公司与武汉市地空中心联合体编制完成生态城 35.8 平方千米整体城市设计和启动区 2.84 平方千米详细城市设计。武汉市直有关部门编制完成海绵城市、地下综合管廊、区域路网、低碳城区和绿色建筑、水系、生态景观、智慧城市等 7 个专项规划，6 月获武汉市人民政府批复。中法武汉生态示范城编制完成交通、市政等 14 个专项规划，7 月获蔡甸区人民政府批复。武汉市规划院联合武汉市地空中心和华东建筑设计院编制完成控制性详细规划，10 月获武汉市人民政府批复。集总体规划、专项规划、城市设计、控制性详细规划于一体的生态城规划体系基本确立。根据规划制定《中法武汉生态示范城十年发展行动纲要（2018—2027）》。

交流合作。10 月 25—26 日，围绕“绿色·智慧——中法生态城发展之未来”主题，蔡甸区人民政府和中法武汉生态示范城举办

2018 年 10 月 26 日，法国驻华大使馆公使欧阳励文出席第五届中法城市可持续发展论坛开幕式并致辞　　（武汉地方志办公室　供稿）

2018年鄂州市开发区基本情况表

（单位：亿元，个）

开发区名称	生产总值	财政收入	规模以上工业产值	增加值	税收收入	固定资产投资	利用外资	进出口总额	企业个数
葛店开发区	230	23	–	–	–	–	90.6	–	–
花湖开发区	39.3	3.38	–	26.1	–	–	41.65	–	–

第五届中法城市可持续发展论坛。武汉市人民政府市长、法国驻华大使馆公使、法开署驻华代表处首席代表出席开幕式并致辞，国内外知名专家学者以及法国电力、雷诺、必维集团、达索系统、中冶集团、绿地集团、中军哈工、北京优炫等一批世界500强和领军企业参加，央视网、人民周刊网、中国社会科学网、长江日报等媒体对论坛活动进行全方位报道。法国参议院财政委员会副主席、参议院法中友好小组主席、负责海外法国公民事务的参议员、勒芒市副市长、梅斯市市长、达索系统执行副总裁兼亚太区总裁等法国政府官员和企业代表到访。举办中法音乐节、首届武汉友城公务员研修班等活动，广泛宣传推介中法武汉生态示范城。

招商引资。中法武汉生态示范城围绕生态城战略定位和产业发展规划，重点发展文化体验消费、节能生态、绿色智慧交通、高端国际健康医疗、新一代信息技术、创业服务产业六大产业。密切联系法国驻华大使馆、法开署驻华代表处、法国驻汉总领事馆、在华法企服务中心、法国在华商会等政府部门和机构组织，建立长期委托招商关系。全年引进中建·中法之星、容联易通信息技术有限公司第二总部等20个项目和企业，投资1亿—5亿元项目2个，10亿元以上项目4个。

项目建设。中法武汉生态示范城地下综合管廊1.4千米启动段基本建成，7.8千米二期管线廊道建设加快推进。什湖生态治理项目由法国苏伊士和上海同济设计院编制完成实施性规划方案，争取法开署贷款支持，高罗河、香河整治工程启动建设。中法城市可持续发展论坛永久会址一区（展示区）完成主体结构工程，永久会址二区（会议区）启动建设。知音城还建社区建成分配1720套，新天还建社区12栋17.7万平方米完成主体结构施工，黄陵还建社区完成规划设计方案。新城路、和黄西路、五贤东路建成通车，新天北路、新天南路、和黄东路等一批骨干路网正在建设。围绕重点项目建设，全力推进征地拆迁，完成征地270公顷，拆迁30.2万平方米。保持查违控管高压态势，拆除违法建筑约2.8万平方米，确保区域违建"存量减少、新增为零"。

中法武汉生态示范城投资开发有限公司发展。2015年1月28日，蔡甸区人民政府划拨10亿元资产注册成立中法武汉生态示范城投资开发有限公司，承担生态城建设的投资、土地整理储备、基础设施建设、生态环境治理及公益项目建设投资；区域产业项目的投资，委托贷款、公用资源的特许经营、房地产开发、物业管理；建设投资项目管理，投资咨询、城市生态及公用项目投资、运营和维护等业务。中法武汉生态示范城投资开发有限公司充分运用银行贷款、PPP建设等多种融资模式，探索利用法开署等国外资金的方式，建立城市建设投资主体多元化、融资渠道市场化、投资决策科学化、法人治理规范化、政府调控透明化的新型投融资机制，达到增强投融资能力，实现可持续融资，促进生态城建设健康发展。2018年，公司实现固定资产投资11.2亿元，完成经营收入771.68万元，完成融资等资金到账11.26亿元。

（武汉地方志办公室）

【鄂州经济开发区】 2018年，鄂州经济开发区坚持把项目建设作为促进经济增长、优化产业结构、保障民生改善的第一支撑力，全年引进省外资金41.65亿元，签约亿元以上项目13个，其中，50亿元单体项目1个，5亿元项目2个；新开工项目11个，其中，超凡物流投资10亿元，富春供应链运营中心、富鸿鑫电子投资额均在5亿元以上。全年实现地区生产总值39.3亿元，比上年增长10.8%；固定资产投资累计完成48.56亿元，增长11.6%；规模以上工业增加值完成26.1亿元，增长11%；实现服务业增加值15.94亿元，增长11.2%，占GDP的36.35%；全区实现高新产业增加值10.22亿元，占GDP的23.32%。

【湖北花湖经济开发区】 湖北花湖经济开发区于1997年1月9日成立。2000年7月经湖北省开发区管理办公室批准为省级开发区，是鄂州市”一体两翼”经济发展区的东翼。武汉、鄂州、黄石三个城市的中心地带。开发区规划面积9.8平方千米，规划范围为沪蓉高速公路（武黄段）以北，花湖港以南，东抵黄石大道，西至方家湖。其中，规划建设区面积5.5平方千米。已建成区面积2.6平方千米。

花湖经济开发区注册企业85家。其中，大小工业企业63家，形成工业、商贸业和房地产开发三大支柱产业。工业形成以制衣制鞋、数控机械、模具制造、汽车配件、五金制品等为重点的产业格局。商贸业以汽车、建材、药品和小商品销售为主。

2018年，总投资1.8亿元的花湖经济开发区临空产业园建成。园区土方回填73万方，9条道路路基基本成型，管网铺设到位，结束了湖北省级开发区无项目承载平台的历史。全年完成新签约亿元以上项目5个，新开工亿元以上项目3个，引进省外资金20亿元。投资10亿元的铠尔慷智能装备制造项目实现“当年签约、当年开工”。

铠尔慷花湖开发区智能装备制造项目总投资10亿元，占地面积18.8公顷，总建筑面积16万平方米，主营汽车零部件及模具生产，将成为花湖开发区创新驱动、产业升级的新型科技示范基地以及开发区产业发展转型的新引擎。项目于2018年9月27日正式开工，已完成两栋主体厂房封顶。

（鄂州市地方志办公室）

【湖北汉川经济开发区】 2018年，汉川经济开发区经济运行盘稳质进。全年完成规模以上工业总产值967.4亿元，比上年增长11.6%。固定资产投资增长12.6%。社会消费品零售总额24.3亿元，增长21.9%。新增规模以上工业企业12家，新增限额以上商贸企业6家，新增私营企业324户。农业总产值12.31亿元，增长9.1%。农民人均纯收入25838元，增长8.7%。全年税收完成7.74亿元。招商引资成果丰硕。全年引进各类项目24个（含续建和扩能项目，新引进项目9个），其中，超过10亿元项目6个，合同筹建项目15个，其中，超过亿元项目13个。合同签约资金206亿元，增长73%，超额完成年度计划。产业结构趋新见优。以好莱客智能家居、西克曼定制家居为龙头，泛家居产业雏形初现。引进杭加新材、祯祥新材等项目，新材料产业集群发展。引进富春网营物联、新加坡丰树物流项目，配套服务业逐步完善。围绕产业智能化、数据化加快食品加工、服装纺织、印刷包装产业升级。华艺柔印项目投入技改资金1000多万，实现机器代人，生产效率显著提升。高新技术产业带动作用凸显，园区有高新技术企业14家，生产高新技术产品企业28家“三大攻坚战”打开新局面。打好防范化解重大风险攻坚战。加强政府债务风险管控，完善财经工作纪律，机关“三公”经费支出比上年减少25%，村级财务清理全覆盖。狠抓平安创建工作，深入开展扫黑除恶专项行动，严厉打击违法犯罪行为，惩治黑恶势力，高标准建成中心戒毒社区，开展普法宣传，推进法治园区建设。全年未发生重大安全事故。打好扶贫脱贫攻坚战。在孝感市2018年精准扶贫考核中开发区成绩位于A级，全年顺利脱贫62户、146人。每月研究部署精准扶贫工作，坚持“两扶”相结合，重点推进健康、教育、就业、金融、危房改造等各项扶贫措施落实，改善贫困户生活条件。打好污染防治攻坚战。制定《开发区突出环境问题整改清单》，重点整治道路扬尘、畜禽养殖、汉江沿线环境等12项环境问题，投入100万元对公路渠、一心渠、曹家河和丰收渠等5条重点河道清淤疏浚，完成荷沙复线污水管网连接工程、汉江堤内垸30米整治工程，重点监管园区印染企业、拉链小作坊企业污水处理，紧盯饮用水源地保护工作，拆除、关停7家企业燃煤锅炉，关停、搬迁了32家养猪场。

【湖北安陆经济开发区】 2018年，安陆经济开发区经济运行稳中向好。全年实现工业总产值132亿元，比上年增长6.9%。24家规上企业实现工业总产值105.6亿元，比上年增长7.4%。固定资产投资15.6亿元；外贸出口2200万美元，其中，爱仕达外贸出口位列孝感市企业第一。招商引进成效显著。全年开展各类形式招商考察、洽谈活动21次，其中，首次进入台湾地区召开招商推介会。在全市两次招商“大比武”和集中签约活动中，开发区新签约项目8个，总投资39.6亿元，其中，投资1亿元福瑞龙医药项目和投资6亿元塑袋复合板项目，实现当年签约当年建设投产；引进投资10亿元国际汽贸城项目和投资1.8亿元文化创意园项目。2018年，全区14个工业项目纳入市政府重点项目“五化”管理，并按照时间节点完成项目建设进度，其中，中科铜箔三期扩能、爱仕达扩能、福瑞龙医药、格奥欣医药、塑袋复合板等项目建成投产（或边建设边生产）。为益加益、弘兴包装、岑铭堂食品、永祥工业园、中香农科、中科铜箔、天庆彩印、康正药业等项目奖返资金4300万元，促进了各重点项目建设和企业发展。

“三大攻坚战”初战告捷。圆满完成2018年度脱贫计划任务31户93人。梳理10个方面87条问题，全部整改到位。聚焦“水、土、大气”三大污染防治，启动开发区第二次全国污染普查工作，开展畜禽养殖场关停“回头看”，拆除燃煤锅炉3台套，关闭料石堆场5家，完成工业园区污水处理厂上线运行、“厕所革命”建改夏秋两季秸秆禁烧和综合利用工作。防范化解社会领域风险，实现零进京赴省涉访。开展扫黑除恶专项斗争，涉黑涉恶类线索7条，全部侦查终结，移送起诉9人。组织各类安全生产检查15次，排查隐患并责令整改55处，书面整改22处。

依法行政效能得到提升。自觉接受人大法律监督、政协民主监督和社会舆论监督，办理人大代表建议案5件，答复网上舆论信息3起。组织“两代表一委员”聚力脱贫攻坚、参与平安创建、开展书记抓党建述职评议等活动。深入开展宪法宣传教育，以落实“谁执法谁普法”“谁服务谁普法”普法责任制，组织宪法日部门联合宣传教育活动，通过开展律师进社区，有效化解各类社会矛盾31起。依法处理违法用地5起，组织违法用地拆除复耕2.58公顷（38.7亩）、设施农用地清理1.72公顷（25.8亩）、堆场清理7.33公顷(110亩)。集中开展食品药品安全大排查、大整治、提能力、建机制工作，下达整改通知33份，立案处罚7起，依法治理能力进一步加强。

【湖北大悟经济开发区】 2018年，大悟经济开发区工业用电3457.09万千瓦时，比上年增加2070.6万千瓦时，增长1.49倍。全年新增规模以上企业6家（巴利德、首通电磁、艾特斯、雅商达、红翼农林、百菲特）。工业产值比上年净增10多亿元（武船1.2亿元、首通1.5亿元、雅商达2亿元、顺鸿德0.3亿元、裕虹0.2亿元、顶裕风机1.2亿元、红翼农林0.8亿元、人人爱油脂0.5亿元、百菲特0.4亿元、巴利德0.7亿元、艾特斯0.5亿元、艾特包装0.6亿元、克拉梅茨0.8亿元）。在无引税和企业固定资产大幅抵扣后税收净入库7000多万元，比上年增长6%。

工业项目集中投产。北区建成投产项目2个（首通电磁、巴利德）。新厂房建成，即将搬迁投产2个（宇宏电子、香港帽袋）；租赁厂房投产6个（雅商达、顺鸿德、艾特斯环保、裕虹电子、卓雅电子、广达茶树菇）；完成扩能投产2个（顶裕风机、艾特包装二期）。南区红翼农林、人人爱油脂、克拉梅茨、深圳木雅4个在建多年的项目年内全面建成投产。在孝感市上半年全市工业拉练活动中，大悟经济开发区取得第二名的好成绩。

征地拆迁促进项目建设。全年完成征地65.13公顷、房屋拆迁2330平方米、迁坟1127座，确保润翔重工、红冶高端合金钢、浩润精密铜导线、“三中心一广场”、碧桂园、绕城东路、兴悟北路延长线等项目开工建设，完成五金机电城、海纳农超综合体、物流商贸城三期、壹品首府、瑞信世家、新天地等商居项目建设，促进中信戴卡项目落户。全面启动5宗企业闲置土地的回收，为老工业区“填满布足”、提质增效提供发展平台。

【湖北孝昌经济开发区】 2018年，孝昌经济开发区引进项目14个，其中，1亿元以上项目4个，5000万—1亿元项目3个，5000万元以下项目3个，合同引资20.5亿元。有废旧锂电池回收利用、龙鑫电子、吸水拖把等项目重点洽谈项目10余个，废旧锂电池回收利用、龙鑫电子等项目已达成投资意向。

项目建设加速推进。园区在建项目 37 个，其中，湖北省级重点项目 1 个（大洋新动力），孝感市级重点项目 4 个（大洋新动力、金睿包装、龙族百年、宇辉建材）。全年集中开工项目 9 个，其中，一季度集中开工项目 2 个（凤新还建区、金睿包装）二季度集中开工项目 4 个（金睿包装二期、昌达机械、腾洋铜业、鼎中新材料），三季度集中开工项目 2 个（七里湖还建区、龙族百年二期、固力紧建筑装配），四季度集中开工项目 1 个（龙族百年二期），项目体量、数量和投资总量与上年相比有所提升。

拆迁"霹雳行动"全面启动。2018 年，开发区涉及拆迁的重点项目 10 个，孟宗大道综合整治签订拆迁协议 101 户，拆除房屋 55 户 115 间 13300 平方米；七里湖片区综合整治签订拆迁协议 27 户，拆除房屋 9 户 20 间 900 平方米；城东教育城签订拆迁协议 14 户、拆除房屋 9 户 24 间 1100 平方米；凤新还建区签订拆迁协议 20 户，凤新社区黄耳哲整湾 43 户已签订拆迁协议，黄耳哲整湾已拆除。

基础设施建设日趋完善。城南、城北园区"八通一平"路网和两型产业园"三纵三横"格局已形成，水、电、讯（信）、气等相关配套设施完善健全，为承接产业转移、促进项目招商落地创造了有利条件。

（孝感市地方志办公室）

【黄州火车站经济开发区】 2018 年，黄州火车站经济开发区建成（含在建）面积约 12 平方千米，签约落户化工企业 60 个，协议投资总额 298 亿元。其中，建成生产、试生产企业 34 个，规模以上企业 18 个。园区基本形成以昆仑能源湖北黄冈液化天然气项目为代表的能源化工产业链、以中船重工黄冈贵金属有限公司、武汉青江化工项目为代表的无机化工产业链和黄冈银河阿迪药业、黄冈威尔曼项目为代表的生物制药产业链等三大支柱产业。年内，总投资 171 亿元、规划面积 208.73 公顷的晨鸣纸业项目落户园区。全年园区实现地区生产总值 50 亿元，其中，规模以上工业总产值 41.98 亿元，完成固定资产投资 20 亿元，实现财税收入 4500 万元。

招商引资。2018 年，园区签约落户江苏凯伦、昱泓、卡硼瑞、风帆、楚维药业、金锐美印刷、东方园林绍兴绿嘉环保、湖北联兴化工企业 8 个，协议投资总额 25.8 亿元，计划引进项目 8 个，分别是：总投资 90 亿元的山鹰纸业废旧纸品循环再利用、总投资 25 亿元的广东省巴德富科技有限公司、总投资 3 亿元的葛洲坝兴业汽车拆改、总投资 5.4 亿元的武汉创信物流化工储运、总投资 2.1 亿元的湖北君言医疗科技医用敷料、总投资 10 亿元的武汉人福药业原料药生产基地、总投资 5 亿元的武汉格林防腐涂料、总投资 2 亿元的中建商混黄冈生产基地。

产业转型。全年园区创新发展体制机制，提高招商引资门槛。注重落户企业环保、安全、规模效益及工艺、产品科技含量，杜绝工艺落后、淘汰产品和环保、安全影响较大的项目落户，鼓励产品淘汰、工艺落后企业转型升级改造。年内，园区内傲鑫化工、楚雄化工等企业启动改扩建工程，英利化工、楚江焦化等企业进入新项目建设前审批阶段；银河阿迪、山羽新材料等企业启动技改工程。

项目建设。2018 年，园区新美丰化工、鲁班药业、锦盛天然气、黄冈晟胜、中船重工 712 所黄冈

黄冈昆仑能源 LNG 项目公司　　（黄冈市地方志办公室　供稿）

贵金属二期、睿智环保等项目先后开工建设。完成晨鸣纸业（北）162.53公顷的土地报批，申报生活区、张杨路、外环路土地项目获批。其中，生活区基本完成土地平整工程，厂区完成土地平整挖方627万立方米，完成工程量85%;完成生活区房屋拆迁35户，未拆3户；完成厂区一期房屋拆迁304户，完成二期房屋拆迁协议签订200户；完成项目区电力杆线迁改2条；完成巴河供水项目招标。完成楚维药业项目一期土地摘牌，获取用地规划和建设工程规划证书，进入施工阶段。1月10日，完成斯坦本感光材料项目土地摘牌。完成昱泓、卡硼瑞、东方园林绿嘉等项目土地平整地勘工作，完成地面附着物评估，土地平整进入招投标阶段。凯伦项目进入施工阶段。

（黄冈市地方志办公室）

【赤壁高新技术产业园区】 赤壁高新技术产业园区，规划面积43平方千米，下辖陆水工业园、赤马港工业园、中伙光谷产业园、茶庵轻工食品工业园和临港工业园，建成面积20平方千米。开发区有工业企业155个，香港华润集团、香港维达力赤壁有限公司、中铝集团、华舟重工、华新水泥等相纽落户，初步形成以应急安全、电子信息、生物医药、循环利用、新型制造、众创空间六大高新技术产业板块为主体的高新技术产业园区。2018年，开发区引进规模以上企业11个，全区规模以上企业增至134个，实现规模以上企业工业总产值314.4亿元，工业增加值94.31亿元，比上年增长16.1%；申报复审高新技术企业11个，其中，再认定高新企业1个，复审2个，总数25个，纳入高新技术产业发展统计的企业53个，高新技术增加值22.78亿，增长19.2%；完成税收7.68亿元，增长17.08%，其中，100万元以上纳税企业37个；实现外贸出口15463万美元；农产品加工业产值13.3亿元。

咸宁市通城经济开发区管委会外景 （咸宁市地方志办公室 供稿）

项目建设。2018年，开工在建项目52个，总投资77.81亿，年度投资25亿元。其中，续建项目16个，新开工项目36个，20个项目正式投产。华舟（二期）年度投资4.8亿元，完成3、4、5、6、7号厂房及办公楼主体工程。维达力总投资达30亿元，赤马港基地4条生产线投入生产，两个基地安排3100人就业，其中，赤马港560人，中伙2540人，年产值10亿元。雄韬电子8万吨锂电池回收及处置项目总投资10亿元，完成征地补偿、清表、平整工作。建成“新材料产业园”，蓝炬兴业、高正新材料、新声微电子、隆天光电等7个项目入驻原巨龙科教板块并全部投产。高瞻科技、立胜兴、天湖管业、晨峰、启德、星凯6个项目入驻原威盾中伙板块，其中、立胜兴、天湖管业、星凯3个项目投产。加快“众创空间”建设，高新投承接原粤港湾47栋厂房，改造39栋，贵名、皇欣、湛蓝3个项目入驻。

【通城经济开发区】 通城经济开发区始建于1993年，位于通城县城北端，规划总面积19.5平方千米。有涂附磨具、电子信息、食品饮品、中医药业、陶瓷建材等五大产业园。2006年9月，被国家发改委审定为湖北省级经济开发区。2014年8月，被中共湖北省委统战部授牌“省级同心工业园”。2015年，被湖北省人民政府正式批准为省级高新技术产业园。

2018年，开发区有入园企业108个，规模以上工业完成工业总产值124亿元，比上年增长7.8%，规模以上工业增加值增幅 8.5%；完成主营业收入 95.3 亿元，增长 5%；实现利税总额 4.47 亿，完成固定投资 51 亿元，比上年增长 30%。有国家级龙头企业 5 个，省级龙头企业 12 个，博士后产业基地 4 个，省级高新技术企业 9 个，具备省级高新技术企业条件的企业 23 个，高新技术产品 1 个。建立省、市级研发平台 23 个，研发人员 580 余人。

招商引资。全年完成签约项目 151 个，开工项目 65 个，投产项目 41 个，项目到位资金 108.6 亿元。

项目建设。全年新开工项目 8 个，续建项目 6 个。万雅国际商贸城新征土地 45.8 公顷，搬迁坟墓 621 座，拆迁房屋 12 栋，平整土地 52 万平方米。涂附磨具产业有以玉立砂带集团公司为龙头的 15 个涂附磨具生产企业，部分产品占全国同行业市场份额的 76% 以上，出口占全国同类产品的 85% 以上，2018 年总产值 22.3 亿元。电子信息产业有平安电工、中天云母、瀛通电子、三赢兴电子、宝塔光电、格莱德光电等龙头企业，电子信息关联企业 27 个，技术研发含量在国内同行中处于领先水平。2018 年总产值 37.6 亿元。食品饮品产业有黄袍山绿色产品、七里山矿泉水、双狮茶业、新三汇肉食、百丈潭酒业、源田果脯等 20 余家，有省级著名商标“七里山”“百丈潭”“本草天香”，2018 年总产值 7.1 亿元。中医药产业有福人药业、金诺药业、福通药业 3 个重点企业，其中金刚藤胶囊被确定为国家保护品种，2018 年总产值 4.4 亿元。陶瓷建材产业有杭瑞陶瓷、亚细亚陶瓷、银丰高岭土、玉成建筑陶瓷、盛达电瓷以及正在建设中的楚瑶陶瓷 7 家企业。2018 年总产值 15.2 亿元。

改革创新。采取设立奖励基金、协助办理产权、着力解决历史遗留问题、优先报批建设用地、支持企业升级改造等系列措施，积极引导企业上市融资。三赢兴电子、平安电工 2 个企业成功入选全省上市后备“金种子”企业名单。

基础设施建设。坪山孵化园园区完成征收土地 186.67 公顷，平整土地 400 余万平方米，“一纵三横”路网达到通车条件，管网、辅道工程建设近尾声，电力、通信设施已接入，工业水厂抓紧建设。园区 10 栋 10 万平方米标准化厂房及研发楼、办公楼、员工公寓等配套设施建设抓紧推进。完成 4 栋厂房主体工程，1 栋 12 层公租房封顶，2 栋员工公寓完成主体建设，研发楼、办公楼建设启动。

（咸宁市地方志办公室）

【潜江经济开发区】 2018 年，潜江经济开发区总产值 130.8 亿元，比上年增长 11.2%。完成固定资产投资 35.71 亿元，下降 36.8%。招商引进资金 37.8 亿元，增长 37%。完成工商税收 4.04 亿元，增长 8.6%。

工业经济。全年全区招商引资“走出去”20 多批次，“请进来”92 批次，纳入区调度范围重点项目 18 个，意向投资 111.56 亿元，其中，试运行投产项目 2 个，投资 6.6 亿元;重点在建项目 5 个，投资 81.5 亿元；签约项目 3 个，投资 2.74 亿元；在谈项目 8 个，拟投资 23.15 亿元。

城镇建设。全年全区完成房屋拆迁 738 户，其中，棚户改造 206 户。完成还建 492 套，另有 480 套还建项目加速推进。

生态环境。实施汉南河环保综合整治，工业废水全部达标排放。35 千吨固体废物问题全部整改。黑臭水体整治等污染治理全面改善。

精准扶贫。40 个村居民扶贫档案全面清查后列出整改清单，并逐一整改到位。投资 317.94 万元，实施 200 公顷优质大豆繁育基地、千亩设施蔬菜示范基地、投入教育扶贫补贴 55 万元支助 605 名贫困学生、发放救灾资金 60 万元、完成 80 户危房改造、低保受助 1589 户有 3415 人，农村“五保”受助 204 人等扶贫项目。

【潜江园林星火技术密集区】 1996 年，国家科委批复设立国家级潜江园林星火技术密集区，2005 年由湖北省人民政府批复设立为省级

2018 年潜江市园林星火技术密集区基本情况表

开发区名称	工业总产值（亿元）	规模以上工业产值（亿元）	固定资产投资（亿元）	线上贸易单位零售（亿元）	外贸出口总额（万美元）	居民可支配收入（元）	税收收入（亿元）
园林星火技术密集区	255.75	106.30	56	15.20	8000	20586	4.02

经济开发区。2018年，实现工业总产值255.75亿元，比上年增长20.12%，其中规模以上工业企业106.3亿元，比上年增长21.23%；规模以上工业增加值比上年增长155%；完成固定资产投资56亿元，比上年增长7%；完成限上贸易单位零售15.2亿元，比上年增长165%；完成外贸出口总额8000万美元；居民可支配收入20586元（其中城镇居民收入27706元）；实现税收4.02亿元，占年计划的127%，比上年增长27.1%。

（潜江市地方志办公室）

【天门高新技术产业园】 天门高新技术产业园区（天门经济开发区）是2005年国家发改委公布的首批通过审核的湖北省17家省级开发区之一，2011年底，经省政府批准，为省级高新技术产业园区。全区现辖6个村，9个居委会，现有人口3.2万人，国土面积34.76平方千米。规划面积52平方千米，已建成15平方千米。开发区交通四通八达，南有沪蓉高速公路、高速铁路和汉江水道，北有长荆铁路、武荆高速和天仙一级公路连通东西，区内有随岳高速公路和武荆连接线贯穿南北。累计投入资金5亿多元，建设完善园区内五横九纵的路网格局。已有东风华泰等近百家企业进驻园区。

2018年，天门高新技术产业园区（天门经济开发区，简称天门高新园）加快推进项目建设，至年末，园区完成固定资产投资123.4亿元，比上年同期增长5.7%；工业企业扩规投资25.9亿元；全年新增规模以上企业7个、小微企业10个，全年实现规模以上工业增加值比上年增长10.2%；工商税收累计入库5亿元。

2018年，天门高新园外出招商78次，签约项目38个，协议投资额89.38亿元，其中，1亿元至5亿元项目24个、5000万元至1亿元项目10个。园区招商统计入库项目42个，其中，“四上”（规模以上工业、有资质的建筑业和全部房地产开发经营业、限额以上批发零售业和住宿餐饮业、规模以上服务业）项目21个，非“四上”项目21个。

2018年，天门高新园加强优化项目服务。全年园区为36家企业提供工程报建、征地放线、图纸审查、土地办证等行政审批服务代办260余次，为26家企业协调解决矛盾80余起，开展3次项目集中开工活动，共有在建工业项目47个，其中，富进新能源、大森新材料等24个项目实现当年签约、当年开工，凯恩纸箱、登冠品信等16个项目竣工投产。

（天门市地方志办公室）

特色园区

【黄石新港（物流）工业园】 黄石新港（物流）工业园位于黄石开发区与阳新县交界处，与黄石河西工业园相邻，地跨沣源口、黄颡口两镇，规划范围东到长江，南抵干鱼山，西邻枪弹山、青冈山、春湖，北以沣源河为界，规划总用地面积约44.3平方千米，涉及2个镇13个村，主要以沣源口镇沿江一带为主，原为阳新县管辖范围，2010年9月26日正式签订共建协议，由黄石开发区与阳新县政府共同开发建设。2018年，园区实现生产总值18.6亿元，同比增长20.8%；实现税收总额3亿元，增长39.8%；完成固定资产投资27.04亿元，下降11.8%，园区主要经济指标总体处于稳步上升态势。有规模以上工业8家，完成工业总产值17.91亿元，增长14.6%，完成工业增加值5.86亿元，增长41.9%。重点服务业6家，实现营业收入1.44亿元，增长33.1%。

项目建设。全年实施重点项目50个，总投资600亿元，其中，续建项目17个，新开工项目33个，均按预期目标有序推进。全年完

2018年黄石市开发区基本情况表

开发区名称	生产总值（亿元）	财政收入（亿元）	规模以上工业产值（亿元）	增加值（亿元）	税收收入（亿元）	固定资产投资（亿元）	利用外资（亿美元）	进出口总额（亿元）	企业数量（个）
黄石经济技术开发区	521.4	49.6	1003	380	–	511	–	–	–
黄石大冶湖高新区	–	17.2	322.1	–	–	121.3	2	–	2117
黄石新港（物流）工业园	18.6	–	17.91	5.86	–	27.04	–	–	–

成签约项目10个，签约项目投资额约320亿元，其中，注册项目6个，开工项目2个，投产项目3个，到位资金约28亿元，超额完成全年目标。港口一期1—9号泊位及后方道路堆场、散货装火车作业线全面建成投入使用，多式联运实质性运营，货物运输量大幅提升，全年完成货物运输约1300余万吨，集装箱约5万标箱。港口二期启动建设，跨境电商业务在全省市州率先开通，棋盘洲长江公路大桥、新港大道北延、海洲大道北延等重大疏港通道项目建设全面加快。中粮高新技术预混料加工、宝钢年产120万吨精品板材一期等一批重点项目先后建成投产，新港重工科技精品板材、大冶有色高纯阴极铜清洁生产等一批重大项目建设前期工作扎实推进。

融资服务。围绕服务园区项目建设扩大与工商银行、农发行、广发银行等各大银行的合作领域，全年完成融资14.11亿元，新港开发公司总资产由年初91.86亿元上升到105.4亿元，净资产由55.37亿元上升到64.9亿元。

民生发展。统筹推进园、镇、村“三位一体”建设，抓好园区重大设施建设和老百姓“家门口工程”“身边工程”的建设。园区主干道绿化亮化、污水处理厂、沣源河裁弯取直、自来水、天然气及强弱电管网等一批基础配套设施建设完成，春湖综合配套服务区“三纵三横”主干路网、生态公园、医院、学校、幼儿园等一批民生及公共配套服务设施建设加快。金山公路建成通车，自来水实现全覆盖，柏林、经天等村美丽乡村创建工作相继展开，城乡环卫一体化实质性运营，群众的生产生活条件明显改善。精准扶贫，以园区存量贫困户674户1983人脱贫为目标，打造万亩螃蟹生态养殖基地，用好非贫困村扶贫资金30万，带动800户合作养殖，户均年增收400元左右。利用白茶、螃蟹、田园综合体等三大平台，带动贫困户444户，人均增收800元左右。公益性岗位中安排贫困户就业，并与园区内企业加强合作，带动200余户贫困户。学前教育补贴及义务教育阶段困难寄宿生补贴375人，雨露计划19人。易地扶贫搬迁29户，入住率100%；低保贫困户576户1829人、五保贫困户80户86人，政策兜底脱贫。

征地拆迁。全年完成房屋征收382栋12万平方米，征地643.2公顷，保障重点项目建设的顺利实施。组织大规模的控违拆违执法活动13次，拆除违法建设151处2.2万平方米。2016至2018年，累计完成资金筹措近60亿元，房屋拆迁3000余栋、8万余平方米，土地征收2000余公顷，推动项目建设提速。

（黄石市地方志办公室）

【孝感市临空经济区】 2018年，孝感市临空经济区招商引资取得重大突破，完成固定资产投资11.5亿元。引进项目16个，引进资金1557.12亿元，超额完成3年1000亿的招商引资任务。变零散碎片式招商为平台集约式招商，先后引进3家过300亿元的重大项目，保利凤凰旅游区、省交投生态智慧新城、佳兆业空港凤凰科技城三大重点项目的落户，推动临空区产业发展和城市建设；变单一产业招商为多产业并举招商，新签约工业项目9个，合同引资额42.6亿元，同时，有关医院、学校、研发机构招商工作取得重大进展；变传统物流招商为高端现代物流招商，新引进现代物流企业2家，业态由传统仓储物流向冷链物流和电商物流转变。

项目落地服务攻坚战见成效。成立项目落地服务办公室，制定《孝感市临空经济区产业项目落地服务流程指导意见》，强化项目包保责任。对凤凰旅游区、生态智慧新城、空港凤凰科技城3个重大项目，由市、区两级共同组建专班全方位服务；对其它17个产业项目（含已建项目）实行区级领导挂帅、各办局主要负责人任项目秘书的办法全程服务。

三大重点项目开工建设。保利凤凰旅游区项目于9月27日开工建设，首开区90公顷征地拆迁任务基本完成，完成放线、打桩工作，已场平33.33公顷。省交投生态智慧新城项目于8月28日开工建设，已正在进行13.9平方千米的规划设计；华中智谷20公顷场平工程已基本完成，完成凤凰港湿地公园第三轮规划设计，规划展览馆主体工程已完工，已启动内部装修、周边道路及附属设施建设。佳兆业·空港凤凰科技城项目于10月28日开工建设，进行土地征收、场平、1.1期地质勘查桩基工程、详规论证等工作，产业园区二次招商已启动。

物流项目建设提速。九州通君衡医药产业园、中国移动物流中心项目建设进展顺利，苏宁云商产业园正式开工。

工业项目落户开工。百媒总部基地项目正式运营，凯瑞机器人、东菱电梯、利亚达项目已开工建设；思派创、凯雷新能源电池项目正在进行场平工程。

征地、拆迁、控违、安置总体推进。建立全区总体战役指挥部，下设闵集、高庙、道兴三个片区指挥部，统筹做好征地、拆迁、控违、安置、就业、社保等社会事务、产业项目等服务。全年征地360.47公顷、征拆房屋672户，9.9万平方米，已拆除411户，6.7万平方米。全年拆除违建房屋8095平方米。城市新社区建设提速，道兴社区各项建设完成，物业进驻，安置农户842户、住房1568套，另外100套公租房及社区服务中心正在装修。闵集社区、高庙社区主体工程正加紧施工。社会保障水平提升，城乡居民养老保险参保率96.86%，医疗保险参保率95.89%。

【双峰山旅游度假区】 2018年，双峰山旅游度假区成功创建“省级旅游度假区”，“十一”黄金周接待游客15万人（次），是景区改造升级之前的两倍多，创历史新高。成功举办第二届登山大会暨百家旅行商走进双峰山活动，近两万人参加登山活动，产生良好社会效益。

2018年，双峰山旅游度假区旅游项目建设征地报批4.7公顷，招牌挂供地7.29公顷，核心景区提档升级工程和忠园义园项目如期竣工，温泉酒店、汽车营地、东线“四道合一”项目推进顺利。围绕“汉孝融合、农旅养融合”，外出招商20批（次），考察上海海游集团等有意向投资企业36家，吸引川旅、鄂旅投、海游集团等84家企业到双峰山考察洽谈项目，签约双峰山中华孝道文化园、东方卢浮宫、风谷科普园、景区合作和索道项目6个，投资123.6亿元，比上年同期增长73%，向上争取精准扶贫、国家旅游专项补助、大别山试验区等政策性资金2743万元，实施“十通十有”、孝文化长廊、智慧旅游等多个项目。围绕创建国家级旅游度假区目标，谋划安排6个重大项目，分别为双峰山特色旅游小镇、角鹿冲度假村、青龙洞开发、洋泗峡谷开发及茶旅综合体等项目，总投资79.5亿元。

推进汉孝旅游一体化。坚持双峰山旅游面向武汉、依托武汉、服务武汉的发展方针，扎实推进汉孝旅游一体化。签订《双峰山旅游度假区与武汉黄陂木兰文化生态旅游区战略合作框架协议》《双峰山旅游投资有限公司与木兰草原旅游发展股份有限公司联盟战略合作框架协议》及武汉旅游大年卡的合作协议。“十一”黄金周期间，用武汉旅游大年卡来双峰山旅游的武汉游客达到1.5万人次。

坚持绿色发展。投资70.15亿元，实施长江大保护重点项目10个。全面推行河（湖）长制和路长制，完成2018年中央环保督察整改任务和长江经济带固体废物排查处置，“厕所革命”完成农户无害化厕所改造315间，农村公厕主体工程12座，旅游厕所建设2座。污水处理项目有序推进。

（孝感市地方志办公室）

【黄冈白潭湖片区】 2018年，白潭湖片区跟踪服务5个建设项目，总投资50亿元。推进一批基础设施和社会事业项目建设。洽谈引进现代服务业项目21个，协议投资250亿元。引进科技项目2个，投资6000万元装修大别山金融中心。完成4个还建小区配套设施建设。全年片区实现工程建设领域安全生产零事故、零伤亡、零损失。人大、政协议案、提案见面率和回复满意率均100%。

片区建设。2018年，片区稳步推进资本大厦、黄冈市综合馆、亚行贷款城市环境综合治理、大光华国际学校、黄冈之星5个项目建

2018年黄冈市开发区基本情况表

开发区名称	生产总值（亿元）	财政收入（亿元）	规模以上工业产值（亿元）	增加值（亿元）	税收收入（亿元）	固定资产投资（亿元）	实际利用外资（亿元）	出口交货值（亿元）	企业数量（个）
黄冈高新技术产业开发区	47.45	1.6	103.81	24.11	5.13	42.25	0.52	3.04	3112
黄州火车站开发区	58.88	0.42	41.98	9.66	0.79	18.8	0.2	189	58
白潭湖片区	–	1	–	–	1.4	24	–	–	24

黄冈白潭湖片区综合馆效果图　　（黄冈市地方志办公室　供稿）

设，总投资 50 亿元；市政务服务中心迁建项目、5 条主干道红线内绿化项目实现竣工验收；完成三台河跨新港二路桥、三台河跨稳健大桥 2 座桥梁亮化工程；活力之门大桥实现竣工通车，市实验小学与幼儿园新校区建成运营。启动市纪委反腐倡廉基地、路口还建小区二期、南湖榨舟街棚户区改造、三条城市支路 4 个项目建设，总投资 15 亿元；开工建设碧桂园·黄冈之星、澳海·黄州府房地产项目 2 个，总投资 28 亿元。

招商引资。2018 年，片区加大招商引资工作力度，推动核心产业发展。重点培育大健康、大金融、大文商旅、大数据 4 个核心产业。全年洽谈引进现代服务业项目 21 个。其中，有大健康产业项目 2 个、大数据产业项目 15 个、大金融类基金项目 2 个、文商旅项目 2 个，协议投资额超 250 亿元。实现石墨烯导热材料、武汉精工 2 个项目投产，完成投资额 2.5 亿元；洽谈重大项目 4 个，总投资超过 30 亿元；签约引进顺丰生态科技新城项目。全年片区累计入驻大别山金融中心（竣工运营）、凯汇科技计算机、大别山农村综合产权交易中心、盛世光明软件、黄冈农业智脑等企业 15 家，缴纳税费 1 亿元。

（黄冈市地方志办公室）

【崇阳经济开发区】 崇阳经济开发区规划总面积 14.8 平方千米，南部以杭瑞高速为界，北至下津大道，东至浮溪桥村，西至青山河，下辖天城、青山两个工业园区。已开发面积 8.2 平方千米（不含青山工业园）。有建成工业企业 89 个，在建企业 23 个，其中，规模以上工业企业 7 个，高新技术企业 21 个。2018 年，主要经济指标均保持 10% 以上的增长速度，工业总产值 91 亿元，税收达 2.4 亿元，增长超过 50%。开发区公共目录修订工作正式通过国务院评审，成为湖北省 84 家省级开发区之一。

初步形成钒业、卫材纺织业、装备制造业、森工建材业、包装印刷业、食品饮料 6 个产业集群。以青山钒铁、晶洋科技等为代表的钒深加工产业是开发区特色产业、支柱产业和主导产业，2018 年全县钒企业实现产值超过 30 亿元，7 家钒企业纳税千万元以上。卫材纺织业企业发展形成完整产业链，实现产值 30 亿元，出口创汇 5000 多万美元，实现税收超 3000 万元，吸纳就业 2000 多人。装备制造业有 9 个规模以上企业，5 个国家高新技术企业，2018 年，高新技术产值增长超过 30%。森工建材业年产值 5.41 亿元，实现税收 5044 万元，在全县纳税排位第二，工业企业中排位第一。食品加工产业以众望麻花、冰丰食品、湖北稻花香为重点，规模以上企业 11 个，2018 年实现产值 8.59 亿元，实现税收 1241 万元。有规模印刷包装企业 9 个，2018 年实现产值 5.65 亿元，缴纳税收 1234 万元。

【咸安经济开发区】 咸安经济开发区成立于 2005 年，规划面积 72.69 平方千米，开发面积 13 平方千米。园区已有引进项目 164 个，民间总投资 160 亿元，完成投资 110 亿元，投产企业 147 个，规模以上工业企业 60 个，从业人员 2.1 万人，其中，工业企业从业人员 1.87 万人。园区现有苎麻纺织、节能电机、食品及农产品加工、数控模具及汽车零部件、生物医药、森工及竹循环经济、新材料、智能制造八大产业集群，形成生物医药、数控模具及汽车零部件、森工及竹循环经济、苎

2018 年咸宁市开发区基本情况表

开发区名称	生产总值（亿元）	财政收入（亿元）	规模以上工业产值（亿元）	增加值（亿元）	税收收入（亿元）	固定资产投资（亿元）	利用外资（亿美元）	进出口总额（亿元）	企业数量（个）
咸宁国家高新技术产业开发区	52.14	23.57	166.20	–	23.57	139	–	–	275
咸安经济开发区	92.50	4.10	133	41.23	2.60	60	0.30	6.90	146
嘉鱼经济开发区	460.27	10.58	441.86	101.62	8.68	85.30	28.26	4.42	149
赤壁经济开发区	314.40	–	314.40	88.03	7.70	51.91	1.08	10.82	134
通城经济开发	66.70	6.34	62.46	32.5	2.40	25.10	0	2.70	80
湖北崇阳经济开发区管理委员会	93	2.49	91	27	2.49	36	–	0.457	115
通山县经济开发	27.33	–	65.33	–	1.97	35.83	–	0.23	125

2018 年仙桃市开发区基本情况表

开发区名称	生产总值（亿元）	财政收入（亿元）	规模以上工业产值（亿元）	增加值（亿元）	税收收入（亿元）	固定资产投资（亿元）	利用外资（万美元）	进出口总额（亿元）	企业数量（个）
仙桃国家高新技术开发区	283.09	31.08	669.70	226.06	27.50	260.40	8720	46.30	1717
仙桃工业园	–	2.6028	203.35	52.87	4.68	36.56	4000	15398 万美元（无外贸进口数据）	55

麻纺织四大主导产业。累计投入开发建设资金 39 亿元，基础设施建设达到路、电、供水、排水、闭路电视、电信、天然气和土地等“七通一平”。2018 年，规模以上企业完成产值 150 亿元，上缴税收 2.6 亿元，出口创汇 6.9 亿元。

【嘉鱼经济开发区】 2018 年，嘉鱼经济开发区完成工业总产值 405.61 亿元，比上年增长 16.5%；规模以上工业增加值增长 9.1%；完成固定资产投资 85.3 亿元，增长 39%，开发区园区内企业完成固投 30.13 亿元，增长 32.3%；完成招商引资总额 28.26 亿元，增长 20%；新签约项目 9 个，完成出口总额 1.82 亿元；实现税收 7.81 亿元；规模以上工业企业 29 个，新入规模以上企业 6 个。

（咸宁市地方志办公室　陈秋娥）

【仙桃工业园】 2018 年，仙桃工业园完成工业总产值 293 亿元，比上年增长 12%；固定资产投资 42 亿元，增长 25%；税收入库 46875 万元，增长 18%；工业增加值 82 亿元，增长 7.5%；外贸出口 1.3 亿美元，增长 50%，利用外资 4000 万美元。

坚持主要领导抓招商，全年成功引进湖北科伦医药服务销售公司项目，该项目是科伦集团继将华中地区销售公司整体搬迁到仙桃后，又一落户的医药服务销售公司，预计每年可新增销售 10 亿元，税金 5000 万元以上。科伦药业、科伦销售、科伦医药服务 3 家公司有望年税收过亿元，成为仅次于旺旺的园区第二家税收过亿元企业。

骨干企业增资扩规抓招商。促进骨干企业裂变发展、做大做强抓招商等成果丰硕。健鼎年内投资 36 亿元实施二期三厂、四厂项目，新建厂房建筑面积 24 万平方米。项目全部达产后（2020 年前项目可建成投产），可实现产值 60 亿元、税收过 3 亿元，该项目已完成 60% 桩基工程，11 月下旬开始厂房建设。

紧盯重点项目抓招商。保赐利等优质项目有望落户。田园仓储物流中心，总投资 8000 万元，建设 2.3 万平方米仓储物流中心，该项目主体工程在建中。

盘活困难企业抓招商。部分存量资产被激活。湖北蓝科光电公司因深圳母公司经营不当而导致停产，经与深圳保和林公司洽谈，成立仙桃市光华电子有限公司，积极谋划组织恢复生产。成功引进仙桃泰鸿置业公司，投资 13 亿元盘活原文华豪布斯卡项目，新的商住项目已经完成地质勘测、平面方案设计以及建筑图纸设计，全面打造“尊域”新城。

（仙桃市地方志办公室）

责任编辑　杨德孝

责任校对　魏　浩

城乡建设

市政建设

【武汉市城市交通建设】 2018年，武汉市城建交通投资、建筑行业规模进一步扩大，持续助力全市经济社会发展。全年城建交通投资2787亿元，比上年增长18%。完成建筑业增加值1315亿元，比上年增长15%。

迎军运提升城市建设环境。2018年，武汉市以迎接第七届世界军人运动会为契机，贯彻“办好一次会，搞活一座城”精神，把办赛事与建城市统一起来，紧盯25条重点保障线路、196条基础保障线路道路项目以及建筑工地环境开展综合整治。制定道路路面整治提升技术导则、市政公用工程细部构造做法、新型围挡设置技术等标准，明确责任单位和建设标准，实行“一路一册”，开展对标巡查，推进道路综合环境整治提升。

推进城建重点项目。年内，开通轨道交通7号线一期、11号线一期、纸坊线，总通车里程突破300千米。建成长江公铁隧道工程、月湖桥拓宽工程。杨泗港长江大桥完成主缆架设，进入钢桁梁吊装施工，为工程完工通车奠定了基础。汉江大道（解放大道—梅子山通道）、江北快速路、墨水湖北路、丁字桥南路等一批项目完工通车，“三环十三射”快速路网和主干路系统进一步完善。全年建成122条微循环道路，群众出行更加便捷。开工海绵城市建设42.22平方千米、综合管廊建设21.98千米。

【武汉市迎军运城市建设提升】 2018年，武汉市贯彻“办好一次会，搞活一座城”精神，把办赛事与建城市统一起来，对标对表，坚持“细致、精致、极致、卓越”标准，按照武汉市委、市政府以及军运会执委会相关工作要求，武汉市城建部门以承办2019年第七届世界军人运动会为契机，全面提升城市综合管理水平和城市品质，重点做好25条重点保障线路、98项基础保障线路、重要节点区域环境综合整治提升的统筹协调推进工作，督促各区、各平台公司、企业对照标准，组织实施保障线路道路综合提升改造。

【武汉市工程建设项目审批制度】 2018年，武汉市被列入全国工程建设项目审批制度改革试点城市。工程建设项目审批时间，由平均200个工作日压减至100个工作日以内。年内，形成40个改革试点政策措施文件，55项改革任务全部完成，年底顺利通过住建部验收。制定武汉建设设计之都的政策措施、建设领域运用新技术新材料的政策。主动配合牵头单位，完成其他18项改革任务。

重点做好25条重点保障线路共建设项目110个。其中，市级平台及单位负责建设项目60个，各区负责建设项目50个。1—11月，已完工4个，完工率3.6%；开工66个，开工率66%，至12月底，已全部开工。

【武汉市长江主轴建设】 2018年，武汉长江主轴建设项目全面推进、9大类项目陆续开工。主要项目包括：左岸大道长江二桥至民权路段、民权路至晴川桥段道路建设项目，右岸大道二七长江大桥至张之洞路段道路建设项目，二七长江大桥右岸大道上下匝道项目，8座桥梁“彩化、亮化、美化”，江岸区沿江建筑立面整治，江汉区沿江建筑立面整治，硚口区沿江建筑立面整治，武昌区沿江建筑立面整治。以上项目计划于2019年第七届世界军人运动会前完工。左岸大道长江二桥至晴川桥段衔接已开工的左岸大道二七段，重点对人行道及非机动车道进行综合提升，全面改善慢行和车行交通出行体验。此段景观融合分离交通线、码头文化线、绿色景观线“三线合一”，车行道改造为双向6车道，设计速度50千米/小时。晴川桥东西两侧配套绿化和生态停车场。右岸大道二七长江大桥—张之洞路工程衔接已开工的长江主轴示范段武九铁路北环线综合管廊统筹实施，形成集车行、绿道、综合管廊、景观于一体的复合廊道，提升道路交通功能，集聚沿江优质景观资源。

启动“彩化、亮化、美化”立面整治。8座桥梁“彩化、亮化、美化”，135栋沿江建筑启动立面整治。涉及武汉长江大桥、武汉长江二桥、晴川桥、天兴洲长江大桥、白沙洲长江大桥、二七长江大桥、鹦鹉洲长江大桥、杨泗港长江大桥8座桥梁，其中杨泗港长江大桥在建。

推进长江主轴南岸武昌生态文化长廊建设。2018年11月20日，长江主轴南岸武昌生态文化长廊工程建设启动。武昌生态文化长廊南起武昌大东门社区，北至青山戴家湖公园，总长17.1千米。其中，一期工程起于友谊大道，止于建设十路三环线戴家湖公园，横跨武昌、青山两大行政区，总长13.46千米，建设工期3年，计划于2021年底建成。该工程总体设计按照“一线串珠”的思路，全线选择栽种春秋两季色彩鲜明的树种，如银杏、樱花等，形成五彩斑斓的绿化景观带。同时，通过设置生态绿道、慢行步道，以及景观栈桥等，实现“近江处能眺见水、临湖处可望见鸥”，为市民提供特色景观视觉和游憩休闲等公共活动空间。武昌生态文化长廊友谊大道至建设十路段，自南向北分为武昌老城宜居休闲段、武昌滨江人文体验段、青山生态园林景观段三个区段。沿途打造四美塘铁路文创天地、八大家创意工坊、青山火车乐园等亮点。

长江主轴“梦幻江城”灯光秀景观带。2018年，武汉市运用地处两江交汇、三镇鼎立的独特地理格局，在沿长江主轴岸线、楼宇、桥梁、游船上布局约20万个点光源，打造一条主题为“梦幻江城”的18千米长的灯光秀景观带。长江两岸沿江500多座建筑，长江大桥、长江二桥等7座跨长江大桥在夜幕中身披“霓裳”，展示夜间丰富多彩、层次清晰、特色鲜明的城市形象，使城市具有强烈的时代感，并与长江主轴两岸景观带和谐融合，产生美幻的夜景效果，集中展示中国水文化、楚文化及武汉城市文化。市民与游客乘船夜游长江，可欣赏到全方位立体灯光秀，感受江城武汉的历史文化、时尚之美和城市魅力。

【武汉市城建重点工程推进】 2018年1—11月，武汉市完成城建投资2602.34亿元，为年度投资2787.26亿元的93.4%。其中129项重点工程项目完成投资751.3亿元，为129项重点工程项目年度投资919.4亿元计划的81.7%。

全年拟定129项城建重点工程中，计划新开工39项，黄家湖大道与三环线交汇节点区域环境综合整治提升、东湖绿心（含东湖绿道三期）、二七长江大桥临江大道匝道、长江左右岸江滩观光道、重点桥梁景观艺术照明提升等工程已全面开工；计划续建56项，轨道交通11号线东段一期提前完工。黄家湖大道城市地下综合管廊及同步道路提升改造、机场路高架、光谷大道快速化改造、S108武汉段府河大桥等工程建设持续加快；计划完工34项，姑嫂树高架连通三环线匝道、墨水湖北路、武昌江滩五期防洪及环境综合整治、轨道交通7号线一期、纸坊线、机场二通道生态湿地景观、三阳路过江通道等重点工程已建成。

承办第七届世界军人运动会，重点做好25条重点保障线路共建设项目110个。至12月底，全部开工，已完工4个。

【武汉市城市综合管廊建设】 2018年，武汉市城市建设部门持续推动综合管廊项目建设有序开展。协调推进续建项目。续建武汉光谷中心城、硃山路、阳逻综合管廊一期工程、三店大道西段、江南中心绿道武九线、杨泗港快速通道青菱段、黄家湖大道等7个综合管廊项目，共63.56千米。其中，黄家湖大道综合管廊实现了6.14千米廊体贯通，超额完成建成6千米的年度目标任务。

推进新开工项目。根据专项规划和城建计划，督促各区和建设平台公司，倒排项目前期工作计划，并将项目前期工作中的关键节点纳入第三方月度绩效考核。

黄陂区百泰街西段延伸工程、和谐大道（黄孝河边—汉黄路）、蔡甸区中法武汉生态示范城二期、黄家湖大道与三环线交汇节点、东湖新城礼和路等5个项目相继开工，共21.98千米，超额完成新开工建设20千米的年度目标任务。

【武汉中央商务区建设】 2018年，武汉中央商务区完成固定资产投资119亿元，全面完成年度任务。水利路、妙墩片拆迁征收工作全部完成，11.3公顷土地于12月13日顺利完成土地打包出让工作。为商务区集团公司融资回款和区内新开工项目提供用地保障。云飞路北段续建改造工程断面腾退施工，云飞路中段（黄海路隧道上盖）车行道建成通车，新增的南部通道电力隧道规划调整和设计完成，为商务区西部南北向通道打通奠定基础。完成18条道路、排水设施、园林绿化等市政基础设施实物移交。

【武汉市路灯建设与维护管理】 2018年，武汉市投资8000万元，建设改造路灯3163盏，组织完成4.15专项路灯建设任务。落实路灯维护管理费2.4亿元，城市环线、快速路、主次干道路灯亮灯率为99.22%，次支路、背街小巷和老旧社区路灯亮灯率为98.6%。改善220个老旧社区路灯设施，处理各类老旧社区故障8883起，装灯2779盏。全年处理路灯投诉市长热线等97起，回复率、满意率100%。

（武汉地方志办公室）

【黄石市海绵城市建设】 2018年，黄石市开展地下空间、相关基础设施等资源调查与评估，制定海绵城市建设实施方案。全年重点规划实施磁湖湿地公园、磁湖南岸生态修复工程、黄石园博园（二期）工程、奥体公园景观河4个海绵城市重点建设项目，建设规模2.96平方千米，总项目投资12.6亿元。新建和改建新建路、九龙社区等城市口袋公园25个。全年新增和改造城市绿地面积79.14公顷。

【黄石市历史文化名城建设】 2018年，黄石市围绕“打造历史文化名城”的部署，以工业遗产保护为主线，突出城市历史文化价值和保护力度，彰显城市魅力，制定《黄石市创建国家历史文化名城三年行动方案》。完成19处工业遗存、45处历史建筑、507株古树名木三项普查工作；完成《黄石市历史文化名城保护规划》（初稿）、《国家重点文物保护单位华新水泥厂旧址总体保护规划》《东方文化产业园（东方钢铁厂历史文化街区）总体规划方案》等保护规划的编制。划定6处黄石市历史文化街区；完成湖北水泥遗址博物馆（华新水泥厂旧址）粗细磨车间、包装车间等文物建筑的修缮工作和黄石矿博园矿晶博物馆建设。

【黄石市名村名镇创建】 2018年，黄石市5个村入选第五批“中国传统村落”名录，分别是大冶市金湖街道的姜桥村、门楼村、焦和村和大箕铺镇的柯大兴村、水南湾村。在前五批中国传统村落名录中，黄石市已有12个村入选。另外，大冶市金湖街道上冯村、大箕铺镇柯大兴村、阳新县排市镇下容村、大王镇金寨村等4个村入选第七批中国历史文化名村。

年内，黄石市创建一批特色小镇，枫林镇入选全国文明镇，陈贵镇入选全国美丽宜居示范镇，金牛镇、兴国镇入选省级历史文化名镇，还地桥镇、灵乡镇、富池镇入选湖北省级特色镇预备名录，大冶青铜小镇列入湖北省级特色小镇；培育一批后备特色小镇，主要有大冶市保安镇石雕小镇、灵乡镇特钢模具小镇、殷祖镇古建小镇、茗山乡芳香小镇、金牛镇康养小镇，阳新县富池镇绿金小镇、王英镇仙游小镇、枫林镇健康小镇。

（黄石市地方志办公室）

【鄂州市市政建设】 2018年，鄂州市主城区累计完成基础设施建设投资52.59亿元，比上年增长22%，城市承载能力显著提升。市民中心建成投入使用，老城区雨污分流改造、主城区雨水箱涵扩容改造等工程如期完工。马鞍山道路、孙权大道及地下综合管廊、航空都市区安置小区（一期）、樊口公园等项目稳步推进，文体会中心、英山月陂安置小区等项目前期工作进展顺利。凤凰路综合交通畅通工程加快推进，完成旅游城标马踏飞燕搬迁、滨湖南路与凤凰路交叉口交通信号管制改造、9对公交站点港湾式改造、莲花桥至滨湖北路段绿化改造等工程。鄂州大学地下通道，中心医院人行天桥正在建设。打通了黄龙路、鹰山路、桥东路等“断头路”，市民出行更加便利。

（鄂州市地方志办公室）

【孝感市城市建设转型升级】 2018年，孝感市城市基础设施建设加快。全市单体投资最大的市政道路工程董永北路立交桥正式开工，进入地面施工阶段；孝感城区排水防涝工程抓紧实施，建设完成管道（箱涵）6.1千米、雨污水泵站一座；槐荫大道东延伸线（新107国道—孝汉大道）工程、老澴河安置区周边道路市政配套工程、航空公园工程、八一水厂至二水厂供水联通工程等工程前期工作启动。旧城改造遗留问题整改工作成效显著，第一批27个旧改项目全部完成整改，办理了不动产权证，已正式启动各种规费欠费追缴程序，第二批21个项目已完成现场预测、预核。老城片区“双修”稳步实施，出台《孝感市老城区片区“双修”实施办法》，将孝感老城区总面积约40平方千米范围划分为17个片区，整体实施生态修复与城市修补。成立工作专班，制定流程图，建立联系制度，统筹协调片区“双修”工作，推进熊咀、严桥两个片区先行先试，前期工作有序开展。强化海绵城市建设督查，组织工作专班对市中心城区59个新建、在建项目开展巡查，对79处出让地块提出海绵城市建设分区技术管控指标要求，全面落实海绵城市专项规划，新建项目均按要求落实海绵城市建设指标。市临空区地下综合管廊一期工程廊体建设完成投资3亿元，已形成廊体约9.35千米。房屋征收推进有力，强化政策引领，先后出台《孝感城区国有土地上房屋征收与补偿操作流程》《孝感城区房屋征收房产测量房屋建筑面积计算规定（试行）》《孝感城区房屋征收评估室内装修分类标准（试行）》。征收老澴河城西、星火、九真、西湖桥等安置区房屋2882户，拆迁房屋面积42万平方米，对征收房屋测量、评估数据进行抽查和复核，顺利完成房屋征收工作目标。

（孝感市地方志办公室）

鄂州市改造后的滨湖南路与凤凰路交叉路口新貌

（鄂州市地方志办公室　供稿）

【黄冈市市政基础设施建设】 2018年，黄冈市完成市政建设投资1.9亿元，恒天产业园临时排水、遗爱湖周边雨水口排污整治、城东片雨污分流、黄冈职院五七港截污、潘家塆挡土墙、文峰路、益民路、赤壁三路、公园路中段和城区公汽棚亭等10个工程项目竣工，在建项目24个。全市管廊项目开工断面3.4千米，完成主体结构1.6千米。启动黄州区三江流域岸线生态修复工程三江口项目、遗爱湖护岸整治工程三标、白潭湖80公顷天然湿地等13个海绵城市项目建设，总面积2.19平方千米。

供水供气。2018年，黄冈市区供水4532万吨，改造户表2647个。年内，三水厂投入资金9975万元，启动扩建工程。投产后，城区日供水能力可增至27万立方米。市区管道天然气用户增至10万余个，年新增用户4900个。

园林绿化建设。全年市区新增公园绿地面积20.1万平方米，人均新增公园绿地面积0.67平方米，绿地率新增1.16%，新增道路绿化面积4万平方米，新增社会绿地面积14.8万平方米。市区人均公园绿地面积、绿化覆盖率、绿地率分别达13平方米、41.54%、36.44%。年内，遗爱湖公园完成年度货币工程量1.16亿元。完成中环路小游园、思源学校、赤壁大道稳健段、市体育中心和文峰路、国安路等配套绿化建设11处，完成年度货币工程量 730 万元。

城镇污水、垃圾处理设施建设。年初,全市启动99个厂网共建、9个配建管网项目建设。至年底,完成厂区主体工程建设 99 个,完成率 100%;安装设备 92 个,进水调试 34 个;主管网接入厂区项目 106 个,完成湖北省下达目标任务 100%。全年全市乡镇生活污水治理项目获省级债券资金支持 2.82 亿元,罗田县、蕲春县、武穴市乡镇污水治理项目获国家财政奖励资金支持。启动城市污水处理厂提标改造工程建设,建成通水项目 7 个,进入土建施工阶段项目 4 个。组织开展长江经济带固体废弃物排查行动,污泥无害化处置率 100%。至年底,红安县拆除黏土砖厂 10 家,完成黄冈职院五七港截污管网拖管铺设 900 余米。

(黄冈市地方志办公室)

【咸宁市市政建设】 2018 年,咸宁市市政投资项目16个,总投资 3.76 亿元,完工 7 个,在建 5 个,完成投资 1.96 亿元。完成中压燃气管线建设 10 千米,保供气量达 1.6 亿立方米。总投资约 1.7 亿元的全市 8 个老旧供水管网改造项目建设全部开工,规划改造供水管网 112.73 千米。其中,投资 7000 万元的长江引水潘家湾取水泵站迁改工程 27 项招投标手续全部完成;温泉污水处理厂一期提标升级改造和二期新建、永安污水处理厂提标升级改造 PPP 项目顺利通过环保验收,出水水质全部达到国家一级 A 排放标准。市政府印发《咸宁市城市地下综合管廊管理暂行办法》,咸宁市地下综合管廊管理“突出安全,划定红线”的做法被国家住建部刊发推广。

淦河流域综合治理 EPC 项目排污口整治、积水点整治及黑臭水体治理项目开工建设,五条黑臭水体整治完成 80% 以上,完成投资额 2.1 亿元。大洲湖生态建设示范区 PPP 项目开工建设,完成投资额 1.3 亿元,一期 279.27 公顷土地征地拆迁工作全面展开,征地及苗木补偿签约率 60%;展示中心完成主体结构及砌体结构封顶;官埠大道完成 53.4 公顷交地任务,除桥梁及下穿工程外全线已经贯通。梓山湖—长岛未来城项目计划征地 556.8 公顷,已签订征地协议 495.6 公顷,一期 154.6 公顷土地已完成土地报批及土地整理工作;区域内基础道路设施项目已完成招标程序,一期计划实施九条路,主干道路施工已正式启动。北部空间 7 个安置社区初步设计方案完成,征地及土地报批工作基本完成。北部空间路网建设进展顺利,和谐大道及青平路工程完成土方工程、排水工程施工,正在进行路基整形、给水工程施工。东外环肖桥棚户区改造项目完成主体结构封顶。杨下还建点棚户区改造项目一期 1—10# 楼完成竣工验收。龙潭、潜山还建点一期工程完成主体及附属工程竣工验收,

推进长安大道、岔路口、咸宁大道立面综合整治项目,完成大型广告牌拆除 2.9 万平方米、立面刷新 9.7 万平方米,长安大道评定为“省级市容环境美好示范路”。实施八一巷、化纤小区、双鹤桥小区等 8 个老旧小区改造,完成围墙改造升级 5200 平方米,种植绿地 3.8 万平方米,整平、硬化路面 6.9 万平方米,刷黑路面 3.2 万平方米,清运垃圾杂物 820 立方米。规划建设金桂路凯翔花园、咸高、电信周边、武商量贩等 10 个小微停车场,完成银泉大道、长安大道、文笔路、永安东路、滨河东、西路等人行道停车泊位施划工作,施划临街停车泊位 1 万个。实施“井盖跳响”专项整治工程,完成十六潭路、银桂路、温泉路等道路“井盖跳响”改造 562 个。启动城市排水管网清淤,完成城区 60 条市政道路雨水井清淤 7022 个,污水井清淤 5490 个,支管 14514 米,更换雨水篦 570 个,改造渍水点 19 处。

(咸宁市地方志办公室　陈秋娥)

【仙桃市市政建设】 2018 年,仙桃市推进污水管网建设,解决黑臭水体等老大难问题,城区污水日处理量由上年的 10 万吨增长至 15.5 万吨;指导乡镇完成设施建设 4.2 亿元,还清乡镇污水处理设施不足等历史欠账,实现镇镇建成污水处理厂的目标;建筑业产值再创新高,达到 110 亿元,比上年增长 13.4%;实施行政审批、图纸审查和天然燃气报装三大改革,引进 3 个图审机构打破一家独大局面,天然气报装由 90 天压缩至 15 天,群众反映的焦点问题得到解决;全部完成扶贫户危房改造任务;发展绿色建筑 101 万平方米,超出湖北省下达任务指标的 5 倍;通过国家园林城市复核验收和省级公交示

仙桃市胡场镇河口村　　（仙桃市地方志办公室　供稿）

范城市考评验收。

2018 年，仙桃市补齐市政基础设施破损缺失短板。按照应补尽补原则，全年维修破损道路 1.75 万平方米，维修人行道板 3000 平方米，实施城区 17 座桥梁常规养护，实现整改工作零死角；补齐绿化缺失短板。栽植仙源大道、黄金大道、沔州大道等主次干道和五个公园的缺株断苗补栽，栽乔木 1134 株、灌木 5701 株、色块小苗 39 万多株、植草坪 8900 平方米，推进城区裸土全绿化；补齐路灯功能缺失短板。维修路灯项目 247 个，安装路灯 791 盏，亮灯率 98%，仙源大道、仙桃工业园、青年路等广大市民反映强烈的路灯不亮问题得到解决。

（仙桃市地方志办公室）

【潜江市市政建设】 2018 年，潜江市全年实施市政设施、园林绿化、污水治理及河渠景观整治 3 类 51 个项目（不含规划编制项目、城建重点工程拆迁任务、市民中心及文化中心建设项目），总投资 28.5 亿元。其中，市政设施项目 43 个、园林绿化项目 5 个，污水治理及景观整治项目 7 个。至年末，已完工工程项目 14 个，稳步推进工程项目 18 个，开工项目 12 个，完成项目前期工作 4 个。

（潜江市地方志办公室）

【天门市市政建设】 2018 年，天门市采取管理人员每天巡查、每周督查的量化考核方式，开展市政设施巡查管理，发现市政设施损毁情况，及时更换并建立跟踪管理台账。全年督促相关设施产权单位维修更换破损井盖 81 处。年内，投资 319 万元完成陆羽大道西塔寺出口、中保大厦出口车行道维修，中国光谷天门科技城车位建设、樱花大道人行道石柱安装等 22 项工程；投资 234.7 万元维修人行道 3413 平方米，清疏下水道 3.58 万米，清掏检查井 1570 个、雨水井 3965 个，更换破损井盖板 1656 个。实施排涝设备维护，投资 29 万元对城区 9 座泵站电器设备、水泵电机等进行全面检修，前池泵室清淤 2292 立方米。加强桥梁安全管理，投资 82.27 万元对星星大桥桥梁进行修复；做好道路、桥梁的巡查养护工作，确保道路安全运行。

（天门市地方志办公室）

城乡规划

【武汉市规划编制引领城市发展】 2018 年，武汉市完成 2035 年城市总体规划、分区规划和武汉大都市区、郊野公园 +、地铁城市等 7 个战略实施规划，编制城市总体规划“过渡版总图”及使用管理要求。推进综合交通规划修编。国土空间规划体系研究成果，获国家自然资源部肯定。

推进专项规划。开展《武汉大都市区发展战略及协同规划研究》。《第四轮轨道交通线网规划及建设规划（2019—2024）》获国家发改委批复。完成中法生态城 35.8 平方千米控规编制。推进“四水共治”，开展机场河水环境整治工程、青菱湖水质提升工程等项目规划。编制历史文化名城保护规划，实现主城区 16 个历史文化风貌街区规划全覆盖，推进第一批 9 个历史文化名村保护规划工作。

创新规划管理。推进武汉城市仿真实验室建设，4 月，召开全国专家会，基本确立“4+8”整体框架，启动平台建设、评估预警和仿真模拟、智慧决策等工作。5月，《武汉市“多规合一”管理若干规定（试行）》印发实施，武汉“多规合一”体制创新走在全国前列。推进社区规划编制工作，组织开展11个老旧社区规划微更新。在全国率先发布微信公众版“武汉规划一张图”，开展“众规武汉·高校工作坊”和“寻找规划合伙人”活动。

武汉规划赢得国际赞誉。作为中国改善城市公共空间的首个示范项目，《东湖绿道实施规划》获2018年国际规划界最高奖——规划卓越奖；开展国际规划援建，地空中心编制团队完成《尼泊尔必都市综合发展规划（2017—2035）》，援建成果作为优秀案例在全国交流会上宣讲。12月11日，武汉作为中国第一个举办“国际场所营造周”的城市，发布中国场所营造联盟“武汉宣言”，联合国人居署司长拉夫·图斯等400余名知名专家、城市代表共同探讨公共空间营造。

【武汉市制定迎“军运”建筑立面整治标准】 2018年，武汉市国土资源和规划部门全力保障军运会，绘制军运会“五边五化”（“五边”指干道边、场馆边、公路边、铁路边、江湖边；“五化”指道路洁化、立面美化、景观亮化、水体净化、生态绿化。）作战图，实现整治工作“全市一张图”。制定《武汉市迎军运会环境综合整治提升标准——建筑立面整治标准》，完成25条重点线路和196条基础保障线路、104处场馆酒店及19个亮点片区的建筑立面整治规划导则，以及天河机场及周边200平方千米第五立面整治提升规划，并通过市政府专题会审议。提升卓越片区环境品质，编制卓越线路《沿江大道（武汉关至长江二桥段）景观提升规划》《江岸区卓越版块（蔡锷路至六合路）整治规划》，完成片区内沿街建筑、业态、屋顶等整治实施方案。完成全市1万余栋建筑立面整治方案审查。

武汉军运会十条重点保障线路项目共57项，2018年已完工4项，开工44项，开工率74%。剩余9项中，7项正在进行施工监理招标。2项年内不具备开工条件，分别是地铁集团负责的徐东大街改造工程和市城投公司负责的三环线东段（和平立交—老武黄立交）道路路面整治工程，均处于可研阶段。按照武汉市委、市政府以及军运会执委会相关工作要求，武汉市城建部门以承办2019年第七届世界军人运动会为契机，全面提升城市综合管理水平和城市品质，重点做好25条重点保障线路、98项基础保障线路、重要节点区域环境综合整治提升的统筹协调推进工作，督促各区、各平台公司、企业对照标准，组织实施保障线路道路综合提升改造。

【武汉市控规升级】 2018年，武汉市国土资源和规划部门落实“十件实事”承诺。扎实推进停车场建设，配合各区选取、建设106处点位，共计1.9万个泊位。积极探索利用学校操场建设地下停车场，建成19处试点项目、3603个泊位。开展既有住宅加装电梯试点。根据出台的《武汉市政府关于既有住宅增设电梯工作的意见》，制订配套文件，老旧小区加装电梯实现一窗受理。中心城区申报试点单元624个，动工、建成116部；新城区试点项目4个，全面超额完成既定目标。

推进控规升级版。完成分区城市设计，开创性地建立了具有武汉特色的控规城市设计体系。延续动静分区理念，划定分级管控分区及特色功能单元，建立“分区、分级、分类”的控规管控模式和“地上—地面—地下”的立体化管控体系。完善控规配套实施规则，形成从规划编制到管理实施的规范化控规管理模式。创建控规升级管理平台，实现城市公共设施和空间特色的感知、监测、预警。探索“机器代人”的智慧化管理研究，逐步形成精细化用地管理模式。推进“净空一张图”工作，完成《武汉天河机场航行服务程序净空保护区域一体化图》优化完善方案并获批。拟订《净空一体化图使用管理办法》及实施意见，通过市政府常务会审查。

有序城市更新。拟定“三旧”改造三年攻坚计划。适应城中村改造，由自主改造向统征储备模式转型。开展政策研究，形成《关于加快推进全市城中村统征储备改造工作的意见》和《关于多渠道筹措旧城（棚户区）改造还建房的意见》等文件，“三旧”改造取得阶段性成果。筹集还建房源建筑面积72.3万平方米，获批

"三旧"改造产权调换房建设用地133公顷，圆满完成"三旧"改造各项工作任务。

【武汉市规划建设"历史之城、当代之城、未来之城"】 2018年，武汉市国土资源和规划部门承办武汉市政协1号建议案，完成"历史之城"（"长江文明之心"）概念规划，10月通过专家评审会审查验收。组织全国专家咨询会5场，武汉市生态"留白"规划理念获央视、人民网等国家媒体"点赞"。征集"历史之城暨长江文明之心"概念规划。强化公众参与，与联合国人居署联合举办，"历史之城"（龟北片）国际学生城市设计竞赛。上线长江网城市留言板，与网民互动交流"长江文明之心"。

优化"当代之城"。落实习近平总书记视察湖北武汉重要讲话精神，开展长江大保护规划、长江主轴"城市双修"和综合交通规划，持续推进长江主轴规划实施。开展"长江之珠"可行性论证。完成现状调研及案例研究，形成功能业态、空间布局等专题研究报告和可行性论证报告，11月，通过武汉市政协党组会审议。12月，市长周先旺实地调研天兴洲，充分肯定"生态绿洲的发展定位判断准确，论证严谨、成果完备"。推进"长江之门"规划建设。组织现场核查和专题研究，配合开展收储和规划方案论证。10月，"长江之门"规划方案通过市规委会审议，市国土资源和规划部门核发规划设计条件。12月27日，"长江之门"开工建设。

打造"未来之城"。推进长江新城总体规划方案深化，完成长江新城500平方千米总体规划，11月通过市规委会审议。完成综合交通规划等8个重大专项规划。配合完成起步区，城市设计国际征集，9月，城市设计方案通过全国专家评审会评审。完成武汉长江科学城概念规划。建设滨水生态绿城。开展长江大保护规划编制，完成滨水生态绿城规划。打造东湖绿心，完成东湖绿道三期总体工作方案和精品示范线路建设实施方案，获市政府审议通过。推进"大湖+"建设，11个区明确了样板湖区，完成《"大湖+"空间体系规划》。落实中央环保督察整改工作，完成166个湖泊周边用地资源盘整，10月，出台《武汉市湖泊周边用地规划与建设管理办法》，完善了湖泊保护监管制度。推进北洋桥垃圾场生态修复及公园建设，完成项目土地收储，生态修复主体工程基本完工。

升级改造后的武汉市汉口江滩三期　　（武汉地方志办公室　供稿）

【武汉市土地市场管理】 2018年，武汉市开展利用集体建设用地建设租赁住房试点工作，制订试点项目规划用地审批流程，积极推动试点区项目5个。推进土地二级市场试点，拟订土地二级市场转让、出租、抵押、交易诚信管理等制度，9月，土地二级市场试点通过自然资源部验收。多要素城市地质调查示范城市实施方案在全国首个获批，11月，武汉市做法在全国城市地质调查业务会上推介。

建设用地需求保障。获批建设用地0.3万公顷。审议并通过供地项目293宗、用地面积1268.82公顷。航天产业基地、吉利汽车、京东方、弘芯半导体等重大项目用地全部获批。加快推动招商引资项目落地开工，开发"招商引资项目落地国土规划督办系统"，开辟审批绿色通道，往年签约项目开工767个，开工率84.1%，当年签约项目开工249个，开工率49.6%。

土地资产经营统筹。推进重

2018 年 7 月 20 日，武汉长江新城总体规划通过全国专家评审

（武汉地方志办公室　供稿）

点功能区建设，加快二七滨江、东湖新城、宗关二期、大归元片和谌家矶统征储备项目等工作，支持国家危化品应急救援武汉基地建设。市储备中心投入资金 466 亿元，完成土地储备 325 公顷。强化地价管理，完成武汉市 2018 年土地级别与基准地价更新，首次实现全市域、全类型覆盖，12 月通过专家组验收。

土地市场健康发展。优化土地供应，编制全市土地供应计划和住宅用地供应三年滚动计划（2018—2020）。在市场下行情况下，全市成交各类用地共计 347 宗，面积 2124.26 公顷，比上年增长 4.3%。成交金额 1380.84 亿元，实现土地收益 780.14 亿元。完成市直土地出让收入 330 亿元，净收益约 120 亿元，均超过年度拼搏目标。

土地储备模式转型。开展政策研究，适应城中村改造，形成《关于加快推进全市城中村统征储备改造工作的意见》和《关于多渠道筹措旧城（棚户区）改造还建房的意见》等文件，“三旧”改造取得阶段性成果。筹集还建房源建筑面积 72.3 万平方米，获批“三旧”改造产权调换房建设用地 133 公顷，圆满完成“三旧”改造各项工作任务。

（武汉地方志办公室）

【黄石市乡村振兴规划】 2018 年 3 月 21 日，印发《中共黄石市委、黄石市人民政府关于贯彻实施乡村振兴战略的意见》。规划提出、黄石市推进乡村振兴战略的目标任务是：到 2020 年，乡村振兴取得重要进展、走在全省前列，制度框架和政策体系基本形成，到 2035 年，乡村振兴取得决定性进展，农业农村现代化基本实现。到 2050 年，乡村全面振兴，农业强、农村美、农民富全面实现。2018 年，实现阳新县脱贫摘帽、出列 22 个贫困村、脱贫 4.6 万贫困人口。

（黄石市地方志办公室）

【鄂州市规划修编突出转型跨越发展】 2018 年，鄂州市推进新一轮城乡总体规划修编工作。以城乡总体规划改革思路为指导，以历次城乡总体规划评估、现状基础分析为基础，以航空引领、区域协作、生态优先为原则，重点研究产业创新、区域空间、城乡格局、生态安全和文化魅力五大战略问题，突出转型发展跨越发展。以建设生态城、航空城和科技城为出发点，推动城市经济实力、社会活力和幸福指数提升，推动创新转型、区域协同、全域一体、绿色发展和文化崛起，将鄂州建设成为“立足鄂东、服务华中、面向世界的幸福宜居家园、智慧航空都市”。构筑区域联动、全域一体的城乡空间格局。构建”东拓、西融、南优、中提”的空间发展战略和“一主一副引领、两带三区协同、四城九镇共荣”的城乡空间结构体系，实现港城共建、区域共荣和湖城共生。建立多规融合、刚弹一体的空间管制体系，划定生态保护红线。落实城镇开发边界的刚性管控要求，考虑鄂州未来建设成为生态型航空都市目标，城市开发边界按照“保底控弹”的思路划定各类开发边界。

【鄂州市“武鄂同城”战略发展研究】 2018 年，鄂州市以“区域同城、规划同筹、交通同网、产业同链、市场同体、生态同建”为目标，以重大基础设施的衔接规划为基础，重点开展”武鄂同城”的各类专

鄂州市凤凰广场片区三维模型图　（鄂州市地方志办公室　供稿）

项规划以及交界地区的规划编制，促进武汉鄂州之间形成有序竞争和合作的协调关系，实现区域融合，同城对接。统筹空间资源，实现资源节约集约利用。根据武（汉）鄂（州）的生态环境、土地、水资源、能源和历史文化等基础条件，综合协调各类用地布局，避免产业同质，保护生态环境。统筹公共服务和基础设施建设，改善整体人居环境。在综合考察武（汉）鄂(州）发展态势的基础上，从区域整体效益最优化的角度，对区域的基础设施和公共服务设施建设进行合理布局。统筹区域合作机制，实现区域社会经济发展共赢，逐步形成主体功能定位清晰、良性互动、公共服务和人民生活水平差距趋向缩小的区域协调发展格局。

（鄂州市地方志办公室）

【孝感市城乡规划】 2018年，孝感市高起点谋划、高质量推进城乡规划工作。开展历史文化街区划定，加强历史建筑保护，彰显地域特色和城市风貌。开展城市空间发展格局、新老城区快捷通道、老城区绿化提升（增绿补绿）、“云孝一体化”空间布局等专题研究，配合湖北省住建厅开展湖北省乡村建筑风貌研究，为城乡建设发展提供科学指引。推荐云梦县为全省“多规合一”试点，云梦县规划局成功举办“2018年全省推进县城规划工作现场会”。组织编制城市双修、道路工程专项规划，配合市直相关部门编制中心城区教育设施布局、中心城区公共文化体育设施布局、市中心城区医疗卫生设施布局等有关专项规划10项；编制更新重大区域和重要地段控制性详规8项，指导更新控制性详规3项，编制重要地段和重要节点城市设计2项，指导城市有序建设。

提高规划服务质效。2018年，孝感市推进“一个窗口对外”，延伸“放管服”链条，积极对接行政审批服务“一张网”，取消工程联办单，开展规划方案联合审查，持续优化办事流程，全年核发选址意见书27件，用地规划许可证189件，建设工程规划许可证207件，规划条件核实103件，收取城市基础设施配套费1.82亿元；完成行政处罚13件，处罚金额911.38万元。全面推行工作任务清单化管理，建立年度工作任务清单。实施项目建设容缺审批办法，积极开展老澴河综合治理规划提升编制工作，完成老澴河综合治理总体规划调整设计、老澴河改造景观提升和拆迁安置布点规划设计工作，9个安置区修建性详细规划及施工图设计、规划许可等工作，加快推进解决第一、二批旧城改造历史遗留问题共48个项目。突出重点工作，建立汉孝规划系统工作对接机制，与武汉市规划研究院深入开展“汉孝一体化”规划工作交流，加强孝感与武汉两地规划一体化协作，加快推进汉孝一体化对接。成功引进长江出版传媒临空文化产业园项目签约落户，争取省级城市建设以奖代补资金51.3万元。服务机场搬迁工作，在迁出迁入地开展空间格局专题研究，加强用地规划管控，开展选址和搬迁模式研究费用测算等前期工作，协助完成现状地形图提供及有关技术性审查工作。完成规划展览馆展陈项目建设工作，做好规划展览馆开馆前期准备工作。开展“天地图”市级节点建设，完成城区1∶1000地形图更新，为第四次经济普查、第三次国土普查、第二次污染源普查和地下开发利用等重点项目建设提供测绘服务。

从严规划监管。公开办事指南，推行网上审批，实行规划方案批前公示、批后公告，公示公开“一书两证一核实”，主动接受社会监督。督促安陆市、应城市城乡规划局对照省住建厅要求进行规划遥感督查疑似违规图斑自查，并配合省厅实地检查。积极与市城管委沟通协调行政执法权、行政处罚权职能划转相关事项，配合市城管委做好违法建设认定工作。完成大悟、安陆、孝昌等县市 7 家测绘资质单位测绘成果质量专项检查工作。

（孝感市地方志办公室）

【黄冈市城乡规划】 2018 年，黄冈市完成《黄冈市城市总体规划（2017—2035）》初稿。编制《黄冈化工园控制性详细规划》《黄冈市中心城区防震防灾暨绿地系统综合防灾避险规划》《黄冈市物流专项规划》。完成《黄冈市中心城区教育设施专项规划（2018—2030）》《市级公交专项规划》等民生规划编制。完成《黄冈市东坡赤壁历史文化街区修建性详细规划》《黄冈市中心城区停车设施专项规划》《黄冈市城市规划区户外广告设置规划编制项目》《禹王城城址保护规划》《团风县城乡总体规划（2018—2030）》《黄冈市城区公共通规划（2018—2030）》《黄冈职业技术学院校园发展规划及控制性详细规划》等 7 个规划技术审查，报市规委会审批；启动《城东新区环白潭湖地区控制性详细规划》编修；推进区域协同规划和美丽乡村规划编制工作。完成《黄团浠区域协同发展规划》报批；推进全市创建乡村示范村 300 个和“一带一片”美丽乡村建设规划编制布局工作，村庄规划编制覆盖率 72.6%。规划蕲春龙泉花海、英山大别山民俗文化特色文化小镇等项目，发挥辐射效应。指导团风县、英山县、黄梅县开展总规修编工作。

（黄冈市地方志办公室）

黄冈市黄州赤壁大道鸟瞰图　　（黄冈市地方志办公室　供稿）

【咸宁市城乡规划】 2018 年，咸宁市开展空间结构规划研究，在市域层面构建“一主一副三带四极五区”的市域城镇空间体系，在主城区层面结合“一城十区”功能布局打造主城区“一主四辅”城市空间结构。开展咸宁市经典古建筑研究，全面摸底咸宁古民居、古牌坊、古桥、古塔、古街等，对古村落的选址和特征进行系统梳理，对永安古城、赤壁古城的选址、演变和布局进行深入解读。开展城市边缘区规划建设研究，从空间、用地、产业、景观、人文五个维度探索城乡融合发展模式，撰写《混合空间视角下的城市边缘区规划建设初探》专题论文。开展公园城市规划建设专项研究，组织编制《咸宁市公园城市建设标准》。实施《咸宁市 2018—2020 年市本级城乡规划编制任务》。完成《咸宁市城乡总体规划（2018—2035）》等重大规划编制，其中，《咸宁市中心城区综合交通体系规划》周点击浏览量位居全省长江云热点稿件第一位。在“云上咸宁”开设“众智规划云平台”，开展“一城十区”系列解读和“公园城市”专访以及“寻找身边的历史建筑”等专题报道 30 余篇，公开各类规划设计成果 20 余篇，其中《咸宁市中心城区综合交通体系规划》周点击阅读量位居全省第一。

2018 年，全市将工业建设项目、村镇建设项目、规划方案公示、规划核实等事项审批权限全环节、全周期下放，对工业项目实行“承诺式零审批”和先建后证，对“211”重点项目、棚户区改造项目和“大旅游、大健康、大文化”项目实行“容缺受理、提级审批”，推动梓山湖·松鼠部落、梓山湖·长岛未来城、联投·蜜月湾等重大项目落地建设。推进规划许可全事项、全流程上网审批，实现“数据多跑路、群众少跑腿”的建设目标。编制《咸宁市城市发展战略规划》，对城市发展策略进行调整，谋划“依大山、入大湖、抵长江、通武汉”的城市发展路径和“北上东进西展”的城市发展方向，以“一城十区”为结构优化城市功能，以“二十景”为抓手促进“大健康、大文化、大旅游”三大产业发展。编制《幕阜山绿色产业带建设总体规划》，在幕阜山绿色产业带着重布局发展油茶、茶叶、中药材等特色生态农业和油茶深加工、竹木工艺、核能等绿色新型工业以及“生态+旅游”“文化+旅游”等八大旅游产品，着力构建“一轴两翼”的沿线绿色产业经济带。

年内，咸宁市出台《咸宁市公园城市建设实施方案》，组织编制《咸宁市公园城市建设标准》等规划。完成《环斧头湖党建引领乡村振兴带总体规划及孙家畈示范点村湾建设规划》《通山县大畈镇乡村振兴示范带行动规划西泉村示范点规划》等乡村振兴专项规划编制。编制《咸宁市乡村振兴工程规划建设参考图集》并下发至各乡（镇、办、场）和村党支部学习。组织对城区2013年以来的56个商住开发项目配套公共服务设施进行专项清理，开展城区公共服务设施配套情况专项调研，并配套出台《关于加强社区邻里公共服务中心规划管理的通知》《关于加强商住开发项目停车泊位配置管理的通知》等文件制度。在城市新区科学布局“水、电、路、气、网”5类市政基础设施，合理配置“科、教、文、卫、养、市、园、体”8类公共服务设施。编制《咸宁市“15分钟生活圈”规划研究》《咸宁市“四小”游园规划》，提升城市服务水平和市民生活品质。

（咸宁市地方志办公室 陈秋娥）

【天门市城乡规划】 2018年，天门市全年新编或变更完成工业用地控制性详细规划1340.88公顷、其他控制性详细规划826.19公顷，绘制征地红线图1363.38公顷，出具规划条件382份，编制规划总平面图255幅，绘制建筑红线图242份。组织开展天门市城市总体规划初步设计、北湖生态片区城市设计、张家湖国家湿地公园规划设计、“武天高速”选线、城区重点路段（人民大道、西寺路、东湖路）景观提升工程方案设计、杨家新沟带状公园等规划设计工作。全年编制完成城区市政道路、给排水、电力通信、燃气管线等规划总长约120千米，乡镇、园区规划总长约30千米。规划部门配合市城投公司、高新园区、市生态环境局等完成清查及整改城区雨污水分流工作，编制完成黄金污水厂扩容工程规划、主城区社会停车场规划、道路临时停车位规划、门前停车位规划，完成主城区公汽站点规划，跟踪服务北湖片区基础设施建设。

2018年，天门市城乡规划审批工作突出“三抓三提”（抓严格把关，提升规划编审质量；抓严格管理，提升政务服务效率；抓队伍建设，提升干部综合素质），不断转变工作作风，优化审批流程，提升服务效能。全年服务企业235次，送证送图上门134次。突出“四个明确”，坚持依法行政，严格规划管理。逐级传导压力，强化责任，严防严控新增违法建设。全年累计拆除违法建设26698.5平方米，其中，分局组织拆除23044.5平方米，联合拆除3654平方米。

（天门市地方志办公室）

房地产开发

【武汉市房地产开发概况】 2018年，武汉市房地产开发完成投资2780.01亿元，比上年增长3.5%，占固定资产投资32%。其中，住房开发投资1957.17亿元，增长6.3%。房屋开发施工面积11759.79万平方米，减少1.3%（住房施工面积8263.94万平方米，减少1.9%）。房屋新开工面积3106.92万平方米，增长2.9%（住房新开工面积2234.84万平方米，比上年增长1.4%）。全年全市房屋竣工面积458.63万平方米，比上年减少40.9%（住房竣工面积305.71万平方米，减少48.9%）。

【武汉市商品房销售】 2018年，武汉市商品房批准预售面积3096.34万平方米，比上年增长9.4%；供应套数27.32万套，比上年增长

2.7%。其中，新建住房批准预售面积 2622.06 万平方米，比上年增长 13.7%，从单月供应量来看，9 月份供应量最大，达到 361.27 万平方米；供应套数 227438 套，增长 6.9%。

2018 年，全市商品房网签面积 2184.16 万平方米，比上年减少 15.4%；成交套数 207926 套，减少 22%。其中，新建住房网签销售面积为 1804.3 万平方米，比上年减少 13.6%。在 19 个副省级以上城市中居第 3 位，占商品房总销售面积的 82.61%。成交套数 166362 套，减少 20%。从月度成交量来看，四季度，受供应量明显加大的影响，新建住房销量也呈现明显回升态势，12 月份达到全年最高值 221.58 万平方米、1.94 万套。

2018 年，全市存量房交易面积 837.83 万平方米，比上年增长 1.2%；交易套数 85589 套，比上年下降 0.7%。其中，存量住房交易面积 732.79 万平方米，比上年减少 6.2%；交易套数 78868 套，比上年下降 4.7%。

2018 年，全市新建商品房销售均价 10218.07 元 / 平方米，比上年上涨 2.4%。其中，新建住房销售均价 9702.3 元 / 平方米，比上年上涨 3.9%。

2018 年，全市存量房成交均价 8826.49 元 / 平方米，比上年上涨 13.2%。其中，存量住房成交均价 9112.14 元 / 平方米，比上年上涨 16.9%。

【武汉市商品房市场销售主体】 2018 年，武汉市中小户型商品住房为市场销售主体。120 平方米以下新建住房销量占比较大，占比 65.91%。其中，90—120 平方米（含 120 平方米）户型的销量占比最大，为 52.47%。90 平方米以下（含 90 平方米）占比为 13.44%；120—140 平方米（含 140 平方米）销量占比 23.14%；140 平方米以上销量占比 10.95%。1 万—1.5 万元 / 平方米新建住房销量占比最大，为 35.39%。其次，0.7 万—1 万 / 平方米新建住房销售面积占总销量的 31.52%；0.4 万—0.7 万元 / 平方米销售面积占总销量的 25.19%；1.5 万元 / 平方米以上销量面积占总销量的 4.33%；0.4 万元 / 平方米以下占比为 3.57%。

首套刚需住房是市场销售主体。限购资格核查系统统计显示，全市购买首套住房的刚需购房者占比为 73.94%，购房二套住房占比为 26.06%。从各季度成交情况来看，首套房占比基本保持在 72%—76% 之间，波动不大。

省内及本市消费者仍是主要购房群体。武汉市购房者购买住房面积 1371.75 万平方米，占比 76.03%；湖北省居民（除本市外）购房 333.71 万平方米，占比 18.5%；湖北省外购房 97.68 万平方米，占比 5.41%。

【武汉市房产管理】 2018 年，武汉市房地产部门对全市房产实施综合管理，房地产市场平稳发展。全年落实青年城、青年苑项目 5 个，实施棚户区住房改造 52071 套；完成城镇危房治理 617 栋，农村危房改造安全鉴定监管 1879 户；分批次公布优秀历史建筑 258 处。2018 年末，公积金缴存总额 2460.21 亿元，缴存余额 1116.97 亿元，首次站上千亿元台阶。

保障性安居工程。2018 年，武汉市全面推行公租房货币化保障工作，全年发放城镇住房保障家庭租赁补贴 12028 户，建立起以公租房为主，实物保障与货币保障相结合的住房保障体系。全年筹集大学毕业生租赁房 16097 套，落实青年城、青年苑项目 5 个。将公租房实物轮候期间发放租赁补贴范围由最低生活保障标准扩大至 2.5 倍最低生活保障标准家庭，对低收入住房困难家庭实现应保尽保，惠及公租房保障家庭近 3.9 万户。全年实施棚户区住房改造 52071 套，建成棚户区住房 36407 套，政府投资公租房分配率达到 97.11%。全市住房保障覆盖面超过 20%。

危房治理。2018 年，武汉市治理城镇 D 级危房 66 栋，治理 B、C 级危房 551 栋，完成 1879 户农村危房改造安全鉴定监管。出台湖北省首部房屋安全鉴定地方标准（《武汉市房屋安全鉴定技术规程》），规范鉴定行业监管。截至 2018 年底，全市城镇共有在册危房 1458 栋，其中，D 级危房有 30 栋，C 级危房 671 栋，B 级危房 757 栋；中心城区 1271 栋，其中，D 级危房 21 栋，C 级危房 540 栋，B 级危房 710 栋；新城区 187 栋，其中，D 级危房 9 栋，C 级危房 131 栋，B 级危房 47 栋。

【武汉市优秀历史建筑保护】 2018

武汉市沿江大道优秀历史建筑群　　（武汉地方志办公室　供稿）

年，武汉市分11个批次确认并公布了258处优秀历史建筑，其中部分建筑已上升为国家级、省级和市级文物保护单位，193处在册优保建筑全部得到有效保护。其中一级保护建筑56处，二级保护建筑137处。具体分布情况：江岸区128处，江汉区12处，硚口区10处，汉阳区6处，武昌区27处，青山、洪山、东湖高新、东湖风景区各2处，黄陂、新洲区各1处。

【武汉市住房公积金归集与管理】2018年，武汉地区住房公积金新开户单位4533个，实缴单位27224个，净增单位3248个；新开户职工33.46万人，实缴职工220.47万人，净增职工15.16万人；缴存额375.3亿元，比上年增长14.7%。2018年末，缴存总额2460.21亿元，比上年增长18%；缴存余额1116.97亿元，比上年增长13.6%，首次站上千亿台阶。

全年，住房公积金提取额241.26亿元，比上年增长12.5%；占当年缴存额的64.28%，比上年下降1.3%。2018年末，提取总额1343.25亿元，比上年增长21.9%。全年发放个人住房贷款3.07万笔、140.35亿元，发放笔数比上年下降3.5%、发放金额比上年增长14.63%。2018年末，累计发放个人住房贷款55.81万笔、1654.89亿元，贷款余额922.53亿元，比上年分别增长5.8%、9.3%、4.4%。个人住房贷款余额占缴存余额的82.59%，比上年减少7.3%。

创新住房公积金归集服务。全年举办融资对接会4场，支持29个企业获得贷款授信3.5亿元。支持困难企业降成本，将住房公积金缴存比例区间扩大到5%至12%，由企业单位自主确定缴存比例；统一业务办理模式服务。新增23个经办银行网点，方便职工就近办理业务；优化商事企业公积金缴存登记办理流程服务。实现缴存银行网点"一次办"。

优化贷款政策服务。实施差异化的最高贷款限额政策，其中，首套房基准贷款额度调至70万元，第二套改善性自住住房的基准贷款额度为50万元，取消"扣减"首次贷款已使用额度，大幅提高职工家庭购买刚性基本住房的支付能力。

加强受托银行管理。精简归并103个银行账户至23个，实行财务"一本账"管理。建立竞争性存放制度，将住房公积金信息系统资金划转嵌入住建部结算应用平台，资金调度由系统根据资金存放规则，自动实现"秒到账"，避免了人为干预因素，缩短资金在途时间，提高资金使用效率。全年住房公积金存款利息收入4.47亿元，比上年增长318.4%。修订受托银行考核管理办法，理顺分中心与受托银行的业务职责，加强业务培训和服务监督，发挥好考核的"指挥棒"作用，促进归集和贷款业务快速增长，全年实现增值收益14亿元，比上年增长14.3%，累计增值收益突破百亿元大关。

强化信息技术支撑。率先推进核心业务系统国产化，新推出9项提取业务（包括不动产权证提取、按月租房提取、公租房提取以及6类销户提取）"网上办"9项。至2018年底，单位网上业务开通率96.6%，个人网上业务注册率62.47%。

2018年，武汉住房公积金社会效益稳步提高，充分发挥住房公积金在解决中低收入群体住房困难中的作用。缴存方面，全年新开户单位中，74.76%为城镇私营企业和其他城镇企业，中、低收入缴存职工占到91.28%。提取方面，全年为64.95万名缴存职工办理住房公积金提取241.26亿元，其中，住房消费提取占76.18%，中、低收入群体提取占72.75%；贷款方面，全年支持职工购建房313.21万平方米，年末个人住房贷款市场占有率15.69%，比上年增长0.5%。通过申请住房公积金个人住房贷款，可节约职工购房利息支出46.46亿元。其中，首次申请贷款占93.92%，二次申请贷款占6.08%；中、低收入占94.5%，高收入占5.5%。收益方面，全年实现增值收益14亿元，其中，提取城市廉租住房（公共租赁住房）建设补充资金10.33亿元，比上年增长5.1%。向市财政上缴城市廉租住房（公共租赁住房）建设补充资金72.49亿元。

（武汉地方志办公室）

【黄石市房地产开发与监管】 2018年，黄石市（含大冶、阳新）完成房地产开发投资149.13亿元，比上年下降4.6%；商品房新开工面积380.53万平方米，增长21%；商品房销售面积343.75万平方米，增长9.4%；商品房竣工面积147.42万平方米，增长25.2%。市城区批准预售商品房181.57万平方米、15354套，分别增长67.4%、67%；销售商品房144.93万平方米、12448套，分别增长0.5%和下降2.1%；销售额105.72亿元，增长25.8%；销售商品住房138.84万平方米、11695套，分别下降5.2%和8.7%；销售额94.37亿元，增长22.37%；商品住房销售均价6718元/平方米，增长28.85%。年末，市城区库存商品住房116.57万平方米、9474套，分别增长18.9%、14.8%，去化周期约10个月。

【黄石市住房保障】 2018年，黄石市新开工建设各类保障性住房16146套（户），完成率101.3%；基本建成11211套（户），完成率179%；全年发放租赁补贴2238户，完成率114.8%。全市2013年底前开工的政府投资公共租赁住房在年末前已完成分配入住14720套，分配入住率96%，全面超额完成湖北省定目标任务。全年，市本级获批银行授信资金33.7亿元，使用资金53.15亿元。

（黄石市地方志办公室）

【鄂州市房地产开发管理】 2018

鄂州市2018年棚户区改造项目统计表

序号	项目名称	项目地址	安置改造户数	安置改造面积（万平方米）	投资额（亿元）	用地性质	安置方式	责任单位	进展情况
1	城南棚户区改造项目（含雷山、滨湖东路片区）	小桥地块	3283	39.39	28.25	划拨用地	新建安置	市城投公司、鄂城新区、西山街办、市工程管理中心	正在施工
2	英山片区棚户区改造项目	英山地块	641	7.69	5.17	划拨用地	新建安置	市城投公司、鄂城新区、市工程管理中心	规划设计
3	月陂片区棚户区改造项目	月陂地块	707	8.48	7.26	划拨用地	新建安置		规划设计
4	茨塘片区棚户区改造项目	凤凰街办菜园头	913	10.95	3.28	划拨用地	新建安置	市城投公司、鄂城新区、市工程管理中心	正在施工
5	菜园头片区棚户区改造项目	罗永村东至发展大道，南至高新二路，西至疏港二路，北至高新三路	191	2.29	2.59	划拨用地	新建安置	市城投公司、凤凰街办、市民生公司	正在施工
6	大闸社区棚户区改造项目	沙塘地块（楚江馨城）	216	2.59	2.93	划拨用地	新建安置	市城投公司、鄂州经济开发区	正在施工
7	葛店新城、邓平村、张家湾村棚户区改造项目	茨塘地块（楚江锦城）	6279	75.34	22.6	划拨用地	新建安置	葛店开发区	正在施工
8	沙塘片区棚户区改造项目	红莲湖新区庙岭地块	722	8.66	2.59	划拨用地	新建安置	鄂城新区	正在施工
9	红莲湖新区棚户区改造（三期）项目	鄂州经济开发区大闸社区地块	1100	13.20	3.96	划拨用地	新建安置	华容区	规划设计
	合计		14052	168.59	78.63				

年，鄂州市房屋交易面积502.28万平方米，其中，房屋转让交易面积203.56万平方米，房屋抵押交易面积298.72万平方米。全年审核房屋网签备案面积394.9万平方米，其中，商品房预售合同网签备案面积241.33万平方米，商品房现售合同网签备案面积54.51万平方米，存量房网签备案面积99.06万平方米。全年完成新建房屋测算面积444.39万平方米，审核备案房屋租赁面积2.91万平方米。全年鉴证房屋交易金额257.98亿元，其中，房屋转让交易金额101.72亿元，房屋抵押交易金额156.26亿元。全年审核房屋网签备案金额197.06亿元，其中，商品房预售合同网签备案金额156.83亿元，商品房现售合同网签备案金额17.18亿元，存量房网签备案金额23.05亿元。

全市全年新建商品房备案成交面积300.43万平方米，比上年增长12.2%；销售均价5617.41元/平方米，增长21.1%，其中，新建商品住房备案成交面积285.89万平方米，增长11.4%。销售均价5686.65元/平方米，增长24.1%。存量住房交易面积99.59万平方米，增长8.72%。交易均价2349.37元/平方米，增长12.56%。全年房地产开发用地供应27宗，总面积124.79公顷，减少13%。其中住宅用地供应22宗，总面积106.08公顷，减少12%。

2018年，全市归集住房公积金10.34亿元，完成年计划的137.87%；发放住房公积金贷款6.08亿元，完成年计划的101.33%；实现增值收益7197万元，完成年计划的143.94%。大力推进公积金综合服务平台建设，推出网上办事服务大厅、微信公众号、手机APP、自助终端等多种服务模式，实现住房公积金业务“离柜办”“网上办”，让公积金缴存人充分享受到智能化带来的便利服务。在湖北省率先通过住建部、省住建厅联合专家组综合服务平台建设验收。

（鄂州市地方志办公室）

【孝感市房地产开发管理】2018年，孝感市加大房地产市场监管力度。全年巡查68个主要在建在售项目，针对市场上存在的违规认筹行为、投诉热点和常见违规行为开展专项整治，出台《孝感城区房地产经纪与信用管理暂行办法》，强化行业自律，规范经营行为。加强房地产业风险防控。出台《孝感市房地产市场风险防范三年工作方案》，坚持每月印发《孝感房地产信息》，引导市民合理消费。强化住房价格控制和指导，落实“一房一价”管理举措，孝感城区新建住房平均销售价格5949元/平方米，比上年下降10.9%。全市及孝感城区商品房可售房源分别为607.59万平方米、50996套和225.64万平方米、17887套，去化周期12个月。2018年，孝感城区核发商品房预售107宗，办理现售15宗，核准新上市房源272.83万平方米，为及时补充市场供给、提供安全房源把好第一关。切实维护购房消费者的合法权益，在统一使用新版本《商品房买卖合同》的基础上，严格合同模板审查，防止合同中出现霸王条款和免责条款，2018年共审查各项目合同模板148批次，切实维护了广大消费者的合法权益，得到社会好评。

（孝感市地方志办公室）

【黄冈市房地产开发管理】2018年，黄冈市完成房地产开发投资225.57亿元，比上年增长0.7%，占年度任务125%；全市房地产行业投资增长15%。开发商品房648.86万平方米，下降17.7%；商品房竣工333.29万平方米，下降7.7%；销售商品房599.5万平方米，增长5.6%。其中市区商品房销售101.24万平方米。年内，商品房平均销售价格4270元/平方米，增加586元/平方米，涨幅15.3%。商品房屋空置面积226.12万平方米，下降7%。市区可售商品房面积38.85万平方米，环比减少2.5%，商品房去化周期降低到4.8个月；其余县市去化周期均降至12个月。

保障性住房建设。2018年，黄冈市政府出台《黄冈市区安置房建设管理办法》，完成年度第一批棚户区改造项目5.8亿元的政府购买棚改服务，审核拨付棚改资金1.84亿元。全市全年开工建设保障性住房12563套，开工率100%；基本建成11085套，基本建成率134.9%；发放住房租赁补贴1884户，任务完成率109.3%。争取中央财政补助资金15.8亿元。其中，市本级7389万元，占目标任务246.3%。

棚户区改造。全年市区完

黄冈市花园路片区二期棚改项目落成

（黄冈市地方志办公室　供稿）

成棚改任务 3632 套，占年度任务 100%。挂牌出让棚改项目地块 8 个，总面积 24.23 公顷，出让金额 10.5 亿元。

（黄冈市地方志办公室）

【咸宁市商品房销售管理】 2018 年，全市商品房销售面积 502.14 万平方米，比上年增长 13.9%，销售总额 196.88 亿元。市城区（含咸安区）商品房销售面积 271.53 万平方米，增长 20.5%，销售总额 100.68 亿元。全市商品房销售总额 196.88 亿元，商品住宅均价 3551 元 / 平方米。全市商品住宅库存面积 254.07 万平方米，消化周期 8.33 个月，市城区（含咸安区）商品住宅库存面积 132.78 万平方米，消化周期 9.76 个月。

【咸宁市棚户区改造】 2018 年，全市棚户区改造开工 9642 套，开工率 100%；棚户区改造基本建成 9930 套，超额完成年度计划。列入国家计划的政府投资公租房（不含已依照规定盘活的公租房）分配率 97.55%，城镇住房保障家庭租赁补贴发放 5211 户，发放率 100%。

（咸宁市地方志办公室 陈秋娥）

【仙桃市房地产开发管理】 2018 年，仙桃市贯彻落实中央、省、市决策部署，控房价、稳市场，全市房地产开发投资控制在合理区间。1—12 月，新批准预售上市商品房 181.66 万平方米，比上年增长 30.5%，其中新批准预售上市商品住房 171.04 万平方米，占总量的 94.15%，比上年增长 36.48%；一房难求的局面有所放缓。1—12 月，全市新建商品房销售 181.64 万平方米（15491 套），比上年下降 2.8%，其中新建商品房销售 165.25 万平方米（13598 套），比上年增长 0.3%。截至 12 月 31 日，全市累计库存商品房面积 200.68 万平方米（17299 套），比上年增长 4.5%。其中，累计库存商品房面积 93.06 万平方米（7760 套），比上年增长 17%。

（仙桃市地方志办公室）

【潜江市商品房销售】 2018 年，潜江市办理发放《商品房预售许可证》37 个，涉及项目 17 个，预售面积 70.55 万平方米，比上年下降 1.43%。其中，住宅项目 9 个，预售面积 57.41 万平方米，增长 0.9%；商业项目 12 个，预售面积 13.13 万平方米，下降 10.6%。全年商品房销售面积 102.27 万平方米，实现销售金额 52.37 亿元。其中，住宅销售 6239 套（间），销售面积 82.16 万平方米，销售金额 37.68 亿元，销售均价 4905 元 / 平方米；商业用房销售面积 20.11 万平方米，销售金额 14.69 亿元，销售均价 6886 元 / 平方米。全年共实现房产税收近 4 亿元。本年，潜江市登上“2018 中国幸福百县榜”，位列全国第 36 名。

【潜江市保障性住房建设与管理】 2018 年，潜江市超额完成湖北省下达的保障性安居工程责任目标任务。湖北省年内下达潜江市住房保障任务为：棚户区住房改造开工 2181 套（其中，城镇棚户区 2024 套，国有垦区危房 157 套），棚户区住房改造基本建成 1651 套；列入国家计划的政府投资公租房（不含已依照规定盘活的公租房）分配率 90% 以上；发放城镇住房保障家庭租赁补贴 100 户。年末，全市棚户区住房改造开工

2018 年潜江市房产建设基本情况表

指标	单位	1-12 月完成值
发放《商品房预售许可证》	个	37
商品房销售面积	万平方米	102.27
销售总金额	亿元	52.37
住宅销售	套	6239
商业用房销售	万平方米	20.11
房产税收	亿元	4

2260 套（其中城镇棚户区 2103 套，国有垦区危房 157 套），棚户区住房改造基本建成 1689 套（其中，城镇棚户区 1559 套，国有垦区危房 130 套）；列入国家计划的政府投资公租房分配率 98.54%；全年累计发放城镇住房保障家庭租赁补贴 195 户。

【潜江市公积金管理】 2018 年，潜江市新增公积金缴交单位 59 个、缴交人数 4921 人，完成湖北省下达任务的 196.84%；新增归集住房公积金 5.21 亿元，完成湖北省下达任务的 137.12%；新增提取住房公积金 3.3 亿元。全市归集住房公积金 27.54 亿元，提取住房公积金 11.52 亿元，余额 16.02 亿元。推进住房公积金个人贷款。全年新增发放住房公积金个人贷款 1.63 亿元，完成湖北省下达任务的 116.43%；发放住房公积金个贷 8.13 亿元、个贷余额 3.69 亿元。截至年末，全市实现住房公积金增值收益 2845.49 万元，完成湖北省下达任务的 158.08%；累计住房公积金增值收益 1.55 亿元。

（潜江市地方志办公室）

【天门市保障性住房建设与管理】 2018 年，湖北省下达天门市住房保障目标任务为：棚户区住房改造开工 6300 套，其中，城镇棚户区 5800 套，国有垦区危房 500 套；列入国家计划的政府投资公租房（不含已依照规定盘活的公租房）分配率 90%；城镇住房保障家庭租赁补贴发放 1300 户。至年末，全市已开工建设棚户区改造项目 7 个、房屋 6300 套，占目标任务的 100%；争取上级棚改建设资金 1.14 亿元，完成全年目标任务的 122%；全市保障性住房分 2 批次、为全市 343 户中低收入家庭实施公共租赁住房配租，列入国家计划的政府投资公租房的分配率 100%；城镇住房保障家庭租赁补贴发放 1375 户，新增租赁补贴对象 10 户，完成目标任务的 106%。加强保障房动态监管，全年清理腾退房屋 11 套，保证住房保障资源的合理善用。

【天门市房地产市场开发管理】 2018 年，天门市房地产开发投资 41.27 亿元，比上年增长 159.8%；销售商品房 151.23 万平方米，增长 12%；商品住房成交均价 4585 元 / 平方米，增长 18.9%；商品住房库存面积 105.46 万平方米。全年实施商品房合同备案 1.4 万宗、面积 139 万平方米，二手房交易 2042 宗、面积 29 万平方米，房产中介备案 33 家。全市房地产从业人员 2050 人，比上年增加 458 人，增长 28.8%，房地产从业人员劳动工资总额 6144.7 万元，增加 968 万元，增长 18.7%。全年实施新建房屋白蚁预防工程项目 45 个，预防面积 298.4 万平方米。对 60 余家在建项目支付农民工工资情况进行排查，督导在劳动监察部门挂号备案的 3 个开发项目欠薪旧案清零销号。开展房地产开发和中介市场专项巡查，全年立案查处违规收取认筹金、预订金以及预售商品房的开发企业 6 起，曝光 2 起，有效维护了房地产市场稳定。

【天门市棚户区改造】 2018 年，天门市全面实施社保安置小区、文昌阁、南湖、前壕等棚改项目。其中，社保安置小区工程已完工；前壕第一期和南湖棚改第一期工程主体结构已封顶、正在进行内外粉刷；文昌阁片区第一期棚改工程正在进行地下室及部分主体结构施工；东湖第三期棚改工程正在进行桩基施工。官片区城市棚户区改造项目完成货币工程量 50%；凡店片区城市棚户区改造项目基本具备开工条件。北湖片区 4 个棚改项目和杨林片区城中村棚改项目及人才苑项目全速推进，北湖小区一期（走马岭嘉苑）、二期安置房建设项目（众善寺嘉苑）均已完工并按期交付使用。

（天门市地方志办公室）

水务建设

【武汉市打造滨水生态绿城】 2018年，武汉市以水生态文明建设为总领，以打造滨水生态绿城为目标，深化落实河湖长制，全面推进防洪水、排涝水、治污水、保供水“四水共治”，坚持系统治水、源头治水、科学治水、依法治水、全民治水，实现武汉水务事业新发展，提升市民滨水乐水的幸福感和获得感。2018年，武汉市水生态文明城市建设试点工作通过国家验收，武青堤（铁机路—武丰闸）堤防江滩综合整治园林景观工程（青山段）获得中国建设工程质量的最高奖项——鲁班奖。

【武汉市防汛抗旱】 2018年，武汉市各级防汛部门严格落实防汛责任，及时调整各级防汛抗旱指挥部成员及职责分工，修订完善市、区两级防洪预案、抗旱预案、水库调度方案；全面落实以行政首长负责制为核心的防汛抗旱责任体系，逐一明确堤防、通道闸口、穿堤建筑物、险工险段、排水泵站、湖泊防汛责任人；对265座水库逐库落实行政责任人、防汛技术责任人、防汛巡查责任人并予以公示；完成长江、汉江干堤防洪设施及武昌、汉阳防洪保护圈自然高地勘测调查工作；组织各类防汛抗旱培训和长江亲水平台应急抢险演练；加强物资储备和设施保障，全市共储备砂石土料逾45万立方米、抢险器材逾130类，建立市区统一的防汛抗旱应急值班系统；组织开展全市范围的防汛抗旱排涝安全大检查5次、水库安全专项检查5次；对蔡甸区汉江干堤红星段崩岸、硚口区汉江干堤荆汉闸口崩岸、硚口区汉江干堤古田二路崩岸等较大险情及时进行应急治理。主汛期，受梅雨期降雨及上游来水影响，长江、汉江武汉段水位出现一段时间的持续上涨，武汉市各级防汛部门全面落实责任，科学应对汛情，全市江河堤防和水库均未出现险情，确保了全市安全度汛。

7月10日“出梅”至8月28日，武汉市经历了较长时间的高温晴热少雨天气。新洲区、黄陂区、江夏区、蔡甸区、汉南区等新城区出现不同程度干旱，全市在田作物受旱面积2.71万公顷，占在田作物的15.2%。全市水库开闸放水8364万立方米，投入1655处灌溉泵站提水11264万立方米，开启14座涵闸引水10406万立方米，确保新城区居民生活用水安全和农业灌溉需求，成功应对了局地高温干旱。

【武汉市水生态文明城市建设】 2018年，武汉市顺利通过水利部组织的水生态文明城市建设试点技术验收，以全省第一名成绩获优秀等次。7月9—11日，水利部全国水生态文明城市建设试点评估验收专家组对武汉市水生态文明城市建设试点工作情况进行了技术评估。验收组专家认为，武汉市试点建设规划理念先进、布局合理、保障措施有效、创新特色突出、示范作用明显，实现了试点工作建设目标。11月29—30日，武汉市水生态文明城市建设试点工作顺利通过湖北省政府组织的行政验收。

【武汉市河湖长制】 2018年，武汉市共设立市、区、街（乡镇）、村（社区）四级河湖长2882名，全市河湖长、督查长、河湖警长、技术员、保洁员、监督员“三长三员”组织体系基本建立。制定河湖长公示牌制度、河湖整治工程移交接收制度，建立“一河（湖）一档”“一河（湖）一策”，制定问题、目标、任务、措施、责任等5个清单，推进河湖长尽职履职制度化、规范化。市级河湖长累计巡查62次，区级河湖长和街（乡镇）级河湖长累计巡查8000余次，村级河湖长累计巡查62000余次。加快健全完善官方河湖长、民间河湖长、数据河湖长“三长联动”。集中部署开展“春季碧水攻坚战”“碧水保卫战清流行动”“清四乱”等专项行动，积极配合做好长江经济带固体废物专项整治和长江干流岸线保护利用专项整治行动。清理整治长江岸线244千米，排查整治固体废物364处，拆违与巩固湖库岸线5.07公顷，取缔非法码头27处，取缔和整治排污口283个；划定河流界线521千米，岸线复绿495.31公顷，栽设一级界桩536个。武汉市落实河湖长制工作受到各级各界广泛好评。湖北省河湖长制办公室印发《关于表扬武汉市、宜昌市河湖长制办公室的通报》，对武汉市进行书面通报表扬。

水利部《河长制湖长制工作简报》2018年度第41期、第46期两次登载推介武汉市河湖治理管护工作情况。

【武汉市“四水共治”工程建设】2018年，武汉市统筹实施防洪水、排涝水、治污水、保供水的“四水共治”工程项目446个，总投资299.55亿元。重点安排实施长江新城、长江主轴、东湖绿心、乡镇生活污水治理、农村面源污染防治、“七河三湖”水生态修复和涉及第七届世界军人运动会的水体保障等治水项目。南湖、东湖、沙湖等一批水环境综合整治项目和老旧城区及高校雨污分流改造项目全速推进，北湖泵站、南太子湖污水处理厂扩建等一批重要项目建成受益。

防洪工程。全年实施防洪水项目61个，进一步巩固长江汉江两江干堤、连江支堤、中小河流、水库山洪、湖泊民垸等防线。12个河道堤防2016年灾后重建项目全面完成。全市38座水库除险加固工程完工，小型病险水库除险加固工作全面完成。推进中小河流治理，全市规划实施中小河流治理项目22个，15个中小河流治理项目完工，3个项目加快建设，4个项目推进前期工作。三峡后续工作长江中下游影响处理湖北武汉段一期河道整治工程全面完成，二期工程开工建设。推进湖堤加固、连江支流工程建设，新洲区倒水系统治理工程于3月开工建设，举水干流治理工程于11月开工建设，加快推进新洲区涨渡湖湖堤

汉口江滩亲水平台　（武汉地方志办公室　供稿）

加固工程前期工作、江夏区斧头湖流域湖堤加固工程。

推进“两江四岸”江滩环境综合整治工程。长江主轴建设，长江左右岸江滩观光道路及景观综合提升工程，于10月开工建设。延伸提档“两江四岸”江滩，武昌江滩五期、长江汉阳江滩国博段陆续建成开放，汉口江滩四期、汉江硚口江滩四期、汉江汉阳江滩二期、汉江汉阳江滩三期等项目加快推进。截至2018年底，全市建成“两江四岸”江滩总长63.6千米，总面积740.6万平方米。加强河道堤防管理与保护，全面完成长江、汉江岸线项目核查工作。推进河道堤防确权划界，全市办理堤防土地证144块，完成堤防确权划界面积3486万平方米。推进国家级水利工程管理单位创建，硚口区河道堤防管理所荣获“国家级水利工程管理单位”称号。

排涝工程。全年实施排涝水项目149个，继续提高全市城乡排涝设施能力。加快推进北湖泵站、北湖闸泵站、北堤泵站、川江池泵站、雅安街—文荟街排水箱涵、朱家新港—龙口渠连通工程、打鼓渡河综合整治工程、琴断口小河综合整治工程等项目建设完成，东湖低排泵站、白玉山明渠排水工程、东港综合整治工程等项目，中心城区新增抽排能力403.05立方米/秒，累计1873.5立方米/秒；新城区完成大中型排涝泵站更新改造15个，开工新建泵站10个，全市排水防涝能力进一步提高。加强排涝设施维护管理，开展“清管渠、畅排水”活动，疏捞维护排水管渠6000余千米，维护各类排水井50余万个。加强精细化管理，做到淤泥不落地、清洗有保障，运输无污染。加强在建工地排水管理，全面落实“三级”检查督办机制，对全市涉及排水设施的183处在建工地实行全覆盖式日常监管，在建工地对城市排水设施的不良影响明显减小。强化事前防

控，雨季汛期前对主排水通道全面排查，打通堵点，腾出库容。编制2018年度全市中心城区易渍水（风险）点风险图，锁定全市中心城区44个易渍水（风险）点，并有针对性地制订完善“一点一策”。降雨期间，市区防汛部门全力应对，全市未出现明显内涝，确保了城市排涝安全。

治污工程。全年实施治污水项目170个，污水处理设施建设持续加快。南太子湖污水处理厂扩建、新城污水处理厂建设、汉西污水处理厂提标改造等项目完工，北湖污水处理厂新建项目、汤逊湖污水处理厂改扩建工程、大东湖核心区污水传输系统工程等项目加快推进，全市中心城区污水处理能力新增21万吨/日，中心城区污水处理能力达到279.5万吨/日。除北湖污水处理厂“四厂合一”项目外，全市污水处理厂尾水排放标准均达到一级A。进一步完善污水收集系统，中心城区新增污水收集管网100余千米。稳步推进污泥处置设施建设，北湖污水处理厂配套污泥项目、青山区疏浚污泥处理站项目、江岸区疏浚污泥处理站项目等工程进展顺利。加强污水处理设施维护管理，开展管网隐患排查，主要对中心城区市政道路排水管网结构性、功能性缺陷和危险源等开展排查，截至2018年底，完成天鹅湖汇水区和南湖汇水片区管网排查，完成管网探测800余千米，移交整改混错接点位205处。加强污水处理厂污泥监管，建立健全武汉市城镇污水处理厂污泥处理处置达标管理机制，2018年市级城镇污水处理厂污泥全部实现无害化处置。污水处理厂运行安全稳定，全市19个城镇生活污水处理厂累计处理生活污水10.36万吨，COD（即化学需氧量，水质污染度的重要指标）消减量15.09万吨。

保供水工程。全年实施保供水项目65个，推进全市城乡供水设施整体提质。加快推进堤角、白鹤嘴等水厂和管网升级改造。推进老旧社区二次供水设施改造，完成215处老旧社区二次供水设施改造工程。启动全市二次供水设施普查工作，研究制订《武汉市中心城区居民住宅二次供水设施普查工作方案》《武汉市新城区、开发区、功能区居民住宅二次供水设施普查工作方案》。该普查工作于2018年10月底全面完成，共普查120个街道、1202个社区、9600处供水单元，覆盖居民家庭332.8万户、998.4万人，全面摸清全市二次供水设施基础数据和基本情况。统筹实施城乡供水一体化，继续推进农村饮水安全巩固提升工程。研究制订并启动实施《2018—2020年农村饮水安全巩固提升实施方案》，黄陂区、蔡甸区、新洲区农村饮水安全巩固提升年度任务全面完成，区域内农村饮水安全保障水平进一步巩固，农村供水质量进一步提升。整治集中饮用水水源地安全隐患，全年完成问题整改68个，全市县级以上集中式饮用水水源保护区内的16个排污口全部完成整治。

（武汉地方志办公室）

【黄石市城市生活污水治理】 2018年，黄石市建成河西污泥处置厂项目，完成青山湖等5座污水处理厂一级A提标改造，城区11个污水规划分区的污水收集处理设施基本实现全覆盖，全市建成污水处理厂（站）9座，处理规模29.52万吨/日，城区污水处理率93.5%；全年新建污水管网135千米（含排水许可督办小区建设的管网），2018年，城区已建污水管网829千米，其中，一级干管144千米、二、三级管网685千米；10个城市黑臭水体综合整治工程全面启动实施，促进水质的改善。

（黄石市地方志办公室）

【鄂州市水务项目建设】 2018年，鄂州市水务项目建设持续推进。增加外排能力。樊口二站工程年度投资1.9亿元；花马湖二站工程征地拆迁基本完成，进入全面施工阶段；花马湖上中湖连通渠基本贯通，为机场项目实施提供可靠保障。加固湖泊堤防。梁子湖湖泊堤防加固工程计划对35.1千米堤防进行加固，年底已完成总工程量的75%以上。加快推进城乡一体化供水工程和管网延伸工程。围绕饮水安全巩固提升和保障航空都市区安置点供水安全，投资2.34亿元的雨台山水厂改扩建工程在年底通水；城东水厂全面开工建设，总投资3.24亿元；投资1.97亿元，全线开工城乡供水管网建设工程。

【鄂州市河流湖泊整治】 2018年，鄂州市重点推进新港河道整治工程、华容2项目区（铁咀港）、葛店项目区（沐鹅港）、临江1项目区（余湖港）等中小河流治理项目。新港河道整治工程完成招标工程量约75%，完成投资约800万元；临江1项目区完成主体工程建设，完成投资约1130万元；华容2项目区（铁咀港）项目已完工，完成投资约1080万元；葛店项目区（沐鹅港）于2018年2月开工，完成形象进度96%，完成投资约850万元。

（鄂州市地方志办公室）

【孝感市防汛抗旱】 2018年出梅以后，孝感全市持续晴热高温天气，孝南、云梦、安陆三站高温日数创历史新高，应城、汉川极端最高气温分别为历史第二、第三高纪录。高峰期全市受旱面积4.54万公顷。全市各地精心组织，周密部署，3次召开市级防指会商会，孝昌县、孝南区启动抗旱Ⅳ级应急响应，7个县市区成立20个分指挥部，市成立7个工作专班督导服务一线，省领导先后多次赴现场检查指导抗旱工作。坚持问题导向抓防汛抗旱。展开两轮隐患大排查，落实市防指挂牌督办的14个问题整改，汉江前进崩岸整治6个较大险情及时处理，完成水毁修复项目603个。首次组织600参与的大规模防汛抢险军地联合实战演练，完成防汛抢险知识培训1923人。完善工作机制，落实技术保障措施。认真修编各类防汛抗旱预案，建立府河防洪调度跨区域联动机制。维修更新山洪灾害监测预警设施，提高监测预警设施到报率。完成孝感市防汛抗旱信息管理平台开发，实现防汛信息共享。加强应急管理，科学防灾减灾。面对严重旱情，统筹涵闸引水、水库放水、泵站提水、机井抽水、境外搬水、人工增雨等措施增加水源，累计增加抗旱水源5亿立方米，保障18万公顷农作物抗旱用水需要，全市未出现大面积人畜饮水困难情况。

【孝感市农村饮用水安全工程】 2018年，孝感市完成投资9156万元，建成农村饮水安全巩固提升工程51处，全市465个村受益，解决15.8万人饮用水安全。其中、建档立卡贫困人口2.42万，全面完成年度任务。农村水厂规范化管理不断加强，出台《农村供水工程维修养护基金管理办法》，按人均2元的标准，共筹集880万元，为供水工程的正常运行提供可靠的资金保障。县级水质检测中心正常运行，农村供水水质合格率79.9%，超省定目标值的12.4%。完善“千吨万人”规模以上水厂自动化监控系统建设。2017年度孝感市在全省农村饮用水安全巩固提升工作考核被评为优秀。

【孝感市依法治水管水】 2018年，孝感市利用“世界水日”“中国水周”“国家宪法日”，集中开展依法治水管水宣传活动。强化节约用水管理，2018年有7家单位申报省级公共机构节水型单位。关闭城区非工业自备井，完成18个单位30眼自备井封闭任务。依法严打河道非法采砂行为，在全省率先开展中小河流“三无”涉砂船舶清除管控，全市拆除“三无”采砂船舶220艘，清理上岸集中封存和报废处理采砂船舶178艘，向政法机关移送涉砂黑恶线索4件，依法查处涉砂行政案件40件，移交公安机关处理11件，法院判决3件，问责干部5人。湖北省水利厅以简报在全省推广。

全面落实河（湖、库）长制各项措施。开展督导巡查，市级13名河长巡河56次，解决问题74个，其中，市委、市政府主要领导带头巡河15次。定期通报河湖库长及联系单位巡查履职情况，下发督办函21件，提醒函17件。开展“清流行动”，全市排查并清理固体废弃物149处，拆除围网和违建物1543.7万平方米，查处非法捕捞案件299起，清除水葫芦、水花生1820公顷，清理5629吨垃圾，完成74千米河道、1563千米沟渠清淤任务。“清四乱”排查各类问题362个，整改312个。编制“一河一策”，全市投入984万元，完成4个省级、11个市级、153个县级河（湖、库）一河一策实施方案编制工作。7个县（市、区）建立了保洁管护制度，确定河湖管护人员3330名，落实管护经费3857.9万元。推行河湖警长制，为每位河（湖、库）长配备警长，形成“1+3”河湖长工作体系。推进划界确权工作，汉川已完成汉江、汉北河水利工程用地确权划界，孝南完成王母湖、野猪湖划界，完成秦淮湖、大教湖勘测工作，应城、安陆、大悟启动河湖库确权划界工作。21个规模以上入河排污口全部完成整改。出台《孝感市地下水超采区划定报告》《老澴河综合治理通航项目可行性方案》《孝感市水资源保护规划》。孝昌县开展创建全省县域节水型社会试点。汉川市投资水生态项目1000万元，其水土保持目标责任考核办法在全省率先出台，对市级水土保持委员会成员单位进行调整，并召开水土保持委员会第一次工作会议。全面完成年度新增水土流失治理任务，治理水土流失面积54.96平方千米。大悟阳平大坡顶风电场被省水利厅评为“湖北省级水土保持生态文明工程”。

（孝感市地方志办公室）

【黄冈市湖泊综合治理】 2018年，黄冈市境内有114个湖泊被列入湖北省政府第一、二批湖泊保护名录，数量居全省第三。其中，第一批湖泊保护名录38个，水面面积1平方千米以上25个，1平方千米以下城中湖泊13个；第二批湖泊保护名录76个，主要涉及水面面积0.07—1平方千米非城中湖泊。全市114个湖泊均实行湖长制，由市委市政府主要领导担任湖长，年内多次安排部署并实地检查湖长制工作。龙感湖、策湖、白潭湖、赵家潭、西马口湖等9个市级湖长带头巡湖履责，研究解决具体问题，推动湖长制落实落地。全市先后完成“一湖一勘”，建立“一湖一档”，编制“一湖一策”。逐步健全湖泊保护机构，常态化开展湖泊保护巡查，加强湖泊综合治理，“五保”目标基本实现。2018年，市级湖长巡查和调研36次，委托联系部门巡查8次，开展《湖北省湖泊保护条例》执法检查自查。结合中央环保督察回头看，重点推进退垸还湖工作。印发《关于我市退垸还湖工作进展情况的通报》《关于迅速完成退垸还湖任务的通知》文件，督促各县市区完成任务。全年全市退垸还湖湖泊11个，圩垸97处，共计1942.07公顷（耕地707.13公顷、水面1234.94公顷）。年内，市政府与各县（市、区）签订《水污染防治目标责任书》，对龙感湖、遗爱湖等36个湖泊水域进行水质监测。创新建立“6+10”工作机制，即“六个一”（一名湖长、一个分湖长办、一湖一策、一名技术员、一个微信群、一个义工志愿队）和“十项制度”（联席会议、一线现场办公、周末大清河、信息报送与共享、工作督察、分级巡查行动、考核与激励、联合执法、曝光点穴、工程整治），制定全市碧水保卫战“清流行动”工作方案，开展“学习宣传、空间管控、水质提升、标准建设”四大行动。6月22日，全市集中组织首次“周末大清河”行动，出动三级河湖库长1879人，投入劳力14850人，清理垃圾约1698.5吨。2018年，黄冈市太白湖、黄婆汊、冻脚湖、月塘湖、罗家岔等5个湖泊水质获提升，白潭湖、赤东湖、西马口湖、策湖、武山湖等25个湖泊水质保持稳定。

（黄冈市地方志办公室）

运行中的黄冈市南湖泵站　（黄冈市地方志办公室　供稿）

【咸宁市水务建设】 2018年，咸宁市全面完成水生态文明城市各项建设任务，相继通过水利部技术评估和省政府组织的行政验收，获首批“全国水生态文明城市”称号。全年全市水利系统涉及各类环保督查问题63个，均按要求整改到位。推动河湖库长制提档升级，从“有名”向“有实”转变，实现河湖库长巡河常态化、“清河行动”长效化、日常管理规范化、检查督办制度化、关爱河湖全民化。在湖库拆违、打击非法采砂、水源地保护、非法码头整治及乡镇生活污水处理等工作上成效显著。在全国首届“河长湖长故事”征文大赛中，获二等奖一个，优秀奖二个，是全国获奖数量最多的地市。

2018 年，咸宁市争取国家下达水利项目 86 个，下达水利投资计划 11.75 亿元，其中，中央 6.42 亿元，省级配套 2.05 亿元，水利项目投资居全省前列，再次突破历史。咸宁市“十三五”中小河流治理项目 12 个均已批复。2018 年，完成 2017 年结余资金投入 4530.75 万元。中小河流治理下达中央投资计划 9861 万元，实际到位 10509.86 万元（中央 9861 万元，地方 648.86 万元），完成投资 6432.76 万元；重点县下达中央投资计划 1719 万元，实际到位 1742.7 万元（中央 1719 万元，地方 23.7 万元），完成投资 1323.7 万元；入江重要支流项目下达中央、省级和地方投资计划 14274 万元（中央 7137 万元，省级 3568 万元，地方 3569 万元），实际到位 8006 万元（中央 4187 万元，省级 3568 万元，地方 251 万元），完成投资 7176.3 万元，确保项目建设有效推进。

【咸宁市湖泊保护与水资源管理】 2018 年，咸宁市完成湖泊保护规划工作，完成市、县两级湖泊总体保护规划的编制与批复，完成 39 个湖泊详细保护规划，以河湖长制为抓手制定“一湖一策”。推进试点湖泊确权划界工作，斧头湖、西凉湖、黄盖湖、杨家湖、章家湖、王家寨湖、蜜泉湖的确权划界和勘界立桩工作全部启动，累计完成立桩 844 个。加强湖泊巡查，强力打击侵占湖泊行为，大力开展湖泊岸线整治和巡查监管，加强入湖排污口清查整治，有效制止 5 处湖泊区域老旧鱼池堤加固现象，依法依规查处省梓山湖生态新城投资有限公司和武汉军威文化传媒集团有限公司在斧头湖、蜜泉湖未批先建和违法侵占湖泊水域问题。稳步实施退垸还湖，完成大洲湖、伯凉湖、黄沙湾渔场退渔还湖工作。

开展水资源管理。完成湖北省级水功能区、重要饮用水源地、重要湖泊水库、省市界、地下水等 47 个水质监测站点的水质监测工作；完成全市 28 个重要入河排污口监督性监测工作；开展第三次水资源调查评价，按时完成外业调查、补充监测、分析评价等任务并提交工作成果；完成上级有关部门组织的能力验证、盲样考核、七项制度考核；完成实验室 LIMS 系统建设；成功申报水资源论证和水文水资源调查评价乙级资质；积极参与《湖北省水资源简报》《湖北省水资源公报》及《湖北省水资源工作年鉴》《湖北省地下水动态月报》的编制，完成湖北省（咸宁市）水功能区划修编工作。

（咸宁市地方志办公室 陈秋娥）

【潜江市水务建设】 2018 年，潜江市水利部门推进水生态文明城市建设试点工作，完成年度各项水利工作任务。6 月 27 日，潜江市以技术评估综合得分 89.1 分，顺利通过全国水生态文明城市建设试点评估验收。

2018 年，全市共完成灌区续建年度工程投资 5.65 亿元。农田水利基本建设，2017—2018 年度全市实际完成土方 1305 万立方米，占工程总量的 103.5%，疏浚治理 73 条镇级河道、612 条村级河道。继续实施安全饮用水提升工程，完成 2018 年度农村饮用水安全巩固提升工程建设，实现中央预算内投资 354 万元，巩固提升受益人口 3.16 万人。开展农村供水水质巡检，合格率 84.81%，按人口计水质合格率 84.2%。会同市环保

潜江市兴隆水利枢纽工程　　（潜江市地方志办公室　供稿）

部门编制完成《潜江市乡镇集中式饮用水水源地保护区划分方案》和《潜江市乡镇集中式饮用水水源地环境保护规划》，其中田关、老新、后湖等16处农村水厂水源地保护区规划和方案已通过专家评审，并得到湖北省生态环境厅正式批复。

【潜江市农村水利和湖泊保护】2018年，潜江市境内汉江、东荆河、兴隆河等32条市级重点河道，17座境内湖泊的河湖长由市“四大家”领导担任。同时，按照行政管辖区域，设立分段河湖长，分段河湖长由沿线各地主要负责人担任，22个区镇处的主要领导干部担任199条镇级主河道的河长，所有行政村的书记担任637条村级干渠长。将河湖保护职责继续向渠系末端延伸，全市有市级河湖长27名、镇级河湖长207名、村级河湖长712名、沟渠长422名。以保护水资源、防治水污染、改善水环境、修复水生态为主要任务，持续推进“清流行动”和“清四乱”专项行动，关停拆除主要干流沿线畜禽养殖场895个，关闭取缔排放不达标企业52个，完成城南河、百里长渠、一支渠等20多条城区黑臭水体的清淤截污，以及73条镇级河道、612条村级河道和485条小沟小渠的疏浚治理工作。已完成4座工业污水处理厂、6座乡镇污水处理厂建设任务，启动7座乡镇污水处理厂建设工程。在全省率先完成小型农田水利基础设施产权改革工作。

（潜江市地方志办公室）

村镇建设

【武汉市生态特色小镇创建】2018年，武汉市将蔡甸区索河街莲乡水镇等5个项目纳入全市特色小镇创建名录，江夏区郑店街袜铺湾康养小镇等3个项目纳入全市生态小镇创建名录，不断充实全市生态特色小镇项目库。

2018年，全市安排市级奖补资金2亿元，用于生态特色小镇建设。截至年底，产业项目投资16.3亿元，政府项目投资2.4亿元。13个生态特色小镇产业项目全部启动，政府投资项目全部完成立项，8个项目中的政府投资项目已开工建设。预计带动产业项目投资184亿元，市政基础设施项目投资20亿元，带动周边农民和居民就业超过5万人。

国家级特色小镇蔡甸区玉贤园艺小镇已投入2.1亿元，打造园艺设计、研发、制造、展销、科教及产品全产业链，未来将吸纳就业人口1万人，带动居民集聚5万人。湖北省级特色小镇蔡甸区网红小镇地处中法生态新城边缘，将农房、田园景观按法式风格打造，形成独特的风景。投入4亿元，借助网红的人气带动拉升效应，融合休闲游憩、观光度假、主题文创等产业，开业一年内，全国超过800家媒体报道“网红小镇”的诞生，德国电视二台等海外媒体前来拍摄了20分钟以上的纪录片。“中央电视台”“新华社”“湖北电视台”、《农民日报》《湖北日报》《长江日报》等中央和省市媒体报道了网红小镇的成功经验，各类网媒发布网红小镇信息、游记121万篇次，关注度高涨。

市级生态小镇新洲靠山小镇的幼儿园、小学、运动场、会展中心、老年人互助照料活动中心等公共设施一应俱全，吸引大学生前来创业。市级特色小镇新洲区邾城街问津生命健康小镇完成投资3.37亿元，其中政府项目完成投资0.48亿元，产业项目完成投资2.89亿元。政府投资项目已完成问津大道污水管以及文昌大道箱涵全线工程，启动文昌大道、花朝大街、齐安大道全线工程，这些公共基础设施配套的逐步建成，提升当地老百姓居住品质。

江夏区袜铺湾康养小镇突出青少年研学，与重点小学建立定期研学机制。以宜居宜养小镇为目标，重点发展康养产业。小镇内道路、基础设施、休闲度假区主体、博物馆已建设完工。年底完成现代农业生态园、青少年研学营地第一期、美丽湾三乡工程的项目建设工作。五里界月亮湾小镇为打造成新建示范型生态小镇的典范，几次调增投资计划，增加绿化用地，凸显房屋建筑的地域风貌特色。

【武汉市省级美丽宜居乡村示范项目建设】2018年4月，湖北省住建厅《关于印发<湖北省美丽宜居乡村示范项目建设方案>的通知》。武汉市按照省住建厅的要求，组织4个新城区进行创建申报工作。从4个区选取自然生态好、有一定文化特色和产业基础的8个村湾。经过省住建厅专家研究，确定江夏区乌龙泉街新建村、蔡甸区永安街炉房村、黄陂区六指街甘铺村、黄陂区姚集街崇洁村、新洲区仓埠街项山村、靠山中心村等6个村纳入示范培育名录（全省共97个村）。培育期的主要工作任务是宣传发动村民，组织村干部及村民代表外出考察学习，建立农民夜校或农民讲堂，制定完善村规民约，清理垃圾、消除违章建筑等整治村内环境工作。2018年底，省住建厅组织专家对培育期的村庄进行验收，验收合格后进入创建期。

【武汉市农村人居环境综合整治】2018年，武汉市定期安排对4个新城区、20个贫困街乡镇进行现场调研，找准民众急需的基础设施短板缺项，按照“缺什么，补什么”的指导思想编制计划项目，扶持贫困街乡镇基础设施建设。全年安排奖补资金2481万元，带动区级投入10368万元，支持贫困街乡镇功能性循环骨干路网、生活污水设施管网配套、居民休闲活动广场及环境整治等短板基础设施项目建设，特别是对城镇污水收集管网建设予以大力支持；支持传统村落和历史文化名村保护。加大对黄陂大余湾等传统村落的支持力度，将大余湾生态小镇纳入市级生态特色小镇创建名录，安排市级奖补资金3000万元用于市政基础设施及公建配套项目，截至2018年10月底，完成投资1.6亿元。其中，政府项目投资0.1亿元，产业项目投资1.5亿元。大余湾农民新村主体工程已完成竣工验收，商业街板块正在进行土地招拍挂程序，大余湾等村庄的农村人居环境整治工作不断推向深入；示范建设省级美丽宜居乡村。按照湖北省住建厅的要求，武汉市组织4个新城区进行创建申报工作。从4个区选取自然生态好、有一定文化特色和产业基础的8个村湾。经过湖北省住建厅专家研究，确定江夏区乌龙泉街新建村、蔡甸区永安街炉房村、黄陂区六指街甘铺村、黄陂区姚集街崇洁村、新洲区仓埠街项山村、靠山中心村等6个村纳入全省示范培育名录（全省共97个村）。2018年底，省住建厅组织专家验收培育期的村庄，验收合格的村庄将进入创建期。完成农村危房改造任务。2018年5月底，全市再次摸排后确定需要在2019年之前完成改造的农村危房数量为2689户。2018年9月30日，全市2689户危房改造任务全部完成，提前3个月完成全市目标任务。

【武汉市农村危房改造】2018年，武汉市进一步强化农村危房排查，推进危改政策落实。2015年实施精准脱贫危房改造工作以来，经各区确认，武汉市2016—2018年需要完成的农村危房改造目标任务为5707户。截至2018年5月底，全市再次摸排后确定需要在2019年之前完成改造的农村危房数量2689户。

中央和省补助资金暂未全部到位，全市各区先垫付资金，确保农户的补贴资金及时、足额到位。实现危房改造“一户不落”。全年制发危房改造工作简报10期，通报经验做法。聘请第三方机构对已完成改造的危房逐一入户查访。结合各级审计、财政部门要求及民生领域突出问题专项整治、扶贫领域不正之风整治等专项工作，通过“走村入户”现场检查抽查，对各区农村危房改造工作落实情况进行督办。及时下达整改通知，指导解决检查发现问题。

指导各区建立完善兜底制度，合理解决4类重点对象以外的农村一般贫困户住房安全保障问题，指导各区有效解决“无主房”、长期不住的非唯一住房、偶有回住的“闲置房”等六类情形的危房改造问题，保证存量危房“不漏一户”地得到改造。截至9月30日，全市2689户危房改造任务已全部完成，提前3个月完成全市目标任务。

（武汉地方志办公室）

【黄石市美丽宜居村庄建设】2018年，黄石市创建12个“黄石市美丽宜居示范村”，15个“黄石市改善农村人居环境示范村”，大冶市陈贵镇、还地桥镇入选全国美丽宜居小镇名录，大冶市灵乡镇坳头村、金湖街办上冯村入选全国美丽宜居乡村。阳新县黄颡口镇太平村入选改善农村人居环境示范村，获得扶持资金100万元。

（黄石市地方志办公室）

【鄂州市梧桐湖科技特色小镇建设】2018年，鄂州市编制完成《梧桐

鄂州市沼山镇周胡谈湾改造新建的乡村民居　（鄂州市地方志办公室　供稿）

湖科技小镇规划》，制定三年创建方案和2018年建设方案，2017—2019年谋划基础设施和产业总投资37.03亿元，2018年底完成投资20.86亿元，其中，2018年完成投资5.72亿元，科技创新主导产业完成产值4400万元。2018年12月通过湖北省住建厅年度考评验收。

【鄂州市美丽宜居乡村建设】 2018年，鄂州市碧石渡镇李家境村、临江乡黄岭村、沼山镇湖瓢村、涂家垴镇上鲁村4个湖北省级示范村开展精品型美丽宜居乡村示范建设，2018年每个示范村完成投资300万元以上，并通过湖北省住建厅培育期评价验收。完成全国村庄建设调查工作。完成全市所有行政村的基本情况、基础设施、公共环境、建设管理等4大类46项指标信息进行调查采集，并录入全国村庄建设信息系统。

（鄂州市地方志办公室）

【孝感市村镇建设】 2018年，孝感市乡镇污水治理全面推进。全市乡镇污水治理全覆盖98个乡镇场办，全市新建污水处理厂项目89个，新建管网项目93个。市县两级定期开展每周通报、月度督查、季度考评，重点对进水浓度、质量安全、管网配套等开展不定期督办检查，已建成通水调试和运行78座，设备安装16座。全市乡镇实施雨污分流管网新建或者改造804千米，完工750千米。从运行的情况来看，已建成项目总体良好。全省乡镇生活污水治理工作2018年度考评，孝感市总体排名第2名，5个县市区排名全省前20名，其中，孝昌县第一名、应城市第四名、孝南区第五名、汉川市第九名、安陆市第十二名。孝感市乡镇污水治理工作，在2019年全省住建工作会议上作经验交流。垃圾治理能力不断增强。全年农村垃圾收集48.6万吨，比上年增加34.3%，垃圾转运率100%，无害化处理率93%。垃圾收转运体系进一步完善，全市新增乡镇压缩式垃圾中转站8座、120座，实现乡镇全覆盖，年收运垃圾能力65万吨。乡镇平均配置转运车5台、勾臂箱150个，村庄配备各型垃圾桶，农户自备各类收集容器。汉川市入选湖北省城乡生活垃圾无害化处理全达标试点县（市、区），全省农村污水、垃圾治理现场会在汉川召开。“厕所革命”成果显著，印发《关于全面推进城镇厕所革命三年行动方案》，编制城镇“厕所革命”专项规划，建立全市261座乡镇公厕台账，年度完成建改179座，完工率238.7%，提前完成省定75座建设任务。同时，大力推进农村人居环境改善，8个村庄入选湖北省级美丽宜居乡村示范，3个村庄入选“中国传统村落名录”，汉川马口镇、沉湖镇特色小镇创建取得较快进展，孝南杨店镇、大悟宣化店镇入选第二批省级特色小镇创建名单。

【孝感市农村能源建设】 2018年，孝感市农村能源建设，坚持“四个结合”（农村能源建设与农村节能减排和循环农业发展相结合、与统筹城乡发展和新农村建设成片推进相结合、与现代农业和现代畜牧业发展相结合、与“一控两减三基本”目标任务相结合）的建设思路，上下联动，协同推进，提升农村能源建设的综合效能。

全年全市共争取省级项目资金622万元，其中36处小型沼气工程（432万元）、太阳能利用4处（90万元）、2处后续服务建设

100万元；做好2019年孝感市省级项目调研和申报工作，经过调研发现，农村清洁能源在以后的养殖小区粪污处理、农村环境综合整治、新农村和美丽乡村发展中会越来越发挥更重要的作用，市场需求很大，结合县市区意见，特申请建设小沼9300立方米（1395万元）、太阳能或生物能利用项目1305万元、三沼综合利用生态能源示范村建设600万元、后续服务安全建设220万元。

全年全市实际建设完成小型沼气工程项目57处、后续服务28处、推广生物质气化炉270台、太阳能路灯147杆、太阳能壁灯2553盏、太阳能庭院灯58盏、太阳能景观灯90盏。

【孝感市美丽乡村建设】 2018年，孝感市围绕《孝感市美丽乡村创建行动方案》（孝办发〔2016〕4号）的目标部署，将美丽乡村创建工作与农旅养融合发展、精准扶贫、两资一促、“三乡”工程等工作相结合，全市2018年度共启动158个中心村湾美丽乡村创建工作，实施项目945个，完成投资资金过5.9亿元。

整合优势资源、盘活集体资产、发展特色产业、打造特色品牌，推进“一村一品”美丽乡村建设。试点村内新引进各类企业119家，新增各类农业休闲园78个。全年接待游客2600万人次，实现旅游综合收入172亿元，分别比上年增长13%、15%。

人居环境逐步改善。垃圾治理实施“四清五改”，污水治理实施“清塘疏渠”行动，新增保洁人员586人，整治塘堰1571口，整治农村厕所12612个，新增污水处理设施123处。新增“小果园、小菜园、小花园”1282个，精准灭荒666.67公顷。

基础设施逐步完善。重点推进“六通五有”工程建设，全年改扩建道路354.8千米，疏挖沟渠522.8千米，安装路灯5472盏，解决15.52万村民的安全饮水，完成房屋立面整治3400间，新建多功能场所162个。实现乡村整洁、乡风文明，全年共评选十星级文明户6221户，新增村民理事会144个。

（孝感市地方志办公室）

【黄冈市美丽乡村建设】 2018年，黄冈市入围第五批中国传统村落项目9个。入围2019年全省美丽乡村建设试点范围村落54个，居湖北省首位。年内，全市前四批中国传统村落项目中，3个项目新获中央财政资金支持900万元。武穴市梅川镇获评湖北省级历史文化名镇、红安县华家河镇祝家楼村获评湖北省级历史文化名村；麻城市福田河镇、罗田县胜利镇入围第二批湖北省级特色小（城）镇。

农村文化建设。新建和改扩建乡镇综合文化服务中心7个、村级文体广场426个；争取国家项目资金190万元建设农村文化活动室，建设智能广播网村级广

美丽乡村——麻城齐福田河镇月形塘　　（黄冈市地方志办公室　供稿）

播系统 4191 个。落实农村文化惠民政策，放映农村公益电影 60190 场，送戏下乡 2207 场、戏曲进校园 1037 场，实现全市乡镇、村（社区）综合文化服务中心文化设施免费开放。

农村危房改造。全市全年争取农村危房改造中央和省级财政补助资金 2.35 亿元，完成农村危房改造 14765 户，占年度任务 106.17%。

能人回乡创业。2018 年，黄冈市实施能人回乡创业“千人计划”，通过工程措施和招商引资，吸引 1000 名有经济实力人才回乡投资兴业。全年全市签约回乡创业项目 1313 个，协议投资额 1115.23 亿元。其中，完成项目环评 1147 个，开工建设项目 1214 个，实际完成投资额 253.04 亿元。预计能人回乡创业项目可带动 10 万余农民发展产业，吸纳就近就业人员 5 万人。

（黄冈市地方志办公室）

【咸宁市村镇建设创建特色小镇】 2018 年，咸宁市创建国家级特色小镇 1 个（嘉鱼县官桥新材料小镇），创建省级特色小镇 2 个（赤壁市赵李桥砖茶小镇、咸安区贺胜桥金融小镇），评选首批市级特色小镇创建培育对象 20 个。7 月，省政府“牢记殷殷嘱托，奋力谱写新时代湖北高质量发展新篇章”第七场新闻发布会，专题聚焦咸宁市“创建特色小镇，推动乡村振兴”的新亮点、新举措、新成效。申报中国传统村落，第五批中国传统村落中咸宁市有 10 个小镇入选，占全省的 11.5%。当年，咸宁市城镇化率 53.7%。

【咸宁市农村人居环境“三清三治”三年行动】 2018 年，咸宁市在全省率先印发《咸宁市农村人居环境“三清三治”三年行动方案》，开展清垃圾治脏、清水体治污、清杂物治乱专项行动，相关做法被国家住建部、湖北省住建厅政务网站刊发推介。围绕农民群众最关心、最直接、最现实的农村人居环境问题，从广告标语清理、废旧房屋清理、村湾道路出入口整治、房屋立面整治、存量垃圾清理、农村生活污水治理试点“六大专项行动”入手，开展农村人居环境整治。其中，开展存量垃圾清理，清除存量垃圾 19 万吨、清理非正规垃圾堆放点 502 个；开展广告标语清理，清理农村墙体广告 8774 处，清理各类“牛皮癣”23263 处，拆除破损严重标语广告 1618 块，设置“文化墙”5236 处、18 万平方米，制作各类红色标语和其他公益宣传 10615 处；开展废旧房屋清理，拆除闲置危旧农房 4662 处，拆除乱搭乱建临时建筑 2151 处，清除乱搭乱建电线 2239 处；整治村湾道路出入口，新建农村公路 613.6 千米，提档升级农村公路 812 千米，加固改造农村公路危桥 60 座，设置标牌 9413 个，安装安全护栏 2999 处，整治农村村湾路口 929 个，拆除临路违法建筑 239 处；开展房屋立面整治，大力推广鄂南民居，发放宣传资料 31710 份，打印鄂南民居图集 6550 份，实施立面改造的村镇房屋 102 万平方米，覆盖 43 个乡（镇）、337 个村（组）；开展农村生活污水治理试点，综合考虑村庄区位、经济、人口等情况，建成小型人工湿地、氧化塘、微动力污水处理设施 85 个。

（咸宁市地方志办公室　陈秋娥）

【仙桃市农村人居环境建设】 2018 年，仙桃市开展污水治理行动，推进乡镇生活污水治理 PPP 项目主体厂区建设，建设 17 个污水处理厂，其中，11 个新建乡镇污水处理厂已具备通水条件，1 个污水处理厂（长埫口镇）污水管网接入城区污水主管已经开工，5 个改扩建污水处理厂正在进行主体结构施工，计划春节前通水调试。全年完成污水主管网 187.98 千米，占工程量的 89.46%；支管网完工 49.16 千米，占工程量的 32.83%；接户管网完成 13214 户，占工程量的 17.1%。开展垃圾治理行动，所有镇办场园区的垃圾收运工作全部实行市场化运行，其中，17 家实现城乡一体化。6 家实现区域市场化；建成乡镇压缩中转站 30 座，配备转运车 145 辆，农村生活垃圾无害化处理率达到 90.5%，在湖北全省的历次考核中，保持领先地位。垃圾分类工作稳步推进，68 个村居开展生活垃圾分类试点。开展村容村貌提质行动，全面开展农村环境综合整治，以“三清三拆三整”为主要手段，促进农村人居环境质量整体提升。2018 年初步打造精品型村庄 10 个，提升型村庄 68 个。

（仙桃市地方志办公室）

【潜江市特色小镇创建】 2018 年，

仙桃市毛嘴镇古堤村美丽乡村建设　（仙桃市地方志办公室　供稿）

潜江市特色小镇建设投资22亿多元。至年末，全市有特色小镇2个：熊口龙虾特色小镇为第二批全国特色小镇，王场光纤特色小镇为第一批湖北省级特色小镇。全市有龙湾镇寻湖村、高石碑镇窑岭村、王场镇林圣村、后湖管理区莫岭村4个乡村通过湖北省住建厅2018年度美丽宜居乡村培育期考核。

（潜江市地方志办公室）

【天门市村镇建设】 2018年，天门市实施小城镇基础设施建设项目104个，投资5809万元。推进“四大行动”议定事项落实，争取湖北省住建厅城乡建设与发展以奖代补资金570万元。向湖北省住建厅推荐天门工业园、多宝镇为第二批省级“特色小镇”，多宝镇已参加省级评审。黄潭镇七屋岭村、皂市镇上付村、佛子山镇天龙村、竟陵街办耀星村入围湖北省美丽宜居乡村示范项目培育期。实施农村危房改造“三清零”行动（贫困村危房改造清零、建档立卡贫困户危房改造清零、2015年以来危房改造问题清零），全年改造危房1302户（其中贫困户967户）。年内，多宝镇获批湖北省第二批特色小镇。

【天门市完成“厕所革命”推进】 2018年，天门市住房和城乡建设部门根据《湖北省“厕所革命”三年攻坚行动计划（2018—2020）》和市政府办公室《关于印发天门市“厕所革命”攻坚行动实施方案的通知》要求，制定《乡镇镇区公共厕所建设方案》，安排部署全市23个乡镇新建76座二类或三类公厕、将现有50座三类以下厕所改造达标，逐步形成布局合理、数量充足、设施完善、管理规范、免费开放的乡镇公厕服务体系。全年共投入公厕建设资金2790万元，全市23个乡镇共完成公厕建设126座。其中，二类60座，三类66座；新建80座，改建46座。年内，全市按照三级以上标准新建公厕76座，改建50座，完成全域“厕所革命”任务。

（天门市地方志办公室）

责任编辑　杨德孝
责任校对　魏　浩

生态文明建设

国土空间开发

【武汉市国土空间开发】 2018年，武汉市坚守生态保护红线，严格执行基本生态控制线管理条例，做到不符合准入要求的项目零审批。破解耕地占补难题，将“旱地改水田”整治任务上升为市级绩效。研究出台旱改水项目实施细则。推进土地整治，推进高标准农田建设统一上图入库，全市上图入库项目129个、建设规模9.57万公顷。

强化土地节约集约利用。圆满完成单位GDP建设用地下降目标任务。建立供地率通报、预警机制，全市2013—2017年累计供地率65%，完成国家、湖北省人民政府下达的目标任务。受到国务院办公厅通报表彰，奖励武汉市新增建设用地计划指标333.33公顷。武汉市节约集约利用综合指数在全国291个地级以上城市中排名第四。

加大执法监察力度。做好国土规划督察，完成6555个土地矿产卫片图斑核查和811个例行督察发现问题整改。加强批后监管，出台规范建设项目超建面积处理意见，现场核查建筑工程项目387个，发现违法建设8个。查处土地违法案件185宗，涉及违法面积299.8公顷。推进国土资源行政处罚执行工作改革试点，出台《武汉市违法用地上建筑物处置办法》《非法占地案件行政处罚自由裁量权参照执行标准》。健全督察制度，拟订武汉市土地督察、城乡规划督察管理办法等。做好土地利用动态巡查、新增建设用地踏勘、新开工项目清理等工作。

全力做好地质灾害防治。主动排查确定83处地质灾害隐患点，创造性地提出按点、片、区三个隐患管理层次明确防灾措施。及时部署汛期防灾工作，开展应急处置38次；全市开展各类网格巡查1188次。加强地质调查成果应用，地质灾害易发区查询系统上线运行，完成8个区、13个评估单元的地质灾害危险性评估。强化矿山治理和生态修复，推进示范工程建设，江夏区获批湖北省工矿废弃地复垦试点。

【武汉市国土规划管理】 2018年，武汉市国土资源和规划部门核发选址意见书770本，用地面积3881万平方米。核发建设用地规划许可证1009本，用地面积5222万平方米。核发建设工程规划许可证1660本，建筑面积8342万平方米，管线长度49万米。核发建设工程竣工验收规划条件核实证明834本，建筑面积5574万平方米，管线长度9万米。

简化房屋拆迁契税减免办理流程，建立全市房屋征收通报例会制度。出台《武汉市国有土地上房屋征收与补偿操作指引》《武汉市国有土地上房屋征收涉及历史遗留未经登记建筑补偿指导意见》，完成《武汉市征用集体所有土地房屋拆迁管理办法》修订。通过市政府审查，启动武汉市新一轮征地补偿标准调整工作。5月，在全国房屋征收与补偿实践工作会上交流武汉市经验，新华社等多家媒体报道。

编制全国首部城市级2018年地理国情蓝皮书，推进地理国情普查工作。2018年，武汉市第一次发布地理国情普查公报，编制全国首部城市级2018年地理国情蓝皮书，“武汉大数据城市空间格局变化监测试点”被纳入国土资源部专题性监测试点。完成94家单位测绘资质初审、资质升级和业务范围变更初审，各类地图编制项目审批42项，基础测绘成果使用审批60项，测绘项目登记审核233项。

【武汉市耕地保护】 2018年，武

汉市人民政府与各区人民政府签订新一轮耕地保护责任目标。武汉市耕地保有量考核值30.45万公顷（实有耕地29.59万公顷，2015—2018年市场购买补充耕地指标0.65万公顷，缴纳耕地开垦费异地补充耕地0.21万公顷），高于湖北省下达的30.13万公顷耕地保有量。全市划定24.37万公顷基本农田保护范围，高于湖北省下达的24.32万公顷基本农田保护目标。

严格落实耕地占补平衡。落实建设占用耕地占一补一、占优补优，占水田补水田、先占后补政策，所有依法批准的建设用地均严格落实耕地占补平衡。立项城乡建设用地增减挂钩项目1个，获批周转指标19.52公顷；验收城乡建设用地增减挂钩项目5个，复垦为农用地53.34公顷（其中耕地43.13公顷）；立项补充耕地项目17个，建设规模340公顷；验收补充耕地项目5个，建设规模135公顷；立项旱改水项目43个，建设规模861公顷；验收旱改水项目2个，建设规模74公顷。

【武汉市土地整治和高标准基本农田建设】 2018年，武汉市5次召开年度土地整治专题业务例会，完成江夏区湖泗七海、新洲区陈家田等两个项目的招投标方案与施工方案审批；向湖北省争取和落实2017年度土地整治项目资金。推进全市高标准农田建设统一上图入库工作，成立工作专班，制订工作方案和技术方案，联合组织两批次市级现场督导，全年完成上图入库项目129个，建设规模9.57万公顷，填报数据率和图形录入率均为100%。

农垦国有土地使用权确权登记发证。2018年，武汉市完成全市辖区内国有农场的国有农用地、未利用地及依法使用的国有建设用地确权登记任务。6月底，全面完成5.7万公顷权籍调查。经权属确认，有4.86万公顷土地符合该次农垦国有土地使用权确权登记发证工作要求。8月底，全部完成发证，较国家和湖北省完成时限要求分别提前4个月和2个月。

【武汉市土地保护执法】 2018年，武汉市查处违法用地案件192宗，面积300.63公顷。其中，立案185宗，面积299.81公顷。结案86宗，面积131.5公顷。拆除建（构）筑物19.78万平方米，没收建（构）筑物75.01万平方米，收回土地135.13公顷，收缴罚没款5319.64万元。对东西湖区鑫三江生态农业合作社、武汉农业嘉年华等两起典型违法用地项目进行挂牌督办。组织开展土地执法案件查处突出问题专项清理整治，9月，接受湖北省检查验收。

加强日常执法监管，通过现场踏勘提前发现和制止违法用地行为，全年接收新增建设用地报件总计303宗（其中，合法235宗，违法68宗），全部按规定时限网签上报，踏勘新增地面积总计2197.13公顷。对新开工项目开展清理，清理上报新开工项目用地798宗，总面积3803.62公顷，其中，耕地面积1371.5公顷。违法用地占新增建设用地面积、耕地面积比例为20.2%。组织对中心城区1000多个供地批后建设项目进行动态巡查。

整治违法行为。开展2017年度武汉市土地矿产卫片执法监督检查工作。原国土资源部下发武汉市2017年度土地卫星片图斑6555个，面积5557.55公顷。经过各区（管委会）内外业核查和市级合法性审查，全市发现违法用地1098宗，面积564.27公顷。其中，耕地面积248.31公顷。按照自然资源部问责口径计算规则，违法用地占新增建设用地面积、耕地面积的比例分别为12.3%、10.4%。数据按时上报并通过省级验收。提请市人民政府召开2017年度土地矿产卫星图片执法监督检查工作警示约谈会议，市人民政府对11个土地违法问题严重的区、街（乡、镇）主要负责人进行警示约谈。

清理“大棚房”。2018年全市清理排查“大棚房”问题项目464宗，共涉及违法违规占用耕地190.64公顷，其中，占用基本农田面积30.19公顷。督导各区对清理排查出的违法违规问题进行整改。对“大棚房”清理整治范围以外的占用耕地的其他违法违规问题进行清理排查，锁定547宗。

（武汉地方志办公室）

【黄石市国土规划管理】 2018年，黄石市制定《黄石市城乡规划技术管理规定（修编）》（试行），出台《黄石市规划局支持民营经济发展六条意见》，精简审批事项，优化审批程序，提升服务效能，促进民营经济健康发展。在全市园区内试行工业项目“先建后验”，加快工业项目落地。全市报批新增建设用地132个批次（项目）1773.4公顷，比上年增长65%，保障大冶湖生态核心区、新港物流园等重点区域和省运会场馆、华新百年复兴等一批重点项目落地。全年供应土地432宗1126.7公顷，实现出让价款78.33亿元，仅城区实现收益49亿元。争取湖北省级土地储备债券10亿元，为城市建设筹集资金。

【黄石市耕地保护】 2018年，黄石市严格落实耕地保护目标责任制，稳定耕地面积11.73万公顷，划定永久基本农田8.77万公顷，均超过省政府下达目标任务。验收备案占补平衡项目53个，新增耕地461.7公顷。全年建成高标准农田1.18万公顷，2016年度及以前项目全面竣工，超额完成省发改委和市政府下达的年度建设任务。

（黄石市地方志办公室）

【鄂州市国土规划管理】 2018年，鄂州市全面实行建设用地计划指标市级统筹，提高计划供给精准度。全市土地总面积15.96万公顷。其中耕地面积5.62万公顷，占全市土地总面积的35.19%；园地面积828.41公顷，占全市土地总面积的0.52%；林地面积1.42万公顷，占全市土地总面积的8.89%；草地面积2321.76公顷，占全市土地总面积的1.45%；城镇村及工矿用地面积2.57万公顷，占全市土地总面积的16.11%；交通运输用地面积4231.62公顷，占全市土地总面积的2.65%；水域及水利设施用地面积5.4万公顷，占全市土地总面积的33.84%；其他土地面积2160.38公顷，占全市土地总面积的1.35%。

村级土地利用规划编制试点在湖北省率先启动，已启动华容区小庙村、梁子湖区涂镇村和农科村土地利用规划编制试点。全力保障湖北国际物流核心枢纽及配套工程、鄂咸高速、红莲湖文化旅游综合体、枫树线业等重大项目用地报批。2018年已获自然资源部、湖北省政府批复33个批次，计685.53公顷，已供地299.53公顷。全面完成《鄂州市矿产资源总体规划（2016—2020）》，已经湖北省人民政府批准实施。

全年全市土地使用权出让项目63个，成交金额136.9亿元；国有产权项目5个，成交金额17.07万元。全年共办理农村土地承包经营权交易签证11笔，流转面积390.82公顷；办理抵押登记12笔，抵押面积361.35公顷，抵押金额840万元。全年共挂牌交易指标114.65公顷，征收指标价款2.7亿元。在武汉城市圈交易平台发布各类农村产权交易信息21条，促进农村产权价值增值。

【鄂州市耕地保护】 2018年，鄂州市出台《关于进一步做好耕地占补平衡工作的通知》。全市将耕地保有量和基本农田保护面积层层分解落实，市、区、乡镇、村层层签订耕地保护目标责任书297份，签订率100%。立项实施并竣工验收耕地占补平衡项目14个，新增耕地144.37公顷。实施梁子湖区沼山镇异地补建高标准农田项目116.67公顷，并上图入库；立项补充耕地提质改造项目3个529.97公顷，投资规模7904万元。2018年度建设用地项目全部按规定实行先补后占、占补平衡、占优补优，提高项目投资标准为旱地11.5万元/亩、水田1.5万元—2.5万元/亩。全市现有耕地面积5.58万公顷，基本农田保护面积4.33万公顷，均不低于湖北省下达鄂州市至2020年耕地保有量5.33公顷、基本农田保护面积4.31公顷的目标。

【鄂州市土地利用管理】 鄂州市2013—2017年供地率61.38%。2018年，据湖北省国土资源厅关于全省存量土地消化处置进展最新通报，鄂州市消化批而未供土地497.83公顷，消化闲置土地13.89公顷，完成消化批而未供和闲置土地20%的处置任务。同年，鄂州市制定《关于开展土地违规抵押融资整改工作方案》，利用多种办法和措施全面清理处置土地违规抵押融资。鄂州市单位GDP地耗37.76公顷/亿元，GDP地耗下降率为5.69%，完成省国土资源厅下达的GDP地耗下降3.92%以及单位GDP建设用地面积小于或等于38.39公顷/亿元的目标。贯彻落实深化国土资源供给侧结构性改革相关政策，创新土地利用方式，优化办事流程，降低企业成本，服务鄂州高质量发展。

（鄂州市地方志办公室）

鄂州市有关部门依法拆除违法矿山企业现场

（鄂州市地方志办公室　供稿）

【孝感市国土规划管理】 2018年，孝感市国土规划管理践行“保护资源、节约集约、维护权益、改革创新”要求，完成了年初确定的各项目标任务。

全市全年完成当年4月湖北省政府下达的市、县、乡土地利用总体规划调整完善批复；6月，完成全市94个乡级土地利用总体规划调整完善批复。七个县(市、区)均完成2018年度土地利用总体规划修改。全市使用各类市级计划指标1162.07公顷。其中，使用年度计划587.07公顷；使用历年增减挂钩周转指标575公顷，比上年增长178%。全面启用湖北投资项目在线审批监管平台办理建设项目用地预审审批，全年实现网上预审项目19个，总面积349.4公顷。

全市全年共立项城乡建设用地增减挂钩项目23个，面积1125.13公顷，超过前3年立项面积总和；验收挂钩项目19个，较上年增加8个，归还挂钩指标507.93公顷，较上年增加140.71公顷。2017年和2018年土地例行督察反馈城乡建设用地增减挂钩工作存在的问题，除临空区外均完成整改。

【孝感市耕地保护】 2018年，孝感市将耕地保护目标纳入县(市、区)政府年度考核评价体系，市政府与7个县(市、区)政府、7个县(市、区)政府与111个乡镇政府签订耕地保护目标责任书，压实耕地保护责任，完成耕地保有量不少于41.47万公顷、基本农田不少于33.47万公顷目标任务。

出台《中共孝感市委孝感市人民政府关于加强耕地保护和改进占补平衡的实施意见》《孝感市人民政府办公室关于改进市本级耕地占补平衡管理方式的通知》等文件，为全市耕地保护落实耕地占补平衡提供制度保障。全市全年完成占补项目立项564.53公顷，提质改造（旱改水）项目立项1566.67公顷，立项规模居全省前列。完成占补项目验收700公顷，新增耕地面积614.07公顷，其中旱地面积405.2公顷，水田面积208.87公顷，“旱改水”项目验收20.47公顷，新增水田面积20公顷，全年报批建设用地占用耕地676.4公顷，100%落实“占一补一、占水补水”。市本级收购县（市、区）储备占补指标276.26公顷，参与全省竞买水田指标120.89公顷。

【孝感市用地报批绿色通道】 2018年，孝感市推行“一个项目、一个领导、一个专班”模式，对全市的省、市级重点项目进行包保服务。市级及以上重点建设项目全部纳入重点项目台账清单，实行跟踪管理，及时掌握项目动态和制定对应措施，保障项目顺利实施。全年，省级重点项目8项，总面积1101.3公顷，全部落实用地。对标100个市级重点项目和招商引资项目，积极提供用地保障服务，及时保障2018年有用地需求的府澴河防洪治理二期工程、邓家河污水处理工程、湖北工程技师学院、静脉产业园项目一期等45个重点项目用地需求。

全市全年项目用地应保尽保。全年使用新增建设用地计划1162.06公顷，比上年增长178.33%，上报审批建设用地1763.53公顷，比上年增长161.7%。

【孝感市供地率和GDP地耗率考

核】 2018年，孝感市供应建设用地771宗1276公顷。其中招拍挂289宗732公顷，成交价款85亿元。市本级供地141宗、面积294公顷，含招拍挂40宗158公顷，成交价款38亿元。全市前五年已批土地累计供地率65.4%，完成湖北省下达的目标任务。同年，及时将单位GDP地耗下降率任务分解下达到各县（市、区），压实工作责任，强化土地利用日常监管，全市2018年度末单位GDP地耗值为80.07公顷/亿元，下降率6.97%，超额完成省下达孝感市2018年度下降5%的目标任务。

全市全年重视做好消化处置存量建设用地工作。市政府制发《关于全面开展批而未供土地清理处置工作的通知》，形成“政府主导、部门参与、国土实施”的工作格局，全市应清理批而未供土地3666.67公顷，按照《孝感市闲置土地清理处置工作方案》，分别采取“宣布失效”方式处置面积449.27公顷、“暂不宣布失效”方式处置1908公顷、“申请撤回批文”方式处置1235公顷，逐批次处置完成年度消化处置20%的目标任务。这一做法被湖北省厅作为经验专刊（鄂自然资函〔2018〕10号）通报推介。当年全市完成清理闲置土地159宗、775.4公顷，处置57宗、331.2公顷，处置率43%，超额完成年度处置任务。

化解旧城改造项目和老澴河综合改造项目土地遗留问题，第一批28个旧城改造项目土地收购及出让手续全部完成，第二批21个旧城改造项目中完成17个项目的地块收购及出让方案审批；老澴河综合改造9个安置区14个地块62.2公顷土地出让工作全部完成。

【孝感市矿产资源开发与储量管理】 2018年，孝感市完成11宗已过期或即将过期采矿权的变更、延续、注销等各项审批、登记工作，完成5宗采矿权审批登记；开展矿产资源储量动态监测，完成58家矿山矿产资源储量统计、审查、上报工作；完成全市磷、芒硝、萤石、石膏、重晶石、石灰岩等6个主要矿种共24家矿山的矿产资源合理开发利用“三率”考核；开展矿业权人勘查开采公示信息矿山实地核查，全市矿业权人公示率100%。

矿山地质环境治理。全年全市获批地质环境项目5个，争取省级财政补助资金1847万元，组织实施项目5个，实施完工项目4个。向湖北省厅申报2019年地灾项目5个，申报资金1920.43万元，申报云应膏盐矿区地面塌陷及地面沉降地质灾害勘查与示范监测项目1个，申报资金2693万元。引进中地环资（北京）工程技术有限公司，投资双峰山旅游度假区矿山环境生态修复及工矿废弃地复垦项目，修复矿山地质环境，治理工矿废弃地。

（孝感市地方志办公室）

【黄冈市国土规划管理】 2018年，将国土资源节约集约示范市创建工作纳入2018年市政府工作报告，印发《黄冈市国土资源节约集约示范市创建巩固年（2018年）工作方案》和《清理盘活工业园区闲置低效用地的通知》，将闲置地处置工作纳入开发区（产业园区）领导班子目标考核体系。按照省厅“增存挂钩”工作要求，通过“五个一批”方式供应土地820公顷。年内，收回处置闲置土地167.13公顷。

土地利用计划。2018年，黄冈市政府印发《黄冈市闲置低效土地清理处置方案》。市区已认定闲置图纸245.33公顷，已处置完毕167.13公顷，是省定目标任务数的3.4倍，为历年来处置力度最大、效果最好。开展批而未供土地清理。按照省厅“增存挂钩”工作要求，开展存量建设用地消化处置。全市通过“申请撤销失效批文消化一批、疑似闲置清理核销一批、企业闲置收回一批、平台数据补录完成一批、加快供后利用落实一批”的“五个一批”方式供应土地933.33公顷。超额完成省定批而未供土地处置任务18%。

【黄冈市耕地保护】 2018年，黄冈市实际耕地面积53.2万公顷，基本农田保护面积38万公顷，均超额完成省政府下达的目标任务，耕地保有量超额完成12.9%。落实新增建设用地占补平衡，通过土地开发整理新增耕地513.33公顷，建设占用耕地均实现“占一补一”。

【黄冈市土地经营管理】 2018年，黄冈市以招拍挂方式供应土地53宗，面积365.52公顷，价款43.55亿元。其中，商服用地成交6宗，面积15.93公顷，价款5.21亿元；住宅用地成交16宗，面积72.11公顷，价款31.61亿元；工业用地

2018 年"雷霆行动"黄冈市矿山地质环境恢复和综合治理现场会

（黄冈市地方志办公室　供稿）

成交 28 宗，面积 277.48 公顷，价款 6.74 亿元。

【黄冈市创建大别山世界地质公园】2018 年，联合国授予黄冈大别山国家地质公园"世界地质公园"称号，成为全国第 37 个、湖北省第 2 个世界地质公园。大别山地质公园博物馆获中国地质博物馆纳入 10 个分馆之一。

（黄冈市地方志办公室）

【咸宁市国土规划管理】2018 年，咸宁市调整修改规划土地 0.19 万公顷，完成土地规划调整、矿产资源总体规划、土地整治规划编制，3 个市级、18 个县级、76 个乡级规划获得批准。推进 10 个试点村土地利用规划编制，占湖北省的 1/3。深入推进增减挂钩，通城、崇阳、通山通过省级平台转让挂钩指标 153 公顷，获取资金 11.39 亿元。做好用地报批，优先保障"211"工程重大项目、民生工程及新产业项目用地需求，争取用地指标 1533 公顷，推进咸嘉生态文化城镇带、幕阜山绿色产业带、沿江生态文明示范带协同发展。

全年全市加强建设用地供后监管和动态巡查，供地率 67.8%；推进节约集约示范市创建，层层压实责任，确保 GDP 地耗下降，消化批而未供土地 706.7 公顷，处置闲置地 289.9 公顷；优化营商环境，为野马新能源汽车等 20 家企业降低用地成本 7000 多万元；编制国有建设用地供应计划，开展土地基准地价更新，优化省、市、县公共资源交易平台，供地 1733 公顷，实现土地出让合同价款 70 亿元，其中市城区 24.5 亿元。招商引资签约项目 3 个，落户 2 个，总投资 293 亿元。

【咸宁市开展土地整治和耕地占补平衡】2018 年，咸宁市出让土地合同价款 70 亿元。耕地保有量和基本农田保护面积分别 20.08 万公顷、15.34 万公顷。开展土地整治和耕地占补平衡，争取省综合整治试点项目 1300 公顷；竣工验收高标准农田整治项目 1.3 万公顷、低丘岗地改造 1300 公顷，投资 5.16 亿元；报省备案占补项目 71 个，新增耕地 1400 公顷；新

2018 年 11 月 6 日，咸宁市城乡规划局组织召开全市宗教场所规划管理暨城乡规划督察工作会议

（咸宁市地方志办公室　供稿）

立项占补项目 176 个。推进国家农业可持续发展示范区建设。着力开展“大棚房”、宗教场所用地等专项整治，联合公安等部门联合执法，立案 203 件，结案 168 件，下达行政处罚决定 189 宗，拆除违建 1.26 万公顷。通过行政约谈、督办整改等措施，将违法占用耕地比例降至 6.4%，实现市级连续 9 年零约谈。

（咸宁市地方志办公室　陈秋娥）

【潜江市耕地占补平衡管理】 2018 年，潜江市连续第 19 年贯彻落实“占优补优、占水田补水田”的耕地占补政策。首次成功转让耕地占补指标 190.28 公顷，成交金额 12.53 亿元；自主实施地方投资耕地占补平衡项目 32 个，涉及 12 个区、镇、处，项目实施后可净增耕地面积 458.67 公顷；委托中介实施 2 个批次占补平衡项目，涉及 8 个区、镇、处，拟增耕地面积 666.67 公顷；完成永久基本农田储备区划定工作资料收集、内业分析、方案制订等工作并上报省国土资源厅审查；土地利用总体规划修改方案获省政府批复，规划修改共涉及 23 个区、镇、处，面积 350.33 公顷，满足长飞光纤、318 国道扩宽等 38 个项目用地需求。

【潜江市土地违法违规案件查处】 2018 年，潜江市整改 2017 年度土地卫星图片违法图斑 306 个、2017 年度土地例行督察问题 16 个、2018 年土地例行督察问题 59 个，全市违法占用耕地比例低于湖北省 10% 比例控制线；立案查处土地违法违规案件 88 宗、面积 41.26 公顷，罚款入库 451.62 万元，没收移交非法财物 33.64 万元；拆除违法建筑 1.15 万平方米，恢复土地面积 0.56 公顷；申请法院强制执行 23 宗，结案 80 宗，结案率 90%；清理全市设施农业用地面积 1104.61 公顷，发现违法违规建设 33 宗、面积 11.2 公顷，已拆除违法违规用地 8 宗、面积 1.66 公顷。

（潜江市地方志办公室）

【天门市国土规划管理】 2018 年，天门市国土资源局优化全市建设用地布局，对全市土地利用总体规划进行修改完善，调整用地面积 412 公顷，保障全市发展用地空间。扎实做好村级土地利用规划编制试点，服务乡村振兴，完成岳口镇南湖新村规划编制工作。加快用地报批，认真做好重点项目、基础设施项目和民生项目等用地保障；推行代办服务，对工业用地开辟绿色通道，每个国土分局、所固定专人代办用地报批手续，开展跟踪服务；完善联动机制，与规划、发改、人社等部门实行联合办公，开展联审服务，保证建设项目早落地、早建设，全年完成用地报批 65 个批次、200 个项目、面积 460.27 公顷。

【天门市耕地保护】 2018 年，天门市落实耕地保护共同责任机制，市政府与各乡镇政府、乡镇政府与所辖村层层签订耕地保护责任状，将耕地保护纳入各级党政干部实绩考核范畴，年终严格考核结账。省政府下达天门市耕地保有量 16.21 万公顷，实有耕地 16.75 万公顷；下达基本农田保护面积不低于 13.08 万公顷，实有永久基本农田面积 13.08 万公顷，均高于省政府下达目标。严格落实耕地占补平衡政策，全年实施耕地占补平衡项目 18 个，新增耕地面积 141.53 公顷，其中水田 56.4 公顷，已通过省级核查。完成占补平衡项目立项工作，立项面积 541.8 公顷。引导社会资本参与高标准农田建设。通过吸纳社会资本，整合部门资金，创新管理模式，建设“以奖代补”国土整治项目 1333.33 公顷，投资 2808 万元。实施耕地“旱改水”提质改造工程。市政府投入 535.53 万元占优补优专项资金用于耕地提质改造，完成卢市镇彭家垴村 17.2 公顷旱改水项目，以及拖市、石家河、汪场等镇耕地质量等级提升改造工程。

【天门市土地经营管理】 2018 年，天门市完善土地使用权网上交易平台建设，坚持“净地”“熟地”出让。在实行国有土地使用权出让底价集体决策的基础上，所有经营性用地通过集体会审后，以招拍挂方式供应，经营性用地招拍挂出让 100%。全年以招拍挂方式供应 134 宗，面积 414.4 公顷，出让价款 34.17 亿元。其中，工业用地 83 宗，面积 189.31 公顷，出让价款 2.29 亿元；经营性用地 51 宗，面积 225.09 公顷，出让价款 31.88 亿元。

（天门市地方志办公室）

资源节约管理

【武汉市节约集约用地建设】 2018年，武汉市依托建设用地集约利用评价，从规划管控、计划调节、政策鼓励、考核评价等方面，全面系统地做好节约集约用地制度建设，推进低效用地再开发，挖掘存量建设用地潜力。

完成单位GDP地耗政绩目标考核。开展开发区土地集约利用全面评价，评价成果上报湖北省并通过国家审核。完成城市区域建设用地节约集约利用状况更新评价并上报湖北省审核。盘活存量土地，拟订《武汉市城镇低效用地再开发工作方案》并报湖北省备案。4月，国务院办公厅发布通报，对落实有关重大政策措施真抓实干、成效明显的地方予以督查奖励，武汉市因“土地节约集约利用、土地利用秩序、土地利用计划执行好”获得新增建设用地计划指标333.33公顷的奖励；8月，国家自然资源部发布《全国区域建设用地评价通报》，武汉市节约集约利用综合指数在全国291个地级以上城市中排名第四，位列深圳、广州、厦门之后。

清理整治“大棚房”。2018年8月，武汉市按照党中央、国务院以及湖北省委、省人民政府关于“大棚房”问题专项清理整治行动有关部署要求，下发《关于开展设施农业项目用地清理整治专项行动的通知》《市农委、武汉市国土资源和规划局关于进一步做好“大棚房”问题清理整治工作的紧急通知》，组织各区和相关部门开展拉网式排查清理。全市清理排查“大棚房”问题项目464宗，共涉及违法违规占用耕地190.64公顷，其中，占用基本农田面积30.19公顷。督导各区对清理排查出的违法违规问题进行整改。对“大棚房”清理整治范围以外的占用耕地的其他违法违规问题进行清理排查，锁定547宗。

土地保护执法。2018年，武汉市查处违法用地案件192宗，面积300.63公顷。其中，立案185宗，面积299.81公顷；结案86宗，面积131.5公顷；拆除建（构）筑物19.78万平方米，没收建（构）筑物75.01万平方米，收回土地135.13公顷，收缴罚没款5319.64万元。对东西湖区鑫三江生态农业合作社、武汉农业嘉年华等两起典型违法用地项目进行挂牌督办。

【武汉市矿业权审批清理】 2018年，武汉市严格矿业权管理，落实《武汉市山体保护办法》《武汉市矿产资源总体规划（2016—2020）》相关规定，全年全市未审批新增矿山项目。组织江夏区、东西湖区开展矿业权人勘查开采信息公示，对全市7个采矿权和2个探矿权均按要求填报公示信息，无漏报、迟报情况发生。落实湖北省矿业权审批清理、国家级保护地和省级生态红线内矿业权清理处置工作要求，组织专家两次赴鄂州市开展交叉检查，完成荆州市对口武汉市的检查迎检任务。自2011年起，全市停止审批新增矿山，全市共7个采矿权和2个探矿权，在生产矿业企业仅剩5家，其中1家矿泉水企业位于东西湖区，4家非金属矿山企业位于江夏区。

【武汉市节水减排】 2018年，武汉市拓展节水型城市、节水型社会“双试点”成果，全市计划用水户1.7万余户，基本实现非居民用水户计划用水全覆盖，城市整体节水能力不断提升。全市创建节水型企业（单位）14个、公共机构节水型单位71个、节水型小区27个、节水示范家庭348户。全市累计创建节水型企业（单位）508个、节水型小区155个、节水示范家庭2046户，节水型企业（单位）覆盖率达到57.9%，节水型小区覆盖率达到12.2%。

节水宣传教育。2018年，武汉市全面开展节水宣传“进校园、进社区、进企业、进广场”活动。武汉市计划用水节约用水办公室联合华中师范大学举办“饮水思源，心系长江”节水公益活动；联合市教育局开展水资源科普讲堂、“节水践行随手拍”“节水板报我设计”“绿水青山我畅想”“江城水质我来测”等节水教育实践活动；联合江汉区教育局，在全区20多所中小学600多个班级2万多名学生中开展“优秀节水主题班会”展示活动；联合市妇女联合会在汉口江滩举办“节水从我做起，永不止步——武汉市第二届绿色节水健康跑”活动，近500多名跑步爱好者参加；举办“第二届武汉节水青少年暑假绘画大赛”，面向

国家水利风景区——武汉市黄陂区夏家寺水库

（武汉地方志办公室 供稿）

全市 3—12 岁的青少年征集参赛画作 300 余幅，评选优秀作品 10 幅，并授予作者“武汉节水小卫士”称号。

推进水土保持。2018 年，武汉市有水土流失面积 961.42 平方千米，占武汉市国土面积的 11.2%，侵蚀类型主要为水力侵蚀。武汉市以全覆盖、全过程监管为着力点，建立目标责任考核制度和部门协作机制，水土保持工作成效显著。开展宜林荒山精准灭荒、封山育林、破损山体生态修复等工程建设，完成新增水土流失治理面积 30.05 平方千米，年减少土壤流失量 3.64 万吨。加大监督管理，建立全市水土保持工作部门联席会议制度，启动全市水土保持目标责任考核工作，推进水土保持“放管服”改革，优化方案审批流程。全年审批生产建设项目水土保持方案 390 个，现场开展 337 个生产建设项目水土保持监督检查，征收水土保持补偿费 3914 万元，查处水土保持违法案件 5 起，完成水土保持设施自主验收备案 15 个。举办水土保持监督管理培训班，开展形式多样的水土保持国策宣传活动，增强公众对水土保持生态环境保护意识。做好年度水土流失动态监测与公告，及时全面掌握各行政区及重点区域水土流失动态变化。完善黄陂区蔡店、新洲区磨盘山和蔡甸区西湖流域 3 个水土保持监测站点的设施升级改造。加强对生产建设项目水土保持监测的监管，严格执行生产建设项目水土保持监测季报和总结报告制度。

（武汉地方志办公室）

【黄石市节约集约示范市创建】 2018 年，黄石市节约集约示范市创建工作通过省中期评估。报请市政府出台示范市创建工作考核办法。编制完成《黄石市国土资源十三五中期评估报告》。编制完成《黄石市国土整治“十三五”规划》并获批。新一轮调整完善后的土地利用总体规划成果获省政府批复实施。市级用地预审全部实行线上审批。据省厅最新统计结果（鄂土资办函〔2017〕131 号），全市 2017 年度单位 GDP 地耗下降率 6.48%，超额完成年度任务。处置闲置土地面积 68.78 公顷（省厅第四期通报数据），整体处置率 32.8%，超额完成年度任务。

【黄石市绿色建筑发展】 2018 年，黄石市绿色建筑竣工面积 80.62 万平方米，黄石市城区完成新建居住建筑 88.75 万平方米，完成新建公共建筑 37.05 万平方米，城区建筑节能标准施工阶段执行率 100%，建筑节能设计阶段执行率 100%，全年获 1 个绿色生态城区即黄石市大冶湖生态新区（东区、西区）绿色生态城区和 4 个省级绿色建筑设计标识证书；引导新墙材企业技术改造，实现三个“升级”（新墙材产品提档升级、新墙材生产装备升级、新墙材绿色发展升级），全市有 2 家新型墙材企业获国家三星级绿色建材标识，2 家商砼企业获国家一星级绿色建材标识，1 家商砼企业获国家二星级绿色生产标识。市水泥生产企业 7 家，其中设计生产能力 150 万吨以上的有 6 家，全年水泥生产 1471.97 万吨。散装水泥供应量 1168.21 万吨，水泥散装率 79.36%，节约木材 38.3 万立方米，节电 8404 万度，节约标煤 26.63 万吨，减少粉尘排放 11.84

万吨，创造综合利用效益5.26亿元。预拌混凝土生产企业32家，年设计生产能力2224万立方米。市生产预拌混凝土420.44万立方米，生产预拌混凝土使用散装水泥130.34万吨，综合利用固体废弃物63.07万吨。市完成预拌砂浆使用量12.87万吨。生产预拌砂浆使用散装水泥1.43万吨，综合利用固体废弃物0.34万吨。当年全市建筑工地"预拌砂浆"覆盖率由原90.36%提升到95%。

（黄石市地方志办公室）

【鄂州市节约集约土地资源】 2018年，鄂州市单位GDP能耗0.61吨标准煤/万元，比上年下降4.84%，超省下达目标2.6%；全市能源消费总量617.58万吨标煤，比上年增长17.74万吨标煤，未超过省下达能耗总量增量18万吨标煤的控制目标；规模以上工业单位增加值能耗比上年下降6.6%。全年全市进入市公共资源交易中心各类交易项目635个，交易金额309.19亿元。其中，建设工程招投标项目205个，中标金额171、41亿元。政府采购项目378个，采购金额0.88亿元。土地使用权出让项目63个，成交金额136.9亿元。国有产权项目5个，成交金额17.07万元。

降低准入门槛。由审查备案改为告知备案，取消一切无关的证明。降低公共资源交易平台信息服务收费标准。全市全年公共资源交易平台信息服务收费在原来标准上下浮30%，全年为中标企业减少成本支出近80万元。全面清理规范保证金收退。对历年来因市场主体各种原因滞留在账户上的投标保证金全面清理，及时将800万滞留保证金连本带息全部退还。缩短投标保证退还时间，降低投标保证的最高限额，上限由80万元降低到50万元，减少投标人资金周转压力。全面实现异地企业来鄂州市投标CA通用。在全省率先通过CA证书互认，来鄂州投标的外地企业凭全省任何一家CA公司的CA锁都可以登陆鄂州市公共资源交易平台进行注册报名投标，按全年500家外地企业来鄂州投标测算，仅办理CA费用可为投标外地企业节约25万元。

【鄂州市远程异地评标开标】 2018年，鄂州市在湖北省率先实现远程异地评标常态化，对需要抽取异地专家的项目原则上都实行远程异地评标。开展远程异地评标，可以减少人为因素干扰评标，克服鄂州市评标专家资源不足问题，降低招标人接送异地专家成本，提高评标工作效率和质量。7月底，鄂州市在全省率先实现远程网上开标，投标人只需登录网上开标大厅，即可进行投标文件在线解密、在线质疑及招标人（代理机构）在线回复等操作，开标过程全程网上进行，全程留痕，开标过程在"鄂州市公共资源交易网"上直播。交易全过程均在网上操作，实现"投标不跑路、交易不见面"，促进公平竞争。

（鄂州市地方志办公室）

【孝感市水环境保护】 完成《孝感市2018年水污染防治行动计划及主要污染物总量减排工作实施方案》《孝感市国控断面水质达标攻坚方案》，对全市入河排污口和地表水监测断面实行清单式管理，制定流域及"一河一策"整治方案。积极策划、包装府澴河流域水污染流域治理项目和老府河水污染治理项目，地表水监测能力建设项目正加紧推进。狠抓重点流域渠道治理，不断完善污水收集管网，槐荫河上游截污干管工程东段、城区交通大道雨污分流改造工程已完工。采取河道清淤、截污治污、河岸护坡、岸线绿化等措施，投资2650万元对入府澴河的人和闸、陈家河、复兴河、女儿港、卧龙渠等进行治理。全市省级工业聚集区污水处理厂已全部建成并安装在线监控，黄麦岭磷化工、双环、川东一期污水处理设施和大悟阳平、孝南碧泉、孝昌城市污水处理厂提标改造工程已完成。编制完成《孝感市饮用水水源保护条例（草案）》，全面开展乡镇"万人千吨"和农村"百吨千人"水源保护区划分工作，大悟县、应城市、安陆市、孝南区、孝昌县、汉川市已编制乡镇"万人千吨"水源地划定方案并逐级报批。农村"百吨千人"划分工作正在加紧督办，已确定应划保护区的65个水源地名单。强化水污染防治重点工作推进，优先实施府澴河、汉北河沿线47个乡镇污水处理厂及管网建设工程，全市86个农村环境综合整治项目已全部完工，47个重点乡镇污水处理厂已全部开工并建成15个，235个加油站地下油罐更新改造已全部完成，419 家畜禽养殖场（小区）环境治理已完成建设，总量减排项目已完成 70 个，超额完成年度减排任务。

（孝感市地方志办公室）

【黄冈市水资源保护】 2018 年，黄冈市全面推进河湖库长制提档升级，建立“6+10”（“6”即一名河长、一个分河长办、一河一策、一名技术员、一个微信群、一个义工志愿队，“10 项制度”即联席会议、一线现场办公、周末大清河、信息报送与共享、工作督察、分级巡查行动、考核与激励、联合执法、曝光点穴、工程整治）工作机制。全年，15 名市级河湖库长累计巡河（湖库）调研督办 120 余次，解决突出问题 140 余个；253 名县级河湖库长累计巡查 1726 人次，解决突出问题 1753 个。6 月，组织开展“周末大清河”行动，累计投入资金 8000 万元，参加行动 25 万人，清理垃圾杂物 2 万余吨，清除岸线周边乱搭乱建 643 处。坚持河湖库长制，推进碧水保卫战“迎春行动”“清流行动”、河湖库“清四乱”专项行动、固体废物清理、入河排污口整治提升及中央、省环保督察整改落实等工作，开展长江经济带生态保护“雷霆行动”专项整治、沿江岸线专项整治及长江大保护行动，遏制河湖库“四乱”现象，持续改善水生态环境。推进白莲河生态保护和绿色发展示范区建设，整治完成涉库三县遗留“三无”船只 221 条、矿山石材点 14 个、非法采砂点 6 个、畜禽养殖场 5 家、土拦库汊 7 座、违法建设 3 处、排污口 4 个。成立水库保洁工作专班，实行库面和枢纽工程常态化保洁。建立禁渔期制度和联合执法、水库水质监测、库区生态补偿等机制。贯彻落实中央环保督察反馈意见整改工作方案和任务清单，印发《关于贯彻落实中央环保督察组反馈意见整改工作方案》，完成由水利局牵头的 4 项整改销号任务。办理中央环保督察“回头看”水利部分信访件 29 件。

【黄冈市生态农业工程】 2018 年，黄冈市实施“四个三”重点生态工程（《黄冈市“厕所革命”三年攻坚行动计划实施方案》《黄冈市精准灭荒工程三年行动实施方案》《黄冈市城乡生活垃圾无害化处理全达标三年行动实施方案》），取得新成效。全年全市新建、改造、提升、开放农户无害化厕所 225833 座、农村公共厕所 2747 座、乡镇公共厕所 182 座、城市公共厕所 212 座、交通厕所 25 座、旅游景区景点厕所 99 座；灭荒造林。年内，全市实施精准灭荒造林 8200 公顷，完成年度任务 100%。全年全市 108 个生活污水治理项目中，完成厂区主体工程 99 个，主管网接入率 98.99%，设备安装率 92.93%，通水调试率 33.33%；投入城乡生活垃圾无害化处理资金 4.05 亿元，完成生活垃圾清运 118.18 万吨、无害化垃圾处理 106.71 万吨，无害化处理率 85.2%，初步建成城乡生活垃圾无害化全达标工作治理体系。农村人居环境治理。启动全市城乡生活垃圾无害化全达标三年行动，累计策划项目 147 个，获批债券支持资金 2.499 亿元，争取全省城乡建设以奖代补项目资金 2057 万元。黄州区、武穴市入围全省城乡生活垃圾无害化全达标试点县。

（黄冈市地方志办公室）

【咸宁市节能环保】 2018 年，咸宁市投资 7000 万元的长江引水潘家

在长江西塞山江段，被意杨等苗木扮绿的码头

（黄冈市地方志办公室　供稿）

湾取水泵站迁改工程有序推进，中德垃圾焚烧发电厂突出环境问题全部整改完成，建筑工地扬尘治理成效显著，温泉污水处理厂一期提标升级改造和永安污水处理厂提标升级改造项目顺利通过环保验收，出水均达到国家一级A排放标准；完成首大污泥处置项目综合验收，全年接收处置市城区生活污泥6249.78吨，使市城区生活污泥得到100%无害化处置。城区的滨湖港、北洪港等5处黑臭水体已打包列入淦河环境综合治理EPC项目之中，完成总工程量的75%。咸宁市成功申报成为湖北省唯一的国家黑臭水体治理示范城市。

建筑节能。全市全年有120多个项目、面积近200公顷的新建建筑通过绿色建筑省级认定，实施可再生能源建筑应用项目32个，面积80公顷，咸宁高新区棚户区（甘鲁片区）改造项目获评“省级绿色建筑节能集中示范”，实现零突破。

节能环保产业。全市全年规模以上节能环保企业21家，集中分布在铸造、模具、钢铁、橡胶等行业，实现产值167.56亿元，主营业务收入154.03亿元，实缴税金7.9亿元，实现利润18.66亿元。年处理废钢、生铁66.81万吨，处理煤渣9.16万吨，处理废弃轮胎0.4万吨，PET瓶片0.75吨，处理木薯16.74万吨，处理危险废弃物2.7万吨，处理水渣115.78万吨。

（咸宁市地方志办公室 陈秋娥）

【仙桃市土地规划和管理】 2018年，仙桃市强化土地利用规划计划管控，提前介入，主动作为，执行被征地农民补偿和社会保障制度，落实项目用地包挂包保服务制度，对全市重点项目和民生项目用地应保尽保。服务和保障“三乡工程”建设，开展市、镇两级规划修改，完成仙桃支线铁路、波顿香精、贤哥食品、杰希优、远大公司等60个项目用地的申报工作。加大闲置低效土地清理处置力度，将闲置低效用地清理列入全市经济工作重点任务，促进土地利用综合效益最大化。通过强化土地使用税倒逼、征收闲置费、督促复工建设、依法收回闲置土地等措施，形成全市上下齐抓共管节约集约用地的共同责任机制。全市供地率从2012年初65%提高到2017年末79.1%。开展第三轮闲置土地清理处置，落实“以地控税、以税节地”工作，共征收土地闲置费202.69万元，收回闲置土地2宗18.99公顷。开工建设10宗48.93公顷。实行“六度”（环保程度、投资强度、税收额度、链条长度、科技高度、时间限度）管控，全面提升建设用地使用效率，推进实施分期供地和用地预留办法，控制用地规模和时序，全年GDP地耗下降6.3%。

2018年10月11日，湖北省土地整治现场会在仙桃市召开

（仙桃市地方志办公室　供稿）

【仙桃市生活垃圾焚烧发电厂试运行】 2018年，仙桃市循环经济产业园PPP项目“两评价一方案”已通过省级专家评审，完成社会公开招标。生活垃圾焚烧发电厂于2018年4月15日试运行，每天垃圾焚烧580吨，每天发电约19万度，上网电量16万度，各项指标正常，排放指标达到国家标准。

（仙桃市地方志办公室）

【潜江市节能降耗循环经济发展】 2018年，潜江市城区“禁实”新墙材应用率保持100%。全年全市新增建筑节能能力4.2万吨标煤，完成目标任务的446.8%；发展绿色建筑58.43万平方米，完成率403%；新增节能建筑88.39万平方米，其中居住建筑 60.29 万平方米、完成率 154.59%，公共建筑 28.1 万平方米、完成率 165.29%；实施既有建筑节能改造 3.47 万平方米，其中居住建筑 1.9 万平方米、完成率 158.33%，公共建筑 1.57 万平方米、完成率 130.83%；发展可再生能源建筑应用 265.12 万平方米，完成率 1325.6%；完成散装水泥供应 12.04 万吨，完成率 100.33%；完成预拌混凝土供应 58.55 万平方米，完成率 127.28%。东荆新区按照绿色生态城区标准规划建设，省级绿色建筑示范工程东荆花园进展顺利，26 万平方米的恒大名都创建二星级绿色建筑星级标识的比例为 93%。

全年全市建立市管涵闸、泵站水雨工情遥测站，开展地表水和地下水监控和重点河流湖泊生态监测，取用水户、饮用水水源地均实现在线监测，上报率、及时率及完整率录入均达 100%。对重要水功能区开展水质监测，形成《水质月报》并向社会公告。

全年全市石油化工产业，继续利用潜江开发区在石油化工、盐化工、煤化工领域的产业基础，分别向下游延伸产业链，生产高附加值产品，提升盈利能力，并升级发展石化盐化煤化一体化产业，增强产业整体竞争力。年末，全市拥有规模以上石油化工企业 42 家，占全市规模以上企业总数的 15.4%；实现产值 286.1 亿元，占全市工业总产值的 30.3%；17 家重点石油化工企业全年实现税收 7.78 亿元，占比 89.8%。

（潜江市地方志办公室）

生态环境保护

【武汉市生态环境保护】 2018 年，武汉市以改善生态环境质量为核心，把修复和保护长江生态环境摆在首位，以打好污染防治攻坚战为主线，推进生态环境保护督察整改、共抓长江大保护等重点工作。

全年全市按照国家审核数据统计（即剔除沙尘天气影响），武汉市环境空气质量综合指数 5.19，比上年的 5.46 下降 4.9%。空气质量有效统计天数 355 天，其中，优良天数 249 天，空气质量优良率 70.1%，比上年减少 0.3%；重度及以上污染天数 4 天，比上年减少 2 天。武汉市环境空气质量综合指数、可吸入颗粒物（PM10）、细颗粒物（PM2.5）连续 6 年保持下降趋势。

全年全市纳入国家、湖北省考核的 11 个地表水断面水质优良率 72.7%，丧失使用功能比例为 0。其中，斧头湖江夏湖心由Ⅳ类好转至Ⅲ类，通顺河黄陵大桥由Ⅴ类好转至Ⅳ类，长江杨泗港稳定保持Ⅱ类且总磷浓度下降；府河朱家河口断面水质持续向好，部分月份甚至达到Ⅲ类。8 个省控跨市界断面水质综合达标率 89.6%，19 个县级以上城市集中式饮用水水源地水质达标率保持 100%。89 个重点湖泊（晒湖因水体治理未开展监测）水质监测评价结果与上年相比，水质改善的湖泊 10 个，分别是柴泊湖、车墩湖、杜公湖、斧头湖、鲩子湖、青潭湖、五加湖、竹叶海、野湖、黄塘湖。

全年全市昼间道路交通噪声为“较好”水平，区域噪声为“一般”水平，与历年相比基本保持稳定。夜间道路交通噪声为“差”水平，区域噪声为“一般”水平。

【武汉市大气污染防治】 2018 年，武汉市加快淘汰落后产能和化解过剩产能，市域内不再新（改、扩）建燃煤电厂。严格建设项目准入管理，落实节能环保指标约束和审查制度。推广利用清洁能源，累计建成光伏发电项目 14.78 万千瓦，年发电量约 1.48 亿千瓦时。全市 5 座垃圾焚烧发电厂总装机规模 17 万千瓦，年发电量 9.91 亿千瓦时。全市非化石能源占一次能源消费比重比上年增加 0.8%。天然燃气消费 27.52 亿立方米，比上年增长 13.7%，占能源消费总量的比重由 5.8% 增加到 6.5%。强化煤炭消费总量控制，制发《武汉市煤炭消费总量控制三年行动计划（2018—2020）年》，全市煤炭消费总量压减 150 万吨。武汉钢铁有限公司压减炼焦产能 55 万吨、炼焦煤 80 万吨。全市 20 万千瓦及以上燃煤发电机组实现节能改造全覆盖。对重点用煤企业开展煤炭质量专项监督抽查，对不符合《商品煤质量管理暂行办法》的用煤企业进行立案调查。开展燃煤锅炉专项整治，全市未审批新建燃煤锅炉。开展燃煤锅炉专项整治“回头看”和燃煤炉窑整治工作，完成 10 台燃煤炉窑清洁能源改造。

工业企业提标改造。推进火电机组超低排放改造，全市未批准新建燃煤发电机组，20万千瓦及以上燃煤发电机组实现超低排放改造全覆盖。推动工业污染源达标排放，武汉钢铁有限公司完成9号、10号焦炉烟气脱硫脱硝项目建设，关闭7号焦炉。市域内已执行大气污染物特别排放限值的现有燃煤机组、钢铁烧结（球团）设备、石化行业、水泥行业、锅炉监测结果均按照大气污染物特别排放限值进行评价。推进挥发性有机物综合治理，制定《武汉市挥发性有机物污染整治工作方案（2018—2020）》，建立VOCs（volatile organic compounds，挥发性有机物的英文缩写）削减重点减排项目库。开展石化行业新一轮泄露检测与修复，武汉有机实业有限公司完成泄漏检测与修复技术改造和苯甲酸车间氧化尾气、苯甲腈尾气、污水处理装置尾气治理。武汉世吉药业有限公司开展一轮泄漏检测与修复。武汉虹之彩包装印刷有限公司、湖北楚天传媒印务有限责任公司完成有机废气收集与治理。神龙汽车有限公司武汉一厂S2完成水性漆改造。东风本田汽车有限公司第一工厂合成树脂1科保险杠涂装线完成水性漆改造和有机废气治理。武汉超凡家具制造有限公司完成水性漆改造。完成年销量5000吨以上加油站调查统计工作，建成5个油气回收在线监控示范站。

协同管控污染。加强扬尘污染管控，公布2018年度全市重点扬尘污染源单位名录。实施工地扬尘治理“六个百分百”工程，全市在建工地考评合格率97.6%。加强建筑工地在线监测和视频监控设备安装。对渣土运输车辆实施智能监控管理，实现“线上+线下”执法全联动，发现并处置路面污染931次，查扣渣土车3188台次，封停违规工地1663个次，共处罚款1059.09万元。更新环卫车辆约800台，全市主次干道机械化作业率90%以上。加强餐饮油烟污染整治，多部门联合执法，保持对露天烧烤整治高压态势，推进安装油烟净化设施1119台。加强露天焚烧监管和秸秆综合利用，采用无人机对秸秆焚烧情况巡查，利用卫星遥感实行实时监控，未出现被生态环境部通报的火点。加强农作物秸秆综合利用，全市秸秆综合利用率提高至93.9%。推进城乡绿化建设，新建绿地758万平方米，新、改、扩建公园22个，建成街心公园42个、郊野公园6个，建设林荫道61条，提档升级道路绿化景观550千米，建设绿道116千米。

【武汉市污水治理】 2018年，武汉市强化工业集聚区污水治理，全市15个湖北省级以上工业集聚区均已完成园区污水处理设施建设或依托城镇污水处理设施建设，并完成废水在线监测装置建设。除青山经济开发区因园区内无企业进驻，废水在线监测系统暂未与环保部门联网外，其余14个省级及以上工业集聚区在线监测装置均已实现与环保部门联网，污水处理设施能够正常运行并实现达标排放。

完成南太子湖污水处理厂扩建工程和汉西污水处理厂提标改造工程，北湖污水处理厂新建工程等其他污水处理厂改扩建工程有序推进。中心城区12座生活污水处理厂共处理生活污水6.2亿吨，比上年增长10.8%。实施在汉高校雨污分流改造，武汉城市职业学院、武汉软件工程职业学院、武汉

2018年8月14日，武汉市环境监测中心工作人员对黄浦路污水处理厂开展厂界环境空气监测　　（武汉地方志办公室　供稿）

商学院、江汉大学基本完成雨污分流改造任务。制定《武汉市乡镇生活污水治理工作考核办法》，下达2018年乡镇生活污水治理补助资金3160万元，全市6个建制乡镇生活污水处理设施及升级改造主体工程完成，建设配套管网68.41千米。

2018年10月9日，第二次全国污染源普查工作组走进武汉钢铁有限公司

（武汉地方志办公室　供稿）

【武汉市园林绿化建设】 2018年，武汉市全年完成园林绿化建设投资120.65亿元。完成通道绿化170.5千米，超年度计划74.5%。多维度实施立体绿化，实施屋顶绿化4.1万平方米，完成8787个高架立柱挂网绿化、34座地下通道爬藤绿化、32座过街天桥美化绿化、39千米临街院墙通透绿化。全市绿地面积22408.23公顷，其中，建成区公园绿地面积8819.29公顷，建成区绿化覆盖率39.5%，绿地率35.7%，人均公园绿地面积9.61平方米。在全国率先实施3项国家级改革试点，并取得阶段性成果。基本完成全市9个国有林场改革，成立武汉市环城国有林场。深化经营生产类事业单位转企改革。全年办理行政审批服务事项1944件，出台行政处罚自由裁量权、行政强制自由裁量权两项细化标准。成功举办第35届金秋菊展。支持武汉自然博物馆全面开放，支持武汉园发公司、长江文明馆及时对接联合国教科文组织成功举办“2018大河对话”。武汉市因创新建设和持续运营园博园，荣获“广州国际城市创新奖”，武汉市园林和林业局获中国绿化基金会2018年“生态中国”贡献奖。

推进街头公园、林荫道、绿道成网等工程建设。新改扩建湖泊公园22个、街心公园42个，建成前川定远公园等一批新的城市公园。建设绿地1004公顷，其中实施规划绿地建绿380公顷。办理建设项目配套绿地审核526件、711.48公顷，验收240件、282.43公顷。严把“树穴关、土壤关、树苗关”，采取“见缝插绿、破硬植绿、借地补绿、筑台增绿”等方式，植树20万棵，种植花灌木110万余株，其中，大规格行道树3.2万余株。建设林荫道61条、104千米，提升道路景观550千米。新建绿道136.8千米，绿道总里程达到1573.23千米。打造精品园林绿化项目，建成机场二通道湿地生态带，完成江北快速路绿化，推进汉口江滩十里花海、左右岸大道、长江绿道及13条垂江绿廊绿化景观建设，实施柏泉郊野公园等打造府河生态绿楔的部分项目，启动“长江文明之心”“长江之珠”规划建设。推进规划绿地建设，完成主城区控规绿地现状调查，编制规划绿地建设实施计划，已建197.92公顷，在建85.08公顷。

【武汉市生态资源保护】 2018年，武汉市强化森林资源监管，开展第五次森林资源普查、动态监测、林地变更调查以及生态公益林后备资源调查。严格林地使用限额控制，强化用途管制，审核上报使用林地154宗、186.97公顷，占年度定额的53.4%。办理林木采伐许可1708宗，实际采伐林木9.69万立方米，低于43.04万立方米的年度限额。将生态底线区公益林补偿标准提高到100元/亩·年。深化集体林权制度改革，申报江夏区为全省森林保险试点县（市、区）。

野生动植物保护。全市湿地野生动物413种，维管束高等植物

408 种。加强越冬候鸟栖息地和青头潜鸭、黑鹳等珍稀濒危物种保护，府河成为珍稀濒危青头潜鸭最南端繁殖地，长江江滩连续多年发现国家一级保护野生动物黑鹳，新增鸟类记录 1 种。收容救助重点保护陆生野生动物 192 头(只)。及时监测、排查和处置野猪非洲猪瘟等陆生野生动物疫源疫情，做好野生动物保护监督检查。完成第二轮古树名木普查任务，调查登记古树名木累计 1691 株，其中，新增 400 多株。

湿地保护。印发《湿地保护修复制度实施方案》，将湿地自然保护区、湿地公园纳入生态保护红线范围，将湿地面积纳入绿色发展指标体系。开展长江大保护“绿盾 2018”专项行动，加强自然资源管理、自然保护区和自然保护地监督检查。开展涨渡湖湿地自然保护区督促检查专项行动取得成效。加强湿地公园建设试点和森林公园管理，藏龙岛、安山“国家湿地公园”通过国家林业和草原局验收。

森林资源安全。加强松材线虫、红火蚁等有害生物病虫害防治，清理、处置疫木 54142 株，挂置天牛诱捕器 1290 台，打孔注药 18119 株。加强美国白蛾、红火蚁、加拿大一枝黄花防控。落实森林防火行政首长负责制，压实防火责任，推进森林防火信息化建设，全年处置森林火情 14 起，受害森林面积控制在 2 公顷，森林火灾受害率控制在 0.2‰。开展“楚天冬季攻势”“公墓违规集中排查整治”“护鸟行动”“长江生态大保护林地专项行动”“绿剑 2018”“打击乱捕滥猎和非法经营候鸟违法犯罪活动”等系列专项行动，查处案件 292 起、违法人员 314 人。侦破沉湖湿地自然保护区鸟类投毒、非法经营象牙制品、非法出售“炮制穿山甲片”等大要案。

【武汉市农村环境综合整治】 2018 年，武汉市强化农村垃圾治理，全市 337 个试点村开展生活垃圾分类工作，关闭 33 座简易垃圾填埋场，敞口垃圾池取缔率 50%，农村生活垃圾无害化处理率 100%。强化粪污治理，全市城镇公厕建设和改造完工 342 座，农村公厕完工 811 座，农户无害化厕所改造完工 95285 座，旅游厕所完工 104 座，交通厕所完工 1 座，开放社会厕所完工 563 座。强化农村生活污水治理，编制《武汉市农村村庄生活污水治理专项规划编制导则》《武汉市农村村庄生活污水治理技术与建设指南（试行）》，全市 335 个行政村完成工程设计，149 个行政村开工建设。强化环境治理，江夏区获评湖北省“四好农村公路”示范县，提前 2 年完成湖北省下达 1493.33 公顷精准灭荒工程任务，完成 2689 户危房改造任务，13 个生态特色小镇产业项目全部启动，完成 60 个行政村综合整治工作任务。

【武汉市生态文明体制改革】 2018 年，武汉市印发《关于成立生态文明体制改革专项小组的通知》，成立以市人民政府常务副市长为组长，各有关单位分管领导为成员的市生态文明体制改革专项小组。定期召开改革工作推进会，召开 3 次专项小组会议，专题研究改革任务推进进展情况，群策群力解决改革过程中遇到的困难和问题。制发《生态文明体制改革专项小组工作制度》，规范专项小组工作例会制度、信息报送制度、联络员制度、督查督办制度和年终考核制度。制发《生态文明体制改革专项小组 2018 年工作要点》，明确各项任务牵头部门负责人及联络人，加强改革工作的沟通交流。强化信息报送机制，要求各改革任务承担单位定期报送改革工作推进情况，编发生态文明体制改革专项小组工作简报 4 期。开展改革任务年终总结和结项工作，形成《市生态文明体制改革专项小组关于 2018 年度改革工作情况的报告》。年内，市生态文明体制改革专项小组承担 18 项改革要点任务，均达到或基本达到结项要求。出台《武汉市绿色发展指标体系》和《武汉市生态文明建设考核目标体系》，首次开展对各区绿色发展指数的评估。

（武汉地方志办公室）

【黄石市农业环保】 2018 年，黄石市农业环保实施化肥农药零增长行动，推广测土配方施肥和绿色防控技术，测土配方施肥技术示范应用 680 公顷，绿色融合防控示范区 1793.33 公顷。推进畜禽养殖污染治理，完善病死畜禽无害化处理体系，全市规模畜禽养殖场设施配套率 83.9%，粪污资源化利用率

79.29%。全市有效使用农业“三品”标识的企业30家，产品总数76个。富川山茶油、保安水芹菜、保安狗血桃、河口螃蟹、沣源口螃蟹等先后被评为农产品地理标志产品。

【黄石市水生态环境保护】 2018年，黄石市列入《黄石市长江入河排污口整改提升工作方案》中的52个排污口全部整改完成，入河排污口实现“看得见、可测量、有监控”；水功能区水质100%达标，在全省最严格水资源管理考核制度中，评为全省优秀等次，名列第三。全市累计审批生产建设项目水土保持方案26个，检查项目95个，下达整改意见47个，累计治理水土流失面积43.8平方千米。规范小水电生态流量泄放和县市区水库管理存在问题整改，完成大冶湖保护详规报批，积极推进磁湖、海口湖保护规划审批工作，出台大冶市、阳新县水产养殖“三区”划定方案，清理水域行洪障碍165处。有序推进退垸还湖。开发区有色湖9月29日实施爆破，成功实现退垸还湖，306.67公顷水面重新回归大冶湖。阳新县明港垸、网湖分散垸正在实施退垸还湖，大冶市桐沙湾、芦海湖已制定方案，进入实施阶段。

【黄石市空气水质生态环境质量提升】 2018年，黄石市环境空气质量持续好转，可吸入颗粒物（PM10）年均浓度为70微克/立方米；细颗粒物（PM2.5）年均浓度为43微克/立方米，较上年分别下降18.6%、21.8%；优良天数比例为76.5%，较2017年增加1%；全年重污染天气天数为零。PM10、PM2.5年均浓度降幅均在全省排名第一，得到省生态环境厅的高度肯定。全市3个国控考核断面、3个省控跨界考核断面均实现Ⅲ类水质达标，达标率100%，其中富池闸、风波港国控考核断面年度平均水质类别达到Ⅱ类。市内长江饮用水水源地、富水阳新县城饮用水水源地、王英水库饮用水水源地等3个县级及以上集中式饮用水水源地均实现Ⅲ类水质达标，达标率100%。市县级饮用水水源地8个问题全面完成整改。

（黄石市地方志办公室）

黄石磁湖湿地公园　　（黄石市地方志办公室　供稿）

【鄂州市“蓝天保卫战”】 2018年，鄂州市制发《2018年度鄂州市“蓝天保卫战”实施方案》，综合治理扬尘、秸秆焚烧、机动车尾气等大气污染源。强化工业污染治理，推进工业工程减排，实现全市钢铁烧结（球团）全脱硫、水泥熟料全脱硝，火电机组全脱硫脱硝，具备改造条件的鄂州电厂二期机组达到超低排放。推进鄂钢公司实施焦炉烟气脱硫脱硝、2#烧结烟气脱硫脱硝改造和炼钢3次除尘改造等项目。为提高环保标准要求，在上年率先在全省实施钢铁烧结、球团工业大气污染物特别排放限值的基础上，特别将排放限值执行范围扩大到全市所有重点行业和锅炉，倒逼企业污染防治设施提档升级。将全市钢铁、水泥等重点行业及在用锅炉共375个排污口纳入改造项目计划，并按“一排污口一策”的原则，确定每个排污口的具体改造措施和时间表。新受理环评的建设项目自湖北省环境保护厅公告发布之日起执行大气污染物特别排放限值。严格大气环境监管执法，加强污染源日常监管，严查各类大气环境违法行为。开展重点排污企业驻点监察，成立驻鄂钢环保专项执法检查工作专班，督促鄂钢公司完成厂区道路扬尘污染，焦炉、高炉、转炉烟尘无组织排放等8个方面环境问题的治理。开展夏秋季秸秆禁烧，采取人工和无人机巡查方式，加大巡查力度；督促地方政府落实禁烧主体责任，先后7次向区（新区）下发督办通知书，要求限期处理相关责任单位及责任人，形成全覆盖全天候打击秸秆焚烧的高压态势，秸秆禁烧工作在全省综合考核中排名第三。加强水污染防治。开展洋澜湖排口调查，摸清环洋澜湖所有排口的位置、排水量和水质状况，排查入湖排口145个，43个需要整改的排口目前已全部完成封堵。推进地下油罐更新改造，全市284个地下油罐中防渗改造工作完成率74.2%。强化饮用水源地保护，结合国家集中式饮用水水源地环境保护专项督查，巩固县级及以上水源地环境问题整治成果；组织开展饮用水源地环境应急演练。加强土壤污染防治，开展重点行业企业用地调查，完成全市88家企业地块信息的采集整理和上报工作。推进土壤污染详查，完成350处农用地样品采集工作。

【鄂州市环境问题整改】 2018年，鄂州市压实工作责任，在全市环境保护委员会全会上，市委书记、市长现场与各区、开发区、街办党委（党工委）书记和市直相关部门主要负责人签订2018年生态环境保护目标责任书，共向24家单位交办突出环境问题整改等工作任务324项，明确每项任务的考核要求、完成时限和考核分值。市委市政府进一步加大生态环境保护在全市目标考核体系中的权重，强化各级各相关部门抓好环保工作的责任意识。在全省率先开展“散乱污”企业污染问题“清零行动”，纳入全市“散乱污”处置计划的319家企业，已全部完成整治。在全省率先开展油烟污染全面整治专项行动，采取“三个一批”（依法关闭一批、停业整治一批、整合搬迁一批）措施，对全市主城区餐饮业油烟污染进行规范整治，纳入整治计划的1251家餐饮经营户全部完成整治。推进全市长江大保护十大标志性战役，认真落实任务清单、措施清单、责任清单和时限清单“四单”要求，取得阶段性工作成果。开展中央环保督察反馈问题整改、长江经济带生态环境保护审计及水污染防治情况审计反馈问题整改、长江经济带“清废行动”问题整改、黑臭水体治理等专项行动，解决一批多年想解决而未解决的历史遗留难题。

鄂州市环境保护监测站开展国家网土壤环境质量监测

（鄂州市地方志办公室　供稿）

【鄂州市全域生态价值工程实施】 2018年，鄂州市深入实施生态价值工程，实现自然资源资产负债表编制工作的常态化、推进全市排污权有偿使用和交易试点工作，在全面完成排污权核定的基础上，实现所有新扩改项目在环评审批前必须购买排污权。共组织辖区41家企业参加排污权交易，其中35家企业完成排污权交易，总成交金额89.5万元。全域推进生态文明建设。组织实施《鄂州市创建国家生态文明建设示范市规划（2016—2025）》，完成鄂城区、华容区生态文明建设示范区规划编制工作，梁子湖区成功创建省级生态文明建设示范区，并参与第二批国家生态文明建设示范区评选工作。配合省环保厅完成生态红线划定工作。全市红线面积349.6平方千米（鄂城区45.5平方千米，华容区 30.3 平方千米，梁子湖区 273.8 平方千米），占全市国土面积 21.9%。

（鄂州市地方志办公室）

【孝感市大气污染精准防治】 2018 年，孝感市出台《2018 年度大气污染防治及主要污染物减排工作实施方案》《2018 年度孝感市挥发性有机物（VOCs）和臭氧（O_3）污染防治实施方案》《孝感市环境保护局蓝天保卫战内部责任分工方案》。 持续推进重点行业整治改造，汉川电厂 6 个发电机组脱硫、脱硝、除尘超低排放，完成 20 吨以下燃煤锅炉淘汰或改造使用清洁能源 546 台。建立涉挥发性有机物排放重点企业治理清单 57 家，摸底排查城区 147 家汽修门店和 136 家干洗店，实行涉挥发性有机物排放企业监测治理及错峰生产。加强施工工地和道路扬尘治理，渣土、砂石运输车辆专项整治。加大秸秆禁烧督办力度，全省“第一把火”秸秆焚烧相关当事人、责任人严肃处理。全面完成黄标车淘汰任务，推动新能源汽车使用。推进餐饮油烟治理，督促完成碳改电，中心城区全面禁止炭烧烤。完成 34 台空气微站建设和 1 台移动式机动车遥感监测车政府采购，开展孝感城区大气臭氧成因分析及对策研究工作。

【孝感市水环境治理】 2018 年，孝感市出台《孝感市 2018 年水污染防治行动计划及主要污染物总量减排工作实施方案》《孝感市国控断面水质达标攻坚方案》，对全市入河排污口和地表水监测断面实行清单式管理，制定流域及“一河一策”整治方案。策划府澴河流域水污染流域治理项目和老府河水污染治理项目，推进地表水监测能力建设项目，狠抓重点流域渠道治理，完善污水收集管网槐荫河上游截污干管工程东段、城区交通大道雨污分流改造工程。采取河道清淤、截污治污、河岸护坡、岸线绿化等措施，投资 2650 万元治理入府澴河的人和闸、陈家河、复兴河、女儿港、卧龙渠。全市省级工业聚集区污水处理厂已全部建成并安装在线监控，黄麦岭磷化工、双环、川东一期污水处理设施和大悟阳平、孝南碧泉、孝昌城市污水处理厂提标改造工程已完成。编制完成《孝感市饮用水水源保护条例（草案）》，全面开展乡镇“万人千吨”、农村“百吨千人”水源保护区划分工作，目前，大悟县、应城市、安陆市、孝南区、孝昌县、汉川市已编制乡镇“万人千吨”水源地划定方案并逐级报批。督办农村“百吨千人”划分工作，确定应划保护区的 65 个水源地名单。强化水污染防治重点工作推进，优先实施府澴河、汉北河沿线 47 个乡镇污水处理厂及管网建设工程，全市 86 个农村环境综合整治项目已全部完工，47 个重点乡镇污水处理厂已全部开工，年内建成 15 个，235 个加油站地下油罐更新改造已全部完成，419 家畜禽养殖场（小区）环境治理已完成建设，总量减排项目已完成 70 个，超额完成年度减排任务。

【孝感市土壤污染和环境风险防控】 2018 年，孝感市制定《孝感市土壤污染防治工作方案》，签订《土壤污染目标责任书》，完成农用地表层土壤、农用地深层土壤和农产品样品的采集、流转、制备、检测工作。启动土壤污染治理与修复规划，分年度编制实施方案。建立土壤污染防治项目库，强化治理与修复工程监管，重点推进大悟县、安陆市受污染耕地土壤治理与修复。争取中央和省财政专项资金，建立土壤污染治理与修复技术体系和市场化机制。结合长江经济带固体废物大排查，排查危险废物处置单位 2 家，医疗废物处置单位 1 家，一般工业固废处置单位 112 家，涉危生产单位 159 家，涉医疗废物生产单位 356 家，一般工业固废生产单位 99 家。开展危险废物规范化管理督查考核，抽查企业 61 家，发现危废标识牌、暂存间、出入库台账不规范等问题 11 个，及时交办、限时整改。全年出动执法人员 300 多人次，开展辐射环境现场监督检查 62 家，下达监察整改 16 家，办理辐射安全许可证 26 家，处置辐射类群众信访投诉 2 件。加强辐射监管系统的管理，启动辐射自动监测站选址与建设，强化辐射人员培训和核安全文化宣传，对突发辐射事件应急预案实施情况进行中期评估，开展省级行政区内集中式饮用水水源地放射性水平调查与评价。

（孝感市地方志办公室）

【黄冈市生态环境创优】 2018 年，黄冈市地表水水质优良断面达标

黄冈市龙感湖自然保护区　　　　（黄冈市地方志办公室　供稿）

率 88.9%，无劣五类水质断面。跨界断面水环境质量综合达标率 83.3%。县级及以上集中式饮用水水源地水质达标率 100%。城区 PM10（可吸入颗粒物）均值 74 微克 / 立方米，PM2.5（细颗粒物）浓度均值 42 微克 / 立方米，同比分别下降 11.9%、14.3%，优良天数比例 73.3%。全市全年生态空间良好，无较大环境污染事故发生。年内，黄冈市环保局获“提案办理先进单位”称号。至年底，全市创建国家级生态乡镇 2 个、国家级生态村 1 个，湖北省级生态乡镇 38 个、生态村 346 个，黄冈市级生态乡镇 72 个、生态村 2184 个。

【黄冈市自然保护区管理】 2018 年，黄冈市重点围绕龙感湖国家级自然保护区、大别山国家级自然保护区、大崎山省级自然保护区和狮子峰省级自然保护区，开展“绿盾 2017”“2018 行动”等专项行动，全面提升自然保护区管理水平。全年全市排查确定 4 个省级及以上自然保护区各类问题 1443 个，整改完成 1423 个，整改阶段 20 个，整改率 98.6%。

【黄冈市林业湿地保护】 2018 年，中央财政部门支持黄冈市湿地保护补助项目资金 800 万元。浠水策湖湿地公园通过国家试点验收，至年底，全市国家级和省级湿地公园数量居全省首位。国家林业和草原局发文函复，原则同意湖北麻城浮桥河国家湿地公园范围及功能区调整方案。白莲河环库公路建设、英山县 325 县道长岭至张家咀公路改建、英山县赵家河小桥重建、蕲春李时珍文化旅游区本草纲目馆建设、麻城浮桥河二水厂扩建、武山湖环湖公路建设、黄冈市自来水公司二水厂取水口迁移等 7 个工程项目占用湿地公园，依法依规审核并报省林业局审批通过。

【黄冈市自然生态保护】 2018 年，全市建有森林生态型大别山国家级自然保护区和湿地型龙感湖国家级自然保护区；蕲春赤龙湖、麻城浮桥河、黄冈遗爱湖、武穴武山湖、罗田天堂湖、红安金沙湖、浠水策湖、黄冈白莲河和英山张家咀等 9 个国家湿地公园；武穴长江外滩湿地公园、梅川湿地公园、荆竹湿地公园、仙人坝湿地公园、大金湿地公园，麻城明山湿地公园、三河口湿地公园，红安倒水河湿地公园，罗田跨马墩湿地公园、义水河湿地公园，蕲春仙人湖湿地公园，黄州滨江湿地公园、道仁湖湿地公园等 13 个省级湿地公园；团风大崎山和麻城狮子峰 2 个省级自然保护区。

【黄冈市节能降耗和环境保护】 2018 年，黄冈市持续推进节能降耗工作，单位 GDP 能耗顺利完成年初确定的 3.4% 的下降目标。实施 COD 减排项目 373 个，减排 6203.35 吨，扣除增量，净削减 5463.09 吨；实施 SO_2 减排项目 514 个，减排 5359 吨，扣除增量，净削减 5359 吨。化学需氧量和二氧化硫排放量净削减达到 10.96% 和 23.11%，均完成湖北省政府下达的年度控制目标。全市县级以上集中式饮用水水源地水质达标率 100%，市区环境空气质量优良天数 263 天，优良率 73.3%。全市森林公园和湿地公园 34 处（森林公园 13 处，湿地公园 21 处）。其中：国家级森林公园 5 处，国家级湿地公园 9 处。完成造林总面积 8200 公顷，育苗 62 公顷，四旁植树 1400 万株；森林覆盖率 43.02%，建成国家级自然保护区 2 个，省级自然保护区 2 个。

（黄冈市地方志办公室 严静）

【咸宁市生态环境保护】 2018 年，咸宁市城区空气质量优良率 82.6%，较上年上升 3.1%，居湖北省第五位；PM10 浓度均值 56 微克 / 立方米，下降 9.7%，湖北全省排名第二位；PM2.5 浓度均值为 37 微克 / 立方米，下降 21.3%，居湖北省第二位。城区空气质量在全国 169 个重点城市中位居第 19 位，是湖北省唯一入选“20 个空气质量相对较好城市”的地级市。咸宁市污染防治攻坚战获评优秀等次，获湖北省政府奖励资金 1000 万元，长江大保护专项战役综合得分居湖北省第三名，在湖北省生态文明建设考核中排名第四位。在京津冀及周边地区大气污染防治第二十轮次强化督查中，选派的咸宁督查组表现突出，被国家生态环境部综合评定为第三名。全市 8 个县级以上城市集中式饮用水水源地、纳入《湖北省长江流域跨界断面水质考核办法》的 4 个跨界断面（长江纱帽、高桥河龙潭村、富水镇、陆水陆溪口）水质达标率 100%，纳入《湖北省水污染防治行动计划工作方案》的 5 个地表水国控断面水质达标率 80%，地下水质量考核点位麻塘水厂水质保持良好。

【咸宁市大气污染治理】 2018 年，咸宁市出台《咸宁市 2018 年大气污染防治工作方案》《咸宁市大气污染防治“十三五”规划》《咸宁市 2017—2018 年秋冬季大气污染综合治理攻坚行动方案》，开展“三禁三治”。“禁煤”，完成全市 339 台 20t/h 以下燃煤锅炉淘汰改造。“禁鞭”，依法查处涉烟花爆竹案件 66 起，收缴烟花鞭炮 2.7 万余箱（件）。“禁烧”，出台《关于秸秆禁烧追责问责意见》，秸秆禁烧工作专班巡查 18 次，开展无人机巡检 22 架次，航飞面积 1100 平方千米；“整治非煤矿山”，关闭非煤矿山 143 家，保留 66 家，生态修复治理非煤矿山面积 127.93 公顷。“整治扬尘”，对城区建筑工地全面实行“6 个 100% 和一个摄像头”措施，开展专项督查，下达执法文书 33 份，处罚 12 起。“防治机动车尾气污染”，建成机动车环保检测机构 12 家，内设检测线 33 条，完成市级监控平台与省厅联网，开展机动车尾气排放检测机构专项检查。实施科学精准治霾。开展 24 小时巡查，累计巡查 300 余人次；在全市建立 16 台空气质量监测微站。

【咸宁市碧水净土攻坚战】 2018 年，咸宁市完成 8 个县级以上城市集中式饮用水水源地保护区规范化建设，51 个乡镇饮用水水源地保护区划分方案编制完成并报省政府批准。淦河马桥水源地投入约 500 万元开展水源地规范化建设，潘家湾水源地投入约 80 万元完善水源保护设施。编制完成《湖北省斧头湖流域水环境综合治理规划（2018—2020）》《湖北省斧头湖流域水污染防治专项总体实施方案》。投入 1.504 亿元完成全市 12800 公顷围栏围网网箱拆除任务并通过验收。成功申报 2018 年国家黑臭水体治理示范城市；完成淦河 12 处排污口整治，完成截污管网 8.2 千米，河道清淤 3.6 千米。

全年全市 932 个农用地土壤详查点位 1032 个土壤样、439 个农产品样全部采集完毕并送检，完成重点行业企业地块土壤污染状况调查 86 个，排查上报涉镉等重金属行业企业 5 家，在排污许可证申报系统中上报涉重企业 6 家。印发实施《咸宁市土壤污染治理与修复规划》，投资 451.16 万元完成嘉鱼县沿湖大道工业搬迁地块约 4584 立方米土壤修复治理并通过评估验收。申报危险废物年报企业 253 家，是上年申报年报企业的 2.06 倍。针对危险废物违法行为立案 38 起，处罚金额 151.1 万元，移送司法机关依法查处危险废物案件 4 个。开展固体废物大排查，巡查、核查 83 个存量固体废物点位，全部完成整改。

【咸宁市园林绿化】 2018 年，咸宁市城区绿地面积 2511.36 公顷，人均公园绿地面积 606.78 公顷，绿化覆盖率 41.27%，绿地率 35.81%，人均公园绿地面积 14.66 平方米。编制《咸宁市主城区历史文化景观专项规划》，启动《咸宁市公园绿地与城市防灾避险体系规划》编制工作。建立五彩咸宁建设项目库。对城区主干道、公园、桥头、街头绿地进行彩化提档升级，组织实施“花化工程”，分别对桂乡大道、银泉大道、淦河同心桥两侧、交通渠化等地，进行花化改造和绿化升级，整体面积1.3公顷；组织实施“拆墙透绿”工程6处，全长600米，绿化建设面积0.95公顷；推进城区“小绿地”建设，将金桂路与银泉大道交汇处、银泉大道联合水务公司处、茶花路附属二医院旁等3处打造成街头小游园；建设月亮湾温泉专类公园、联通山体小游园、淦河大桥。对城区城铁东站、城铁南站、镜湖小游园、南外环、太乙大道、嫦娥大道等已经竣工验收的园林项目进行绿化普查，开展养护除杂，城区绿化工作全面覆盖。2018年9月27日，湖北省环委会授予崇阳县、通山县湖北省生态文明建设示范县称号，为全省首批7个省级生态文明建设示范县中的2个。2018年12月10日，赤壁通过省级评估验收。全年全市获省级生态乡镇25个（含2017年申报命名13个）、省级生态村288个。

（咸宁市地方志办公室 陈秋娥）

【仙桃市生态环境质量提升】 2018年，仙桃市主要污染物PM10平均浓度86微克/立方米，PM2.5平均浓度42微克/立方米，比上年分别增长16.2%和5%，全市优良天数累计267天，优良天数比例76.5%；全市全年3个国家考核断面优良水体达标率66.7%，地表水水质考核达标率100%，4个跨界断面水质考核合格达标率87.5%，主要支流水质总体趋于好转；城市集中式饮用水水源地水质达标率100%。

【仙桃市环境污染防治】 2018年，仙桃市汉江汉南村、东荆河汉洪大桥、通顺河港洲村3个国家考核断面优良水体达标率66.7%，地表水水质考核达标率100%，汉江石刭，通顺河港洲村、挖沟泵站，东荆河汉洪大桥4个跨界断面水质考核合格达标率87.5%，主要支流水质总体趋于好转；城市集中式饮用水水源地水质达标率100%；大气污染防治，全市193台套燃煤锅炉全部淘汰或使用清洁能源，全市29个在建施工工地全部按要求落实“六个百分之百”措施，安装了扬尘在线监控设施，83家加油站点完成了油气回收装置安装，58家餐馆安装了油烟净化设施。狠抓秸秆禁烧和综合利用工作，黑斑面积和焚烧强度分别比上年下降66.8%和51%。当年，全市主要污染物PM10、PM2.5平均浓度分别为86微克/立方米、42微克/立方米，比上年分别增长16.2%和5%，全市优良天数累计267天，优良天数比例76.5%；土壤污染防治。督促8家重点污染企业严格落实土壤污染防治任务。强力推进畜禽养殖污染防治，禁养区386家养殖场全部关停，非禁养区877家养殖场，已经完成整改任务740家，拆转关137家，全部完成整改任务。

（仙桃市地方志办公室）

仙桃市生态环境局环境监察执法队伍（仙桃市地方志办公室 供稿）

【潜江市生态环境保护】 2018年，潜江市对全市10条主要河流的13个断面（汉江、东荆河和总干渠设2个点）、24个项目进行监测，主要河流监测断面中，水质符合IE类的占77%，其中水质符合H类、水质为优的占30.8%，水质符合E类、水质状况为良的占46.2%；水质受不同程度污染为N劣V类的占23%，其中水质为N类、水质状况为轻度污染的占7.7%，水质为V类、水质状况为中度污染的占15.3%。功能区水质达标率92.4%；全年饮用水监测断面主要为汉江泽口取水点断面和汉江红旗码头取水点断面，监测频次为每2个月1次，按照《地表水环境质量标准》（GB3838-2002）中E类水体标准进行评价，达标率均为100%；全年全市空气有效监测355天，优良天数300天，优良率84.5%，比上年下降3.7%。其中：空气质量为优62天，占17.5%；空气质量为良238天，占67%；空气质量为轻度污染46天；空气质量为中度污染5天，占1.4%；空气质量为重度污染4天，占1.1%；降水环境指标正常全年全市设立1个降水点位，降水80次，总降雨量1531.9毫米。酸雨检出率为零。城市声环境质量达标，全年全市功能区按居民文教区（潜江宾馆点位）、工业集中区（金属回收公司点位）、混合区（体育场点位）、道路交通干线两侧（食品公司点位）进行监测，全市功能区噪声等效声级符合《声环境质量标准》（GB3096-2008）所划定的功能区标准。区域环境噪声昼间平均值为54分贝，夜间平均值为44.6分贝，达到《环境噪声监测技术规范城市声环境常规监测》（HJ640-20012）中城市区域环境噪声二级标准。交通干线噪声昼间平均值为67.9分贝，夜间平均值为53.5分贝，达到《环境噪声监测技术规范城市声环境常规监测》（HJ640-20012）中交通道路噪声一级标准。

2018年4月2日，中央环保督察问题整改回头看暨污染防治攻坚战推进会在潜江举行　　（潜江市地方志办公室　供稿）

【潜江市环境污染综合整治】 2018年，潜江市制订东荆河、四湖总干渠、通顺河潜江段水环境治理方案及断面水体达标方案，在湖北省率先建立对各区镇处跨界河流考核机制。委托第三方监测机构对总干渠等10条河流的54个跨界断面考核点进行监测。将地表水考核结果纳入党政工作考核、与财政转移支付挂钩。督促全面加快污水处理厂建设。全市全年完成4座工业污水处理厂、6座集镇生活污水处理厂建设及2座城市生活污水处理厂提标改造任务，其余6座集镇污水处理厂建设加快推进；实施农村环境整治，推进加油站地下油罐双层罐更换和防渗改造。强化集中式饮用水源地环境保护。继续推进违章建筑拆除、关闭及日常管护工作并通过生态环境部饮用水源专项督查组现场督查；同时，组织编制乡镇集中式饮用水源地规划，启动城市备用水源建设。全年全市纳入水污染防治行动计划考核的3个地表水断面达标率均为100%，纳入跨界考核3个断面综合达标率94.4%，全市集中式饮用水源地水质达标率保持100%。湖北省环保厅等部门对2018年潜江水环境质量目标和水污染防治重点工作等两个方面完成情况进行考核，考核结果为优秀。

加强大气污染防治。印发《潜江市2018年大气污染防治攻坚战实施方案》，对2018年大气污染防治、工作职责予以工作任务分解明确，压实责任。优化产业结构。制定严格的产业准入门槛，沿江1千米内禁止新建化工项目和重化工园区，沿江15千米范围内一律禁止在园区外新建化工项目。开展“散乱污”企业综合整治。控制煤炭消费总量，提高清洁能源利用率；2次开展燃煤锅炉淘汰工作“回头看”，在全市范围内严禁新建35蒸吨以下燃煤锅炉；推进交通结构调整，大力推广新能源汽车，加快货运铁路建设；开展成品油市场整治，保障供应清洁车用汽柴油品；深化工业企业污染防治，推动燃煤火电机组超低排放改造；加大对重点行业、重点区域的环境监管，对8家包装印刷、化工企业实施挥发性有机物整治，确保大气污染物稳定达标排放；强化面源污染防治，通过对建筑工地进行巡查督办、高频次洒水降尘、渣土运输车集中整治，进一步加大城市扬尘管控；持续开展餐饮油烟治理，全年完成130余家中小餐饮业油烟净化器安装，严禁城区露天烧烤；强化对秸秆禁烧、“禁鞭”等工作的巡查和管控，有效应对重污染天气，修订完成《潜江市重污染天气应急预案》，建立应急减排清单，全年全市3次启动重污染天气预警响应，累计出动巡查专班50余个，检查工地80多次、运输货车1200余辆、企业40多家，有效缓解重污染天气的影响。

委托湖北省环科院编制《潜江市土壤污染治理与修复规划》并公布实施。全面开展土地污染普查，组织完成农用地详查，完成245个农用地土壤样品及55个农产品样品采集、流转和制备，积累保存全市农用地污染现状资料。开展建设用地风险点位筛选排查工作，确保土地资源的合理开发利用。加强生态保护红线勘界定标工作。潜江市年内被列为湖北省4个生态保护红线勘界定标试点地区之一之后，按照全省统一安排，完成19个斑块、79个点位的勘界定标现场勘查和界桩设置。12月16日，生态环境部组织安徽、福建、江西、河南、湖南、四川等省在潜江召开生态保护红线勘界定标现场座谈交流会，潜江市在会上作经验交流。实施建设用地土壤环境质量风险管控，强化土壤环境重点监管企业监管，与9家重点监控企业签订责任书。加大固废危废处置监督检查力度，规范固废危废处置行为和贮存场所。

【潜江市湖泊和湿地生态保护】 2018年，潜江市有各类湿地319处、总面积2.04万公顷，占全市土地面积10.2%。埋设湖泊保护界桩104根，明确湖泊管理范围。开展“水污染防治联动平台、市镇两级通报平台、重点水域预警平台”3大平台建设，完善辖区内闸站台帐和《涵闸泵站水资源调度运行方案》，有序调度生活、生态、生产用水。建立水环境应急处理机制，第一时间有效应对处理上游荆门水污染连锁事件，确保全市境内西荆河、田关河沿线群众用水安全。

【潜江市园林绿化建设】 2018年，潜江市新建楚商林等10处口袋公园，先后完成“城市双修”（生态修复、城市修补）公共节点绿化、污水处理厂及城南河东侧绿化、立交桥增绿及立交桥匝道口植物扎景工程；完成219省道后湖段花坛景观提升、杨市高架桥下花坛景观改造、北门转盘花坛景观改造等绿化工程。全年共完成园林绿化投资约1500万元，新增绿地面积4.14万平方米，绿化覆盖率40.01%。

【潜江市生态文明制度建设】 2018年，潜江市印发《潜江市2018年环境监察工作要点》《水产品加工行业专项执法行动工作方案》《小电镀企业环保专项执法检查工作方案》《燃煤企业烟气脱硫脱硝设施运行专项执法检查工作方案》《全市省级工业园区工业污水处理厂专项行动工作方案》《全市规模化畜禽养殖行业专项执法行动工作方案》《企业非法排污整治专项执法工作方案》及《消耗臭氧层物资专项执法工作方案》等专项方案；推进移动执法。全年共行摇号随机生成检查任务292项，现场执法1078次，形成各类执法笔录1277份。实行“一企一人”包保监管责任制。坚持日巡夜查制度，增加巡查频次，特别是对全市重点企业做到白天每日现场监察1次、夜间每周抽查1—2次，开展不定期错时排查、暗访排查，加强企业在线监测、视频监控管理。加强环境监察网格化管理。压实各级各部门环境监管网格工作职责，22个区镇处按要求制订环境监管网格化工作方案，划分本级和村（社区）网格160多个，按季报送网格运行和巡查情况。

（潜江市地方志办公室）

【天门市环境质量保稳创优】 2018年，天门市将环保工作纳入市委、市政府重要议事日程，围绕美好“五城”建设，重点围绕大气、水、土壤污染防治，全市环境质量总体保持稳定。全年全市PM10平均浓度77微克/立方米，PM2.5平均浓度42.5微克/立方米，优良天数比例73.5%；集中式饮用水源地水质和2个地表水国考断面水质均达标。

地表水环境质量。境内汉江

2018 年天门市河流水质状况一览表

河流名称	监测断面	2018 年水质月份达标率	2018 年超标项目	交界断面
汉江	岳口	100%	无	
	罗汉寺	100%	无	
天门河	杨林	0%	COD、BOD5、氨氮等	
	拖市	17%	COD、BOD5、氨氮等	京山－天门

设置岳口 1 个监测断面，在天门河设置罗汉寺、拖市、杨林等 3 个监测断面。2018 年湖北省环境监测中心站及市环境监测站公布的监测数据显示：汉江河流水质总体上保持稳定，水质优良；岳口断面和罗汉寺断面水质优良月份比率为 100%；天门河拖市断面水质优良月份占全年监测月份的 17%；杨林断面水质优良月份比率为零。天门河拖市断面和杨林断面水质较差，水质监测类别基本为 IV—劣 V 类。超标项目频率较高的为 COD 和氨氮，其次为 BOD5 和总磷。

湖泊专项调查水质监测结果。天门市环境监测站年内对《湖北省第一批湖泊保护名录》中天门的张家大湖、华严湖等 16 个湖泊进行监测，对每个湖泊的 7 月丰水期、12 月枯水期各监测 1 次。水质评价结果表明：16 个湖泊主要污染物为总磷、COD 和 CODmn；16 个湖泊中丰水期和枯水期水质符合 Ⅰ—Ⅲ类标准的湖泊均为 0 个（0%），符合Ⅳ类标准的湖泊分别为 4 个（占 26.7%）和 8 个（占 57%），符合 V 类的湖泊分别为 7 个（占 46.6%）和 4 个（占 29%），符合劣 V 类的湖泊分别为 4 个（占 26.7%）和 2 个（占 14%）。

集中式饮用水源地水质。天门市集中式饮用水源为位于汉江岳口段的天门二水厂，监测结果：天门二水厂水源地季度水质总达标率 100%，与上年（100%）持平。

环境空气质量状况。2018 年，市政府站、天门新城站等 2 个空气自动站对 SO_2、NO_2、臭氧、CO、PM10 和 PM2.5 等进行连续自动监测。监测结果表明，全年城市空气中二氧化硫（SO_2）浓度年均值 11 微克 / 立方米，二氧化氮（NO_2）浓度年均值 21 微克 / 立方米，可吸入颗粒物（PM10）浓度年均值 77 微克 / 立方米，可吸入细颗粒物（PM2.5）浓度年均值 42 微克 / 立方米，全市二氧化硫、二氧化氮年均浓度符合《环境空气质量标准》（GB3095-2012）二级标准浓度限值，影响全市环境空气质量的首要污染物为可吸入颗粒物（PM2.5）。全年全市空气优良天数 264 天，优良率 73.7%。

城市声环境。2018 年，天门市城市区域声环境昼间平均等效声级均值 54.9dB（A），比上年下降 0.3dB（A），区域声环境质量为二级，声环境质量较好。城市道路交通噪声昼间平均等效声级值 65.4dB（A），道路交通噪声强度等级为一级，比上年下降 0.1dB（A），声环境质量好。全市各功能区监测点位达标率 100%。

2018 年天门市湖泊专项调查水质监测结果一览表

序号	湖泊名称	丰水期水质类别	枯水期水质类别	超Ⅲ类标准项目	备注
1	张家大湖	V	Ⅳ	CODmn、COD、BOD5 等	
2	华严湖	V	V	总磷、CODmn、COD 等	
3	白湖	V	Ⅳ	总磷、氨氮、COD 等	
4	石家湖	劣 V	Ⅳ	氨氮、CODmn、COD 等	
5	龙骨湖	V	劣 V	CODmn、COD、BOD5 等	
6	渡桥湖	劣 V	V	总磷、氨氮、COD 等	
7	肖严湖	Ⅳ	Ⅳ	COD、BOD5	
8	半头湖	劣 V	劣 V	CODmn、COD、BOD5 等	
9	陈家湖	劣 V	V	总磷、COD、BOD5 等	
10	江家湖	V	Ⅳ	总磷、COD、BOD5 等	
11	青山大湖	Ⅳ	V	COD、氨氮、BOD5 等	
12	北汉湖	V	--	COD、总磷、BOD5	
13	北湖	--	--	--	城中湖泊
14	西湖	Ⅳ	Ⅳ	总磷、氨氮、BOD5	城中湖泊
15	东湖	V	Ⅳ	氨氮、BOD5	城中湖泊
16	鬼湖	Ⅳ	Ⅳ	COD、BOD5	城中湖泊

【天门市环境污染防治】 2018年，天门市组织3次对全市42家在建工地全覆盖的专项检查，向市住建、城管等部门反馈建筑工地扬尘问题21个，对1家违规夜间施工的建筑工地依法进行处罚。建设市级机动车尾气监控平台，督促全市4家机动车检测站连入平台，数据正常传输。进一步巩固燃煤锅炉淘汰成果，联合市质监部门对关停的238台燃煤锅炉"回头看"，确保关停到位。开展VOC专项治理，制订《天门市挥发性有机物污染防治三年行动方案》，开展城区气味扰民问题大排查，全年组织夜间排查30余次，对城区周边21家企业进行拉网式排查，对楚天尚城、冠南汇侨城、人才苑等小区周边进行定期巡查，对5家重点废气排放源企业委托第三方进行监测，督促益泰药业、星星轮毂、红日子食品、巴萨墙纸等企业对废气排放问题进行整改，对星星轮毂违法排放废气污染物的行为依法予以处罚，营造较好的舆情环境。配合秸秆"禁烧"工作，抽调专人组建执法组和无人机巡查组，全年处理违法焚烧秸秆案件52起，罚没金额6万元。强化秋冬季节大气污染防治工作，召开秋冬季大气污染防治会议，制订《天门市秋冬季大气污染防治工作方案》，从城市扬尘管控、秸秆"禁烧"、挥发性有机物治理、机动车船污染防治、重污染天气应对、餐饮油烟污染整治等方面加强管理，确保秋冬季节大气环境质量持续好转。积极应对重污染天气。1月19—24日、4月16—18日以和11月30日至12月3日，全市经历3次重污染天气过程，立即实施限行、限产停产、工地及道路扬尘整治，取得较好的工作效果。全年全市PM10平均浓度为77微克/立方米，PM2.5平均浓度为42.5微克/立方米，优良天数比例73.5%。

以天门河整治为重点，加强水污染防治。强化日常监管。督促16家重点企业新建或改造污水处理设施，督促天门高新园、岳口工业园内40余家企业接入污水处理厂，核发造纸、水泥、化学药品原料药制造、农药制造、屠宰及肉类加工等行业共计9家企业排污许可证。强化跟踪督办。全年下发督办通知17次，对污水处理厂及管网建设、天门河重点支流治理工程等工作进行重点督办。部门协作联合制订《天门市水资源水生态补水调度方案》，推进天门河生态补水常态化；开展畜禽养殖废弃物资源化利用，联合验收135家养殖企业治污设施。强化水质监测与预警。制订《天门河汉北河水环境预警监测工作方案》，增加水质监测点位和监测频次。加强畜禽养殖行业监管执法。制订畜禽养殖行业执法方案，全年开展3次专项执法检查，检查养殖单位100多家，对禁养区内已关闭的268家养殖单位进行复查，处理养殖污染投诉151件，立案查处养殖污染案9件，罚款36万元，移送公安部门行政拘留案件3起。严格落实饮用水源保护要求，完成21个乡镇饮用水水源地的基础信息收集和档案建设工作。实施农村环境综合整治项目，完成20个行政村农村环境综合整治任务。督促加油站加快完成地下油罐防渗设施建设，中石化天门分公司按制定的防渗设施整改工作计划稳步实施整改，8个私营加油站中已有6家完成防渗设施建设。全市集中式饮用水源地水质和2个地表水国考断面水质均达标。

土壤污染防治工作稳步推进。健全土壤污染防治工作责任体系，分解落实工作职责，建立环保、农业、国土部门土壤污染防治工作联动机制。编制印发天门市土壤污染治理及修复规划，完成土壤污染状况详查工作，全市2家重点监管企业年内已向社会公开土壤环境监测结果，并制订相关土壤污染整改方案。开展重点行业企业用地调查信息采集工作，全市25家重点行业企业用地信息调查采集工作及数据市级外审工

2016—2018年天门市环境空气质量表

	2016年（mg/m^3）	2017年（mg/m^3）	2018年（mg/m^3）
SO_2	0.012	0.011	0.011
NO_2	0.013	0.015	0.021
PM10	0.084	0.082	0.077
PM2.5	0.059	0.039	0.042
优良天数	267天（占比73.4%）	310天（占比85.6%）	264天（占比73.7%）
污染天数	97天（26.6%）	52天（14.4%）	94天（26.3%）

作全部完成。

全面启动第二次全国污染源普查工作，摸清各类污染源基本信息、数量、结构和分布状况，掌握区域、流域、行业污染物产生、排放和处理情况，建立健全各类污染源档案、污染源信息数据库和环境统计平台，为服务环境建设与经济发展提供综合决策依据。全市成立以分管市领导任组长的天门市第二次全国污染源普查领导小组及工作专班，印发工作方案；召开全市第二次全国污染源普查工作会议，落实工作经费，明确第三方服务机构，圆满完成清查、入户调查和数据审核工作，上报全部普查数据，包括605家工业源、412家农业源、3家集中式污染治理设施、34个入河排污口、4家非工业锅炉单位、79家加油站、751个行政村，并将相关信息及时上传环保专网。

【天门市绿色发展战略实施】 2018年，天门市大力实施绿色发展十大战略，狠抓新旧动能转换和产业转型升级，促进全市经济高质量发展。开展僵尸企业盘活处置工作，确定34家重点困难企业，建立工作台账，实行动态管理，12家企业实现“涅槃重生”。加快推进工业企业技术改造，全市共实施工业企业技改项目76个，总投资190亿元，其中重点督导的35个技改扩规项目中已有9个竣工投产。加快“小巨人”“隐形冠军”企业培育步伐，益泰药业、天门纺机、景天棉业、人福成田、德远化工5家企业入选全省“隐形冠军”企业。积极培育战略性新兴产业，新能源、机械装备、电子信息、新材料、卫材、节能环保、智能家居等产业加速成长，全年新签约新兴产业项目70余个。“一江三河”、沿江高铁、武天高速等重大项目进展顺利。全年全市绿色发展项目库拥有项目213个，其中在建项目94个、总投资437亿元，储备项目119个、总投资1019亿元。围绕绿色发展十大战略举措，确定41项重大事项、30个重大项目，总投资940亿元。年内成功创建省级生态村12个、市级生态村148个、市级生态乡镇5个并进行通报表彰。

【天门市园林绿化建设】 2018年，天门市全面贯彻绿色发展理念，积极推进重大基础设施建设，城市宜居水平持续提高。全年投资1.76亿元，完成城市基础设施建设项目34个，在建项目11个。主要完成西湖路人行道改造、汉侨大道人行道改造、汉侨大道刷黑等17项市政工程；友谊路游园、西环路南延绿化、状元路南延绿化、义乌路中段绿化等14项绿化工程；竟东路、汉侨大道西延等3项供水工程。东湖公园二期、小南湖游园等跨年度工程加快实施。政府“十件实事”内容全部完成，新建老年大学、原经委干校、小南湖游园等3处停车场，“莱蒸天下”、友谊路游园（爱民游园）、江家河游园二期等3个小游园。实施城区绿化改造工程，新建东风干渠东西延带状绿地等公共绿地，完成实验高中天桥绿化、木质花箱更换等工程，启动天仙公路绿化带升级、状元路花带绿化等改造工程。投资100万元新建苗圃1座作为花卉、盆景生产培育基地。全年新增绿化面积16.8公顷，其中公园绿地面积6.9公顷。致力提升城市园林品质，实施城区裸露土全覆盖，覆盖面积5.4万平方米；采用生物防治技术，彻底解决东湖水草泛滥问题，对东湖公园、西湖公园设施及城区绿化实施全面提质，在国家园林城市首次复查中获得97分。加强市政园林设施巡查养护，全年修剪绿篱8次，补植乔木1200株，维修花带站石2000块、人行道2845平方米，更换井盖板1386块，疏通排水管2.9万余米。

（天门市地方志办公室）

责任编辑　杨德孝
责任校对　王希希

社会发展

科学技术

【武汉市科技体制改革】 2018年，武汉市深化科技体制机制改革。争创综合性国家产业创新中心，建设综合性国家科学中心，加快集聚培养科技创新人才。推进“创谷”建设，改建实体空间620万平方米，获批国家级创新平台6个。武汉市成为全国第二批国家知识产权运营服务体系建设试点城市之一，获批建设中国（武汉）知识产权保护中心和中国武汉（汽车及零部件）知识产权快速维权中心。全年认定登记技术合同1.75万个，技术合同成交额722.54亿元，吸纳技术居全国副省级城市第一。新认定高新技术企业1366个，总数3536个。武汉市被湖北省委、省政府授予“科技创新工作突出贡献市”。

【武汉市高新技术产业产值】 2018年，武汉市高新技术产业发展总体态势良好，成为调结构、保增长的生力军。高新技术产业产值突破万亿元，比上年增长16.1%；高新技术产业增加值3052亿元，比上年增长13.5%。高新技术产业增加值增速高出工业增加值增速7.6%，高出GDP增速5.5%。高新技术产业增加值占全市GDP比重20.6%，占湖北省比重45.9%。高新产值过200亿元的工业企业7个。

【武汉市高新技术企业培育】 2018年，武汉市出台《武汉市科技型企业梯次培育三年行动计划》，制订“科技型中小企业—科技型高成长企业—高新技术企业”成长路线图。培育高新技术“小巨人”企业（指业绩良好，极具发展潜力和培育价值处于成长初期的小企业。通过培育推动其快速健康成长，最终成为行业中或本区域的“小巨人”）1237个，瞪羚企业（成长性好、具有跳跃式发展态势的高新技术企业）507个，新认定高新技术企业1366个，总数3536个，居全国副省级城市第四位。推进存储器、航天产业、新能源和智能网联汽车、网络安全人才与创新四大国家级创新基地建设，打造光电子信息、汽车及零部件、生物医药及医疗器械三大世界级产业集群。发挥孵化器等创新载体的作用，壮大科技型中小企业群体，充实高新技术企业的“后备军”。

【武汉市国家制造业创新中心建设】 2018年，武汉市获批国家先进存储产业创新中心、国家数字化设计与制造创新中心，国家制造业创新中心增至3个。建设和完善脉冲强磁场实验装置、精密重力测量研究设施、国家生物安全(四级)实验室、武汉光电国家研究中心、多模态跨尺度生物医学成像设施等大科学装置，综合性国家科学中心建设取得新进展。鼓励在汉单位参与国家战略分工，投入研发资金1.49亿元，支持武汉大学、华中科技大学、中科院武汉分院等单位创建国家级人类遗传资源样本库、数字建造与工程安全国家技术创新中心、原子频标国家重点实验室等一批国家创新平台。引进小米、TCL、富士康、三一重工、三江航天等知名企业研发机构47个。

【武汉市科技创新平台建设】 2018年，武汉市实施国家科技创新平台项目。支持有条件的重点高校院所和龙头骨干企业创建国家重大基础设施和国家科技创新基地，安排资金4800万元，支持13个项目。其中，国家重点实验室4个，国家技术创新中心6个，国家临床医学研究中心1个，国家科技资源共享服务平台2个。全年新获批国家级创新平台6个，分别为：武汉数字化设计与制造创新中心有限公司的“国家数字化设计与制造创新中心”，湖北大学“生物催化与酶工程”、武汉科前生物股份有限公司“微生物制剂创制”等2个国家重点实验室，中国五环工程有限公司技术中心、武汉精测电子技术股份有限公司技术中心、湖北鼎龙控股股份有限公司技术中心等3个国家级企业技术中心。鼓励和支持在汉单位创建和申报省级科技创新平台，2018年获批省级创新平台61个。其中，省级重点实验室11个，省级工程研究中心20个，省级企业技术中心30个。

2018年11月23日，武汉市召开首届科技创新大会，会上进行院士科技成果转化签约　（武汉地方志办公室　供稿）

【武汉市院士经济】 2018年，武汉市明确“院士经济”发展模式，加强院士成果转化项目的对接落地，将企业需求与院士资源进行精准对接。与中国科学院、中国工程院等大院大所合作，围绕武汉市战略性新兴产业发展需求，共建一批协同创新平台。在全市科技创新大会上，与37位院士签订40个科技成果转化项目协议，签约金额93.21亿元。组织开展“中国科学院院士武汉行”“中国工程院院士专家产业发展咨询会”等活动，吸引57个新院士项目在武汉落地。

【武汉市众创孵化平台建设】 2018年，武汉市全面推进“众创空间+孵化器+加速器”众创孵化全链条建设，服务于种子期、初创期、成长期等不同发展阶段的创业企业，形成以社会力量主导多元化发展新格局。全年共安排3900万元用于支持众创孵化平台建设，其中，用于孵化器后补助540万元，用于众创空间后补助3360万元。新增光联创客星科技企业孵化器、武汉海创源科技企业孵化器等14个省级科技企业孵化器，比上年增长75%；新增百捷众创空间、武房网梦创空间等37个省级众创空间，比上年增长23%。武汉光谷创意产业孵化器、武汉岱家山科技企业孵化器等8个孵化器获得湖北省“3A科技企业孵化器”称号。武汉东湖高新区获得中央财政5000万元资金支持。全年武汉市共有166个孵化器，其中，国家级孵化器31个，省级孵化器55个；有众创空间233个，其中，国家级众创空间56个，省级众创空间98个；有专业化众创空间15个，其中，国家级5个。

【武汉市科技成果转化】 2018年，武汉市出台《武汉市促进在汉高校科研院所科技成果就地转化行动方案（2018—2020）》，武汉市级科技成果转化线上平台（江成网）开始试运行。新增省、市级技术转移示范机构27个。联合在汉重点高校举办216场大中小型科技成果转化专场对接活动，签约项目1072个，签约金额371.38亿元。联合各区中介服务机构组织106场中型对接活动，签约项目287个，签约金额14.63亿元。依托技术转移示范机构，通过政府购买服务方式开展100场小型专业性对接活动，签约项目392个，路演项目877个，签约金额19.3亿元。拓宽成果转化融资渠道，成立26支科技成果转化基金，基金总额152.18亿元，支持科技成果在武汉转化。其中，中科院建院以来首支面向科技成果转化的总部级母基金100亿元落户武汉。形成“高位推进的组织构架，四位一体的工作格局，线上线下的对接渠道，精准施

2018 年 8 月 1 日，武汉市第五批科技成果转化签约大会·军民融合专场

（武汉地方志办公室 供稿）

策的支持体系”的成果转化“武汉模式”,《人民日报》《光明日报》《经济日报》《科技日报》、“中央人民广播电台”及省市媒体进行报道，在全国产生影响，武汉市科技部门在全省科技工作会上作典型交流，湖北省政府办公厅专门发文推广武汉强化科技成果转化职能的经验。

【武汉市科技合作与交流】 2018 年，武汉市集聚全球创新资源，开展科技合作与对外交流。引导企业“走出去”。举办 2018 华创会英国专场暨武汉与英国企业经贸合作推介会，现场签约项目 8 个，会下签约项目 1 个。组织科技代表团出访捷克、匈牙利、保加利亚三国，推动签署一揽子合作协议；在“2018 武汉—捷克国际投融资项目对接洽谈会”上，签约 3 个产业投资项目。集聚境外高端创新项目“引进来”。联合太库（武汉）科技孵化器有限公司先后举办 5 场科技成果转化系列活动之海外技术专场活动，吸引来自美国、以色列、欧盟国家、“一带一路”沿线国家的优秀项目进行现场推介，签署 18 个项目合作协议。开展科技交流活动。联合法国领事馆举办“中法智能与可持续出行”论坛；联合瑞典达拉纳省科技园举办“中瑞科技经贸交流对接会”，瑞方 12 个企业与武汉 30 余个企业、科研机构累计完成 44 次对接，达成初步意向 32 个、合作意向 11 个。组织武汉市 90 余个企业参加多个国际科技展会，达成多个合作意向。其中在首届进口博览会上，武汉企业完成 40 亿元的签约采购金额；在上海工博会上，华工激光、鸿镭激光、天琪激光 3 个企业签约 1500 万元。

【武汉市科技获奖成果】 2018 年，武汉地区共有 22 个成果（通用类）获国家科技奖。其中，武汉地区主持完成的成果有 11 个，包括国家自然科学奖二等奖 1 个，国家技术发明奖二等奖 3 个，国家科学进步奖一等奖 1 个，二等奖 6 个；参与完成的获奖项目 11 个。20 个项目获得第二十届中国专利奖，其中，专利优秀奖 17 个，外观设计金奖 1 个，外观设计优秀奖 2 个。

武汉地区获得湖北省科学技术奖励 254 个。其中，突出贡献奖 1 个，科技进步特等奖 2 个、一等奖 34 个、二等奖 77 个、三等奖 68 个；自然科学一等奖 7 个、二等奖 8 个、三等奖 10 个；技术发明一等奖 12 个、二等奖 12 个、三等奖 7 个；科技成果推广一等奖 2 个、二等奖 7 个、三等奖 5 个；科技型中小企业创新奖 2 个。获得第十一届湖北省专利奖 52 个，其中，专利金奖 9 个，专利银奖 15 个，专利优秀奖 23 个；外观设计金奖 1 个，外观设计银奖 1 个，外观设计优秀奖 3 个。

【武汉市专利管理】 2018 年，武汉市专利申请总计 6.05 万个，比上年增长 21.7%，在湖北省占比 46.6%，其中，发明专利申请 2.91 万个，比上年增长 25.2%，在湖北省占比 52.9%；发明专利授权为 8807 个，比上年增长 4.3%，在湖北省占比 77.3%。武汉市有效发明专利 3.7 万个，比上年增长 19.6%；每万人有效发明专利拥有量为 34 个，增加 5.24 个，高于湖北省每万人 8.24 个平均水平。PCT 国际专利申请 1475 个，占湖北省 95.1%。武汉华星光电技术有限公司、武汉斗鱼网络科技有限公司等新经济企业成为武汉市发明创造主力军，发明专利申请1.62万个，发明专利授权4530个，分别占武汉市总量的55.6%与51.4%。加大知识产权保护工作力度，全年立案查处假冒专利案件426个，受理专利纠纷案件14个，按期结案率100%。

【武汉市获批国家知识产权运营服务体系建设试点城市】 2018年5月，武汉市成为全国第二批国家知识产权运营服务体系建设试点城市之一，获得2亿元中央财政资金支持。市政府出台《武汉市知识产权运营服务体系建设实施方案》，指导开展知识产权运营服务体系建设工作。6月，国家知识产权局批复在武汉市建设国家知识产权运营公共服务平台高校科技创新（武汉）试点平台，该平台成为武汉市运营服务体系建设的重点工程和重要支撑。岱家山知识产权小镇、汉阳知识产权国际文化小镇、武汉知识产权原创认证体系平台相继投入建设和运行。

【武汉市成立知识产权保护中心和快速维权中心】 2018年4月12日，国家知识产权局正式批复同意建设中国（武汉）知识产权保护中心，面向光电子信息产业提供专利快速预审、快速确权、快速维权等专业化服务。7月20日，国家知识产权局批复同意在武汉经济技术开发区设立中国武汉（汽车及零部件）知识产权快速维权中心，面向汽车及零部件产业，承担相关领域外观设计专利申请的快速审查和确权工作、参与专利侵权诉前纠纷调解工作以及知识产权维权援助及服务工作，通过构建快速授权、确权、维权机制，助力相关企业更好更快发展，助推全市汽车及零部件产业转型升级。

【武汉市知识产权保护】 2018年，武汉市从知识产权司法保护和行政保护方面打击侵犯知识产权和制售假冒伪劣商品行为，优化知识产权法治环境。海关部门依托关区风险联合研判专家团队工作机制，对进出口高风险货物、物品实施布控，做到精准打击。邮递渠道坚持100%过机检查，严防蚂蚁搬家式侵权假冒物品进出口。全年关区共查办侵权案件22个，查扣侵权货物、物品7868个。市场监管部门开展商标品牌专项保护行动6次，对侵权假冒违法行为立案377个，结案385个，案值212.2万元，罚没款244.12万元。推进外企知识产权专项保护，聚焦重点区域、重点商品和侵权多发易发的涉外商标品牌，查办LV、CHANEL、福特、奔驰等一批涉外商标案件，查办案件总数是上年的2.3倍。食药监部门查处假冒伪劣食品药品案件154个，罚没金额1234.9万元，受理举报投诉案件49个；办结“三品一械”大要案25个，货值金额1340万元；向公安部门移送涉嫌犯罪案件线索9个，移交犯罪案件9个，逮捕6人。武汉知识产权审判庭入驻光谷办公，全年新收知识产权案件4488个，比上年增长11.9%。其中，全年新收专利技术类案件589个，比上年增长90.6%；新收跨区域知识产权案件184个，比上年增长398%；受理著作权侵权案件3124个。

（武汉地方志办公室）

【黄石市科技创新平台建设】 2018年，黄石市制定《黄石市科技创新平台建设工作方案（2018—2020年）》，新增省级工程技术研究中心4个、市级工程技术研究中心34个、市级校企共建研发中心4个。加快推进产业技术研究院建设，新增产业技术研究院4个，总数5个。加快国家农业科技园区建设步伐，成立核心区管委会，指导核心区新增投资4.7亿元，比上年增长203%。农业创业平台新增国家“星创天地”2个、省级“星创天地”3个。启动市级“星创天地”建设工作，出台《黄石市星创天地建设实施方案（试行）》，新备案市级“星创天地”4个。建立高新技术企业长效培育机制，培育申报高企153个，比上年增长68%，新增高新技术企业60个，总数220个，比上年增长37.5%。出台《黄石市科技孵化器备案评价暂行办法》，新增市级孵化平台4个。推进创业平台提档升级，新增省级孵化平台3个，新增科技型创业企业247个，在孵企业超过1500个。开展科技型中小企业评价工作，新增入库企业113个。大冶湖高新技术产业园区升级为国家高新技术产业开发区，黄石成为全省第三个同时拥有国家级经开区和高新区的城市。

【黄石市高新技术产业产值】 2018

年，黄石市高新技术产业总产值1079.3亿元，首次突破1000亿元。高新技术产业增加值247.4亿元，比上年增长12.4%，高于规上工业增速3.4%。高新技术产业增加值占GDP比重15.6%，比上年提高2.4%；高新技术产业增加值占规上工业增加值的比重45.8%，比上年提高11%。纳入高新技术产业统计的企业243个，比上年增长8%。

【黄石市科技成果转化】 2018年，黄石市实施科技成果大转化工程，制定《黄石市2018年科技成果转化项目奖励性补助实施方案》，落实奖补资金262.5万元，组织实施省级科技成果大转化项目80个。获省科技奖12个，其中，科技进步二等奖2个，科技进步三等奖8个，技术发明奖2个。深化产学研合作，组织校（院）企产学研对接活动16场次，签订产学研合作协议30个，技术合同登记额35.4亿元，征集企业技术需求226个。

【黄石市科技创新投入】 2018年，黄石市调整科技计划项目资金，新设立创新专项资金8000万元，比上年增长186%。创新财政科技投入方式，突出重点产业创新需求，加大对创新平台、高新技术企业、成果转化支持力度。支持企业向上争取科技项目30个，落实无偿经费1726.6万元，比上年增长186%，其中东贝电器承担的“车载直流压缩机关键技术研发及制造”等3项目获省科技创新重大项目立项，落实无偿经费700万元。组建“黄石市高新技术产业投资有限公司”，开展科技信贷结合试点，设立5000万元科技信贷风险补偿资金池；组建2.5亿元的股权投资基金，制定《黄石市知识产权质押融资风险补偿机制建设试点工作方案》，网安科技通过专利质押获得银行贷款2800万元。

【黄石市知识产权保护】 2018年，黄石市实施知识产权示范企业培育工程和规上企业专利“扫零”工程，新增国家级知识产权示范企业1个、省级知识产权示范建设企业12个，华新水泥获第二十届国家专利优秀奖。推进知识产权政策体系建设，出台《市人民政府关于加快知识产权强市建设的实施意见》，增强企业知识产权创造保护意识。全市专利申请6013个，比上年增长20.3%；授权2702个，比上年增长91.8%，其中发明专利授权149个。全市万人发明专利拥有2.98个。加大专利执法力度，立案查处涉嫌假冒专利及专利标注不规范案件152个。

（黄石市地方志办公室）

【鄂州市高新技术增加值和科研成果】 2018年，鄂州市完成高新技术产业增加值131.3亿元，占GDP比重13.1%。申请专利1562个，比上年增长13%。其中发明专利1063个，占申请总量的68%，比上年增长16%，企业专利申请423个，占申请总量的27%，比上年增长22%。新增授权发明专利57个，比上年增长27%。“万人有效发明专利拥有量”4.12个，比上年增长76%，在全省市州中排名保持第三位；两个专利被评为第四届湖北省优秀专利奖，爱民药业有限公司获得全省高价值专利培育项目，纳入国家科技型中小企业信息库企业108个，享受加计扣除税收优惠政策2500万元。登记科技成果27个，登记技术合同170个，技术交易额12.03亿。增加农村信息化站点6个，增加省级知识产权示范建设企业2个。

【鄂州市“333”高层次创新创业人才团队】 2018年，鄂州市设立“333”（30名国际顶尖人才、300名国内领军人才、3000名省级领军人才）高层次创新创业人才团队。湖北锐世谢庆国教授团队、武汉亿美特瞿金平院士团队等12个团队首次入选高层次创新创业人才团队，被认定为鄂州市首批“333”高层次创新创业人才团队，其中创业B类8个、创业C类1个、创新A类1个、创新C类2个。认定后每个人才团队的项目，可分别获得20万至200万元项目资助资金、500万至1亿元配套股权投资、场租补贴、上市奖励、购房奖励等政策扶持。此次入选的12个人才团队项目，两年内可获得990万元项目资助资金。

（鄂州市地方志办公室）

【孝感市高新技术产业】 2018年，孝感市高新技术产业增加值257.2亿元，比上年增加16.9%，增幅为湖北省第一。高新技术产业占GDP比重13.5%，首次超额完成省定工作目标。申报高新技术企业138个，占年度目标任务131.4%；

转化重大科技成果155个，占任务的218.3%；培育科技型企业179个，占任务的130.7%。申请发明专利2775个，占任务的111%。启动国家创新型城市建设，国家农业科技园区获批。孝感市承办湖北省知识产权示范企业建设工程现场推进会、湖北省科技产业扶贫工作现场会，知识产权工作绩效考核在全省排名居各市州第一位，被推荐申报2018年全国知识产权人才工作先进集体。安陆、孝南、孝昌、应城4个县（市、区）在全省科技创新考评工作中进入16强，受到湖北省委、省政府表彰。

【孝感市科技创新平台建设】 2018年，孝感市科技创新平台建设成绩显著。全年新申报高新技术企业138个，高新技术企业总数277个，比上年增长18.9%。组织152个企业通过科技部科技型中小企业评价。获批国家级"星创天地"1个、省级"星创天地"3个、省级孵化器3个、省级众创空间1个，全市各类孵化载体总数44个。

【孝感市科技服务与成果转化】 2018年，孝感市增强科技服务力度。分两批组织97个企业160个产品通过省级高新技术产品登记备案，高新技术产业增加值24亿元。其中，孝南区高新产业增加值比上年增加28.7%。重点培育50个农业创新主体，集成组装和推广应用77个新品种、新技术、新模式，引进国家"三区"（边远贫困地区、边疆民族地区、革命老区）人才28名，选聘省市县科技特派员425名，开展产业扶贫工作，组织科技下乡活动13场次，建成各类特色产业基地15个。面向全市发布水污染防治技术目录6个。组织科技型企业争取中央省各类科技计划项目50个，获得无偿资助资金1914万元。重点引导34个企业加快自主研发、技术引进、成果转化步伐，攻克产业关键核心、共性技术22个。征集发布企业技术需求260个，组织校企对接活动21场次，转化重大科技成果数占目标任务的比例为历年最高。

【孝感市科技协作一体化】 2018年，孝感市与武汉市科技局达成合作协议，建立定期互动机制，助推汉孝科技创新一体化工作进程。赴武汉等地开展科技招商引资活动15次，接待来孝洽谈、对接的企业家32人次，掌握招商引资信息13个。其中投资总额39亿元的"深圳锦缘汽车动力电池项目"落户临空区，武大卓越智能机器人等3个项目进入深度洽谈阶段。强化急需人才对接，柔性引进武汉知识产权专业人才和百名博士专家，对口服务孝感科技创新；与武汉高校院所联合举办科技成果推广活动10场次，促成多项科技成果在孝转化应用；引进武汉永嘉等专利代理公司在孝设立办事处，引进东创集团参与孝感孵化器建设。应城市与武汉多家高校签订战略合作协议，并与武汉轻工大学合作建设湖北盐产业技术研究院。

（孝感市地方志办公室）

【黄冈市高新技术产业】 2018年，黄冈市完成高新技术产业增加值182.4亿元，占GDP比重9%。申报高新技术企业148个，新认定61个。科峰传动集团生产的盾构机用减速机、谐波减速机产品打破国外技术垄断，祥云集团入选国家技术创新示范企业。出台《黄冈高新区人才引进奖补实施细则》，启动财税、人事、薪酬等制度改革。

2018年9月28日，黄冈市千企联百校对接会在黄州召开

（黄冈市地方志办公室 供稿）

实施利奈唑胺原料药及其制剂生产工艺研究等6个省级重大科技专项和24个省级研究与开发项目，新增高新技术产品232个。

【黄冈市科技创新平台建设】 2018年，黄冈市建设国家级孵化器1个、省级孵化器（众创空间）29个、加速器13个，培育在孵企业258个、科技型中小企业174个。新认定省级星创天地4个、市级星创天地20个；省级高新区发展到6个。新建科研平台41个，全市科研平台总数254个，院士工作站34个、省级产业技术研究院1个、省级工程技术中心和校企共建研发中心60个。鲁班药业等4个企业入选省级创新团队，英山毕昇科技产业园入选省级人才创新平台。实施蕲艾特色小镇、艾草自然科技资源库等一批重点项目，成立省中药资源应用工程技术研究中心等研发机构5个，开发产品系列28个、产品800余个。

【黄冈市科技服务与成果转化】 2018年，黄冈市深入企业开展科技专题调研，走访企业402个，征集技术需求260个；在武汉工程大学、武穴市、蕲春县等地组织专场对接会5场次，实施合作项目120个，获2018年度省科学技术奖6个。实施科技副总（创新团队）计划，引进科技副总（创新团队）138个。向贫困村选派国家三区人才75名、省级科技特派员7名、市级科技特派员220名；实施农业科技成果转化项目4个、科技扶贫项目7个；开办油茶、桃树等专题培训10场，培训农户1500人次。开展油茶鲜果规模化前处理与装备等关键技术研发28个。投入资金5万元帮扶蕲春县株林镇达城村，争取20万元的省级科技扶贫项目。加快医学科技成果临床转化和普及推广，市中医院申报省肛瘘临床医学研究中心。美格太阳能移动能源项目投产，日产太阳能移动电池1万片，光电转换效率22%。林立新能源科技有限公司成果转化项目获珞珈梧桐、云和资本投资2000万元，获评全省科技成果转化的示范项目。

【黄冈市科技创新与专利管理】 2018年，黄冈市承办2018年度湖北省科学技术奖评审大会。制定《市科技局创新创业行动实施方案》，争取省级以上各类科技计划项目124个，落实项目经费3123万元；兑现科技奖补资金3300多万元。获省级重大科技专项6个，立项数和争取经费额度居全省第2位。签约项目9个、新开工项目4个、引进优质项目1个，协议固定资产投资85.8亿元；实施重点企业优惠政策。享受研发费加计扣除政策企业197个，加计扣除额3.09亿元；享受高新技术企业税收优惠政策企业68个，减免所得税1.17亿元。申请专利5553个，申请发明专利2045个，增幅居全省第1位；万人发明专利拥有量1.14个。

（黄石市地方志办公室）

【咸宁市高新技术产业】 2018年，咸宁市高新技术产业总产值616亿元，比上年增长24.5%；高新技术增加值147.9亿元，比上年增长13.7%；高新技术占GDP比重10.9%，居全省第10位。全年申报高新技术企业94个，高新技术企业发展到214个，科技企业孵化器在孵企业150个。组织29个企业56个产品申报高新技术产品登记备案，全市纳入高新技术产品登记备案的企业277个。出台《咸宁智能机电产业集群国家级创新型试点行动方案（2018—2020）》，修订《关于加快科技创新体系建

2015—2018年黄冈市科技活动和高新技术产业统计表

指标名称	单位	2015年	2016年	2017年	2018年
各类专利当年授权量	件	1315	14003	1496	2138
发明专利累计拥有量	件	565	645	715	726
有R&D活动的规模以上企业	个	141	201	255	279
#R&D活动人员数	人	5302	6080	6559	6500
R&D经费内部支出（规上）	亿元	7.87	12.09	15.48	12.53
#经常费用支出	亿元	6.34	9.80	12.04	13.08
资产性支出	亿元	1.53	2.30	3.44	1.29
新产品销售收入	亿元	201.57	307.98	294.68	301
高新技术企业数	个	138	185	213	273
高新技术产业增加值	亿元	130.46	156.81	196.52	182.40

设的实施意见》，安排1500万元资助企业技术创新活动和研发平台建设，各县（市、区）落实支持科技创新奖励政策，激发企业创新活力。转化科技成果53个，转化金额2000余万元，完成年度目标115.2%，登记技术合同463个，技术合同成交额31.86亿元，完成年度目标177%。登记科技成果67个，其中，国际先进7个，国内领先39个，国内先进21个。

【咸宁市大众创业万众创新】 2018年，咸宁市出台《咸宁市科技创新“十三五”规划》，争取省级以上科技项目16个，争取无偿科技资金688万元。安排市级科技项目66个、876万元，发放奖补资金335万元。新增省级科技企业孵化器1个，省级科技企业孵化器发展到6个；新增省级众创空间2个，省级众创空间发展到9个；建成创业孵化平台20个，孵化面积超过18万平方米，孵化器新增科技创业企业150个，超额完成省定目标任务。湖北希普生物科技有限公司进入中国创新创业大赛全国总决赛，获第七届中国创新创业大赛生物医药行业总决赛优秀奖。举办大型科技创投公益电视栏目《天使有约》，现场签约创业投资项目5个，意向金额3000万元。申报湖北省科技奖励项目13个，7个项目获得奖励。推进“武汉城市圈技术转移聚集区服务平台咸宁分站”建设，“科惠网”咸宁分中心投入运营。获批国家知识产权优势企业3个，省知识产权双创服务基地1个，省级知识产权试点学校3所，赤壁市获批省级知识产权示范县市。企业的专利技术产业化率80%。申请各项专利3764个，比上年增长13.9%。其中，发明专利申请1212个，比上年增长26.9%。授权各项专利1886个，比上年增长36.1%。其中，发明授权92个，比上年增长43.8%。

（咸宁市地方志办公室　陈秋娥）

【仙桃市科技创新】 2018年，仙桃市科技创新工作成效显著。全年高新技术产业增加值100.89亿元，增加值占GDP比重12.6%。被科技部列入全国首批创新型县（市）建设名单。编制《创新型县（市）建设方案》，奖励补助2017年认定的高新技术企业、省级工程技术中心、省级星创天地及市级技术创新中心400万元。40个科技型中小企业享受研发费7823.8万元，高新技术企业减免所得税6815.53万元。新认定高新技术企业22个，高新技术企业总数77个。新登记备案省级高新技术产品26个，产品总数204个，纳入高新产值统计的规上企业87个。新增省级知识产权示范建设企业5个，45个企业获得科技型中小企业编号。新增国家级星创天地2个，省级科技企业孵化器1个，省级星创天地1个，省知识产权双创服务基地1个，省级工程技术中心1个，市级技术创新中心10个，市级星创天地5个，孵化器新增在孵企业76个。实施科技成果转化登记41个，经省科技厅认定的26个，技术合同认定登记交易额11.23亿元。摩擦一号汽车科技（仙桃）有限公司获得省科技型中小企业创新奖。

【仙桃市专利管理和知识产权保护】 2018年，仙桃市申请专利1455个，其中，发明专利申请618个，PCT专利申请3个；获得专利授权601个，其中发明专利授权48个。全

2018年5月31日，仙桃市科技局组织专家进校园指导学生发明创造

（仙桃市地方志办公室　供稿）

2014—2018年仙桃市科技活动和高新技术产业统计表

指标名称	单位	2014年	2015年	2016年	2017年	2018年
各类专利当年授权量	件	285	335	421	441	601
发明专利累计拥有量[1]	件	0.93	1.17	1.39	1.93	2.26
有R&D[2]活动的规模以上企业	个	—	—	—	33	67
#R&D活动人员数	人	599	623	866	1433	2093
R&D经费内部支出	亿元	10494	24354	18893	26119	332963
高新技术企业数[3]	个	41	48	63	75	77
高新技术产业增加值[3]	亿元	54.46	58.46	66.22	84.18	100.82

注[1]：万人有效发明专利拥有量；

注[2]：研究与试验发展活动；

注[3]：含规模以下企业数据。

市有效发明专利258个，万人有效发明专利拥有量2.26个。5个企业被确定为省级知识产权示范建设企业，全市省级知识产权示范建设企业34个。新承担省以上项目5个，获得省以上项目资金63万元。加强国家知识产权强县工程试点建设。制定《仙桃市国家知识产权强县工程试点工作方案》。召开创造发明大赛颁奖暨知识产权专题培训会，邀请专家为企业技术负责人及镇办科技干部开展专题辅导，培训300人。3人获得国家局专利行政执法证。全年办理假冒专利案件75个、专利侵权纠纷案件12个，维护专利权人的合法利益。开展知识产权进课堂活动，组织仙桃职业学院1120人参加远程教育，市第四实验小学被确定为省中小学知识产权教育试点学校。

（仙桃市地方志办公室）

【潜江市高新技术企业产值】 2018年，潜江市高新技术产业增加值137.4亿元，按可比价计算，比上年增长13.4%，高于规上工业增加值增速5.6%；高新技术产业增加值占GDP的比重18.2%，排名湖北省第3位；高新技术产业增加值占全省的比重2.1%，比上年提升0.4%。有51个高新技术企业，71个高新技术产品登记备案企业。其中，高新技术产业统计单位88个，比上年净增11个，增幅14.3%。

【潜江市科技成果转化】 2018年，潜江市加快推动科技成果转化。组织企业实施科技成果转化29个、转化金额1447.2万元。17个项目获资金补助，补助资金119万元。登记技术合同198个，合同成交总金额6.37亿元，其中技术交易额4.76亿元。尝香思“优质高产大豆新品种选育”项目获批省级技术创新专项重大项目，获省200万元科技资金支持。中石化江汉石油工程有限公司测录井公司“涪陵页岩气水平井精准地质导向技术”和武汉新硅科技潜江有限公司“光纤级高纯四氯化硅关键技术”项目获省科技进步三等奖，潜江新锐硬质合金工具有限公司获省科技型中小企业创新奖。长飞光纤自主研发“低损耗和超低损耗单模光纤及预制棒”，生产出单模光纤G657A1和低衰减预制棒芯棒两个产品，销售收入1816.1万元、利润468.5万元、税收117.2万元。

【潜江市科技服务】 2018年，潜江市加强科技服务工作，加快高端人才引进。引进4名院士及其专家团队，设立院士工作站，开展38项前沿研究，涉及光信息电子、石油化工、生物医药等重点产业和虾稻等特色产业，申报发明专利14

2015—2018年潜江市科技活动和高新技术产业统计表

指标名称	单位	2015	2016	2017	2018
各类专利当年授权量	个	295	229	261	279
发明专利累计拥有量	个	47	74	109	120
有R&D活动的规模以上企业	个	–	–	–	–
#R&D活动人员数	人	8153	8363	16840	20292
R&D经费内部支出	亿元	4.71	1.22	14.18	7.09
新产品销售收入	亿元	166.49	252.82	353.25	458.24
高新技术企业数	个	26	39	51	51
高新技术产业增加值	亿元	37.25	59.96	100.99	137.37

2018 年 9 月 28 日，湖北省科技资源共享平台潜江培训会现场

（仙桃市地方志办公室　供稿）

个、实用新型专利 47 个，登记省级科技成果 12 个。建立科协搭台、院校创新和企业转化“三位一体”的产学研对接机制，推动 70 多个企业参与技术转让、委托开发、合作开发、共建基地、技术指导、人才培养等多种合作模式，促进企业技术攻关水平和创新能力提升。释放本土人才力量，从水产、农业、畜牧等部门选派 13 名实用技术专家，到 13 个重点贫困村开展小龙虾养殖、蔬菜种植、蛋鸡养殖等技术指导和培训，现场解决养殖技术难题 60 个。培训 30 场 500 农户（其中，贫困户 220 户），发放技术资料 1590 份。

（潜江市地方志办公室）

【天门市科技创新】 2018 年，天门市在全省科技创新综合考评中位列县市区第 66 位，比上年上升 6 位。新增高新技术企业 14 个，高新技术企数共 35 个。新增国家级星创天地 1 个，省级星创天地 2 个，省级众创空间 1 个，院士工作站 1 个。完成科技成果转化项目 22 个，技术合同交易额 8.7 亿元，征集技术需求 21 个。出台《关于深入推行科技特派员制度的实施意见》，选派农业科技特派员 20 名。举办华中科技大学专家教授天门行活动，10 名材料、光电、环境、机械方面的专家教授现场与天门纺机、星星轮毂、德远化工等 10 个企业负责人进行交流，探讨企业急需解决的技术难题及下一步产学研合作事宜。

【天门市知识产权保护】 2018 年，天门市推进知识产权工作。湖北端胜实业有限公司获批省级高价值专利培育、转化和产业化项目，拨付项目资金 10 万元；双创孵化器（湖北）有限公司获批省级知识产权双创服务基地项目，拨付项目资金 5 万元；湖北百奥科技股份有限公司获批湖北省知识产权海外护航试点项目，拨付项目资金 10 万元。

（天门市地方志办公室）

教　育

【武汉市教育体制改革】 2018 年，武汉市制定教育综合改革实施方案和改革任务清单，完成教育综合改革任务 13 个，2 个全面深化改革排头兵项目成效显著。获评全国唯一“学生视力健康管理示范区”。在国内率先探索出青少年学生近视防控有效路径，重点监测和管理小学阶段视力低下率“三连降”。校园足球工作经验在全国推广。新增校园足球布局学校 103 所，共 408 所，其中，国家级校园足球特色学校 153 所。教育法治建设全国领先。武汉市在学校章程全覆盖基础上，配套完善相关规章制度，形成“1+N”的现代学校制度体系，教育部官网推介本市现代学校制度建设经验。多项教育成果获国家级奖项。构建“四位一体”（支持系统、监测系统、报告系统和干预系统）的中小学生学业质量监测体系，该项成果获基础教育国家级教学成果二等奖。中等职业教育人才培养模式教学实践获 3 个国家级教学成果奖，包揽湖北省所获中职类全部奖项。多个教育专业“标准”领跑全国。武汉市在全国率先出台《武汉市中小学生研学旅行系列标准》。在国内率先制定“双师型”教师统一标准，全市中职学校 70.6% 的专业教师获得“双师”资格。国家级教育现代化实验区落地武汉。教育部教育发展研究中心与江岸区签约共建教育现代化实验区，填补中部地区空白。

【武汉市普惠教育】 2018 年，武汉市发展公益普惠性教育。以多种方式增加街道公益普惠性幼儿园，明确以住宅区配建为主渠道扩大公益普惠性学前教育资源供给方式，新建公办幼儿园 54 所，新增入园学位 1.2 万个。新建 12 所街道公益普惠幼儿园并对外招生，普惠性民办幼儿园数量 804 所，惠及幼儿 15.65 万人。全市在公办幼儿园和普惠性民办幼儿园就读幼儿占比 81.9%。学前教育毛入园

2018 年武汉地区各级各类教育机构基本情况统计表

	机构数（个）	毕业生数	招生数	在校生数		毕业班学生数	教职工数			占地面积（万平方米）	建筑面积（万平方米）	固定资产（亿元）
				计	其中：女		计	其中：女	其中：专任教师			
总计	2752	640150	759911	2540669	1171033	212325	218503	133920	149889	8954.10	4905.23	1005.04
其中：市属	2593	322298	392138	1374290	625689	208222	129097	93415	92564	3275.25	1659.08	250.46
一、研究生教育	20	34857	49082	138003	66899							
其中：市属		95	188	446	246							
二、大学教育	91	293488	334082	1075244	508199		92504	42945	59008	5974.01	3406.48	792.02
其中：市属	6	17196	22579	68804	35970		5239	2879	3141	344.37	184.98	40.85
1. 普通高校	84	251781	283732	969323	456091		91853	42629	58586	5950.55	3389.50	788.69
其中：市属	4	15602	20113	64629	33866		5239	2879	3141	344.37	184.98	40.85
2. 成人高校	7	41707	50350	105921	52108		651	316	422	23.46	16.98	3.33
其中：市属	2	1594	2466	4175	2104							
三、高中阶段教育	216	68217	71695	208834	85522	61949	48621	25462	17919	820.70	451.18	91.95
其中：市属	162	61419	64319	186452	79060	57846	46480	25023	16461	771.49	426.52	88.55
（一）中等职业教育	124	33117	35000	100155	33730	26027	8223	3087	6296	249.17	171.76	31.15
其中：市属	70	26319	27624	77773	27268	21924	6082	2648	4838	199.96	147.10	27.75
1. 中职学校	101	27855	26844	80551	33730	26027	6048	3087	4607	249.17	171.76	31.15
其中：市属	56	23553	22274	66770	27268	21924	5053	2648	4004	199.96	147.10	27.75
2. 技工学校	23	5262	8156	19604			2175		1689			
其中：市属	14	2766	5350	11003			1029		834			
（二）普通高中	92	35100	36695	108679	51792	35922	40398	22375	11623	571.52	279.42	60.80
四、义务教育	903	139610	192734	798363	362806	150376	30833	23020	50664	1773.72	770.76	121.06
1. 普通初中	282	63851	76595	219682	100112	69787	*	*	20088	803.14	363.43	51.61
2. 小学	621	75759	116139	578681	262694	80589	30833	23020	30576	970.58	407.33	69.45
五、特殊教育	9	344	400	2082	683		315	229	238	9.44	5.38	
六、工读学校	2	75	117	117	27		49	23	39			
七、学前教育	1511	103559	111801	318026	146897		46181	42241	22021	376.24	271.44	
总计中：普通中学	374	98951	113290	328361	151904	105709	40398	22375	31711	1374.66	642.85	112.41
普通中小学	995	174710	229429	907042	414598	186298	71231	45395	62287	2345.24	1050.18	181.86

注：1. 研究生教育机构数指科研机构数，研究生教育人数包括科研机构和普通高校培养的研究生。

2. 初中教职工数含在普通高中内，一贯制学校教职工数就高统计，专任教师数分学段统计。

率 90.1%，比上年上升 0.9%。新建中小学校 31 所，增加学位 4.78 万个。推进全市 217 个学区、55 个委托管理项目、30 个小班化教学共同体及 174 所小班化教学试点校建设，扩大优质义务教育资源覆盖面。促进普通高中多样化特色发展。推进 12 所领航试点高中创建活动。武汉市普通高考全口径上线率 13 年连续增长，一本上线率 45%，超全省平均水平。高中阶段教育毛入学率和优质高中在校生比例分别 98.2% 和 87.2%。

2018 年武汉市新入职教师宣誓　　（武汉地方志办公室　供稿）

【武汉市教育经费投入】 2018 年，武汉市教育费附加和地方教育附加征收 64.91 亿元，其中，教育费附加征收 43.96 亿元，地方教育附加征收 20.95 亿元。教育经费总收入 346.37 亿元，比上年增加 19.11 亿元，比上年增长 5.8%，其中，财政性教育经费收入 298.65 亿元，增加 11.43 亿元，比上年增长 3.9%，超过教育经费增长幅度。全市财政性教育经费占教育经费总投入的比例为 95.6%，比上年增长 0.5%。形成政府投入为主的教育投入机制，教育公益性理念凸显。

【武汉市教育基础设施建设】 2018 年，武汉市加强中小学、幼儿园基础设施建设。全年投入资金 2.16 亿元，改造学校 234 所。完善校园信息化环境，添加中小学“班班通”设备 5017 套，校园无线网络覆盖学校 70%。组织专业技术力量对 1494 所中小学、幼儿园校舍及附属设施进行排查，对鉴定为 D 级的 3744 平方米校舍全部停用封存，整改消除消防隐患 2010 个。创建“园林示范学校”和“美丽乡村学校”各 25 所，完成 30 所校园“绿色驿站”征集与建设任务。国家林业和草原局对武汉市第四十九中学园林绿化和绿色驿站建设工作给予肯定。完善中小学教育装备，推进校园安全视频的安装和使用。江汉区、硚口区、汉阳区、武昌区、洪山区、江夏区等区校园安全视频与公安部门联网，对学校全天候多方位的安全监控。91% 的幼儿园在公共区域和重点部位安装有安全视频系统。

【武汉市教师队伍建设】 2018 年，武汉市加强师德师风建设。印发《武汉市中小学师德师风考评细则》，完善师德师风考核机制。组织全市教育系统学习全面深化新时代教师队伍建设改革重要文件。加强寒暑假及重要节假日师德师风提醒。严查师德问题，市级受理师德师风投诉 96 个，调查率 100%，对 33 名违规教师进行处理。开展体罚虐待幼儿问题专项治理，守住教师职业底线。组织实施市级骨干教师培训，完成 53 个市级教师培训项目，培训教师 2.1 万人次，其中，农村学校参训教师 1.19 万人。组织民办幼儿园新进教师集中上好“入职第一课”。加强骨干教师队伍建设，57 名教师被评为第十批省特级教师，6 名教师获评“荆楚好老师”，1 名教师入选教育部乡村优秀青年教师培养奖励计划，1 名教师获中组部、教育部“万人计划”教学名师称号。深化教师综合管理改革。全年补充公办中小学教师 999 人，招募选派 150 名高校毕业生到农村义务教育学校开展志愿服务。深化教师支教交流，义务教育学校交流教师 3251 人，占符合交流条件教师总数的 15.6%，其中 54.2% 的教师具备中高级职称。选派 67 名教师赴祖国边疆支教，选派 10 名教师赴黄冈市团风县支教。

【武汉市招生考试工作】 2018年，武汉市组织12个、17次教育统一考试，总规模73万人次。高等学校及高中阶段学校招生录取11万人。普通高考报名5.4万人，录取率93.1%。成人高考报名3.6万人，硕士研究生招生考试报名1.4万人。中考报名6.3万人，升学率97.8%，普通高中和中职类学校录取比例为56∶44。自学考试规模29.8万人次、87.3万科次。组织社会考试规模26.7万人次、42.6万科次，比上年增长16.3%。4所市级示范高中和4所民办普通高中首次实行网上公开征集志愿。首次延时公布部分高分考生中考成绩，减少社会对中考状元和高分考生的过度关注和炒作。中考招生政策实行“三取消、三增加”，即取消中职提前批志愿设置、取消“农村独女双女”优录加分、取消“网招生”，增加职校志愿征集确认环节、增加民办普通高中招生学校和招生计划、增加招考工作纪律要求。推进自学考试助学班教考分离组考方式综合改革，实施考场安检，考风考纪治理取得显著成效。教师资格考试新增笔试考点8个、面试考点4个。研究生招生考试新增3个考区。为特殊考生开设“绿色通道”，单设考场，印制特殊试卷。在7所监狱专设自学考试考点。

【武汉市教育科研】 2018年，武汉市开展教育科研2018年度课题立项和教育科学“十三五”第一轮优秀论文评选；推进全市教育科学“十二五”优秀课题成果转化，评选展示课题28个。推进创客教育研究实践。开展以物联网、激光切割、人工智能、定格动画等为主题的专题培训7次，与华中师范大学创业学院联合举办“2018武汉市青少年暑期创客营”活动。举办“武汉市中小学创客教育直通车”系列活动（第六站、第七站）暨“武汉校园创客嘉年华”。启动全市中小学智慧课堂（翻转课堂2.0）教学实验项目，53所中小学成为首批实验学校。武汉市教育科学研究院申报项目《为学生全面发展奠基——武汉市“四位一体”义务教育学业质量监测体系研究与实践》获2018年基础教育国家级教学成果二等奖。“武汉市中小学翻转课堂教学实践应用共同体”入选教育部“2018年教育信息化教学应用实践共同体项目”。

（武汉地方志办公室）

【黄石市教育体制改革】 2018年，黄石市推进直属学校“局管校聘”教师管理体制改革。9所直属学校设置标准岗1240个、调剂岗40个，特设人才岗31个，11人转为非教学岗，7名教师跨校任教。在各县市区推广西塞山区“区管校聘”的教师人事制度改革经验，交流轮岗校长教师1414人，其中，校长71人、骨干教师349人、优秀教师994人。建立科学、规范、高效的人事管理体制，提升教师待遇。深化办学模式改革，大冶市、黄石港区成立多个办学集团。支持民办教育健康发展，筹办育英高中。各县市区启动校外培训机构清理整治工作，形成黑白名单制度。深化高中课程改革，全面对接新高考，成立生涯规划等五个课题组，确定7所新课改试点样本校，当年获部优课156节、省优课1096节；高考600分上线人数是上年的2.5倍，一本上线提升幅度、艺术体育上线率位居全省

2018年7月11日，大冶市召开新高考改革动员暨培训大会

（黄石市地方志办公室　供稿）

前列。黄石二中被评为“全国百强中学”，在全国信息学奥林匹克联赛获8个一等奖。湖北工程职业学院1名教师获“黄炎培职业教育奖”，3名师生获“黄石工匠”称号。教育信息化交流展示活动、中小学电脑制作活动、网络学习空间活动获全省“最佳组织奖”。黄石市教育信息化发展中心被评为全省中小学实验教学和装备管理“优秀组织单位”、全省幼儿园优秀自制玩教具展评通报表扬单位。全省技能大赛获奖率49.6%，居全省第四位。

【黄石市教育基础设施建设】 2018年，黄石市修订城区基础教育布局规划，投资20.9亿元，建设幼儿园83所，建设和改扩建中小学67所。投资8.4亿元，推进13个重点项目建设。改造612所薄弱学校，校舍建设项目开工面积74万平方米，竣工面积69万平方米，设备购置3.9亿元，完成薄弱学校改造工程，7个县市区全部通过均衡发展国评。坚持高位统筹，构建网格化管理体系，建立市、县（市）区、乡（镇）、基层学校的四级安全管理网格。学校物防“九大件”的配备达标，视频监控系统安装率80%，500所学校安装“一键式报警系统”，配备学校保卫干部1028名、保安员1423名。全市学校A类探头以及校车动态探头全部接入公安机关指挥中心。

【黄石市校园安全管理】 2018年，黄石市加强校园安全管理工作。联合交警部门对全市687台校车驾驶员和校车责任人进行交通安全培训；联合相关部门对650个学校食堂开展校园食品安全专项督查，检查校园周边经营户7000个，限期整改100个。创建省级“依法治校示范校”16个、市级“法治学校”45个。黄石五中、老虎头小学被评为省级“法治建设示范点”；黄石一中宿寝管理成为全省校园后勤保障品牌，学校获全国文明校园称号，校长方和平被评为“黄石市十大法治人物”。

【黄石市教师队伍建设】 2018年，黄石市教师队伍建设取得新成效。开展“铸师德 强师能 做新时代四有好教师”主题教育实践活动，学习《新时代中小学教师职业行为十项准则》等职业法规，开展评选学术学科带头人、骨干教师等活动，发挥学科优秀教师的辐射引领作用。创新教师培训与教研形式，举办教育教学论坛和班主任论坛，分享教育观点与教育智慧，增强教师职业认同感；推进课程改革和新高考改革的有机融合，以省级课题《黄石五中1+N特色发展路径研究》为突破口，开展校本特色课程开发建设，开设11门校本选修课课程，推进校本特色课程建设力度，探索选课走班模式，对接新高考。加强师德师风建设，落实“局管校聘”、竞聘上岗，提高教职工的紧迫感和责任感，提升学校教育质量。引进青年教师，组织青年教师座谈会、青年教师赛课活动，提高青年教师的专业素质和工作积极性。探索新高考改革模式，采取“走出去、请进来、沉下去”相结合的学习方式，分批选派中层干部、骨干教师赴杭州、上海、北京、山东等地学习开展新高考交流活动。聘请山东、北京新高考专家对教师进行集中培训，促进教师转变教育观念，适应新时代教育改革发展要求。承接省“十三五”规划课题《高中教师自我发展的问题与对策研究》，获得结题鉴定专家组高度评价。全年教师获奖和发表论文60篇，论著1本，科技专利1个。涌现出多个名师团队和一批优秀教师，多人在“一师一优课”中获省市优课奖，其中，王文佳再获部优奖。

（黄石市地方志办公室）

2018年黄石市基础教育统计表

教育机构	学校数（所）	学生数（人）	专任教师数（人）
幼儿园	412	89276	4730
小学校	443	220693	10705
初级中学	104	86614	6418
高级中学	36	52700	4015
特殊学校	3	451	74
成人高校	1	24254	—
职业学校	—	—	—
大学	—	—	—

【鄂州市教育体制改革】 2018年，鄂州市实施高中阶段教育普及攻坚计划，扩大优质高中教育资源，改扩建梁子湖高中、华容高中，加快迁建葛店高中工程进度。借鉴上海、浙江、山东等地改革经验，在课程体系建设、师资队伍培训、选课走班模式、学生职业生涯规划指导、完善硬件设施等方面，有计划、有步骤地开展高考改革前各项准备工作。推进民办教育机构治理工作，集中清理整治民办无证幼儿园和校外培训机构。全市132所无证幼儿园，依法许可58所、限期整改55所、取缔19所；全市184个校外培训机构中进行学科类培训的机构115个，依法许可77个、限期整改18个、取缔20个。推进办学管理体制改革。开展名校办分校一体化办学模式试点，通过建、管、办、评四分离模式，建设华中师范大学附属学校。新设新民街小学东校区，增加学位1600个，缓解主城区大班额问题；"三通"（宽带校校通、资源班班通、空间人人通）实现城乡全覆盖，率先在全省建成市级教育公共服务平台，城乡学校同步课堂覆盖率40%。推进职业教育现代学徒制改革试点，鄂州中专被授予"全国青少年三维创意设计示范校"称号，两名学生获得全国青少年3D打印作品奖。

【鄂州市教育机构与在校学生】 2018年，鄂州市中小学校306所。其中，高中10所、初中33所、九年一贯制学校6所、小学247所（含农村教学点128所）、特殊教育学校1所、中职学校9所；教职工9382人；在校学生12.58万人。幼儿园179所，教职工2540人，在园幼儿2.87万人。高职院校4所，在校学生2.55万人。

（鄂州市地方志办公室）

【孝感市教育机构与在校学生】 2018年，孝感市有各级各类学校1273所，在校生63.06万人，教职工数5.17万人（专任教师4.19万人）。其中，幼儿园563所，在园幼儿122019人，教职工12479人；小学456所（另设160个教学点），在校生271434人，教职工15142人；普通初中178所，在校生115627人，教职工12936人；普通高中49所，在校生64389人，教职工6903人；中等职业学校17所，在校生21003人，教职工1462人。特殊教育学校7所，在校生467人，教职工121人；高校3所，在校生35668人，教职工2643人。

【孝感市教育改革和发展】 2018年，孝感市推进教育综合改革。借鉴外地经验和做法，按照"依法办学、自主管理、民主监督、社会参与"总要求，遴选16所学校开展现代学校制度建设试点。召开高考动员大会，安排部署全市高考综合改革工作，开展各级各类人员培训，熟悉新高考的变化和要求。采取"走出去、请进来"的办法，组织高中学校校长、教研员赴上海、浙江、海南等地学校学习考察，同时邀请各地专家来市作专题讲座。采取网络研修和集中培训相结合的方式，加强对教育部新修订颁布的普通高中课程方案和课程标准的学习。加强新高考课题研究，对高考改革中的选课走班、教师配置、生涯规划等方面可能遇到的问题进行梳理和指导。成立市直、"三区"和各县（市、区）21所小学、31所初中教育教学联合协作体，聚焦课堂，以发展学生的核心素养为目标，探索具有孝感特色的高效课堂教学模式，推进课堂教学改革。12所市直学校与武汉市12所学校结对合作交流，着重就现代学校治理、学生行为习惯养成教育、打造高效课堂和信息技术应用等方面进行交流学习。

2018年鄂州市基础教育统计表

教育机构	学校数（所）	学生数（人）	专任教师数（人）
幼儿园	308	42900	2540
小学校	248	72591	4743
初级中学	39	30223	2717
高级中学	11	15798	1241
特殊学校	1	—	—
高级院校	4	25500	—
中职学校	9	14995	9382
大学	—	—	—

【孝感市教师队伍建设】 2018年，孝感市制定《关于全面深化新时代教师队伍建设改革的实施办法》《孝感市中小学教师有偿补课等行为处理办法》等文件，从顶层设计上规范学校依法治校、教师依法从教。出台《孝感市中小学校（单位）领导人员管理暂行办法》，从制度上规范干部的选拔、任用和管理工作，实行任期目标责任制和副职竞聘上岗制度，按照此办法共提拔、交流市直学校（单位）领导人员29人。市直10所学校公开招聘教师157人，引进免费师范生14人，全市农村义务教育学校招考新机制教师182人，地方自主招考教师866人，充实师资力量，改善年龄结构、学科结构，初步解决了代课教师问题。遴选1332名教师参加“国培、省培”项目。举办国学知识培训班16期，3000余名中小学教师参训；举办教育大讲堂6期，培训2000名中小学教师。制定《孝感市中小学教师梯级专业荣誉分级评选专业标准（试行）》，评选18名“孝感教坛名家”、100名“孝感教坛名师”、300名“孝感教坛英才”、599名“孝感教坛能手”、963名“孝感教坛新秀”，共1980人。中国教育报、中国教师报等媒体宣传孝感市经验做法。

【孝感市教育信息化建设】 2018年，孝感市各中小学校宽带网络接入率100%，班班通教室配备率90%。开通教师空间的教师比例85%，开通学生空间的学生比例50%。完成智慧教育云平台各功能模块调整、整合工作。全面投入使用教育大数据中心、学校目标管理平台、教育教学服务平台。开展10次信息化应用交流展示活动和竞赛，参赛作品4000件，获省表彰7件（次）。孝感名师工作室专题教育社区获湖北省“优秀网络教研工作室”，孝感市教科院名师工作室获中央电化教育馆表彰。

【孝感市校园安全管理】 2018年，孝感市加强校园安全管理工作。全市免费向学生发放《安全教育读本》12.5万册，发放防溺水一封信53.1万余份。各级学校开展专题学习、开办专栏、召开主题班会、国旗下的讲话等教育5000场次，开展安全疏散演练2104场次。联合公安、城管、食药监、文体新广等部门，开展“健康校园”“护校安园”专项行动和食品安全、校车安全等专项检查，清理各类占道经营行为194处，收缴非法出版物205件。对市直及“三区”所有学校食堂、超市开展食品安全和传染病防控工作检查，下达整改通知书168份，发放宣传资料400份。检查校车1337辆、校车驾驶员1371名、随车照管员1197名，发现安全隐患236处，下发整改通知书106份，停运校车14辆，清除不合规驾驶员16人。全市7所学校被评为省级“平安校园”、8所学校被命名为省级“绿色文明校园”。

【孝感市中等职业教育】 2018年，孝感市按照市场急需优先、专业总量控制的要求，规范全市中职学校专业设置管理，建立中等职业学校专业动态调整机制。结合当地产业结构和产业发展方向，全市中等职业学校开设农林牧渔、加工制造、交通运输、信息技术、财经技术、财经商贸、医药卫生、教育类等10个专业大类、79个专业。现有湖北省重点专业32个，湖北省特色专业9个。电梯安装与维修、机电制造技术、城市轨道交通运营与管理等校企合作共建专业形成品牌，专业发展规模扩大。9所中职学校选派156名选手参加全省中职学生职业技能大赛七大类17个项目比赛，获得一等奖5名，二等奖16名，三等奖27名，总积分综合排名全省第五，比上年提升三个位次。全市中职学校毕业学生7303人，一次性就业率95.5%。

（孝感市地方志办公室）

【黄冈市教育机构与在校学生】 2018年，黄冈市有各级各类学校2005所，在校生94.18万人，教职工6.95万人。其中，幼儿园1017所，在园幼儿20.75万人；小学680所（不含农村教学点790个），在校生43.65万人；初中238所，在校生19.71万人；高中61所，在校生9.93万人；中等职业学校26所，在校生4.53万人；成人高校（电大）1所，注册学员1.26万人；普通高校3所，在校生4.19万人；特殊教育学校9所，在校生1465人。黄冈职院获评“全国高职院校服务贡献50强”。

【黄冈市教育体制改革】 2018年，黄冈市出台《2018年度黄冈市教育体制改革重点改革任务清单》。

推进新高考改革、新时代教师队伍建设、市区义务教育优质均衡改革、普惠性学前教育发展、黄冈市中等职业学校（集团）、民办教育分类管理、扩大县管校聘改革试点、启黄中学改革以及县域内城乡义务教育一体化改革、中小学管理模式改革。推进市实验小学与市第二实验小学、市实验幼儿园与市园丁幼儿园集团化办学，完成市东坡小学与市三台小学实质性合并，市实验幼儿园城东分园引入民营普惠机制；武穴市深化“3+2”办学模式改革，进一步优化“学区”设置，扩大“联校制”覆盖和“一校制”实施范围，制订“一校制”“联校制”“学区制”多种模式办学改革实施方案，制订2018年启明星计划，深化办学模式改革。

【黄冈市教师队伍建设】 2018年，黄冈市出台《中共黄冈市委黄冈市人民政府关于全面深化新时代教师队伍建设改革的实施意见》，解决教师队伍瓶颈问题。实施“空岗补齐”计划，招录农村义务教育学校教师1334名，补充农村义务教育学校新机制教师185名，定向招收培养农村本土化小学全科教师427名。市直学校招聘教师40名，引进教师38名，调配交流教师63名。组织国家、省、市三级培训项目143批、4.4万人次。落实省厅交办的跟岗培训任务，培训为期1年的西藏山南市教师25人；派出10名教师赴美、英、中国台湾等地进行海外高端研修。正高职称评审通过15人、高级职称评审通过381人、中级职称评审通过733人。43名教师入围湖北省第十批特级教师评选，3名教师获湖北首批“荆楚教育名家”称号，3名教师入选“湖北名师工作室”主持人。

【黄冈市教育经费投入】 2018年，黄冈市教育经费总支出104.6亿元。其中，公共财政教育经费86.7亿元，占公共财政支出18%。市本级财政投入教育经费7.15亿元，征收“两费”4770万元，一般公共预算教育经费5.11亿元，占一般公共预算支出10.5%，比上年增长1%。争取上级资金6.4亿元。出台学前教育生均公用经费政策，落实生均标准500元；义务教育实现生均公用经费、免费教科书、家庭经济困难寄宿生生活补助等政策城乡一体化。化解2011年以来普通高中债务4.5亿元。组织资金项目6.4亿元，批复义务教育学校建设项目388个，普通高中建设项目6个，建设周转宿舍240套，为747所学校添置设施设备7451万元。市区投入建设资金近3亿元，建设市城东小学、市实验幼儿园城东分园，增加校园建筑面积3.9万平方米、小学学位2160个、幼儿园学位900个；建设黄冈思源实验学校，新增校园建筑面积2.8万平方米、学位2160个；改造东坡小学南区、北区建筑面积5200平方米，增加学位1080个。

2018年黄冈市学校（幼儿园）统计表

教育机构	学校数（所）	学生数（人）	专任教师数（人）
幼儿园	1017	207523	9406
小学校	680	436457	23133
初级中学	238	197091	14266
高级中学	61	99276	8048
特殊学校	9	1465	245
成人高校	1	12638	19
职业学校	26	45319	2372
大学	4	41921	1987

【黄冈市教育精准扶贫】 2018年，黄冈市资助贫困家庭学生44万人次，资助金额4.89亿元。其中，资助建档立卡贫困家庭学生27万人次，资助金额2.4亿元。发放困难幼儿资助金4.4万人次、2219万元；发放农村义务教育贫困在校寄宿生生活费补助13.3万人次、7482万元；发放贫困高中生资助金3.6万人次、5530万元；免除高中建档立卡等贫困学生学费2.5万人次、2374万元；免除中职生学费7.5万人次、7905万元；发放中职生助学金4.2万人次、4202万元；提供贫困大学生贷款2.3万人、1.7亿元；提供大学新生入学资助1940人、105万元；发放大学新生泛海资助1764人、882万元；争取社会资助贫困学生6610人、1861万元。地方政府整合资金3900万元，资助政策无法覆盖

的建档立卡困难学生 6.4 万人。

（黄冈市地方志办公室）

【咸宁市教育机构与学生】 2018 年，咸宁市有各级各类学校 532 所，学生 501584 人，教职工 33989 人，专任教师 27048 人。其中：中等专业学校 15 所，学生 16110 人，教职工 901 人，专任教师 725 人；普通高中 25 所，学生 41996 人，教职工 3621 人，专任教师 3217 人；普通初中 123 所，学生 97605 人，教职工 7601 人，专任教师 6998 人；普通小学 361 所，学生 236026 人，教职工 11366 人，专任教师 11049 人；特殊学校 6 所，学生 396 人，教职工 90 人，专任教师 78 人；幼儿园 519 所，在园幼儿 109451 人，教职工 10410 人，专任教师 4981 人。

2018 年咸宁市学校（幼儿园）统计表

教育机构	学校数（所）	学生数（人）	专任教师数（人）
幼儿园	519	109451	4981
小学校	361	236026	11049
初级中学	123	97605	6998
高级中学	25	41996	3217
特殊学校	6	396	78
成人高校	0	0	0
职业学校	15	16111	725
大学	2	29342	1877

【咸宁市教育体制改革】 2018 年，咸宁市政府实施城区义务教育三年行动计划，推进城区学校新建、改扩建。咸宁市第二实验小学、市香城学校、市第十八小学、区凤凰小学四所学校在 9 月 1 日开学，增加学位 4500 个。实施高中阶段学校招生考试改革。组织市教科院、考试院开展高考改革专题调研，听取意见；组织教育领域 90 人赴上海、江苏等地学习新高考改革实践经验；邀请专家学者来咸宁作新高考专题培训；组织各县（市、区）招考机构、一中考务干部参加湖北省新高考改革交流会。推进职业教育改革。赤壁市整合公办职校、电大、技校教育资源，新组建赤壁市中等职业（集团）学校，9 月开始运行。投重资改革办学条件。崇阳一中争取中央建设资金 1875 万元、省级资金 567 万元，兴建学生宿舍楼、综合楼、改造运动场、食堂等基础设施；赤壁一中争取省级资金 636 万元、市级资金 1500 万元，用于新建教学楼、科技馆和添加多媒体教学设备；通城县将三所高中建设纳入“十大工程”建设。

【咸宁市招生与考试】 2018 年，咸宁市组织各类教育考试 14 次。其中，普通高考 1.62 万人，英语口语考试 3895 人；九年级中考 2.38 万人，八年级学业考试 2.91 万人；成人高考 4559 人；教师招聘考试两次，市直学校招聘考试 1137 人，农村教师招聘考试 2931 人；教师资格证考试笔试、面试各两次；自学考试两次，上半年 2435 人，下半年 2311 人，上机操作考试 100 多人。

（咸宁市地方志办公室　陈秋娥）

【仙桃市教育基础设施建设】 2018 年，仙桃市把改善办学条件列入市政府 10 件实事之一。改扩建 10 所学校（幼儿园），新增基础教育学位 1.1 万个。其中，新增 4 所城区义务教育学校，增加小学学位 4500 个、初中学位 2500 个。争取资金 8000 万元，改造学校项目 94 个。改善办学条件，所有乡镇学校教室“班班通”，设立图书室，建设塑胶运动场；所有农村寄宿制学校建学生食堂和澡堂；所有学校进行外墙翻新。顺应城市化进程，编制 11 个城镇学校建设规划，补齐教育资源短板。优化学校布局，将原仙桃八中改办为沔州小学新校区，将原电大交由大新路小学改办新校区，扩充老城区的教育资源。仙桃二中新校区、荣怀小学等重点项目投入使用；改建通海口二小、三伏潭栗林咀小学，扩充乡镇教育资源，提高市域教育资源均等化水平。

【仙桃市教师队伍建设】 2018 年，仙桃市加强教师队伍建设。建立校级名师工作室 36 个，评选 10 个市级名师工作室。举办校长讲堂、教师讲堂、领导干部读书班多期，组织“国培”“省培”和市级培训 3200 人次，选派 5 名优秀校长、教师赴台湾参加培训。建立教师补充交流机制，出台《仙桃市校长教

2018 年仙桃市学校（幼儿园）统计表

教育机构	学校数（所）	学生数（人）	专任教师数（人）
幼儿园	203	37760	177
小学校	89	88473	4665
初级中学	29	37051	3097
高级中学	9	22102	1748
特殊学校	1	–	32
成人高校	1	–	–
职业学校	4	5840	–
大学	1	10581	479

师交流轮岗实施方案》，引导城镇优质学校 34 名校长、729 名骨干教师到农村薄弱学校任职任教；招聘省新机制教师 25 名，招录优秀大学毕业生 300 名，充实到教学一线，向农村学校倾斜。鼓励教师支教，选派 6 名优秀教师援疆、援藏支教。按照干部选拔程序，选拔百名年轻干部到教育教学领导岗位上工作。实行师德问题一票否决制，建立教师师德档案，评选表扬“师德标兵”“优秀班主任”“最美乡村教师”各 20 名。

【仙桃市教学研究】 2018 年，仙桃市以三月“教学管理月”和“十月教科研月”活动为载体，开展教师教学比武、校长全员带课、局长推门听课等活动，提升教学教研质量。实施素质教育，引导学校组建书画社、篮球社、乒乓球社等学生社团，聘任辅导教师，组织学生开展学术科技、文化艺术、体育健身等课外活动，培养学生兴趣爱好。仙桃市获得湖北省校园足球男子 U11 组比赛冠军，第三届湖北省体育教师教学技能大赛获得团体第五名、个人一等奖 3 个，13 所学校被评为“全国青少年校园足球特色学校”；戏曲进校园获得省级一等奖；组队参加全省黄鹤美育节，获得 6 个单项奖、4 个团体奖项。参加全省职业院校技能大赛，获得一等奖 7 个、二等奖 12 个、三等奖 21 个。2018 年高考成绩显著，裸考清华、北大 4 人；一本上线 1859 人，上线率 24.9%，比上年提高 2%；本科上线率 64%，比上年提高 10%。

【仙桃市职业教育】 2018 年，仙桃市加快“创建全省一流全国知名优质高职院校”步伐。建立专家治学、民主管理运营机制。优化专业设置，停招 3 个专业，新增烹调工艺与营养专业，专业总数由 32 个调整为 26 个。立项建设工业机器人技术、学前教育等 9 个省级骨干专业，应用电子技术、护理专业通过省级品牌专业验收，物联网应用技术专业获批立项建设省级特色专业，护理专业工作室入选全省职业教育技能名师工作室。机电一体化技术“四双四级”现代学徒制试点项目获第八届湖北省高等学校教学成果奖二等奖。探索分层分类培养，制定 46 个人才培养方案，满足学生个性化发展需求。依托超星泛雅、智慧树等信息化平台，推行翻转课堂等课堂教学形式，开发在线课程 559 门，资源数 10 万个，年访问量 1500 万人次。选派 60 余名教师参加国培、省培等培训，开展以老带新结对帮教活动，助力 51 名青年教师提高

2018 年 12 月 24—25 日，仙桃市举办中小学生第五届经典诵读大赛

（仙桃市地方志办公室 供稿）

教学科研基本功。新评教授 2 人、副教授 25 人，引进硕士研究生 10 人，授聘特聘或兼职教授 8 人，入选国家“万人计划”教学名师 1 人。毕业生就业率 95.9%，学生就业与专业相关度 96.7%，毕业生对母校综合满意度 96.2%，用人单位对毕业生认可度 98.3%，入选“湖北省大学生创业示范基地”。学生在各级各类技能大赛中获奖 100 个，其中在国赛中获奖 14 个，获奖数量居全国并列第 26 位、全省第 6 位。

（仙桃市地方志办公室）

【潜江市教育机构与在校学生】 2018 年，潜江市有各级各类学校 232 所。其中，幼儿园 92 所，小学 91 所，初中 27 所，高中 7 所，九年一贯制学校 6 所，完全中学 4 所，十二年一贯制学校 1 所，特殊教育学校 1 所，中职学校 3 所。在校学生 119937 人。其中，学前教育幼儿 24623 人，小学生 52099 人，初中学生 23827 人，高中学生 14791 人，特殊教育 95 人，中职学生 4502 人。在编教职员工 10802 人，在编在岗教职工 6767 人。

【潜江市教育基础设施建设】 2018 年，潜江市编制《潜江市中小学（幼儿园）布局规划（2017—2035）》。投资 5.9 亿元建设泰丰中小学和高新区中小学 4 所；投资 5694 万元改善基础设施薄弱学校；投资 8.4 亿元，实施职教中心整体搬迁。投资 1000 万元建设 45 所标准厕所，消灭学校“旱厕”。

【潜江市教师聘用制改革】 2018 年，潜江市推行“市管校聘”改革。在泽口、浩口、周矶 3 个学区启动改革试点，实施“全市统管一学区协调一学校聘用”的教师管理办法。试点学区在合理设置岗位的基础上组织竞聘，通过学区内二次竞聘和学区间“双向选岗会”，合理调配富余教师。全年 484 名教师参加竞聘，占教师总人数 83%，交流 46 人。

（潜江市地方志办公室）

2018 年潜江市学校（幼儿园）统计表

教育机构	学校数（所）	学生数（人）	专任教师数（人）
幼儿园	92	24623	1216
小学校	91	52099	3079
初级中学	27	23827	2230
高级中学	7	14791	1130
特殊学校	1	95	19
职业学校	3	4502	205
大学	1	6126	345

【天门市教育机构与在校学生】 2018 年，天门市有各级各类学校 179 所。其中，小学 130 所，初中 34 所，高中 12 所，中等职业学校 2 所，特殊教育学校 1 所。在校学生 180048 人。其中，小学 74463 人，初中 37371 人，特殊教育学校 136 人，高中 20937 人，中职学院 10486 人。幼儿园 106 所，在园幼儿 36655 人，在职教师 11190 人。

【天门市教育体制改革】 2018 年，天门市实施镇域一体化办学改革。推进城区学校和 11 个乡镇学校对口帮扶、联盟办学、城镇学校托管农村薄弱学校试点工作。华泰教育集团全面托管杨林中心学校，提升办学环境、管理模式、教育质量，学生由春季 200 人增至秋季 900 人。石家河小学和蒋场小学对镇域乡村小学实行学区化管理。推进高中阶段考试招生制度改革，建立“思想品德、学业水平、身心健康、艺术素养和社会实践”5 个维度初中生综合素质评价体系。推进新高考综合改革，试点推行普通高中选课走班制教学和学生生涯规划。改革校长队伍选拔机制，通过公开竞争选拔，34 名青年教师走上副校长岗位。加快教育云服务数据中心工程建设，实现宽带网络和优质教育资源全覆盖。新建高规格标准录播室 17 个。依托名师资源，打造每学段 6 个网络直播点播课堂，实现优质教育资源共享。

【天门市教育经费投入】 2018 年，天门市加大教育投入。新增教育经费 8000 万元。按照每生每年幼儿 500 元、高中生 1000 元标准拨付生均教育经费，职业教育生均教育经费按照不低于中职生 8000 元和高职生 12000 元标准拨付。改善办学条件。投入 1.08 亿元，维修改造义务教育校舍项目 101 个；

2018年天门市基础教育统计表

教育机构	学校数（所）	学生数（人）	专任教师数（人）
幼儿园	106	36655	1773
小学校	130	74463	3881
初级中学	34	37371	2586
高级中学	12	20937	1516
特殊学校	1	136	40

投入1137万元，购置床铺、图书、实验仪器和体音美器材等设施设备。支持社会力量办学，签约天门华师附中、天门天宜初级中学、天门华斯达学校等投资项目。优化教育布局，推进“高中三年进城计划”，启动实验高中和实验初中迁建、竟陵高中扩建等项目建设，推进育才小学、天门一小、竟陵初中和竟陵二小扩建工程。投入536万元，建设农村教师周转宿舍180套。加快幼儿园布点，投入1193万元，建设6所公办幼儿园，启动实验幼儿园新建项目。投入306万元，配置幼儿园玩教具。

【天门市教师队伍建设】 2018年，天门市建立完善教师补充机制。按照“控制总量、动态平衡、退一补一”原则，招聘教师564人。推行“市管校聘”，强化城乡学校结对帮扶，开展城乡教师交流、轮岗、走教760人次。实施教师队伍“素质提升工程”，组织各类培训9000人次，遴选100名优秀青年骨干教师参加“双培养”工程。宣传先进典型，开展“好教师引领时代风尚”主题宣传活动，评选26位“美丽乡村教师”，开展“十佳师德标兵”等六十佳系列评选表扬活动。录制师德专题宣传片《奋斗在新时代》，编印师德读本《做一个温润心灵的班主任》，宣传“荆楚好教师”唐道明和“湖北省十佳新锐班主任”李艳妮先进事迹。

（天门市地方志办公室）

文　化

【武汉市文化产业】 2018年，武汉市在文化产业融合、文化品牌建设、文化试点创新、文化产品生产等方面成绩明显。出台《关于振兴武汉戏曲“大码头”的实施方案》，举办第六届武汉中华优秀戏曲艺术文化节，国家京剧院、天津青年京剧团、上海昆剧院、江苏省昆剧院等全国一流剧团汇聚江城，与武汉的京剧院、汉剧院和楚剧院三大本地剧团集体亮相。37位梅花奖获得者、近千名演员为武汉市民带来17个剧种、20个剧目、34场连台好戏，吸引10万人次市民参与，武汉本土剧种在戏曲节大放光彩。繁荣武汉会展品牌，武汉斗鱼网络科技有限公司在五一小长假举办首届国际武汉斗鱼直播节，覆盖音乐表演、电竞赛事、体育极限、豪跑展出、影视动漫、游园美食、大型游艺等，吸引52万人次参与直播节，1000个媒体参与报道。举办首届中国游戏节，140个国内外知名游戏企业和硬件厂商参展，10个创投公司和研究机构共谋产融对接，展会面积2万平方米，参展游戏产品170个，其中27个为首发。组织20个文化企业赴沪参加首届中国进口贸易博览会，签约进口金额15.44亿元人民币。策划制作大型实景演出，投资7600万元打造大型实景演出《花木兰·云中战歌》。

【武汉市公共文化建设】 2018年，武汉市完善现代公共文化服务体系。印发《全市基层综合性文化服务中心建设行动计划（2018—2019）》，明确时间表路线图，补助资金1450万元，271个贫困村综合文化服务中心实现“五个一”（1间多功能文体活动室、1间阅览室、1个文体广场、1套群众体育活动器材、1套简易灯光音响设备）。全市公共图书馆一年服务读者2000万人次，其中接待直接到馆读者500万人次；公共图书馆通借通还服务体系发放有效借书证43万个，全市通借通还总量254万册次。推行市、区两级总分馆制，建立街道分馆、社区图书室（农家书屋）分级服务网络。15个市、区公共图书馆开展名家论坛等各类阅读推广活动、讲座、展览、培训2000场次，参与读者50万人次，市图书馆、市少儿图书馆、江汉区图书馆等10个公共图书馆被文化和旅游部评为“一级图书馆”。

文化活动。举办第24届迎春舞龙大赛暨第15届锣鼓比赛、第八届黄鹤群星奖音乐舞蹈戏剧曲艺评选活动、第五届群众广场舞蹈大赛、第九届黄鹤群星奖美术书法摄影评选、第七届琴台音乐节合唱比赛、第41届“武汉之夏”活动、中外优秀杂技节，举办春节、中秋、端午、建党、建国、“中国农民丰收节”等群众文化活动200场，参赛群众6万人次。

【武汉市“图书馆+信用”服务】2018年4月，武汉图书馆推出“图书馆+信用”服务，推动政府“信用惠民”政策落地，以信用打造图书馆与读者之间的新型关系，用文化“润物细无声”方式培育全民信用意识。“图书馆+信用”服务内容：凡获得市级以上“时代楷模——武汉精神践行者”、道德模范、劳动模范等荣誉称号者以及现役军人，读者信用分值达到一定积分的市民，均可凭荣誉证书或信用积分免押金注册办证。持证读者不仅可在全市各区公共图书馆及街头50台24小时自助图书馆借阅图书，还可登录武图网站、武图APP、武图微信号，享受武汉图书馆云阅读服务，免费获取武汉图书馆340TB海量电子资源远程服务。全年武汉图书馆信用办证读者过万人。

【武汉市文博事业】2018年，武汉市进一步推进文博事业。增加博物馆3个，全市博物馆、纪念馆116个，常设基本陈列196个，临时展览162个，接待观众1106.46万人次。启动盘龙城遗址中美联合考古项目，编制《龙泉明楚王墓2019—2020年考古工作计划》和明愍王茔园2019年考古发掘计划，推进龙泉山风景区安防设施及道路文物风险影响评估工作。会同市规划设计研究院划定文物保护单位保护范围和建设控制地带。开展文物保护单位标志牌清理整治，整改有问题的市级及以上文物保护单位的文物保护标志牌48个。由武汉市人民政府与联合国教科文组织驻华代表处联合主办2018“大河对话”，以“汇聚大河文明——高质量发展的可持续未来”为主题。31个国家和地区、16个大河流域政府和管委会代表、38个国际国内组织和文博单位、49所国内外著名大学和研究机构150名中外嘉宾出席论坛。多家中央媒体持续宣传报道，其中，中央电视台在10月29—31日通过英文、法语、西班牙语等频道对2018“大河对话”进行多语种传播，“大河对话”成为国内外热点新闻，传播“武汉声音”。

【武汉市文学艺术活动】2018年，武汉市文学艺术界开展文艺创作。作协举办武汉市第十六届长篇小说笔会、作品研讨会、“中国东湖诗歌高峰论坛”等活动，创作出版中长篇小说、报告文学等作品20部，出版小说集、诗集多部，其中池莉的小说集《她的城》泰国译本加印到第十版；音协举办庆祝改革开放40周年暨武汉之歌征集作品音乐会　和合唱、音乐舞蹈、钢琴等专场音乐会；美协举办第

2018年9月30日，第四十一届“武汉之夏”闭幕式文艺演出现场　　（武汉地方志办公室　供稿）

十四届武汉美术作品年展、“走进新时代——庆祝改革开放40周年武汉市版画、漫画作品展”“泼墨藕塘湾”书画展，开展“武汉·印象——长江主轴新画卷”美术创作活动，31位艺术家创作美术作品62个；戏协开展戏曲进校园活动，举办“2018年武汉地区高校大学生戏剧节”，开设“戏剧讲坛”；书协开展“迎新春写万联送万福进万家”书法惠民文艺志愿活动、举办第二届“向人民汇报·书法汉军”——武汉书法楷书、草书、隶书、篆书、行书“五体”创作及展览活动、2018中国武汉第六届地书大赛；民间文艺家协会以“弘扬工匠精神、振兴传统文化”为宗旨，举办50次武汉民间工艺展示展演、庙会等文艺志愿服务系列活动和150多次民间艺术进校园培训讲座活动。樊星完成国家社科基金重大项目子项目《莫言和新时期文学的新视野：世界性与本土性因素的交汇与建构》。陆鸣录制《武汉地名传说》《陆鸣话武汉话》等小视频100个，最高单个视频点击量1155万次。

【武汉市文化交流】 2018年，武汉市对外文化交流呈现繁荣景象。举办第十三届武汉国际杂技艺术节、第七届琴台音乐节、第五届国际戏剧艺术文化节，国际知名艺术家和演出团体来武汉演出，丰富市民文化生活，提升武汉国际化水平。2018中法文化之春武汉站的系列活动于4—6月展开，涉及音乐会、电影展、马戏、木偶剧等活动。其中，6月23日江滩第十三届夏至音乐日活动，中国2支乐队和法国2支乐队为武汉市民带来4个小时演出。周锦堂作为“湖北省有担当文艺家”在全省巡回演讲；胡志平应邀赴英国3所知名音乐学院访问并举办中国二胡艺术讲座和音乐会，率团在上海、苏州、广州、深圳四地演出“华韵楚风——2018东方交响乐团交响音乐会”，主持“长江之韵·2018世界知名音乐学院交流展演季”。

【武汉市广播影视】 2018年，武汉广播电视台聚焦宣传习近平总书记视察湖北情况，被市委市政府授予全市重大专项工作先进单位。推出《牢记殷殷嘱托，奋力谱写新时代湖北发展新篇章》《壮阔东方潮，奋进新时代》《高质量发展看武汉》《与军运同行》《扫黑除恶进行时》等35个主题报道，在《武汉新闻》推出近30篇评论，在央媒播出武汉新闻281条，宣传片《诗画东湖》在总书记习近平和印度总理莫迪武汉会晤期间沿途播放，获中国风景区微视频大赛最佳编剧奖。联合央视共同直播“梦幻江城”灯光秀，被列入“武汉市2018年十件大事”。宣传片《东湖》《遇见武汉》在2018中国国际友城大会上播放，宣传片《邮美武汉》亮相泰国曼谷，纪录片《潮起江天阔》在全国播映，电视剧《你和我的倾城时光》入选改革开放40周年广电总局重点推荐剧目，收视率全国第一。武汉广电加强精品生产，作品《“设计之都”——武汉的赞比亚服装设计师》获第二十八届“中国新闻奖”二等奖，大型纪录片《血铸河山》获中国广播影视大奖，微电影《丑小鸭》在意大利国际青少年电影节获得最佳演员奖、联合国教科文组织特别奖，电视节目《民生E线》被广电总局评为年度最具影响力城市台节目，《创·新时代》栏目被评为“创新中国”2018年度全国广播影视业最具创新力栏目，少儿栏目《新月读书会》《宝贝咚咚锵》获得广电总局节目精品发展专项资金扶持，微电影《杨汉军》获湖北省党员教育电视片评比特别奖。

【武汉市广播电视产业】 2018年，武汉广播电视产业总收入4.6亿元，减亏1.4亿元，改变连续3年亏损局面，扭亏为盈。建立经营管理委员会工作机制，启动全民所有制企业改革，组建武汉赛马赛事开发管理有限公司、武汉国际文体发展公司、武汉长江明珠文旅投资发展有限公司，重组5个企业，注销3个企业，撤资1个合资公司，形成多元产业格局。推进武汉广电全媒体中心项目，完成项目建设用地置换，盘活被借地绿化13年的广电东区地块。举办武汉广电主持人全国选拔大赛，广播电视安全播出12万小时。完成中央厨房项目一期工程、融媒体指挥中心、280厅新闻高清改造等一批重点技术项目。

【武汉市新闻出版】 2018年，武汉市出版物市场和印刷行业保持稳中有进态势。共有出版物零售单位1262个，从业人员8500人，各类出版物销售额约 10.6 亿元；各类印刷企业 892 个，从业人员 2.2 万人，工业生产总值 127.66 亿元；报刊年总印量 3.77 亿份（册），总资产 7.62 亿元，总收入 4.29 亿元，利润 1470.85 万元，纳税总额 1592.78 万元，员工总人数 1304 人。武汉出版集团有限公司投资 5 亿余元建设的武汉中心书城，用地面积 1.67 万平方米，总建筑面积 7.23 万平方米。完成工程桩基 441 根，占总工程桩 444 根的 98%。拨付 370 万元财政资金，涌现时见鹿、钟书阁、西西弗等一批新型实体书店。

（武汉地方志办公室）

【黄石市公共文化服务体系建设】 2018 年，黄石市“公共文化服务体系建设情况”得分全省排名上升第 7 位。“村村响”“户户通”工程通过省级验收，全省第一批建成无线数字化覆盖工程；市群艺馆新馆建成对外开放，建成西塞山区公共文化服务中心等一批公共文化设施，56 个乡镇（街办）、908 个社区（村）综合文化服务中心挂牌。推进非遗保护。阳新布贴入选第一批国家传统工艺振兴目录，大冶石雕、阳新布贴入选第一批省级传统工艺振兴目录，被评为省级非物质文化遗产生产性保护示范基地。

【黄石市群众文化活动】 2018 年，黄石市推进文化惠民工程。群艺馆每周六下午上演“美好新时代·周末百姓大舞台”，成为黄石群众文化新品牌，全年演出 39 场，市内 40 支文艺团队参加展演，2 万人次群众现场观看。开展“戏曲四进”“红色轻骑兵”等文化惠民活动 833 场。迎接省第十五届运动会，开展倒计时 100 天“群众文化基层行”活动和“喜迎省运会·同唱文明曲”群众文化展演月活动。开展黄石群众文化节暨“戏曲季·基层行”活动，推出百团大赛、磁湖之春等八大主题展演活动。阳新县大型原创红色采茶戏《龙港秋夜》赴京参加 2018 年全国基层院团戏曲会演。《永远的使命》等 4 部文艺作品和《荆楚欢歌》等 17 个群文作品入选第三届湖北艺术节。大冶青铜文化历史题材楚剧《铜草花》亮相第七届湖北省楚剧艺术节，鄂东南楚剧团成为全省第一家参演省艺术节的民营院团。开展社会文艺团队评星定级管理，从 977 支社会文艺团队中评出 60 支三星级以上团队。

【黄石市文物保护与利用】 2018 年，黄石市坚持规划引领。编制《铜绿山古铜矿遗址保护规划》《华新水泥厂旧址保护总体规划》《汉冶萍煤铁厂矿旧址保护规划》，启动《黄石矿冶工业遗产保护整体规划》编制。组织实施铜绿山古铜矿遗址、华新水泥厂旧址、汉冶萍煤铁厂矿旧址等一批重点文物保护工程项目。铜绿山古铜矿遗址博物馆新馆主体工程完工，进入展陈方案设计招标工作阶段，铜绿山考古工作站于 2018 年 12 月竣工投入使用；启动汉冶萍煤铁厂矿旧址日欧式建筑群保护修缮工程，2019 年 5 月份完工。加强文保项目利用。推动文化旅游融合发展，湖北水泥遗址博物馆成为黄石矿冶文化创意中心，举办“黄石矿冶文化展”“家的样子——水泥创品 +”等系列展览。深化矿冶文化研究。建设黄石矿冶工业遗产多媒体资源库项目，开展黄石工业遗产普查，形成第一批工业遗产名录。启动申遗价值研究和文本编制工作。

（黄石市地方志办公室）

【鄂州市群众文化活动】 2018 年，鄂州市所有主要文化场馆对外免费开放。市群艺馆举办《鄂州市非物质文化遗产保护成果展》《鄂州市民俗摄影展》《鄂州市第五届道德模范事迹展》展览，举办广场舞、雕花剪纸、钢琴、声乐、中国画、素描等各类文艺培训 60 场次，组建鄂州市群星合唱团。举办“改革开放 40 周年图片展”“2018·鄂州市廉政书画展”等 17 个展览，接待观众 42 万人次、国内外参观团体 312 个。5 月 1 日，鄂州市投资 1.3 亿元的图书馆新馆建成开放，当年接待读者 48 万人次，是上年的 2 倍；新增持证读者 1.5 万人，外借书刊文献 35.2 万余册次，免费放映电影 80 场次；聘请长江讲坛知名专家作报告、开展鄂州人讲鄂州史等方式，举办“鄂州讲坛”系列专题讲座 24 场次。

【鄂州市广播电视】 2018 年，鄂州市广播电视行业坚持疏堵结合。发展有线电视用户 3015 个，放映农村公益电影 3896 场次，完成“村村响”建设任务，构建“四级”联控的农村智能广播网络。编发《视听监评》6期，会同公安、工商、文化执法单位对辖区非法销售安装卫星地面接收设施进行专项整治行动，收缴非法卫星接收设施3762台（套），查处非法占用调频广播专用频率的“黑广播”案件3个。完成党的十九大期间的安全播出和传输任务，全年技术和责任事故零发生。

【鄂州市文艺创作】 2018年，鄂州市文艺创作成果丰硕。创作出版长篇小说、人物传记、诗歌选集等各类专著11部共460万字。创作10个剧节目（作品），参加“新时代·新成果”——第三届湖北艺术节暨纪念改革开放40周年优秀作品展演展览，其中现代少儿京剧《童声》入围文化和旅游部戏曲剧本孵化计划和湖北省20台精品舞台剧目名录。原创广场舞《凤凰飞旋》在“文化力量·民间精彩”全国广场舞展演中获得第一名。戏曲《盗甲》《扈家庄》在全省校园戏曲集中展演活动中获得中学组特等奖，《空城计》获小学组一等奖。歌曲《福到千万家》、话剧《我们一起去开拓》、曲艺演唱《生命倒计时》在省级以上刊物上发表。市演艺公司演员熊小薇获得第十二届湖北戏剧牡丹花奖。

2018年鄂州市文物保护情况分类统计表

文物保护单位级别	国家级重点文保单位	省级文保单位	市级文保单位	区级文保单位	一般文物点
数量	3	21	101	161	173

【鄂州市文物保护】 2018年，鄂州市文物局与市博物馆合署办公，实行“两块牌子、一套班子”管理体制。全市125处市级文物保护单位管理落实责任单位和责任人。完成吴王城遗址保护物理勘探，编制《吴王城遗址保护规划》初稿。观音阁安防、水电附属设施、陈列布展安防工程通过验收，孟珙墓修复保护工程完工。对鄂州机场等工程建设现场开展抢救性考古发掘，勘探面积1.9万平方米，清理古墓葬25座。编纂《鄂·楚·鄂州》，编印出版《三国文化与鄂州》。保护传承非物质文化遗产，雕花剪纸公益培训与传承传播入选国家公共文化服务体系示范项目，鄂州雕花剪纸入选第一批国家传统工艺振兴目录，雕花剪纸传承人到意大利等4国进行交流。牌子锣、泽林旱龙舟传承人入选第五批国家级非物质文化遗产代表性项目代表性传承人名单。组织第十三个“文化和自然遗产日”宣传展示活动暨首届牌子锣大赛，命名首批市级非遗传承示范基地、第四批市级非遗代表性名录项目、鄂州雕花剪纸传习基地，集中展出全市25个非遗项目。

（鄂州市地方志办公室）

鄂州市原创广场舞《凤凰飞旋》在“文化力量·民间精彩”全国广场舞展演中获得第一名

（鄂州市地方志办公室 供稿）

【孝感市群众文化活动】 2018年，孝感市突出“中国风”，组织孝感春晚、新春文艺汇演、“舞动澴川”龙舟邀请赛、“情漫重阳”登山大会等活动，过好“我们的节日”。弘扬孝文化，举办第七届湖北省楚剧艺术节、民间文艺大赛等，讲好“孝感故事”。开展送戏下乡、戏曲进校园（乡村）、农村公益电影放映等基层惠民活动，年放映公益电影33000场次。搭建全民阅读平台，全市“三馆一站”对外免费开放，市图书馆澴川文化大讲堂年举办22期，市博物馆“孝礼雅塾”成功入选全省4个优秀社教项目之一。打造“书香溾川”全民阅读品牌，在“4·23”世界读书日、“9·28”孔子诞辰日，依托全市公共图书馆、机关、学校以及农家书屋组织开展“溾川读书节”、国学进机关讲座、书记荐书活动、读书征文比赛、读书演讲比赛等活动。

【孝感市公共文化服务】 2018年，孝感市推进公共图书馆总分馆制。市直与孝南、云梦图书馆建立总分馆制，实现一证通用，各县市区总分馆制逐步铺开。市图书馆通过第六次评估定级获评国家一级图书馆，2个图书馆、7个文化站被评为全省最美图书馆（文化站）。汉川市成功申报第三批省级公共文化服务示范区创建单位。孝昌县小河镇（书法）、云梦县（皮影戏）、安陆市（水墨漫画）被省文化厅命名为“湖北省民间文化艺术之乡”。大悟县新城镇金岭村、孝昌县王店镇高岗村创建首批湖北省“特色文化村”，大悟县宣化店镇玄坛村、孝昌县小悟乡项庙村入选第二批湖北省“特色文化村”创建名单。

【孝感市文艺创作】 2018年，孝感市抓文艺精品创作。创作的《溾河村的故事》《撑家的女人》《黄香》3台剧目和《赶会（孝南）》《挡马》《红嫁衣》《庵堂认母》《相婿卖茶》《赶会（大悟）》《扶贫父子兵》《孟宗哭竹》8出折子戏小戏入选第七届湖北省楚剧艺术节。入围第三届湖北艺术节优秀群众文艺作品14件、优秀剧节目5个、优秀美术作品展演4件。

【孝感市文物保护】 2018年，孝感市落实“一处一策”工作机制，推进文物保护项目申报、督查、验收等工作，开展大型建设项目文物调查勘探。空降兵军史馆被评估定级为国家二级博物馆。大悟县宣化店镇被确定为第一批湖北省历史文化名镇。孝感市非国有博物馆藏品登记工作进度位列湖北省前三位。开展非物质文化遗产保护项目申报，6个市级非遗保护项目申报第六批省级非物质文化遗产代表性项目，2个省级非遗保护项目《孝感麻糖制作技艺》《孝感米酒制作技艺》申报国家级非物质文化遗产保护项目，7人被确定为第五批省级非物质文化遗产项目代表性传承人。孝感皮影代表团代表湖北赴斯里兰卡访问演出，参加“文创产品展示周”开幕式活动。

【孝感市文化市场监管】 2018年，孝感市组织开展全省文化市场专项整治年活动，开展文化市场专项治理和“扫黄打非”“净网”“清源”“秋风”“清朗”系列专项行动，推进“扫黄打非”进基层工作，“扫黄打非”基层示范点通过国家、省局验收。依法开展行政审批，加强文化市场监管，推进文化市场信息化建设，推进文化市场和互联网上网服务转型升级，在全省文化市场综合执法技能比武赛中，孝感代表队获全省团体赛第一名、3个单项技能大赛第一。

【孝感市广播电视】 2018年，孝感市广播电视工作牢记党媒使命，坚持正确舆论导向。围绕市委、市政府中心开展广播电视宣传报道工作。策划“十抓十促”、汉孝一体化、三乡工程、“两资一促”“三大攻坚战”“走县域 观全域 聚焦主战场”“美丽孝感”、深化改革等系列主题宣传，集中展示孝感经济社会发展辉煌成就，集中展示各战线、各层面新做法、新经验、新业绩，集中展示干部群众向上向善、激情昂扬的精神面貌，为孝感经济社会发展加油鼓劲。其中纪实报道《新闻特写：一瓶水的温情》8月25日在孝感新闻综合频道《民生视点》栏目播出后，被人民日报微博、新京报微博、凤凰网、腾讯网、荆楚网等各大媒体转发刊登，孝感90后送水女孩的故事在全国引起强烈反响。全年共播发广播电视新闻9500条，主题报道700条。播出公益宣传片及各类公益广告1万条次。在央广发稿8条，在央视发稿13条，央视《新闻联播》发稿2条。在湖北台各频道频率播发新闻560条，其中，湖北卫视《湖北新闻》发稿140余条，在全省地市州中排名第四。湖北之声《湖北新闻》发稿30余条，湖北之声《全省新闻联播》发稿120条，在全省市州中排名第二。

【孝感市文化产业】 2018年，湖北省文化产业培训班在孝感召开，孝感市在会上作典型经验交流。全年全市商业数字影院23家，比上年增加4家，电影票房1.31亿元，比上年增长23.6%，在全省排名第五位。引进湖北省新华书店集团投资6.84亿元，建设教育装备基地、文创产业园和智慧物流园。全市有省级文化产业示范基地4个，分别是湖北金卉庄园农业有限公司、湖北之海文化艺术有限公司、孝特文化礼品有限公司、湖北致信礼邦文化传播有限公司。长江文化传媒产业园项目、“茶文化”贸易项目参加孝感市招商集中签约。

（孝感市地方志办公室）

【黄冈市文化基础设施建设】 2018年，黄冈市出台《黄冈市创建第四批国家公共文化服务体系示范区工作规划（2018—2020）》，推进基本公共文化服务标准化均等化。新建和改扩建乡镇综合文化服务中心21个，建成村级文体广场426个；市图书馆新馆、市艺校实验剧场开工建设，文化馆、图书馆、杂技馆等一批县市文化设施竣工开馆。采取“县聘乡用”办法，解决乡镇综合文化站工作人员不足问题。申办湖北黄梅戏艺术职业学院。黄冈广播电视台高清频道上线，市、县两级9个主发射点与中央台无线数字电视节目对接。新增规模以上文化企业37个，文化及相关产业增加值占GDP比重增幅居全省第一。

【黄冈市群众文化活动】 2018年，黄冈市开展文化惠民系列活动，送戏下乡2207场，戏曲进校园1037场，放映公益电影6.37万场。省黄梅戏剧院开展惠民演出、校园演出100场，举办国内外高端艺术演出114场。举办“激情新黄冈·欢乐大舞台”“社区大家乐”等群众文化活动2000场，推动广场舞健康发展。举办2018全民阅读活动，建立市、区图书馆“通借通还”运行机制，对接全市图书馆（分馆）及馆外服务点80个。举办第七届鄂东民歌大赛，组织实施文化进军营项目12个。2018年，黄冈市成为全国文化建设军民融合发展3个试点城市之一。

【黄冈市文艺创作】 2018年，黄冈市文艺创作成果丰硕。创作现代黄梅戏、东路花鼓戏等剧本5部，制作舞台艺术剧目、黄梅戏、楚剧等舞台剧目10部。8部剧目入选第三届湖北艺术节，电影《马兰花开》在全国公映，黄梅戏《东坡》在全国保利院线巡演，《槐花谣》入选“2018·湖北优秀剧目北京行”，《槐花谣》《大别山母亲》《铁面金光悌·审和珅》入选第八届中国黄梅戏艺术节，文曲戏《苏文表借衣·输衣卖仆》参加2018戏曲百戏（昆山）展演。黄梅戏、文曲戏、东路花鼓戏等一批剧目赴武汉、四川等地演出。

【黄冈市非物质文化遗产保护】 2018年，黄冈市境内666处革命遗址遗迹列入《大别山区革命文物保护利用战略规划》，申报国家、省级各类文保项目27个，申报资金4000万元。举办鄂豫皖三省革命文物优秀讲解案例推介专项活动和大别山区博物馆讲解员比赛。颁布《黄冈市区城市紫线管理办法》，编制《黄州禹王城城址保护规划》《禹王城古墓葬保护规划》《黄冈城市紫线控制规划》。装修墩汉墓遗址博物馆，开放蕲春李时珍纪念馆。红安绣活传承人刘寿仙、麻城东路花鼓戏传承人曾美玲、武穴岳家拳传承人张业金入选国家级非遗代表性项目代表性传承人，红安绣活、黄梅挑花入选首批国家传统工艺振兴名录。黄州区、浠水县、黄梅县、红安县太平

“魅力黄冈新时代”2018年黄冈市春节文艺晚会现场

（黄冈市地方志办公室　供稿）

桥镇、麻城市福田河镇获湖北省“民间文化艺术之乡”称号。组织10种非遗文化产品、2000册精品文化图书参加2018中国（武汉）期刊交易博览会，获“创意设计优秀奖”和“优秀组织奖”。

【黄冈市广播电视】 2018年，黄冈市广播电视台电视播出1.46万小时、广播播出1.2万小时。围绕中心工作制播节目306期、发稿1.14万条；制作播出黄冈纪念改革开放四十年等重大体裁专题片20部。播出“讲文明树新风”和《时代楷模》公益广告宣传5000条(次)。发挥广播电视媒体监督职能，播出《党风政风热线》节目89期；开展春节、母亲节、教师节、重阳节等节日主题活动，开展“交通安全进社区”“赏月食、观激光”科普直播等系列活动51场次，开展“文明使者进校园”直播活动15场。强化新媒体原创内容建设，联通网上网下，提升融媒体产品体系化生产能力，完成声、屏、报、网、微、端“六端齐发”融合报道，新媒体平台用户量大幅增长，《云上黄冈》手机APP新增用户1.5万人。

（黄冈市地方志办公室）

【咸宁市文化产业】 2018年，咸宁市有文化单位1609个，其中，规模以上文化企业98个，营业收入83亿元，比上年分别增长55.6%、23.9%，文化产业GDP占比3%。举办文旅康产业招商大会，签约6个项目，总投资12.62亿元。加快建设华中国家绿色印刷包装物流产业园，入园企业发展到30个，资产总额过100亿元。组团参加第十四届中国（深圳）国际文化产业博览交易会。签约项目53个，合计金额786.85亿元。打造互联网产业集群，建立千人互联网人才基地，引进一批互联网文化企业落户。湖北上善润泽文化传媒公司落户咸宁，孵化咸宁城市形象文化IP，带动电竞、动漫、直播、数字出版、旅游等产业融合发展。举办温泉国际动漫展，整合优秀动漫产业资源，把温泉国际动漫展培育成华中地区知名的动漫展品牌。腾讯游戏“王者荣耀”全国城市总决赛在咸宁举办，全国30多个直播平台参与直播，1000万人次在线观看。

【咸宁市群众文化活动】 2018年，咸宁市开展群众文化活动。全年开展送戏下乡、节庆演出、群众文化展演等文化惠民活动1400场，开展戏曲进校园837场，放映农村公益电影11087场，惠及群众280万人次。举办第十届国际温泉文化旅游节、“花开美好新时代”迎新年大型文艺晚会、第六届“香城大舞台”系列群众文化活动，组建“香城红色文艺轻骑兵”系列小分队，开展“红色文艺轻骑兵”服务基层活动。举办“香城泉都春潮涌”庆祝咸宁建市20周年摄影展和“山水咸宁”美术作品展。制定《文艺精品创作三年行动计划》，加强文艺精品创作生产。新创楚剧《新风还巢》《拆围》入选第七届楚剧艺术节，多部作品入选第三届湖北艺术节，其中楚剧《新凤还巢》《拆违》、花鼓戏《易迁风波》入选剧目展演，广场舞《风火赤壁》、山歌《栽禾鼓》、簰洲说唱《一片丹心》入选群文展演,《烟雨桂乡》等15件美术、书法、摄影作品入选群文展览。4幅美术作品入选湖北省“荆楚回响——纪念改革开放40周年全省画院优秀作品双年展”。

【咸宁市文化遗产保护】 2018年，咸宁市文化遗产保护工作取得进展。崇阳提琴戏作为全国现存的348个戏曲剧种之一，入选文化和旅游部“戏曲百戏（昆山）盛典”展演。通山木雕入选第一批国家传统工艺振兴目录，崇阳县、赵李桥镇、通羊镇入选“湖北省民间文化艺术之乡”。熊应华、镇水清入选第5批国家级非遗项目代表性传承人，申报4个项目为第六批省级非遗项目。市级首批11个非物质文化遗产传承示范基地名单和85个《咸宁市古民居保护名录》正式公布，3个“特色文化村”通过验收授牌，4个村列入第二批创建名单。争取国家、省级非遗项目保护专项资金149万元和项目资金7000万元，开展国保、省保维修，推荐9个第八批全国重点文物保护单位。

【咸宁市广播电视】 2018年，咸宁市广播电视台开办“乡村振兴看咸宁”专栏节目，播出《咸宁以“三乡工程”为引擎撬动乡村振兴》等相关新闻181条，报道精准扶贫阶段性成果综述259条，生态文明建设宣传报道718条。拍摄制作《闯王之殇》等10部大型电视专

2018 年 7 月 27 日，咸宁市公共文化服务体系暨“香城大舞台”第四批国家公共文化服务体系示范项目创建现场推进会在嘉鱼县召开

（咸宁市地方志办公室　供稿）

题片。对外宣传工作取得新成效，全年在省台播出稿件 230 条，其中上《湖北新闻》80 条，上央视播出稿件 15 条，居全省市州台用稿量第一方阵。

（咸宁市地方志办公室　陈秋娥）

【仙桃市文化基础设施建设】 2018 年，仙桃市高标准建设市、镇、村三级公共文化服务设施，夯实公共文化服务阵地建设。市文化中心建设项目列入 2018 年政府主要工作任务，投资 2.24 亿元，建设集群艺馆、博物馆、图书馆分馆、美术馆、非遗展示馆于一体，总建筑面积 3.86 万平方米，11 月主体工程完工。投资 3.8 亿元建设市艺术中心项目，集大剧院、多功能厅、科技馆、青少年活动中心等功能于一体，总建筑面积 3.5 万平方米。按照资源充足、设备齐全、功能完善、服务规范、保障有力、群众满意的标准，重点打造郑场镇、沔城镇、彭场镇、杨林尾镇 4 个镇综合文化服务中心示范点，高标准建设河街道和沙嘴街 2 个综合文化服务中心。制定《仙桃市基层综合性文化服务中心两年行动计划（2018—2019 年）》，通过两年集中建设，完成全市 714 个村（社区）综合文化服务中心建设任务。全年建成 100 个村（社区）综合文化服务中心示范点。

【仙桃市群众文化活动】 2018 年，仙桃市开展群众文化活动。开展文化“三下乡”活动，送花鼓戏下乡 100 场，送皮影戏下乡 100 场，送电影下乡 7405 场，送图书下乡 2 万册。开展“沔水清风 与廉同行”文艺晚会巡演 20 场，观众 15 万人次。围绕传统节日、国家重大纪念日、民俗节庆、文化主题日举办文化活动。举办第五届农民艺术节，参演群众演员 2000 人，观众 40 万人次。举办《科学人生·百年——院士风采展》等展览 5 次，参观人数 6 万人；开展“群星课堂”辅导培训进校园、进机关、进社区及进农村活动，辅导 200 次，惠及 6000 人；组织“荆楚文化轻骑兵”小分队进基层巡回演出 60 场次，惠及群众 20 万人次。市级“三馆”及镇办文化站全部免费开放，服务群众 40 万人次；组织皮影戏进社区、进校园、进福利院、进景区演出，传承皮影艺术工作被中宣部、文化和旅游部、国家新闻出版广电局表彰，获评全国“双服务先进集体”称号。

【仙桃市文化遗产保护】 2018 年 5 月，仙桃雕花剪纸项目入选国家文化和旅游部、工业和信息化部公布第一批国家传统工艺振兴目录。仙桃麦秆剪贴传承人邓友谱获批第五批国家级非物质文化遗产代表性项目代表性传承人。建立非遗项目代表性传承人艺术档案，组织专班开展全市非遗资源调查，对 347 名重点传承人建立纸质和电子个人档案；开展非遗传承人抢救性记录保存工作，对翁吟樵等 6 名省级以上代表性传承人的技艺特点、绝技绝活等进行分类搜集整理，制作录音录像资料片保存。组织 8 名仙桃雕花剪纸、荆州花鼓戏、沔阳民歌代表性传承人进入学校授课教学 120 课时，培训学生 262 名。严格落实传承人保护工作经费，发放国家、省级代表性传承人每人每年 2 万元和 5000 元补助。

仙桃市选送的节目《走在希望的新时代》获湖北省广场舞大赛三等奖　　（仙桃市地方志办公室　供稿）

【仙桃市广播电视】2018 年，仙桃市广播电视台突出政治、紧扣中心开展新闻宣传。开展“新时代新气象新作为”“2017 年仙桃十大新闻事件”“改革开放 40 年”等重大主题报道和“打好污染防治攻坚战”“打赢精准脱贫攻坚战”等 10 个专题报道，采编播出各类新闻 4000 条，在省电视台用稿 157 条，在中央电视台用稿 1 条，在省电台用稿 355 条，均居直管市、林区台之首。推进传统媒体与新媒体融合，“掌上仙桃”APP 于 10 月 5 日正式上线，在手机上广播电视节目直播、点播、活动现场直播、政务互动、掌上商城等功能；在广播、电视官方微信公众号中开通直播功能，广播、电视节目在手机上同步直播。与湖南米联、水滴及蜻蜓直播平台合作，视频在线直播和音频在线收听。开展多场大型直播活动，每场网络观看人数 10 万人，“两微”平台拥有粉丝 30 万人 +，微信平台每月阅读数 65 万人 +，电视台微信公众号跻身全国同级电视台媒体排行榜百强，多次位列单月榜首。

（仙桃市地方志办公室）

【潜江市群众文化活动】2018 年，潜江市开展群众文化活动。组织“潜江大舞台”文艺演出 13 场，花鼓戏下乡演出 100 场，皮影戏 30 场；送图书下乡 3 万册；推进戏曲进校园、学生进剧场、校园戏曲展演等活动 136 场，曹禺大剧院全年完成 58 场。皮影戏《黄香扇枕温席》参加全省校园戏曲展演，皮影戏《狐狸请客》、舞蹈《校园小戏迷》在湖北省第六届“金蕾杯”表演中获一等奖。舞蹈、美术、书法、摄影作品入围第三届湖北省艺术节展演。广场舞《姐妹们的油纸扇》获得湖北省第四节广场舞比赛二等奖和组织奖，花鼓戏《河西村的故事》参加第十二届中国艺术节展演，入选全国优秀现实题材舞台艺术作品，作为湖北省唯一代表剧目角逐第十六届文华大奖。

【潜江市文化市场管理】2018 年，潜江市开展文化市场突出问题专项整治。办结行政审批事项 327 个，办结率 100%。查办大案要案，现场销毁查缴的侵权盗版及非法出版物 8000 册（套）。全省“扫黄打非”进基层现场会在潜江市举办，获全省“扫黄打非”示范市。获 3 个国家级奖项及多个省级奖项。文化市场综合执法支队获中宣部表彰“第七届全国服务农民、服务基层文化建设先进集体”（全省仅 2 个），2 个农家书屋获评“全国示范农家书屋”（全省仅 20 个），1 人获评“全国农家书屋全面建设十周年先进个人”（全省仅 3 人）；市文化体育旅游新闻出版局（市版权局）被评为全省打击侵犯知识产权和制售假冒伪劣商品工作成绩突出单位。

（潜江市地方志办公室）

【天门市公共文化服务体系建设】2018 年 5 月 28 日，天门市入选第三批创建省级公共文化服务体系示范区名单。印发《天门市创建湖北省公共文化服务体系示范区规划（2018—2020）》。9 月 15 日，召开全市创建工作动员大会，组建工作专班，完成市图书馆、市群艺馆总分馆建筑设计方案，督导市直相关单位和各乡镇制定创建工作方案，推进省级公共文化服务体系示范区创建工作。建设 65 个文体小广场，完成 110 个社区、村体育设施配套，新增 6 个全民健身工程投入使用。

【天门市群众文艺活动】 2018 年，天门市举办群众文艺活动 40 场次。开展文化“三下乡”，全年送戏下乡 87 场，戏曲进校园、进乡村演出、教学 124 场，送电影下乡 7350 场，送图书下乡 1.2 万册。开展文艺辅导下基层，举办碟子、民歌培训班，培训文艺骨干 2000 人次。开展全民阅读活动和庆祝改革开放 40 周年“光辉历程·书香筑梦”有奖征文大赛。首部院线电影《蒸爱大师》首映式 5 月 25 日在天门剧院举行。备战第三届湖北艺术节暨庆祝改革开放 40 周年优秀作品展演活动，大型原创花鼓戏《茶树岭》入选舞台艺术作品展演剧目，天门说唱《搬猪场》、女生独唱《风雨中你举着伞》入选群众文艺作品展演节目。广场舞《快乐莲厢》入选“文化力量·民间精彩”全省第四届群众广场舞大赛参赛节目。2 个家庭分别获得第三届全国“书香之家”“书香之家提名家庭”称号，作文《以书之魂，谛吾之梦》《那些书，那份情》获 2018 年全国“我的书屋·我的梦”农村少年儿童阅读实践活动优秀征文奖。

【天门市文化遗产保护】 2018 年，天门市开展文化遗产保护。成立市级指挥部，推进石家河国家考古遗址公园建设。完成石家河遗址安全防范工程设计及施工一体化工程招投标工作；确定遗址博物馆选址，发布设计招标公告。遗址公园规划由省文物局呈报国家文物局审核。西城垣、城壕抢救性保护工程完成样板段施工。向国家文物局申报印信台、三房湾遗址保护展示项目。3 个项目（干驿香醋，钟惺、谭元春的传说，陆羽茶道）申报省级非遗名录，2 个项目（天门渔鼓、唐手拳）申报国家级非遗名录。《陆羽传说》《徐苟三的故事》纳入 2018 年全省非遗丛书出版发行。

【天门市广播电视】 2018 年，天门市广播电视台全年播发广播电视新闻 4000 条，制作播出各类专题 400 期。对接职能部门开展环保动态、督查追踪、生态养殖等系列报道，开展各类直录播 100 场次。创新推出《天南地北天门人》《律师说法》等专题专栏。走进田间地头服务三农，采访报道种养殖知识、致富典型，播出《精品农庄一日游》《货比三家》等专栏 110 期；制作精准扶贫公益宣传、天门文明 20 条渔鼓说唱等 10 个专题片。舆论监督节目《行风热线》广播电视同步直播，全年播出 238 期，其中市委书记、市长等市领导参加热线直播 7 期，接到群众咨询和来电 1100 个。“视听天门”以视频、图文等方式推送《天门新闻汇》，每天推送 10 条信息；“云上天门”每天发布更新信息 40 条。新闻中心彭军甫被授予全市“先进工作者”称号，10 条新闻和专题获“湖北广播电视节目奖”奖项。

（天门市地方志办公室）

卫 生

【武汉市医疗卫生机构和人员】 2018 年，武汉地区拥有各级各类医疗卫生机构 6340 个。其中，医院 398 个，卫生院 84 个，门诊部 1298 个，专科防治机构 21 个，疾病控制机构 17 个，卫生监督机构 16 个，妇幼保健机构 18 个，血液中心 1 个，急救中心 1 个，社区卫生服务中心 133 个，社区卫生服务站 288 个，卫生所、医务室 209 个，诊所 2140 个，村卫生室 1701 个，医学培训机构 4 个，其他卫生事业机构 11 个。

医疗机构（含省部属，以下同）设床位 9.53 万张。其中，医院床位 8.18 万张，社区卫生服务中心（站）床位 6440 张，卫生院床位 4495 张，门诊部（所）床位 89 张，妇幼保健机构床位 1880 张。专科防治机构床位 568 张。武汉地区每千人口拥有卫生技术人员 9.89 人（不含乡、村医）。其中，每千人口拥有执业（含助理）医生 3.57 人、注册护士 4.91 人，每千人口拥有床位 8.6 张，其中医院床位 7.38 张。

医疗卫生机构所属工作人员

1.36 万人。其中，卫生技术人员 1.09 万人，其他技术人员 6306 人，管理人员 7756 人，工勤人员 9956 人。卫生技术人员中，有执业医师 3.69 万人，执业助理医师 2705 人，注册护士 54434 人，药剂人员 4683 人，技师人员 5406 人。其中，检验人员 3607 人，其他卫生技术人员 5500 人。

【武汉市诊疗和健康】 2018 年，武汉市医疗机构诊疗 8579.7 万人次，住院（入院人数）302.38 万人次，健康检查 459.25 万人次。其中，医院门诊 5022.6 万人次，社区卫生服务中心（站）门诊 692.66 万人次，卫生院门诊 322.2 人次，门诊部接诊 194.5 万人次，妇幼保健机构门诊 321.29 万人次，专科疾病防治机构门诊 14.45 万人次。武汉市辖区范围内医疗机构入院治疗 302.38 万人次，出院 301.54 万人次；孕产妇死亡率 9.94 / 10 万，婴儿死亡率 1.95‰，5 岁以下儿童死亡率 2.45‰。人均期望寿命 81.29 岁。其中，男性人均期望寿命 78.83 岁，女性人均期望寿命 83.93 岁。

【武汉市基层卫生体制改革】 2018 年，武汉市政府印发《关于进一步深化基层医疗卫生机构综合改革的意见》，推进财政补偿机制、人事制度和绩效薪酬制度改革，各区出台改革具体实施意见和财政、人事、薪酬制度改革配套政策文件。政府主办的基层医疗卫生机构全部纳入公益事业单位。

家庭医生签约服务。基层医疗卫生机构组建 1515 个家庭医生团队，签约居民 101 万人，签约服务率 9.9%。市卫计委规范家庭医生团队职责分工、签约服务和管理流程，制定收付费政策。家庭医生签约服务按照 150 元 / 人给予补助，签约服务经费可以打包支付、统筹使用。经费来源由医保基金、财政专项补助、基本公共卫生经费、居民自费分担。

村级卫生室和社区卫生服务中心建设。按照服务人口每人每年 18 元标准，拨给村卫生室实施国家基本药物制度市级补助经费、村卫生室运行保障经费、村卫生室参加医疗责任保险经费、乡村医生培训经费共计 1748.41 万元。市、区两级财政共投入 9768 万元，支持社区卫生服务中心提档升级。27 个社区卫生服务中心加入湖北省社区卫生服务机构联合体，19 人获评全省乡镇名医、30 人获评全省社区名医，13 人获得全省基层大学生招聘补助项目，186 人获得全省基层特岗津贴补助。由公立医院牵头组建的“1+N”型紧密型医疗联合体 23 个，覆盖 44 个基层医疗卫生机构。

【武汉市医政医务管理】 2018 年，武汉市市区属公立医院全部开展临床路径管理。市第一医院、市中心医院、市第三医院、市第四医院探索开展多学科诊疗模式，开设肿瘤、心血管病、脑血管病、内分泌疾病、痛风、疮疡等专业多学科诊疗门诊。急救医疗新增 3 个胸痛中心，全市通过国家认证的胸痛中心 17 个；16 个卒中中心通过市级认证，6 个卒中防治中心通过省级认证，15 所医院纳入湖北省卒中急救地图医院，市第一医院被国家卫健委脑防委授予“示范高级卒中中心”和首批“五星高级卒中中心”。专科联盟建设数量 14 个。市第一医院、市中心医院、武汉儿童医院开展日间手术试点，全年完成日间手术 5000 例。

武汉市家庭医生签约社区居民提供医疗卫生服务

（武汉地方志办公室　供稿）

医疗质量管理。开展抗菌药物临床应用专项整治。抽查二级以上医疗机构68个，门诊抗菌药物使用率为14.6%，住院抗菌药物使用率为42%，住院患者抗菌药物使用强度为33.81DDDs，均达到国家要求。全市医疗质控中心数33个，各质控中心开展检验、整形美容、血透、血液管理、急诊、护理等专项质控检查，举办专科护士培训、基层院所管理人员培训、基层药学人员培训，影像、麻醉、神外、泌外、康复等相关学术交流活动。

重点专科建设。市卫计委评定市级临床重点专科37个、重点建设专科10个。评定区级临床重点专科14个。推进“名院”“名中心”“名科”“名医”工程。武汉市第一医院皮肤科、脾胃病科分获国家级中医皮肤病区域诊疗中心、国家级中医脾胃病区域医疗中心，武汉儿童医院获批湖北省儿童医疗中心。

乡镇卫生院建设。2018年，全市10所大医院帮扶乡镇卫生院共派驻医务人员397人次，诊治门诊患者1.3万人次，住院患者609人次，在22个受援乡镇卫生院开展教学查房411次，举办学术讲座88次，手术示教9次，业务培训2341人次，开展新技术新业务18项，指导整章建制23项。接受受援医院进修人员15人次，赠送医疗设备或其他物品价值8.15万元。

【武汉市医疗互联网+建设】 2018年，武汉市加强医疗领域的互联网+建设。出台《武汉市网络预约挂号规范》，优化“健康武汉APP”客户端使用体验，智能导诊、预约挂号、在线支付、健康档案、健康画像、电子服务券、家医签约、健康评估等网上应用功能日益完善，客户端下载量1.85万次，关注量8870次。全市二级以上公立医院全部建立预约诊疗制度，市属综合医院基本能够提供手机预约挂号、移动支付、就诊提示等服务。印发《市卫生计生委关于推进医联体内远程医疗服务的通知》，在医疗机构建立预约诊疗、远程医疗、临床路径管理、检查检验结果互认、医务社工和志愿者5项制度，要求到2020年全市所有医联体推行远程医疗服务。有20个医联体牵头医院建立远程医疗中心，67个基层医疗机构与上级医院开展远程诊断服务。

【武汉市疾病预防控制】 2018年，武汉市无甲类传染病报告，报告乙类传染病16种20043例。甲乙类传染病报告发病率186.17/10万，比上年上升2.1%。完成重点传染病监测4756人份。疫苗接种率99.9%，接种各类疫苗245.53万剂次；儿童建卡数11.34万人，建卡率90.4%。全市未出现流感就诊高峰和结核病暴发疫情。开展健康校园专项行动。有效处置手足口病、流行性腮腺炎、诺如病毒感染等学校聚集性疫情，规范处置率100%。开展全国第三轮艾滋病防治综合示范区工作，检测艾滋病高危人群5.89万人，为4954例感染者和病人提供随访、咨询及检测服务；新发现艾滋病感染者1398人；新增艾滋病抗病毒治疗874人，累计接受抗病毒治疗5267人。2018年艾滋病病死率1.7%。开展结核病防治，筛查疑似肺结核患者3.14万例，发现和登记活动性肺结核患者5952例。开展血吸虫病防治，免费救治全部晚血患者176例，无新增病例。武汉市疾病预防控制中心血防所、江夏区血防所获得2018年度湘鄂赣皖苏五省“送瘟神60周年”先进集体，蔡甸区血防所尹其波和江岸区疾病预防控制中心胡艳芳获得2018年度湘鄂赣皖苏五省“送瘟神60周年”先进个人。麻风病无新发病例。报告性病6329例，比上年增长14%。开展辖区严重精神障碍患者筛查随访、规范管理和精神卫生健康宣教活动。严重精神障碍患者管理人数4.44万人，任务完成率98.2%，患者报病率4.1‰，规范管理率80.9%。

【武汉市人口和计划生育】 2018年度，武汉市出生人口1.07万人，比上年减少1.93万人，降幅15.3%。其中，一孩出生降幅17.7%；二孩出生降幅12.8%；多孩出生降幅3.2%。二孩生育经过2016年、2017年两年集中堆积释放后，2018年开始减缓。但与全面两孩政策实施前的2015年度相比，二孩出生增加1.5万人，增幅47.8%。全面两孩政策缓解了育龄妇女减少对出生人数下降的影响。全市出生人口性别比109.72，与上年持平。2018年4月27日，武汉市人大常委会正式表决废止《武汉市计划生育管理办法》。

2018年，武汉市全面推行基

本生育服务免费政策，强化全面两孩政策配套。新农合与居民医保并轨后，指导各区做好住院分娩补贴对象衔接，继续为未参保对象提供住院分娩补贴，有条件的区还适当扩大补贴范围。全市享受住院分娩补贴的对象1.17万人。加快推进公共场所和用人单位母婴设施建设，建成432处公共场所母婴设施，配置率90%以上；开通公共场所母婴设施APP定位导航服务，方便有需要的群众查找使用。

落实计划生育奖励扶助政策。审核确认农村计划生育奖励扶助对象2.64万人、计生特扶对象1.2万人，计生特扶资金1.59亿元全部、足额发放到位。审核确认独生子女保健费、农村新农保计生补贴、一次性抚慰金，市属企业退休职工一次性奖励对象有2.1万人，发放奖励金6448万元。在公立医疗机构开通计生特殊家庭就医“绿色通道”，定点医疗机构落实门（急）诊挂号费、诊查费、静脉输液费减免。计生特殊家庭成员家庭医生签约率100%。

（武汉地方志办公室）

【黄石市健康扶贫】 2018年，黄石市打好精准扶贫攻坚战。完善基本医保、大病保险、医疗救助、补充医疗保险“四位一体”工作机制，健康扶贫政策全面落地，因病致贫率比上年下降5.6%；93类疾病县域内救治占比提升3.4%；住院人均费用由10643元降为9811元，健康扶贫工作位居全省前列。打好社会风险防控攻坚战。全国全省“两会”、省运会、县域经济工作会、磁湖国际半程马拉松、东方山水库渗漏等重大事项医疗保障工作到位，市卫计委获集体三等功1次，5名先进个人分别受到记功和嘉奖。打好污染防治攻坚战。推进河湖长制贯彻落实，阳新三溪河流域污染防治相关工作经验在全市推广交流；落实国务院环保督查，规范医疗废物集中处置，医疗废物集中处置率100%。

【黄石市医疗卫生体制改革】 2018年，黄石市开启“健康黄石”建设。开展重大疾病防控，艾滋病“四免一关怀”政策落实率100%，录入严重精神障碍信息管理系统上报率居全省第二，创建省级重点专科5个、县级医院重点专科3个；

2018年黄石市医疗卫生机构情况统计表

机构类别	机构数（个）	床位数（张）	卫生工作人员（人）						
			卫生技术人员					行政后勤人员	总计
			执业医师	执业（助理）医师	注册护士	其他卫生技术人员	小计		
综合医院	13	3375	846	898	1546	485	2929	536	3465
中医医院	2	678	179	188	266	100	554	104	658
专科医院	5	311	33	43	87	25	155	61	216
社区卫生服务中心（站）	30	74	76	85	142	37	264	54	318
卫生院	26	1379	369	552	574	352	1478	330	1808
门诊部、诊所、卫生所、医务室、村卫生室	413	9	217	281	217	41	539	599	1138
急救中心（站）	1	0	2	2	6	0	8	10	18
采供血机构	1	0	0	0	5	15	20	4	24
妇幼保健院	1	230	125	125	198	52	375	73	448
专科疾病防治院	2	0	4	4	2	4	10	11	21
疾病预防控制中心	1	0	34	35	16	33	84	32	116
卫生计生综合监督执法	4	0	0	0	0	43	43	11	54
学会办	1	0	6	6	4	1	11	10	21
其他卫生计生机构	0	0	0	0	0	0	0	0	0
合计	500	6056	1891	2219	3063	1188	6481	1835	8305

阳新县达到血吸虫病传播阻断标准，大冶市、西塞山区通过血吸虫病消除达标复核验收；再获“全国无偿献血先进市”称号。在大冶市、阳新县实施县域医共体建设和医保基金“总额预付、合理超支分担、节余留用”改革，大冶市在全省医联体建设考核中位居23个受检县（市、区）第一；做实家庭医生签约服务，家庭医生签约服务贫困户做到应签尽签；全面实施药品“两票制”和耗材集中招标采购，整体降幅28.3%；以鄂东医疗集团为试点，推进公立医院薪酬制度改革，代表湖北省迎接全国公立医院改革复核考评，受到考评组肯定。全市孕产妇死亡率、婴儿死亡率、5岁以下儿童死亡率均远低于全省平均水平，全省孕优项目现场会及儿童早期发育示范基地经验交流会在黄石召开。启动医疗服务智能监管，10所二级以上公立医院全部接入全民健康专网，在全省各地市州首创利用互联网远程视频监控系统监督管理餐饮具消毒工作。实施医疗机构医师、护士、医疗机构电子化注册管理工作，覆盖率100%。开展医疗卫生领域突出问题、行业作风、医疗广告、学校卫生等专项整治行动，监督覆盖率100%。引进硕博士研究生72人，招收住院医师规范化培训学员103人，培养全科转岗学员190名，定向委培村卫生室学员148名。马丁院士工作站落户市爱康医院。《时珍国医国药》杂志、《临床放射学》杂志继续被评为中国医学类核心期刊，其中《临床放射学》杂志在全国的中文核心期刊评比中获同类杂志第三名。

（黄石市地方志办公室）

【鄂州市医疗卫生机构和人员】2018年，鄂州市共有医疗卫生机构500个。其中，医院20所，基层医疗卫生机构469个，专业公共卫生机构11个。卫生计生人员总数8305人。其中，执业（助理）医师2219人，注册护士3063人。开放床位6056张，其中，医院床位4364张，社区卫生服务机构床位74张，卫生院床位1379张。

【鄂州市医疗卫生体制改革】2018年，鄂州市推行全省公立医院薪酬制改革试点工作。建立人员总量控制备案管理制度、人才自主招聘制度、岗位绩效管理制度和薪酬总量制度，实行薪随岗变、同工同酬。规范公立医院财务会计制度，建立综合预决算管理和全成本核算制度，建成全市统一的财务信息管理系统。推进分级诊疗制度。组建市中心医院医疗集团、市妇幼保健院妇幼健康联盟，建立远程诊疗服务绩效考核制度和长效补助机制，全年为基层患者提供远程诊疗服务约12万人次。全市下转患者1471人次，较上年同期增加4倍。全面取消药品加成政策，调整医疗服务价格969项，全面实行药品带量采购和“两票制”，药品采购价格平均降幅5%。建立市直公立医院医疗服务智能监管系统，强化医药费用不合理增长考核，全市公立医院门诊及住院患者均次费用较上年分别下降7%和9.3%，药占比下降7.5%。全面启动全市乡镇卫生院综合改革。

【健康鄂州建设】2018年，鄂州市出台《“健康鄂州2030”行动纲要》，提出“实施健康鄂州工程”，将主要健康指标纳入各级党委和政府考核指标，明确重点工作部门责任分工。推进健康教育和健康促进工作，开展健康中国行暨全民健康生活方式日系列宣传活动，干预目标人群10万人次，创建市

鄂州市医护人员为居民免费问诊　（鄂州市地方志办公室　供稿）

级健康促进医院5所。推进公共场所禁烟工作，将公共场所禁烟列入“文明条例”。全省健康校园现场推进会在鄂州召开，鄂城区被列为2018年国家健康素养监测点，华容区和梁子湖区创建省级慢病示范区。全市居民健康素养水平17.3%，较2016年提高4.8%；全市15—69周岁居民吸烟率24.99%，较2016年下降1.4%；全市人均预期寿命77.6岁。

【鄂州市疾病预防控制】 2018年，全省健康校园建设专项行动现场推进会在鄂州召开，鄂州市学校卫生工作在大会上作经验交流。鄂州市推进人感染H7N9禽流感等重大疫情联防联控，全市新增免费治疗艾滋病人30人，免费治疗肺结核病人656人，免费接种一类疫苗26.07万剂次。规范管理糖尿病人1.81万人、高血压病人8.59万人。管理严重精神障碍患者5100人。食品安全风险监测覆盖率100%。应对问题疫苗事件，确保全市预防接种工作秩序。世界卫生组织结核病和艾滋病防治亲善大使彭丽媛亲临鄂州宣传结核病防治知识，结核病防治经验在全国推介。血吸虫病传播阻断达标，实现十年送“瘟神”的目标。

【鄂州市计划生育和健康扶贫】 2018年，鄂州市获评湖北省卫生计生目标责任考核先进单位。当年出生人口1.28万人，性别比为115.31。实行生育登记服务制度，推行基本生育免费服务。为计生家庭购买意外伤害保险，普及计生特殊家庭住院护理补贴险，发放“金秋助学金”3.4万元，建成母婴室69个。流动人口基本卫生计生均等化服务率95%，计生奖特扶资金发放到位率100%。

健康扶贫工作。印发《关于鄂州市落实农村贫困人口基本医疗有保障有关政策的实施细则》，建立农村贫困人口基本医保、大病保险、医疗救助、补充医疗保险“四位一体”工作机制。42个定点医疗机构开通农村贫困人口就诊绿色通道，县域内住院实行“先诊疗、后付费”，取消住院起付线，免交住院押金，出院时“一站式、一票制”结算。全年建档立卡贫困人口住院诊疗2.67万人次，住院医疗总费用1.14亿元，实际报销比例91.5%；大病、特殊慢病门诊7671人次，门诊医疗总费用839万元，实际报销比例90.9%，各项指标均进入全省第一方阵。

（鄂州市地方志办公室）

【孝感市医疗卫生体制改革】 2018年，孝感市推进公立医院综合改革。开展薪酬制度改革试点，建立医疗服务价格动态调整机制，实施综合改革效果和财政投入绩效评价考核，出台绩效考核管理办法（试行）。加强紧密型医疗联合体建设，打造10个县域医疗共同体，27所县级以上医院与21所省级医院、武汉市属医院建立医联体或专科联盟，开展技术合作。调整服务价格，建立科学补偿机制。动态调整医疗服务价格，调整收费项目860个，其中调增542个，调降318个。推进采购“两票制”，实施药品流通使用改革，实施药品带量采购，开展药品虚高价格和医用耗材专项整治工作。建立“四位一体”健康扶贫保障机制，全市154个定点医疗机构均开通运行“一站式”平台，住院报销结算“一单清”；大病救治率、慢病签约服务率位列全省前列。编制孝感中心城区医疗卫生设施布局专项规划（2018—2030年），启动东城区公共卫生服务中心建设，4个县级项目按进度推进。汉川市被省列为基层综合改革联系点；推进医院等级评审，市中心医院通过省三级甲等综合医院复评。

【孝感市人口和计划生育】 2018年，孝感市加强计生政策引导宣传，普及全面两孩政策，全市出生5.39万人，其中两孩出生2.65万人，二孩出生率连续三年分别为39.4%、47.1%、49%。出生人口性别比113.63，较2017年度下降1.23单位值。加快母婴设施建设，共建母婴设施143个。提升妇幼健康水平，为7.1万名对象开展免费婚前医学检查和孕前优生健康检查，为1.58万对象落实免费计生手术，为2.28万名农村贫困妇女开展免费“两癌”筛查。推进便民服务，实行网上办理、承诺办证、社区代办、送证上门。落实计划生育家庭“两项制度”利益导向，对上报对象进行严格资格审查，全年奖扶对象1.83万人、特扶对象2096人。全市所有公立医院、各乡镇卫生院全部开通特殊家庭就医绿色通道，规范设置绿色通道标识。实行家庭医生签约服务，开展“一对一”医疗健康服务。依法查处一批“两非”案件，孝感市连续两年（2017 年度、2018 年度）被评为全省整治“两非”专项行动成绩突出市（州），汉川市、孝南区、应城市被评为 2017 年度全省整治“两非”专项行动成绩突出县（市、区）。

【孝感市疾病预防控制】 2018 年，孝感市传染病疫情保持平稳，无甲类传染病报告。手足口病防控措施得到落实，无重症、死亡病例。流感监测保持较高水平。全市 2018—2019 年监测年度共监测流感样病例标本 831 份，未检出阳性标本，市疾控中心被评为全省流感监测工作先进单位。消除疟疾工作稳步推进，经正规抗疟治疗后已经痊愈，共开展血检 2600 人/次，发现疟疾阳性血片 8 张，阴性血片 2592 张。免疫规划管理日趋规范。一类疫苗接种 112.13 万剂次，任务完成率 117.1%。开展脊灰灭活疫苗补种，共计补种 4.69 万剂次脊灰灭活疫苗。“长春长生疫苗事件”应对及时有效。开展春、秋季托幼儿童和新入学儿童预防接种证查验工作，落实麻疹监测、AFP 监测、AEFI 监测，强化免疫规划信息化管理，全市乡镇级预防接种单位的信息系统覆盖率 100%。通过湖北省免疫规划信息管理系统管理儿童 72.75 万人，开展预防接种补偿保险试点，孝感市第一类疫苗异常反应从“财政补偿”转向“保险补偿”。

【孝感市基层卫生服务体系建设】 2018 年，孝感市加强农村卫生与社区卫生服务体系建设。争取省级资金 120 万元，加强 6 个“薄弱”乡镇卫生院建设；争取省级资金 110 万元，支持 11 个乡镇卫生院建设特色科室。加强基层“国医堂”建设，90% 社区卫生服务中心和乡镇卫生院建有“国医堂”，58% 社区卫生服务站和 30% 村卫生室能够提供中医药服务。7 个县（市、区）全部建立乡村医生养老保障制度，明确“到龄离岗”乡村医生生活补助标准，在全省率先实现乡村医生养老政策“全覆盖”。汉川市作为全省首批基层卫生综合改革省级联系点，获得省级奖励资金 200 万元。实施乡镇卫生院骨干人员特岗津贴和大学生招聘补助项目，对大悟、孝昌等 6 个县（市、区）435 名乡镇卫生院骨干发放特岗补助，对乡镇卫生院新招聘的 19 名大专生和大学生发放一次性补助，为基层引进人才、留住人才。全市乡村医生免费订单定向培养计划累计招生 124 人。全市共有 22 人获得“湖北省乡镇名医”称号、3 人获得“湖北省社区名医”称号。

【孝感市医政管理】 2018 年，孝感市开展贫困大病患者救治工作，推行预约诊疗、远程医疗、检查检验结果互认制度，将妇女乳腺癌、宫颈癌、肺癌、尘肺病 4 个病种纳入救治范围，大病救治范围扩大到 23 种。与人社、财政、扶贫、民政部门协作，落实报销“四位一体”和“一站式”结算政策。推行临床路径管理，严控医疗费用不合理增长，取消药品加成。开展抗菌药物临床应用专项督查、全市医改公立医院医疗控费督查，医疗费用增长控制在 10% 以内。加强医疗质量、优质护理、急诊急救、合理用药管理，参加省卫生计生委组织的“生命之光”医疗机构急救技能比赛，孝感市获得全省第三名。开展临床重点专科创建，确定市级综合医院临床重点专科 39 个，市级妇幼保健院临床重点专科 6 个，向省卫生计生委申报省级临床重点专科 15 个、省县级医院临床重点专科 16 个。推进“汉孝一体化”工作。市中心医院与武汉科技大学协作科研项目工作进展顺利，武汉科技大学临床医学专业学位硕士生、本科生教育按教学计划如期进行。

【孝感市供血工作】 2018 年，孝感市连续十年五次获“全国无偿献血先进市”称号。坚持以无偿献血为中心，确保临床用血需要和安全，全年 54.6 万人次参加无偿献血，献血量 16800 千克，共采集全血 3.71 万人（60586u），单采血小板 1650 人（3156 人份），无一例经血液途径传播疾病发生。临床用血 100% 来自无偿献血，100% 满足临床用血需求。核酸检测采取“国产＋进口”两套检测模式，核酸检测三项（HBV、HCV、HIV）检测标本 38092 人份，阳性检出 27 例，阳性率 0.07%。开展“汉孝一体化”建设，支援武汉临床用血。2 月 1 日签署《武汉—孝感血液供应调配联动工作协议》，支援武汉红细胞成分 2686 单位、血

2013—2018 年黄冈市每千人口床位、卫生技术人员表

年份（年）	床位（张）		人员（人）				
	全市合计	其中：医院	全市合计	其中：			
				卫生技术人员	内：		
					执业医师	执业助理医师	注册护士
2013	26176	14536	38745	28066	9119	3065	9730
2014	30827	17392	41119	30327	8313	3427	12285
2015	32953	18949	42737	32376	8886	3768	13650
2016	34031	19454	43375	32808	9125	3734	14057
2017	35967	20771	43947	33530	9589	3835	14215
2018	37272	22108	43370	33036	9156	3620	14279

小板 132 人份、血浆成分 5268 单位。

（孝感市地方志办公室）

【黄冈市医疗卫生机构和人员】 2018 年，黄冈市拥有各级各类医疗卫生机构 4167 个。其中，医院 68 所（综合医院 31 所、中医医院 10 所、中西医结合医院 1 所、专科医院 26 所），基层医疗卫生机构 4039 个（卫生院 136 个、社区卫生服务机构 55 个、村卫生室 3578 个、诊所及其他基层卫生医疗机构 270 个），妇幼保健院等专业公共卫生机构 55 个，其他卫生机构 5 个。拥有开放医疗床位 37272 张，执业医生 12776 人、注册护士 14279 人。当年完成全市二级医院等级评审 15 个，授予市级临床重点专科 45 个，全市无偿献血总量 1118 万毫升。

【黄冈市医疗卫生体制改革】 2018 年，黄冈市创新医疗服务模式，推进医疗联体建设。全市重点推进团风县、黄州区 2 个紧密型县级医疗共同体示范建设，形成具有黄冈特色的县级医疗共同体建设模式，向全市推广。进一步深化市中医药健康联盟和市妇幼保健专科联盟之间合作，增强合作紧密性。探索“互联网 + 分级诊疗”服务，深化公立医院综合改革。优化医院收入结构，调整新增有项无价医疗服务价格 941 项，调整常用低价医疗服务价格 426 项，12 所公立医院取消药品加成 2773.8 万元，药占比降至 28.5%，进一步减轻群众就医负担。财政部门对取消药品加成收入的 20% 部分实行补偿。持续开展“三堂一室”建设，累计创建中医名医堂 10 个、养生堂 10 个、国医堂 138 个、知名中医工作室 13 个；9 个县列入全省中药资源普查试点。麻城市获“全国农村中医药工作先进县”，英山县获“全国综合医院中医药工作示范单位”。

【黄冈市计划生育管理】 2018 年，黄冈市推进“互联网 + 计划生育 + 妇幼健康”提档升级，健全智慧计生服务体系，建立“婚、孕、产、育、保”管理服务链条，推进线上线下互动，为群众提供生育全程基本医疗保健服务。加强基层妇幼健康网底建设，整合全市村级卫生室和计生服务室 3514 个；配置母婴设施场所 84 个。孕产妇死亡率控制在 10.39/10 万以下，婴儿死亡率降至 2.7‰；完成农村妇女“两癌”检查 73170 人次。落实计划生育特殊家庭各项政策，设立计生特殊家庭联系人制度和就医绿色通道，推广英山“三三制”工作经验，加强失独家庭稳控工作。全市二孩生育对象孕情监测率 68.7%；立案“两非”（非医学需要的胎儿

2018 年 11 月 9 日，黄冈市医学会主办、黄冈市中心医院承办的“蓝光行动”启动

（黄冈市地方志办公室　供稿）

性别鉴定，非医学需要的选择性别的人工终止妊娠）案件481件，结案481件，查处“两非”典型案件107件，处理相关责任人87名。团风县等6县市获2018年度全省整治“两非”工作成绩突出县（市）；黄州区获“全国流动人口动态监测优秀单位”。

（黄冈市地方志办公室）

【咸宁市医疗卫生机构和人员】 2018年，咸宁市有各级各类医疗卫生机构1340个，床位14657张，医疗卫生计生人员17649人，执业（助理）医师6917人，注册护士7817人，万元以上设备11541台、其中百万元以上设备270台。门诊总诊疗1393万人次，出院人数55.76万人，门诊病人次均诊疗费108.9元，住院病人人均住院费用4961.6元，病床使用率91.2%。

【咸宁市医药卫生体制改革】 2018年，咸宁市出台《咸宁市“十三五”深化医药卫生体制改革规划》，将医改作为年度重点工作纳入各县市区年终目标考核之中。调整医疗服务项目价格2801项，占总项目的75%；全市24个公立医院推行“两票制”、药品集中带量采购和集中配送。在咸宁市妇幼保健院开展公立医院薪酬改革试点；公立医院全部取消药品加成，减少药品收入1.72亿元。公立医院门诊次均费用为185.73元，住院次均费用为6503.56元。在崇阳、咸安、嘉鱼三县开展深化基层卫生综合改革省级联系点建设工作，出台大学生乡村医生定向培养、乡村医生待遇、家庭医生签约服务、医保支付方式、医疗价格调整等相关文件，综合改革稳步推进。崇阳县作为省级三个试点县之一，全县乡镇卫生院全面启动保障基本医疗服务改革试点工作，费用缺口由县财政纳入预算补贴。

【咸宁市医疗服务体系建设】 2018年，咸宁市完善医疗服务体系。成立咸宁市区域医疗联合体，由市中心医院牵头，各县（市、区）人民医院以及部分乡镇卫生院参与，组建4大中心（消毒供应中心、医学影像中心、病理诊断中心、医学检验中心）。筹建由市中心医院康复科牵头的咸宁市康复疼痛专科联盟。启动“一村一名大学生村医”培养工程，计划每年培养300名大学生村医，三年培养900名大学生村医。评定12个专业23个市级临床重点专科，创建湖北省县级医院临床重点专科2个。启动二级综合医院等级评审工作。处置全省首例境外输入性基孔肯雅热疫情，未发生二代病例。全市H7N9禽流感零感染。全年无甲类传染病报告，无重大突发公共卫生事件。

【咸宁市计划生育与健康管理】 2018年，咸宁全出生人口3.87万人，其中二孩出生1.98万人，占出生总数的51.3%。孕产妇产后访视2.22万人，新生儿访视2.26万人，儿童健康管理2.29万人。全市有计生特殊家庭人员978人，其中失独家庭627人。农村育龄妇女补服叶酸3.33万人，免费孕前优生检查2.63万人，免费婚前医学检查2.49万人；孕产妇女艾滋病检测3.72万人，梅毒检测3.73万人，乙肝检测3.7万人，检测率100%；新生儿疾病筛查2.26万人，新生儿听力筛查1.93万人；妇女免费“两癌”检查2.55万人，贫困地区免费耳聋基因检查5500人。开展从业人员体检1.38万人次，健康管理体检5120人次，心脑血管彩超项目2050人次，职业健康体检2141余人次，学生健康体检11000人。

（咸宁市地方志办公室　陈秋娥）

【仙桃市医疗卫生机构】 2018年，仙桃市共有各级各类医疗卫生机构1013个。其中市直公立医疗卫生机构7个、社区卫生服务中心6个、镇卫生院15个、其他系统办医院和民营医院24个、村卫生室681个、个体诊所和其他社会医疗机构280个。有镇（街道、场、园、区）计生办23个、妇幼保健计划生育服务站20个。开放床位5306张，千人口床位6.34张；执业（含助理）医师2.37人/千人口，护士3.35人/千人口。

【仙桃市医疗卫生体制改革】 2018年，仙桃市实施医共体建设。群众看病更便宜。调整651项服务项目收费价格，新增119个单病种付费项目，改革就诊支付方式，提高门诊报销比例，实行住院患者自付费用封顶，镇卫生院门诊例均费用由原来的87.18元降至77.5元，村卫生室例均费用由原来的31元降至22.76元；群众看病更放心。医务人员自主控费，减少滥检查、乱

2018 年 11 月 16 日，仙桃市卫生计生委与金山云公司签订智慧医疗项目合作协议　　（仙桃市地方志办公室　供稿）

开药、小病大治等过度医疗现象；群众看病更方便。牵头医院落实对口支援，远程诊断，双向转诊，群众在家门口就可以享受三级医院的诊疗服务。推行社区卫生服务中心支援托管，引进西藏雅博仕医院托管沙嘴社区卫生服务中心；提升社区服务能力。组织市一医院、市中医医院、市三医院通过业务托管、支援医疗设备、派驻医生等方式，对仙桃工业园、龙华山、干河社区卫生服务中心进行援助。完成 4 个社区卫生服务中心人事制度改革。

【仙桃市智慧医疗建设】 2018 年，仙桃市加强智慧医疗建设。与北京金山云网络有限公司签订合作协议，利用 5 年时间每年投入 1000 万元推进全市智慧医疗建设。在全省率先启用智能服务包，居民可用家庭电视进行签约、查询和与签约医生在线视频问诊。在市大数据中心建立医疗健康大数据库，市民各项医疗健康数据互通共享。在市一医院建成远程影像和远程心电诊断中心，3 分钟内可完成镇卫生院、村卫生室上传的心电和影像诊断。全年实施远程心电诊断 4.37 万例、远程影像诊断 1.56 万例，镇级心电诊断阳性率 62%。

【仙桃市人口和计划生育】 2018 年，仙桃市出生人口 15041 人，其中一孩 6793 人，二孩 7809 人，多孩 439 人，出生率 9.5‰；出生人口性别比 122.07。全市孕产妇死亡率 13.73/10 万，婴儿死亡率 3.7‰，5 岁以下儿童死亡率 4.9‰。2018 年预期人均期望寿命 79.34 岁。

基本生育免费服务。为 4500 对新婚夫妇开展免费婚前医学检查，免费为 9984 对计划怀孕夫妇提供孕前优生健康检查，为 9339 名孕产妇提供艾滋病、梅毒、乙肝咨询检测；新生儿乙肝母婴阻断 640 人，补助 374 人。新生儿疾病筛查采血 9405 份，听力筛查 9078 人。免费开展农村和贫困妇女两癌筛查 2.86 万例。3624 名对象享受住院分娩补助 434.88 万元；建设标准爱心母婴室 71 个。打击“两非”行为。查办简易“两非”案件 293 例，查处典型“两非”案件 11 例。落实农村计划生育奖励扶助资金 466.94 万元，落实计划生育特别扶助资金 307.37 万元。出资 6.06 万元为 303 名特殊家庭成员购买住院护理补贴保险。协调医保局，将特殊家庭住院政策内报销比例提高到 90%。建立孕产妇早孕电子档案 1.04 万人，0—6 周岁儿童健康管理 9 万人。

【仙桃市血吸虫病防治】 2018 年，仙桃市血吸虫病传播阻断达标。以全省第一名通过湖北省血吸虫病传播阻断达标现场考核验收，市血防办被五省联防办评为“湖区五省”“送瘟神”60 周年宣传工作先进集体，血防所长王伟获“全国血防卫士”称号，血防所尹琴被评为“湖区五省”“送瘟神”60 周年宣传工作先进个人。全年查螺 8146.67 公顷，药物灭螺 2073.33 公顷。人群查病 25.02 万人次、治疗及扩大化疗 4.82 万人次，免费救治晚血病人 242 人。开展钉螺和野粪监测 300 多处，采集水体标本 200 个，未查出阳性钉螺和野粪。未发现Ⅰ级、Ⅱ级风险，全部为Ⅲ级风险环境。

（仙桃市地方志办公室）

【潜江市医疗卫生机构和人员】 2018 年，潜江市有各级各类医疗

2018 年 5 月 24 日，湖北省血防春查组调研检查及工作座谈会在仙桃召开

（仙桃市地方志办公室　供稿）

卫生机构 734 个，其中三级综合医院 2 所，二级医疗机构 5 所，民营医院 5 所，区镇处卫生计生服务机构 22 个，社区卫生服务中心（站）25 个，村卫生室 387 个，个体诊所 163 个，其他机构 125 个。开放床位 4330 张，每千人口床位 4.49 张；医疗卫生服务从业人员 6648 人（不含个体），其中注册执业（助理）医师 2155 人，千人口执业医师 2.23 人；执业注册护士 2603 人，千人口注册护士 2.69 人。

【潜江市医疗基础设施建设】 2018 年，潜江市加大医疗设施建设力度。投资 13.9 亿元建设市人民医院，投资 3.5 亿元整体搬迁市妇幼保健院，投资 3.59 亿元启动市中医院周潭院区（泽口卫生院社区卫生服务中心）项目；投资 3686 万元建设的市疾控中心业务综合楼、龙湾卫生院门诊楼、园林南路社区卫生服务综合楼、市精神病医院后勤服务综合楼、市中心医院全科医生临床培养基地和园林卫生院改建项目。中心医院、江汉油田总医院 4 个专科申报湖北省三级医院临床重点专科，开展第四周期市级临床重点专科评审。基层医疗机构“国医堂”建设 100% 全覆盖。

【潜江市人口与计划生育】 2018 年度，潜江市共出生 9229 人，比上年减少 1232 人，出生率 9.12‰，人口自然增长率 2.85‰。出生人口性别比 106.8，性别比总体保持正常。符合农村奖扶条件对象 12249 人，特别扶助对象 716 人，独生子女死亡的计划生育特殊家庭一次性抚慰金 30 户 46 人，奖扶资金全部按政策发放到位。

（潜江市地方志办公室）

【天门市医疗卫生机构和人员】 2018 年，天门市有各级各类医疗卫生机构 1032 个，其中医院 15 个（公立医院 4 个，民营医院 11 个），社区卫生服务中心 4 个，乡镇卫生院 22 个；采供血机构、妇幼保健计划生育服务中心、疾病预防控制中心、卫生计生综合监督执法局、专科疾病防治所各 1 个；个体诊所、卫生所、医务室 193 个，村卫生室 794 个。执业医师（含执业助理医师）2549 人，每千人拥有执业医师 2 人，注册执业护士 2884 人。病床 6411 张，每千人拥有床位 5 张。全市总诊疗 881.62 万人次，较上年 867.76 万人次上升 1.6%，出院人数 214588 人，较上年 211879 人上升 1.3%。

【天门市医疗卫生体制改革】 2018 年，天门市实行医疗卫生体制改革。全市所有公立医院实施药品采购“两票制”和集中带量采购，取消药品加成，遏制医药费用不合理增长。天门市医联体内统一药品采购目录，统一全市消毒供应。加强远程医疗建设，完善远程心电、远程影像、远程检验，“基

2018 年潜江市医疗卫生机构分布统计表

机构数	实有床位	工作人员							
		卫生技术人员					乡村医生及卫生员	行政后勤人员	总计
		执业医师	助理医师	注册护士	其他技术人员	小计			
718	4563	1836	390	2624	259	5109	646	1104	6859

层检查、上级诊断”，基层群众就近享受三级医院服务。全年开展远程心电诊断 1.99 万例、远程影像诊断 9697 例、远程检验 1601 例。组建 182 个家庭医生团队，898 名临床或全科医生、护士、公共卫生医师参与，开展家庭医生签约服务活动，贫困人口、重点人群应签尽签、应服务尽服务。加强公立医院党的建设，市一医院、市中医院实行党政领导岗位分设。

【天门市医疗基础设施建设】 2018 年，天门市改善人民群众就医环境。投资 1.1 亿元建中医院医养大楼，建筑面积 3.06 万平方米；投资 1.4 亿元建中医院门急诊大楼，建筑面积 3 万平方米。投资 2.4 亿元建设一医院门诊大楼，建筑面积 6.3 万平方米；投资 18 亿元建一医院汇侨分院，占地面积 17.33 公顷，建筑面积 29 万平方米，开工建设门诊大楼。投资 1.55 亿元整体搬迁妇幼保健院，占地面积 4.67 公顷，建筑面积 4.35 万平方米，6 月 26 日投入使用。

【天门市健康管理】 2018 年，天门市建立居民健康档案 108.76 万份，建档率 84.5%。举办健康教育知识讲座 5195 期，覆盖人群 10.52 万人次；开展公众咨询活动 296 次，参与 6.51 万人次；发放健康教育印刷资料 136 万份；建立儿童预防接种信息档案 12.46 万人，接种一类疫苗 26.33 万人次；辖区内活产数 1.4 万人，新生儿访视 1.35 万人次，接受 1 次及以上随访 0—6 岁儿童数 10.9 万人；早孕建册 1.35 万人，产后访视 1.35 万人次；为 9.55 万名 65 岁以上老年人提供健康管理服务；严重精神障碍患者规范管理 6249 人；管理肺结核病人 621 例，按要求规则治疗 745 人；为 10.15 万名 65 岁以上老年人进行中医体质辨识管理；为 4.24 万名 0—3 岁儿童进行中医调养指导；传染病报告率、报告及时率 100%；突发公共卫生事件报告 4 例；在天门电视台播放戒烟宣传广告 328 次，市级健康巡讲 17 场，覆盖人群 1.5 万人。全市居民健康素养总体水平 18.7%，成人吸烟率 15.7%，评选出健康家庭 137 个。

【天门市疾病预防控制】 2018 年，天门市接种一类疫苗 26.33 万人次，报告平均接种率 99.7%；新生儿乙肝疫苗接种 3.42 万人次，报告接种率 99.9%，首剂及时接种 1.15 万人次，首针及时接种率 99%。初诊疑似肺结核患者筛查 4554 人，发现并治疗活动性肺结核患者 621 人，活动性肺结核患者治疗成功率、新涂阳肺结核患者治愈率、报告肺结核患者和疑似肺结核患者的总体到位率均 95%，完成省布目标。艾滋病发现和报告感染者、病人（HIV/AIDS）60 例，存活在管共 287 例，其中 280 例正进行抗病毒药物治疗。检测三类高危人群 1889 例，占任务的 118.1%。血吸虫病防治，查螺 5590.28 万平方米，药物灭螺 1027.83 万平方米，分别占任务的 112.4% 和 105.9%。查出钉螺面积 551.39 万平方米，未发现阳性钉螺。开展人群查病 16.59 万人次，治疗及扩大化疗 1.81 万人次，分别占任务的 113.1% 和 106.7%。免费救治 20 例晚血病人。

【天门市人口与计划生育】 2018 年度，天门市人口出生政策符合率 98.7%，政策外多孩率 1.9%，出生人口性别比 114.49。农村已婚育龄群众长效为主的避孕节育措施知情选择落实率 66.7%，计划生育奖励政策落实到位率 100%。孕产妇系统管理率 94.6%，3 周岁以下儿童系统管理率 93.3%，0—6 周岁以下儿童系统管理率 93.9%，出生缺陷发生率 77.9/ 万，孕产妇死亡率 0，婴儿死亡率 3‰，5 周岁以下儿童死亡率 4‰，均控制在农村甲类地区水平。全年完成新生儿疾病筛查 9734 人，听力筛查 9822 例，叶酸增补 1.77 万人，宫颈癌筛查 1.37 万人，乳腺癌筛查 1.4 万人，艾滋病梅毒乙肝检测 1.15 万人，免费孕前优生健康检查 9173 人，免费计划生育技术服务 8787 人次。对 2539 个住院分娩补助对象发放生育补贴 76.17 万元。设立避孕药具免费发放点 1727 个，药具“新五进”覆盖率 100%。

（天门市地方志办公室）

体育

【武汉市群众体育】 2018 年，武汉市群众体育蓬勃开展。实施《武汉市全民健身实施计划（2016—2020）》，体育单项协会发展到 164 个，其中，市级 35 个，区级 129 个，全民健身体育活动站点4133个，173个街道均拥有5个以上站点，社区站点覆盖率98%。举办小型多样、各具特色、市民喜爱的全民健身活动1000项次，吸引100多万市民直接参与健身。开展“与军运同行”活动，组织武汉市第十届运动会全民健身类比赛，参战湖北省第十五届运动会群众类比赛，开展市民身边的足球、篮球、网球、羽毛球、乒乓球、门球、徒步、广场健身操、工间操等比赛200项次。增加社会体育指导员2300人，推出“江城健身E家”运动干预模式，指导群众科学健身。在三镇42个定点游泳场所，为中小学生提供20天免费暑期游泳服务，共计25万人次。在全市13个行政区、2个功能区的109个培训点，开展暑期体育项目技能免费培训，共计1万名小学生参加为期12天的游泳、篮球、羽毛球、网球、足球免费技能培训。

【武汉市竞技体育】 2018年，武汉市竞技体育再创佳绩。武汉籍运动员参加国际国内大赛取得前三名成绩9人（次）。从武汉市直属训练单位陆续走出了孙飞翔、王霜、陈洁、薛飞、艾衍含、鄢玮泽、孙飞翔等一大批优秀运动员，入选各级国家队。全国游泳冠军赛暨亚运会选拔赛上，武汉选手陈洁获女子100米仰泳第一名、50米仰泳第三名，鄢玮泽获4×100米混合接力第二名，王宇天获男子200米仰泳第三名。2018年中国（陵水）国际羽毛球大师赛上，孙飞翔获男子单打第三名。在第十八届雅加达亚洲运动会上，武汉市各直属训练单位、武汉江大女足共有8名运动员、1名教练员入选中国体育代表团，其中，薛飞获男子乒乓球团体第一名，艾衍含获女子游泳4×200米接力第一名，江汉大学女足（王霜、吴海燕、林宇萍）获女子足球第二名，陈洁获女子游泳100米仰泳第三名。2018年10月6日，武汉卓尔提前一轮完成“冲超”，时隔5年，武汉第二次站在中国足球顶级联赛舞台。

推进青少年人才培养。武汉市有青少年基础训练点304个，涉及羽毛球、乒乓球、足球、射击等16个项目，注册青少年运动员8000人，在训青少年后备人才1.2万人，全市体育传统项目学校155所。在湖北省第十五届运动会上，武汉市包揽青少年类金牌总数、奖牌总数、团体总分3项第一，在全省持续保持龙头地位。

【武汉市足球事业发展】 2018年，武汉市出台《武汉市足球改革发展总体方案》，与中国足球协会签署共建U13男、女足国家队框架协议，打造武汉“足球之城”，模式为国内首创。武汉市争当中国足球改革发展“试验田”，从顶层设计、体教结合、精英培训、资源整合方面，“四位一体”推进足球改革。校园足球学校规模发展到400所。打造“校级班际联赛、区级校际联赛、全市系列竞赛”体系，各级参赛队伍5000支，开展各级各类足球比赛活动1万场次，参与球迷100万人次。武汉城市足球超级联赛连续举办24届，成为城市足球的品牌和名片。2018首届武汉职工足球超级杯赛与世界杯同时间、同赛制，32支球队参赛“草根世界杯”，球迷10万人。形成以校园足球为塔基、青训足球为塔身、职业联赛为塔尖的“金字塔式”人才选拔培养体系，为国家成年队输送蒿俊闵、曾诚、梅方、张稀哲、王霜、姚伟等46名男女国足，入选各级U系列国家集训队43人；75人效力于中超、中甲职业足球俱乐部，武汉成为第四个（北京、上海、大连）同时拥有男足、女足、五人制顶级职业足球俱乐部城市。

【武汉市体育产业】 2018年，武汉市加快体育产业创新发展。出台《武汉市体育设施空间布局规划》，参照国标预留体育设施建设用地，纳入全市“一张图”控制管理，为今后启用体育用地和复合利用其他公共用地提供索引和依据。围绕国家、省级体育产业基地和产业引导资金年度推荐评审工作，在市域范围内培育优质体育产业品牌，摸索适合武汉市场的产业经验。“当代明诚”被评为国家级体育产业示范单位和国家级体育产业示范项目，23个企业申请省级体育产业引导资金。创建“武汉体育产业研究院”，与国内各大体育企业、国际知名体育俱乐部开展交流，拓展武汉体育市场。

【武汉市体育赛事】 2018年，武汉市筹办第七届世界军人运动会，申办和承办15次国际性、洲际性、全国性体育大赛。其中，武汉国际马拉松赛、国际赛马节、水上马拉松赛、国际航空锦标赛和中国汽车摩托车运动大会，分别被称为“汉马”“赛马”“水马”“天马”和“铁马”，成为武汉城市名片。

武汉国际马拉松赛。4月15日，第三届东风雷诺武汉马拉松赛举行，29个国家和地区711名选手参加，参赛选手2.4万人。摩洛哥选手包揽男子冠亚军，中国籍选手李子成以2小时15分39秒成绩获得季军，打破前两届武汉马拉松被外籍特邀选手垄断局面。埃塞俄比亚选手女子冠季军，中国选手李丹以2小时30分20成绩获得亚军。中央电视台体育频道两个半小时全程直播。

武汉国际赛马节。10月27日，第十六届中国武汉国际赛马节在武汉举行。来自全国21个赛马俱乐部和11个国家优秀骑手参与竞逐。

武汉水上马拉松。10月20日，武汉水上马拉松在东湖风景区郭郑湖水域举行，意大利泳协国家队选手获得冠军。

国际航空锦标赛。11月16日，2018RENO国际航空锦标赛在武汉汉南通用机场开赛，来自世界各国的顶尖飞行员组成12个队（组）进行参赛和表演，是一场在中国举办的参与飞机架数最多、机类最多、外籍飞行员最多的航空赛事。

中国汽车摩托车运动大会。10月2—7日，2018东风风神·中国汽车摩托车运动大会在武汉体育中心举行，来自美、英、日等30多个国家和地区的219名顶级车手参加比赛，观众10万人，创造国内汽车运动多项第一。央视以《大武汉——一座国际体育T台》为题点评：“武汉举办国际国内大赛，无论在数量上还是质量上，正紧追北上广，在中部当仁不让的位居第一。”

【武汉渡江节】 2018年7月16日，武汉市举办第四十四届武汉渡江节，国内（含港澳台）47支横渡方队和10个国家共4700名运动员参加。雄安新区方队首次亮相，北京、天津、上海、长沙、合肥、南昌、广东、新乡、太原、温州、南京、常州、无锡、孝感、潜江、港澳台等16支方队与武汉31支本地方队，以整齐的方队形式搏浪长江，从武昌汉阳门下水，经过6000米游程后横渡长江，在汉口江滩三阳广场登岸。74名中外游泳运动员参加个人抢渡赛，分成男、女两批，从武昌汉阳门码头下水，向汉阳南岸嘴抢渡。本次抢渡赛是历届渡江节抢渡赛中外籍运动员参赛人数最多的一次。由于比赛水域流速过快，只有9名男选手和5名女选手抢渡成功，抢渡成功率是近年来较低的一次。瑞典选手克里斯蒂安·柯龙以12分17秒率先完成1800米游程的挑战，卫冕男子组冠军。中国地质大学（武汉）学生牛潇潇，以15分15秒获得女子组冠军。

（武汉地方志办公室）

【黄石市承办湖北省第十五届运动会】 2018年10月8—14日，湖北省第十五届运动会在黄石举行。黄石市统筹规划建设，新建比赛场馆6个、改造场馆14个、利用场馆17个，37个比赛场馆按时建成。8日晚，运动会开幕式在黄石市奥体中心体育馆举行，观看开幕式观众3万人，做到文明出行、文明观赛、有序退场、人走场净，未出现安全事故。运动会分青少年体育和群众体育两个大类，其中青少年体育设22个大项、569个小项，群众体育类设8个组别55个大项、738个小项。黄石市代表团在青少年类比赛中共获得98金105银81铜，位列全省第二；在群众体育类比赛中获得64金、21个一等奖，位列全省第二。本届运动会期间，举行“体育+”招商投资洽谈会，推出151个招商项目，总投资额

2018年10月8日，在黄石举行的湖北省第十五届运动会开幕式现场

（黄石市地方志办公室　供稿）

1461 亿元，现场签约项目 5 个，总投资 68 亿元。

【黄石市群众体育】 2018 年，黄石市以“迎省运”为主题开展全民健身活动。承办 2018 黄石磁湖国际半程马拉松、中国坐标·黄石城市定向户外挑战赛、2018 年中国体育舞蹈公开系列赛、湖北省第十届全民健身日开幕式、“我爱足球”中国足球民间争霸、2018 年全国柔力球大篷车公益惠民推广万里行活动（黄石站）、湖北省柔力球邀请赛等活动。群体性体育活动以东方山、大众山为分站赛，举办黄石市登山健身步道联赛。举办市直机关足球邀请赛、湖师理工主客场足球争霸赛、黄石首届“鹰棒杯”足球象棋邀请赛、市首届网球系列赛等。举办纪念毛泽东同志畅游长江 52 周年暨“我要上省运”2018 畅游磁湖活动、第四届 HBA 篮球联赛。全市常年参加体育活动人数 75 万人，占全市人口 30.4%。

【黄石市体育人才培养】 2018 年，黄石市加强体育人才队伍建设。选派市体校教练员参加国家、省举办的高级教练员培训班，选派优秀体育老师参加全国体育名校师资培训班和全省各单项教练员培训班，举办游泳、拳击市级教练员培训班，邀请国内知名专家教授来黄授课，提升教练员队伍综合素质。选派优秀裁判员参加全省田径、体操、篮球等一级裁判员培训班，承办全省足球一级裁判员培训班，举办黄石市拳击、田径项目裁判员培训班，培训 110 人，为承办省十五运会储备优秀裁判员。引进高水平教练员，加强同协会或俱乐部等社会力量合作，组织市体校武术、田径、射击等项目优秀教练员到各学校进行业务指导，提高训练水平。新增散打、拳击、棋牌、空手道项目，体育项目从 18 个扩展至 22 个。举办中小学生篮球、田径、足球、游泳、射击、乒乓球比赛，为省运会锻炼队伍。对体校 11 个项目 300 名运动员进行生化血色素测试，形成分析报告，为训练提供科学依据。组织 8 名运动员进行单板滑雪项目测试，4 人入选到南京进行试训，1 人进国家集训队。3 名黄石籍运动员入选国家集训队，向上输送体操、武术、拳击、散打、田径、游泳等项目运动员 30 人。黄石籍运动员 1 人次获世界性比赛冠军，2 人次获亚洲冠军，4 人次获全国比赛冠军。

【黄石市体育产业】 2018 年，黄石市加快体育产业发展。利用市国有投融资平台主导 PPP 模式建设奥体中心，成立众邦体育产业开发公司，与市体育局进行赛事联办；市城市发展投资集团成立文旅投、城市发展传媒，参与户外营地建设和承办户外定向挑战赛；鄂东体育文化传媒公司通过与省运会协作，提升体育市场运营和项目管理能力；以中国乒乓球黄石训练基地为平台乒乓拓展产业，制定《黄石乒乓球项目产业发展规划》，打造“乒乓名城”，为市国乒基地发展布局。承接中国乒乓球女二队、女一队集训，举办比赛为中国乒乓球队迎战瑞典世乒赛热身。举办全国球友大聚会暨开球网五月积分赛、2018 年“729 银河杯”全国体育传统项目学校乒乓球比赛；“湖北省青少年足球训练中心”落户黄石残训基地，市奥体中心项目、大冶龙凤山垂钓竞技赛事基地项目入选 2018 年度省级体育产业发展引导资金资助项目；聘请武汉理工大学专业团队制定体育小镇发展规划，黄石帆船特色小镇、郝海东足球青训项目、腾翔电竞生态众创小镇、炫宇水上运动基地、百凯文体中心 5 个项目在省运会投资

2018 年 4 月 2 日，由黄石港区承办的“市长杯”青少年校园足球锦标赛在黄石七中开幕　　（黄石市地方志办公室　供稿）

洽谈会上签约。

（黄石市地方志办公室）

【鄂州市群众体育】 2018年，鄂州市承办2018年湖北省青少年足球、举重锦标赛、2018鄂州国际半程马拉松赛等大型赛事。其中国际半程马拉松赛是鄂州市规模最大、参与人数最多的群众体育活动，比赛设有半程马拉松（21.0975千米）、微型马拉松（10千米）及迷你马拉松（5千米）3个比赛项目，1万名选手报名参赛。杜士洋和李慧慧分别以1小时07分33秒和1小时21分58秒的成绩夺得男子组和女子组半程马拉松冠军。鄂州市选手在全省青少年体育年度锦标赛中，获得金牌8枚、银牌11枚、铜牌4枚；在湖北省第十五届运动会上，获得金牌19枚、银牌24枚、铜牌22枚。群众体育类金牌数在全省地市州排名第9位，竞技体育类金牌数在全省地市州排名第11位。加大青少年体育后备人才选材输送力度，有8个项目共36名鄂州籍运动员在省专业队训练。

全年培训社会体育指导员、教练员、裁判员、游泳救生员300名，社会体育指导员队伍占总人口2.5‰，居全省前列。建成莲花山国民体质监测与健康指导中心，举办“体育大讲坛”、体育运动超市活动15期，组织开展“崇尚人人体育、共创美好生活”群众体育活动30次。与小明太极、武汉融创汇签订协议，建设葛店动漫文化小镇、梁子湖区梁子镇沙湾村体育小镇。湖北万众体育产业有限公司被省体育局评为全省十强体育企业。

（鄂州市地方志办公室）

【孝感市体育赛事】 2018年，孝感市承办2017—2018赛季全国男排超级联赛湖北男排主场比赛、全国小篮球联赛湖北孝感赛区比赛、2018年湖北省青少年阳光体育大会、2018年全省男子足球（乙组）锦标赛、省十五届运动会男篮预赛、全省青年乒乓球锦标赛、“菁英计划”杯全国少年足球邀请赛。承办武汉网球公开赛系列赛·2018城市俱乐部巡回赛（孝感站）、2018·龙王恨渔文化系列活动暨第八届全国钓鱼大奖赛总决赛等。承办中国足协C级教练员培训班，全国24名足球教练员开展为期三周的业务培训。承办中国足球协会运动员注册暨信息化平台系统培训会，中国足协副主席李毓毅出席培训会，全国各会员单位和职业足球俱乐部210人参加培训。

【孝感市竞技体育】 2018年，孝感市组队参加湖北省18个项目32次青少年体育比赛，武术、柔道、跳水、田径、足球、举重、乒乓球等项目位列全省上游。参加湖北省第十五届运动会青少年体育类18个项目比赛，获得14金、14银、27铜，团体总分728分，被省体育局授予省十五运会周期体育后备人才培养贡献奖。参加“菁英计划”杯全国少年足球邀请赛，孝感代表队与全国各地共12支2008、2009年龄段足球梯队参与角逐，获得2008、2009两个年龄组别冠军。

【孝感市群众体育】 2018年，孝感市提倡全民参与群众健身活动。开展阳光体育大会、系列跑步健步行、广场舞大赛等全民健身活动，共举办各类体育赛事41项，其中12项群体赛事由社会组织承办，通过补助资金鼓励社会力量参与赛事的承办。打造“舞动澴川”龙舟赛、“孝行千里”自行车系列挑战赛、重阳登山大会等品牌赛事，其中“孝行千里”自行车系列挑战赛被纳入湖北省联赛体系，在孝昌、安陆、大悟举办分站比赛。举办三届“舞动澴川”龙舟赛，成为全市端午期间群众体育赛事。组队参加湖北省第十五届运动会（群众体育8类29个项目），获得25金、23银、36铜，团体总分843分。首次组织100人方队参加武汉渡江节。参加2018湖北省ECGC电竞大赛，“英雄联盟”项目获鄂西北片区冠军。

【孝感市体育人才培养】 2018年，孝感市加强体育后备人才培养。选送的运动员陈功入选国家三人篮球队，获第18届亚运会三人篮球冠军；王莹入选国家女子皮划艇队，获得2018年全国皮划艇静水锦标赛1000米女子双人划艇第三名。孝感市被纳入全国青少年足球菁英人才培养计划试点单位和全国青少年排球训练基地。与省足管中心签订足球后备人才联合培养协议，组建2008、2009两个年龄梯队，成为湖北省首个地级市足球精兵梯队建设单位。出台《孝感市足球改革发展方案》，中央深改组来孝感市调研足球工作，肯定孝感市足球改革工作。获得“体育后备人才培养贡献奖”。

【孝感市体育产业】 2018年，孝感市新增规上体育企业6家。组织开展全市体育产业单位专项调查，向国家体育总局平台录入体育产业单位数据482个。孝昌县月湖山庄体育运动田园综合体项目入选全国优选体育产业项目名录。完成大悟县新城镇运动休闲特色小镇概念性规划论证。孝昌县引入社会资本投资建设小悟乡运动休闲特色小镇。气膜建筑全民健身体育馆项目签约。全市体育彩票销量6.98亿元，较2017年增幅76.4%，增幅位列全省第一，销售总量、市场占比均创历史新高。

（孝感市地方志办公室）

【黄冈市体育设施建设】 2018年6月26日，黄冈市体育中心投入运营。投资3240万元建设全民健身示范工程46个。其中，体育健身中心3个、体育休闲小镇1个、乡镇（街道）体育健身中心15个、村级文体广场27个。通过以奖代补等方式扶持基层文体广场、百姓舞台建设，向100个文体社会组织和36个社区（村）配送移动音响、器材，建成农民体育健身工程705个，实现农村体育设施全覆盖。打造地方性全民健身品牌，推动运动休闲、绿色体育、山地体育、冰雪运动等特色体育发展，形成“一县一品”全民健身活动品牌。推动建设户外休闲运动项目，开发环湖型、乡村型、森林型等体育休闲营地，优化4个滑雪场和7个漂流场所运营条件，促进休闲旅游与运动健身有机融合。

【黄冈市群众体育】 2018年，黄冈市举办2018黄冈国际半程马拉松赛，设置半程、10千米健康跑和5千米迷你跑项目3个，参赛人数1万人，现场观众10万人，观看网络直播观众100万人。举办挺进大别山全国漂流赛、全国自行车赛、全民健身日系列活动等30项赛事300场。组队参加省十五运会（群众体育类项目25个，包括健身气功、体育舞蹈、老年人门球赛等）。承办湖北省体育舞蹈公开赛、第一届湖北省老年人体育大会门球赛、湖北省国民体质检测“荆楚行”启动仪式和全省气排球教练员、裁判员培训班。在各县市区开展全民健身活动。黄州区举办第二届全民健身运动会，比赛内容19项；黄梅县举办全国青少年短道速度轮滑等比赛；武穴市举办首届万人迎春健步行活动、岳家拳展演；举办龙感湖太极拳交流、健身舞、体育舞蹈培训等活动。

【黄冈市青少年体育】 2018年，黄冈市组队参加省十五运会13项比赛，获金牌10枚、银牌13枚、铜牌23枚，总分629分。参加湖北省年度拳击、摔跤、跆拳道、女子足球、散打5项锦标赛。承办全国少儿足球冬令营比赛、全国青少年游泳夏令营和湖北省青少年足球锦标赛。举办全市青少年篮球、少年儿童田径、跆拳道、乒乓球、游泳、羽毛球、足球7个类别12项比赛。冯莹莹获全国柔道青年锦标赛第一名；李忠义、兰秀分别获全国武术套路冠军赛男子鹰爪拳金牌、长穗剑银牌、女子三节棍冠军。向省输送4人，入驻U14男足国家队集训1人，向国家滑雪队推选2人，向省小轮车队推选集训1人；2名队员入选全国青少年校园足球夏令营最佳阵容，获“国家一级运动员”称号。

（黄冈市地方志办公室）

【咸宁市群众体育】 2018年，咸宁市开展群众体育活动。举办市级大型群众体育赛事30项次，承办省级群体类比赛10项次，组队参加省级比赛20项次。全年培训一级社会体育指导员180人、二级社会体育指导员300人，全市社会体育指导员人口占比2‰。开展业余培训项目20个，参与注册培训学员1000人。联合组队参加省级比赛40项次，联合举办市级比赛10项次，联合开展“足球四进校园”活动和夏、冬令营活动，承办中国中学生跆拳道联赛（湖北站）的比赛和湖北省武术馆校比赛。开展体育+旅游户外体育赛事活动。举办场地越野车赛和2018“探秘幕阜山”汽车旅游集结赛，500辆车2200人参赛。举办咸宁2018超百千米极限挑战赛，27个国家选手100人和本市2300名长跑爱好者参加比赛，中央电视台进行一个半小时现场直播。举办咸宁国际温泉马拉松赛，23名外籍选手和国内1.35万名长跑爱好者参赛，湖北电视台进行3个半小时全程直播。咸宁代表队在省十五运会中获得金牌18枚、银牌 16 枚、铜牌 29 枚，奖牌总数 63 枚，获得“省十五运会精神文明代表团”称号。咸宁籍乒乓小将熊梦阳进入国家二队，多次代表国家队参加国际比赛，多次获得冠亚军。

【咸宁市体育设施建设和体育产业】 2018 年，咸宁市争取上级项目扶持资金 1600 万元，省级全民健身示范工程命名资助项目 16 个，其中，县级健身中心 1 个、乡镇街道运动健身中心 5 个、村级文体广场 10 个。出台《咸宁市参加省级体育竞赛奖励办法》，采取以奖代补方式，调动社会力量参与体育后备人才培养。对 9 个市级体育后备人才基地投入扶持资金 18 万元。支持和鼓励各类企业和社会资本从事传统体育用品的研发生产，101 个体育实体入选全省体育产业名录库。通城辉隆体育用品有限公司制造的无胶无缝篮球获美国专利，咸宁天香健康运动中心、通城辉龙体育二期项目——湖北新华洋厂区建设 2 个项目入选全国优选体育产业项目名录。体彩销售 3.11 亿元，比上年增加 37%。
（咸宁市地方志办公室　陈秋娥）

【仙桃市群众体育】 2018 年，仙桃市开展群众体育活动。承办中（国）、美（国）、加（拿大）、立（陶宛）四国男子篮球对抗赛、中国羽毛球业余俱乐部联赛、湖北省首届“福寿康宁”健身秧歌赛等一系列国际、国内赛事。举办各类群众体育赛事活动 100 次，其中“篮协杯”全市篮球联赛，比赛时间历时 2 个多月，共有 40 支代表队、400 名运动员参赛；全市羽毛球联赛，共有 24 个俱乐部的 500 名运动员参赛，比赛时间持续 9 个月。在全省第十五届运动会群体类比赛中，仙桃组队参加健身气功、游泳、门球、盲人象棋 6 个项目，获 7 金 5 银 3 铜成绩。支持各体育俱乐部开展业余训练，推动业余训练社会化。在省运会羽毛球、乒乓球青少年类比赛中，仙桃乒羽共取得 3 金 4 银 1 铜成绩。

【仙桃市竞技体育】 2018 年，仙桃市落实年度竞技体育奖励政策，共兑现奖励资金 92 万元。推动体操进校园，开展快乐体操训练的幼儿园 46 所，培训快乐体操教练员、裁判员 280 人，增加体操后备苗子，向上级体育部门输送体育后备人才 10 人。组团赴台湾开展体操交流，接待日本 40 人代表团到仙桃开展体育交流。承办湖北省青少年男子 U11 足球锦标赛和湖北省青年羽毛球锦标赛、湖北省快乐体操比赛。昌雅妮在 2018 年国际泳联跳水世界杯夺得女子双人 3 米板冠军，在第十八届亚运会上，跳水运动员昌雅妮、体操运动员罗欢共取得 2 金 2 银好成绩。在全省第十五届运动会青少年类比赛中，仙桃运动员获得金牌 14 枚、银牌 17 枚、铜牌 14 枚，金牌总数列全省各市州第 9 位。

【仙桃市体育设施建设】 2018 年 8 月 8 日，湖北省新全民健身示范工程工作现场会在仙桃召开。投资 600 万元，对体操训练馆和业余体校进行升级改造。争取新全民健身示范工程项目资金 1390 万元。新建 4 个镇级运动健身中心和 4 个村级文体广场。投入 350 万元，在城区和部分镇、村建设梅湖、叶河等社区体育公园 10 个；共安装全民健身路径 172 套，购置篮球架 40 副，乒乓球台 55 张，分发到镇村一级，实现市、镇、社区（行政村）三级公

2018 年 5 月 8 日，中国·湖北仙桃“南国明珠杯”2018 国际青年男篮亚特拉斯挑战赛开幕
（仙桃市地方志办公室　供稿）

共体育健身场地设施全覆盖。加快比赛场馆项目建设。击剑运动中心占地面积500平方米，建有3条国际标准赛事剑道。总投资3000万元的城北健身中心，占地面积7000平方米，开始规划设计。智慧运动城项目进入土地收储阶段。

（仙桃市地方志办公室）

【潜江市群众体育】 2018年，潜江市群众体育活动成绩斐然。举办国际马拉松、环中国自驾游集结赛等大型赛事10场，其中，国际公路自行车赛（潜江长飞赛段）有20个国家1万名选手参赛。“市级周末足球联赛”“QBA篮球联赛”等体育活动形成地方特色群体品牌。潜江在湖北省十五届运动会上获得群众体育类6金，篮球、网球、象棋等项目进入前八；获得青少年体育类3金6银4铜，向上输送体育后备人才15名，其中，1名运动员入选2022年冬奥会单板滑雪项目国家集训队。新增体育社会组织1个，体育社会组织共27个；新增社会体育指导员320人，社会体育人数3393人。

（潜江市地方志办公室）

【天门市体育活动】 2018年，天门市政府出台《关于加快转变发展方式推进体育强市建设的实施意见》。先后承办全国U15青少年（男子）篮球赛、湖北省老年体协健身球操赛、武汉城市圈乒乓球比赛等赛事。举办2018年天门国际半程马拉松赛，来自全国各地和12个国家或地区的1万多名选手参加比赛，肯利亚选手获男子组冠、亚军，中国选手包揽女子组前三名。组织近300名选手参加第十五届省运会，参加群体类、青少年类25个项目的比赛。其中，群体类获得3金、6银、3铜，青少年类获得2金、1铜，天门市代表团获精神文明代表团奖。全年举办社会体育指导员培训班，培训一、二、三级社会体育指导员160人。

（天门市地方志办公室）

城乡居民生活

【武汉市城乡居民收入和消费】 2018年，武汉市居民人均可支配收入42133元，比上年增长9%。其中，城镇常住居民人均可支配收入47359元，比上年增长9.1%；农村常住居民人均可支配收入22652元，比上年增长8.5%，城乡居民人均可支配收入增速与经济增长同步，持续高于全省水平。

2018年，全市城镇居民人均工资性收入27677元，比上年增长8.2%，较上年加快1%，占比和贡献率居四人收入之首，是推动收入增长的核心力量，对收入增长贡献率53.3%。城镇居民经营净收入4716元，比上年增长10.4%。城镇居民财产净收入5411元，比上年增长10.2%。城镇常住居民人均转移净收入9555元，比上年增长10.4%。主要源于3个方面：全市社保扩面，转移支付力度加大，退休人员基本养老金月人均上调160元；实施统一的城乡居民基本医疗保险、大病保险和医疗救助制度，解决应届大学毕业生参加居民医保待遇享受时限的问题；提高最低生活保障标准，城市低保标准从每人每月670元提高到715元，城市特困人员、孤儿供养标准由每人每月1340元提高至1430元。

2018年12月2日，2018湖北省自行车锦标赛暨湖北省自行车联赛总决赛（潜江站）开赛

（潜江市地方志办公室　供稿）

2018 年，武汉市农村常住居民工资性收入人均 11001 元，比上年增长 9%，占可支配收入比重 48.6%，比上年提高 0.3%。居民人均增收的主要因素：培育农业龙头企业，拓宽就业渠道，为 90 个龙头企业贴息 2566.21 万元，为农业企业豁免资金 782 万元；本地就近务工人数增加，企业用工需求旺盛，农民工工资水平提高；促进重点群体就业，促成 1000 名就业困难人员达成就业意愿，帮扶 2140 名贫困劳动力就业，农村劳动力转移就业 2.6 万人。转移性收入占比 23.3%，比上年略有上升；经营性、财产性收入占比略有下降，分别占比 23.3% 和 4.8%。

2018 年，武汉市居民消费价格上涨温和，总水平比上年上涨 1.9%，涨幅与上年持平。其中，消费品价格上涨 1.6%，服务项目价格上涨 2.3%；食品价格上涨 1.7%，非食品价格上涨 1.9%。武汉市居民消费价格 CPI 涨幅处全国同类城市下游水平，涨幅比全国低 0.2%，与全省持平。从横向比较看，武汉市 CPI 涨幅在全国 36 个大中城市中居第 26 位；在 19 个副省级及以上城市中居第 15 位；在 6 个中部城市中居第 5 位。

【武汉市社区建设】 2018 年，武汉市依法统一进行社区（村）“两委”换届选举。1308 个社区选出社区“两委”成员 8726 人，其中，社区党组织成员 4982 人，居委会成员 7298 人，党组织成员兼任居委会成员 3554 人。1308 个社区党组织书记、居委会主任全部“一肩挑”。1804 个村选出村“两委”成员 8479 人，其中，村党组织成员 5836 人，村委会成员 6922 人。村委会主任、村党组织书记“一肩挑”的有 1618 人，占 90%；村委会成员中，党员 5811 人，占 83.9%；大专以上文化程度的有 1884 人。

社区治理体制改革。出台《中共武汉市委武汉市人民政府关于加强和完善城乡社区治理的意见》，推进智慧平安小区建设、鼎星平安城市建设，制定红色引擎工程系列工作规范，探索建立老旧小区“微改造”长效机制，健全自治、法治、德治相结合的乡村治理体系。首次实现社区工作者报酬制度性提标，全市 1.5 万名社区工作者平均提标 300 元 / 月，基层治理队伍建设进一步增强。

社区服务工作。投入 440 万元，资助 187 个社区治理创新项目，推动基层创新实践。4 个优秀社区工作法入选全国 100 个优秀社区工作法，武汉市成为全国入选数量最多的省会城市之一。8 个项目在湖北省第五届社区公益创投大赛中获奖。在全国率先制定智慧社区（社区治理）信息化技术规范，提高社区人员工作效率，实现社区信息基础数据“一次采集，多次利用”目标。培训社会工作人员 1.23 万人，6 名社工入选 2018 年度全国 100 名社会工作人物，社工机构 139 个。试点建设 50 个社区学生托管服务中心，提升社区服务水平。

农村基层政权建设。创建 173 个村务公开民主管理示范村。投入 1500 万元，推进 100 个农村社区试点建设工作，整合组织、农业、城管等部门资金项目，形成工作合力，农村社区建设呈现新气象。市、区、乡多部门联合培训村“两委”成员、村务监督委员会成员 1 万人次。

【武汉市社会救助】 2018 年，武汉市加快建成多层次社会保障体系，保障 30 万困难群众基本生活。提高城乡低保和特困人员供养标准。从 4 月 1 日起，城市低保标准提高至每人 715 元 / 月，农村低保标准提高至每人 580 元 / 月，城乡低保标准综合提高 11.4%。全年救助低保对象约 9.4 万户、13.2 万人，全年发放低保补助金 10.6 亿元。从 4 月 1 日起，城市特困人员提高至每人 1430 元 / 月；农村特困人员供养标准提高至每人 1100 元 / 月。全年救助特困供养人员 1.3 万人，全年发放救助金 1.8 亿元。

提高困难对象医疗救助水平。重点救助对象（含建档立卡精准扶贫对象）住院救助比例从 70% 提高至 80%，年救助封顶线从 5 万元提高至 7 万元，提高低收入困难对象、因病致贫救助对象住院救助比例和年度救助封顶线。全年医疗救助 8.2 万人次、4.2 万人，投入救助金额 1.4 亿元。

提高临时救助标准。最高可救助由 8040 元提高至 8580 元，全年临时救助 1.09 万人，发放临时救助金 2179.38 万元，平均救助水平 1717 元 / 人次。对低保及低保边缘户家庭中大学新生进行助学救助，共救助 1815 人，发放救助金456.8万元。投入资金1434万元，开展“纳凉取暖”工程，对1522个社区纳凉取暖点进行补贴，为困难群众提供纳凉和取暖服务。

【武汉市养老服务】 2018年，武汉市贯彻落实《武汉市老龄事业发展和养老体系建设“十三五”规划》。全市共拥有各类养老服务机构1757个，其中，公办福利机构14个，社会办养老机构(社区养老院)192个，农村福利院74个，“互联网+居家养老”服务平台及网点64个，幸福食堂144个，社区居家养老服务中心（站）746个，农村老年人互助照料活动中心（服务点）523个。全市拥有养老床位7.34万张，每千名老人拥有床位39张。

组织实施老年宜居社区第三年创建计划。投入1.5亿元建设300个老年宜居社区。通过补贴资金撬动社会资本助力养老服务发展，发放各类补贴资金1.47亿元，其中，补贴社会办（社区）养老机构2963.8万元，城市社区居家养老服务中心（站）6775万元，农村老年人互助照料活动中心(幸福院）1560万元，经济困难高龄失能老人3426.15万元。落实老龄优待政策，发放高龄津贴87.13万人次，发放金额2.89亿元；办理老年证23.55万张，遗失补办5.06万张。组织爱心律师进社区，开展老年法宣传教育和老年维权及司法援助活动，接待老人咨询13366人次，为472位老人提供法律援助。

【武汉市公办福利院改革】 2018年，武汉市启动公办福利院改革。市社会福利院实施全国PPP示范项目。探索与精准扶贫相结合的农村养老新机制，在86个贫困村新建农村老年人互助照料活动中心（服务点）。18个农村福利院完成“平安工程”改造，推进实施农村福利院“一院一社工”项目。开展养老机构质量提升专项行动，江汉区社会福利院获全国首个五星级养老服务机构认证。印发《武汉市推进“互联网+居家养老”新模式实施方案》，推进“互联网+居家养老”新模式，建成12个区级养老信息平台、52个中心辐射式或社区嵌入式线下服务网点、42个幸福食堂；整合签约线下服务商1862个，在中心城区40个街道落地“三助一护”（助餐、助洁、助医和远程照护）服务。“互联网+居家养老”改革，受到国家民政部、全国老龄办肯定，湖北省委改革办向全省推广。

（武汉地方志办公室）

【黄石市城乡居民收入】 2018年，黄石市常住人口247.07万人，其中，城镇人口156.37万人，城镇化率63.3%。人口自然增长率6.2‰。城乡居民人均可支配收入27092元，比上年增长8.5%。其中：城镇居民人均可支配收入35327元，比上年增长8.6%；农村常住居民人均可支配收入15125元，比上年增长8.3%。

【黄石市社会救助】 2018年，黄石市城乡低保、特困人员供养和孤儿保障等各项标准持续提高，其中，阳新城镇低保、农村低保、农村特困供养调标增幅分别为20%、32.8%、18.2%。发放残疾人两项补贴4.1万人、资金3770万元；实施医疗救助16.9万人次，发放救助资金9885万元；实施临时救助1.24万人次，发放救助资金2336万元。加强农村低保与精准扶贫政策衔接，将未脱贫的建档立卡贫困户丧生或丧失劳动能力对象纳入农村低保保障范围。代表湖北省接受民政部困难群众救助工作绩效评价，5项指标获得全优等次，受到民政部表彰。投入资金1255万余元，应对夏季旱灾；开展慈善救助，市慈善总会募集资金1239万元，发放善款1123万元。全市5个社区被评为“全国综合减灾示范社区”，15个社区被评为“全省综合减灾示范社区”。

【黄石市养老服务】 2018年，黄石市为城区1.85万名高龄老人购买人身意外伤害保险，发放高龄津贴3254万元。举办第二届“福彩杯”中老年人才艺大赛，遴选优秀节目参加全省第十三届中老年人才艺大赛，获3金2银。5个社区获评省级老年宜居社区，6个社区获评市级老年宜居社区。开展养老机构服务质量提升专项行动，对全市80名养老护理员开展业务培训。完善经济困难的高龄、失能老人补贴制度，发放经济补助1105人、49.6万元。开展养老服务创新工作，引进多家国有企业、民营公司参与居家和社区养老服务，建成投资2.4亿元的黄石广慈养护院。新增养老床位400张，每千名老人养老床位 35 张。市社会福利中心项目完成主体工程。

（黄石市地方志办公室）

【鄂州市城乡居民收入和消费】 2018 年，鄂州市城镇常住居民人均可支配收入 31742 元，比上年增长 8%；人均消费支出 19658 元，比上年增长 7.4%。工资性收入对城镇居民收入增长贡献率 58.1%，较上年提高 3%，拉动收入增长 4.6%；转移净收入对城镇居民收入增长贡献率 23.7%，拉动收入增长 1.9%。全年城镇常住居民人均生活消费支出 19658 元，比上年增长 7.4%。

农村常住居民人均可支配收入 17609 元，比上年增长 8.9%，高于全省平均水平 0.5%，居全省第 5 位。工资性收入对农村居民收入贡献率 39.5%，拉动收入增长 3.5%。家庭经营净收入增速比上年提高 0.4%，对农村居民增长贡献率 39.56%，拉动收入增长 3.6%。转移净收入占可支配收入比重 18.7%，对农村居民收入增长贡献率 19.5%，拉动收入增长 1.7%。全年人均消费支出 12648 元，比上年增长 7.7%。农民恩格尔系数 40.4%，比上年下降 0.8%。

（鄂州市地方志办公室）

【孝感市城乡居民收入和消费】 2018 年，孝感市城乡居民人均可支配收入 24070 元，比上年增长 8.2%。其中，城镇常住居民人均可支配收入 32685 元，增长 8%；农村常住居民人均可支配收入 15988 元，增长 8.4%。

2018 年，孝感城镇居民人均工资性收入 20101 元，占城镇居民人均可支配收入的 61.5%，比 2017 年增长 8.2%，对可支配收入增长贡献率 63%。农村常住居民人均工资性收入 5136 元，增长 9%；人均经营净收入 6407 元，增长 8.2%；人均财产净收入 330 元，增长 11.1%；人均转移净收入 4115 元，增长 8%。人均工资性收入对增收贡献率为 33.9%，较上年增长 2.2%。

2018 年，孝感市城镇常住居民人均消费支出 22485 元，比上年增长 10%，较城镇常住居民可支配收入增速高 2%；农村常住居民人均消费支出 12239 元，增长 10.9%，较农村常住居民可支配收入增速高 2.5%。

【孝感市社会救助】 2018 年，孝感市保障城乡低保对象、特困供养人员 21.74 万人，发放低保金、特困供养金 8.22 亿元。其中：城市低保对象 2.33 万户、3.94 万人，发低保金 1.87 亿元，月人均补差标准 354 元；农村低保对象 8.57 万户、15.49 万人，发低保金 4.02 亿元，月人均补差标准 217 元；特困供养人员 2.31 万人，发供养金 2.33 亿元。城市低保保障线标准非贫困县由 550 元 / 月提高到 600 元 / 月，贫困县由 500 元 / 月提高到 550 元 / 月；农村低保保障线标准非贫困县由 4500 元 / 年提高到 4980 元 / 年，贫困县由 4200 元 / 年提高到 4680 元 / 年。2018 年，通过信息核对系统比对，死亡人口享受社会救助信息 76 条，取消死亡享受城乡低保、特困供养 73 人。建立低保对象公开公示电子台账，乡镇（街道）、村（社区）对低保对象常年公示。取消低保对象 1.81 万户、3.18 万人。新增低保对象 6956 户、1.41 万人。

（孝感市地方志办公室　潘鹏）

【黄冈市城乡居民收入和价格指数】 2018 年，黄冈市城乡居民人均可支配收入 19144 元，比上年增长 8.42%。其中，城镇常住居民人均可支配收入 28978 元，比上年增长 7.79%；农村常住居民人均可支配收入 13238 元，比上年增长 9.26%。城镇居民恩格尔系数 36.01%，农村居民恩格尔系数 38.01%。居民消费价格指数（CPI）101.3。

【黄冈市社会救助】 2018 年，黄冈市实施医疗救助 41.59 万人次，发放医疗救助资金 1.8 亿元；实施临时救助 4.01 万人次，发放临时救助资金 5221.52 万元；供养孤儿 1095 人。全年全市困难残疾人 4.65 万人，发放生活补贴 2624.51 万元；重度残疾人 8.27 万人，发放护理补贴 9515.48 万元。开展“寒冬送温暖”行动，实施救助 1855 人，劝离、救助流浪乞讨人员 779 人次，发放物资 16 万元。15 个部门信息共享在线核对居民家庭经济状况，完成核对 46.89 万人次，查出疑似超标对象 12.05 万人。重建因灾倒房 64 户 202 间，修缮因灾损房 138 户、438 间，竣工率 100%。创建全省综合减灾示范社区 17 个。提高救助标准，城、乡低保资金分别提高到每人 490 元 /

月、4030元/年;城、乡特困人员供养资金分别提高到每人980元/月、8050元/年;孤儿养育集中、分散资金分别提高到每人1568元/月、980元/月。

（黄冈市地方志办公室）

【咸宁市城乡居民收入和消费】 2018年，咸宁市城乡居民人均可支配收入21995元，比上年增长8.3%。其中，城镇居民人均可支配收入30337元，比上年增长8.1%，增幅比全国高0.3%、比全省平均水平高0.1%;农村居民人均可支配收入15116元，比上年增长8.6%，增幅比全国平均水平低0.3%，比全省平均水平高0.2%。城乡居民人均消费支出15561元，比上年增长9.9%。城镇居民人均生活消费支出20357元，比上年增长9.2%。教育文化娱乐支出比上年增长15.6%。农村居民人均生活消费支出11607元，比上年增长9.7%，比上年提高0.7%，比可支配收入增速高1.2%。八大类消费支出增长。其中，交通通信、教育文化娱乐消费分别比上年增长15.7%和12.8%;居民消费价格(CPI)比上年上涨2.7%;居住价格上涨4.8%，食品价格上涨2.8%。

【咸宁市社会救助】 2018年，咸宁市提高社会救助保障标准。调整后城市低保保障标准每人583元/月，农村低保每人5333元/年，五保供养每人9383元/年，社会散居孤儿每人1167元/月，福利机构集中供养孤儿每人22400元/年，分别比上年增长9%、20%、15%、9%、9%。城市低保对象2.05万户、3.08万人，发放资金1.19亿元，人均补差水平322.8元，比上年增长20%;农村低保对象5.58万户8.92万人，发放资金2.36亿元，人均补差水平220.6元，比上年增长6%;特困供养对象9950人，发放资金1.06万元。全市医疗救助9.46万人，发放资金8285万元;其中，建档立卡贫困户有3.79万人，发放资金3728万元，救助金额占比44%。临时救助2.87万人，发放资金5035万元，人均救助水平1753元，比上年增长35.6%。临时救助对象中建档立卡贫困户8500人，发放资金1371.23万元，救助金额占比28%。发放困难残疾人生活补贴2.89万人，发放资金1684.54万元;发放重度残疾人护理补贴3.28万人，发放资金3809.42万元。紧急转移安置受灾群众205人，恢复重建因灾倒房31户、139间、修缮48户、102间，发放自然灾害生活救助资金89.3万元。开展“情暖万家”活动，慰问困难群众500余人次，发放慰问金10万元、发放慰问物资(秋衣)4738件;大病救助6名患者，拨付救助资金2.4万元;帮扶45个贫困村，拨付精准扶贫项目资金670.6万元。

2018年3月26日，咸宁领导检查咸宁市省级救灾物资储备中心项目建设

（咸宁市地方志办公室　供稿）

【咸宁市养老服务】 2018年，咸宁市新增养老床位1226张，每千名老人拥有养老床位33.2张，护理型床位占比19.5%。新建城市社区居家养老服务中心17个、农村老年人互助照料活动中心70个，城乡社区居家养老服务覆盖率分别为90%和55%以上。培训养老护理员120人，岗前基础培训率100%。初次核查建档经济困难高龄失能老人8129人，其中经济困难高龄老人4780人，失能老人3349人。发放补贴人数4255人，购买服务和发放资金380万元，补

贴覆盖率 52.3%。

（咸宁市地方志办公室　陈秋娥）

【仙桃市城乡居民收入和消费】2018 年，仙桃市城镇居民人均可支配收入 31672 元，比上年增长 8.2%。其中年均工资 48921 元，比上年增长 10.2%。城镇居民人均消费性支出 19905 元，比上年增长 9.3%。农村居民人均可支配收入 18177 元，比上年增长 8.6%。农村居民人均消费性支出 11246 元，比上年增长 5.3%。其中，食品烟酒消费支出 3495 元，比上年增长 29.4%。城镇人口比重 58.7%，比上年提高 1.1 百分点。

【仙桃市社会救助】2018 年，仙桃市有低保对象 3.42 万户、4.78 万人，发放低保资金 1.08 亿元；特困供养对象 3399 人，发放供养资金 2546 万元；医疗救助 2 万人次，救助资金 1914 万元；临时救助 8834 人次，救助资金 706 万元。开展农村低保专项整治工作，入户走访对象 22820 户。取消城市低保 869 户、1269 人，取消农村低保 1513 户、1820 人。新增农村特困人员 118 人、取消 187 人，初审认定城镇特困人员 144 人。投资 150 万元，对 5 所农村福利院实施“平安工程”建设；资助 800 万元，对 5 所农村福利院实施新改扩建。

（仙桃市地方志办公室）

【潜江市城乡居民收入】2018 年，潜江市城乡居民人均可支配收入 24523 元，比上年增长 8.1%，其中，城镇常住居民人均可支配收入 31574 元，同比增长 7.8%；农村常住居民人均可支配收入 17797 元，同比增长 8.5%。

（摘自潜江市统计公报）

【潜江市社会救助】2018 年，潜江市改善社会救助工作。全年投入资金 850.1 万元，对 1.47 万人次实施医疗救助；投入资金 985.37 万元，临时救助 5430 人次，人均救助 1815 元，比上年增加 593 元，高出全省平均水平 556 元。提高社会救助标准。城镇低保保障标准提高到每人 560 元 / 月，比上年增长 5.7%；农村低保保障标准提高到每人 403 元 / 月，比上年增长 15.4%。社会散居孤儿养育标准分别提高到每人 1120 元 / 月，比上年增长 40%；机构供养孤儿养育标准提高到每人 1800 元 / 月，比上年增长 5.8%。城镇特困人员供养标准提高到每人 13440 元 / 年，比上年增长 5.6%；农村特困人员供养标准提高到每人 9120 元 / 年，比上年增长 20%。城乡低保审批权下放到区镇处，申请救助对象信息核对由市级集中核对转为民政办即时受理、核对、审批。清退因家庭条件变化而不符合救助条件对象 6866 人，新增（调增）救助对象 4998 人。全年 1.77 万个贫困户纳入农村低保或特供人员救助范围，发放救助兜底资金 7503 万元，做到“应保尽保、应救尽救”。

（潜江市地方志办公室）

【天门市城乡居民收入和消费】2018 年，天门市城乡居民年人均可支配收入 22206 元，比上年增长 8.4%。其中，城镇人均可支配收入 28825 元，比上年增长 8.7%；农村居民人均可支配收入 16598 元，比上年增长 8%。城镇居民人均消费支出 17037 元，农村居民人均消费支出 10020 元。全市城乡居民消费价格水平上涨 1.8%。

（天门市地方志办公室）

人力资源和社会保障

【武汉市就业创业】2018 年，武汉市应对经济下行压力，落实稳就业要求。全年城镇新增就业 21.9 万人，扶持创业 3.44 万人，城镇登记失业率 2.1%。举办各类招聘活动 350 场次，服务企业 3 万家次，帮助企业招聘员工 11 万名。实施“百万大学生留汉创业就业工程”。举办 35 场高校巡回招聘会，提供高薪优岗 27.15 万个。培训青年创新创业人才 12.27 万人次，建立大学生实习实训基地 566 个。资助 543 个省、市优秀大学生创业项目 2827 万元。组建“武汉市大学毕业生最低薪酬联盟”，全市 136 个企业（行业、区域）将最低年薪标准写进集体合同。举办“春风行动”“就业援助月”等招聘活动，帮扶困难群体就业 3 万人，发放社保补贴、公益性岗位补贴、困难毕业生求职补贴 15 亿元。转移农村劳动力 2.93 万人，帮扶就业困难人员就业 2.84 万人，确保零就业家庭动态清零。为 3142 名武汉籍离校未就业高校毕业生提供“一对一”就业帮扶，1252 人就业。

帮助原武钢公司安置分流职工2万人。出台支持农民工返乡创业三年行动计划，将农村自主创业农民纳入创业担保贷款支持范围，全年新增返乡创业人员5200余人，带动就业2.1万人。帮扶99.6%的建档立卡贫困劳动力就业。采取政策扶持、个性化指导等举措，帮助1605人次残疾人上岗就业，扶持121名残疾人自主创业。加强大悟、长阳、郧西等贫困县劳务协作对口帮扶。

【武汉市社会保障】 2018年，武汉市推进全民参保计划，社保扩面新增98.14万人次，综合覆盖率超过99%，建筑项目农民工参加工伤保险全覆盖。将事业单位工作人员纳入失业保险范围。解决机关事业单位养老保险参保遗留问题，11.5万名退休人员养老金社会化发放，参保率99%。城乡居民基本医疗保险制度运行平稳，全市468.26万人参保。新增定点医疗机构322个、定点药店929个，全市参保人员在全国30个省179个地市异地就医直接结算。在全省率先开通精准扶贫对象医疗费用“一站式”实时结算，建档立卡贫困人员全部实行城乡居民养老保险费代缴。提高企业、机关事业单位退休人员保障水平，基本养老金月人均上调160元，城乡居民基础养老金月人均上调23元。落实被征地农民养老保险待遇。提高灵活就业残疾人社保补贴标准，个人缴费补贴由每人每月200元提高到最低缴费基数缴费额的80%。提高失业保险金和工伤人员伤残津贴、生活护理费。加强职工养老保险基金风险防控，建立社保欺诈行为查处行政执法和刑事司法衔接机制，引入社会机构协助开展社保缴费稽核，完成1163个参保单位稽核，补缴基金4.02亿元，新增参保人员7133人。实施社保降费率政策，为企业减负24.28亿元。新开办企业的社保业务通过网上办，半天办结。制定拖欠劳动者工资“黑名单”管理暂行办法，向社会公布重大欠薪违法案件46件、典型案例20件，处置讨薪群体性和突发事件157件，向公安机关移送涉嫌拒不支付劳动报酬犯罪案件93件，为农民工追讨工资2.9亿元。全年为5.58万名困难残疾人发放生活补贴7493.58万元，为7.75万名重度残疾人发放护理补贴9447.02万元，补贴发放到位率分别为99.4%和98.4%。为1276名残疾学生和贫困残疾人家庭子女发放学费补助581.6万元。为1.93万名低保精神残疾人发放服药补贴3478.72万元。为6129名残疾人提供托养服务和2395户重度残疾人家庭购买居家服务，资金投入2643.96万元。发放下肢残疾人燃油补贴104万元，听力、言语残疾人信息补贴517万元，全年新增办理6673张残疾人免费乘车卡。

【武汉市人才队伍建设】 2018年，武汉市推进“赤子计划”、高层次留学人才回国来汉创业等国家留学项目推荐工作。“黄鹤杯”国际创业（创新）大赛被列入人社部“赤子计划”特别支持项目。加强博士后工作站建设，推荐一批全省有突出贡献、享受政府特殊津贴的专家。实施“千企万人”计划，支持高新技术和创新型企业引进人才。培育高技能人才，出台“武汉工匠”培育计划和评选办法。申报部省级技能人才评选表彰项目，推荐入选“中华技能大奖”1人、“全国技术能手”6人和“湖北工匠”等省级技能人才61人。新建一批国家、省级技能大师工作室和高技能人才培训基地，开展优秀高技能人才和技师培训，推动企业新型学徒制试点。推进世界技能大赛集训基地建设，推荐3个单位入选世界技能大赛省集训基地，开展全市职业技能竞赛活动。加强技能人才培训基地建设，发放技能提升补贴，为企业开展职业技能培训13万人次。推进“互联网＋人社”2020行动计划，深化与支付宝、腾讯等第三方合作，创新推出电子社保卡。制发48万张第三代社保卡，全市社保卡持卡人数1038万，合作银行的代办网点为287个市民补换社保卡。

（武汉地方志办公室）

【黄石市就业创业】 2018年，黄石市城镇新增就业6万人，城镇登记失业率3.2%。举办“春风行动”等招聘会247场（次），创新招聘夜市、校企合作、“以工带工”等“十大招工”模式，帮扶企业招工4.2万人（次），其中“新黄石人”2.2万人，经验做法得到国务院督查组、人社部肯定，被新华社、湖北电视台报道。实施“我选湖北·留在黄石”计划，举办“一带一路”留学生社会实践活动，1.6万大学生来黄石实训，9152 名大学生留黄就业创业，新增实训基地 133 个。放宽创业担保贷款条件，举办第四届黄石青年创业大赛，扶持创业 7351 人，带动就业 2.5 万人。实施就业扶贫和农民工返乡创业三年行动计划，帮扶 1673 名贫困人员就业。

【黄石市社会保障】 2018 年，黄石市实施全民参保登记计划，参保总人数 389.7 万人次，新增扩面 3.6 万人次，征收社保费 48.2 亿元，工伤保险“同舟计划”（二期）项目参保率 100%。推进机关事业单位养老保险制度改革，全市 1077 个单位、7.2 万人参保。整合城乡居民医保政策，市城乡居民门诊特殊慢性病病种 35 个，惠及 181.5 万城乡居民。深化医保支付方式改革，对 100 个病种实行定额付费管理。实施“黄石社保共享计划”，全市 26.3 万退休人员基本养老金上调 6.5%，20.1 万城乡居民基础养老金月人均增加 23 元，城乡居民医保财政补助标准每人每年提高至 490 元，失业保险金标准由最低工资 70% 提高至 85%，工伤保险定期待遇“5 连涨”，社保卡发行 228 万张，14 所医院、6780 人纳入国家跨省异地就医住院费用直接结算平台，制定治疗肺癌、白血病等 57 个特殊药品医保报销办法。实施支持民营经济发展六条措施，减征社保费 1.5 亿元，稳岗补贴覆盖面居湖北省第一。织密防范化解养老保险支付风险“十张网”，经验在全省会议上交流。健全社保欺诈骗保案件“两法衔接”机制，追回社保基金 314.4 万元。打击医保欺诈骗保专项行动经验被国家医疗保障局通报表扬。

【黄石市人才队伍建设】 2018 年，黄石市实施技能人才振兴计划。举办“中国博士后科技服务团黄石行”、第二届“黄石工匠”职业技能大赛等活动，新增高技能人才 2512 人，选拔市级以上各类专家 99 人，新增“湖北工匠”、省技能大师和技术能手 7 人；新建省技能大师工作室、博士后科研工作站、人才超市等平台 8 个，打造鄂东人力资源服务产业园。全市人才总量 46.8 万人，其中，专业技术人才总量 19.25 万人、国贴专家 178 人、省突专家 77 人、省贴专家 106 人、市突专家 270 人。推进职称制度改革，向阳新县下放中小学教师中级职称评审权，指导鄂东医疗集团开展省首批三甲医院职称自主评审改革试点，为高层次人才、“三援”人员开辟职称评定“绿色通道”，打通专技人才和技能人才评价通道，全年开展职称专项评审 1497 人。完善人才激励机制，实施重点产业高层次人才支持计划，奖励电子信息等重点产业人才 24 人，为 187 名来市创业就业的人才提供人才公寓。

【黄石市劳动关系】 2018 年，黄石市推动全国和谐劳动关系综合试验区建设。“全网一体化”监管服务平台覆盖重点园区企业，大冶湖高新区、劲牌公司获评全国模范劳动关系和谐工业园区和企业。落实工资保证金、实名制用工、银行代发工资等 5 项治欠保支基础制度，实行案件挂牌督办、失信联合惩戒、欠薪“黑名单”曝光等措施，全年为 8100 名农民工清欠工资 1.62 亿元。推行“双随机一公开”检查全覆盖，移送公安机关处理 6 人。完善劳动人事争议调解仲裁多元处理机制，全年受理争议案件 1309 件，仲裁结案率 96%。依法分类化解重点群体和个人信访矛盾 422 起，信访总量比上年下降 27.9%，市政府对市人社局平安建设及党的十九大安保维稳工作记集体三等功。

（黄石市地方志办公室）

【鄂州市就业创业】 2018 年，鄂州市把“稳就业”作为民生之首。与湖北省人力资源和社会保障厅联合举办湖北省 2018 年“春风行动”启动式、2018 年“湖北工匠杯”技能大赛——湖北省电商物流职业技能大赛，鄂州代表队获得组织奖。人社局《被征地农民就业和社会保障制度探究》获得省级社科课题二等奖，华中重机被评为全国劳动关系和谐企业。新增城镇就业人员 20565 人，失业人员再就业 8699 人，困难人员再就业 5062 人，分别完成目标任务的 108%、174% 和 153%；城镇登记失业率 2.3%，保持低位运行。开展就业技能培训，培训 1.05 万人，发放补贴 610.8 万元。发放创业担保贷款 3020 万元，扶持创业 305 人，带动就业 1225 人。加强就业形势研判，建立季度就业形势分析报告制度。投资 1 亿元的市就业中心项目进展顺利，2019 年投入使用。

【鄂州市社会保障】 2018年，鄂州市五项社会保险新增参保8.1万人次，征收保费18.1亿元，分别占任务的405%和121%。实行“一网覆盖、一次办好”改革，467个机关事业单位2.46万人上线运行，机关事业单位编内人员全部参保。老机保与新机保、乡改人员基本养老保险转移衔接工作有序推进。制发社保卡100万张，实现全覆盖。城镇职工和城乡居民报销医药费6.3亿元，报销比例分别为80%和75%。工伤案件认定431起，劳动能力鉴定430人，建设项目工伤保险参保率100%。运用智能审核系统审核市内定点医疗机构住院病历，加强对定点医院医疗服务行为的监管。打击医保欺诈行为，对2所公立医院、10个乡镇卫生院、68个定点门诊（含社区卫生服务站）、18所民营医院及82个定点药店开展专项检查，发现20个方面的违规问题，扣减定点医院违规金额271.4万元，对9个违规药店暂停服务协议1个月。开展跨省异地就医结算。434人次通过国家平台进行跨省结算，统筹支付419万元；1.4万人次进行省内异地就医直接结算，支付金额1.36亿元；36人次的异地人员在鄂州市进行跨省直接结算。跨省异地就医及时结算率在全省处于领先位置。

【鄂州市人才队伍建设】 2018年，鄂州市在省内率先推进公立医院薪酬制度改革试点。在市直4所公立医院开展人员总量管理、薪酬总额控制等改革，为全省公立医院薪改提供“鄂州方案”。公开兑现首批12个“333”高层次人才项目奖补资金990万元，招录高层次紧缺急需人才108名，“千名引硕工程”引进重点本科和硕博人才270名。出台《关于实施技能人才振兴计划建设技能强市的意见》，新增高技能人才1039人。鄂州市人才工作经验登上《湖北日报》头版头条。下放非国有建筑类、中小学教师职称评审权，新增专业技术人员1883人。人事考试安全规范，招录公务员129人、事业单位工作人员327人，组织各类考试60场，14558人参考，人事考试全程零事故无差错。

（鄂州市地方志办公室）

2018年10月29日，“湖北工匠杯”全省电商物流职业技能大赛在鄂州举行

（鄂州市地方志办公室 供稿）

【孝感市就业创业】 2018年，孝感市城镇新增就业6.93万人，下岗失业人员再就业1.5万人，就业困难人员就业7704人，全市城镇登记失业率3.4%，低于4.5%的省定目标。服务各类群体实现就业，举办130场就业扶贫招聘会，1250家企业提供8万个岗位，帮扶5.13万人就业。开展汉孝劳务对接、开办“扶贫车间”、开展就业培训等精准帮扶措施，发放贷款421.1万元，扶持贫困人员自主创业99人，带动就业500人，实现贫困劳动力转移就业1.52万人。打通汉孝公共就业招聘信息网，实现汉孝人力资源、就业信息互通共享。网站吸引注册企业2733家，发布岗位信息2833条，提供就业岗位3.43万个，推荐成功就业3421人。强化创业载体建设，整合现有创新创业孵化载体，打造“1+3+N”孵化载体体系，发挥孵化基地作为落实就业创业扶持政策和培育小微企业的平台作用。市“双创中心”投入运营后，招引31家企业入驻。对第二批6家市级创业孵化示范基地，给予180万元扶持资金；对9家创业示范基地和12名创业明

星，给予 132 万元扶持资金。全年发放创业担保贷款 20974 万元，新增 5128 人返乡创业，扶持创业 3780 人，带动就业 1.75 万人。

【孝感市社会保障】 2018 年，孝感市参加城镇职工基本养老保险人数 74.71 万人，其中，企业职工养老保险 61.1 万人，参加机关事业单位养老保险 13.61 万人。城镇职工基本养老保险基本实现从制度全覆盖向法定人群全覆盖转变。全市城乡居民养老保险参保 236.35 万人，综合参保率 99.9%；163.65 万人缴纳养老保险费 4.08 亿元，适龄人员参保缴费率 98.8%。核定征缴职工养老保险费 65.13 亿元。其中征收企业职工养老保险费 33.9 亿元，征收机关事业单位养老保险费 31.23 亿元。为 26.39 万人次足额发放养老金 86.6 亿元，社会发放率 100%。发放企业职工基本养老保险费 47.61 亿元，结余企业职工基本养老保险基金 37.7 亿元,可支付月数 9.47 个月。为 13.57 万贫困人员代缴基本养老保险费 1468.85 万元，其中精准扶贫未脱贫对象 11.06 万人，代缴 1145.61 万元；已脱贫对象 1.66 万人,代缴 259.49 万元;重残对象 8428 人，代缴 63.75 万元。为 8.26 万名 60 周岁以上的精准扶贫对象发放 1.02 亿元的基础养老金。

（孝感市地方志办公室）

【黄冈市就业创业】 2018 年，黄冈市城镇新增就业 73592 人、失业人员再就业 23985 人、就业困难人员再就业 13781 人，分别占年度任务的 131.41%、114.21%、153.12%。城镇登记失业率 1.98%，低于年度控制目标 2.5%。组织城乡就业创业培训 3.77 万人。发放创业担保贷款 2.44 亿元，占年度任务 203.3%；扶持创业 3077 人，占年度任务 153.9%；带动就业 1.79 万人，占年度任务 178.9%。出台《关于实施返乡创业工程促进就业创业工作的意见》。新增返乡创业 5720 人，签订返乡创业投资项目 1120 个，带动农民就业 10 万余人。建成市县两级孵化器基地 19 个，新引进孵化团队 204 个，新增创业人数 5616 人。举办各类大型招聘会 139 场，提供就业岗位 6300 个，就业 4400 人。深入高校举办“我选湖北·梦圆黄冈”大型招聘会 4 次，开展人才招聘专项活动 30 场次，帮助企业引进人才 1850 人。

【黄冈市社会保障】 2018 年，黄冈市参加养老保险 430.63 万人，征收基金 69.25 亿元；参加医疗保险 639.9 万人，征收基金 15.31 亿元；参加失业保险 23 万人，征收基金 9000 万元；参加生育保险 23.09 万人，征收基金 7487.11 万元；参加工伤保险 32.25 万人，征收基金 9981.09 万元。登记入库机关事业单位养老保险 2657 个、15.2 万人，上线运行单位 2556 个、15.1 万人，征收基金 30.9 亿元，发放基本养老金 18.6 亿元，按月领取养老金 5.5 万人。征地农民待遇补偿工作基本落实到位。推进医保新政策，统一全市 750 万居民医保待遇。施行《黄冈市职工基本医疗保险办法》，将政策范围内费用自付超过 6000 元的部分纳入大病保险报销范围，年最高支付限额调整至 70 万元。实行公务员医疗补助，明确将一个月医保缴费工资注入医保个人账户。异地就医即时结算，16 所医院（其中各县均至少 1 所）纳入全国异地就医直接结算平台，参保人员可在全国 9487 所医疗机构住院医疗费用即时结算，当年 6653 人次通过异地就医即时结算平台完成结算。严格执行工资保障金、工资预储金及应急周转金 3 项制度，查处拖欠工资类案件 20 件，协调处理欠薪问题 140 余起，督促、责令用人单位支付 1211 名劳动者工资 2107 万元；受理劳动人事争议 519 件，结案率 93.6%；推动全市铁路、公路、水运、水利、能源和住建领域等工程建设项目人员参加工伤保险，推进工伤保险全覆盖。

【黄冈市人才队伍建设】 2018 年，黄冈市推进事业单位人事管理“放管服”改革。制定“岗位设置 50 条”，下放事业单位岗位设置聘用认定权限和 12 个重点行业公开招聘自主权，赋予医院、学校及用人单位引进人才自主权。招录公务员 652 人，培训初任公务员 677 人；招录“三支一扶”人员 135 人，接收 1.73 万名大学生到黄冈实习实训。联合武汉理工大学开展“我选湖北·梦圆黄冈”人才引进招聘活动，接收学生线上线下报名登记 4600 人（其中，博士 12 名、硕士 422 名）。收集全市先进制造、新材料、医药化工等14个领域重点企业技术需求，建立黄冈籍在外优秀人才信息库，录入2000名黄冈籍在外优秀人才信息，帮助高新技术企业和高端人才创业解决人才急缺问题。开展“黄冈工匠”培育活动，承办第45届世界技能大赛信息网络布线项目湖北省选拔赛，参加世界技能大赛国家集训队选拔赛。打造“黄冈考务”品牌，承接黄冈市外各类社会化考试40余场，完成全省公务员和二级建造师等考试任务。

（黄冈市地方志办公室）

【咸宁市社会保障】 2018年，咸宁市落实“湖北社保共享计划”。五险参保347.48万人，社保费征缴28.16亿元，社保卡持卡277.89万人。推进机关事业单位养老保险制度改革，纳入经办管理单位1613个、8.99万人，参保率95%以上。推进城乡居民养老保险扶贫工作，代缴10.17万人，代缴保费1201.83万元。实施工伤保险“同舟计划”二期，建筑业在建项目和新开工项目人员参保率100%。调整补发11.35万企业退休人员、2.29万机关事业单位退休人员基本养老金，调待后人均养老金分别为1861元、3416元；调整补发33.24万城乡居民退休人员基础养老金，调待后最低标准由80元增至103元。减征企业五险缴费额1.2亿元。全面推进按病种付费为主的多元复合式医保支付方式改革，对150个病种实行按病种收费。与省内267个医疗机构联网结算，11个医疗机构接入国家平台。至11月底，780人次跨省异地就医直接结算，总医疗费1649.69万元，统筹报销826.62万元，大额支付177.31万元，精准扶贫补充医疗保险支付1.57万元。发放1.91万名优抚对象优待抚恤补助金6157.2万元、1877名义务兵家庭优待金3795.2万元。投入资金822.22万元，为1.57万名复退军人化解生活难、住房难、医疗难问题。推进“互联网+人社”行动计划，网上办事大厅、咸宁人社APP、咸宁人社公众号上线运行。

（咸宁市地方志办公室 陈秋娥）

【仙桃市就业创业】 2018年，仙桃市新增城镇就业2.57万人，占省任务数的151%；失业人员再就业4046人，占省任务数的162%；就业困难人员就业1606人，占省任务数的161%，新增高校毕业生就业5487人，占省任务数的261%；城镇登记失业率控制在1.7%以内。开展大学生创业培训71期，培训3249人；开展免费技能培训，培训叉车、育婴师、电脑操作等1.05万人。支持1026名返乡农民工和高校毕业生创业，发放创业贷款1.04亿元。规模以上企业劳动合同签订率92%，企业集体合同签订率85%。受理劳动争议案件129起，结案率87%；受理劳动投诉举报案件206件，结案率97%。

【仙桃市社会保障】 2018年，仙桃市推进机关事业单位养老保险制度改革。符合条件参保上线的机关事业单位456个、36376人，全部纳入系统上线经办运行。社会保险扩面13.83万人次，占年计划的283%；社会保险费征缴20.6亿元，占年计划的170%。城乡居民社会养老保险参保登记59.1万人，综合参保率100%；参保缴费35.9万人，适龄人员参保缴费率100%；养老金按时足额发放率和社会化发放率均为100%。发放精准扶贫对象基本养老、医疗保险参保资金补贴1501.72万元；精准扶贫对象住院2.95万人次，医疗总费用1.17亿元，实际报销率94.8%；精准扶贫对象门诊慢性病补偿6.51万人次，补偿总费用881.87万元，实际报销率84%。514人跨省转诊，1.57万人次省内异地转诊。开展城乡居民待遇领取常态化稽核认证，查处违规领取待遇人员5489人，堵塞基金流失漏洞；开展医疗保险“虚假住院”“挂床住院”专项稽查，共扣减定点医药机构违规医疗费用132万元。

【仙桃市人才队伍建设】 2018年，仙桃市招录公务员100人，引进硕士研究生48人，招聘事业单位工作人员439名，招聘辅警254人。引进“三支一扶”生13人，新增“国贴”专家1人、“省突”专家1人。新增高技能人才1805人，完成年计划的300%。出台《关于实施我选湖北·筑梦仙桃计划，促进大学生在仙就业创业的意见》，新增大学生实习实训基地4个，发放补贴资金172万元，吸纳2210名大学生来仙桃实习实训。“省突”“国贴”等各类高层次人才申报向基层倾斜，获评“省突”专家1人、“国贴”专家1人、“湖北省技术能手”称号1人。投入10万元，成立首个省级大师工作室——李和鸣大师工作室，助推仙桃烹饪文化的传承。

（仙桃市地方志办公室）

【潜江市就业创业】 2018 年，潜江市城镇新增就业 1.1 万人，占年计划的 122.5%；开展就业创业培训 149 期，培训 6928 人，占年计划的 115.5%；新增创业 6874 人，占年计划的 229.1%；带动就业 1.02 万人，占年计划的 169.4%。发放创业担保贷款 8821 万元，占年计划的 352.8%。转移农村富余劳动力就业 22 万人，占年计划的 104.76%；其中本地就业 7.24 万人，向外输出 14.76 万人。

【潜江市社会保障】 2018 年，潜江市社会保险参保人数 49.5 万人，占省计划的 100.1%；征收 5 项社会保险费 10.52 亿元，其中企业养老保险费 7.36 亿元、机关事业单位养老保险费 2.54 亿元、城乡居民基本养老保险费 6241.35 万元、医疗保险费 3.88 亿元、失业保险费 1488.38 万元、工伤保险费 922.64 万元、生育保险费 873.83 万元。5 项社会保险基金支出 32.6 亿元，其中企业养老保险基金支出 16.43 亿元、机关事业单位养老保险基金支出 7.44 亿元、医疗保险基金支出 2.34 亿元、失业保险基金支出 1043.11 万元、工伤保险基金支出 954.35 万元、生育保险基金支出 735.87 万元。全年全市城乡居民养老保险综合参保人数 29.71 万人，综合参保率 100%；城乡居民享受养老保险待遇 9.63 万人，发放养老金 8490.48 万元；征收保险费 5178.1 万元，基金结余 2.77 亿元。

（潜江市地方志办公室）

【天门市就业创业】 2018 年，天门市新增城镇就业 1.01 万人，占省计划 111.8%；失业人员再就业 2184 人，占省计划 109.2%；就业困难人员再就业 1440 人，占省计划 144%；新增高校毕业生就业 1438 人，占省计划 102.7%。年末城镇登记失业率 2.12%，比上年上升 0.8%，控制在省规定的 4.5% 以下。组织各类现场招聘会 108 场，服务企业用工 6.31 万人次，为 20 个企业发放稳岗补贴 80.81 万元。出台《天门市促进农民工等人员返乡创业工作三年行动计划（2018—2020）》，创建返乡创业基地 6 个，创办企业 316 个，认定创业孵化基地 3 个（科技孵化器除外）、入驻企业 48 个，吸纳 1800 人就业。全市确定大学生实习实训基地 30 个，提供实习实训岗位数 1546 个，接收大学生实习实训 766 人。对 297 个用人单位开展农民工工资支付情况专项检查，处理拖欠农民工工资案件 112 件，为 2443 名劳动者解决被拖欠工资 3013.17 万元。处理劳动人事争议案件 76 件，调解案件 57 件，案件标的总额 320.5 万元。

【天门市社会保障】 2018 年，天门市推进社会保障体系建设。社会保险保费收入 10.37 亿元，占任务的 135.4%。发放社会保障卡 108.4 万张，占任务的 100.3%。完成社会保险费征缴职能划转工作。发放各类救助资金 2.2 亿元，惠及城乡低保对象 2.29 万户、4.34 万人和特困供养对象 4195 人。提高贫困人口供养标准，城市低保标准提高至每人 550 元 / 月，农村低保标准提高至每人 4200 元 / 年，农村“五保”供养标准调整至每人 7200 元 / 年，城市特困人员标准调整至每人 1100 元 / 月，高于国家扶贫标准。全额资助困难对象医保缴费 974 万元。推行政府购买服务加强基层社会救助经办能力建设。投入 21 万元政府购买服务资金，在彭市镇开展低保审批权限委托下放改革试点。争取省级资金 266 万元，完成 8 所农村福利院“平安工程”建设。

【天门市人才队伍建设】 2018 年，天门市加强人才队伍建设。出台《关于实施技能人才振兴计划建设技能强市若干意见》，参加“我选湖北”计划进高校巡回推介会、2018 年人才引进暨大学生实习实训专场招聘会，引进人才 308 人；组织定点培训机构开展技能人才培训，开班 54 期，培训 2286 人；为 33 个重点企业培训高技能人才 50 名。修编发行《天门籍在外人才名录》。举办中国蒸菜技能大赛暨首届楚菜美食博览会，开展 2018 年“创业明星”评选活动，评选“创业明星”15 名。

【天门市移民安置】 2018 年，天门市完成移民安置工作。全年接收南水北调中线工程丹江口库区移民 3774 户、1.64 万人，分别安置在白茅湖棉花原种场、蒋湖农场、拖市镇、多宝镇的23个移民集中安置点，共组建18个移民新村。投入后扶资金926万元，落实后扶项目18个，完成率100%。协调办理1.78万名原迁移民“一卡通”，发放直补资金1070.94万元，准确率100%。争取500万元项目资金支持多宝移民产业园建设，入驻企业每家安排5—10名贫困移民就业；开展移民生产技能培训，培训540人次，解决138名移民就业。当年638名贫困移民脱贫，100人自主创业。

（天门市地方志办公室）

精神文明建设

【武汉市文明城市建设】 2018年，武汉市深化文明城市建设。制发《武汉市全国文明城市建设重点公共场所实地考察点位测评标准》，明确各区、各有关单位文明城市建设目标任务。开展“迎军运讲文明树新风”主题活动，组织召开活动推进会，编发《创建动态》专辑简报70期。采取第三方每季度对各区、街道文明程度指数和未成年人思想道德建设工作进行测评，对全市重点窗口行业群众满意度进行测评；每月对交通窗口“三站一场”（武汉、汉口、武昌火车站和天河机场）文明程度指数进行测评，并在市属媒体公布结果。实施文明城市建设包点包片责任制，坚持每周督查暗访，及时督促整改，有效解决问题。制发《2018年文明城市建设目标任务考评计分办法》，将每季度对各区和40个重点窗口行业测评结果、“负面清单”扣分情况等纳入绩效考核，实施动态跟踪管理，每季度通报考评结果。武汉市创建文明城市的经验做法受到中央文明办的肯定，并发刊在全国推广。

【武汉市群众性文明创建活动】 2018年，武汉市深入推进文明创建活动管理常态化。组织文明单位在“迎军运，讲文明，树新风”主题活动中发挥示范带头作用，各级文明单位参与“军运会东道主文明公约”征集活动，广泛开展迎军运宣传教育和环境整治。开展文明单位与乡村结对共建活动，市级文明单位与新城区886个村结对共建项目有2465项，总金额29.9亿元。评选表彰武汉市文明新村231个、武汉市十星级文明户1523户。深化文明家庭建设。开展寻找“最美家庭”和“寻访五美农家”活动，在全市开展好家风好家训好家规征集活动，进行家风家训巡展巡演100场。举办家教大讲堂2081场，吸引百万人次参与。广泛开展文明校园创建。开展全市“文明校园巡礼”集中宣传活动，组织省市媒体对全市2所全国文明校园、27所省级文明单位（校园）进行集中专版专栏宣传。制发全市市级文明单位（中小学）测评细则。广埠屯小学在中央文明办举办的文明校园座谈会作经验交流。

【武汉市精神文明建设方式创新】 2018年，武汉市进一步创新精神文明建设方式。开展“认识武汉”活动，让在汉大学生知武汉、爱武汉、留武汉。广泛开展“认识武汉”公选课实践活动。组织武汉大学、华中科技大学等19所高校开展“认识武汉”公选课精品实践活动55场，吸引1万余名大学生参加。“认识武汉”公选课在华中师范大学、武汉理工大学等9所省部属高校和江汉大学、武汉商学院等4所市属高校开设，2万多名大学生选修。全市15个区共建立51个实践教学基地，开展数十场实践教学。开通“认识武汉”微信公众号、微博和头条号，覆盖用户23万户，推送50篇精品稿件，梳理专题150个，阅读量280万次，单篇最高阅读量69.5万次。

开展“百万大学生看武汉”活动，在琴台音乐厅举办大学生专场音乐会2场，来自武汉大学、华中科技大学等13所高校3000余名新生代表参加；组织大学生手绘军运地图，参观军运场馆，传播军运会东道主文明公约；举办高校麦王争霸赛、“2018武汉时尚艺术季”“黄鹤大讲堂”“登黄鹤楼，写微情诗”“红色巴士一日游”等活动，引导大学生了解武汉，爱上武汉。

【武汉市先进模范人物评选】 2018年，武汉市开展先进模范人物学习宣传。对第二届武汉市功勋市民、模范市民和第六届武汉市道德模范共32人（群体）进行表彰。承办第六届全国道德模范故事汇基层巡演武汉专场活动，新浪微博、斗鱼直播、今日头条等5个新媒体同步进行网络直播，观看人数38

万人。开展“我推荐、我评议身边好人”活动，武汉市8人当选中国好人。中国文明网等媒体对黄旭华、胡昇、黄群等先进典型进行报道，在市属媒体开设“德行江城”专栏，广泛宣传道德模范先进事迹。协调央视财经频道公益节目《秘密大改造》来汉，拍摄全国道德模范董明、中国好人胡昇，倡导好人好报价值导向。制作杜诚诚等道德模范公益宣传片，通过楼宇电视、户外大屏等媒介进行宣传。电视专栏《好人在身边——天天正能量》播出300期。发挥先模引领示范作用，组织道德模范、中国好人等先模代表参与“军运会东道主文明公约”征集和宣传活动。

（武汉地方志办公室）

【黄石市精神文明建设】 2018年，黄石市成立创建全国文明城市指挥部，印发三年行动计划，推动新一轮创建工作。委托国家统计局黄石调查队定期开展模拟测评，对排名靠后的城区和单位进行挂牌和约谈。完成全国文明城市档案整理、上传工作，迎接中央文明办测评组的实地测评和问卷调查，提升测评效果。抓深抓实文明单位、文明家庭、文明校园等群众性精神文明建设工作。培育和践行社会主义核心价值观，推荐身边好人线索数1.5万条，工作经验入选中国文明网，7人当选“中国好人”，6人入选“荆楚楷模”。开展道德模范和身边好人现场交流活动20场，评选黄石道德模范10人、黄石楷模（好人）35人（组），评选新时代好少年21人、文明校园28所；开展“文明黄石社区行”80场，召开诚信“红黑名单”新闻发布会3场，开展“敲门行动”发放宣传资料40万册，在中小学校幼儿园开展“朝读经典 起点阅读”活动；推进社会主义核心价值观建设、文明交通、未成年人思想道德建设，加强志愿服务站（岗）建设，推动学雷锋活动规范化、制度化。全市注册志愿者人数25万人。

（黄石市地方志办公室）

【鄂州市精神文明建设】 2018年，鄂州市实施全国文明城市创建三年行动计划，组织10次月调度会、6次现场拉练，强力推进“40工程”（投入8亿元在中心城区40个社区开展老旧社区整治和改造，简称“40工程”），拆除历史违建25万平方米。出台《关于进一步把社会主义核心价值观融入法治建设的实施方案》，健全诚信红黑榜发布机制，曝光发布失信被执行人38人次、失信被执行企业13个。修改完善文明单位考核办法，对71个省级文明单位进行届中测评。在21个村开展移风易俗试点，推动完善村规民约。开展丰富多彩的群众文化活动，邀请熊召政、刘醒龙等名人名家举办“鄂州讲坛”24场，开展广场文化“周周乐”、戏曲“周周演”、戏曲进校园等文化惠民演出289场，组织“深入生活、扎根人民”“红色文艺轻骑兵”、文化进万家、戏曲进乡村、“下基层、结对子、种文化”等演出活动350场。创新宣传文化发展专项资金项目评审工作机制，资助项目35个。签约120.26亿元的动漫文化小镇项目，文化产业增加值占GDP比重前进4个位次，居全省第4位。开展志愿服务活动，形成一批有影响的志愿服务组织和志愿服务品牌。推出鄂州楷模、道德模范30人，其中5人次获得中国好人、全国新时代好少年、荆楚楷模等称号。组织开展庆祝改革开放40周年、“扣好人生第一粒扣子”等系列主题宣传教育活动。贺龙军部旧址纪念馆被授予全省第四批爱国主义教育基地。

（鄂州市地方志办公室）

【孝感市精神文明建设】 2018年，孝感市精神文明创建工作以习近平新时代中国特色社会主义思想、社会主义核心价值观、中国梦、孝文化等为主要内容，把四条城乡道路、市直单位办公区域作为加强宣传精神文明建设重地。组织修复城市创建户外公益广告2万平方米；在孝感城区公交车、部分影院和900台的士LED屏上滚动发布习近平新时代中国特色社会主义思想和社会主义核心价值观公益广告。推进乡村墙面宣教工程。全市2000多个村建成绘制图文并茂的“政策明白墙”“道德教育墙”。借助媒体设立城市创建宣传专栏，宣传社会主义核心价值观，全年刊发和播放创建工作新闻稿件900篇（条），刊发城市创建和文明宣传教育公益广告52个版面，每天及时更新两网一端平台内容和信息，开展“万人孝心传递”“精准扶贫”等20个重大主题宣传。注重典型引领。组织第一届孝感市文明家庭推荐评选、文明家庭宣传和家风展示活动；开展首届“爱心献血家庭”评选表彰活动，评选出10户“爱心献血家庭”和10户提名奖，引导形成家庭文明新风尚。开展“我推荐我评议身边好人”活动，共3组4人入选中国好人榜。看望慰问全市道德模范20人，发放慰问金15万余元。

2018年，孝感市制定《孝感市创建全国文明城市2018—2020年行动计划》，文明城市创建工作列入全市经济社会发展“十三五”规划，纳入党代会及年度政府工作报告内容，明确中长期和年度创建工作任务，整合和充实文明城市创建工作机构，增加经费保障。组成4个督办专班，以明察暗访、媒体曝光等方式，对各地各相关责任单位进行拉网式、地毯式检查督办，精准施策、补齐短板，提高城乡文明指数，提升文明城市创建水平。通过省级森林城市检查验收和国家园林城市复检。对全市省级文明单位开展届中测评，抽查30%，提升文明单位的创建积极性。联合市公安局等11个部门开展文明交通进单位、进学校、进社区、进家庭、进工地活动，开展不文明交通整治、文明交通“志愿劝导日”“大手拉小手”、文明优质企业、文明出租车创建活动，倡导文明出行。举办“中国旅游日”宣传活动，印发文明旅游宣传画报500幅、文明旅游公约500份，向城区所有旅行社（分公司及门市部）、星级酒店、A级景区统一发放，教育引导公民文明出游。联合工商部门开展文明诚信个体工商户和私营企业评选，通报表彰17名文明诚信个体工商户、19个文明诚信私营企业。

开展“孝风良俗进万家”活动。以“四讲四兴”（讲孝亲、兴厚养薄葬之风，讲孝诚、兴勤劳致富之风，讲孝德、兴向善向美之风，讲孝雅、兴爱护环境之风）为主要内容，培育文明乡风。开展移风易俗“十个一”活动，即一个乡风文明创建氛围、一个乡风文明理事会章程、一支乡风文明理事会队伍、一张村规民约、一套红白喜事操办流程、一套红白喜事操办标准、一套红白喜事奖罚办法、一份党员干部移风易俗承诺书、一封致村民移风易俗的公开信、一套移风易俗活动文字图片资料。全市2618个村建立健全红白理事会，实现移风易俗工作制度化、规范化、常态化。开展“乡贤育乡风”评选表彰活动，每个村镇每年评选表彰一批“十星级文明户”、一批“好婆婆、好媳妇”、一批新乡贤、一批家训家规。广泛开展学雷锋志愿服务月活动，全市城乡1万人参与困难帮扶、关爱留守儿童、文明交通、文明如厕等志愿服务。开展“互联网+志愿服务”。在孝感市志愿服务信息平台，发布公益项目，为志愿组织和志愿服务对象提供供需对接等服务。孝感市志愿服务工作经验在全省志愿服务座谈会交流。

加强未成年人思想道德建设。开展“扣好人生第一粒扣子”教育实践活动，培养未成年人爱国主义情操和正确的人生理想信念。利用重要时间节点，组织开展“清明祭英烈”、七一“童心向党”、国庆“向国旗敬礼”等主题活动，18万人次参与网上签名寄语活动。开展优秀童谣征集推广活动，优选60首全国优秀童谣制作传唱手册，面向全市小学、幼儿园推广宣传。开展“孝行月”活动，推进孝德文化进校园活动，第二届“方寸天地写孝义”书法大赛和“一封家书表孝心”网络作文大赛，吸引1万多名中小学生参与。向省文明办评选推荐8名新时代好少年，宣传推广好少年吴龙超的事迹，引导未成年人传承中华传统文化，争做新时代好少年。印发《孝感市市级文明单位（校园）评价细则（试行）》，开展市级文明单位（校园）推荐评选活动，39所学校获评。开展推荐创建全国文明校园先进学校工作，在省市媒体开展“文明校园巡礼”活动，宣传推介文明校园创建典型。未成年人公益广告宣传，实现全市校园周边全覆盖。增加乡村学校少年宫3所。

（孝感市地方志办公室）

【黄冈市精神文明建设】 2018年，黄冈市推进文明城市创建工作。开展县域文明指数测评工作，召开现场推进会和约谈督办会，市委领导约谈2个县市区和19个市直单位，印发督办函，要求被约谈单位根据问题清单，对照自查整改。集中开展告别“车窗抛物”、文明观影、文明如厕、文明交通等活动。制定“文明如厕”活动方案，召开动员会，发放倡议书，开展大讨论，通过媒体宣传曝光，促进市民养成文明习惯。开展“讲文明树新风”公益广告宣传活动，黄冈日报刊播公益广告 38 版，黄冈电视台播出 8000 次，黄冈电台播出 1000 次。组织全市各级文明单位参与全省“讲文明树新风”公益广告征集评选活动；开展市级道德讲堂总堂活动，邀请省市级文明单位观摩；将道德讲堂活动与精准扶贫工作相结合，组织文明单位联合结对村开展道德讲堂活动；开展“黄冈最美家庭”寻找、事迹宣讲和宣传活动，开展“立家规、传家训、扬家风、圆家梦”“我家最美故事”暨亲子阅读主题实践、“树清廉家风，创最美家庭”等活动，推进文明家庭创建工作。总结全国文明校园黄冈中学经验做法形成典型案例，在校园开展“扣好人生第一粒扣子”教育实践活动；利用重阳节、中秋节等传统节点，组织各地中小学生开展“孝行月”活动，通过学生自荐、同学互荐，以及老师、家长和社会推荐等办法，推选一批事迹突出青少年典型，发挥示范引领作用；交流、推广红安县乡村学校少年宫的红色教育融入德育教育经验，向上争取少年宫新项目落户在 6 个贫困县的 13 所乡村学校。命名市级文明单位 685 个。对 110 名先进人物开展节日慰问，赠送慰问物资 16.18 万元。评选市级道德模范 10 人。李志权获评第六届全国道德模范提名奖和第六届湖北省“道德模范”称号。

（黄冈市地方志办公室）

【咸宁市精神文明建设】 2018 年，咸宁市启动全国文明城市创建活动，命名市级最佳文明单位 45 个，文明单位 182 个，文明乡镇 26 个，文明村 73 个，文明社区 19 个，文明校园 15 个，文明家庭 9 个。组织对历届获得市级文明村镇的复查测评，复查确认 20 个文明乡镇、61 个文明村、39 个文明社区。推进社会主义核心价值观落小落细落实。全覆盖实施“红色宣传工程”。制作各类红色宣传标语 1.18 万条，面积 60 万平方米；红色宣传显示屏 5284 个，播放时长 213 万小时；全媒体播放红色主题公益广告 1.7 万条，开通宣传专栏 384 个，发布新闻 727 条。倡导文明乡风。827 个村修订完善村规民约，占行政村 91.5%；建立红白理事会（乡贤理事会）826 个，覆盖率 91.4%。在全国首创“全民悦读·游诵中国”活动，开展全民阅读进学校、进军营、进监狱、进戒毒所等“十进”活动。举办千人以上全民阅读活动 11 场，其他活动 40 场。1 农家书屋被评为全国示范农家书屋，2 人被评为全国优秀农家书屋管理员，1 人获全国“我的书屋·我的梦”农村少年儿童阅读实践活动优秀征文作者。5 人入选“荆楚楷模”，1 人入选“荆楚楷模年度人物”，1 人入选中国好人榜，楷模数量和质量居全省前列。指导推荐的鄂高张、徐晓意成为湖北省第一批“新时代好少年”候选人。

（咸宁市地方志办公室　陈秋娥）

【仙桃市精神文明建设】 2018 年，仙桃市推进精神文明创建工作。出台《创建全国文明城市三年行动计划》，按照“2018 年打牢基础、2019 年巩固达标、2020 年冲刺夺牌”的步骤实施。组织 20 万名党员群众参与“文明交通我践行”和“拒乘五小车辆”承诺签名，制作发放文明交通宣传手册 5 万册。培育文明风尚。把文明村镇创建融入乡村振兴战略，推进移风易俗活动，培育文明乡风。注册志愿团体 471 个，志愿者 5.7 万人，发布志愿服务项目 754 项，志愿服务活动常态开展。建立各级道德讲堂 500 个，开展活动 3000 场次。开展“敬老好儿女”“仙桃工匠”等各类典型届期化评选，评

2018 年 7 月，咸宁市博物馆开展暑期“小小讲解员培训班”活动

（咸宁市地方志办公室　供稿）

选仙桃楷模 40 人，荆楚楷模上榜 1 人，启动第五届“感动仙桃十大道德模范”评选活动，形成市镇村三级联动的宣传格局。讲好仙桃故事、传播仙桃声音，在省级主流媒体刊播新闻 699 条、省级以上网站发稿 342 条，构建网上网下同心圆。开展新媒体“微宣传”，发布信息 3000 条，观众浏览 735 万次、点赞 53 万次。

网络舆情监管。落实《党委（党组）网络意识形态工作责任制》和《网络安全工作责任制》，加强舆论引导和舆论管控。网信办实行 24 小时在线监测，每日进行专题研判，出台《仙桃市舆情监测奖励办法》。处置涉仙网络舆情 196 条，删除、屏蔽涉仙负面信息 2780 条。举办《网络安全宣传周》活动，发放宣传折页 5 万份，宣传覆盖人群 20 万。查处传播有害信息案件 25 起，行政拘留 3 人，罚款处罚 2 人，教育训诫 14 人。

（仙桃市地方志办公室）

【潜江市精神文明建设】 2018 年，潜江市开展精神文明创建活动。加强思想道德阵地建设。建设 10 个农村学校少年宫，22 个区镇处均完成阵地建设，330 个行政村建立红白理事会，建立 22 个代表之家、82 个代表小组活动室，形成以“代表之家”为中心、“代表小组活动室”为辐射点的基层代表阵地体系。聘请专业特长教师担任专职或兼职辅导员，开设非物质文化遗产传承、美术、戏球、舞蹈等 10 余个兴趣班，陶冶青少年情操。在中小学综合实践基地设置开设文明礼仪、孝老爱亲、传统文化、模拟驾驶等 40 个科目。开展“扣好人生第一粒扣子”主题教育、“我的中国梦”主题教育、践行社会主义核心价值观征文演讲等 10 项活动。组织第四届市道德模范评选活动，评选出 10 名道德模范、20 名新时代好少年、10 名最美人民警察和 10 名最美医生；评选 15 个文明家庭、20 辆文明出租车、30 个文明诚信个体工商户。3 人获评荆楚楷模月度人物。制作户外大型公益广告 16 处，在媒体重要版面和黄金时段刊播公益广告，播发电视类公益广告 470.83 小时，杂志类公益广告 40 个，报刊类公益广告 22 个整版。开展省级文明单位届中测评，组织省级文明单位与中小学结对共建；组织各级文明单位进行志愿者登记注册，文明单位志愿者登记注册比率 100%。开展“微视传文明”摄制活动，全市 300 多所中小学、100 多个机关和企事业单位 20 万人参与，50 部优秀微视作品通过各大视频网站传播。组织开展“文化惠民”“唱响潜江”“舞动潜江”等一批接地气的文化活动，创作节目约 130 个，惠及群众 50 万人次。

（潜江市地方志办公室）

【天门市精神文明建设】 2018 年，天门市开展全国文明城市创建工作。拆除与市容市貌不协调的户外广告，制作安装一批“创文”公益广告。出台《天门文明 20 条》，制成宣传海报进行张贴。宣传“创文”典型、曝光不文明行为。维修破损人行道，改造临街立面，裸露地面进行植绿、补绿，亮化主次干道，开展“创文”“十大行动”，引导广大市民自觉规范言行、提升素质。命名表彰 11 个文明乡镇、85 个文明村（社区）、188 个十星级文明示范户。组织专班对 33 个省级文明单位和 9 个新申报单位进行届中测评。开展寻找“最美家庭”活动，30 个家庭获评天门“最美家庭”称号，1 个家庭获“荆楚最美家庭”称号。5 所学校创建全国文明校园。出台《天门市“推动移风易俗，树立文明乡风”活动方案》，全市各行政村红白理事会覆盖率 100%。开展“身边好人”“道德模范”评选活动，2 人获得 2018 年“荆楚楷模”称号。推进志愿服务制度化建设，全市登记志愿者 6.85 万人、占城区总人口的 22.9%，志愿服务团队发展到 599 个。开展志愿服务活动项目 594 个，参与志愿服务 5.22 万人，志愿服务时长 48.31 万小时，群众对志愿服务行为的赞同与支持率 100%。

（天门市地方志办公室）

责任编辑 刘家廉

责任校对 王希希

附　录

城市圈论坛

武汉城市圈一体化建设研究

李春洋　周阳　操玲娇
李翠君　张玲玲

武汉市社会科学院

长株潭城市群一体化发展的新举措和新成就

湖南省深入贯彻习近平总书记关于城市工作、长江经济带发展等重要讲话精神，以及习近平总书记对湖南工作的重要指示精神，进一步部署和落实长株潭城市群一体化发展的举措，积极探索具有湖湘特色的城市群高质量发展路子，启动长株潭三市新一轮合作机制，开启长株潭城市群一体化发展新征程。

一、长株潭城市群一体化发展的新举措

1. 省委、省政府力促召开三市领导的联席会议，推进实质性的合作

2018年10月20日，长株潭城市群一体化发展首届联席会议在长沙召开，三市市长共同签署《长株潭城市群一体化发展合作机制》《长株潭城市群一体化发展行动计划（2018—2019年）》、《长株潭城市群一体化发展联席会议制度》三个合作文件。会议建立了常态化、制度化的协调机制，铺排了项目化、清单式的合作事实。针对合作中的难点和堵点问题，聚焦基础设施、公共服务、环境保护、民生保障等一体化，共铺排了十四大项、二十四项合作事实，主要涉及规划对接、“三干两轨四连线”城市交通建设、城际公交建设、物流枢纽建设、教育医疗文化旅游等公共服务共建共享、推进统一的移动电子支付、人社“一卡通”、国家军民融合创新示范区创建、社会信用体系建设、环境治理和绿心保护等领域，并将各项实事落实到具体项目、具体目标上，细化责任和措施，定期进行考核评估，切实增强三市居民对长株潭一体化的认同感和获得感。

2. 推进长株潭城市群公共服务一体化

推进城市圈（城市群）公共服务的一体化，是提升城市圈（城市群）公共服务整体水平、实现高质量发展的重要途径。为推进长株潭城市群公共服务一体化发展，湖南省发展改革委立足“兜底线、补短板、调结构、惠民生”，会同省直有关部门主要开展了以下工作：

（1）加强顶层设计，系统规划一体发展。从全省的总体规划到详规，均以推进长株潭城市群一体化发展为目标，从基础设施、产业发展、公共服务、要素市场、环境保护等方面促进一体化的发展。如《湖南省新型城镇化规划（2015—2020年）》（湘发〔2015〕12号）、《长株潭城市群基本现代化建设“十三五”规划》和《湖南健康产业发展规划》（湘发改社会〔2016〕）。

（2）加强制度保障，推进基本公共服务均等化。在2014—2016年连续三年实施全省基本公共服务清单的基础上，制定实施《省十三五推进基本公共服务均等化规划》和“十三五”基本公共服务清单，在全省范围内实施8大方面92项基本公共服务，每项基本公共服务均明确了服务对象、服务指导标准、支出责任和主责部门，按照免费公共服务类、面向特定人群补助类、政府提供的保障性公共产品类，由各市州面向全民提供，推进了长株潭三市基本公共服务的标准化、规范化。

（3）加强政策创新，注重激发市场活力。在全国范围内率先出台《关于促进五大融合加快发展健康产业的意见》（湘政发〔

2016〕32号),明确促进医疗与养老、医疗与旅游、互联网与健康、体育与健康生活方式、食品与健康等产业融合发展。印发实施《关于进一步扩大旅游文化体育健康养老教育培训等领域消费的实施意见》(湘政办发〔2017〕33号),提出推进职业体育发展,促进体育消费;推进医养结合,培育健康消费;加快推进养老服务业发展,提升养老消费等重点任务。印发实施《关于进一步激发社会领域投资活力的实施意见》(湘政办发〔2018〕4号),提出放宽行业准入、扩大投融资渠道、落实土地税费政策、促进融合创新发展、加强监管优化服务等措施。印发实施《关于全面放开养老服务市场提升养老服务质量的实施意见》(湘政办发〔2017〕84号),提出全面放开养老服务市场、提升居家社区养老生活品质、建设优质养老服务供给体系等政策措施。

(4)加强项目支持,着力提升薄弱环节。争取中央预算内投资约8.98亿元,支持长株潭三市公共服务设施建设,社会领域107个项目建设。此外,省预算内安排资金4840万元,支持了长株潭三市484个农村公共服务平台建设。

3. 从产业规划布局着手,推进一体化

(1)规划布局三市相关产业建设。一是推进湖南健康产业园建设。完善湖南健康产业园总体布局,加快昭山核心区建设,推进产业向长沙和株洲等地拓展,形成一园区多基地的发展格局。二是依托长沙麓谷创新谷、湘潭智造谷和株洲·中国动力谷等创新集聚区、高新园区、省级创业孵化器、众创空间等平台,引导企业联合省内高校院所合作建立多层次工程(技术)研究中心、工程实验室和企业技术中心,鼓励组建产业技术创新研究院等面向市场的创新平台。三是引导长株潭相关园区根据本身资源、产业优势和发展规划,制订重点产业的招商路线图、目标企业名录和专门招商。鼓励政府以购买服务的方式,委托境内外专业中介机构、商协会开展代理招商。每年精选一批中介机构、商协会,签订战略合作协议,协助市州、园区开展精准招商。

(2)支持医疗健康、教育科研、文化体育旅游等产业集聚。一是积极支持国内外知名的综合医院、专科医院和临终关怀、疼痛治疗中心及医院管理集团在产业示范区设立机构。二是继续加大对长株潭“四馆一中心”(即综合文化馆、图书馆、博物馆、体育馆、规划档案中心)建设的支持力度,在中央、省级文化产业资金申报推荐工作中,对长株潭公共服务产业一体化发展相关文化产业项目提供规划创意、对接推介、投资融资、专家咨询等方面指导和服务,予以重点关注。三是积极支持长株潭城市群创建国家健康医疗旅游示范区、国家体育旅游示范基地和申报国家体育旅游精品赛事,打造集医治、康复、疗养、养生、养老等为目的的健康管理服务目的地。四是充分挖掘长株潭三市历史文化、红色文化、山水文化、民俗文化资源,以纪念毛泽东同志125周年诞辰、纪念刘少奇同志120周年诞辰、纪念彭德怀同志120周年诞辰为契机,精心办好2018年湖南红色旅游文化节系列活动。

4. 创新驱动形成发展新引擎

湖南省大力实施“创新引领、开放崛起”战略,实行科技创新的“1105”行动计划,走出了一条富有特色的自主创新之路,创新综合实力稳步提升。

“1105”行动计划即1个核心平台——建设长株潭自主创新示范区核心平台;10大优先领域——在高端装备制造、新材料、电子信息、现代农业、生物医药、节能环保、新能源、文化创意、公共安全、现代服务业等领域,实施产业技术创新链计划;5大科技工程——科技前沿推进工程、重大科技跨越工程、关键技术突破工程、技术创新引导工程、创新能力提升工程。

加快建设长株潭自主创新示范区。坚持创新驱动、体制突破、以人为本、区域协同原则,依托长沙麓谷创新谷、湘潭智造谷和株洲·中国动力谷等创新集聚区,推进科技与经济、金融、文化等融合发展。加快完善政策支撑体系、技术服务体系和城市群协同创新体系,推动国、省等优质创新资源集聚,辐射带动全省国家级和省级高新区提质升级,努力建成具有全球影响力的区域创新高地。推动重大领域创新突破。坚持战略和前沿导向,加强前沿技术和应用基础研究创新突破。在生命科学、材料科学、环境科学、现代医学、新一代信息技术等基础领域开展科技前沿食安全、网络空间呆暲、未来制造、生态治理等战略领域实施重大科技跨越行在现代农业、新型工业、社会发展等事关发展全局领域开展技术集成式协同攻关行动。

5. 加快建立长株潭生态环境保护联防联治新机制

三市在一体化发展过程中，将进一步健全并落实长株潭生态环境保护联防联治新机制，在“共抓大保护”上更加注重协同作战，同呼吸、共命运。

二、长株潭城市群一体化发展的新成就

1. 建立了一体化发展的政府合作机制

（1）建立三市合作高层决策机制

建立长株潭城市群一体化发展联席会议制度（以下简称“联席会”），三市市委书记轮任会长，分书记层面、市长层面定期召开联席会。书记会议主要审议、决定和决策关系长株潭城市群一体化发展的重大事项，并将其作为最高层次的联合协调机制；市长会议主要按照省委省政府决策部署、书记会议精神，协调推进年度重大合作事项、签署重大合作协议。

（2）建立三市合作专项推进机制

实行重点合作专项协调推进制度，定期商讨推动专项领域合作的重大问题、规划、项目、举措等，积极开展制度合作及跨区域行业联动，包括推进规划融合、交通共建、产业协同、环境共治、民生共享、信用联动等，其中，推进产业协同方面将共同组建跨区域的技术转移中心和产业技术创新战略联盟，开展重大关键共性技术联合攻关。

（3）建立三市合作工作落实机制

设立长株潭城市群一体化发展联席会秘书处，承担长株潭城市群一体化发展的日常联络协同工作；建立联动协调机制，由三市主要领导牵头组团，加强与国家部委的衔接汇报，共同争取国家重大示范试点政策及重大项目的布局布点；建立信息通报机制、决策咨询及民间交流机制等。

（4）会长采取轮值制，难点、“堵点”共同解决

根据《长株潭城市群一体化发展联席会议制度》，联席会由会长、成员、秘书处和专项小组构成，其中会长采取轮值制，一个年度一轮，依次由长沙、株洲、湘潭三市市委书记担任。联席会全体会议每年度召开2次，原则上在2月份、10月份各举行一次，分别由市长、市委书记主持召开；各专项小组原则上每年度会商不少于2次；三市发改委主任原则上每季度会商1次；重大问题可随时会商。

2. 启动长株潭都市区总体规划和轨道交通线网规划编制

三市已形成了《长株潭城市群都市区空间发展战略规划编制工作方案》和《长株潭城市群都市区空间发展战略规划设计要点》，将充分对接即将出台的省级国土空间规划开展规划编制工作。

3. 促进三市交通融合，打造长株潭半小时交通圈，共同推进城际公交建设

“三干两轨四连线”形成了工程可行性研究报告文本。潭州大道长沙段快速化改造与长株潭城际轨道交通西环线2019年完成前期研究设计，2020年开工建设；潇湘大道—滨江路连接线工程2019年12月底建成通车；湘潭大道—铜霞路连接线2019年完成前期研究，其余线路均计划2019年9月开工，2020年底建成。下一步，三市将加大统筹推进力度，加速打开长株潭“半小时通勤圈”的交通融城新局面。

城际公交建设方面，开通了长潭公交1号线，与长沙市938路公交线路无缝接驳，对长株潭201、202路车辆进行了升级改造。三市城区内每个城轨站均实现了公交线路接驳，接驳率已提前实现100%，“轨道上的长株潭”提质增效，老百姓城际通勤更加便利。

4. 加强长株潭公共服务一体化

三市的协同发展，出发点和落脚点始终是改善人民群众的生活。行动计划回应群众期盼，让优质的教育资源、医疗资源、文化资源、体育资源、人力资源、旅游资源等发挥更大作用，真正提升长株潭公共服务整体水平。

长株潭三市充分发挥长株潭城际铁路干线作用，共同推进了城际公交建设。组建长株潭“一卡通”清分结算平台，逐步实现在公共交通、停车收费、生活缴费等领域的广泛应用。

长株潭三市共同推进长株潭院前医疗急救网络平台建设，构建长株潭院前医疗急救指挥监控一体化系统。同时完成长株潭血

液中心采供血平台建设，实现三地血液库存信息共享和用血费用异地报销。

教育方面，完成长郡株洲云龙实验学校、湘潭九华富力雅礼中学项目建设并投入使用；共同推进三市职业教育实习实训基地共建共享，实现三市大中专院校毕业生就业信息网络链接。还将共同推进三市图书馆、文化馆、博物馆等公共服务设施共建共享，实现对三市市民免费开放。

长株潭三市共同推进人社“一卡通”。三市已分别完成社保卡制卡 690 万张、325 万张、245 万张，共计 1260 万张；并已提前实现异地就医即时结算、社保关系即时转移。下一步，将抓紧推进人社数据整合共享、业务经办系统对接改造的立项工作，实现三地业务办理同城化，改变老百姓跨城办理业务两头跑的局面。

5. 加快建立长株潭生态环境保护联防联治新机制

三市在一体化发展过程中，将进一步健全并落实长株潭生态环境保护联防联治新机制，在“共抓大保护”上更加注重协同作战，同呼吸、共命运。

长株潭三市共同推进水污染联防联治。为实现清水绿岸，鱼翔浅底，让群众享受“治水”获得感，三市按照流域“一盘棋”、共治“一江水”的要求稳步推进水污染联防联治，目前已提前实现了环境污染联合监测和预警、跨界突发环境事件应急联动、跨界污染纠纷协调处理、实行交叉监督检查等任务目标。

长株潭三市统一绿心地区生态公益林补偿标准。悉心守护绿色“生命线”，正式出台绿心地区生态公益林补偿标准，当前标准为 50 元 / 亩·年，将于 2019 年底提升至 60 元 / 亩·年，并在此基础上，逐年递增 10 元 / 亩·年，到 2023 年达到 100 元 / 亩·年。同时，推出了绿心地区森林防火、有害生物防治、森林资源联合执法三个机制，用“机制利剑”来守护好绿心山水，还长株潭人民一个健康的“绿肺”。

长株潭三市共同推进大气污染联防联控。开展大气污染治理，为老百姓留住蓝天白云。已提前实现每月环境空气监测数据共享、统一大气污染物排放标准、建立重污染天气应急联动处理机制、实行交叉督促检查等目标。下一步，将进一步提高应急联动机制运行效率，确保在下个特护期（10 月 16 日—3 月 15 日）内同步启动应急预警响应。

武汉城市圈与相关城市群比较研究

武汉城市圈与杭州、成都、郑州、长珠潭城市群等相比，包含城市数量最多，所辖面积最广，2018 年常住人口在这几个城市群中唯一超过 3000 万，达到 3220.52 万人；经济实力较弱，人均 GDP 仅高于郑州大都市区，武汉作为城市群中心城市，2018 年 GDP 总量仅次于成都，与其他城市群相比人均 GDP 较低的主要原因是武汉城市圈内包含几个经济实力相对较差的县级市；武汉城市圈三次产业中

2018 年各城市群（圈）相关数据一览表

	武汉城市圈	杭州都市圈	成都都市圈	郑州大都市区	长株潭城市群
城市数（个）	9	6	4	5	3
面积（万平方千米）	5.78	5.32	3.31	3.12	2.80
常住人口（万人）	3220.52	2619.39	2537.11	2852.31	1504.05
人均 GDP（万元）	7.73	10.94	7.84	6.97	10.50
三次产业比	6.61:45.65:47.75	3.08:41.79:55.13	5.63:43.61:50.86	4.68:47.38:47.95	3.98:43.37:52.64
工业增加值占 GDP 比重（%）	37.33	37.22	38.43	41.35	35.07
高新技术产业增加值占 GDP 比重(%)	17.45	14.60	/	11.23	31.65
对外贸易依存度（%）	11.07	40.48	25.99	22.90	10.72
地均固定资产投资（万 / 平方千米）	3171.64	3114.35	3326.67	5665.62	3067.98
人均社会消费品零售额（万元）	3.68	4.61	3.35	2.80	4.32

第一产业和第二产业占比较重，第二产业占比比重仅次于郑州大都市区，第三产业占比最少，产业结构较其他城市群相比较为不优；武汉城市群工业化程度较高，2018年工业增加值占GDP比重仅次于郑州与成都都市圈；同时武汉城市圈高新技术产业发展较好，其占GDP比重仅次于长珠潭城市群，为城市圈的支柱产业之一；与其他城市相比，武汉城市圈对外开放程度较差，2018年对外贸易依存度仅高于长珠潭城市群，这也是武汉城市圈发展长期存在的短板之一；地均固定资产投资反应一定地域内投资强度，武汉城市圈地域投资强度在5个城市群中处于中间位次；武汉消费活力较好，人均社会消费品零售额在5个城市群中处于中间位次。

武汉城市圈一体化发展中存在的问题

一、圈内各城市发展结构不平衡的特征仍然存在

2018年武汉的GDP为14847.29亿元，其他8个城市GDP总和为10050.21亿元；武汉市对武汉城市圈的GDP贡献率更是高达59.64%，黄石、鄂州、孝感、黄冈、咸宁、仙桃、潜江、天门8个城市GDP总量只占武汉城市圈GDP总值的40.36%，由此表明，武汉城市圈的总体呈现以武汉为绝对中心，圈内各城市发展不平衡的结构特征。武汉作为圈域的核心城市以及湖北省的政治、经济和文化中心，在经济发展中一直居于发展领先地位，它对圈域内乃至全省的贡献率都呈现绝对优势，但这种典型的首位城市分布特征的城市圈结构将不利于城市圈的总体发展。

二、各城市产业协作程度较低，竞争大于合作

目前圈域内各政府的政策往往都是针对高利润的企业而言的，这样一来，会让城市之间的经济发展越来越趋同。从整体来看，表现出武汉城市圈三次产业内的相关程度以负相关为主，城市间协作能力较弱，缺少协作机制，尤其是第二产业，在圈域内的三次产业中负相关程度最为明显，从侧面反映了武汉城市圈圈内各城市产业结构高度相似，经济互补性极弱。从产业类型看各城市多以机械、纺织、化工、建材为主，各城市对于自身的能力没有清晰的定位，没有形成一个整体的产业链，发展结构大同小异，从事低层次生产的企业非常多，专业化程度较低，产业同构现象明显，导致彼此之间的竞争逐步恶化，企业在相互之间的发展没有互补性，整体协作能力不足，对于武汉城市圈的发展带来了一定的负面影响。

三、各城市所处工业阶段差异较大

从武汉城市圈2018年内各城市三次产业结构构成情况来看，圈内中心城市—武汉市的产业结构明显优于其他城市。由于武汉市的经济发展在城市圈内具备较大的区位功能，具有较强的聚集作用、增值作用和辐射作用；同时，强大的技术力量、完善的交通与信息中枢、完备的基础设施、优越的协作条件、雄厚的资本和集中的消费市场，使得武汉市的工业结构和技术水平处于相对较高的层次，在空间发展和竞争中处于有利地位。黄石市的产业结构次优于武汉市，但第三产业所占比重仍偏低。其他多个城市的发展由于受到工业化和城市化滞后的瓶颈制约，产业结构存在着工业对农业支持力度不够、带动作用不强的问题。

四、城市圈面临的资源争夺激烈

当前已经有三个城市群出现在中部地区，它们分别有：武汉城市圈、中原城市群以及长株潭城市群，共同构成一个“品”字形城市群。2018年“三大城市群”所占的中部总体经济规模，长株潭与中原城市群在中部地区的经济规模均大于武汉城市圈，中原城市群的地区生产总值是武汉城市圈的3倍，经济规模远远大于武汉城市圈，而就人均GDP来看，长株潭城市群比武汉城市圈大38%。这对于武汉建立的城市圈是一个巨大挑战。

武汉城市圈一体化发展存在的困难

推进武汉城市圈一体化发展，成为引领湖北省、中部地区、长江经济带高质量发展的示范和样板，当前还面临着一些困难。

一、一体化协同发展的推进机制和内生动力不强

目前，武汉城市圈一体化发展的相关事务主要由武汉城市圈“两型”社会综合配套改革试验区领导小组及其办公室负责，协调落实相关的重大决策、重大工程、重

大项目。这种自上而下的传统推进机制具有局限性，不足以破解地方保护主义和区域发展不平衡等发展困境，也不利于调动各个城市的内生动力。类似长三角地区一体化发展的“三级运作”区域合作机制和实体化区域合作办公室（以主要领导座谈会为决策层、以联席会议为协调层和以联席会议办公室、重点专题组为执行层，由三省一市人员组成长三角区域合作办公室）等尚不健全，导致推进一体化发展的统筹能力不够权威，绩效考核没有压力。以武汉城市圈通信一体化为例，统一 027 长途区号建议提出了至少 10 年以上，到目前为止仅在今年开展了武汉、鄂州并网试点。

二、城市圈的城市和产业发展存在断层

武汉是长江中游地区的唯一超大城市，正大力建设国家中心城市。武汉城市圈是构建支撑超大城市和国家中心城市空间新格局的基本范围。最新的《武汉市城市总体规划》除了打造 1 个主城区 +3 个副城 +3 个新城组群 +1 个长江新城的城市层面空间格局外，还提出了基于武汉城市圈的“146”大都市区空间格局。通过武汉大都市区建设推进武汉城市圈一体化发展是在更小空间尺度、更好合作基础、更多合作诉求的空间地域来推进区域协调发展的新探索，但面临的困难是武汉城市圈存在的城市断层和产业断层。如果武汉算是一线城市的话，那么周边腹地的城市基本算是三线城市，中间的二线城市出现了断层，巨大的发展差距导致人才、资金、技术、服务等发展要素向武汉的集聚效应远远大于向周边的扩散效应。城市发展断层又导致了产业发展的断层，总部 + 基地、武汉创新研发 + 周边推广应用、产业集群、供应链管理等模式在武汉与周边城市之间开展得不够紧密和顺畅，进而城市圈内产业布局趋同现象严重，产业一体化发展面临行政壁垒、要素流动等限制，难以实现资源的最优配置。武汉城市圈作为整体空间尺度过大，构建“多片区、多廊道、多板块”的复合功能体系路径尚不够清晰。例如，布局哪些紧密发展的一体化都市区，如何管控鄂黄黄、孝川、武咸、天仙潜、大别山等外围次区域，如何加强沿江、汉宜、武咸和汉孝等经济走廊，如何引导具有行业、物流、资源等优势的特色功能区发展等。

三、“两型”社会建设面临的资源环境约束增强

武汉城市圈是国家“两型”社会建设综合配套改革试验区，在“两型”基础上实现经济社会高质量发展面临着越来越严格的资源和环境约束。不管是“两型”社会建设，还是共抓长江大保护，跨区域、跨流域的生态环境保护与治理都是当前的重点难点。从长江大保护来看，有效利用长江岸线资源、解决重化工围江难题、治理沿江污染和生态破坏等方面，面临着上下游城市之间不协调、不一致等外部性问题。从跨区域湖泊治理来看，武汉与鄂州、黄石、咸宁、孝感等城市之间在跨区域湖泊退养、污染治理、岸线保护等方面差异较大，湖区共治机制和流域协调联动机制还不健全，湖泊开发与整体保护管理之间的矛盾日益突出，尤其不利于在环梁子湖区域建成湖泊治理国家示范区。另外，在大气污染防治方面，武汉城市圈也是行政分割、各自为政，没有统一规划、统一标准、统一监测、统一执法。

四、交通运输一体化方面发展还有短板

一是尚未建立具有权威性和约束力的跨区域交通协调机制，负责城市圈地区航空、公路、水路的统筹发展和运营管理，实现区域交通运输管理监督与执法一体化。二是以天河机场、阳逻水港、东西湖铁路集装箱中心为核心已经初步构建了江北多式联运中心，但顺丰国际机场、中部货运铁路枢纽都建在鄂州市，而将鄂州市划归武汉市管辖的建议短期未能实现，为武汉江南多式联运中心的构建增添了更多变数。三是在城市圈交通规划建设一张图、多式联运一张网、临港临空资源合作共享、长江“江海直达”航线无缝对接、城市间断头路瓶颈路和过桥过路收费等问题尚待解决。

五、公共服务差距较大导致人口流失和城市收缩

基于两次人口普查、人口密度和夜间灯光等数据，研究发现，武汉城市圈人口规模整体下降，但是土地蔓延增长较快，除了武汉市和鄂州市外，其余 7 市均有不同程度的收缩。城市圈人口向武汉集中一方面是城镇化加快发展的必然结果，但另一方面也反映了武汉与周边城市在公共服务方面差距较大。城市圈在统筹推进基础设施、公共服务设施、社会管理服务全面对接，加快能源、金融、信息等基础设施互联共享，推动信用信息、社保医保、住房公积金等大数据融通共享等方面还有较大完善空间。

推进武汉城市圈一体化发展的建议

一、强化政策支持

城市圈建设的主体是地方政府，恳请国家发改委加强对城市圈规划编制的统筹指导，制定城市圈建设的支持政策措施。省级政府进一步重视城市圈发展，在项目建设和资金引导上向城市圈同城化建设领域倾斜。支持城市圈地方政府建立宽领域协商机制，支持市场要素、社会力量以及智库咨询机构参与城市圈建设。

二、增强规划的约束性

不断完善城市圈建设的规划体系，从空间布局、基础设施、产业发展、统筹城乡、公共服务生态环境等方面做好顶层设计。在项目建设、产业支持等方面强化城市圈规划的约束性。

三、加强城市圈建设工作机构力量

明确市区各级城市圈工作机构的配备和职能，防止出现机构弱化导致工作不力。

四、增强城市圈合作机制

鼓励武汉各区与城市圈各级地方政府建立合作机制，全方位开展城际合作，共同推进圈域同城化。鼓励和引导圈域市场主体进行要素整合，开展城市圈内的各领域合作。

五、强化同城化考评机制

建议省级政府建立和完善同城化的政府绩效考核机制和第三方评估机制，强化考核和评估结果的激励作用。督促各区和各部门采取共同行动策略，保障合作的可持续稳定开展。

六、营造良好的舆论环境

要突出宣传推进武汉城市圈一体化发展的重大意义和重大举措，准确解读规划和相关配套政策。及时公布一体化发展进展情况，增强公众对城市圈一体化发展的认同感，引导各类市场主体积极参与城市圈一体化建设，畅通公众意见反馈渠道，形成全社会关心、支持和主动参与武汉城市圈发展的良好氛围。

媒体聚焦

东湖高新区与黄冈深化合作共建光谷黄冈科技产业园

记者　肖娟

2018 年 1 月 18 日，武汉东湖高新区与黄冈签订《深化共建光谷黄冈科技产业园协议书》，推进武汉城市圈协同发展和深度融合，进一步探索合作模式、体制机制等方面的创新实践。

此前，武汉和黄冈已经明确共建光谷黄冈科技产业园。此次签订协议，明确了合作共建的目标、原则、定位、园区管理和开发建设方式等，并商定了合作共建实施办法。

光谷黄冈科技产业园总体规划面积约 22 平方千米，借助东湖高新区品牌和产业发展优势，主要发展智能制造、光电子、新材料、新技术、新能源、科技研发孵化和现代服务业。园区管委会按照“办事不出园区”原则，对共建区域实行全面管理，全权负责园区的规划、建设、管理和招商等事务。按照政府统筹、市场导向原则，加快成立园区建投公司。

据悉，今年，该园将高标准启动园区规划编制工作，启动 600 余亩工业园区建设，全力推动园区基础设施建设，搭建园区服务平台等。

市委常委、东湖高新区党工委书记程用文，东湖高新区管委会主任刘子清，东湖高新区党工委副书记、管委会常务副主任陈平带队，考察光谷黄冈科技产业园起步区，并与黄冈市委书记刘雪荣、市长邱丽新等一行座谈。

（来源《长江日报》2018 年 1 月 19 日）

光谷火车站明年春节前竣工

记者　肖娟

2018 年 3 月 10 日，长江日报记者在东湖高新区、中国铁路武汉局集团有限公司、武汉地铁集团参加的三方联席会上获悉，光谷火车站目前正在抓紧建设中，确定将于明年春节前竣工。

光谷火车站位于光谷大道以东、高新大道以南，原流芳火车站区域，是武汉“1+8”城市圈综合交通枢纽站，连接武九客专，武黄、武咸2条城际铁路，地铁2号线南延线、11号线等2条地铁线，集国铁、城铁、地铁、BRT快速公交及地面常规公交于一体。

光谷火车站项目涉及中国铁路武汉局集团有限公司、武汉地铁集团、光谷交通3家建设主体。建成后，该站将成为光谷的大型综合交通换乘枢纽和武汉铁路枢纽，实现多种交通方式“无缝换乘”，带动周边经济，形成以交通集散为主导，公共服务、产业、居住为支撑的综合服务中心。

东湖高新区管委会相关负责人介绍，光谷火车站是提升高新区内联外通格局的重要枢纽，是高新区和武汉的重大交通项目，必须高度重视、通力协作，在确保项目建设合法合规、保质保量的前提下倒排工期、加速推进。东湖高新区将全力做好服务，推动项目2019年春节前竣工，为建设宜业宜居的“世界光谷”和推动武汉城市圈经济社会发展提供保障。

（来源：《长江日报》2018年3月11日）

湖北孝感加快融合促高质量发展

记者 郑明桥 柳洁

近日，武汉市到孝感市的快速路——汉孝大道全线通车。伴随汉孝城铁开通、汉孝大道通车，汉孝进入“同城时代”。截至目前，孝感38%的工业产品直接进入武汉市场，农产品占武汉市场份额20%左右；400多家规模企业与武汉企业建立协作关系，形成6大产业配套基地。

融合已经成为孝感高质量发展关键词。今年4月，孝感市出台“推动经济高质量发展实施意见”，汉孝融合、军民融合、农旅养融合、市域融合成为推动经济高质量发展的重要路径。

孝感中心城区距武汉市中心仅50千米。“我们最大优势就是靠近武汉，最大资源就是武汉市场。”孝感市委书记潘启胜说，协同孝感，武汉能拓展新的发展空间。借力武汉，孝感则可一举多得：承接产业转移，夯实发展底盘；优化产业结构，加快新旧动能转换；高标准对接，倒逼基础设施、公共服务、政府效能提档升级。

汉孝融合，协同发展，成为孝感高质量发展首要战略。全面融入，加快与武汉规划和基础设施、产业和市场、科技人才、公共服务、生态环保“五个同标准对接”；甘当配角，建设50平方千米飞地工业园，以汽车零部件、光电子信息、纺织服装等产业为基础，孝感引进关联项目，推动产业链式发展、集群发展，提高与武汉的产业协作配套能力；借势转型，围绕发展人工智能、高端装备制造、新一代信息技术、新材料、生物医药、新能源汽车等新兴产业，建设国内重要的智能装备产业基地、光电子信息产业基地。以大临空国际航空货物运转中心为载体，建设高端物流产业集聚区。

军民融合注入新动能。孝感是军工大市，国家军民融合产业示范基地。孝感市设立军民融合产业发展基金，完善三江航天产业园、航天重工装备产业园、汉光科技产业园、华中光电产业园，建设大悟武船军民融合产业园，打造千亿级军民融合特色产业。今年以来，孝感市先后与武昌船舶重工集团、中国保利集团、中国船舶重工集团签订战略合作协议，在推进军民融合项目布局、新能源应用、科技创新服务平台建设等方面开展合作。

农旅养融合助推乡村振兴。孝感打破行政区划界限，对2887个行政村进行功能分类，规划建设北部生态休闲片区、中部养老养生体验片区、南部亲水休憩片区。重点建设卓尔桃花驿小镇、天紫湖中华敬老院、天屿湖国际休闲社区等10个养生养老创新示范基地；发展26个示范项目、62个特色镇村，形成花海、果香、林密、山幽、水秀的武汉城市圈共享大花园、农旅养融合发展的先行区，打造华中地区生态康养型旅游目的地。

市域融合促协调发展。区域协调发展，是高质量发展内在要求。孝感坚持全域规划，立足两个15年，编制城市发展空间规划；启动37个重点交通项目，打造“三横三纵三环六网”大交通体系，构建对接武汉、连通7个县市区的高速公路环线；高昂龙头，加快推动资源要素向中心城区集聚，将老城区、东城新区、高新区、临空经济区、孝南区两湖三镇连成一片、融为一体，完善提升城市功能品位；县域统筹，瞄准全省20个新的增长节点，支持汉川进入全国县域经济先进行列，支持孝南、云梦、应城、安陆建设全省新的县域增长点，支持大悟、孝昌加快建设山区经济强县。

“四大融合为全市招商引资和项目建设搭建了优质平台。”孝感市市长吴海涛说，通过紧盯武汉招商、推进军民融合招商、依托优势产业招商，孝感市上半年已引进各类项目156个，其中亿元以上项目117个，超百亿元项目6个，涉及装备制造、食品工业、科技环保、商贸物流、产城融合、农旅养融合等多个领域，夯实了高质量发展的底盘。

（来源:《经济日报》2018年8月19日）

武汉城市圈
埋了200多个“地眼”

时刻盯着地下波动提供地震预警
鄂产设备已广泛用于高铁核电站

记者　贺俊

至今无法预测的地震，让科学家们在预警上铆足了劲。

在咸宁，有一个为地球“把脉”的科技团队，他们研制出的地震监测及预警系统，在国内70%高铁线路和90%的核电站保驾护航，在武汉城市圈布下200多个台站紧盯地下波动。“哪怕只快几秒，也能保住更多的生命线。”昨日，记者探访武汉地震科学仪器研究院有限公司时，院长陈志高如是说。

7月25日中午，记者在咸宁观看了一场“模拟地震”。工作人员晃动烈度计，1秒后警报响起，大屏幕上显示，137千米外的荆门东宝区为“发震地点”，震级7.3，预估本地的烈度为6.3，倒计时显示10秒后地震波到达，提示做好避险准备。“一旦发生地震，传感器立刻反馈到系统平台上，平台估算出地震波大概在多久后到达本地，以便相关部门应急响应。”武汉地震科学仪器研究院有限公司总工程师夏界宁介绍，他们去年建成200多个烈度台并组网后，实现了武汉城市圈内的地震预警与烈度速报功能，部分区域台站间距甚至达到了15千米。“武汉城市圈不是地震高发期，但有潜在风险。”夏界宁说，比如1993年咸宁曾发生4.1级地震，与武汉直线距离100多千米的九江近几年多发地震。“像地铁、管道等一些城市生命线工程都很脆弱，受不了较大冲击，提前做好预警和疏散很有必要。”

目前，武汉城市圈的地震预警系统正在运行，曾监测到潜江、秭归等地震，为相关部门提供了数据支持。

（来源:《楚天都市报》2018年7月26日）

融合发展的步伐应越来越大

记者 赵峰 陈鹏

1月28日8时，汉孝大道全线通车，武汉至孝感仅需40分钟车程。好消息传来，孝感人兴奋不已。

2008年，湖北省提出“1+8”武汉城市圈概念，全力推动九城一体化协同发展。近年来，九座城市的政协轮流举办武汉城市圈主席论坛，为融合发展献计献策。长期关注武汉城市圈发展的戴杰群表示，京津冀和长株潭城市圈的发展可以为武汉城市圈提供成熟的经验和做法。

“首先要注重顶层设计，让九座城市都能错位发展和科学发展。其次要以项目为抓手，推动融合发展。还要注意公共服务均等化，注重软环境的建设。”戴杰群还提出，融合发展不仅指其他城市与武汉相融合，这些城市之间也需要融合，这一点常常被忽略，应做好顶层设计，赋予城市圈各城市相应的职能，突出特色，让城市圈形成合力，进而提升整体竞争力。

（来源:《湖北日报》2018年1月29日）

武汉旅游惠民
首次走进城市圈

记者 匡志达

武汉旅游景区年卡首次走出大武汉，将旅游惠民福利带入“1+8城市圈”。30日，长江日报记者从武汉、孝感旅游部门获悉，武汉景区旅游年卡实现“汉孝一卡通”，持卡游客可一卡畅游武汉、孝感等44家景区。

武汉景区旅游年卡是武汉第一张旅游年卡。2012年推出后，开创了“200元不限次数玩”的惠民旅游概念，让武汉市民花200元可以游遍21个景区。武汉景区旅游年卡公司数据显示，去年武汉景区旅游年卡发售35万张，占全市旅游年卡市场的七成以上。去年全市使用武汉景区旅游年卡进入各景区的游客达 200 多万人次，各景区汇总的门票费用达 1.2 亿元。这意味着仅仅在门票一项上，武汉市民就节约了 5000 多万元。

武汉旅游年卡惠民阵容也不断“扩军”，去年景区增至 40 个，今年孝感双峰山、天紫湖、金卉庄园、白兆山 4 家景区加入，游客同样是花 200 元，可玩的景区增至 44 家。

实现“汉孝一卡通”，是武汉旅游年卡惠民福利首次走进“1+8 城市圈”。武汉景区旅游年卡公司负责人介绍，年卡已通过主管部门批准，正在孝感布设网点发售。只要持孝感户口，或有在当地工作、就学证明者，都可以通过网点购卡。下一步旅游年卡还将走进周边更多城市，让更多群众享受旅游惠民福利。

（来源：《长江日报》2018 年 3 月 31 日）

“1+8”城市圈 54 家医院组建“卒中联盟”

记者　刘璇

如果能赶在脑中风的“黄金 3 小时”内接受溶栓治疗，将大大降低致残致死率。昨天，武汉“1+8”城市圈的 54 家医院抱团组建“武汉区域卒中专科联盟”，初步建成了“卒中 1 小时黄金救治时空圈”，现场同时发布了升级版的“武汉脑中风急救导航地图”。

联盟负责人、武汉市第一医院副院长陈国华介绍，武汉属于卒中高发区域，约有脑卒中患者 16.4 万人，每年新增 3.5 万余人，其中八成是缺血性脑卒中。

目前，对于缺血性脑卒中的治疗有两个最有效的治疗手段：一是静脉溶栓，二是动脉取栓。陈国华指出，这两种治疗必须由经过培训的专业人员操作，且在时间上有严格限制。静脉溶栓要求在 3—4.5 小时之内用上溶栓药，如果能在这个“黄金时间窗”内接受治疗，40% 的病人生活能够完全自理。对于大血管的病变，则需动脉取栓，时间窗为发病 6—8 小时以内。

遗憾的是，大部分患者发病后根本不知道哪家医院能够提供规范救治，错失了治疗时间；或是在不具备救治能力的医院，耽误了治疗。

陈国华表示，武汉市第一医院牵头省市及“1+8”城市圈 54 家医疗机构组建“武汉区域卒中专科联盟”，将建立统一规范的脑卒中临床诊疗标准，搭建覆盖“三级—二级——一级”的卒中分级诊疗救治网，让患者能在最短时间内被送到具备卒中救治能力的医院，最大限度挽救患者的生命，降低卒中致残率。

（来源：《武汉晚报》2018 年 2 月 11 日）

改革试验典型案例
壮丽 70 年·奋斗新时代

——重温嘱托看变化：鄂州峒山村十四块沉甸甸的金字招牌

2013 年，习近平总书记在鄂州峒山村视察时强调，要把广大农村建设成农民幸福生活的美好家园。牢记嘱托，湖北做好乡村振兴这篇大文章。六年来，峒山村乡亲们的口袋渐鼓，村集体收入也翻了一番。

9 月，是丰收的季节，在鄂州峒山村，黄伟的生态农业大棚里，蔬菜瓜果销售一空。工人们正在翻土，准备播下新一季的种子。而这片正在布置的，是留给养殖新品——蚂蟥的。

湖北忆乡源生态农业公司总经理黄伟：蚂蟥，喜欢水质比较好的地方，我们峒山村刚好在梁子湖的范畴内，水源就是取之不尽，我们半亩地要是养得好的话，基本上就是三万块钱的纯利润。

黄伟是在父亲黄明山的鼓励下，回乡创业，发展特色农业的。2013 年 7 月 22 号，黄明山和 5 位村代表，就在这个会议室里，和习近平总书记面对面交谈。习总书记对他们说，全面建成小康社会，难点在农村，农业现代化和新农村建设，两个方面要同步发展。

鄂州市长港镇峒山村老党员黄明山：总书记坐在我的右边，我就坐在他的左边，我就跟总书记说，我有一个孩子在外面打工，我争取叫他回来创业，他笑起来了，望着我笑起来了，总书记在会议结束时就说了几句话，峒山村是个好地方，山也有，水也有，要大有作为。

方向有了，发展就有动力。峒山村对全村的生态环境和种植种类做了一次摸排梳理，开始发展特色种养殖。

鄂州市长港镇峒山村村委会主任陈建军：我们牢记习总书记的嘱托，特色产业就要体现它的特色，改变以前常规的种养殖模式，像这一片莲花，现在的话，我们搞的虾莲共生，以前峒山这是一片湖区，依托自然资源优势，发展湘莲种植，再把湘莲里面套种小龙虾。

鄂州市长港镇峒山村村民陈学波：虾子大概一亩可以产 2000 元左右（价值），再就是湘莲可以有（卖）1000 多元，总体来说，比单一种水稻，要高 2 到 3 倍。

再看峒山，六年来，村里的虾莲共生养殖面积已经达到 3500 亩，400 多户村民参与进来；湘莲、葡萄、苗木等 14 个生态农业示范基地，实现了一二三产业融合发展，成为村里的金字招牌。现在，峒山村人均收入超过 18000 元，村集体经济收入也由 2013 年的 140 万元，提高到现在的 280 余万元。

（来源：湖北卫视《湖北新闻》2019 年 9 月 16 日）

责任编辑 刘家连

责任校对 代建和

统 计 资 料

2018 年武汉城市圈各市土地面积与行政区划统计表

土地面积与行政区划	计量单位	武汉市	黄石市	鄂州市	孝感市	黄冈市	咸宁市	仙桃市	潜江市	天门市
土地面积	平方公里	8569.15	4582.90	1596.46	8922.70	17457.20	10033.00	2538.00	2004.00	2622.00
建成区面积	平方公里	723.74		36.18		52.22			53.9	34.4
行政区划										
区（市、县）	个	13	6	3	7	11	6	1	1	1
乡政府	个	3	1	3	23	16	12			1
镇政府	个	1	27	18	72	99	52	15	15	21
街办事处	个	156	8	4	13	11	6	3	6	3
社区居委会	个	1377		62		294	171	65	106	94
村委会	个	1805	774	315	2635	3839	889	624	332	747

2018 年武汉市规模以上工业企业主要经济指标一览表

规模以上工业企业主要经济指标	本年（亿元）	比上年增长（±%）
企业单位数（个）	2651	
# 亏损企业数	405	16.0
全部从业人员年平均人数（万人）	70.20	–3.2
资产总计	14312.20	5.3
负债总计	8043.80	–2.0
营业收入	13984.50	3.3
其中：主营业务收入	13696.0	2.5
营业成本	11464.30	2.5
其中：主营业务成本	11184.30	1.9
利润总额	733.40	–1.9
利税总额	1784.60	–0.8
亏损企业亏损额	107.0	57.1

2018 年武汉城市圈各市国民经济和社会发展总量指标一览表

单位：亿元

指标	武汉市		黄石市		鄂州市		孝感市		黄冈市		咸宁市		仙桃市		潜江市		天门市	
	本年	比上年增长(±%)	本年	比上年增长(±%)	本年	比上年增长(±%)	本年	比上年增长(±%)	本年	比上年增长(±%)	本年	比上年增长(±%)	本年	比上年增长(±%)	本年	比上年增长(±%)	本年	比上年增长(±%)
一、生产总值	14847.29	8.0	1587.33	7.8	1005.30		1912.90	8.1	2035.20	7.2	1362.42	8.5	800.13	8.3	755.78	8.3	591.15	8.2
按产业分：																		
第一产业	362.00	2.9	95.64	2.9	94.15		287.13	3.0	376.10	2.8	186.88	2.9	86.92	3.0	75.29	3.0	80.44	2.8
第二产业	6377.75	5.7	929.54	8.3	523.70		925.58	8.3	832.04	7.7	662.83	8.8	413.25	8.3	398.09	8.1	302.85	8.2
第三产业	8107.54	10.1	562.15	8.0	387.45		700.19	10.1	827.06	9.1	512.71	10.6	299.96	10.5	282.40	10.2	207.86	10.7
按行业分：																		
农林牧渔业	380.45	3.2	99.43	1.01	94.15		302.55	3.4	397.77	3.3	335.55		89.61	3.3	79.47	3.4	140.76	3.3
工业	5076.21	5.9	539.87	4.65	464.22		818.40	8.5	635.62	7.4	590.37	8.5	369.51	8.4	396.55	7.9	894.28	8.0
建筑业	1312.71	5.2			59.48		107.18	7.1	196.42	8.8	73.05	11.6	43.74	7.7	41.20	9.3	121.01	20.01
批发和零售业	1205.95	6.1			82.86		133.07	8.4	113.46	9.0	86.37	7.8	67.3	7	41.48	11.0	7.3	
交通运输、仓储和邮政业	591.22	5.6			51.25		55.07	9.6	38.06	7.7	41.71	4.5	22.38	1.9	18.65	7.8	37.2	
住宿和餐饮业	442.89	5.8			22.92		45.53	9.1	55.26	8.7	34.36	6.7	25.09	8.2	28.56	7.6	6.1	
金融业	1233.30	7.8			17.67		52.62	7.8	112.51	5.9	25.52	4.9	17.03	2.6	15.08	8.2	6.6	
房地产业	974.25	5.7			20.04		70.33	6.1	84.95	6.7	36.96	10.5	41.62	4.9	30.22	10.5	7.1	
其他服务业	3630.31	15.1			189.64				401.15	10.4	276.71	13.4	123.85	18.9	104.57	12.7	21.7	
二、比重（%）																		
第一产业	2.4		5.9		9.4		15.0				13.7		10.86		10.0	0.9	13.6	
第二产业	43.0		51.0		52.1		48.4				48.7		51.65		52.6	0.4	51.2	
#工业	34.2						42.78						46.18		52.4	0.4		
第三产业	54.6		43.1		38.5		36.6				37.6		37.49		37.4	0.7	35.2	

2018 年武汉城市圈各市人口构成与变动情况统计表

计量单位：万人

人口		常住总人口	户籍总人口	男	女	农业人口	非农业人口	出生人口	死亡人口	出生率（‰）	死亡率（‰）	自然增长率（‰）
武汉市	本年	1108.1	883.73	450.08	433.65	236.8	646.93	11.94	4.79	13.74	5.51	8.23
	比上年增长（±%）	1.7	3.5	3.4	3.7	1.1	4.5	9.1	51.1	11.8	52.6	107.8
黄石市	本年	247.07				90.7	156.37					6.21
	比上年增长（±%）	0.01				1.07	0.64					19.14
鄂州市	本年	107.77	111.38	58.63	52.75	36.74	71.03	1.21	0.63	11.27	5.86	5.41
	比上年增长（±%）	0.96										
孝感市	本年	492	517.54	无数据	无数据	234.3	283.24	5.68	2.46	10.96	4.75	6.21
	比上年增长（±%）	1.1										
黄冈市	本年	633	740.64			586.9	153.74			11.01	5.24	5.61
	比上年增长（±%）											
咸宁市	本年	254.33	305.14	159.92	145.22			4.61	1.22	15.14	4.01	11.13
	比上年增长（±%）											
仙桃市	本年	114	154.3	82.52	71.77			1.6406	0.4666	10.63	3.02	7.6
	比上年增长（±%）	-0.1	-0.1		-0.2			14.9	82.3			
潜江市	本年	96.6	100.85	51.19	49.66	57.41	43.44	0.92	0.63	9.12	6.27	2.85
	比上年增长（±%）	0.21	0.21	0.2	0.2	4.6	0.7	20.7	64.5	10.5	3.8	31.5
天门市	本年	127.23	160.92	85.99	74.93	58.27	68.96	1.57	1	11.54	7	3.33
	比上年增长（±%）	1	1.49									

2018 年武汉市规模以上工业产品产量一览表

工业产品名称	计量单位	本年	比上年增长（±%）
生铁	万吨	1572.61	1.2
钢材	万吨	1744.86	3.0
汽车	万辆	170.52	-10.1
#轿车	万辆	99.73	-12.5
卷烟	万箱	255.17	0.8
原油加工量	万吨	801.85	1.2
发电量	亿千瓦时	254.64	11.1
机制纸及纸板	万吨	59.02	-10.9
房间空气调节器	万台	1842.86	5.5
纱	万吨	3.92	-0.2
布	万米	5478.99	-0.3

续表

工业产品名称	计量单位	本年	比上年增长（±%）
服装	万件	8924.75	-12.6
饮料	万吨	390.71	6.7
显示器	万台	1167.97	9.2
化学药品原药	吨	19136	7.9
乙烯	万吨	88.40	2.0
光缆	万芯千米	6739.29	0.6
水泥	万吨	1031.23	-1.6
手机	万台	3771.07	-9.8
电子计算机整机	万台	1111.45	-13.7

2018 年黄石市规模以上主要工业产品产量一览表

工业产品名称	单位	2018 年	比上年增长（±%）
铁矿石（原矿）	万吨	622.79	-7.9
钢	万吨	484.27	12.0
成品钢材	万吨	640.15	2.4
锻压设备	台	809	1.4
无缝钢管	万吨	90.93	1.8
精炼铜	万吨	50.71	4.9
铝材	万吨	60.32	17.5
纱	万吨	0.90	-13.0
服装	万套	3712.40	5.6
饮料酒	万千升	40.70	10.6
印制电路板	万平方米	251.27	213.7
制冷压缩机	万台	3841.74	35.6

2018 年黄石市规模以上工业产值一览表

行业类别	比上年增长（±%）	行业类别	比上年增长（±%）
总产值	12.41	#黑色金属矿采选业	1.4
#国有企业	68.42	有色金属矿采选业	9.4
股份制企业	10.00	非金属矿采选业	5.2
外商及港澳台商投资企业	23.51	制造业	13.1
#国有及国有控股企业	9.00	#食品、饮料制造业	7.8
非公有工业	13.27	纺织、服装、鞋帽制造业	3.8
#大中型工业企业	13.56	化学原料及化学制品制造业	2.7
采矿业	4.3	医药制造业	24.1

续表

行业类别	比上年增长（±%）	行业类别	比上年增长（±%）
非金属矿物制品业	12.7	通用设备制造业	17.2
黑色金属冶炼及压延加工业	17.9	专用设备制造业	5.9
有色金属冶炼及压延加工业	5.8	铁路、船舶、航空航天和其他运输设备制造业	2.5
金属制品业	9.5	电力、热力燃气及水的生产和供应业	17.8

2018 年鄂州市主要工业品产量一览表

工业产品名称	计量单位	2017 年	2018 年	工业产品名称	计量单位	2017 年	2018 年
纱	万吨	15.07	16.35	商品混凝土	万立方米	74.06	340.93
服装	万件	7177.5	2075.67	预应力混凝土桩	万米	342.15	163.24
化学药品原药	万吨	0.19	0.15	耐火材料制品	万吨	37.10	15.70
中成药	万吨	0.11	0.15	生铁	万吨	389.15	414.72
塑料制品	万吨	27.39	25.38	粗钢	万吨	567.07	564.56
硅酸盐水泥熟料	万吨	224.10	155.13	铸钢件	万吨	18.91	14.81
水泥	万吨	945.47	877.69	钢材	万吨	575.56	548.78

2018 孝感市主要工业产品产量一览表

主要产品	单位	产量	比上年增长(±%)	主要产品	单位	产量	比上年增长(±%)
原盐	万吨	399.10	-5.1	中成药	万吨	4.40	2.3
软饮料	万吨	57.30	-10.9	水泥	万吨	231	12.7
纱	万吨	68.20	6.4	钢丝	万吨	5.20	-14.8
服装	万件	9271.20	4.4	钢丝绳	万吨	1.80	38.5
机制纸及纸板	万吨	3.30	-5.7	钢绞线	万吨	2.90	38.1
纯碱	万吨	137.50	-11.6	通信及电子网络用电缆	万对千米	39.80	9.6
合成氨（无水氨）	万吨	25.80	-7.5	光缆	万芯千米	4.60	-19.3
化肥	万吨	108.90	-5.7	灯具及照明装置	万套(台、个)	301.90	57.0
涂料	万吨	2.40	0.0	发电量	亿千瓦时	191.50	19.0

2018 年咸宁市主要工业产品产量一览表

产品名称	单位	2017 年	2018 年
水泥	万吨	642.00	663.00
纱	万吨	16.30	6.20
钢材	万吨	262.80	310.60
软饮料	万吨	47.50	47.00
精制茶	万吨	1.40	1.30
服装	万件	5343.70	4810.00

续表

产品名称	单位	2017 年	2018 年
大理石板材	万平方米	300.70	338.10
化学纤维	万吨	0.30	0.30
电子元件	亿只	7.20	1.30
电动机	万千瓦	46.40	47.10
变压器	万千伏安	146.60	132.80

2018 年武汉市农林牧渔业总产值及构成一览表

农林牧渔业总产值及构成	单位	2018 年	2017 年	比上年增长（±%）
农林牧渔业总产值（亿元）	亿元	619.73	611.84	3.3
#农业	亿元	392.46	384.48	3.4
#林业	亿元	11.66	10.70	7.7
#牧业	亿元	66.87	73.24	-0.4
#渔业	亿元	103.28	103.32	1.3
#服务业	亿元	45.46	40.10	12.1
农林牧渔业总产值构成（%）				
#农业	%	63.3	62.8	
#林业	%	1.9	1.7	
#牧业	%	10.8	12.0	
#渔业	%	16.7	16.9	
#服务业	%	7.3	6.6	

2018 年武汉城市圈各市全社会固定资产投资增速情况统计表

计量单位：比上年增长（±%）

固定资产投资	武汉市	黄石市	鄂州市	孝感市	黄冈市	咸宁市	仙桃市	潜江市	天门市
固定资产投资（不含农户）	10.6	11.1	10.8	11.4	11.0	11.3	11.9	11.3	427.92
#工业	12.1	19.3						14.6	10.1
#房地产	3.5	-4.6	25.6	3.5		5.0	10.7		137.3
民间投资	11.8	13.0							
按产业分									
第一产业	-35.6	-3.2	13.0	-34.3		-16.5	2.8	20.9	-33.3
第二产业	12.1	12.3	6.6	17.2		17.8	19.8	14.6	8.9
第三产业	10.4	11.0	12.8	13.2		9.1	1.9	6.0	21.4
按构成分									
建筑安装工程	11.6					18.6			
设备工器具购置	3.2					-4.0			
其他费用	10.8					-18.2			

2018 年武汉城市圈各市主要农产品产量统计表

主要农产品产量	计量单位	武汉市		黄石市		鄂州市		孝感市		黄冈市		咸宁市		仙桃市		潜江市		天门市	
		本年	比上年增长（±%）	本年	比上年增长（±%）	本年	比上年增长（±%）	本年	比上年增长（±%）	本年	比上年增长（±%）	本年	比上年增长（±%）	本年	比上年增长（±%）	本年	比上年增长（±%）	本年	比上年增长（±%）
粮食	万吨	94.14	0.7	57.28	0.5	27.11		242.77	0.6			123.87		73.51	0.03	62.99	1.1	85.70	
#小麦	万吨	—	—	2.14	1.2	1.87		23.22				1.78		7.26	−8.5	8.49	17.8		
玉米	万吨	—	—	2.91	7.1	0.82		4.91						6.09	−27	1.02	13.5		
棉花	吨	1.17	8.4	3908	14.1	0.51		9400	28.4			0.40		10100	−35	0.19	17.4	10400	
油料	万吨	13.36	2.6	10.46	4.4	4.28		22.31				15.94		11.85	0.27	4.98	7.1	1.04 万	
麻类	吨	2.00	33.3	0.11	3.8	—		44				0.58				0.23	64.2		
糖料	万吨	1.98	18.1	—	—	0.67		1.83				7.46		3.2481	0.87	0.35	16.6		
蔬菜	万吨	766.84	3.8	67.48	4.2	103.45		412.01	3.9			243.26		52.99	1.91	92.88	6.0	81.94	
果用瓜	万吨	55.15	0.7			6.55		32.40				23.18		9.79	0.7	7.69	6.6		
茶叶产量	万吨	0.26	11.7	1008	3.6	—		0.82				5.48	8.6			无数据			
水果产量	万吨	12.85	14.2	6.05	6.4	16.24		15.70				8.67		1.63	4.76	6.26	5.2	1.65	6.5
生猪出栏	万头	246.57	2.0	100.97	1.8	96.2	16.8	298.3	2.2			226.48	1.3	91.51	−4.6	90.7	2.1	102.9	2.0
牛出栏	万头	2.33	7.7			1.0	48.7	7.57	0.6			1.36		0.69	−49	1.49	1.4	1.4	
羊出栏	万只	3.71	1.9			1.32	1.2	19.87				15.80		0.47		1.8	1.1	0.9	
家禽出笼	万只	3820.34	2.3	2006.71	1.1	1072.69	10.7	8555.3	4.0			2824.5	4.7	631.23	0.12	1136	9.5	876.64	1.8
禽蛋产量	万吨	9.03	3.0			3.97	14.5	24.17	3.4			4.47		1.73	−58	2.71	1.5	3.6	
牛奶产量	万吨	0.95	59.3			—						21				无数据			
水产品产量	万吨	44.31	1.5			29.83		40.13	0.3			21.00	1.8	29.02	1.74	12.95	5.0	11.68	6.6
小龙虾	万吨													1.79	44.4	9.27	14.3		

2018 年武汉城市圈各市全社会固定资产投资增速情况统计表

计量单位：比上年增长（±%）

固定资产投资	武汉市	黄石市	鄂州市	孝感市	黄冈市	咸宁市	仙桃市	潜江市	天门市
固定资产投资（不含农户）	10.6	11.1	10.8	11.4	11.0	11.3	11.9	11.3	427.92
#工业	12.1	19.3				20.9	19.7	14.6	10.1
#房地产	3.5	4.6	25.6	3.5		5.0	10.7	10.5	137.3
#民间投资	11.8	13.0				18.8	21.9	3.7	
按产业分			44,459	18,176	26,283	15,684	3,425	5,565	1,609
第一产业	35.6	3.2	13.0	34.3		16.5	2.8	20.9	33.3
第二产业	12.1	12.3	6.6	17.2		17.8	19.8	14.6	8.9
第三产业	10.4	11.0	12.8	13.2		9.1	1.9	6.0	21.4
按构成分			11,018	2,189	8,829	8,774		55	
建筑安装工程	11.6					18.6	—	11.7	
设备工器具购置	3.2					4.0	—	1.2	
其他费用	10.8					18.2	—	46.2	

2018 年武汉城市圈各市财政收支情况统计表

计量单位：亿元

财政收入		一般公共预算总收入	#地方一般公共预算收入	#税收收入	#增值税	企业所得税	个人所得税	公共财政税收总收入	一般公共预算总支出
武汉市	本年	2900.24	1528.7	1294.21	468.02	251.36	85.12	2664.68	
	比上年增长（±%）	9.3	11	9.8	7.3	12.5	10.7	8.7	
黄石市	本年		117.02	82.03	35.33	12.75		183.94	336.96
	比上年增长（±%）		5.3	11.2	13.6	9.49		7.3	10.4
鄂州市	本年	57.93							122.55
	比上年增长（±%）	9.3							
孝感市	本年	130.19	25.36	95.61	26.78	8.16	3.97	203.28	318.86
	比上年增长（±%）	11.3	12.5	13.8	12.6	2.1	10.2	9.2	7.6
黄冈市	本年	139.24						214.32	482.63
	比上年增长（±%）	8.6	9.5						6.2
咸宁市	本年	139.49	91.32	62.17	27.71	7.5	2.74		247.67
	比上年增长（±%）	7.7	4.1	14.7	21.9	5.3	25.3		9.1
仙桃市	本年	51.41	33.35	27.3	10.3	2.92	1.03	51.41	90.67
	比上年增长（±%）	9.5	11.9	10.2	8.6	3.7	8.4	9.5	14.9
潜江市	本年	77.66	25.84	18.68	7.83	1.66	0.92	38.58	70.1
	比上年增长（±%）	41.9	9.6	13.8	1.2	12.6	31.6	3	13.5
天门市	本年	51.41	33.35	27.3	10.3	2.92	1.03	51.41	90.67
	比上年增长（±%）	9.5	11.9	10.2	8.6	-3.7	8.4	9.5	14.9

2018 年武汉城市圈各市社会消费品零售总额统计表

计量单位：亿元

	社会消费品零售总额	社会消费品零售总额	# 限额以上	一、按经营单位所在地分			二、按商品形态分	
				城镇	其中：城区	乡村	餐饮收入	商品零售
武汉市	本年	6843.9	3767.64	6394.76	6055.89	449.14	647.81	6196.09
	比上年增长（±%）	10.5	6.1	10	10.1	17.6	10.7	10.4
黄石市	本年	803.27					95.67	216.59
	比上年增长（±%）	11.1					9.6	14.6
鄂州市	本年	379.04	221.53	343.41		35.63	35.34	343.7
	比上年增长（±%）	12.5	34.4	12.8		10.3	8.7	12.9
孝感市	本年	1085.47		821.59	636.24	263.88	165.36	821.59
	比上年增长（±%）	11.5		11.3	11.2	12.2	12.4	11.4
黄冈市	本年	1205.05						
	比上年增长（±%）	11.3						
咸宁市	本年	556.18	225.43		374.94	181.24	106.67	449.51
	比上年增长（±%）	11.9	14.7		11.9	11.8	12.3	69.7
仙桃市	本年	373.15	197.34	242.53		13.06	3.49	151.99
	比上年增长（±%）	12.2	14	12.1		12.4	35	12.1
潜江市	本年	260.11	41.27	202.06	202.06	58.05	29.97	195.19
	比上年增长（±%）	12	16.4	11.9	11.9	12.3	12.6	11.7
天门市	本年	359.55					37.73	341.98
	比上年增长（±%）	11.6						

2018 年武汉城市圈各市物价指数统计表

（上年 =100）

物价指数		居民消费价格指数	# 食品烟酒	# 衣着	# 居住	# 生活用品及服务	# 交通和通信	# 教育文化和娱乐	# 医疗保健	# 其他用品和服务	商品零售价格指数
武汉市	本年	101.9	101.9	101.7	102	102.1	102.2	101.1	103	100.4	101.4
	上一年	101.9	99.5	100.9	101.4	100.4	101.3	99.9	119.3	102	100.1
黄石市	本年	102.6	101.1	101.8	103.2	100.9	102.2	102.2	109.6	102.7	—
	上一年										—
鄂州市	本年	101.8	101.1	99.9	102.7	101	102.2	100.9	105.2		100.8
	上一年	101.9	100.3	100.9	102.3	101.1	101.4	100.6	112.5		100.8
孝感市	本年	101.6	101.4	97.3	103.4	99.5	101.5	101.5	105.9	98.5	99.7
	上一年										

续表

物价指数		居民消费价格指数	# 食品烟酒	# 衣着	# 居住	# 生活用品及服务	# 交通和通信	# 教育文化和娱乐	# 医疗保健	# 其他用品和服务	商品零售价格指数
黄冈市	本年										101.3
	上一年										
咸宁市	本年	102.7	102.8	100.7	104.8	102.3	102.1	101.5	103.4	98.2	103
	上一年	101.5									102.2
仙桃市	本年										
	上一年										
潜江市	本年										
	上一年										
天门市	本年	101.8									
	上一年	101.5									101.3

2018 年武汉城市圈各市卫生事业机构和人员情况统计表

指标	单位	武汉市	黄石市	鄂州市	孝感市	黄冈市	咸宁市	仙桃市	潜江市	天门市
卫生机构数	个	6340	1265	500	405	4167	1340	1057	734	1032
床位数	张	95257	–	6056	24800	37272	14657	8068	4330	6411
医院病床数	张	81745	16445	4364	16300	–	–	6326	–	4221
平均每千人拥有床位数	张	7.37	–	–	5.05	–	5.76	5.5	4.49	–
卫生人员数	人	109282	18986	6470	25600	33036	22070	6320	–	–
# 执业医生和助理执业医师	人	39602	5971	2219	9300	12776	6917	2736	2155	6204
# 注册护士	人	54460	9414	3063	11200	14279	7817	2826	2603	2549
平均每千人拥有医生数	人	3.57	–	–	–	–	6.94	2.45	2.23	–
甲乙类法定传染病报告发病率	人 /10 万人	186.17	–	–	–	–	–	–	–	–
公民无偿献血人数	万人次	22.40	–	–	–	–	–	0.74	–	–
居民人均预期寿命	岁	81.09	–	–	–	–	–	78.68	–	–

2018 年度武汉市竞技体育贡献奖（最佳）成绩汇总表

序号	运动员	单位（项目）	比赛名称	比赛项目	名次
1	艾衍含	市少儿体校	2018 年国际泳联短池游泳世界锦标赛	女子游泳 4×200 米自由泳接力	第一名
2	陈　洁	市少儿体校	2018 年雅加达亚运会游泳比赛	女子 100 米仰泳	第三名
3	薛　飞	市二桥训练基地	2018 年雅加达亚运会乒乓球比赛	男子团体	第一名
4	王　霜	“武汉车都”江大女足俱乐部	2018 年雅加达亚运会女子足球比赛	女子足球	第二名
5	吴海燕	“武汉车都”江大女足俱乐部	2018 年雅加达亚运会女子足球比赛	女子足球	第二名
6	林宇萍	“武汉车都”江大女足俱乐部	2018 年雅加达亚运会女子足球比赛	女子足球	第二名
			教练员		
1	靳　钢	市少儿体校	2018 年国际泳联短池游泳世界锦标赛	女子游泳 4×200 米自由泳接力	第一名
2	林正琦	市少儿体校	2018 年雅加达亚运会游泳比赛	女子 100 米仰泳	第三名

续表

序号	运动员	单位（项目）	比赛名称	比赛项目	名次
3	沈博林	市二桥训练基地	2018年雅加达亚运会乒乓球比赛	男子团体	第一名
4	刘　麟	“武汉车都”江大女足俱乐部	2018年雅加达亚运会女子足球比赛	女子足球	第二名
运动队					
1	足球队	武汉卓尔俱乐部	2018年中国足协男子足球甲级联赛	男子足球	第一名
其他荣誉					
1	王　霜	“武汉车都”江大女足俱乐部	1. 荣获2018年亚洲足球小姐； 2. 荣获2018年中国女子金球奖； 3. 荣获新华社评选的“2018年中国十佳运动员”； 4. 被评选为杭州亚运会形象大使。		
2	刘　麟	“武汉车都”江大女足俱乐部	2018年雅加达亚运会女子足球比赛		

2018年武汉市园林和林业主要数据统计表

类　别	项　目　名　称	计量单位	2017年	2018年
园林绿化	建成区绿化覆盖面积	公顷	24036.75	24791.47
	建成区绿化覆盖	%	39.55	39.47
	建成区绿化面积	公顷	20947.31	22408.23
	建成区绿地率	%	34.47	35.68
	建成区公园绿地面积	公顷	8355.36	8819.29
	人均公园绿地面积	平方米/人	10.91	9.61
	城市公园	个	77	81
	#免费开放公园	个	7	79
	公园游人量	万人次	9650	10497.6
	绿道	千米	1435.6	1573.23
森林资源	林地面积	平方千米	1516.93	1500.07
	森林面积	平方千米	122.2	1238.33
	森林覆盖率二类调查值	%	22.88	22.88
	森林覆盖率动态监测值	%	15.02	15.22
	森林蓄积量（动态监测值）	平方千米	556.55	577.93
	生态公益面积	平方千米	601.53	599.47
	山体保护名录	个	446	446
	山体本体线面积	平方千米	527.6	527.6
	山体保护线面积	平方千米	767.5	767.5
湿地资源	湿地面积	平方千米	1624.61	1624.61
	湖泊数量	个	166	166
	湖泊蓝线面积	平方千米	867	867
	湖泊绿线面积	平方千米	730	730
野生动物保护	国家一级保护	种	10	10
	国家二级保护	种	28	28

续表

类　别	项　目　名　称	计量单位	2017 年	2018 年
植物保护	古树名木保护	株	1282	1282
	#一级古树名木	株	54	54
	#二级古树名木	株	257	257
	#三级古树名木	株	971	971

2018 年武汉城市圈各市主要经济指标统计表

经济指数		武汉市	黄石市	鄂州市	孝感市	黄冈市	咸宁市	仙桃市	潜江市	天门市
生产总值	（亿元）	14847.29	1587.33	1005.3	1912.9	2035.2	1362.42	800.13	755.78	591.15
	比上年增长（±%）	8	7.8	8.2	8.1	7.2	8.5	8.3	8.3	8.2
#第一产业	（亿元）	362.00	95.64	94.15	287.13	376.1	186.88	86.92	75.29	80.44
	比上年增长（±%）	2.9	2.9	13	3	2.8	2.9	3	3	2.8
#第二产业	（亿元）	6377.75	929.54	523.7	925.58	832.04	662.83	413.25	398.09	302.85
	比上年增长（±%）	5.7	8.3	6.6	8.3	7.7	8.8	8.3	8.1	8.2
#第三产业	（亿元）	8107.54	562.15	387.45	700.19	827.06	512.71	299.96	282.4	207.86
	比上年增长（±%）	10.1	8	12.8	10.1	9.1	10.6	10.5	10.2	10.7
固定资产投资	（亿元）								480.4	427.92
	比上年增长（±%）	10.6	11.1	10.8	11.4	11	11.3	119	11.3	11.3
外商直接投资	（亿美元）	109.27			3.5	0.54	0.4	0.88	0.08	0.005
	比上年增长（±%）	13.3			11	29.9		38.5		
地方一般公共预算收入	（亿元）	1528.7	117.02	57.93	130.19	139.24	91.32	33.35	25.84	20.4
	比上年增长（±%）	11	5.3	9.3	11.3	9.5	4.1	11.9	9.6	12.3
农村常住居民人均可支配收入	（元）	22652	15125	17609	15988	13238	15116	18177	17797	16598
	比上年增长（±%）	8.5	8.3		8.4	9.26		8.6	8.5	8
城镇常住居民人均可支配收入	（元）	47359	35327	31742	32685	28978	30337	31672	31574	28825
	比上年增长（±%）	9.1	8.6		8	7.79		8.22	7.8	8
规模以上工业增加值	（亿元）		1940.3		729.59	451.83			226.27	267.31
	比上年增长（±%）	5.7	13.7		8.7	7.3	8.5	8.4	7.9	8
社会消费品零售总额	（亿元）	6843.9	803.27	379.04	1085.47	1205.05	556.18	373.15	260.11	359.55
	比上年增长（±%）	10.5	11.1	12.5	11.5	11.3		12.2	12	11.6

责任编辑　刘家连
责任校对　代建和

索　引

说　明

一、本索引采用主题分析索引法，按主题词首字汉语拼音（同音字按声调）顺序排列；首字相同的按第二字音序排列，依此类推。

二、主题词后的阿拉伯数字表示内容所在页码及参见页码，数字后的拉丁字母（a、b、c）表示该页码从左至右的栏别。

三、大事记、附录只索引到分目标题，特载和文件选辑中的重要文件、文章选录只索引到文章标题，统计资料只索引到表格名称。

四、为便于读者检索，使索引主题词更精炼，除易产生歧义的外，主题词多省略“武汉城市圈”或“城市圈”以及城市圈各城市名称。

0–9

“1+8”城市圈　281a
“333”高层次创新创业人才团队　211c
5G试点与云计算　40a

A

安陆经济开发区　140c
安陆粮机产业　98b

B

八大主导产业产值统计表　94bc
保障性住房管理　166c　167a
保障性住房建设　166c　167a
碧水净土攻坚战　200b
滨水生态绿城　168a

C

长江大保护十大标志性战役　45c
长江鱼类　74b
长江主轴　150c
长江主轴建设　150c
财政收支情况统计表　289
财政体制　54c　56c　59c
“菜篮子”工程　72c　83c
“厕所革命”　179c
产业布局　13b
产业发展　80a
产业升级项目　42a
长株潭城市群 272a
成都都市圈　275
城管执法体制　57c
城建重点工程　151b
城市发展　155c
城市公共交通服务业　107a
城市黑臭水体整治　46c
城市建设转型　153a
城市交通　150a
城市圈论坛　272a
城市群相关数据　275
城市生活污水　170c
城市主要经济指标　293
城市综合管廊　151c
城乡规划　155c　159a　160a　160b　161b
城乡居民生活　255b
城乡居民收入　255b　257b　258a　258c　259a　260a　260b
城乡居民消费　255b　258a　259a　260a　260b
城乡商贸物流　121b
城乡一体化　68a

赤壁高新技术产业园区　143a
崇阳经济开发区　148b
畜牧业　73c　82a　84a
船舶工业　91b
春风行动　32c
磁湖南岸生态修复工程　45b
“卒中联盟”　281a
村镇建设　174b　176b　178a
179a

D

大别山世界地质公园　185a
大气污染防治　192c
大气污染精准防治　198a
大气污染治理　200a
大悟经济开发区　141b
大冶湖高新区　129bc　130b
130bc　131ab　132
大冶湖高新区各村基本情况一览表
131ab
大冶湖高新区各社区基本情况一览
表　132
大冶湖高新区主要经济社会指标一
览表　129bc　130b
大垸子泵站　41c
大众创业万众创新　214a
“当代之城”　157a
党的建设制度　48a　50b　52c
党建体制　50a
“地眼”　280a
第 18 届华侨华人创业发展洽谈会
30b
第二届中国（黄石）地矿科普大会
32a
第二届中国（武汉）智能制造大会
92c
电子商务　105a　111a　112c
东风日产　42c
东湖高新区　278b
对外开放领域　54a
对外贸易　112b　114c

E

鄂城钢铁有限公司　96c
鄂州国际半程马拉松赛　33a
鄂州国际物流核心枢纽项目　43b
鄂州经济开发区　139
鄂州市　18b　32a　32b　32c
41a　45c　50a　56a　64b
64c　76b　76c　77　78　95c
96ab　110c　110b　111a
111bc　111ab　112a　112ab
139c　152c　158c　164c　164
170c　175c　176a　182a
182b　182c　189a　189b
196b　197b　197c　211b
211c　221a　221b　221ab
230c　231a　231b　231bc
241b　242a　252a　258a
262c　263a　263b　268b　286
鄂州市第八届人民代表大会第二
次会议　32b
鄂州市人民政府常务会议　32b

F

法制体制　47a
防汛抗旱　168a　171a
房产管理　162b
房产建设基本情况表　167ab
房地产开发　161c　164b　164c
165b　165c　166b　167b
“放管服”体制　47b
非物质文化遗产保护　233c
服务业　112a

G

GDP 地耗率考核　183c
改革试验典型案例　281c
钢铁工业　91c
高标准基本农田　181a
高新技术产业　133c　135a　136a
143a　145a　207a　210c　211c
212c　213ab　213c　215ab
215bc
高新技术产业产值　207a　210c
高新技术产业开发区　133c　135a
136a
高新技术产业园　143a　145a
高新技术科研成果　211b
高新技术企业　207b　215a
高新技术企业产值　215a
高新技术企业培育　207b
高新技术增加值　211b
葛店经济技术开发区　133a
耕地保护　180c　182a　182b
183b　184c　186b
耕地占补平衡　185c　186a
工程建设项目审批制度　150b
工业　59c　89c　90ab　90c　91b
91c　92a　93a　93c　94c　95c
96ab　96c　97a　97b　99b
99c　100ab　100b　100c　101bc
101a　102a　102c　103a　103c
103ab　104ab　145c　149b　283
284　285　286
工业骨干企业　90c
工业和建筑业　89c
工业经济　96c
工业企业主要经济指标统计表
104ab
工业提质增效　103a
工业体制　59c

工业园　145c　149b
工业重点产业　90c
工业主要经济指标统计表　90ab
工业转型　99c　103c
公办福利院　257a
公共服务　13b
公共文化　227c
公共文化服务　230a　232a　236c
公共文化建设　227c
公积金管理　167a
公路里程统计表　111ab
公路运输工具分类统计表　111bc
供地率考核　183c
供销商业　119c
供血工作　243c
光谷黄冈科技产业园　278b
光谷火车站　278c
光谷生物城　42c
光谷有轨电车　40a
广播电视　229c　230c　232c　234a　234c　236a　237b
广播电视产业　229c
广播影视　229b
规划编制　155c
规划修编　158c
规模以上工业产品产量　284
规模以上工业产值　285
规模以上工业企业基本情况统计表　103ab
规模以上工业企业基本统计表　100ab　101bc
规模以上工业企业经济统计表　103ab
规模以上工业企业生产经营统计表　96ab
规模以上工业企业主要经济指标　283
规模以上主要工业产品产量　285
国际市场　109b
国际温泉文化旅游节　36c
国际友好城市大会　30a
国家高新技术产业开发区　133c　137a
国家级开发区　123a
国家知识产权运营服务体系建设试点城市　210a
国家制造业创新中心　207b
国民经济　13c　14bc　16c　18b　20a　21b　23a　24c　26b　27c
国民经济主要指标　14bc
国土规划管理　180b　181c　182a　183a　184b　185a　186b
国土空间开发　180a
国有企业　57b
果茶生产　73c

H

海绵城市　45a　152b
汉川经济开发区　140b
杭州都市圈　275
河湖长制　168c
河流湖泊整治　170c
河流水质状况　204ab
湖北（鄂州）国际物流核心枢纽项目　43b
湖北省第十五届运动会　250c
湖北体操六十周年　37c
湖北武汉国际养老产业博览会　42b
湖泊保护　173a　174a
湖泊和湿地生态保护　203b
湖泊生态保护　203b
湖泊专项调查水质监测结果一览表　204bc
湖泊综合治理　172a
花湖经济开发区　140a
华新水泥“百年复兴基地”项目　43a
环境保护　189b　192b　196a　199c　200a　201c
环境风险防控　198c
环境空气质量表　205ab
环境问题整改　197b
环境污染防治　201b　202a　205a
环境污染综合整治　202a
环境质量　196a　201b　203c
黄冈白潭湖片区　147c
黄冈高新技术产业开发区　135a
黄冈市　21b　22ab　34b　34c　35a　35b　45c　50c　51a　56c　57a　57b　57c　65c　66a　66b　83b　83c　84ab　84a　84b　84c　99b　99c　100ab　100b　114c　115a　115b　115c　116b　147　153c　160a　165c　172a　177c　184b　184c　190a　190b　198c　199a　199b　199c　212c　213a　213c　213ab　222c　223a　223b　223c　223ab　233a　233b　233c　234a　244ac　244a　244c　253a　253b　258c　264a　264b　264c　269c　278b
黄冈市第五届人民代表大会第三次会议　34b
黄冈市人民政府五届二十六次常务会议　34c
黄石经济技术开发区　128a
黄石市　16c　30c　31a　31b　31c　45b　48c　49a　49b　54c　55a　55c　63c　64a　74c　75ab　75b　75c　76b　93c　94bc　94c　95a　109a　109b　109c　110a　145　152b　158b　164b　164c　170c　175c　181c　182a　188b　188c　195c　196a　210c　211a　211b　219c　220bc　220a　220b　230a

230b 240 240b 240c 250c 251a 251b 257b 257c 261c 262a 262b 268a 285
黄石市第十四届人民代表大会第三次会议 31a
黄石市人民政府第七十二次常务会议 31b
黄石新港（物流）工业园 145c
黄石新港二期项目 41a
黄州火车站经济开发区 142a

J

基层卫生服务体系 243a
基层卫生体制 238a
基础教育统计表 220bc 221ab 227ab
基础设施 12b 39c 153c 218a 220a 224b 226b 233a 235a 247a 248a
基础设施项目 39c
疾病预防控制 239b 242a 243a 248b
计划生育 239c 242a 242c 244c 245b 246a 247b 248c
计划生育管理 244c
纪检监察机制 52b
纪检监察体制 50c
纪念李时珍 35a
嘉鱼经济开发区 149a
价格指数 258c
监察体制 49a 50c 51c
建筑行业 93b
建筑节能 95a
建筑立面整治 156a
建筑业 89c 95a 99a 99c 100c 103c
建筑质量安全管理 101a
健鼎电子二期项目 44a
健康鄂州 241c
健康扶贫 66c 240b 242a
健康管理 245b 248a
江汉平原货运铁路 39c
江汉油田稳油降本项目 44b
交通体系 106b
交通体制 58a
交通物流业 113b
交通运输 110a 115a 121a 121c
教师队伍 218b 220b 222a 223a 224c 227a
教师聘用制 226c
教学研究 225a
教育 41b 64a 216c 217b 217 218a 219a 219c 220bc 220a 221a 221b 221c 221ab 222a 222b 222c 223b 223c 224a 224b 225b 226a 226b 226c 227ab
教育产业园项目 41b
教育改革和发展 221c
教育机构 217 221b 222c 224a 226a 226b
教育机构基本情况统计表 217
教育机构与学生 224a
教育基础设施 218a 220a 224b 226b
教育经费投入 218a 223b 226c
教育精准扶贫 223c
教育科研 219a
教育体制 64a 216c 219c 221a 222c 224a 226b
教育体制改革 64a 216c 219c 221a 222c 224a 226b
教育信息化 222a
节能环保 190c
节能降耗 191c 199c
节水减排 187c
节水减排建设 187c
节约集约示范市 188b
节约集约土地资源 189a
节约集约用地 187a
金融 55a 57a 105c 109c 111a 111bc 117b 120a 120c
金融服务业 105c 109c 120c
金融改革 111a
金融体制 55a 57a
金融业 117b 120a
金融业服务“三农” 120a
金融业服务实体经济 117b
禁渔期治理 74b
经济社会发展情况表 24bc
经济体制改革 56c 60b
经济体制机制 53a
经济作物生产统计表 78
精神文明建设 267a 267b 268a 268b 268c 269c 270a 270c 271a 271c
精准灭荒工程 76c
竞技体育 249a 252b 254b 291
竞技体育贡献奖（最佳）成绩汇总表 291
就业创业 260c 261c 262c 263c 264a 265b 266a 266b
军运会宣传 30b

K

开发区基本情况表 139c 145 147 149
科技 53c 175c 207a 207c 208b 209a 209b 210c 211a 212a 212b 213a 213c 213ab 214b 215b 215c 215ab 215bc 216a 278b
科技成果转化 208b 211a 212a

213a 215b
科技创新 207c 210c 211a
212a 213a 213c 214b 216a
科技服务 212a 213a 215c
科技合作 209a
科技活动和高新技术产业统计表
213ab 215ab 215bc
科技获奖成果 209b
科技人才体制 53c
科技体制 207a
科技协作 212b
科学技术 207a
控规 156b
快速维权中心 210a
矿产资源储量管理 184b
矿产资源开发 184b
矿业权审批清理 187b

L

“蓝天保卫战” 196b
劳动关系 262b
历史文化名城 152b
“历史之城” 157a
粮食作物生产统计表 77
“两会一节” 35b
林业产业 76c 81b 84c
林业产业基地 76c
林业产业基地示意图 76c
林业湿地保护 199b
林业特色基地建设 85c
林业资源保护 89b
临空经济区 146b
龙感湖湿地修复项目 45c
路灯建设 152a
旅游发展环境 110a
旅游服务业 108b
旅游惠民 280c
旅游品牌 118c
旅游项目 42b
旅游业 114a 115c 120b 121b
旅游业融合发展 115c
绿色发展战略 206b
绿色建筑发展 188c

M

贸易流通 116b 119b
媒体聚焦 278b
每千人口床位表 244ac
每千人口卫生技术人员表 244ac
美丽乡村建设 40c 177a 177c
美丽宜居村庄 175c
美丽宜居乡村 176a
沔阳小镇项目 46b
灭荒工程 76c
民营经济 90b
民主与法制体制 47a
名村名镇 152b
名镇名村 108c
幕阜山区森林质量提升项目 46a

N

南玻光电项目 44a
内外贸易流通 119b
农产品质量安全示范区建设 70c
农村产权制度 60a
农村产业融合发展 86c
农村电子商务 111a 112c
农村环境综合整治 195b
农村集体产权制度 58b
农村经济经营管理 75c 82c
农村旅游 116b
农村能源建设 176c
农村人居环境 175a 178b 178c
农村水利 174a
农村危房改造 175b
农村饮用水安全工程 171b
农林牧渔业总产值 287
农业 54b 55c 59a 61a 70a
71a 72bc 72a 74c 75ab
75b 75c 76b 80a 81a 81bc
83a 83b 84ab 84a 85a
86ab 86c 88ab 88a 88c
89a 89ab 190b 195c
农业“两区”规划 81a
农业产业发展 80a
农业产业化 71a 84a
农业产业振兴 85a
农业供给侧结构性改革 59a 61a
88c
农业环保 195c
农业机械 76b
农业机械化 83a
农业基本情况 72bc 74c 83b
89ab
农业基本情况统计表 72bc 89ab
农业基本数据统计表 75ab 81bc
84ab 86ab 88ab
农业结构 75b
农业农村 54b 55c
农业品牌 89a
农业三产融合 75c
农业综合生产能力 86c

P

棚户区改造 166a 167c
棚户区改造项目统计表 164
乒乓球邀请赛 39c
普惠教育 217b

Q

汽车产业 91a
潜江经济开发区 144b

"潜江龙虾" 88b
潜江市 26b 38a 38b 38c 41c 46c 52b 59c 60a 67b 68a 68b 88ab 88a 88c 103a 103ab 120c 121a 144 155a 166c 167a 167ab 173c 174a 179a 186a 191c 201c 202a 203b 215a 215b 215c 215bc 226bc 226a 226b 226c 236b 236c 246c 247a 247b 247bc 255a 260a 260b 266a 271a
潜江市半年经济工作会议 38b
潜江市第八届人大代表委员会第三次会议 38a
潜江市经济工作会议 38a
潜江市人民政府八届二次全体（扩大）会议 38b
潜江园林星火技术密集区 144c
青少年体育 253b
全面创新 53a
全社会固定资产投资增速情况统计表 287 289
全域生态价值工程 197c
群众体育 248c 251a 252a 252c 253b 253c 254a 255a
群众文化 230a 230c 231c 233a 234b 235b 236b
群众文艺 237a
群众性文明创建 267b

R

人才队伍建设 261b 262b 263b 264c 265c 266c
人工增殖放流 74b
人口 239c 242c 244ac 246a 247b 248c 284
人口构成与变动情况统计表 284
人力资源 260c
人事制度 49a
融合发展 86c 115c 279a 280b

S

"三旧" 40c
"三旧"改造 40c
"三清三治"三年行动 178b
"三依托"农村物流体系 117a
商贸流通 109a 120c
商贸流通业 110b 114c
商贸物流体制 55c
商贸业 104b
商品房市场销售主体 162a
商品房销售 161c 166a 166c
商事制度 56a 57b 58a 59b 60c
社会保障 68a 260c 261a 262a 263a 264a 264b 265a 265b 266a 266b
社会发展 13c 16c 18b 20a 21b 23a 24c 24bc 26b 27c
社会管理 67b
社会救助 256c 257b 258b 258c 259b 260a 260b
社会事业 61c
社会体制 61a 64b 65a 68c
社会消费品零售总额统计表 290
社区建设 256a
生产要素市场 13a
生活垃圾焚烧发电厂 191c
生态保护项目 44c
生态管理体制 68b
生态环境保护 192b 196a 200a 201c
生态环境创优 198c
生态环境质量 196a 201b
生态环境治理 12c
生态农业 76b 190b
生态特色小镇 45b 174b
生态文明体制 62c 64c 65b 66b 69b 195b
生态文明制度建设 203b
生态资源保护 194c
省级经济开发区 137c
省级美丽宜居乡村示范项目 174c
湿地生态保护 203b
食品工业 93a 97a 102c
食品饮料工业 100b
食用菌生产 73c
世界机器人大赛总决赛 29c
市政基础设施建设 153c
市政建设 150a 152c 154a 154c 155a 155b
事业单位公车改革 51b
双峰山旅游度假区 147a
水产业 74a
"水稻+"种养产业 87b
水环境保护 189b
水环境治理 198a
水陆交通运输 121c
水生态环境保护 196a
水生态文明城市 168b
水务建设 168a 172c 173c
水务项目建设 170c
水资源保护 190a
水资源管理 173a
税务体制 57a
司法体制 51a 52a 52b
司法制度 49b
"四好农村路"建设工程 41c
"四水共治"工程 44c 169a

T

特色街区 108c

特色小镇 45b 174b 175c 178a 179a
特色园区 145c
特色种植业 85c
体育 248c 249a 249c 251a 251b 252a 252b 252c 253a 253b 253c 254a 254b 254c 255a 255b 291
体育产业 249c 251b 253a 254a
体育活动 255b
体育人才 251a 252c
体育赛事 249c 252b
体育设施建设 253a 254a 254c
天门高新技术产业园 145a
天门林业资源保护 89b
天门市 27c 38c 39a 39b 52c 60b 60c 61a 68c 69b 88c 89a 103c 104ab 121b 121c 122a 155b 161b 167a 167b 167c 179a 179c 186b 186c 203c 204ab 204bc 205a 205ab 206b 206c 216a 216b 226b 226c 227a 227ab 236c 237a 237b 247c 248a 248b 248c 255b 260b 266b 266c 271c
天门市第八届人民代表大会第二次会议 39a
通城经济开发区 143c
通用航空产业 42a
通用航空产业项目 42a
“图书馆 + 信用”服务 228a
土地保护执法 181b
土地规划和管理 191b
土地经营管理 184c 186c
土地利用管理 182c
土地面积与行政区划统计表 283
土地市场管理 157c
土地违法违规案件 186a
土地整治 181a 185c
土壤污染防控 198c

W

卫生 63c 65c 67a 237c 238a 240 240c 241b 242b 243a 244ac 244a 245a 245c 246c 247c 247bc 291
卫生事业机构和人员情况统计表 291
“未来之城” 157a
文博事业 228b
文化 36c 61a 65a 65c 67a 152b 227b 227c 229a 230a 230c 231c 232a 232b 232c 233a 233c 234a 234b 234c 235a 235b 235c 236b 236c 237b
文化产业 227b 232c 234a
文化基础设施建设 233a 235a
文化交流 229a
文化市场管理 236c
文化市场监管 67a 232b
文化体制 61a 65a 65c
文化遗产保护 233c 234c 235c 237b
文明城市建设 168b 267a
文物保护 230b 231b 231bc 232b
文物保护情况分类统计表 231bc
文物利用 230b
文学艺术 228c
文艺创作 231a 232a 233b
污水治理 170c 193c
无纺布产业集群 102b
梧桐湖科技特色小镇 175c
“武鄂同城”战略发展研究 158c
武汉城市圈 12a 39c 89ab 272a 275 280a 283 284 287 288 289 290 291 293
武汉城市圈（天门）乒乓球邀请赛 39c
武汉城市圈经济发展 12a
武汉地产集团 43c
武汉东湖新技术开发区 123a
武汉渡江节 250b
武汉经济技术开发区（汉南区） 125a
武汉临空港经济技术开发区 126b
武汉市 13c 14bc 29a 29b 30c 40a 40c 42a 42b 44c 45a 45b 47a 47b 48a 53a 53c 54a 54b 61a 61b 61c 62c 70a 70c 71a 72bc 72a 72c 73c 74a 74b 89c 90ab 90a 90b 90c 91a 91b 91c 92a 93a 93b 104b 105a 105c 106b 107a 108b 108c 150a 150b 150c 151b 151c 152a 155c 156a 156b 157a 157c 161c 162a 162b 162c 163a 168a 168b 168c 169a 174b 174c 175a 175b 180a 180b 180c 181a 181b 187a 187b 187c 192b 192c 193c 194a 194c 195b 207a 207b 207c 208a 208b 209a 209b 209c 210a 210b 216c 217b 218a 218b 219a 227b 227c 228a 228b 228c 229a 229b 229c 237c 238a 238c 239a 239b 239c 248c 249a 249b 249c 255b 256a 256c 257a 260c 261a 261b 267a 267b 267c 283 284 287 291 292

武汉市第十四届人民代表大会第二次会议 29a
武汉市人民政府第十四届第四次全体（扩大）会议 29a
武汉市社会科学院 272a
武汉中央商务区 152a
物价指数统计表 290

X

行政机构改革 50b
行政审批制度 48c
仙桃工业园 149b
仙桃国家高新技术开发区 137a
仙桃市 24c 24bc 36c 37a 37b 41c 44a 46b 59a 59b 86c 87b 87c 88a 102a 102b 102c 103ab 119b 119c 120a 120b 149 154c 166b 178c 191b 191c 201b 214b 214c 215ab 224b 224c 225a 225b 225ab 235a 235b 235c 236a 245c 246a 246c 254a 254b 254c 260a 265b 265c 270c
仙桃市第九届人民代表大会第三次会议 37a
仙桃市人民政府九届二次全体（扩大）会议 37b
仙桃体操之夜颁奖晚会 37c
先进模范人物 267c
咸安经济开发区 148c
咸宁高新技术产业开发区 136a
咸宁市 23a 35b 35c 36a 36b 36c 41b 43c 44a 46a 51b 51c 52a 58a 58b 66c 67a 85a 85c 86ab 86c 100c 101bc 101a 116b 117a 117b 118b 118c 119a 149 154a 160b 166a 172c 173a 178a 178b 185a 185c 190c 200a 200b 200c 213c 214a 224bc 224a 224b 234a 234b 234c 245a 245b 253c 254a 259a 259b 259c 265a 270a 286
咸宁市第五届人民代表大会第二次会议 35c
咸宁市人民政府第五届第二次全体（扩大）会议 36a
县域工业 94c
现代都市农业 72a
现代服务业 104b
现代渔业 82b
乡村旅游精品工程 119a
乡村振兴 119c
乡村振兴规划 158b
乡村振兴战略 70a
消费品零售情况分类统计表 110c
孝昌经济开发区 141c
孝感安陆粮机产业 98b
孝感国家高新技术产业开发区 133c
孝感市 20a 33a 33b 33c 34a 50b 56c 65a 65b 80a 81a 81b 81bc 82a 82b 82c 83a 96c 97a 99a 112a 112b 112c 113a 113b 113c 114a 146b 153a 159a 165b 171a 171b 176b 176c 177a 183a 183b 183c 184b 189b 198a 198c 211c 212a 212b 221b 221c 222a 222b 231c 232a 232b 232c 242b 242c 243a 243b 243c 252b 252c 253a 258a 258b 263c 264a 268c 286
孝感市第六届人民代表大会第三次会议 33b
孝感市人民政府六届三次全体（扩大）会议 33c
孝感应城盐磷化工工业 97b
校园安全管理 220a 222b
新港二期项目 41a
新闻出版 229c
新兴产业集群 90a
学校（幼儿园）统计表 223ab 224bc 225ab 226bc
血吸虫病防治 246c
循环经济 191c

Y

阳逻经济开发区 137c
养老保险制度 66a
养老保险制度改革 66a
养老服务 257a 257c 259c
“一村一品”示范镇村 88c
一体化 12b 12c 13a 13b 272a
医疗服务体系建设 245b
医疗互联网＋建设 239a
医疗基础设施建设 247a 248a
医疗卫生机构 237c 240 241b 244a 245a 245c 246c 247c 247bc
医疗卫生机构分布统计表 247bc
医疗卫生机构情况统计表 240
医疗卫生人员 237c 241b 244a 245a 246c 247c
医疗卫生体制 63c 65c 67a 240c 241b 242b 244a 245c 247c
医药工业 101a
医药卫生体制 245a
医政管理 243b
医政医务管理 238c

依法治水管水 171b
移民安置 266c
银行业金融机构基本情况统计表 111bc
银行业运行 113a
迎军运 150b 156a
应城盐磷化工工业 97b
用地报批绿色通道 183c
优秀历史建筑保护 162c
邮电服务业 107a
邮电业 113c 118b
邮政行业发展情况统计表 112ab
邮政业 112a 115b
邮政优质服务 122a
渔业项目建设 84b
渔业养殖新模式 88a
园林和林业主要数据统计表 292
园林绿化 194a 200c 203b 206c
园林星火技术密集区基本情况表 144
远程异地评标开标 189b
院士经济 208a

Z

在校学生 221b 222c 226a 226b
招生考试 219a
招生与考试 224b
郑州大都市区 275
政府系统廉政工作会议 33c
政协鄂州市第八届委员会第二次会议 32c
政协黄冈市第五届政协委员会第二次会议 35a
政协黄石市第十三届委员会第二次会议 31c
政协潜江市第八届委员会第二次会议 38c
政协天门市第八届委员会第二次会议 39b
政协武汉市第十三届委员会第二次会议 29b
政协咸宁市第五届委员会第二次会议 36b
政协孝感市第六届委员会第二次会议 34a
政治体制机制 47a
政治体制机制改革 47a
知识产权保护 210a 210b 211b 214c 216b
“知音号”游轮演艺秀 42b
职业教育 222b 225b
智慧医疗建设 246a
中等职业教育 222b
中法武汉生态示范城 138b
中共鄂州市委七届六次全体(扩大)会议 32a
中共黄冈市委第五届第七次全体（扩大）会议 34b
中共黄石市委十三届六次全体（扩大）会议 30c
中共潜江市委八届五次全体(扩大)会议 38a
中共天门市委八届六中全体(扩大)会议 38c
中共武汉市委十三届六次全体会议 30c
中共仙桃市委九届六次全体(扩大)会议 36c
中共咸宁市委五届四次全体(扩大)会议 35b
中共孝感市委六届六次全体(扩大)会议 33a
中国驰名商标 88b
中国船舶重工集团 43c
“中国桃乡”品牌 87c
中国医疗器械有限公司 42c
中央商务区建设 152a
众创孵化平台建设 208a
重要会议 29a
重要活动 29a
主城区项目 41a
主要工业产品产量 285 286
主要工业品产量 286
主要经济指标完成情况 22ab
主要农产品产量 288
主要农产品生产统计表 86ab
住房保障 164c
住房公积金管理 163a
住房公积金归集 163a
专利管理 209c 213c 214c
转型跨越发展 158c
装备制造工业 92a
装配式建筑 93b
资源节约管理 187a
自然保护区管理 199a
自然生态保护 199b
足球 61b 249b